本书得到云南省优势特色重点学科建设项目经费资助

东盟国家法律制度

陈兴华 ◎ 主编

ASEAN NATIONAL LEGAL SYSTEM

中国社会科学出版社

图书在版编目(CIP)数据

东盟国家法律制度/陈兴华主编.—北京:中国社会科学出版社,2015.12

ISBN 978-7-5161-7186-8

Ⅰ.①东… Ⅱ.①陈… Ⅲ.①法律-东南亚 Ⅳ.①D933

中国版本图书馆 CIP 数据核字(2015)第 282050 号

出 版 人	赵剑英
责任编辑	许 琳
责任校对	刘 娟
责任印制	何 艳

出 版	中国社会科学出版社
社 址	北京鼓楼西大街甲 158 号
邮 编	100720
网 址	http://www.csspw.cn
发 行 部	010-84083685
门 市 部	010-84029450
经 销	新华书店及其他书店

印刷装订	北京市兴怀印刷厂
版 次	2015 年 12 月第 1 版
印 次	2015 年 12 月第 1 次印刷

开 本	710×1000 1/16
印 张	32.25
插 页	2
字 数	535 千字
定 价	95.00 元

凡购买中国社会科学出版社图书,如有质量问题请与本社营销中心联系调换
电话:010-84083683
版权所有 侵权必究

序　言

云南大学滇池学院是云南省的一所独立学院。创办于2001年。十多年来，凭借母体学校——云南大学先进的办学理念、雄厚的综合实力和学院灵活的办学机制，经过艰苦努力，目前已形成经、法、教育、文、理、工、管多学科协调发展，以培养高素质应用型人才为主的普通本科院校。学院现有在校学生18000余人，已为社会培养了近14000名优秀毕业生。

法学专业是滇池学院最早成立并招生的专业之一，至今已有九届毕业生。共培养合格毕业生2258人，其中已有216人考入中国政法大学、吉林大学、兰州大学、西南大学、苏州大学、西南政法大学、云南大学等省内外知名高校攻读硕士研究生。十多年来，我们在办学思路方面进行了多方面的探索。为了不简单克隆母体学校同专业的教学状况，突出独立学院以培养高素质应用型人才为主的办学方向，我们在学校领导的大力支持和全体教职员工的共同努力下，针对滇池学院法学专业的具体情况，进行了多方面的改革。在教学方面，我们根据云南地处祖国西南边疆，省内民族众多，同时又与东南亚国家毗邻，在与东南亚国家的交往中处于桥头堡重要战略地位的省情，再者，云南在全国经济发展较为滞后，但有很大潜力，近年来经济发展迅速的情况。为了让学生毕业之后更快地适应社会，为改变多民族地区的落后面貌，为云南和全国的社会、经济发展作出更大的贡献，我们在法学专业的教学工作中，在开出十四门法学主干课程的同时，又根据需要确定民族法学、东南亚国家法律制度、金融法为滇池学院法学专业的三个重点研究方向。在这三个重点研究方向的教学中投入了更多的人力、物力。先后开出民族法学、东南亚国家法律制度、物权法、商法·公司与企业、商法·证券与票据、债法、保险法等相关课程。十多年来，经过不断的教学实践、摸索和改进，这些课程日臻成熟。同时，我们的这些努力也得到社会和相关部门的认可。法学专业作为特色专业于2010年获批滇池学院质量工程项目；2011年又获批云南省质量工程特色专业项目；2011年法学专业获批云南省级重点学科，这是迄今为止云南省所有独立学院唯一获批的省级重点学科。2012年法学教学团队获批云南省质量工程优秀教学团队；2013年法学专业又获批云南省高等学校第二批专业综合改革试点。当然，这些成绩的取得主要是学校领导的关心、指导和全体教职员工共同努力的结果。

这些成绩对我们来说，既是动力，也是压力，如何使我们的工作进一步改进和提升，是摆在我们面前的问题。我们在十多年的教学实践中越来越感到，制约我院法学专业发展的两大障碍，一是教材问题，3个研究方向，均没有公开出版的适合教材：有的没有现成教材，例如东南亚国家法律制度课程；有的虽然教材很多，例如金融法课程，但各本教材涉及的内容深浅程度不适合"三本"学校使用；二是我们自己培养的年轻教师要进一步提升自己的教学和科研水平，缺乏相应的平台。针对这两个制约法学专业发展的瓶颈，我们从2011年开始筹备出一批自编教材。考虑到这几门课我们已经开了十多年，有一定的教学经验的积累和相关资料的收集，有条件编写一批自编教材，编写这批教材的目的，一是针对"三本"院校学生的具体情况，有的放矢，增加实践、应用方面的内容，简化一些不必要的内容，使这批教材在"三本"的教学工作中更加得心应手；二是为了培养教师队伍，给年轻教师搭建一个学术发展的平台。在具体实施过程中，我们聘请在本学科领域有较高学术造诣，治学严谨的教授作为本学科的学术带头人，由他们牵头，担任主编，组织年轻教师编写相关教材。三年来，从教材的构思、提纲的拟定到教材的撰写，都经过编写组的多次讨论、磋商，并数易其稿，最后完成。可以说，这批教材的完成既是我们教学改革的一个成果，也是我们"老中青"教师合作、以老带新、培养队伍的成果。这批教材的编写和出版工作自始至终都得到了滇池学院领导的大力支持，也得到了云南省教育厅和云南省财政厅重点学科经费支持。最后，在中国社会科学出版社的大力支持和帮助下，这批教材的写作格式更加规范，内容质量有所提高，才得以顺利出版。

当然，我们的教师还很年轻，尝试教材的编写工作也缺乏经验，教材中肯定还有不少不足和疏漏之处，诚恳地希望读者、同行批评指正。

方慧

2013年9月22日于滇池学院

编写说明

由于近年来东南亚国家在世界政治、经济格局变动中发挥的作用日渐彰显而日益引起世人关注，有关东南亚地区的研究也逐渐得到深化。中国云南由于与东南亚毗邻的地理条件以及双方交往的频繁、文化上的相通，为东南亚国家研究创造了更好的条件。我院自 2006 年开始，就开设了"东南亚国家法律制度"课程，作为法学专业学生的必修课。2011 年法学院获批云南省"十二五"规划重点学科后"东南亚国家法律制度"又成为重点学科的 3 个重点研究方向之一，学院加强了这方面的教学和研究工作。在 8 年的教学实践中，我们除了参考已出版的各类专著和教材外，充分发挥自己的优势，翻译了一部分东南亚国家的法律文本，包括英文和柬埔寨文的法律文本，使东南亚国家的法律制度的教学和研究工作有了新的进展。为了编写一本适合独立学院学生使用的教材，同时锻炼年轻教师的科研能力，也为了让更多的同行能分享我们翻译的东南亚国家法律文本，我们出版了这本书。还有一点需要说明的是，东南亚国家一共 11 个，其中由 10 个国家建立了东南亚国家联盟（简称东盟），而东盟作为一个整体在世界舞台上也发挥着日益重要的作用，东盟也有不少法律文本，为了研究这方面的情况，我们专门写了一章"东南亚国家联盟法律制度概览"，同时，我们重点研究的是参加东盟的这 10 个东南亚国家，而没有参加东盟的东南亚国家东帝汶由于资料的缺乏我们研究较少，基于以上原因，我们认为，把书名定为《东盟国家法律制度》较为准确。

由于诸多原因，这本书从启动到最后定稿经历近 3 年时间，为了保证书稿的质量，我们尽了最大努力，数易其稿，又认真审稿数次，才完成书稿。我们在编写过程中参考了各种著作和网络资料，特此说明，并致谢意。对关心支持我们的学校领导和各方人士表示感谢，同时对给予我们大力支持的中国社会科学出版社和任明编审的大力支持深表感谢。由于我们水平有限,书中错误疏漏之处难免,也真心希望得到同行和读者的批评指正。

本书分工如下。

陈兴华:主编,审稿。

刘晓华:副主编,撰写第4、9、10、11章。

卿　娜:副主编,撰写第6、7、8章。

阮玲燕:撰写第2章。

安树昆:撰写第1、3章。

李剑文:撰写第5章。

陈兴华

2014年10月11日

目 录

第一章 东盟法律制度概览 (1)
第一节 东盟概况 (1)
一 东盟的成立 (1)
二 东盟的宗旨和目标 (2)
三 东盟的组织机构 (3)
四 东盟与中国的关系 (5)

第二节 东盟基本法律文件 (10)
一 1976年《东南亚友好合作条约》 (10)
二 1976年《东盟和睦宣言》 (13)
三 2003年《东盟和睦宣言二》 (15)
四 《关于南中国海各方行为宣言》 (19)
五 《东盟宪章》 (21)

第三节 东盟合作 (24)
一 东盟共同体的提出和发展 (24)
二 东盟安全共同体 (25)
三 东盟经济共同体 (27)
四 东盟社会——文化共同体 (28)

第二章 马来西亚法律制度 (32)
第一节 马来西亚概况 (32)
一 自然地理与民族结构 (32)
二 历史、文化与宗教 (33)
三 经济发展 (35)
四 马来西亚法律制度概况 (36)

第二节 马来西亚宪法马宪政制度 (38)
　　一 马来西亚宪法的产生和发展 (38)
　　二 马来西亚宪法的主要内容 (39)
　　三 马来西亚国家制度 (39)
第三节 马来西亚民商事法律制度 (46)
　　一 民商法 (46)
　　二 婚姻家庭继承法 (59)
　　三 国际贸易与投资法 (62)
第四节 马来西亚刑事法律制度 (72)
　　一 马来西亚刑事法律制度概述 (72)
　　二 刑法典总则的主要内容 (73)
　　三 刑罚的种类 (77)

第三章　新加坡法律制度 (78)
第一节　新加坡概况 (78)
　　一 自然地理与民族结构 (78)
　　二 历史与文化 (79)
　　三 宗教 (81)
　　四 经济状况 (83)
　　五 法律制度概况 (84)
第二节　新加坡宪法与宪政制度 (87)
　　一 宪法的产生和发展 (87)
　　二 新加坡宪法的主要内容 (88)
　　三 新加坡的宪政制度 (88)
第三节　新加坡民商事法律制度 (93)
　　一 民商法 (93)
　　二 婚姻家庭继承法 (107)
　　三 国际贸易与投资法 (110)
第四节　新加坡刑事法律制度 (115)
　　一 关于犯罪的规定 (115)
　　二 刑事责任制度 (116)
　　三 刑罚制度 (118)
　　四 刑事责任追究制度 (119)

第四章 菲律宾法律制度 (121)

第一节 菲律宾概况 (121)
一 基本国情 (121)
二 菲律宾法律制度概况 (123)

第二节 菲律宾宪法制度 (125)
一 菲律宾宪法的结构与主要内容 (125)
二 菲律宾宪法的历史与发展 (138)

第三节 菲律宾民商事法律制度 (139)
一 民法典 (140)
二 公司法 (150)
三 婚姻家庭继承法 (154)
四 国际贸易与投资法 (167)

第四节 菲律宾刑事法律制度 (168)
一 菲律宾刑事法律制度概述 (168)
二 菲律宾刑事法律的内容 (168)

第五章 泰国法律制度 (177)

第一节 泰国概况 (177)
一 自然地理与民族结构 (177)
二 历史与文化 (178)
三 宗教 (180)
四 经济状况 (180)
五 法律制度概况 (181)

第二节 泰国宪法与宪政制度 (183)
一 泰国宪法的产生和发展 (183)
二 泰国宪法的体例结构 (184)
三 泰国的宪政制度 (184)

第三节 泰国民商事法律制度 (187)
一 民商法概况 (187)
二 人法 (188)
三 债权法 (188)
四 公司法 (191)
五 物权法 (194)

六　婚姻家庭继承法 …………………………………………（195）
　　七　竞争法律制度 ……………………………………………（197）
　　八　对外贸易与投资法律制度 ………………………………（200）
　第四节　泰国刑事法律制度 ……………………………………（205）
　　一　泰国刑事法律制度概述 …………………………………（205）
　　二　泰国《刑法典》结构 ……………………………………（207）
　　三　泰国《刑法典》的主要内容 ……………………………（208）

第六章　印度尼西亚法律制度 ……………………………………（214）
　第一节　印度尼西亚概况 ………………………………………（214）
　　一　自然地理和民族结构 ……………………………………（215）
　　二　印度尼西亚的法律制度概况 ……………………………（224）
　第二节　印度尼西亚宪法与宪政制度 …………………………（231）
　　一　印度尼西亚宪法的结构与主要内容 ……………………（231）
　　二　印度尼西亚宪法的历史与发展及宪政进程 ……………（236）
　第三节　印度尼西亚民商事法律制度 …………………………（242）
　　一　民商法 ……………………………………………………（242）
　　二　婚姻家庭继承法 …………………………………………（260）
　　三　国际贸易与投资法 ………………………………………（265）
　第四节　印度尼西亚刑事法律制度 ……………………………（271）
　　一　印度尼西亚刑事法律制度概述 …………………………（271）
　　二　印度尼西亚《刑法典》的结构及内容 …………………（273）

第七章　越南的法律制度 …………………………………………（285）
　第一节　越南概况 ………………………………………………（285）
　　一　基本国情 …………………………………………………（285）
　　二　越南法律制度概况 ………………………………………（298）
　第二节　越南宪法与宪法制度 …………………………………（301）
　　一　越南宪法的结构与主要内容 ……………………………（301）
　　二　越南宪法的历史与发展 …………………………………（307）
　第三节　越南民商事法律制度 …………………………………（312）
　　一　民法 ………………………………………………………（312）
　　二　商法 ………………………………………………………（321）
　　三　婚姻家庭法 ………………………………………………（322）

四　国际贸易与投资法 ································ (326)
　第四节　越南刑事法律制度 ································ (332)
　　一　越南刑法典概述 ···································· (332)
　　二　越南刑法典的体例结构 ····························· (335)
　　三　越南刑法典的特色内容及优势 ···················· (338)
　第五节　越南其他法律制度 ································ (343)
　　一　商业仲裁法 ··· (343)
　　二　律师制度 ·· (348)

第八章　缅甸法律制度 ·· (351)
　第一节　缅甸概况 ·· (351)
　　一　基本国情 ·· (351)
　　二　缅甸的法律制度概况 ······························ (360)
　第二节　缅甸宪法与宪法制度 ····························· (363)
　　一　缅甸宪法的结构与主要内容 ····················· (363)
　　二　缅甸宪法的历史与发展及宪法制度 ············ (371)
　第三节　缅甸民商事法律制度 ····························· (374)
　　一　民商法 ··· (374)
　　二　婚姻家庭继承法 ···································· (377)
　　三　国际贸易与投资法 ································· (379)
　第四节　缅甸刑事法律制度 ································ (385)
　　一　缅甸刑事法律制度概述 ··························· (385)
　　二　缅甸刑法典的结构及内容 ························ (387)

第九章　柬埔寨法律制度 ····································· (398)
　第一节　柬埔寨概况 ·· (398)
　　一　基本国情 ·· (398)
　　二　柬埔寨法律制度概况 ······························ (400)
　第二节　柬埔寨宪法制度 ··································· (402)
　　一　柬埔寨宪法的结构与主要内容 ·················· (402)
　　二　柬埔寨宪法的历史与发展 ························ (409)
　第三节　柬埔寨民商事法律制度 ·························· (409)
　　一　合同法 ··· (410)
　　二　《商业企业法》 ···································· (413)

三　公司制度 …………………………………………（416）
　　　四　《柬埔寨王国商业法》 …………………………（417）
　　　五　婚姻家庭法 ………………………………………（419）
　　　六　国际贸易与投资法 ………………………………（420）
　第四节　柬埔寨刑事法律制度 …………………………（425）
　　　一　柬埔寨刑事法律制度概述 ………………………（425）
　　　二　柬埔寨刑事法律的内容 …………………………（425）

第十章　老挝法律制度 ……………………………………（435）
　第一节　老挝概况 ………………………………………（435）
　　　一　基本国情 ………………………………………（435）
　　　二　老挝法律制度概况 ………………………………（437）
　第二节　老挝宪法制度 …………………………………（439）
　　　一　老挝宪法的结构与主要内容 ……………………（439）
　　　二　老挝宪法的历史与发展 …………………………（445）
　第三节　老挝民商事法律制度 …………………………（446）
　　　一　合同法 …………………………………………（446）
　　　二　所有权法 ………………………………………（448）
　　　三　侵权法 …………………………………………（451）
　　　四　担保法 …………………………………………（452）
　　　五　企业法 …………………………………………（456）
　　　六　国际贸易与投资法 ………………………………（461）
　第四节　老挝刑事法律制度 ……………………………（467）
　　　一　老挝刑事法律制度概述 …………………………（467）
　　　二　老挝刑事法律的内容 ……………………………（468）

第十一章　文莱达鲁萨兰国法律制度 ……………………（477）
　第一节　文莱达鲁萨兰国概况 …………………………（477）
　　　一　基本情况 ………………………………………（477）
　　　二　文莱法律制度概况 ………………………………（479）
　第二节　文莱宪法制度 …………………………………（480）
　　　一　文莱宪法的结构与主要内容 ……………………（480）
　　　二　文莱宪法的历史与发展 …………………………（485）
　第三节　文莱民商事法律制度 …………………………（487）

一　货物买卖法 …………………………………………… (487)
　　二　合同法 ………………………………………………… (489)
　　三　公司法 ………………………………………………… (491)
　　四　国际贸易与投资法 …………………………………… (494)
　　五　婚姻法 ………………………………………………… (496)
第四节　文莱刑事法律制度 …………………………………… (498)
　　一　文莱刑事法律制度概述 ……………………………… (498)
　　二　文莱刑事法律的内容 ………………………………… (498)

第一章

东盟法律制度概览

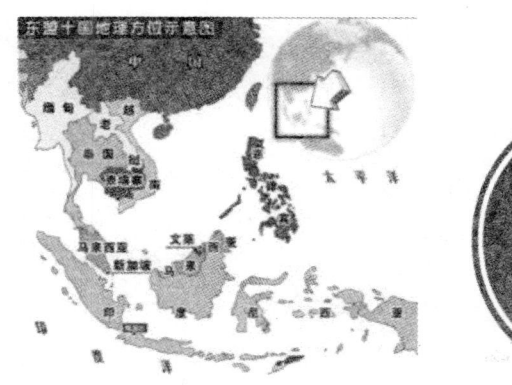 

第一节 东盟概况

一 东盟的成立

东南亚(Southeast Asia)是第二次世界大战后期才出现的一个新的地区名称。东盟的全称为东南亚国家联盟(Association of South East Asian Nations,ASEAN),其前身是马来亚(现马来西亚)、菲律宾和泰国于1961年7月31日在曼谷成立的东南亚联盟。1967年8月7—8日,印度尼西亚、泰国、新加坡、菲律宾四国外长和马来西亚副总理在曼谷举行会议,发表了《东南亚国家联盟成立宣言》,即《曼谷宣言》,正式宣告东南亚国家联盟成立。

东盟从孕育到诞生只用了14个月的时间,也正是因为这个契机,当时印尼与马来西亚和新加坡也恢复了外交关系。东盟各国之间,包括亚洲各国之间,一方面因为地缘政治背景,另一方面因为国土面积、资源分布不平衡等问题,矛盾与冲突尤其突出,东盟的成立有利于把东南亚各国的政治冲突局限在一个利益圈内,有效解决问题与矛盾。菲律宾前总统马科斯说:"东盟有机会成立一个和谐的经济集团,让东南亚各国的经济得以联合起来充分发挥潜力。这方面能取得多少成绩,对于实现地区稳定也就有多少助益","东盟经济上强大是这一地区稳定的切实保证,而这一地区的稳定则是我们能强大到足以抵抗各种内外部压力的保证"。[①]

除印度尼西亚、马来西亚、菲律宾、新加坡和泰国5个创始成员国外,20世纪80年代至90年代,文莱(1984年)、越南(1995年)、老挝(1997年)、缅甸(1997年)和柬埔寨(1999年)5国先后加入该组织,使东盟由最初成立时的5个成员国扩大到10个成员国。东盟10国总面积444万平方公里,人口5.76亿,是一个具有相当影响力的区域性组织。此外,东盟目前还有一个候选国:东帝汶(2006年7月申请加入);一个观察员国:巴布亚新几内亚;还有11个对话伙伴国:澳大利亚、加拿大、中国、欧盟、印度、日本、新西兰、俄罗斯、韩国、美国和巴西。

东盟自成立以来已近半个世纪,在此期间,在维护和促进各成员国相互间的政治和经济合作,实现地区和平稳定,加快成员国经济增长,提高成员国人民生活水平等各个方面都取得了显著成绩。2007年1月,第12届东盟首脑会议决定在2015年建成以安全、经济和社会文化共同体为支柱的东盟共同体。2008年12月,《东盟宪章》生效,明确了建设东盟共同体的发展方向和目标。作为一个重要的区域性组织,东盟在地区和国际事务中也发挥着越来越重要的作用。

二　东盟的宗旨和目标

东盟的宗旨和目标是本着平等与合作精神,共同促进本地区的经济增长、社会进步和文化发展,为建立一个繁荣、和平的东南亚国家共同体奠定基础,以促进本地区的和平与稳定。

《东南亚国家联盟成立宣言》将东盟成立的宗旨和目标主要确定为以下几个方面:

1. 以平等与协作精神,共同努力促进本地区的经济增长、社会进步和文化发展;

2. 遵循正义、国家关系准则和《联合国宪章》,促进本地区的和平与

---

① 参见王泽编译《东盟》,中国法制出版社2006年版,第5—10页。

稳定；

3. 促进经济、社会、文化、技术和科学等问题的合作与相互支援；

4. 在教育、职业和技术及行政训练和研究设施方面互相支援；

5. 在充分利用农业和工业、扩大贸易、改善交通运输、提高人民生活水平方面进行更有效的合作；

6. 促进对东南亚问题的研究；

7. 同具有相似宗旨和目标的国际和地区组织保持紧密和互利的合作，探寻与其更紧密的合作途径。

在上述宗旨和目标的指引下，40多年来，东盟已经成为东南亚地区以经济合作为基础的政治与安全、经济、社会—文化一体化的合作组织，并建立起一系列的合作机制。

三　东盟的组织机构

东盟自成立以来，根据自身发展的需要，不断设立组织机构。目前东盟的主要相关组织机构有：

1. 首脑会议

首脑会议是东盟的最高权力机构，由东盟各国轮流担任主席国，负责召集。会议每年举行两次，主要讨论和确定东盟的基本方针。主席国外长担任东盟常务委员会主席，任期1年，负责主持常务委员会工作。东盟还不定期地举行东盟首脑非正式会议。

2. 外长会议

外长会议是制定东盟基本政策的机构，由东盟成员国的外长组成，每年轮流在成员国举行。东盟外长还定期举行非正式会议。

3. 常务委员会

常务委员会是由当年主持外长会议的东道国外长任主席，其他成员国驻该国大使（或高级专员）任当然委员，不定期举行会议，负责处理东盟日常事务和筹备召开外长会议，执行外长会议的决议，并有权代表东盟发表声明。

4. 经济部长会议

经济部长会议是东盟经济合作的决策机构，在区域经济合作方面发挥主导作用，每年不定期地召开一两次会议。

5. 其他部长会议

除部长会议以外，东盟还设立包括各国财政、农林、劳工、能源、旅游等部长参见的会议。这些会议不定期地在东盟各国轮流举行，讨论相关领域的问题。

6. 秘书处

东盟秘书处是东盟的行政总部，并负责协调各成员国国家秘书处，向部长会议和常务委员会负责。东盟秘书处设在印尼雅加达。

7. 专门委员会

包括9个由高级官员组成的专门委员会，即工业、矿业和能源委员会，贸易和旅游委员会，粮食、农业和林业委员会，内政和银行委员会，交通运输委员会，预算委员会，文化和宣传委员会，科学技术委员会，社会发展委员会。

8. 民间和半官方机构

包括东盟议会联盟、工商联合会、石油理事会、新闻工作者联合会、承运商理事会联合会、船主协会联合会、旅游联合会和博物馆联合会等。

9. 东盟经济顾问委员会会议

东盟经济顾问委员会会议始建于2003年4月，主要任务是促进东盟私人企业家参与东盟的经济合作。

10. 东盟投资区理事会

东盟投资区理事会由东盟各成员国经济部长和东盟秘书长组成，其任务是检查东盟各国所提出的行动计划。

11. 东盟自由贸易区理事会议

东盟自由贸易区理事会由东盟各成员国经济部长和东盟秘书长组成，负责处理东盟自由贸易区的相关问题。

12. 东盟与对话伙伴国会议

这是作为与"对话伙伴国"讨论政治、安全问题以及东盟与对话国合作的一个论坛，成立于1999年。它由东盟的10个成员国和11个对话伙伴国组成。

13. 东盟地区论坛

东盟地区论坛是一个旨在维护本地区的安全，建立相互信任机制，促进本地区各国之间的安全对话与合作的组织。该论坛成立于1994年，目前由东盟的10个成员国和13个地区论坛国家及组织（中国、朝鲜、韩国、日本、蒙古、印度、巴布亚新几内亚、俄罗斯、澳大利亚、新西兰、加拿大、美国和欧盟）组成。

14. "10+3" 合作机制

这是东盟10国与中国、日本、韩国3国首脑间的非正式会晤。由东盟10国和中、日、韩3国领导人出席，在东盟首脑会议结束后举行。在"10+3"合作进程中，外交、财政、经济、农林、旅游和劳动6个部长级会议机制已经建立，有力地推动了相关领域的合作。会议在东盟外长会议后举行。

15. "10+1" 合作机制

与"10+3"合作机制并行的是3个"10+1"合作机制，即东盟与中国、东盟与日本、东盟与韩国合作机制。2003年10月又增加了东盟与印度"10+1"领导人会议。

16. 东盟—欧盟部长级会议

出席会议的有东盟10国和欧盟各国的外长或代表，主要讨论双边关系、地区及世界形势。

17. 东盟—美国对话会议

主要讨论双边关系、地区及世界形势。[1]

四 东盟与中国的关系

（一）中国—东盟关系发展历程

东盟是中国的好邻居、好朋友、好伙伴。长期以来，中国和东盟在政治、经济、社会文化等领域的合作不断深化和拓展，在国际事务中相互支持、密切配合。

1991年，中国与东盟开始正式对话。同年7月，中国外长钱其琛出席了第24届东盟外长会议开幕式，标志着中国开始成为东盟的磋商伙伴。

随着政治交往的不断发展，中国于1996年3月明确提出希望成为东盟全面对话国。中国的倡议得到东盟各国的积极响应。同年7月，东盟外长一致同意中国为东盟的全面对话伙伴国。中国首次出席了当月举行的东盟与对话伙伴国会议。

1997年12月，中国国家主席江泽民出席首次中国—东盟领导人会议。会议期间，中国与东盟领导人发表了《联合宣言》，确定了面向21世纪的睦邻互信伙伴关系。至此，中国与东盟关系进入一个新阶段。

---

[1] http://www.gxnews.com.cn，访问时间：2006年3月24日 10:30。

为进一步推进中国与东盟对话合作，2002年11月，在第六次中国—东盟领导人会议上，双方签署了《中国与东盟全面经济合作框架协议》，确定了2010年建成中国—东盟自由贸易区的目标。

2003年10月，第七次中国—东盟领导人会议期间，温家宝总理与东盟领导人签署了《面向和平与繁荣的战略伙伴关系联合宣言》。在这次会议上，中国正式加入《东南亚友好合作条约》，双方政治互信进一步增强。

2004年，温家宝总理出席第八次中国—东盟领导人会议，提出了加强双方合作的十点新倡议。会议期间，双方签署了《货物贸易协议》和《中国与东盟争端解决机制协议》，中国—东盟自由贸易区进入了实质性建设阶段。

随着互利合作的不断深化和中国—东盟自由贸易区建设稳步推进，2005年7月，中国—东盟自由贸易区《货物贸易协议》开始实施，双方7000余种商品开始全面降税，贸易额持续增长。

2007年1月14日，中国与东盟在菲律宾宿务签署了中国—东盟自由贸易区《服务贸易协议》。协议的签署为中国—东盟如期全面建成自由贸易区奠定了坚实基础。

2009年8月15日，中国与东盟共同签署中国—东盟自由贸易区《投资协议》。协议的签署标志着双方成功地完成了中国—东盟自贸区协议的主要谈判，中国—东盟自贸区将如期在2010年全面建成。

2010年1月1日，中国—东盟自由贸易区正式建成。建成后的自由贸易区是一个拥有19亿人口、国内生产总值接近6万亿美元、贸易总额达4.5万亿美元、由发展中国家组成的自由贸易区。

中国—东盟自贸区是世界第三大自由贸易区，也是人口最多的自由贸易区，还是发展中国家之间最大的自由贸易区。该贸易区启动后，中国对东盟的平均关税从之前的9.8%降至0.1%；而东盟6个老成员国文莱、印度尼西亚、马来西亚、菲律宾、新加坡、泰国，对中国的平均关税从12.8%降到0.6%，4个新成员国越南、老挝、柬埔寨和缅甸，有90%的商品将于2015年实现零关税。[1]

---

[1] 参见崔鹏、庞革平、李赫然《中国—东盟自贸区元旦 平均关税由9.8%降至0.1%》，《人民日报》2009年12月30日。

2011年11月,温家宝总理在中国—东盟建立对话关系20周年纪念峰会上宣布,中方将于2012年在雅加达设立常驻东盟使团。2012年8月6日,杨秀萍女士在雅加达向东盟秘书长素林正式递交了任命书,成为首任中国驻东盟大使。

(二) 中国—东盟的法律活动

中国—东盟自由贸易区的建成标志着一个合作共赢新时代的到来,为中国与东盟各国法学与法律界互相了解搭建了平台,满足了双方法律交流合作的共同需要。近几年,中国与东盟开展法律交流合作活动取得了重要成果,为进一步推进中国—东盟法律制度建设积累了经验。

1. 中国—东盟自由贸易区法律事务论坛

伴随着中国—东盟自由贸易区的建设,中国与东盟各国在经贸、文化等领域的往来日趋频繁,给各国的经济和文化发展带来前所未有的发展机遇,为区域经济一体化的建立与发展奠定了良好的基础。在我国政府的倡导之下,中国和东盟10国经贸主管部门及东盟秘书处共同主办了国家级、国际性经贸交流盛会——中国—东盟博览会。中国—东盟博览会由中国商务部和中国广西壮族自治区人民政府承办,每年定期在中国广西南宁举办。中国—东盟博览会以促进中国—东盟自由贸易区建设,共享合作与发展机遇为宗旨,围绕《中国与东盟全面经济合作框架协议》,以双向互利为原则,以自由贸易区的经贸合作为重点,面向全球开放。

区域经济的发展离不开法制建设,完备的法律制度和良好的法律环境是投资与商贸活动的保障。为解决相关法律问题,博览会主办方、承办方高瞻远瞩,决定在每年的中国—东盟博览会期间,以博览会正式系列活动的形式同期举办中国—东盟法律事务论坛。[①] 论坛不仅能够提升博览会的品位,同时能够增进东盟成员方之间对各自法律制度、规范的了解,进而解决法律冲突及法律适用中存在的问题。法律论坛随每届博览会持续举办,最终达到消除成员方贸易壁垒,达成诸如判决、裁定、仲裁等相互承认的共识,促进成员国全面法律服务协作,从而成为推进地区经济一体化

---

① 2004年首届中国—东盟法律事务论坛举行,确定的宗旨是:围绕自由贸易区建设的热点问题,通过对该自由贸易区涉及的投资、经贸框架下法律事务的研究和探讨,增进各方对中国—东盟自由贸易区法律、政策的了解,预防和减少投资、商贸风险与纠纷。至2009年,该论坛共举行6届,每届论坛都确定一个主题进行讨论。

的有力保障。经过不懈努力，中国—东盟自由贸易区法律事务论坛已从区域法律研讨会发展成为一个建立与完善自由贸易区法律制度、探讨法律纠纷解决机制的交流平台，一个企业寻求法律帮助与服务的桥梁，一个各界获知自由贸易区法律、政策、关税减让等与投资及经贸相关的信息披露、操作答疑的窗口，其现实意义和深远的历史意义获得了海内外各界的共同认知与肯定。

2. 中国—东盟法律合作与发展高层论坛

2005年9月，因考虑到中国—东盟经济与社会发展面临的机遇与挑战，认识到在这些问题上加强法律领域交流与合作的重要性，以及法律对增进本地区的相互理解和信任，保障经贸往来和建立自由贸易区，促进本地区稳定、繁荣和共同发展的重要性，首届中国—东盟法律合作与发展高层论坛在广西南宁举行，会上发表了《南宁宣言》。该论坛旨在促进中国—东盟全面战略合作伙伴关系不断发展和丰富，为中国—东盟法学法律界的长期合作创造一个交流平台，增进中国—东盟法学法律界的合作、交流与发展，并推动各国经贸往来。

该论坛的使命为：（1）为中国—东盟间政府界、法学/法律界和商业界提供一个高层对话平台，增进中国—东盟间法律文化的相互理解，增强本地区法律团体的社会责任感，为促进本地区政治、经济和文化等各方面的发展作出贡献。（2）创造一个良好的法治环境，帮助商业团体在寻求增长和进步过程中的共生共赢，创造更多的投资、贸易、就业机会，实现本地区政治、经济和社会的和谐发展。（3）加强中国—东盟地区法律人才培育和人力资源开发，组织涉及本地区重要议题的法律研究活动，为社会各界提供法律领域的智力支持。

为完成以上使命，论坛采行的战略为：（1）经常性地举办各种会议，如论坛大会、研讨会、座谈会和讲座，讨论与政治、经济、社会、文化等领域相关的重大法律议题。（2）与本地区其他机构合作，以促进和强化中国—东盟间各国政府、商业团体和法律团体之间在贸易和投资等领域的交流与合作。（3）随时关注本地区出现的可能影响本地区健康发展的各种问题并及时组织活动或开展项目，从法律角度提出对策。（4）独立或合作开展有助于实现论坛宗旨的各类研究活动。（5）有计划有步骤地成立一个研究及培训中心，以提高中国—东盟法学、法律人士的研究和服务能力。①

3. 中国—东盟法律培训基地

随着中国—东盟自由贸易区建设的不断推进，中国与东盟之间的交往越来越频繁和密切。在国际商贸活动中，不仅公司经营管理人员迫切需要了解和掌握贸易国的法律法规，中国和东盟各国的司法界也迫切需要了解和掌握对方国家的法律法规，以便为国际商贸活动提供法律服务。然而，中国和东盟以及东盟各国之间的司法制度都存在差别，涉及经贸、投资、知识产权等方面的法律规范都不一致，难免会影响对各种法律问题的认识和解决。为进一步优化中国—东盟自由贸易区建设的法治环境，增进中国与东盟国家之间的相互理解、尊重、信任和友谊，促进中国与东盟法学、法律界相互了解对方的法律制度，增进中国与东盟在经济、社会与法学、法律领域的密切联系，为中国与东盟全方位的合作提供智力支持，并推进中国—东盟自由贸易区争端解决机构的建立，2007 年 8 月，中国—东盟法律培训基地建成，这标志着中国与东盟法学、法律界在加强对话、交流与合作上迈出了更坚实的一步。基地揭牌仪式与"首期研修班"开班在中国广西民族大学举行。

中国—东盟法律培训基地作为中国—东盟间政府界、法学、法律界和商业界一个高层对话平台，为加强中国—东盟间法律文化的相互理解，增强本地区法律团体的社会责任感，促进本地区政治、经济和文化等各方面的发展创造了一个良好的法治环境，对加强了中国—东盟地区法律人才培养和人力资源开发起到重要的作用。至 2012 年，该基地成功举办了 6 期研修班，授课教师均为中国法学会批准聘请的马来西亚、新加坡等东盟国家的法律专家；来自东盟 10 国的政府官员、司法官员、律师等法学、法律界以及企业界人士共同参加了培训。在东盟国家留学深造的许多青年优秀法学、法律精英学成回国，成为推动中国—东盟法学法律界交流与合作，增进相互了解和友谊的"友好使者"。②

4. 中国—东盟法律研究中心

中国—东盟法律研究中心由中国法学会创设，以西南政法大学为依

---

① http：//www.sina.com.cn，访问时间：2005 年 9 月 02 日 14：16。
② 参见《中国法学会常务副会长刘飏在中国—东盟法律培训基地校友会 2012 年年会上的致辞》，http：//www.mzyfz.com，访问时间：2012 年 4 月 1 日 17：13。

托，2010年11月1日正式挂牌成立。该中心主要开展对中国与东盟法律的系统性、基础性和前瞻性研究，以此为中国—东盟自由贸易区的可持续发展保驾护航，为我国实施自贸区的战略提供制度建设的法学理论支撑。

中国—东盟法律研究中心的主要任务是：将法学学术和实务结合，开展法律教育培训和学习，建设人文基地；积极参与有关中国—东盟自由贸易区的立法准备活动，组织研究人员参与自由贸易区法律问题的咨询和论证；为实务部门开展实践活动提供研究平台和理论指导，最快最准确地反映中国东盟法律研究的最新成就和进展；组织和参与具有影响力的有关中国—东盟自由贸易区高端法律论坛，组织学术研讨会、学术报告会、专题座谈会等学术活动，开展学术交流；开展中国与东盟国家有关自由贸易区法律制度建设的研究项目，接受科研院所和企业有关东盟的咨询，组织跨国合作研究；接受国内外访问学者，培养和造就高层次的中国—东盟自由贸易区法律人才；为国家法律实务部门和法学教学、研究机构、律师界提供相关专业培训。①

第二节　东盟基本法律文件

东盟从成立之后，围绕其目标和任务，制定了一系列的法律文件，其中较为基本和重要的介绍为以下5个文件。

一　1976年《东南亚友好合作条约》

1976年2月24日，东盟国家政府首脑意识到把各国人民联结在一起的既存历史、地理和文化联系；渴望通过尊重公正、法规和法律以及加强彼此关系中的地区性恢复力来增进本地区的和平与稳定，在印度尼西亚巴厘岛举行的东盟第一次首脑会议上签署了《东南亚友好合作条约》（Treaty of Amity and Cooperation in Southeast Asia，TAC）。该条约是东盟基础性政治文件，共5章20条。目前除了东盟成员国外，中国、印度、日本、韩国、巴基斯坦、俄罗斯、新西兰、澳大利亚、法国、东帝汶、斯里兰卡、孟加拉国、朝鲜、美国、加拿大、土耳其、欧盟和英国也加入了该条约。中国是于2003年10月在印度尼西亚巴厘岛举行的第七次东盟与中国

---

① 参见《中国—东盟法律研究中心章程（试行）》。

(10+1) 领导人会议上正式加入的《东南亚友好合作条约》。

（一）条约的宗旨和原则

《东南亚友好合作条约》规定，该条约的宗旨是：促进缔约国间人民的持久和平、永远友好和合作，为各国力量的增强、团结和关系的进一步密切作出贡献。

为实现条约的宗旨，该条约要求各成员国在处理国与国之间的关系时，缔约国将遵循以下基本原则：

1. 各国相互尊重彼此的独立、主权、平等、领土完整和民族特性；
2. 每个国家都有维护其民族生存、反对外来干涉、颠覆和强制的权力；
3. 互不干涉内政；
4. 用和平方式解决分歧和争端；
5. 不以武力相威胁或使用武力；
6. 在缔约国间进行有效的合作。

（二）友好与合作

根据条约宗旨，《东南亚友好合作条约》要求各缔约国应努力发展和加强传统的文化和历史的友好、睦邻合作关系，并且应该真诚地履行本条约所规定的义务。为了加强相互间的了解，缔约国应当为成员国人民之间的接触和交往创造有利条件。

对于如何发展和加强友好、睦邻合作关系，该条约规定了各缔约国应当采取的措施和履行的义务：

1. 缔约国应当促进在经济、社会、科学和管理方面的积极合作，同时也要为在本地区实现国际和平与稳定的共同理想和愿望以及所有其他共同感兴趣的问题积极合作。

2. 为了履行上述合作的要求，缔约国应本着平等、互不歧视和互利的原则，多边和双边地作出最大的努力。

3. 为了加速建立繁荣与和平的东南亚共同体的基础，缔约国应当开展合作以促进本区域的经济增长。为此，缔约国应该为本国人民的利益更大限度地促进农业和工业生产，扩大贸易，改进经济基础结构。在这一点上，缔约国应该继续探索同其他国家以及本地区以外国家和地区性组织开展紧密有效的合作的所有途径。

4. 为了实现社会公正和提高本区域人民的生活水平，缔约国应加强经济合作。为了实现这一目标，它们应当为经济发展和相互援助而采取适当的地区性战略。

5. 缔约国应当努力在最大范围内开展最紧密的合作，并且应当探讨在社会、文化、技术、科学和管理领域提供便利的培训和研究条件，相互提供援助。

6. 缔约国应当努力为促进本区域出现和平、和谐和稳定的局面开展合作。为此，缔约国彼此间应当相互就国际和地区性问题保持定期的接触与磋商，以协调各自的观点、行动和政策。

7. 每个缔约国绝不能以任何形式或方式参与对其他任何一个缔约国的政治和经济稳定、主权和领土完整构成威胁的活动。

8. 缔约国应当按照自己的理想和愿望，努力加强各自在政治、经济、社会—文化和安全方面的国家恢复力，摆脱外来干涉和内部颠覆活动，以保持各自的国家特性。

9. 缔约国在努力实现本区域的繁荣和安全方面，应当本着自信、自立、相互尊重、合作和团结的原则以增强地区恢复力，这些原则将奠定在东南亚建立一个强大而充满活力的国家共同体的基础。

（三）和平解决争端

合作过程中的争端是难免的，对于如何解决争端，该条约规定了以下基本要求：

1. 通过和平解决争端。缔约国致力于防止争端的发生。当直接影响到它们的争端发生时，缔约国应不以武力相威胁或使用武力。在任何时候都应通过友好协商来解决它们之间的争端。

2. 通过地区内部程序来解决争端。为此，缔约国应当建立一个由各缔约国的一个部长级代表组成的高级委员会来受理已经出现的而且有可能破坏区域和平、和谐的争端或情况。如果争端国家无法通过直接协商达成解决，高级委员会可受理这种争端或情况，向有争议的各方建议适当的解决办法，诸如斡旋、调停、调查与和解。高级委员会可以直接斡旋，或者在争议各方同意的情况下建立调停、调查和调解委员会。在认为必要时，高级委员会可以建议采取适当的措施以阻止某一争端或情况的恶化。

另外，不排除在采用《联合国宪章》规定的其他程序前主动通过友好协商来解决争端。

（四）非东南亚国家的加入

1987 年 12 月 15 日和 1990 年 7 月 25 日，东盟外长会议两次修改了

《东南亚友好合作条约》,《第二修改议定书》内容为:"经东南亚所有国家,即文莱达鲁萨兰国、柬埔寨王国、印度尼西亚共和国、老挝人民民主共和国、马来西亚、缅甸联邦、菲律宾共和国、新加坡共和国、泰王国和越南社会主义共和国的同意,东南亚以外的国家也可加入"。从而使非东南亚地区的国家也可加入该条约。

二 1976年《东盟和睦宣言》

1967年《曼谷宣言》声明,东盟的宗旨为经济、社会和文化合作。将近10年之后,印度尼西亚共和国总统、马来西亚总理、菲律宾共和国总统、新加坡共和国总理和泰国总理于1976年2月24日签署了《东盟合睦宣言》,该宣言表明了东盟的政治特性和宗旨,即竭力促进和平、进步、繁荣和成员国人民的福利,保证巩固东盟取得的成就,将寻求政治稳定的合作视为东盟的头等大事。

(一) 目标和原则

为了寻求政治稳定,东盟合作着重考虑以下目标和原则:

1. 每个成员国和东盟的稳定就是对国际和平和安全的重要贡献。每个成员国决心消除破坏其稳定的威胁,从而加强国家和东盟的适应力。

2. 为早日将东南亚建成和平、自由和中立的地区,成员国将个别和集体采取积极措施。

3. 消除贫困、饥饿、疾病和文盲。要强化经济和社会发展合作方面,特别要强调促进社会公正和提高人民的生活水平。

4. 要防范因自然灾害和其他重大灾难而导致减缓成员国的发展步伐。对此,应尽力为遭受不幸的成员国提供救灾援助。

5. 成员国在国家和地区发展计划中采取合作行动,尽可能利用东盟地区可以利用的资源,扩大各自经济的互补性。

6. 成员国本着东盟团结的精神,只依靠和平的方式解决地区内部的分歧。

7. 成员国个别和集体地作出努力,在相互尊重和互惠互利的基础上,在东南亚国家中创造有利于促进和平合作的条件。

8. 成员国以互利关系为基础,依照自决、主权平等和不干涉国家内部事务的原则,大力发展地区同一性意识,竭力创造一个受所有国家尊重并尊重所有国家的强大的东盟共同体。

(二) 合作的框架

1. 政治合作

(1) 必要时召开成员国政府首脑会议；(2) 签署《东南亚友好合作条约》；(3) 尽快通过和平手段解决地区内部争端；(4) 立即考虑采取措施，使"和平、自由和中立的地区"无论在哪里都能得到承认和尊重；(5) 改进东盟机制，加强政治合作；(6) 就如何开展司法合作，包括《东盟引渡条约》的可能性进行研究；(7) 通过促进看法的一致来加强政治团结，在可能和适当的情况下协调立场，采取共同行动。

2. 经济合作

(1) 在基本商品，尤其是食品和能源方面进行合作。成员国将根据个体国家在紧急情况下需要优先供应，以及从成员国出口优先收购的基本商品（尤其是食品和能源）的情况，提供相互援助；成员国还将在该地区个体成员国的基本商品，尤其是食品和能源的生产方面进行合作。

(2) 在工业方面进行合作。成员国将合作建立大规模的东盟工业设施，专门满足重要商品的地区需求；利用成员国可利用的材料、有利于增加食品生产、有利于增加外汇收入或节约外汇，以及创造就业机会的项目将获得优先权。

(3) 在贸易方面进行合作。成员国将在贸易领域进行合作，其目的是促进新产品的开发和贸易的增长；改善个体成员国和东盟国家的贸易结构，使之有利于进一步发展，以及保护和增加它们的外汇收入与储备。经一致同意，成员国在适当的任何时候，可通过多轮谈判，朝着将建立优惠贸易安排作为长期目标的方向前进。成员国通过基本商品，尤其是食品和能源方面以及工业项目的合作，促进成员国之间扩大贸易。通过共同的努力，成员国要改善其原料和制成品在东盟外市场的销路，具体办法是：设法消除这些市场的所有贸易壁垒；开发这些产品的新用途；以及采用联合的方法和行动与地区性集团和单一经济强国打交道。通过努力，成员国还将通过技术领域和生产方法的合作，增加生产，改进出口产品质量和开发新的出口产品，达到出口多样化的目的。

(4) 采用联合的方法处理国际商品问题和其他世界经济问题。成员国应采用联合的方法，在联合国和其他相关多边论坛上处理国际商品问题和其他世界经济问题奠定了基础，以为建立国际经济新秩序做贡献。成员国还应通过包括调节性库存储备安排在内的商品协议和其他手段，优先稳定和增加其生产和出口的商品的出口所得。

3. 社会合作

（1）在社会发展领域进行合作，其重点是通过扩大有公平报酬的生产性就业机会，改善低收入群体和农村人口的福利；（2）支持东盟社会的所有成分，尤其是妇女和青年积极努力参与发展；（3）加强并扩大现有的合作，以应对东盟地区人口增长的难题；（4）在有可能的地方，制定新策略，与适当的国际组织进行合作；（5）加强成员国之间及与相关国际机构的合作，防止和根除吸毒与贩毒（麻醉品滥用与非法药品贩运）。

4. 文化与信息合作

（1）对东盟、东盟成员国及其国家语言的学习和研究要纳入成员国学校和其他学习机构的课程；（2）要支持东盟的学者、作家、艺术家和大众媒体在培育地区同一性和友谊方面发挥积极作用；（3）要通过国家学术机构的合作，促进东南亚研究。

5. 安全合作

根据成员国的相互需要和利益，继续在非东盟的基础上就安全问题进行合作。

三　2003年《东盟和睦宣言二》

2003年10月7日，东盟第九次首脑会议在印度尼西亚巴厘岛举行，与会的东盟10国领导人签署了一份在2020年成立类似于欧盟的"东盟共同体"的宣言，标志着东盟政治、经济、安全、社会与文化全面合作进入历史新阶段，并朝地区一体化迈进了一大步。这份文件进一步重申了东盟在政治、经济和社会与文化合作的宗旨，主要包括"东盟安全共同体""东盟经济共同体"和"东盟社会与文化共同体"三个内容。

（一）宣言的宗旨

为了实现充满活力、有凝聚力、有适应力和一体化的东盟共同体框架的构想，《东盟和睦宣言二》特作出如下宣告：

1. 为了确保该地区的持久和平、稳定和共同繁荣，将建立一个由三根紧密联结、相互补充的支柱——政治与安全合作、经济合作和社会—文化合作构成的东盟共同体。

2. 为了实现开放、充满活力和有适应性的东盟共同体，东盟将继续作出努力，确保成员国及其人民的更加紧密、互利的一体化，并促进地区的和平、稳定、安全、发展和繁荣。

3. 在团结、有地区适应力和协调的环境中，东盟将对各成员国内部的新动态作出回应，并将立即有效地应对这样的挑战：将东盟的文化多样性和不同的发展水平转化为平等的发展机会和繁荣。

4. 东盟将培育共同的价值观，例如讨论政治问题的磋商习惯和愿意就共同关心的问题分享信息，这些问题包括环境退化、海运安全合作、加强东盟国家的国防合作、开发一系列社会—政治价值观和通过和平手段解决长期存在的争端。

5. 《东南亚友好合作条约》是调节国家关系的关键行为准则，是促进这一地区和平与稳定的外交手段。

6. 东盟地区论坛（ARF）将继续是亚太地区加强政治、安全合作的主要论坛，而且是建设该地区稳定的支点。东盟将加强其在东盟地区论坛中进一步推进合作进程的作用，以确保亚太地区的安全。

7. 东盟承诺，要深化和拓宽其内部经济的一体化和与世界经济的联系，通过勇敢、实际和统一的战略实现东盟经济共同体。

8. 东盟将进一步以从"东盟+3"机制中获得的动力为基础，通过更广泛、更深入的多领域合作进一步引发最佳的协同作用。

9. 东盟将通过加强贸易和投资联系，通过实施《东盟一体化计划》（IAI）和《东盟一体化路线图》（RIA），抓住在现有计划和与合作伙伴合作的计划中出现的互惠互利的地区一体化机会。

10. 东盟将继续培育人道社会的共同体，并促进共有的地区同一性。

（二）东盟安全共同体（ASC）

1. 东盟安全共同体的构想是，将东盟的政治与安全合作提升到更高的水平，以确保该地区国家在公正、民主和融洽的环境中与其他国家和世界和平共处。东盟安全共同体成员将只依靠和平的方法解决地区内部的分歧，并认为它们的安全与其他成员有极其重要的关联，而且受到地理位置、共同理想和目标的制约。

2. 认识到成员国有实施其外交政策和国防计划的主权，考虑到政治、经济和社会现实有密切的相互关系，东盟安全共同体赞同的是与《东盟2020年展望》一致的，具有广泛政治、经济、社会和文化内涵的全面安全原则，而不是国防协议、军事同盟或联合外交政策。

3. 东盟将继续促进地区团结和合作。成员国将行使其领导国家生活、内部事务不受外来干涉的权利。

4. 东盟安全共同体将遵守《联合国宪章》和其他国际法的原则，并坚持东盟不相互干涉、一致同意决策、国家与地区的适应力、尊重国家主权、放弃威胁或使用武力，以及和平解决分歧与争端等原则。

5. 海运问题和对海运问题的关注实质上是跨境问题，因此，应该将其看作是地区性问题，并以整体、综合和全面的方式加以解决。东盟成员国间的海事合作将为东盟安全共同体的演进作出贡献。

6. 东盟现有的政治手段，例如《和平、自由与中立区宣言》（ZOPFAN）和《东南亚无核武器区条约》（SEANWFZ）将继续在信任关系建设措施、预防性外交和冲突解决方法等方面发挥关键作用。

7. 《东南亚友好合作条约》高级理事会将是东盟安全共同体的重要组成部分，因为它体现了东盟和平解决所有分歧、争端和冲突的承诺。

8. 东盟安全共同体将为进一步促进广阔的亚太地区的和平与安全作出贡献，并将体现东盟以大家都舒服的步调前进的决心。在这方面，东盟地区论坛将继续是地区安全对话的主要论坛，而东盟则是该论坛的主要动力。

9. 关于积极促使东盟的朋友和对话伙伴参与促进该地区的和平与稳定，东盟安全共同体是开放和外向的，并将以东盟地区论坛为基础，推动东盟与其朋友和伙伴就地区安全问题进行磋商。

10. 东盟安全共同体将充分利用现有的东盟机构和机制，着眼于加强国家和地区反击恐怖主义、毒品贩运、人员贩运和其他跨国犯罪的能力；并将努力确保东南亚地区继续没有任何大规模杀伤性武器。这将使东盟能够证明它更有资格和责任成为东盟地区论坛的主要动力。

11. 为了维护国际和平与安全，东盟安全共同体将探究如何与联合国和其他国际、地区组织加强合作。

12. 东盟将探究创新的方式，以增强其安全并确定东盟安全共同体的形态，主要包括以下要素：规范的建立、冲突预防、冲突解决办法和冲突后的和平建设。

（三）东盟经济共同体（AEC）

1. 东盟经济共同体是《东盟2020年展望》所概述的经济一体化最终目标的实现。这一目标是：到2020年，建成一个稳定、繁荣和高度竞争的东盟经济区，在这一区域中，商品、服务、投资自由流动，资本比较自由地流动，经济发展合理，贫困缓解，社会—经济差别缩小。

2. 东盟经济共同体的基础是，东盟成员的兴趣都集中于通过有明确时间性的现有计划和新计划，深化和拓宽经济一体化的努力。

3. 东盟经济共同体将把东盟建成一个单一的市场和产品基地，将把作为该地区特征的多样性转化为商业互补机会，使东盟成为全球补给链中更有活力和更牢固的一环。东盟的战略将由东盟一体化和加强东盟的经济竞争力组成。在朝东盟经济共同体迈进的过程中，东盟将着重抓好以下工作：创立新机制，制定新措施，加强其现有经济计划的执行，包括《东盟自由贸易区计划》（AFTA）、《东盟关于服务的框架协议》（AFAS）和《东盟投资区计划》（AIA）；加快优先领域的地区一体化进程；推动商务人员、熟练劳动力和人才的流动；加强东盟的制度机制，包括改善现有的《东盟争端解决机制》，确保任何经济争端得到迅速和有法律约束力的解决。作为实现东盟经济共同体的第一步，东盟将实施成立东盟经济一体化高级特别工作组的建议。

4. 为了解决发展分离的问题，通过《东盟一体化计划》和《东盟一体化路线图》加快柬埔寨、老挝、缅甸和越南的经济一体化，共享东盟一体化的利益，使东盟成员国能以统一的步伐前进，东盟经济共同体将确保东盟一体化的深化和拓展，伴随着技术与发展合作同步进行。

5. 要实现一个充分一体化的经济共同体，需要实施自由化和合作两方面的措施；需要加强其他领域的合作和一体化行动。这将主要涉及人力资源开发和能力建设；教育资格的承认；宏观经济和金融政策更加密切的磋商；贸易筹资措施；基础设施和通信的连通性得到加强；开发通过"电子东盟"（e-ASEAN）进行的电子交易；整合全地区的工业，促进地区的原料源；以及加强私营部门的参与。

（四）东盟社会—文化共同体（ASCC）

1. 根据《东盟2020年展望》设定的目标，东盟社会—文化共同体的构想是：东南亚在合作关系中结合成一个人道社会的共同体。

2. 依照1976年《东盟和睦宣言》规定的行动计划，这一共同体将培育以提高弱势群体和农村人口的生活标准为目标的社会发展合作，并将寻求所有社会成员的积极参与，尤其是妇女、青年和当地社区成员。

3. 东盟将在基本教育和高等教育、培训、科学与技术发展、创造工作机会和社会保护方面投入更多的资源,以确保其劳动人口能适应经济一体化的需要,并从中受益。人力资源的开发和加强是创造就业机会、缓解贫困、缩小社会—经济差别和确保经济合理增长的关键战略。东盟将继续努力,促进地区人员的流动和专业证书、人才和技能开发的相互承认。

4. 东盟将进一步强化公共卫生领域的合作,包括艾滋病病毒、艾滋病和 SARS 等传染病的预防和控制,并支持联合的地区行动,以增加对可承受医疗服务的享用。当贫困和疾病受到控制,东盟人民得到足够的卫生保健保障时,这一共同体的安全就得到了加强。

5. 共同体将培养人才,促进东盟学者、作家、艺术家和媒体从业人员的互动,以有助于保护和促进东盟丰富多彩的文化遗产,培育地区同一性,促进人民的东盟意识。

6. 这一共同体将强化致力于解决该地区人口增长、失业、环境退化、跨境污染和灾害处理等问题的合作,使共同体成员能充分认识其发展潜力,增强其东盟精神。

四　《关于南中国海各方行为宣言》

（一）宣言的制定背景

冷战结束后,东南亚各国的安全关系重新组合,南海问题成为东盟国家关心的地区安全问题之一。1992 年 7 月,针对中国当年通过的领海法和与美国克里斯通公司签订万安滩的石油合同,东盟（只有文莱、印尼、马来西亚、菲律宾、新加坡和泰国 6 国）外长在马尼拉召开会议,通过了《关于南中国海问题的宣言》（又称《马尼拉宣言》）,这是东盟首次在南海问题上进行合作。宣言认为南海的形势关系到地区和平与稳定,呼吁各国保持克制,以和平方式解决争端以及拟定《南海行为准则》（COC）等。2002 年 7 月,在文莱召开的第 35 届东盟外长会上,马来西亚提议将 COC 标题改为"南中国海各方行为宣言"（DOC）。东盟外长会议就此达成一致,在重申继续致力于制定和通过南海行为准则将进一步促进南海地区和平与稳定的同时,决定先制定法律约束力弱于 COC 的政治性文件,即《关于南中国海各方行为宣言》（DOC）。在金边举行的中国与东盟领导人会议期间,中国与东盟各国政府于 2002 年 11 月 4 日正式签署了《关于南中国海各方行为宣言》。

（二）宣言的主要内容

《关于南中国海各方行为宣言》共有 10 项条款,为解决南海争端确立了非常清晰的基本准则，两项核心原则：一是通过友好协商和谈判，以和平方式解决南海有关争议，而不诉诸武力或以武力相威胁；二是在争议解决之前，各方承诺保持克制，不采取使争议复杂化和扩大化的行动。其他有关主要内容如下：

1. 南海争端的解决必须严格遵守公认的国际法基本原则。《宣言》明确提出，《联合国宪章》的宗旨和原则、《联合国海洋法公约》、《东南亚友好合作条约》以及"和平共处五项原则"中共同宣示的原则是处理南海区域国家间关系的基本准则。这些原则包括维护国际及地区间的和平与安全、互相尊重国家主权、以和平方式解决国际争端、禁止非法使用武力等重要的国际法基本原则。

2. 南海各方在平等和相互尊重的基础上首先要确立互信关系。在解决国际争端过程中，确立互信关系相当重要。国际争端的形成往往是因争端当事方对引起争端之事实及法律依据的理解差异，甚至是误解所造成，在这一过程中再掺杂各种相互猜忌、相互敌视的因素，只能造成彼此间裂痕加深、冲突加剧，无益于争端的顺利解决。因此，《宣言》提出的建立互信关系是为解决南海争端明确了方向。《宣言》还进一步明确互信机制的具体内容包括：搭建对话交流平台、保证善待争议区居民和建立通报制度。

3. 南海争端应由"直接有关的主权国家"来解决。这里所谓"直接有关的主权国家"，是指南海区域的争端当事国及其他南海沿海国，实际上就是中国与东盟国家。该项规定是将非南海区域国家排除在南海领土争端谈判主体之外，以防各种国际势力、国际因素不正常介入，从而对南海领土争端的解决形成不必要的干扰和影响。因为非南海区域国家的介入非但不能促进南海争端的解决，相反会导致南海问题的复杂化，加剧南海区域国家之间的矛盾，成为影响南海问题解决的消极因素。排除非南海国家介入，以屏蔽国际社会某些消极因素是十分必要的。

4. 南海争端解决的方式为有关当事方的友好磋商和谈判。尽管在国际实践中，所谓"和平解决争端"的方式是多种多样的，包括谈判、协商、斡旋、调停、国际调查、和解、国际仲裁、司法解决等，但考虑到南海领土争端的复杂性和沿海各国的立场，《宣言》主张采取最直接、最具灵活性、最能体现争端各方意志的磋商和谈判的方式，以确保各方利益在自主状态下得到充分的和最好的维护。

5. 在解决南海争端之前各方应先冻结占领现状。所谓"冻结占领现状",并非是指对占领现状的承认或认可,而是阻止南海有关国家继续抢占岛礁的行为,以防南海争端的复杂化和扩大化。《宣言》要求南海有关国家,要自我克制,避免采取可能使争端复杂化、升级和影响和平与稳定的行动,包括不采取行动占据无人居住的岛屿、海礁、沙洲、珊瑚礁和其他地貌,以建设性的方式处理它们的分歧。

在和平解决领土和管辖权争端之前,《宣言》要求相关当事方保证加强努力,本着合作与谅解的精神,寻找在它们之间建立信任和信任关系的方法,包括:(1)在它们的国防和军事官员之间举行适当的对话并交换看法;(2)确保所有处于危险或陷于不幸的人得到公正和人道的对待;(3)在自愿的基础上,向其他相关当事方通报任何即将发生的事件或联合军事演习;(4)在自愿的基础上交流相关信息。

6. 在全面和永久解决争议之前南海有关各方可探讨或开展国际合作。《宣言》明确规定,合作领域可以涵盖海洋环保、海洋科学研究、海上航行和交通安全、搜寻与救助、打击跨国犯罪等方面。虽然南海各国基于各种原因在诸多问题上存在着严重的分歧和矛盾,但这并不妨碍和影响各国间在南海区域内开展各类国际合作。加强合作同样有助于南海各国间增进理解、缓和矛盾、抚平裂痕、达成共识,为最终解决争端铺平道路。

五 《东盟宪章》

《东盟宪章》全称《东南亚国家联盟宪章》,这是东盟成立40年来第一份具有普遍法律意义的文件。

(一)《东盟宪章》制定背景

2004年11月,东盟领导人签署《万象行动计划》,正式将制定《东盟宪章》列为东盟的一个目标;2005年12月,东盟领导人签署《吉隆坡宣言》,并指定一个由10人组成的"名人小组"负责为宪章的制定提供建议;2007年1月,东盟领导人确认了"名人小组"提出的关于制定《东盟宪章》的具体建议,同时签署了关于制定《东盟宪章》的宣言,并指定一个由10人组成的"高级别特别小组"负责起草宪章文本;2007年7月,"高级别特别小组"向东盟外长会议提交宪章草案;2007年11月20日,东盟领导人在新加坡举行的第13届首脑会议上签署《东盟宪章》。随着时代变迁,东盟面临的任务在发生变化,但东盟各国渴望团结、呼吁和平和力图发展的愿望没有改变。《东盟宪章》的签署是东盟在发展历程中迈出的重要一步,将把东盟一体化建设推向更高水平。宪章首次明确写入了建立东盟共同体的战略目标,就东盟发展的目标、原则、地位以及框架等作出了明确规定。

(二)《东盟宪章》的主要内容

《东盟宪章》一共十三章五十五条,主要内容包括:

1. 东盟的目标

(1)维护和促进区域和平、安全和稳定,更进一步地巩固和平的价值导向。(2)大力加强政治、安全、经济和社会文化的合作,提高区域的防御力。(3)保持东南亚作为一个无核武器和其他大规模杀伤性武器的区域。(4)确保东盟的公民和成员国在尽可能公正、民主和和谐的环境中与世界和平共处。(5)创造一个以稳定、繁荣和高度竞争为基础,可高效、便利进行贸易和投资的专门性市场和产品基地,实现商品、服务和投资自由流动;商人、专业人士、人才和劳工便利的运转;资本自由流动的综合经济。(6)在东盟内部通过相互的协助和合作减少贫穷,缩小发展的差距。(7)巩固民主、增进好的管理和法治;提升和保护人权和基础性自由,应被视为东盟成员国的权利和义务。(8)依据全面的安全原则,对各种形式的威胁、跨国犯罪和跨国界的挑衅及时作出回应。(9)加强可持续发展以确保地区环境得到保护,自然资源能够维持,文化遗产得到保存,公民能拥有高品质的生活。(10)通过紧密合作的发展教育,加强个人终身学习和提高科学技术,巩固东盟共同体,使东盟公民能够发展人类资源。(11)提供给东盟公民公平的个人发展渠道、社会福利和正义,提高社会福利和个人的谋生能力。(12)加强合作,为东盟公民建立一个安全、可靠、无毒的环境。(13)促进形成一个东方人的东盟,所有的社会成员都独立参与并从中获利,加快东盟一体化进程和东盟共同体的建立。(14)通过挖掘更好的不同文化意识和地区性遗产,促进东盟的统一性。(15)保持东盟集中性和积极的形象,体现其在对外关系和合作上的初步操纵实力,并在地区体系结构中展现其公开性、透明性以及包容性。

2. 东盟及其成员国应遵守的原则

《东盟宪章》要求东盟和它的成员国组织应该按照以下原则来约束自己的行为:(1)尊重所有东盟成员国的独立、国家主权、平等、领土完整以及国家尊严。(2)在推进区域间的和平、安全和繁荣方面拥有共同的承诺和集体责任。(3)放弃攻击性的、威胁性的或是使用暴力以及其他任何违背国际法的行为。(4)依靠和平的纠纷解决方式。(5)不干涉东盟成员国的内部事务。(6)尊重每个成员国组织抵抗外部的干涉、颠覆和胁迫以维护其自由生存的权利。(7)加强在严重影响东盟共同利益问题上的讨论和协商。(8)遵循法律规则、采取好的治理方式、民主原则和合宪政府。(9)尊重基本自由,推进人权的保护和社会正义。(10)支持联合国宪章和国际法,包括东盟成员国签署的国际人权法。(11)不参加被任何东盟成员国或非东盟成员国以及任何非东盟成员国组织的行动者劝导的威胁东盟成员国的国家主权、领土完整以及政治和经济的稳定活动。(12)尊重东盟人民的不同文化、语言和宗教信仰,同时强调他们在异中求同精神中的共同价值。(13)保持东盟在对外政治、经济、社会和文化联系的集中性,保持积极参与的、开放的、包容的和无歧视的状态。(14)坚持多边贸易规则和以东盟规则为基础的政治制度,为了在以市场为驱动力的经济中有效完成经济目标并且逐渐减少直至消除影响区域经济一体化的所有障碍。

3. 东盟的法律地位

《东盟宪章》对各成员国具有约束力,赋予东盟法人地位。东盟原先只是一个国家间的松散联合体,是准国际组织,并非一个联盟。最显著的特征是它没有法律意义上的组织章程,没有规范的决策和约束机制。《东盟宪章》使得东盟的法律地位发生了变化,在国际舞台上,可以单独签署条约,并就国际问题发表自己的看法。

4. 东盟的组织架构

《东盟宪章》规定的主要组织机构是:(1)东盟首脑会议(东盟峰会)。东盟首脑会议为东盟最高决策机构,每年举行两次会议。东盟成员国领导人在峰会上决定有关东盟一体化的关键问题,决定发生紧急事态时东盟应采取的措施,任命东盟秘书长。(2)东盟协调理事会。东盟协调理事会由东盟各国外长组成,每年举行至少两次会议。(3)东盟共同体理事会。东盟共同体理事会由政治安全理事会、经济理事会和社会与文化共同理事会组成。每个成员国必须派出本国代表出席东盟共同体理事会会议。(4)东盟人权机构。依据《东盟宪章》关于促进保护人权和基本自由的目的和原则,东盟设立东盟人权机构,致力于改进本地区人权状况。

5. 《东盟宪章》的生效与修改

根据《东盟宪章》的规定，成员国领导人签署该文件后，各个成员国需要根据各自的法定程序批准这一文件。批准的文本需要存放在东盟秘书长处。自最后一个成员国提交批准文本 30 日后，《东盟宪章》即可生效。《东盟宪章》于 2008 年 12 月 15 日正式生效。《宪章》规定宪章实施 5 年后，可以对其内容进行审议和修订。成员国都有资格对修改内容提出意见和建议。修订的内容需经东盟领导人会议"一致通过"，并交由所有成员国根据各自法定程序批准。批准后的修订内容自最后一个成员国递交批准文本 30 日后生效。

6. 其他

《东盟宪章》将英文定为东盟的工作语言，并规定每年 8 月 8 日为"东盟日"，并对东盟旗帜、徽章作出相关规定。

第三节 东盟合作

一 东盟共同体的提出和发展

东盟共同体，即东盟国家在共同利益和地区认同的基础上作为一个整体出现在国际交流中，以维护盟国的权利和利益的实体组织，它由东盟安全共同体、东盟经济共同体和东盟社会文化共同体三部分组成。

早在 1992 年举行的第四次首脑会议上，东盟就提出建立自由贸易区，力争通过推进贸易自由化提高区域合作水平和经济一体化建设，增强东盟的整体实力。随着经济合作的不断深化，特别是经历了 1997—1998 年的亚洲金融危机，东盟国家普遍认识到，只有在政治、经济、安全、社会与文化等领域加强合作，建立自觉应对外部冲击的多种机制，才能保证区域的安全、稳定与发展。这样，建立一个类似于欧盟的"东盟共同体"的设想便应运而生，意图使较为松散的、以进行经济合作为主体的地区联盟转变为关系更加密切的、一体化的区域性组织。

2003 年 10 月，第九届东盟首脑会议发表的《东盟和睦宣言二》，正式宣布将于 2020 年建成东盟共同体。2004 年 11 月，第十届东盟首脑会议通过了为期 6 年的《万象行动纲领》，以及《东盟安全共同体行动纲领》和《东盟社会文化共同体行动纲领》，并正式将制定《东盟宪章》列为东盟的一个目标，为东盟共同体建设寻求法律保障。2007 年 1 月，第

12届东盟首脑会议在菲律宾宿务举行,签署了《宿务宣言》,决定提前于2015年实现三个共同体。2007年11月,第13届东盟首脑会议通过了《东盟宪章》,明确将建立东盟共同体的战略目标写入宪章。与此同时,会议还通过了《东盟经济共同体蓝图》,重申在2015年之前建成东盟经济共同体。2009年3月,第14届东盟首脑会议发表了《东盟共同体2009—2015年路线图宣言》,签署《东盟政治安全共同体蓝图》和《东盟社会文化共同体蓝图》,就如期在2015年实现东盟共同体提出了战略构想、具体目标和行动计划。2012年11月18日,在第21届东盟首脑会议上,东盟10国领导人同意将在2015年底建立东盟共同体。

二 东盟安全共同体

(一) 东盟安全共同体的构想

在2003年召开的第九届东盟首脑会议上通过的《东盟和睦宣言二》第一次提出了要建立"东盟安全共同体",将"东盟的政治与安全合作提升到更高的水平,以确保该地区国家在公正、民主和和谐融洽的环境中与其他国家和世界和平共处"作为东盟安全共同体的构想。东盟安全共同体赞成实施全面安全的原则,承认该地区的政治、经济和社会生活具有很强的相互依赖性。因而,把政治和社会稳定、经济繁荣和公平发展看作东盟共同体的坚实基础。就外部关系而言,东盟安全共同体将对进一步促进亚太地区的和平与安全、加强东盟作为东盟地区论坛推动力的作用,以及继续增强东盟与对话伙伴和朋友的合作作出贡献。

(二) 东盟安全共同体的战略要点

为实现上述构想,2004年11月,第十届东盟首脑会议通过了为期6年的《万象行动纲领》和《东盟安全共同体行动纲领》提出了建设东盟安全共同体的五大战略,即政治发展、形成和共享规范、冲突预防、冲突解决和冲突后的和平建设。

1. 关于政治发展

东盟安全共同体所需要的政治环境是:东盟成员国在其中坚决坚持用和平的方法解决地区内部的分歧,并把自己的个体安全看作是地理位置、共同看法和共同价值观的根本联系和约束。为保持这种政治环境,东盟的政治发展战略是:通过增加人员交往和双向活动,促进对成员国政治制度、文化和历史的了解和欣赏;保障人的权利和义务;为建立促进东盟成员国信息自由流动的制度框架奠定基础；在成员国之间建立相互支持和协助的项目，进行战略开发，以加强法治、司法体系和法律基础设施；加强公民社会的效力和效率；加强对公、私部门的优质管理；在推进东盟政治发展的活动中增加非政府组织的参与，例如东盟议会交流组织（AIPO）、东盟人民会议（APA）、东盟工商顾问委员会（ABAC）、东盟战略与国际研究学会（ISIS）和学术界，特别是东盟大学网络（AUN），并加强东盟基金会的作用；防止并打击腐败。

2. 关于规范的形成和共同遵守

为了有助于在一个民主、宽容、参与和开放的社会中建设集体责任和形成良好的行为标准或共同遵守的规范，使之成为巩固和加强东盟团结、凝聚力与和谐的手段，形成并共同遵守规范，其战略包括：启动开发《东盟宪章》的准备工作；鼓励非东盟国家加入《东南亚友好合作条约》；确保全面实施《南中国海各方行为宣言》，并为通过《南中国海地区行为准则》努力；努力解决突出的问题，确保核武器国家签署《东南亚无核武器区（SEANWFZ）条约议定书》；为缔结《东盟相互法律援助协议》、召开东盟反恐会议和按1976年《东盟和睦宣言》的构想制定《东盟引渡条约》而努力。

3. 关于冲突预防

东盟将《东南亚友好合作条约》作为调节国与国关系的关键行为准则、促进地区和平与稳定的关键外交手段，在其相关原则的指导下，预防冲突的战略是：通过增加军队官员和文职人员之间交流和互动的机会，加强信任关系建设措施，并促进军事演习观察员的自愿交流；通过东盟成员国之间出版物、安全观点或国防白皮书的交流，以及地区政治与安全发展情况的自愿通报，促进国防政策和威胁观的透明度，并增进对其的了解；在现有机制的基础上开发东盟早期预警系统，预防冲突的发生与升级；增强东盟地区论坛的机制；通过地区合作行动抗击跨国犯罪和其他跨境问题；建立由东盟秘书处管理的东盟武器注册制度，与东盟地区论坛采取的相似行动保持一致；促进东盟海事安全合作。

4. 关于冲突的解决

为支持所有成员国全面解决冲突的集体利益，为建立持久的和平与安全，在继续使用国家、双边和国际争端解决机制的同时，东盟将解决冲突的战略聚焦于创新形式的探究，主要是：利用一些东盟成员国现有和计划中的维和中心,创立维护和平与稳定的地区安排;以现有的太平洋争端解决模式为基础,在需要时用附加机制增强这些模式;联合进行冲突处理和解决方面的研究,并在优秀的东盟中心之间进行与和平相关问题的交流。

5. 关于冲突后的和平建设

和平建设需要特定类型的多学科专门知识和机构,为可以维持的和平和预防冲突再次创造必要的条件。因此,冲突后和平建设的战略是:通过在冲突地区提供安全避难所来加强人道主义援助;正在经历冲突后解决问题的过程和正在恢复的地区实施人力资源开发计划和能力建设计划;为建立东盟(人道主义危机处理/援助)中心努力工作;通过教育交流和课程改革舒缓社会之间的紧张;增加调解方面的合作,促进和平文化发展。

三 东盟经济共同体

(一) 东盟经济共同体的目标

《东盟和睦宣言二》确定的目标是:到2020年,建成一个稳定、繁荣和高度竞争的东盟经济区,在这一区域中,商品、服务、投资自由流动,资本比较自由地流动,经济发展合理,贫困缓解,社会—经济差别缩小。《东盟经济共同体蓝图宣言》则提前了目标的进程:于2015年建成统一市场和生产基地,在此框架之下实现货物、服务、投资和技术工人的自由流动,以及更自由的资本往来;确保经济平衡发展、消除贫困和社会经济差距的两大目标。

(二) 东盟经济共同体的战略要点

为了实现东盟经济共同体的目标,《万象行动计划》要求2010年之前在汽车、农业等11个优先领域尽早实现自由化;为缩小各成员国之间的经济差距,要采取建立"东盟开发基金"等具体措施。

2007年的《东盟经济共同体蓝图宣言》则宣告了东盟经济一体化的四大经济支柱,即为实现东盟经济共同体的目标,要把东盟转化为一个统一的市场和生产基地,一个极具竞争力的经济区,一个经济平衡发展的经济区,以及一个与全球经济接轨的区域。其中建立统一市场和生产基地是当前的重点。

(三) 东盟经济共同体建设的主要内容

1. 一个统一的市场和生产基地

这当中应当包括5个主要内容:(1) 商品自由流动;(2) 服务自由

流动；(3) 投资自由流动；(4) 资本自由流动；(5) 技术工人自由流动。另外，统一市场和生产基地也应该包括首选一体化产业和食品、农业、林业产业两个要素。

2. 一个极具竞争力的经济区

这当中应当包括 6 个主要内容：(1) 要有培养公平竞争的文化的竞争政策；(2) 要以人为本，所采取的一切措施都不能损害消费者的权益，各种相关的经济措施应当与保护消费者的措施同时发展；(3) 要保护知识产权，各种知识产权政策要有助于培养有活力的创造性文化，确保所有利益相关者公平、平等地从中获利；(4) 要加强物流、运输、信息、能源、采矿业等方面的基础设施的合作与建设；(5) 要通过双边协议避免双重征税；(6) 要实施《电子东盟框架协议》为电子商务提供法律基础，使东盟内网上商品贸易（电子商务）成为可能。

3. 一个经济平衡发展的经济区

这当中应当包括两个主要内容：(1) 要实施《东盟中小型企业发展政策蓝图》，促使中小型企业的发展；(2) 要解决东盟各国发展差异的问题，加速较不发达成员国的经济一体化的融合，使一体化所带来的利益能够被所有的成员国所分享。

4. 一个与全球经济接轨的区域

这当中应当包括两个主要内容：(1) 要与东盟外经济协调一致，在处理与东盟区域外经济关系的时候，成员国要保持"东盟向心力"；(2) 要提高在全球供应链的参与度。

四 东盟社会—文化共同体

（一）东盟社会—文化共同体的目标和战略要点

为了实现《东盟和睦宣言二》使东南亚在合作关系中结合成一个人道社会的共同体的构想，《万象行动计划》围绕"为和谐和以人为中心的东盟的持续发展培育人力资源、文化资源和自然资源"的主题，从四个方面进行战略推进：致力于解决贫困、平等和经济增长影响问题的强有力的社会保障功能体系；促进环境的可持续能力，促进适应当前和未来需求的可持续的自然资源管理；控制经济一体化影响的社会管理方法；以及地区文化遗产和文化同一性的保护和促进。《东盟社会—文化共同体蓝图》则重申了该共同体的共同目标：建立一个以人为本、有社会责任感、以实现东盟各国人民和国家间的团结、稳定和统一，塑造共同的身份，建立一个共同关怀、福祉共享、包容与和谐的社会，以促进相互理解、睦邻友好和共同的责任意识。

（二）东盟社会—文化共同体的特点

根据2004年第十次东盟首脑会议上通过的《东盟社会—文化共同体行为计划》，该共同体应具有这样一些特征：

1. 超越宗教、种族、语言、性别和社会文化背景障碍，每个人都平等地享有各种发展机会。

2. 充分培养人的潜能，使每个人都能参与世界竞争，这对其福利和尊严至关重要。

3. 通过处理贫困和平等问题，以及给予那些可能会受到凌辱、忽视和歧视的脆弱群体——儿童、青年、妇女、老人、残疾人以特别关爱，来坚持社会和分配的公正原则。

4. 保护环境和自然资源，使其可持续发展，为后代留下遗产。

5. 公民社会为政策选择提供依据。

6. 人民身心健康，生活在和谐与安全的环境中。

7. 东盟公民通过历史联系和文化遗产的共同体意识相互交往，通过共同的地区认同结合在一起。

《东盟社会—文化共同体蓝图》归纳了6个特点：（1）人类发展；（2）社会福利和社会保障；（3）社会正义和公民权利；（4）确保环境和可持续发展；（5）建立东盟身份认同；（6）缩小发展差距。

（三）东盟社会—文化共同体建设的内容

1. 《东盟社会—文化共同体行为计划》要求加强以下方面合作：

（1）促进社会发展方面的合作，提高弱势群体和农村人口的生活水平，同时寻求各阶层积极参与其中，特别是妇女、青年和当地社团的参与。

（2）投入更多的资源用于基础教育、技术培训、科技开发、工作岗位的创造和社会保护，促进人员的地区流动、专业证书和专业技能的相互承认和技术的开发。

（3）进一步加强公共健康领域的合作，包括传染病如艾滋病、非典型肺炎的预防与控制，支持地区性的共同行动以增加可获得医药的渠道。

（4）培育人才，促进东盟学者、作家、艺术家、媒体从业者相互交往，保护和推广东盟多元文化遗产，培养地区认同和东盟意识。

（5）在解决地区的人口增长、失业、环境恶化、跨境污染、自然灾难等问题上加强合作，挖掘各成员国的发展潜能，促进东盟精神。

2.《东盟社会—文化共同体蓝图》对于东盟社会—文化共同体的设想的具体内容确定为：

（1）在人类发展方面。要提高东盟各国人民的生活水平。为他们提供公平的准入和发展机会，增加教育和终身学习的投资和机会，加强人力资源培训和能力建设，鼓励创新和企业家精神，促进英语、信息通信技术和社会发展活动中科学技术的运用能力。

（2）在社会福利和社会保障方面。东盟致力于加强福祉和改善各国人民的生活，通过减轻贫困，确保社会福利和保障，建设一个安全、可靠和无毒品的环境，提高抗灾能力和解决健康及发展问题。

（3）在社会公正和公民权利方面。东盟致力于将促进社会正义和主流人民在生活的所有领域的权利纳入其政策，包括公民权利和处境困难时享受社会福利的权利，易受伤害的群体如妇女、儿童、老年人和边缘化的移民群体的权利。

（4）在确保环境和可持续发展方面。东盟将努力实现可持续发展，通过保护经济和社会发展的自然资源基础来保护清洁和绿色的环境，其中包括通过对土壤、水源、矿产、能源，保护生物多样性，通过对森林、海洋及其资源，以及水和空气质量的改善与管理来促进东盟地区的可持续发展。东盟还积极参与解决全球性环境问题，包括气候变化和臭氧层保护，以及开发和改善发展需要对环境无害的技术，确保环境的可持续性。

（5）在建设东盟的身份认同方面。因东盟的身份是东南亚地区的利益基础和集体人格、规范和信仰以及作为一个东盟共同体的愿望，故东盟将立足于统一的多样性精神，主要促进不同层次社会的共同意识和价值观。要加强成员国之间的文化、历史、宗教和文明的更深层次的相互了解；促进东盟的文化遗产保护和文化产业的创造力；建设一个以人为本的东盟。

（6）在缩小发展差距方面。要加强合作以减少发展差距，特别是老东盟6国与柬埔寨、老挝、缅甸和越南之间的差距，坚持在东盟内部一些欠发达地区增加开发投入。

参考文献

王泽编译:《东盟》,法律出版社2006年版。

刘欣主编:《中国东盟互联互通》,中国铁道出版社2011年版。

张晓君主编《中国—东盟法律评论》第1辑,厦门大学出版社2011年版。

中国—东盟自由贸易网,http://www.chinaaseantrade.com/。

中国—东盟法律网,http://www.zgdmlaw.con/。

第二章

马来西亚法律制度

第一节 马来西亚概况

一 自然地理与民族结构

（一）地理

马来西亚（Malaysia），面积33万平方公里，位于东南亚，地处太平洋和印度洋之间。国土被南中国海分成东马来西亚和西马来西亚两部分。西马来西亚为马来亚地区，位于马来半岛南部，北与泰国接壤，西濒马六甲海峡，东临南中国海；东马来西亚位于加里曼丹岛北部。马来西亚的首都是吉隆坡。

马来西亚海岸线总长约4192公里，拥有200海里专属经济区，领海12海里。马来半岛西岸有兰卡威群岛（由99个小岛组成）、槟榔屿岛和邦克岛；东岸有刀曼岛、雷胆岛、卡马斯岛、普汉亭岛和拉互岛。马来西亚沿海为平原，内陆为丘陵和高山。最高为基纳巴卢山峰，海拔4100米。基纳巴干河为第一大河流，长560公里，流域面积1万平方公里。①

马来西亚全国分为13个州，包括西马来西亚的柔佛、吉打、吉兰丹、马六甲、森美兰、彭亨、槟榔屿、霹雳、玻璃市、雪兰莪、丁加奴以及东

---

① 王义明主编：《马来西亚经济贸易法律指南》，中国法制出版社2006年版，第1页。

马来西亚的沙巴、沙捞越,另有三个联邦直辖区:首都吉隆坡、纳闽和普特拉贾亚(Putra Jaya,联邦政府行政中心)。

(二)民族结构

作为一个多民族的国家,马来西亚有 30 多个民族。据马来西亚统计局 2010 年的统计,马来西亚人口总数为 2833 万人,其中马来人 67.4%,华人 24.6%,印度人 7.3%,其他种族 0.7%。

马来人(Malays),马来语作 Orang Melayu,又称巫族。主要生活在马来半岛及与之毗邻的东南亚部分岛屿上,也包括毗邻地区苏门答腊东海岸、婆罗洲沿岸以及位于其间的诸小岛上的种族。马来人的祖先大约在公元前 3000 年和公元前 1000 年先后分两批,自亚洲大陆迁移而来,经与土著融合,先后形成原马来人和新马来人,成为今日马来人的直系祖先。

马来西亚的华人大多是来自中国东南沿海的福建、广东等省的汉族人。早在唐代,就有中国商人和僧侣侨居马来西亚,19 世纪以后大批移入。20 世纪 40 年代末,随着新中国成立及马来西亚国籍政策的变更,新的华人几乎不再移入。今天,80% 以上的马来西亚华人都是当地出生的华裔。

二 历史、文化与宗教

(一)马来西亚简史

公元初马来半岛建立了羯荼、狼牙修、古柔修等古国。公元 3 世纪,马来半岛处于柬埔寨扶南王国统治范围内。公元 7—13 世纪,随着苏门答腊的释利佛逝(Srivijaya)王朝和满者伯夷(Majapahit)王朝的先后崛起,马来半岛也落入这两个王朝的掌控中。15 世纪初以马六甲为中心的满剌加王国统一了马来半岛的大部分,并发展成当时东南亚主要国际贸易中心及伊斯兰教中心。1400 年,一位图马希克(音译,现在的新加坡)的逃亡统治者在马六甲建立了一个公国,从此,印度和阿拉伯的穆斯林传教士将伊斯兰教传入马来半岛。

1511 年,葡萄牙人征服了马六甲,成为欧洲第一个在马来西亚建立势力的殖民强权。1641 年荷兰人再次征服马六甲。从 1786 年起,英国人先后征服了马来半岛北端的槟榔屿、马六甲和新加坡,于 1826 年组成了海峡殖民地。1824 年英荷两国达成协议,由英国统治马来半岛,由荷兰统治印度尼西亚,英荷条约规定了英属马来亚和荷属东印度群岛(即后来的印度尼西亚）之间的界线。英国于 1867 年正式接管马来半岛。沙捞越、沙巴历史上属文莱，1888 年两地沦为英国保护国。20 世纪初，英国人为了开发锡矿和树胶园，从中国及印度大量引进劳工，彻底改变了马来西亚的种族结构和社会特征。

第二次世界大战期间，马来亚、沙捞越、沙巴被日本占领。"二战"后英国恢复其殖民统治。1957 年 8 月 31 日马来亚联合邦在英联邦内独立。1963 年 9 月 16 日，马来亚联合邦和新加坡、沙捞越、沙巴合并组成马来西亚。由于东姑阿都拉曼及李光耀的政治分裂，1965 年 8 月 9 日新加坡宣布退出马来西亚联邦。

（二）文化习俗

1. 节日

马来西亚的多民族构成，形成了马来西亚特有的宗教文化和风俗习惯。据不完全统计，马来西亚全国大大小小的节日和庆典约有上百个，这些节日反映了这个多民族国家的多元宗教、文化和风俗习惯。马来西亚将 8 月 31 日定为国庆节（又称独立日），并由政府规定全国性节日 10 个，其中除少数节日有固定日期外，其余节日的具体日期由政府在前一年统一公布。除了上述全国性的重大节日外，马来西亚各州、各民族也保留有各自的传统节日，如华人的清明节、端午节、中秋节，印度人的九霄节、盗火节、万灯节等，马来西亚整年都有丰富的文化狂欢庆典活动。

2. 习俗

马来人是热情、大方、讲究礼节的，在马来人相互交往的过程中，形成了独特的习俗和禁忌。马来西亚人忌讳数字"零""四"和"十三"，忌用黄色，忌讳使用猪皮革制品，忌用漆筷（因漆筷制作过程中使用了猪血），忌谈及猪、狗的话题。在公共场合马来西亚人的衣着不得露出胳膊和腿部，不穿黄色衣服。

受伊斯兰教的影响，大多数马来人喜食牛、羊肉、鱼虾等海鲜和鸡、鸭等家畜以及新鲜蔬菜，忌食狗肉和猪肉，并禁酒，用餐时十分讲究卫生和礼节。

马来西亚人认为左手是不干净的，不能用左手为他人传递东西，在不得不使用左手时，一定要说："对不起"，见面握手时也一定要用右手。马来人认为以食指指人是对人的侮辱，头被认为是神圣的部位，不可触摸头部，进入清真寺、庙宇及马来西亚人的屋子前必须先脱掉鞋子，一些清真寺还会供应长袍和头巾给女性参观者。

马来西亚特有的民族结构与历史，使得马来西亚成为众多伊斯兰国家中融合了东西方文化的开放性国家。

3. 教育

马来西亚国家教育由公立教育和私立教育两大部分组成。公立教育是联邦政府的责任，私立教育是由私立教育机构提供（非政府资助）的教育措施。这些机构为学生提供取得证书、文凭及学位的机会。马来西亚拥有从学前教育到高等教育的完善教育体制。马来西亚教育部（Ministry of Education，Malaysia）和马来西亚高等教育部（Ministry of Higher Education，Malaysia）是负责本国教育事务的两个机构。教育部负责处理公立中、小学事务，而高等教育部则负责处理中学以上的高等教育事务。马来西亚政府明文规定所有的马来西亚国民必须接受 11 年的中、小学强制教育，提倡"强化马来语，提倡英语"的教育制度，同时也鼓励华裔、印裔学习自己的母语。

（三）宗教

马来人信仰伊斯兰教。由于马来人在政治上势力很大，伊斯兰教成为马来西亚的国教，全国各地的主要清真寺无不雄伟壮丽。以伊斯兰教为国教，在马来西亚具有久远的历史渊源。自 13 世纪始，伊斯兰教开始传入马来半岛，至 15 世纪，马六甲国的开国国王邦里逮苏下令全国信奉伊斯兰教，并给自己取了一个伊斯兰教的教名，叫作伊斯坎达·沙。

马来西亚的华人信奉是佛教和道教。有代表性的佛教寺院有吉隆坡的观音寺、三宝洞、霹坜洞；马六甲的青云寺；槟榔屿的极乐寺、白云寺等，佛道混合是这些寺院的特征，一个寺院里往往同时供奉着福德正神、玉皇大帝和释迦牟尼、观音菩萨。寺院规模多宏伟壮观，大多成为名胜之地，充分反映了支撑马来西亚经济的华人的社会力量。

马来西亚的印度人多为印度南部的泰米尔族。其代表性的宗教是印度教。印度教的特点是一无教祖，二无教会组织，三无至高无上的经典。人们崇拜村镇神、家族神和个人神三种神氏。

三 经济发展

马来西亚经济原以农业为主。20 世纪 70 年代后不断调整产业结构，大力推行出口导向型经济，电子业、制造业、建筑业和服务业发展迅速。

同时实施马来民族和原住民优先的"新经济政策",旨在实现消除贫困、缩小收入差距的目标。

马来西亚自然资源丰富。橡胶、棕油和胡椒的产量和出口量居世界前列,盛产热带硬木。马来西亚曾是世界产锡大国,但现在产量逐年减少。此外还有铁、金、钨、煤、铝土、锰等矿产。

马来西亚是一个美丽的热带国家,自然风光怡人,旅游资源丰富。白色的沙滩、蓝色的大海、魅力独特的珊瑚岛、种类多样的海洋生物、千姿百态的洞穴、多元化的人文景观、古老的民俗民风、众多历史文化遗迹以及现代化的都市,无不吸引着来自世界各地的游客。旅游业是国家第三大经济支柱,第二大外汇收入来源。主要旅游点有槟城、马六甲、浮罗交怡岛、刁曼岛等。①

四 马来西亚法律制度概况

(一) 马来西亚法律渊源

马来西亚是东南亚地区宗教、社会与文化结合的典型国家。马来半岛地理位置的特殊性,使得马来半岛先后形成了多个国家,多种民族文化相互交融。商贸的便利位置又为马来西亚带来了世界上曾盛行过的主要宗教,葡萄牙、荷兰和英国长达400多年的殖民统治以及"二战"时期日本的军事殖民统治又为马来西亚带来了西方法律观念。所有这一切,共同形成了今天马来西亚特有的法律制度。

1. 制定法

马来西亚吸收了英国的宪政思想、自然权利观念,并吸收了英国的法律制度,结合马来西亚特有的宗教文化和民族文化进行立法。

2. 判例法

受英国影响,马来西亚同时存在成文法与判例法,在商业活动中判例法通常发挥积极的作用,形成了以普通法和判例为基础,由成文法修订补充组成的法律体系。

3. 宗教法规

早在15世纪的马六甲王朝,伊斯兰法便成为马来半岛的主要法律,

---

① 关于马来西亚基本国情资料主要来源于 http://baike.baidu.com/view/7009.htm?fr=aladdin。

迄今为止，穆斯林法一直对马来西亚的法律产生影响，甚至直接作为法律条文而存在，《马来西亚宪法》中就直接引用《古兰经》相关条款达十余条。

4. 习惯法

迄今，马来西亚仍然保留着习惯法的传统，尤其是东马来西亚的沙巴和沙捞越地区是遵循习惯法的代表区域，这两个州绝大部分是原住民，在历史上开发较晚，受外来影响较小，原住民的古老习惯被良好保留，在英国殖民统治时期未系统化地移植英国法律。在婚姻家庭和财产继承法方面，马来西亚也保留了习惯法的部分，宗教规范与民间世代沿承的习惯共同发挥作用，表现为成文法和各种宗教典籍，以及不成文的习惯法混合并用。

5. 世俗法

由于多种文化的混合，马来西亚形成了一个法律、宗教规范、习惯法和世俗法并行不悖的法律体制。不同种族保留其世俗法的内容，根据不同的属人法，在马来西亚发挥着效力。如在民事法律部分，根据属人法分别适用不同的宗教法和世俗法。

(二) 马来西亚法律制度特点

马来西亚的法律发展错综复杂。近代以前，马来西亚的法律相继受到中国法、印度法及伊斯兰法的影响。在英国人接管马来西亚后，将英国法律制度带进马六甲，到1855年英国法律制度被推行到整个马来西亚。马来西亚受英国统治时间较长，当代的法律制度属于英美法系。

因英国法律制度并不是完全适合马来西亚，所以也做了一些改变，尽可能与当地民俗风情相结合、相适应。比如，为了符合伊斯兰教徒的宗教信仰，根据马来西亚人的婚姻习俗，相关的法律制度方面做了相应的调整和修改。与正宗的英国法律制度相比较，马来西亚的法律制度带有更符合该国国情的浓厚的宗教色彩，兼顾了马来西亚三大主要民族（马来人、华人、印度人）的一些传统文化习俗，因而被马来西亚人民所尊重和接受。①

---

① 参见何勤华、李秀清主编《东南亚七国法律发达史》，法律出版社2002年版，第252—257页。

第二节 马来西亚宪法马宪政制度

一 马来西亚宪法的产生和发展

在马来亚联邦独立之前,英国殖民者已于20世纪50年代通过了一些宪法性法案。"二战"结束后,英国政府为改变战前对马来半岛各邦实行"分而治之"的政策,策划成立统一的马来亚,于1946年1月公布了《马来亚和新加坡——关于未来的宪法的声明》(白皮书),主要内容是将战前分散的海峡殖民地、马来联邦和马来属邦行政管理权集中起来,组成一个英属殖民地的马来亚联邦。马来亚联邦设中央政府,下设行政会议和立法会议,总督是这两个会议的主席,拥有最后决定权和否决权;各州苏丹只保留处理宗教和习俗上的权力,获得公民权的基本条件。

20世纪50年代,随着马来亚独立进程的推进,制定一部独立宪法的工作被提上议事日程。1956年3月,以东姑·拉赫曼为首的联合邦政府代表团同英国政府签订一项协定,准许马来亚联合邦于1957年8月31日前独立,同时双方指派了一个宪法委员会负责起草新宪法,1957年5月,双方又就新宪法的内容与形式问题达成了原则协议。经此次协议,宪法草案获得各州苏丹会议与联合邦行政会议的通过。联合邦立法议会亦于7月11日通过。经由英国国会上下两院先后通过,《马来亚联合邦宪法》的制定程序宣告完成,并于1957年8月27日正式公布。

1963年9月16日,马来西亚联邦成立,《马来亚联合邦宪法》即改名为《马来西亚联邦宪法》。此后,马来西亚联邦会议以宪法修正案形式多次对宪法进行修订。《1983年宪法修正案》将联邦法院改名为"最高法院"(1994年又改称"联邦法院"),一切案件(包括民事案件)不再上诉至英国枢密院;最高元首宣布紧急状态,必须经总理提出建议,不得单方面行使这一权力。最高元首拒绝签署该宪法修正案,政府和王室经过数月谈判后终于达成妥协。《1984年宪法修正案》规定,最高元首对议会呈递的法案,最多只能拖延30天。30天之后不论他是否签署,该法案将自动生效。《1993年宪法修正案》废除了苏丹个人的司法豁免权,规定设立特别法庭,根据普通法律审理涉及最高元首和苏丹们的任何刑事和民事案件,该法庭拥有终审权,赋予国会议员公开评议王室事务的权利(除宣扬废除君主立宪制外)。《1994年宪法修正案》规定,最高元首必须接受及根据政府的劝告执行任务。这些宪法修正案使马来西亚的王权一步步受到削弱，向着民主化的方向大步迈进。①

二 马来西亚宪法的主要内容

马来西亚宪法作为国家的根本法确认了马来西亚的国体与政权组织形式，规定了马来西亚的政治制度、国家结构形式、公民的权利和义务、国籍的取得和丧失、国家机关组织活动的基本原则等，具有最高的法律效力，成为一般立法的基础。

《马来西亚联邦宪法》共有 14 章 181 条，另外还包含 13 个附表。宪法内容主要包括：第一篇是关于马来西亚联邦各州宗教和法律的规定；第二篇是关于公民自由权利的规定；第三篇是关于公民身份的取得和丧失；第四篇是关于中央国家机构的规定；第五篇和第六篇是关于联邦与各州之间、各州之间的关系的规定；第七篇是关于财政的规定；第八篇是关于选举的规定；第九篇是关于司法机构的规定；第十篇是关于公共服务的规定；第十一篇是关于反颠覆、反暴力方面的规定；第十二篇是一般规定，包括规定英语为马来西亚官方语言等；第十三篇是关于沙巴和沙捞越地区的特别规定；第十四篇是临时和过渡条款；第十五篇是关于统治者君主权力的规定。

三 马来西亚国家制度

马来西亚实行君主立宪的联邦制度。

（一）国家元首

与其他君主立宪制国家一样，马来西亚的最高元首是国家权威的象征，在名义上拥有最高行政、立法和司法权，是国家的最高统治者，是国家的最高代表。

1. 国家元首的产生

不同于其他君主立宪国家的是，马来西亚的君主制不是世袭的，而是由选举产生；不是终身制的，而是有任期的；不是个人君主制，而是集体君主制。最高元首只能从西马来西亚 9 个州的世袭苏丹中按年龄、就任年代轮流秘密投票选出，任期 5 年，不得连任且每位苏丹只能出任一次最高

---

① 参见武凤婷《马来西亚宪法的重要条款》，《法治湖南与区域治理研究》2011 年第 5 期。

元首。因此马来西亚没有像一般君主制国家那样有唯一的、世袭的君主，而是由统治者会议以选举的方式产生君主，统治者会议还可以罢免其选出的君主。

最高元首就任时要在各州统治者与首席大法官面前宣誓效忠及公正地行使国家统治权，遵守宪法和法令，维护伊斯兰教等，就任后选择吉日举行盛大登基庆典，接受州统治者、内阁及外交使节的祝贺。

2. 国家元首的权力

根据马来西亚宪法的规定，最高元首拥有立法、司法和行政的最高权力，是联邦武装部队的最高统帅，有权委托武装部队参谋长、警察总监及武装部队委员会成员；有权任命总理、联邦法院的首席大法官、大法官及高级法院的法官，任命人民审计长、总检察长及马六甲、槟榔屿、沙巴及沙捞越四个州的州长；有权下令召开国会、解散或拒绝解散国会；有权要求召开专门涉及统治者的特权、地位、荣誉和称号的统治者会议；批准国会通过的法案及拥有最高赦免权；宣布国家处于紧急状态等。最高元首还是本州、联邦直辖区、马六甲、槟榔屿、沙巴和沙捞越各州的宗教领袖。

尽管最高元首拥有上述权力，但他并不能独自行使。《宪法》第40条规定："最高元首在行使本宪法或联邦法律所赋予的职权时，应根据内阁或内阁授以全权的部长所提供的建议行事。"国家元首有权任命总理，但不得任意挑选，而只能任命下院多数党的领袖；任命高级官吏，则要按照总理和内阁的意见。

宪法还明确规定最高元首所不得从事的事项，包括：不得行使其本州统治者的职权（行使作为本州伊斯兰教领袖职权除外）；不得兼任任何领受薪酬的职务；不得主动参与任何商业活动；不得领受依照其本州宪法或任何其他州的宪法的规定付给州统治者的任何薪酬；除进行国事访问外，未经统治者会议同意不得离开联邦 15 天以上等。

（二）统治者会议

统治者会议是马来西亚特有的国家机构，是根据 1948 年《马来亚联合邦协定》设立的。

1. 组成

由玻璃市、吉打、霹雳、雪兰莪、森美兰、柔佛、吉兰丹、丁加奴和彭亨 9 个州的世袭苏丹以及马六甲、槟榔屿、沙巴、沙捞越 4 个州的州长组成。统治者会议无固定开会时间，凡经最高元首或会议成员 3 人以上请求,都应开会。在最高元首任期届满前4个星期,以及当最高元首职位或最高副元首职位空缺时,即使无人提议,也必须召集会议。会议的法定人数为统治者会议人数过半数者。统治者会议向统治者授玺一枚,由掌玺大臣掌管,该大臣兼任统治者会议秘书。①

2. 法律地位

根据宪法的规定,统治者会议有以下三种地位:(1)作为各州代表机关的地位。反映各州的民意,为各州而行动。(2)产生和罢免最高元首的机构的地位。统治者会议在9位世袭苏丹中轮流选举产生最高元首和副最高元首。(3)作为国家权力最高机关的地位。这主要体现在:审议并颁布国家法律、法规;对全国性的伊斯兰教问题有最终裁决权,等等。

3. 职权

根据宪法,统治者会议行使下列职权:统治者会议中的9位世袭苏丹有权选举或解除联邦最高元首及副最高元首;决定是否同意将任何宗教活动、仪式、典礼推广到全联邦;对任何法律表示同意或拒绝;对宪法所规定的需要经统治者会议同意,或征询统治者会议意见后才作出的任何任命提出意见;有权审议国家政策问题(如移民政策的改变),但审议时,应请总理及各州首席部长(即州政府首脑)或他们的代表出席;未经统治者会议同意,不得制定任何直接影响到统治者特权、地位、荣誉或尊严的法律;最高元首任命联邦法院院长及大法官、审计长、选举委员会委员、公务委员会委员等职位时,须与统治者会议商议;有关代行最高元首职务的法律,须经统治者会议同意;最高元首离开联邦15日以上,须经统治者会议同意;批准任何变更州疆界的法律等。

但是,凡会议是讨论关于正、副最高元首的选举或解职,或统治者的特权地位、名誉及宗教上的行为仪式或典礼时,马六甲、槟榔屿、沙巴和沙捞越的州长不得参加。

(三)议会

马来西亚实行议会内阁制,议会拥有立法权,实行两院制,由议会中的多数党领袖组阁,内阁对议会负责。

1. 议会地位

马来西亚议会包括联邦议会和州立法议会。联邦议会亦称国会,是马

---

① 米良:《东盟国家宪政制度研究》,云南大学出版社2006年版,第179页。

来西亚的最高立法机关。州立法议会（State Legislative Assembly）是州的最高立法机关。议会是立法机构，但不是最高权力机关，在涉及统治者身份、特权和地位，以及马来语作为国语地位等方面的立法权受到一定限制。

2. 组成

《马来西亚联邦宪法》规定："议会由最高元首及两院，即上议院和下议院组成。"上议院由69名议员组成。上议院由69名议员组成，其中43名由最高元首任命，其余26名由各州各派2名，任期3年，不受下议院解散的影响。上议院设正、副议长各1人，从上院议员中选举产生。年满30岁的公民可以被选举成为上议院议员，上议院议员不得连续任职或以其他方式连任超过两届。

下议院议员共222名，由全国划分的各选区选民选举产生。下议院每届任期5年，期满后自动解散，或由最高元首根据内阁建议提前解散，之后全国选举委员会在60天内（在西马来西亚）和90天内（在东马来西亚）举行全国大选。21岁以上的公民有被选举为下议院议员的资格，并可连选连任。下议院设议长1名，副议长2名。每次新一届国会开始前，必须推选出1名议长。议长的职责是主持会议，确保会议遵循议会常规进行，并有权惩罚违反议会常规的议员。副议长主要协助议长主持会议。

3. 职权

议会的主要职权为修改宪法、制定法律和法令，讨论通过财政部长提出的财政预算及其追加案，以及对政府各部门工作的质询等。下议院有权弹劾政府及对政府提出不信任案。修改宪法必须经下议院2/3以上的议员投票赞同，最高元首批准后才能生效。

4. 立法程序

在程序上，上下议院都可以提出法律议案。事实上，大部分议案由内阁部长提出，其一般会先就提案征得内阁批准，然后提交议会讨论通过。各项法案在下议院通过后，须交上议院审议通过，然后呈交最高元首批准。如果上议院要对某项法案加以修改，须将法案交回下议院重新考虑；如果下议院不接纳上议院的修正案，可以不再经过上议院而直接呈交最高元首批准。议会决定一般由简单多数表决通过，但涉及取消马来人保留地等重大事项需2/3多数通过。

（四）内阁

马来西亚采用英国式的责任内阁制形式，内阁是制定和执行国家政策的最高行政机关。

1. 组成

内阁由议会中占多数席位的政党组成,其组成基本程序是:每次大选之后,最高元首首先任命多数党领袖为总理,并授权他组阁,然后最高元首根据总理的建议,从议会两院的议员中任命部长、副部长等政府成员;但如果上述任命是在议会解散期间作出的,则可以任命上届下议院的议员担任部长、副部长,但在下届议会召开后,如没当选为新议员,则不能继续任职。

内阁集体向议会负责,并定期向议会报告工作。如果总理不再得到下议院多数议员的信任,除最高元首应总理要求解散议会外,总理应提出内阁集体辞职。其他部长的任期由最高元首确定,最高元首可根据总理的意见随时罢免部长,部长亦可随时提出辞呈。部长在就职前,应在最高元首面前依照宪法附表所规定的誓词,做就职、效忠及保密宣誓并签字。如果是州立法议会议员被任命为部长,则应辞去州立法议会议员职位后方可就职。

总理必须从议会的两院议员中任命各部的政务次长,政务次长协助部长、副部长履行职责。政务次长可随时辞职,总理也可随时决定其去留。总理还必须任命适当数量的人员担任政治秘书,政治秘书可以不必为两院的议员。

2. 职能

内阁的主要职能是:(1) 制定和执行政策、法律,总理全国性的公共行政事务;(2) 参与立法与司法工作;(3) 决定和实施国家内外政策,任免高级官吏;(4) 掌管和指挥军队、警察、法院、监狱等暴力机关;(5) 干预乃至参与经济活动,发展国家资本主义;(6) 组织选举,建议解散议会等。

(五) 联邦与联邦各州

马来西亚的联邦制具有一般联邦国家所共有的外部特征:中央和各州都有自己的宪法、权力机关和行政机关;除联邦有最高元首外,各州要有自己的统治者或元首;中央和各州的权力划分由宪法确定,宪法明文规定了联邦的职权、各州的职权以及剩余权力的分配办法。

1. 州统治者和州元首

马来西亚各州都有最高首脑,各州首脑均是马来西亚统治者会议的成员。由于历史的原因，各州首脑的名称、产生方式及法律地位又有所不同。西马来西亚 11 个州中，除马六甲和槟榔屿两州外，其余 9 个州的州首脑统称统治者，均为世袭，其中吉打、吉兰丹、丁加奴、彭亨、霹雳、雪兰莪、柔佛 7 个州的统治者称"苏丹"，森美兰州称"严端"，玻璃市州称"拉查"。这 9 位统治者拥有最高元首的选举权和被选举权。若某州的统治者当选为最高元首，则在其任职期间不再统治本州，而委托摄政王代行其职权。西马来西亚的马六甲、槟榔屿和东马的沙捞越、沙巴 4 个州的首脑叫州元首（或州长），由最高元首任命，每届任期 4 年。

宪法规定，除最高元首和元首夫人是至高无上的以外，各州的统治者高于所有人，而各州统治者在其本州应高于其他州的统治者。联邦必须保证统治者有权依照本州宪法的规定继承、保有、享受及行使州宪法赋予他的权利与特权；但是，任何州的统治者继承权纠纷，均由该州宪法所规定的机关按规定方式解决。

州统治者的职权主要有：拒绝或同意解散州立法议会的请求；请求统治者会议召开只讨论统治者特权地位、荣誉与尊严或宗教行为、礼仪或典礼等事项的专门会议；作为伊斯兰教领袖的职权或涉及马来人习俗的职权；指定继承人、配偶、摄政或摄政委员会按马来西亚惯例授予衔级、称号、荣誉、尊严及其他有关职权；规定王室宫廷法规。

州元首（亦称州长）由最高元首同州首席部长磋商后任命，任期 4 年。但可随时向最高元首提出辞职，最高元首有权根据该州立法议会，以全体议员的 2/3 以上多数通过的要求予以解职。州元首不得担任任何新公职，亦不得参与任何商业活动。州元首的年俸由州立法机关以法律规定，由联邦统一基金支付，并且在州元首任期内不得削减。州元首的职权同州统治者大体相同。

2. 州议会

马来西亚的州议会是各州的立法机关，实行一院制，又称立法议会。州立法议会由民选议员组成。各州统治者必须不时召开州立法会议。上次会议最后一天至下次会议第一天的间隔不得超过 6 个月。

统治者有权宣布州立法议会休会或解散。除被提前解散者外，州立法议会任期 5 年，自第一次会议召开之日起算，期满即自行解散。州立法议会每次解散后，须在解散之日起 60 天内举行大选。新一届州立法议会最迟应在解散之日起 120 天内召开。

州立法议会从议员中选举一人为议长,议长缺席时,除选举议长外,不得处理任何事务。各州立法议会可推选2名议员参加联邦上议院的工作,成为上议院议员,任期3年。

州立法议会有权制定州宪法和法律,但必须以联邦宪法的原则为基础,不得与联邦宪法相抵触。州立法议会通过法案,并由州统治者批准。凡涉及由州统一基金拨付支出的法案或修正案,只能由州行政委员会的成员向州立法议会提出或建议。法案在州统治者批准后即成为法律,任何法律必须在公布后方可生效,但不影响立法机关行使任何法律延期生效或制定具有追溯效力的法律的权力。

3. 州行政委员会

各州的行政机关称州行政委员会,其组成、法律地位与联邦行政机关大体相同。州行政委员会的组成程序是:州统治者先任命一名他认为能获得州立法议会多数议员信任的州立法议会议员作为州务大臣(在马六甲、槟榔屿、沙巴、沙捞越四州称首席部长),主持行政委员会;统治者根据州务大臣的建议,从州立法议会议员中任命4—8人为行政委员会委员。

州行政委员会对州立法议会集体负责。当州务大臣不再获得州立法议会多数议员信任时,除统治者应其请求解散州立法议会外,行政委员会必须提出总辞职。

州行政委员会成员不得从事与其本人主管的任何事务或部门有关的行业、商业或专业,凡从事任何行业、商业或专业的行政委员会委员,不得参与行政委员会关于该行业、商业或专业的决定,也不得参与作出任何可能影响其金钱利益的决定。

(六) 司法机关

根据马来西亚宪法的规定,司法权属于两个具有同等管辖权与地位的高等法院以及由联邦法律规定设置的各下级法院。

1. 法院的设置

马来西亚的法院体系设置包括联邦法院、高等法院和初级法院。联邦法院之下设有上诉庭,上诉庭负责复审来自高等法院之上诉案件;马来西亚的高等法院只设有两个,即包括负责西马来西亚的马来亚高等法院和负责东马来西亚婆罗洲高等法院;初级法院设立于各州,包括地方法院和巡回法院。

2. 职权

根据宪法的规定,联邦法院是马来西亚最高的法庭,其管辖权是:

（1）裁决对高等法院或高等法院法官的判决（由高等法院注册官员或其他官员所作出的决定，可依联邦法律规定向高等法院法官提出上诉者除外）所提出的上诉的专员管辖权；（2）由《宪法》第128条和第130条所规定的，即对于议会或州立法机关所制定的法律以该项法律涉及议会或州立法机关无权立法的事项为理由，提出该项法律是否有效的问题，以及州与州之间或联邦与任何州之间对任何其他问题的争讼的初审管辖权和咨询管辖；（3）其他由联邦法律赋予或根据联邦法律规定的管辖权。

在1985年之前，联邦法院的判决要上诉到伦敦的枢密院，但从1985年1月1日开始，刑事及宪法诉讼上诉到枢密院的程序已被废除。

第三节 马来西亚民商事法律制度

一 民商法

马来西亚没有全国通行和系统的民法典，马来西亚民商法、经济法以英国的普通法和衡平法为基础，同时混合着伊斯兰法、印度法和原住民的、中国的以及印度的各种习惯法。理论上将民法分为财产法、合同法、婚姻家庭和继承法、侵权行为法等，各州民法均以英国法为依据。

（一）土地法

马来西亚土地政策是由许多连续的法律文件组成的，全国并没有一个统一的国家土地政策。而且马来西亚是一个联邦制的国家，宪法明确规定土地是一个州务问题，各州都有权制定自己的土地法规。为了保证法律政策的一致性，《马来西亚联邦宪法》第74条规定，议会可以制定关于土地使用期限和其他一列关于土地的法律，并明确规定沙巴和沙捞越州可以排除适用。

1. 土地所有权

同其他资本主义国家一样，马来西亚的土地所有权也是生产方式的所有权。规定土地为私人所有，而且马来人在土地方面拥有特权。

真正拥有最大特权的是一小部分马来封建贵族、大地主和大资本家。而最大的封建主是各州的苏丹，之下是各州的王亲国戚以及高低不等的封建贵族，他们都依靠特权拥有大片土地。凡是未被认领的土地都归苏丹所有。

1913年通过了《马来人保留地法》，该法令授权驻扎官划出一些土地

（主要是稻米地），这些土地只能由马来人占有，并且不能抵押和出租给非马来人。实际上是马来人在土地方面的"特权"。

由于"马来人拥有的土地许多没有任何收益，还需要征地税"，因此许多马来人还是把马来人保留地出售给了非马来人。[①] 为了取回马来人转移给非马来人的保留地，1981年4月，马来西亚国会通过宪法修正案规定，马来西亚有关当局可自非马来人手中取回马来人保留地，以确保马来人保留地永远在马来人手中。已归非马来人拥有的土地可以由政府接收，实际是：（1）阻止马来人保留地被非马来人拥有；（2）政府一旦认为地主滥用其权利，政府可以收回他们的土地。

2. 土地的征用

马来西亚宪法规定，政府可以征用私人的土地，但应给予合理的补偿。征用私人土地的依据是1960年的《土地征用法》（该法适用于除沙巴和沙捞越以外的所有州）。1993年和1997年对该法进行过修改。而且1995年和1998年两次制定了该法的实施细则。

（1）土地征用的目的。

根据马来西亚法律的规定，土地是州政府的议事，州政府有权征用任何私人的土地。征用土地必须符合公共目的的需要：一是任何公共目的；二是有任何人或机构提出的符合州政府认为的又有利于马来西亚和该地区的经济发展或公共利益的目的（1993年修改法律时补充的）；三是为采矿、住房、农业、商业、工业和娱乐的公共目的。

（2）土地征用必须经过的法定程序：根据马来西亚法律规定，任何土地征用，首先，要向土地官员提交土地征用书面申请报告，同时还要附有项目建议、设计和土地征用计划，以及被征用土地的政府初步评价报告。其次，土地管理官员把土地征用申请和所有附件分别提交给州经济规划局或吉隆坡联邦土地管理局和联邦土地委员会。土地征用申请若不符合土地征用法的有关规定，土地管理官员可拒绝土地征用申请。州经济规划局或吉隆坡联邦土地管理局对土地官员提交的申请考虑公共利益、征用土地申请人的法定资格和能力、项目的可行性等因素。如果决定对土地进行征用，土地管理官员代表州政府确定对土地进行调查的日期，并在调查日期到来时进行有关的调查工作。主要调查土地的价值；所有要求补偿人员

[①] 马来西亚《每日新闻》1979年4月4日。

的各自的权益或他认为谁应该享受对土地的补偿；土地征用上的任何当事人的所有反对意见；等等。最后，授予注册土地业主开发批准书。

（3）土地征用的补偿。土地调查完成后，土地管理官员要根据征用土地的规定来考虑他认为比较合理的补偿数目，但在决定补偿之前要从评估师那里获得计划征用土地价值的书面报告。土地征用补偿费应当自发布土地征用的通知的两年内完成。否则，土地征用就会失去效力。如果在土地被征用或在3个月有效期内没有支付补偿费，就要按每年8%的利息从规定支付日期到实际支付日期计算补偿给当事人。任何对土地征用补偿感到不满意的当事人，可以向高等法院提出诉讼。诉讼要求可以通过土地管理官员提交给高等法院。高等法院对提出的诉讼进行裁决。

（二）合同法

1950年，马来西亚制定了成文的《马来西亚合同法》（Contracts Act, 1950，以下简称《合同法》），并于1974年修订。与传统英国合同法律制度相比较，马来西亚的《合同法》带有更符合该国国情的浓厚的宗教色彩，并兼顾了马来西亚的一些传统文化习俗。为了更有效地保障整个社会的经济秩序，妥善调整财产的流转关系，规制交易行为，马来西亚的法院在司法实践中除了适用成文法以外，还适用判例，而且不仅是适用本国的判例，其他英联邦国家的判例对其也有重要影响。

1. 合同定义

依照1950年《合同法》的规定，合同是指基于双方意思表达一致，可依法执行的协议（agreement）。由此可见，合同在本质上是一种合意或者协议，双方意思表示一致并不能构成法律意义上的合同，同时还必须达到其他法定构成要件。例如，当事人必须具有合法的缔约能力、合同标的合法以及合同必须具有履行可能，等等。

2. 合同的订立

合同的订立包括要约和承诺两个步骤。

（1）要约。要约就是指一方当事人向对方发出的期望对方为或者不为一定行为的意思表示。马来西亚《合同法》第2条规定，当一个人向他人表示其希望从事某种行为，以便获得他人对该行为的承诺，即被认定为"要约"。

（2）承诺。承诺是指当接受要约的人作出同意要约的意思表示。马来西亚《合同法》中的承诺必须是积极的，按照要约人设定的方式作出，才能保持其有效性。如果要约中指定使用特别的方式,而受要约人没有按此作为,要约人有权在该项承诺送达他之前要求承诺必须按照之前制定的方式进行。承诺在马来西亚采取严格的送达主义,只有在被送达要约人时才算成立,受要约人期望撤销承诺,只要在承诺没有到达要约人前均可实施。

根据马来西亚《合同法》第2条规定,要约与承诺达成一致协议即成立。协议成立后有以下几种情况:当协议依法不可实施时被称为无效协议;当协议依法可实施时被称为合同;当事人一方中一人或多人选择可实施的协议,但另一方中一人或多人不选择可实施的协议则为作废的合同。

2. 有效合同、可撤销的合同和无效合同

(1) 有效合同。

根据马来西亚《合同法》第10条规定,如果协议是依法考虑的包含合法标的物,由符合签约的当事人经自由协商同意后签订的,那么,该协议即构成合同,合同一旦成立并未经明示声明不得无效。

合同是否有效,还要求签约主体依法适龄,且拥有健全的头脑。判断签约主体的心智是否健全,有以下几种情况:一是如果签约人在签约时能够理解合同的意义并且对合同将要产生的影响形成合理的判断,那么,该人即被视为具有签约的正常心智。二是一个人如果心智通常不正常,但偶尔正常,可以在心智正常时签约。三是一个人如果心智通常正常,但偶尔不正常,不可以在心智不正常时签约。

(2) 可撤销合同。

根据马来西亚《合同法》规定,有效合同必须建立在"同意"的基础上,即当两个或两个以上的人同意了具有同样意义的同样事情。一方当事人受到胁迫、不正当压力、欺诈、误传和错误时所做的意思表示并非"同意"。

对于胁迫,马来西亚《合同法》第15条规定,"胁迫"是作出或威胁要作出为《刑法典》所禁止的行为,或破坏或威胁要破坏财产,损害任何人的利益,试图使任何人签订一份协议。

对于不正当压力,马来西亚《合同法》第16条规定,当事人双方处于一方支配另一方的意愿,并利用这种地位对另一方形成不公正的优势,即为不正当压力。这种意愿上的支配还包括一方与另一方签约后,将在年龄、疾病、精神或身体上的临时或永久性影响。如果一方处于支配另一方意愿的地位,并与他签订了合同,交易形成之后,根据表面情况或引用的例证,被认为这种交易是不合理的,那么用于证明合同未受不适当影响而签订的举证责任就落在处于支配另一方意愿地位的那一方。

对于欺诈行为,马来西亚《合同法》第17条规定,"欺诈行为"包括合同一方或在他纵容下由他的代理人作出的行为,打算欺骗另一方或其代理人,或使其签订合同,包括:不相信事实属于真实的那个人针对该事实提出建议;知道并相信事实的那个人故意隐瞒事实;在不打算执行的情况下作出承诺;其他任何欺诈行为;任何这类被法律特别声明是欺诈行为的疏忽行为。欺诈行为排除了对事实保持缄默而影响到他人签约意愿的这种情况,但如果保持缄默达到默示的效果时不在例外范围内。

对于误传,马来西亚《合同法》第18条规定,误传包括:即使提供资料的人相信资料的真实性,但是,仍在不保证资料真实性的方式下,作出积极的断言;违背职责的行为,无欺诈的意图,为作出违背职责行为的人提供优势,或提出索赔的任何人,或误导损害第三人,或损害向他索赔的人;使签约方对协议主体事情犯实质性错误的。

当对协议的同意是由胁迫、欺诈或误传导致的,那么该协议是一个可作废的合同,由被导致这样同意的一方选择是否决定撤销。当合同一方的同意行为是由欺诈或误传而造成的,如果他觉得合适,如果作出的陈述属实,可以选择继续执行合同。

(3) 无效合同

根据马来西亚《合同法》规定,合同无效的情况包括:协议的原因和标的是被法律禁止的,无论非法的部分是标的或是原因的局部抑或是全部;与法律相抵触的合同;欺诈合同;合同涉及或暗示对人的伤害或对他人财产的损害;法庭认定为不道德或与公共政策背道而驰的合同;未成年人在未成年期间除本人以外的任何人与他人达成的婚姻约束合同是无效的;意思不确定的协议或意思本可以表示得更确定的协议是无效的;因赌博而订立的合同无效(赛马除外)。无效合同自始当然无效。

当发现一份协议是无效的或当一份合同变得无效,那么在此协议或合同中已经获得了利益的人应受法律约束来归还这些利益或者赔偿这些利益。

3. 合同的履行

马来西亚《合同法》要求合同双方必须履行或提议履行各自的承诺,

对于合同履行中出现的各种情况，该法作了若干特殊规定。①

4. 合同的变更和撤销

根据马来西亚《合同法》规定，合同出现法律规定的情况时，可以变更和撤销。

5. 违约责任

根据马来西亚《合同法》规定，如果一方当事人违反了合同，因此而蒙受损失的另一方有权从违约方处获得对自己所蒙受损失或损害的赔偿，这些损失或损害通常是在违约的通常过程中产生的，或者双方在签订合同时，即知道违约可能会造成这样的损失或损害。赔偿不包括因违约导致的期待和间接的损失或损害。

违约时，如果合同中确定了违约金的数额，或在合同中包含罚金方式的规定，守约的一方有权向违约方收取合理的赔偿金，但赔偿金不应超过约定的金额或规定的罚金。

（三）公司法

马来西亚于1965年颁布《马来西亚公司法》（Malaysia Company Act），由该法来调整公司设立、组织、运营或解散过程中所发生的社会关系。《公司法》经过多次修订，一直沿用至今，共有7章371条及10个附件。马来西亚公司法以英国法为基础，融合了澳大利亚公司法特点，是一部详尽的和具有现代性的法典。

1. 公司的种类

根据马来西亚《公司法》规定，公司的种类包括：

（1）按照公司的责任形式划分，包括股份有限公司、担保有限公司、股份与保证有限公司或无限公司。股份有限公司指股东以其持有的公司股票面值或认购的公司股票份额对公司债务承担有限责任的公司；担保有限公司指在公司终止时，股东以公司章程规定的数额为限对公司债务承担有限责任的公司；股份担保有限公司是兼具以上两种公司形式的公司；无限责任公司指股东对公司债务承担无限责任的公司。

（2）以公司股份是否可以自由转让和流通为标准，分为封闭式公司、开放式公司。封闭式公司指公司股东人数不超过50人，公司股份限制转让，禁止公众认购其股份或债券，并且禁止邀请公众在公司存款的公司；

---

① 参见《马来西亚合同法》。

开放式公司又称上市公司,指封闭式公司以外的公司。

(3) 外国公司。根据马来西亚《公司法》规定,在马来西亚拥有一个业务处或在马来西亚境内营业的称为外国公司,外国公司有权在马来西亚持有不动产。

2. 公司的成立

根据马来西亚《公司法》规定,任何两名以上的人可以为任何合法目的而签署公司章程并遵照注册规定后可以成立公司法人。据此,设立公司一是要制定公司章程,二是要登记注册。

(1) 订立公司章程。公司章程是指公司所必备的,规定其名称、宗旨、资本、组织机构等对内对外事务的基本法律文件,是公司成立的必备条件之一。任何公司都必须由全体股东或发起人订立公司章程,并必须在公司设立登记时递交公司登记机关进行登记。公司章程必须采取书面形式,全文划分为若干章节,有至少一个发起人以外的证人在场经全体发起人同意并签名盖章,公司章程才能生效。公司章程对公司和股东均具有强制约束力,股东根据公司章程享受权利和承担义务,在未经股东认可的情况下,公司不得通过修改公司章程的方式,让股东承担更多的公司义务。

公司章程的修改必须严格依照《公司法》规定,首先要在召开全体表决大会的 21 天前将修改公司章程的书面通知送达全体股东和债券持有人;其次,召开全体大会表决通过;最后,在表决通过后的 21 天内将该修改方案报公司登记管理部门。在此过程中,若有股东或债券持有人对此方案存在异议,可以申请法院取消该全部或部分方案。

(2) 公司设立登记。公司的设立登记是指公司设立人按法定程序向公司登记机关申请,经公司登记机关审核并记录在案,以供公众查阅的行为。

马来西亚《公司法》第 16 条规定,公司的成立须经公司设立人向马来西亚公司委员会提出申请,在申请设立登记时,申请人递交的材料包括:公司章程与规章;由公司首任秘书递交、保证公司成立符合法定条件的声明;发起人声明;其他相关文件。

如果外国公司要在马来西亚设立业务处并进行营业的,必须提交以下文件进行注册:其在注册地或发源地的成立或注册证书的证明副本,或类似效力的文件;其特许状、法规或公司章程及规章,或其他构成或定义其组成证件的证明副本;董事册,内含董事、经理或秘书名册内的类似详情；当名册中包含居住在马来西亚的地方董事会成员时，提交由代表该外国公司适当执行的备忘录，说明其地方董事的权限；外国公司代表所代表的公司的委任状或授权书；法定宣誓书。

(3) 公司登记机关。《公司法》第7条的规定，公司的登记机构是马来西亚公司委员会，公司委员会的首席执行官由公司登记主任担任。公司登记注册主任拥有以下权力：一是要求申请者在特定期限内以口头或书面形式通报任何与公司登记注册有关的信息；二是对公司或公司职员的行为是否符合《公司法》的规定予以监督。公司登记主任可以通过视察、复印或摘录有关资料等方式行使监督权。公司登记主任在调查过程中，对有关人员和可作为法庭证据的资料，有权进行搜查、逮捕、扣押。三是对公司职员和其他有关人员进行传讯。

3. 公司的解散

依照马来西亚《公司法》规定，公司符合了法定条件，经过股东或债权人的请求就可以解散。

(1) 解散的条件。只要具备以下条件之一，公司即可主动解散：一是公司章程确定的经营期限已届满；二是公司章程规定的解散事由出现，并经公司股东大会决议通过的；三是经公司特别决议通过。

(2) 解散的程序。在公司解散之前，公司的董事会（两人以上董事的，须由半数以上董事）可在主动解散表决会议召开的通知发出之前，制作一份公司偿债能力的书面声明，说明对公司清算程序开始后的12个月内公司清偿能力的看法。此外，公司还须在7天内将决议的书面文本交登记机关登记，并于解散议案通过的10天内在马来西亚的全国性报纸上予以通告。

公司通过解散决议之时，或公司在通过解散的决议之前已指定了临时清算人的，公司董事会将法定声明交登记部门登记之时，公司主动解散的清算程序即开始。此后，公司应停止其一切经营行为，除非清算人基于有利于清算的角度作出例外决定。公司的法律地位、权利能力及行为能力在公司最终解散前不受影响。任何未经清算人同意的股份转让行为，任何在公司清算程序开始之后改变股东身份的行为都是无效行为。

(3) 公司解散的种类及其要求。按照提议主体的不同公司解散可分为股东请求的解散和债权人请求的解散。

在股东请求解散的情况下：首先，公司股东大会须任命一个以上清算人，并确定他们的报酬。在清算人任命之后，董事会的职务即停止。在连带责任人召集的股东大会上经特殊决议通过的，公司可解除任何清算人的职务。如果有清算人位置空缺，公司股东大会应及时填补，并确定新清算人的报酬。其次，清算人认为公司无法偿还债务的情况时，必须马上召集一次债权人会议。此时，债权人可以另外指定清算人。如果债权人另外指定清算人的，原来的清算程序则转变为债权人主动解散的清算程序。最后，债权人会议召开后的7天内，清算人或另行指定的清算人应向登记主管部门和官方接管人报告相关情况。

债权人请求解散的情况下，首先，公司必须召开一次债权人会议来讨论主动解散的提议。其次，公司应当任命一清算人，债权人会议也可以自己任命一清算人处理公司的清算事务和分配公司的财产。如果两者任命的清算人不同，则以债权人会议任命的为准。任何一董事、股东和债权人对债权人会议集体任命的清算人有异议的，都可在7天内向法院提出申请，要求任用公司提名的清算人，并由检查委员会或董事会确定清算人的报酬。在任命清算人之后，除非经过检查委员会或董事会的许可，董事的一切职务即刻停止。如果清算人位置空缺的，任何两位债权人都可召集债权人会议以填补这一空缺。再次，债权人可以设立检查委员会，检查委员会的成员不超过5人。检查委员会的成员也可以由公司来任命。最后，在债权人主动解散的程序开始之后，对于公司财产的任何查封、没收、扣押或强制执行的行为都是无效行为。清算开始后，未经法院许可，一切针对公司的诉讼和程序都应停止。

（四）合伙法

在马来西亚从事商业活动主要有两种商业组织形式：注册公司和商事企业。其中，商事企业可以具体分为个体户和合伙企业。1961年颁布的《马来西亚合伙法》对合伙企业作出规定。

1. 合伙的概念

依据《马来西亚合伙法》的规定，合伙是存在于以营利为目的而共同从事商业活动的数个自然人之间的关系。任何依据1965年《公司法》所设立的公司、以其他法律设立的合作社、以任何规章设立的组织或以英国国会法案或皇室宪章设立的组织都不属合伙。

合伙具备以下特征：（1）合伙以两个以上的自然人共同出资而形成；（2）合伙是基于合伙人的意思表示，即合伙合同而产生；（3）合伙人共同经营、共担风险、共分利润，对外承担连带责任；（4）合伙以营利为目的。合伙不包括：（1）共同土地保有权、共同占有财产、共同财产、夫妻共同财产的部分所有权；（2）分享总收入，无论对此财产是否有共同权利或利益，都无法就其本身单独构成合伙；（3）分享利润是构成合伙的条件之一，但不能单独构成合伙，除非和其他条件相结合。

2. 合伙企业的条件

根据《马来西亚合伙法》规定，设立合伙企业须具备以下条件：（1）合伙人的人数为2人以上，对合伙人数并无上限要求；（2）有合伙协议，但并未对合伙的形式与内容作出强制性规定；（3）有合伙人实际缴付的出资，但未对出资的形式作出强制性规定。

3. 合伙的对外效力

根据《马来西亚合伙法》的规定，合伙的对外效力体现在：

（1）在一个合伙企业中，每一个合伙人都是该企业和其他合伙人的代理人，其处理合伙事务的行为对该合伙和其他合伙人均有约束力，除非该合伙人无此权利或第三人有恶意。

（2）任何有关合伙企业并以其商号行事的行为和手段，或合伙企业有受其约束的意思表示的行为和手段，对该合伙企业和其合伙人均有约束力。

（3）如果合伙人以合伙企业的信誉从事与该企业无关的行为的，其行为对合伙企业无约束力，除非经其他合伙人的共同授权。

（4）如果合伙人对其位合伙人的权利进行限制并达成书面协议的，任何违反该协议的行为对合伙企业均无约束力。

（5）任何一位合伙人对合伙企业在其作为合伙人期间所产生的债务和责任对外承担连带责任。

（6）合伙人在从事合伙事务或经其他合伙人授权从事一定行为时，由于不法行为或疏忽给第三人带来损失或遭受处罚的，由合伙企业对外承担责任。

（7）合伙人在其职权范围内接受第三人的金钱或财产并挪用的，或合伙企业在从事商业活动过程中接受第三人的金钱或财产并予以保管，合伙人挪用这些财产的，由合伙企业对外承担赔偿责任。

（8）合伙人对外承担连带责任，同时在合伙企业对外代为承担责任后，合伙人仍要承担单独责任。

（9）作为受托人的合伙人在从事合伙事务时或因为合伙企业不正当的使用信托财产的，其他合伙人对此信托财产的利害关系人不承担责任。此时并不影响已经得到违反信托通知的合伙人的责任承担，也不能阻止在合伙企业占有或控制下的信托款项的流动和收回。

（10）任何冒充特定合伙企业合伙人身份从事一定行为的人不能以此为由对抗善意第三人，依然要以其所冒充的合伙人身份对善意第三人承担责任。

（11）任何一位合伙人在合伙企业经营过程中单独作出的有关合伙事务的允诺和代理行为都是违背合伙企业的行为。

（12）给惯常执行合伙事务的合伙人的通知就如同给合伙企业的通知，除非该合伙人有欺诈行为。

（13）新入伙的合伙人对其入伙前产生的公司债务不承担责任。合伙人对其退伙后产生的公司债务亦不承担责任。退伙的合伙人可以通过协议的形式免除其对在退伙前已产生的合伙债务的责任。

（14）对合伙企业或有关合伙事务第三人的连续担保，在合伙企业章程中有关给合伙事务提供担保的事项发生变更时，对变更后产生的合伙事务的担保将无效。

4. 合伙的对内效力

合伙的对外效力主要体现为全体合伙人可以通过合议改变合伙人共有的权利和义务。

合伙人享有的权利包括：（1）合伙人平等地享有分配利润的权利，平等地承担合伙企业亏损的责任；（2）合伙企业以合伙人的出资份额来确定合伙人应承担的责任限额；（3）如果合伙人实际支付或预付的数额超过其出资份额所应承担的责任的，从其实际支付或预付之日起其有权获得每年8%的利息；（4）在确定利润数额之前，合伙人无权分配红利；（5）每一合伙人都应参与合伙事务的经营；（6）合伙人无从事合伙事务而获得报酬的权利；（7）未经全体合伙人的同意，其他人不能取得合伙人的资格；（8）对合伙企业的一般事务以合伙人过半数通过的表决方法处理，对关系合伙企业性质的事务须经全体合伙人一致同意才能作出有效决议；（9）合伙企业的账簿须保存于该合伙企业的营业地，若有多个营业地的，应保存于主要营业地，每个合伙人都有查阅或复制该账簿的权利。

同时，合伙人必须承担以下义务：（1）合伙人有义务向其他合伙人或代理人提供与合伙事务有关的一切真实账目和完整信息；（2）在未经其他合伙人同意的情况下，合伙人通过任何与合伙事务有关的交易或使用合伙财产、商号或与合伙有关的业务取得的一切利益都必须对合伙企业作如实的说明；（3）未经其他合伙人的许可，合伙人不得自营或与他人合作经营与本合伙企业相竞争的业务，否则，对因此而获得的利益，合伙企业享有归入权。

5. 入伙与退伙

入伙和退伙会产生合伙变更的效果。

（1）入伙。入伙是指在合伙企业存续期间，合伙人以外的第三人加入合伙企业并取得合伙人资格的行为，入伙须经其他合伙人的一致同意，新入伙的人对入伙前合伙企业的债务不承担连带责任。

（2）退伙。退伙是在合伙企业存续期间，合伙人资格的丧失。包括以下几种情况：（1）除名退伙：经过过半数的合伙人的一致同意可将一合伙人除名。（2）自愿退伙：如果并未约定合伙期限的，合伙人可以任意退伙。如果合伙企业是基于书面的合伙协议建立的，退伙人须递交一份有其签名的书面退伙通知。

6. 合伙的解散

合伙的解散是指合伙因某些法律事实的发生而使合伙归于消灭的行为。合伙解散的事由包括：（1）约定的经营期限届满、合伙约定的合伙目的实现或无法实现，或合伙人协议；（2）合伙人破产、死亡或被指控犯罪；（3）因违法经营而被吊销营业执照、责令关闭或被撤销；（4）法院命令解散。

另外，马来西亚法院可以依合伙人的申请或依职权责令合伙解散。具体情形包括：（1）合伙人被确认为精神病患者或有充分证据证明为永久性精神不健全的人；（2）合伙人永久性丧失履约能力；（3）合伙人的行为对合伙企业有实质性的损害；（4）合伙人故意违反合伙协议；（5）合伙企业持续性亏损；（6）法院认为合伙企业解散才能显示公平的。

7. 合伙变更和解散的法律后果

对此，《马来西亚合伙法》规定：

（1）如果合伙企业发生变更，第三人可视变更前的合伙人依然为合伙人，直到第三人获得合伙企业变更的通知。

（2）合伙企业解散或有合伙人退伙的，任何一个合伙人都可以向社会公众进行通报，并要求其他合伙人进行同样的行为。合伙宣布解散到最后终止有一个过程，这个中间过程就是要对合伙的债权、债务进行清算。在清算的过程中，合伙人的权利依然对合伙企业有约束力。合伙人的权利和义务依旧继续，以确保清算事务的顺利进行和完成解散前已经开始但尚未完成的交易。

（3）合伙企业解散时，每一个合伙人都有权用合伙财产来支付合伙债务和承担合伙责任，也有权用剩余的财产支付由此产生的相关费用。但已故或破产的合伙人，或者已退伙的合伙人对其死亡、破产或退伙后的合伙债务不承担责任。

（4）合伙人及其代理人在合伙事务终止时，有权向法院申请清算。如果合伙人在加入合伙企业时已经向其他合伙人支付了费用，在合伙期限未到就解散的情况下，法院可要求返还这笔费用或者返还其认为合理的部分费用，除非支付这笔费用的合伙人对合伙企业解散负全部或主要责任，或者合伙是协议解散，该协议中未规定此笔费用的返还问题。

（5）如果由于一方欺诈或不正当代理行为导致合伙合同被取消的，有权取消合同的一方可以对剩余的合伙财产行使留置权，成为合伙企业的债权人，并有权获得责任人的赔偿。

（6）在合伙人死亡或退伙，其他合伙人未对其出资和财产进行结算，仍继续使用其出资或财产来从事合伙事务的情况下，已死亡或退伙的合伙人在没有相反约定时有权在合伙解散后参与利润的分配和获得其在合伙财产中所占份额每年8%的利息。

（7）基于合伙协议，已退伙的合伙人或已故合伙人的代理人在合伙企业中所占有的财产份额在合伙解散后自然转化为合伙债务。

8. 合伙财产的清偿

根据《马来西亚合伙法》，清偿应遵循以下规则：（1）亏损首先由利润来弥补，如果不足的，用合伙人的出资财产来偿付，必要时可由合伙人的个人财产来承担；（2）合伙人出资用于弥补亏损或企业资金不足的合伙资产，在使用时应按照以下顺序：首先，支付合伙人以外的第三人的债务；其次，作为企业应事先支付的出资以外的受益按比例分配给合伙人；再次，作为合伙人的出资按比例返还给合伙人；最后，剩余的部分按照利润的分配比例在合伙人之间进行分配。

二 婚姻家庭继承法

(一) 婚姻家庭法

马来西亚的婚姻家庭法出自多种渊源,调整婚姻家庭法的法律规范比其他民法规范更带有传统和习惯的色彩,有些规范甚至带有宗教痕迹。马来西亚华人的婚姻家庭关系受中国习惯法的制约,而马来人,特别是波巴特传统法地区的马来人则受伊斯兰法和土著习惯法两者混合的家庭法的制约。东马来西亚的土著只受土著法及习惯法的支配。在法定离婚、认领子女及收养方面,马来西亚的婚姻家庭法也渗透了英国的法律原则。

1. 婚姻制度

在马来西亚,一夫一妻制和一夫多妻制并存。一夫一妻制的婚姻有3种:世俗婚姻、基督教婚姻及普通法婚姻。

2. 结婚

根据1952年马来亚联合邦的《世俗婚姻条例》,除伊斯兰教徒以外的任何男女,不论种族与宗教,均可按世俗仪式结婚。1956年的《马来亚联合邦基督教婚姻条例》规定:男女双方或一方为基督教徒时,婚姻必须按《基督教婚姻条例》或《世俗婚姻条例》规定的仪式举行婚礼才能生效。在马来西亚,按照英国普通法"当时口头同意"的婚姻仪式,男女双方只需在一名证人面前表示同意的婚姻生效形式也被马政府承认。在1982年3月1日《结婚离婚法案》实施之前,根据适用于马来西亚的中国习惯法,华人男子可以娶妻1名,纳妾1名或数名。娶妻时,必须按传统习惯规定的仪式正式举行婚礼,纳妾则无此需要。马来人的婚姻兼有伊斯兰法及土著习惯法的成分。婚姻关系是否有效以伊斯兰法为准,但结婚仪式及礼节则应遵照传统法。按照伊斯兰法的规定:穆斯林男子在能够平等对待诸妻的情况下,最多可娶4个妻子。按照传统法,婚前应举行订婚仪式,订婚时当事人双方的家长应当众求婚及接受求婚。结婚费用的数额视新郎的身份地位而定,由男方付给女方家长。婚礼仪式繁杂,可延续多日。最后一项仪式是,新人双双坐在宝座上,众宾客在他们面前放下礼物并屈膝致礼,接着摆设喜宴。

3. 离婚

马来人的离婚观是很现代化的,把离婚看成同结婚一样正常。马来西亚有适用于一夫一妻制婚姻的《离婚条例》,其内容与英国法律相似。马来西亚法院对适用中国法的人承认两种离婚方式：协议离婚和弃绝妻子。前种方式即可登报申明，也可订立离婚契据。弃绝妻子的离婚方式属于传统的中国法，带有浓厚的封建色彩，常见于休妾。马来人的离婚依从伊斯兰法，法律规定的离婚理由是：丈夫不能供养妻子；不与妻子共同生活；妻子行为放荡，等等。离婚的主动权完全掌握在丈夫手中。离婚后应有3个月的待婚期，以证明妻子是否怀孕。在此期间若丈夫收回决定，仍恢复夫妻关系，但只能重复两次，第三次待婚期一过则必须离婚。

在波巴特传统法地区，离婚率不高，因为该地区是母系社会，离婚可能使丈夫在生活上遭受困难。依照宗教仪式结婚的印度教徒几乎是不能离婚的，但当地习惯允许者除外。在马来西亚，妇女在家庭中起着主导作用，已婚妇女可像未婚妇女一样取得、占有或处分任何动产或不动产作为她的独立财产。凡按女方的宗教与风俗习惯的礼节仪式举行婚礼的妇女均属法定已婚妇女。因此，一夫多妻制的各房妻子在处理财产上有同样的权利，在财产关系上属于财产共有关系。穆斯林的已婚妇女也必须遵守伊斯兰法或习惯法或特定的法规，但比起其他伊斯兰国家来说，开放得多了。妇女可以不必用纱布把脸遮住，也可以与男子接触。马来西亚从不用深闺制度将妇女制约起来，这使得这里的穆斯林妇女能够接受教育，能够外出挣钱贴补家用而不仅仅依靠丈夫，甚至能够独当一面养家糊口。她们也因此能够掌管家里的财政大权，确立了她们在家庭的位置。

在森美兰州仍保存着世界上几乎绝无仅有的母系家庭，妇女在家庭中起着核心作用。在沙巴地区，人们把男人挣钱、女人管钱视为天经地义，丈夫把钱交给妻子，妻子只给他日常花销，家庭开支取决于妻子，如果丈夫不把钱交给妻子，妻子就有权要求离婚。对于马来西亚非穆斯林妇女来说，《结婚离婚条例》的实施，使她们在家庭中的法律地位已经大为改善了。

因女方犯有通奸、私奔或虐待行为而判决离婚或分居时，高等法院有权为保护丈夫及子女的利益而下令对女方的财产作出处理。这似乎体现了国家干预的原则，与西方资本主义国家的婚姻家庭法律制度有所不同。马来西亚妇女离婚时有权带走她的独立财产，这符合现代婚姻法律的原则。①

---

① 参见申华林主编《东盟国家法律概论》，广西民族出版社2004年版，第98—100页。

（二）收养法

1950年，马来亚联合邦通过了关于抚养的法律，它是以英国法律为蓝本的，在婚姻诉讼期间，高等法院可责令丈夫支付抚养费给妻子，还可就未成年子女的监护、抚养及教育作出决定。马来人离婚后，子女一般归属于女方，但在某些地区则根据子女的年龄与性别决定。马来亚联合邦曾采用英国1961年的《未成年人监护法》，涉及未成年人的监护与照管问题的法律均与英国法律相同。1925年的《认领法》采用英国法律关于非婚生子女经父母事后举行婚礼可获得婚生子女地位的原则。事后婚礼必须依照《基督教婚姻条例》的规定举行，举行仪式时丈夫必须居住在马来西亚。

马来亚联合邦1952年的《收养条例》以英国1926年《子女收养法》及其1950年的修正案为蓝本。根据该条例规定，收养人必须达到法定的收养年龄，一般须比被收养人的年龄大20周岁。该条例不适用于伊斯兰教徒。但马来人收养子女十分普遍，因为伊斯兰法不承认收养，被收养人不得继承收养人的财产，为此，马来人常在生前把财产授予被收养的子女，或可按遗嘱给予第三人的财产的一部分。①

（三）继承法

马来西亚承认遗嘱继承和无遗嘱继承两种形式。马来西亚关于财产继承的法律主要是1959年的《马来亚联合邦遗嘱条例》和1958年的《无遗嘱继承分配条例》。

1. 遗嘱继承

《遗嘱条例》的条款和英国1837年《遗嘱法》的条款相似。凡21周岁以上精神健全的人均可订立遗嘱以处分其财产。但伊斯兰教徒不适用上述条例，其遗嘱权受伊斯兰法的约束。

1958年《无遗嘱继承分配条例》是以英国1925年的《遗嘱管理法》为蓝本制定的，不过该条例结合本国一夫多妻制的具体情况对英国法的内容进行改造，列入一夫多妻制家庭中的妻妾及子女的继承权。《无遗嘱继承分配条例》适用于未立遗嘱而死亡于马来西亚的任何人，但不适用于伊斯兰教徒或定居在马六甲及槟榔屿的印度教徒。该两州的教徒适用

---

① 参见何勤华、李秀清主编《东南亚七国法律发达史》，法律出版社2002年版，第285页。

《袄教教徒无遗嘱继承条例》。

沙巴及沙捞越两州的继承则根据《法规适用条例》适用英国法规。该条例规定，死者的遗产分配给最亲近的亲属，但配偶的继承权应首先得到尊重。被继承人遗有一妻或多妻及子女时，遗产的归其妻或各个妻室。妇女未立遗嘱而死亡时，其财产全部归于生存配偶（丈夫），被继承人的父母和子女无权继承，这一规定与当代大多数国家关于法定继承的规定截然不同。在生存配偶或生存配偶之间（妻妾）的继承权依法得到安排后，子女以平均份额继承遗产。

2. 无遗嘱继承

在马来西亚大部分地区，伊斯兰教徒未立遗嘱而死亡时适用伊斯兰法，但各地的伊斯兰法根据当地习惯又有不同。被继承的财产系共同财产的，男方死亡后，女方可首先获得遗产的一半。如果不是共同财产，女方可获得，再加上根据伊斯兰法所应得的份额。

在波巴特传统法地区，土地属于氏族所有，授予氏族中的女性成员的家庭中最年长的妇女死亡之后，用她的名字登记的土地改用排列第二的妇女名字重新登记，男性无法继承土地所有权。[①]

三 国际贸易与投资法

马来西亚是 WTO 成员方，奉行的自由贸易政策成为对 WTO 承诺以单边自由化措施的一部分，并通过法律将自由贸易政策确定下来。马来西亚与贸易和投资有关的法律法规主要包括《促进投资法》《海关法》《海关进口管制条例》《海关出口管制条例》《海关估价规定》《植物检疫法》《保护植物新品种法》《反补贴和反倾销法》《反补贴和反倾销实施条例》《外商投资指导方针》《外汇管理法令》《工业产权法》《专利法》和《通讯与多媒体法》等。

（一）投资促进法

为了促进出口，创造就业机会，促进技术资本转移及促进地区开发，马来西亚政府大力鼓励和吸引外商投资，尤其是对制造业的投资，制定了大量的优惠政策，与此相适应，马来西亚于 1986 年制定《投资贸易法》，该规定了一系列优惠措施。

---

① 参见申华林主编《东盟国家法律概论》，广西民族出版社 2004 年版，第 100 页。

1. 在制造业方面的优惠措施

为鼓励马来西亚本国和外国公司投资于制造业，马来西亚给予投资制造业的公司可享有的最主要奖励为新兴工业地位、投资税负抵减及再投资抵减的奖励。

（1）获得新兴工业地位。获得新兴工业地位优惠（Pioneer Status，PS）的公司，可以部分减免所得税，即仅需就其法定所得的30%缴纳所得税。减免税期间为自国际贸易及工业部部长核定的生产之日起5年以内。而位于沙巴、沙捞越以及马来西亚半岛上制定的"东部走廊"，包括吉兰丹、丁加奴和彭亨，以及柔佛部分州和地区的公司，仅需对法定所得的15%缴纳所得税。

（2）给予投资税负抵减奖励。获得投资税负抵减奖励（Investment Tax Allowance，ITA）的公司，自符合规定的第一笔资本支出之日起5年内，所发生符合规定资本支出的60%，得以享受投资税负抵减。此抵减额可用于冲销其课税年度法定所得之70%。未加利用的任何抵减额可转结至以后年度使用，直至全部抵减额被用完为止。其余法定所得的30%则依现行公司税率征税。位于马来西亚东部的沙巴、沙捞越及"东部走廊"的公司，将可获得所产生符合规定资本支出的80%的抵减额。此抵减额可用于冲销其课税年度法定所得的85%。

（3）给予再投资抵减奖励。再投资抵减（Reinvestment Allowance，RA）是针对从事制造业，但因需扩充生产能力、使生产设备现代化或使产品经营多元化而产生符合规定之资本支出的公司。公司可就其资本支出的60%享受再投资抵减，抵减额可用于冲销其课税年度法定所得的70%，未使用完的抵减额可结转至以后年度使用，直至全部用完为止。在沙巴、沙捞越及"东部走廊"地区进行再投资的公司可就其资本支出的60%，用于冲销其课税年度全部法定所得。

2. 对高科技产业的优惠措施

高科技公司，指从事新科技研究或者利用新科技生产受国家优惠政策鼓励的产品。高科技公司必须满足以下条件：（1）每年研究开发的经费支出占营销总额的比率在1%以上；（2）高科技公司中大学以上学历及技术科学系毕业的人才应当占全体员工总数的70%以上。该规定是为了确保高科技公司具备从事高端科技研究开发的人力资源，同时避免不具备高科技研究开发资质的企业冒充高科技开发公司以骗取政府的优惠待遇。

高科技企业 5 年内免征所得税，5 年内产生的符合规定的资本支出，其中 60% 可以享受投资税负抵减。

3. 策略性产业

马来西亚政府对具有全国特殊重要性和策略性投资给予策略性产业的优惠措施，一般指投资数额较大或与国民经济相关的重要产业。

策略性产业的主要优惠措施是完全免除所得税，免税期间为 10 年。5 年内产生的符合规定的资本支出，全部享受投资税负递减优惠，用于每一财政年度冲销其法定所得，而且不受任何限制。

4. 对外销的优惠措施

如生产产品主要用于外销的制造商还可以享受下列优惠：

（1）出口贷款再融资计划。为达到马来西亚政府促进制成品外销的目标，促进外销型制造业的早日建成，马来西亚的中央银行实施一项出口贷款再融资计划（Export Credit Refinancing Scheme，ECRS），以特惠利率对马来西亚出口商提供短期贷款，使出口商有能力在国际市场上有效地参与竞争。该融资办法的特点是：第一，该计划规定由商业银行执行，中央银行则针对给合格出口商提供出口贷款的商业银行提供再融资。出口商可以选择在其出口发票上记载任何一种出口商认为比较划算的货币，但融资时则仅以马来西亚法定流通货币计算；第二，该计划允许的融资方式有两种：装船前 ECR 融资方式（即对直接及间接出口商提供营运资金）以及装船后 ECR 融资方式，使马来西亚出口厂商可以采用信用证方式销售，核准货物装船以后，可以立即获得申请的资金；第三，为取得出口贷款的资格，出口货物必须符合：申报出口的产品不得列在不具 ECR 资格的产品项目之上，该产品的附加价值不低于 20%，该产品所使用的本国资源所占比率在其总价值中不低于 30% 的条件。

出口贷款再融资计划对一切核准产品装船前融资的最长时限为 4 个月，装船后融资的最长期限则为 6 个月，比装船前融资方式的期限长 2 个月。同时，两种融资方式在可贷金额上是不同的，装船前融资的可贷金额，因依订单和履约证明书计算而不同，如果依订单为准进行计算，是其外销订单金额的 80%，如果以履约证明书为准进行计算，则是出口商提供申请前 12 个月内外销产品总值的 70%；装船后融资的可贷金额，则为其发票金额的 100%，计算起来更为简便。

（2）出口货物保险费双重抵减。出口商出口的货物一般要求投保，所需支付的保险费可以双重抵减。

(3) 促进外销双重抵减。马来西亚本国公司为寻求马来西亚制造产品外销机会而产生的费用,可以双重抵减。双重抵减的费用主要包括:在海外刊登广告;在海外提供免费样品;从事出口市场的调查;准备海外货物供应投标;提供数据参数;参加国际贸易及工业部长核准的贸易或者工业展会;与外销有关的公共关系服务;公司员工因公进行海外出差的旅费;马来西亚商人因出差国外产生的膳宿费,但是每天不得超过 200 林吉特;在海外设置业务办事处的费用等。

(4) 工业建筑抵减。马来西亚本国公司租用储存外销货物的仓库所产生的仓储费用,可以享受工业建筑抵减的优惠,主要包括 10% 的初期抵减及 2% 的年度抵减。一般来说,出口商为货物出口所发生的仓储费比内销商要高,此举可以激励出口企业的积极性。

5. 对研究发展的优惠措施

为了鼓励工业企业从事新产品研发,提高本国企业的原始创新能力,马来西亚政府出台了一系列优惠措施:(1) 从事产品开发有关的科学研究产生的收入性质的费用,都可以从当年所得中扣除,免缴所得税,此外,因实施财政部核准的研发计划而产生的收入性支出可以双重抵减;(2) 供经过核准的研发计划所使用的工业建筑物,可以享受工业建筑抵减优惠;(3) 供经过核准的研发计划所使用的厂房及机器设备,可以享受资本抵减;(4) 对经核准的研究机构提供现金捐款,以及因使用研究发展公司或者合约聘用研发公司的各项服务而产生的支出,可以享受双重抵减优惠;(5) 符合研发工作需要的支出,可以享受 50% 的投资税负抵减,优惠期为 10 年。

6. 对教育培训的优惠措施

为鼓励技术升级并提高生产力与品质,政府实施下列各项优惠措施:(1) 有意从事技术或者职业训练的公司,其符合规定的资本支出 100% 的享受投资税负抵减优惠,为期 10 年,该项抵减从法定所得中抵扣,但每一财政年度的抵扣额,限于法定所得额的 70%;(2) 对由法人团体所设立及维持的技术或者职业训练机构的现金捐献,可以享受单一抵减;(3) 供教育训练用的机器、设备和材料,可以免缴进口税、营业税和国产税;(4) 制造及非制造公司因举办经核准的教育培训而产生的各项支出可享受双重抵减。如果公司员工是在经过核定的培训机构接受培训。则其所产生的各项支出可自动获得双重抵减。但是该项优惠政策仅提供给雇佣员工 50 人及 50 人以上的公司。雇佣员工 50 人及以上的公司可利用人力资源发展基金会所提供的训练津贴的支持。同时这类公司必须将其员工薪资的 1% 捐献于人力资源发展基金会,以体现权利义务的对等;(5)公司建筑物用于核准的工业培训而产生的费用,可以享受工业建筑抵减的优惠。现有公司为提供技术或者职业培训,且须注入新资金提升培训设备或扩展其培训性能,亦可享受此项优惠。此优惠初期抵减率为 10%,以后年度则为 2%。

7. 产业调整的优惠措施

对于在 1990 年 12 月 31 日已从事建筑、纺织、机械及工程等产业的公司,如从事或者参与或核定的产业调整计划,可以享受某些优惠。从事核定产业调整计划的公司,可享受产业调整抵减的优惠。产业调整的优惠措施对制造业公司致力于产业调整而产生的符合规定的支出,提供最高达 100% 的抵减优惠。公司产业调整计划须经工业及贸易部部长及财政部长核准后,对核准之日起 5 年内产生的符合规定的资本支出,方可享受产业调整抵减的优惠。对那些已享受投资税负抵减的公司,仅可以就投资税负抵减优惠之外的资本支出部分,申请产业调整优惠。获产业调整优惠的公司,就同一资本支出项目不能再享受投资抵减优惠。

8. 农业的优惠措施

生产"受优惠产品"或者从事"受优惠的经济活动"的公司,有权享受投资税负抵减。

为鼓励各类农业计划享受更多的利益,政府对符合规定的资本支出的范围进行了扩大解释,包括:(1)土地的开垦及整理工作;(2)种植农作物;(3)提供在马来西亚境内供作耕种、禽畜饲养、水产养殖、内陆或者深海捕鱼及其他农业或者畜牧业使用的厂房及机械设备;(4)建设道路和桥梁;(5)兴建或者购买供种植农作物、饲养禽畜、水产养殖、内陆捕鱼及其他农业或者畜牧业使用的建筑以及对土地或者其他建筑物所做的结构性改良,但是对道路、桥梁、建筑物、土地或者其他建筑物所做的结构性改良,是出于上述第(4)项和第(5)项之目的,而以供种植农作物、饲养禽畜、养殖水产、内陆捕鱼及其他农业或者畜牧业使用的土地为限。有鉴于农业投资计划,自开始实施到农产品开始加工之间需经过一段时间,各种综合农业投资计划的加工或者制造过程所产生的各项费用，可享受另外 5 年的投资税负抵减优惠。

从事农业活动的个人或者公司，可以因其为营业目的而产生的资金费用支出，申请资本抵减或者农业抵减。因农业活动所产生的资金耗费，可以抵减的项目及比例是：（1）因开垦及整理土地，种植农作物或者为农业用途而兴建道路所产生的费用，每年可以扣除所支出费用的 50%；（2）为员工福利或者住宿而兴建的建筑物所产生的费用，可以每年 20% 的比率予以抵减；（3）供农场工作使用的其他建筑物的建筑费用，可以分 10 年抵减。

9. 林业的优惠措施

造林计划被马来西亚视为关系到国家利益的战略性计划，因此可以享受两项特别优惠：一是新兴工业地位及 100% 的免税优惠，为期 10 年；二是 100% 投资税负抵减，为期 5 年。

10. 基础设施建设抵减

对位于沙巴、沙捞越及马来半岛的"东部走廊"地区的基础设施的投资，如桥梁、码头、道路、电站及其他的资金耗费，可以就其合理支出 100% 享受基础设施建设抵减。该项抵减能加大沙巴、沙捞越和"东部走廊"欠发达地区的基础设施建设，鼓励各种资本形式积极进入上述地区的基础设施建设领域。

（二）海关法

马来西亚于 1967 年颁布实施《海关法》，现行版本是 1995 年 10 月 27 日发行的第 10 版。它是马来西亚海关各项法令、条例的基础。此外，其他涉及关税的现行主要法规还包括：《海关条例》（1977 年）、《关税法令》（1996 年颁布）、《进口管制条例》（1988 年颁布）、《出口管制条例》（1988 年颁布）、《关税法》（1996 年颁布）以及《1993 反补贴和反倾销税法》《1994 反补贴和反倾销税条例》，等等。

1. 海关组织机构

马来西亚皇家海关署（Royal Malaysian Customs，KDRM）是负责实施国家间接税政策的政府机构。海关署设进出口司和工业司，工业司下设工业处、旅客与仓储管理处、保税区与私用保税仓监管处、马来西亚工业发展局海关代表办公室。

2. 海关的职权

海关署实施 7 部主要法律和 39 部辅助法律。此外，海关署还为其他政府部门代为实施 8 项法律。根据《海关法》的规定，海关署的主要职能为：征税；为合法贸易提供便利；促进贸易和产业发展；维护国家经济、社会和安全利益。海关的具体职权包括：（1）检查进出口运输工具，查验进出口货物和物品，扣留违法或违禁的货物和物品；（2）查验进出口人员的证件，审查有违法行为的嫌疑人，并在有可能的情况下调查其违法行为；（3）查阅、复制与进出境运输工具、货物和物品有关的资料，对其中与违法行为有关的工具、货物和物品实行扣留；（4）在法定区域内检查涉嫌走私的运输工具和涉嫌藏匿走私货物或物品的场所、检查走私嫌疑人的身体；（5）可以查询涉嫌走私的单位和人员在金融机构、邮政机构的存款或汇款；（6）海关对进出口运输工具或者违抗海关监管逃逸的个人具有追索权。

3. 海关监管法律制度

（1）进口管理制度。根据《海关法》和《海关进口管制条例》，马来西亚对大部分产品实行自由进口政策，仅有小部分产品禁止进口或实行进口许可管理。其中，禁止进口产品涉及 14 类；实行进口许可的产品涉及 40 类 411 个海关税号，如机动车辆、彩色复印机、食糖、大米、面粉等，此类商品的进口须获得海关关长或其指定的其他政府部门或法定机构出具的进口许可证；受自动许可管理的进口产品，主要由发放自动许可证的机构实施总量监控。

（2）出口管理制度。根据《海关法》和《海关出口管制条例》，马来西亚对出口产品的管理分为三类：禁止出口、实行出口许可管理和自由出口。其中，禁止出口产品包括：珊瑚、藤条、海龟蛋、青石棉，以及多溴化联苯和三磷酸盐等有毒化学制品；实行出口许可管理的产品主要包括一些出于健康、卫生、动植物保护、安全和保证国内需求稳定等原因需加强管理的商品和实行被动配额管理的纺织品等，此类产品在出口前须获得海关关长或其指定的其他政府部门或法定机构出具的出口许可证、特别许可或批文。

（3）对进出境货物的监管。货物必须通过 1977 年《海关条例》中列明的口岸进出口。进出口货物须在正式报关前先进行舱单申报。进出口货物的货主、货主代理人（代理公司）、运输工具所有人或负责人应对进口的货物负责，直至海关办结所有通关手续，货物放行。海关对进出口货物监管的期限要求是：对进口货物的监管是自入境起至办结海关手续时止；

对出口货物的监管是自向海关申报时到出境时止；对过境、转运和通运的货物监管时间是从进入关境起到出境时止。

4. 关税法律制度

马来西亚《海关法》授权财政部长以发布命令的形式随时在政府公报上公布进、出口应税产品的应税税率、计税价格等。同时《海关法》也授权海关官员对一些进、出口应税产品进行分类、估价，以作为征税的依据。

（1）进口关税。马来西亚对直接用于生产出口产品的原材料、零部件的进口，可减免进口税；对需进口的机械、设备，如直接用于生产、制造过程和用于控制环境、品质管理等目的，可获减免其进口税和营业税。对进口制造供应国内市场产品所需的原材料、零部件，如该原材料、零部件在国内没有生产制造，通常免征全额进口税。

（2）出口关税。马来西亚除对一些资源性产品的出口征收出口税外，通常对制成品的出口免征出口税。马来西亚征收出口税的应税产品包括原油、原木、锯材和棕榈油等资源性商品。对野生动物、木材、石油和棕榈油等商品征收5%—30%的出口税，对石油统一征收20%的出口税。

（3）进出口税收减免。根据马来西亚《海关法》的规定，财政部长有权免除任何货物或个人的任何关税及其他规定的费用。

马来西亚进口直接用于生产出口产品的原材料、零部件，其进口税可获减免。对进口制造供应国内市场货物所需的原材料、零部件，如该原材料、零部件在国内没有生产制造，通常可以免征全额进口税。制造商的制成品如若出口，则该制造商可申请退还其制造产品所用的零部件或包装材料已缴纳的国产税。对需进口的机械、设备，如果是直接用于生产、制造过程和用于控制环境、品质管理等目的，其进口应征收的进口税及营业税可获减免。用于制造外销货物所采用的原材料、零配件、包装材料，如若符合退税条件，在经海关批准后均可以全额退还其进口税。

马来西亚出口货物只退（免）销售税、货物税、关税。生产商直接出口自产产品，免征销售税和货物税。马来西亚鼓励生产商自营出口，生产商申报免税一年办理一次，由财政部长审批，有效期一年。

（三）《反补贴与反倾销法》

为保护国内产业，阻止国外向其倾销产品，马来西亚于1993年颁布了《反补贴和反倾销法》（注：马来西亚1993年的《反补贴和反倾销法》

颁布早于 WTO 协定的签署，为与 WTO 协议要求一致，1998 年马来西亚对该法进行了修订），并于 1994 年颁布了该法的实施细则，从而以立法的形式对国外的倾销和不正当补贴进行立案调查和认定。马来西亚制定《反补贴和反倾销法》的目的就是授权马来西亚调查机关对国外制造商和进出口商的不公平贸易采取补救措施，并对国外倾销的或不正当补贴下的进口给马来西亚国内造成的损害进行调查。

1. 调查机关

为了实现反倾销和反补贴的目的，马来西亚与 1994 年成立了贸易发展联合会（the Trade Practices Unit，TPU）专门负责反补贴和反倾销调查认定，该联合会由政府各有关部门的官员组成。该联合会的主要职责是：（1）执行和贯彻 1993 年通过的《反补贴和反倾销法》及 1994 年 4 月 28 日实施的《反补贴和反倾销细则》；（2）对受国外反补贴和反倾销调查的马来西亚的生产商或出口商予以通告、提醒并给予建议。

2. 反倾销

（1）倾销的构成。出口到马来西亚的产品的"出口价格"，低于该出口国的产品或"同类产品"在其国内市场的"正常价格"，就构成倾销。倾销是一种国际价格歧视，即出口企业的产品在国内市场的定价要高于在出口市场的价格。

"出口价格"是指实际已支付或需支付的"被指控出口产品"的价格。在出口商和进口商或第三方之间，由于关联或补偿协议安排导致没有出口价格或出口价格不可信时，可在该进口产品首次转售给无关联关系的独立买主的价格基础上推定出口价格。

"同类商品"是指同被指控出口产品在各方面相同或相像的产品，包括在物理上、技术上或化学特性上、应用或使用上同被指控出口产品相似的产品。

"正常价值"是指出口国在国内市场的正常贸易过程中支付的价格。用于确认正常价格的销售价格必须大于成本，且不受买主和卖主之间关系的影响。但是，在出口国国内市场没有销售的情况下，或国内市场销售不允许作适当的价格比较时，"正常价值"的确定方法主要有：一是按照出口第三国的价格，即由出口商或生产商向适当的第三国出口的出口价格；二是按照结构价格，即由生产成本加上合理的管理费、销售费用、一般费用和利润组成的价格。计算中使用的成本和利润数据必须以生产商或出口商所在国家实际发生的数据为准。

（2）反倾销调查和裁定。政府应在法定期限内对反倾销调查作出裁定，认定被指控产品构成倾销的情况包括：一是对马来西亚已建立的国内产业造成实质损害；二是对马来西亚已建立的国内产业有造成实质损害的威胁；三是对马来西亚建立国内产业造成实质性阻碍。

政府依据反倾销裁定并作出征收反倾销税征收的裁定须以保护公共利益为目的，反倾销税征收的方式包括：一是反倾销税额高于临时措施所要求的保证安全的数额时，对超出部分不予征收；二是反倾销税额低于临时措施所要求的保证安全的数额时，应全额征收反倾销税，并对实施临时措施所征收的超出反倾销税额部分予以返还。

3. 反补贴

（1）补贴的构成和认定。当出口国或原产国政府或公共机构向其国内生产商或出口商提供财政资助，直接或间接惠及产品的生产、加工、购买、销售、运输和出口就构成补贴。政府提供的补贴方式一般有贷款、赠款和税收优惠等。

当马来西亚某一产业已受到重大损害，或受到重大损害的威胁，或设立该产业受到负面影响，就构成实质损害。实质损害一般分为"价格影响""数量影响""利润影响"。

价格影响是指进口倾销或有补贴的产品对马来西亚国内市场同类产品价格产生的影响，包括："价格削低"（price undercutting）、"价格不振"（price depression）、"价格受抑"（price suppression）。当进口倾销的或有补贴的产品的价格低于马来西亚产业的产品售价时，就构成"价格削低"；当马来西亚产业为与进口的倾销或有补贴的产品竞争而被迫减低售价时，就构成"价格不振"；当马来西亚产业不能随生产成本的提高而相应提高售价时，就构成"价格受抑"。在此情况下，成本和售价之间的赚幅被削减。

数量影响是指进口倾销或有补贴的产品对马来西亚国内市场的数量影响表现为马来西亚国内产业失去市场份额或销售数量的损失或潜在损失。

利润影响指由于价格影响、数量影响或不能吸纳增加的成本而导致利润的下降。

除上述主要因素外，还有其他相关经济因素需要考虑，如就业和工资水平的下降、生产水平、产能利用、未来定单、投资回报率、现金流动、筹措资本能力、投资，以及由于销售数量的减少和定价的压力造成存货的增加，等等。

（2）反补贴措施。为消除补贴产品的进口对马来西亚产业造成的损害，其措施是征收反补贴税。政府应将反补贴的裁决的决定、作决定的理由、征收反补贴税及其适用的被指控产品予以公告，在裁决公告之日或公告之后对被指控的产品开征反补贴税。

第四节　马来西亚刑事法律制度

一　马来西亚刑事法律制度概述

（一）刑法的立法情况

马来西亚现行刑法典是从英国海峡殖民地立法议会于 1871 年制定的刑事法令发展而来。该刑事法令以 1860 年《印度刑法典》为蓝本，1872 年首先在海峡殖民地马六甲和槟榔屿实施。马来西亚联邦成立后，当局对其作了修正及延伸，最终于 1976 年 3 月颁布实施了《马来西亚刑法典》。

作为伊斯兰国家，马来西亚的刑法特别注重社会风尚，将别国认为是道德范畴的内容用刑事法律加以规范，表示出马来西亚的伊斯兰特色。该刑法典自制定以来，根据社会实际情况，不断修订与更新，对预防、惩处犯罪，威慑不良分子，维护国家、社会稳定与繁荣都起了积极作用。

（二）刑法典的结构

《马来西亚刑法典》以章为最大单位，章下设条，条内设项。无论是总则性规定，还是分则性规定，法典任何条文抬头均设置标题，简要揭示或载明该条的主要内容或中心意思。标题之下为条文正文。而在大部分条文正文后，往往还附有"解释"和"举例"。"解释"是为正确理解和适用法条正文而作的立法解释，"举例"则是为帮助理解和适用法条而依照法条含义所作的正反面的案例列举。

《马来西亚刑法典》共 24 章。其中总则性规定 7 章，分别是："前言"（第 1 章，共 5 条）；"一般解释"（第 2 章，共 47 条）；"刑罚"（第 3 章，共 23 条，经过修正被删除 14 条）；"一般例外"（第 4 章，共 31 条）；"教唆"（第 5 章，共 14 条）。

分则 17 章，由各种具体犯罪及其刑罚组成，大致按照其侵犯的法益而归入不同的章节。自第 5 章至第 22 章依次为："反国家的犯罪""有关武装部队的犯罪""有关破坏公共秩序的犯罪""有关公务员的犯罪""有关藐视公务员合法权利的犯罪""伪证与违反公众正义的犯罪""有关货币及政府印花的犯罪""与度量衡器相关的犯罪""影响公众卫生、安全、便利、礼仪及道德的犯罪""有关宗教的犯罪""侵犯个人身体与生命的犯罪""侵犯财产罪""有关证件、货币及银行票据的犯罪""遗弃罪""有关婚姻的犯罪""诽谤罪",以及"有关刑事恐吓、侮辱及寻衅滋事罪"。第23章是有关犯罪未遂的规定。

二 刑法典总则的主要内容

(一) 刑法的效力

1. 属地原则

《马来西亚刑法典》第2条规定,在马来西亚境内触犯该法典任何条文而构成犯罪的,不论是否是马来西亚人,均须依照该法典处罚。

2. 属人原则

《马来西亚刑法典》第4条规定,任何马来西亚公民或永久居民在公海上任何船只或飞机内,或者在马来西亚境外其他任何地区触犯该法典第6章所规定之罪,即有关反国家的犯罪的,均须适用法典的有关规定。

3. 保护原则和普遍原则

《马来西亚刑法典》第3条规定,无论何人在马来西亚境外犯罪,而依据法典在法律上可在马来西亚境内审讯的,都必须依据该法典的规定加以处罚,如同该罪行发生在马来西亚境内。这一规定实际上蕴含了刑事管辖权的保护原则和普遍原则。

(二) 犯罪及其构成

对于"犯罪"一词在法典中采用的是犯罪的形式定义,不同法条中的含义不尽相同,既包括严重危害社会的行为,也包括轻微的违警、反公共秩序、安全和道德等行为。而可称为犯罪的行为泛指一切依照法典或其他任何现行法律的规定必须受到处罚的行为。由这一定义可见,法典所称犯罪,既包括严重危害社会的行为,也包括轻微的违警、反公共秩序、安全和道德等行为。

危害行为是构成犯罪的必要条件。除有特别规定外,该法典中所提及的行为,均包括"非法略去之行为",即不作为。一个犯罪行为,既可以由作为的方式构成,也可以由不作为的方式实行。而这两种行为方式并非相互排斥，在同一犯罪中，犯罪行为的实施及危害结果的发生，可能部分由作为产生，部分由不作为产生。

此外，《马来西亚刑法典》第 3 条指出，一个行为既可由一个举动构成，也可由一系列举动构成，一系列的举动不视为数行为，而应是单一行为的构成要素。

（三）刑事责任能力

对于责任能力，《马来西亚刑法典》作了如下规定：

1. 未达刑事责任年龄

《马来西亚刑法典》第 82 条规定，10 岁以下儿童所实施的任何行为都不构成犯罪；第 83 条规定，已满 10 岁不满 12 岁的儿童是相对无刑事责任能力人，如果其理解力尚未达到足够成熟去判断其当时所实施行为的性质，不能辨认其行为错误或者是违法的，其行为便不构成犯罪。

2. 心智不健全

行为人因心智不健全而无法知悉行为性质及后果，不能辨认其行为错误或者是违法的，其行为不负刑事责任。

3. 醉酒

醉酒一般不能成为抗辩的理由。但是，在下列情形下则属例外，行为人可以免除刑事责任：行为人在实施某一行为（包括作为与不作为）时，并不知道其实施的行为是错误的，或不知道他当时在做什么；行为人醉酒是在未得到其同意的情况下由他人恶意或疏忽行为所致；行为人实施某一行为时，因醉酒而神志不清的。

（四）刑事责任的阻却事由

一行为构成犯罪并承担刑事责任的条件，刑法典未作正面规定，但规定了犯罪成立之排除及刑事责任的阻却事由。

1. 合法行为的意外

是指行为人在没有犯罪意图或知悉的情况下，以合法方法及合法途径及在适当的关注与留意下实施某一行为，因意外或不幸而发生客观危害结果的情形。

2. 错误

行为人因事实上的错误而非法律上的错误，致使其善意地相信其行为为在法律上必须履行的义务行为或者在合法情况下实施的行为。

3. 缺乏行为可罚性的事由

行为人无意导致他人死亡、重伤而实施的行为；或有意致伤 18 岁以上的人但此用意已获该人明确或暗示的同意的行为；行为人明知其行为可能造成危害结果，因被害人同意冒遭受这种危害结果的风险而实施的行为，均不认为是犯罪。但是，行为本身即属独立性犯罪的除外。

4. 为特定人善意实施的行为

在获得12岁以上的人明确或暗示，且真实的同意下，或获得12岁以下的人或心智不健全者的监护人明确或暗示，且真实的同意下，为这些人的利益而善意地实施有客观危害的行为，不构成犯罪。但是，下列情形除外：（1）行为人蓄意致死或企图致死对方；（2）明知其行为可能致他人死亡而仍予以实施，或者自愿严重致伤或企图严重致伤他人，而其目的并非预防死亡、重伤或治疗任何严重疾病或体弱；（3）教唆任何犯罪；（4）行为本身即属独立性犯罪的。

5. 法官行使司法权力的行为

法官或其他任何人执行有效的法庭判决或庭令的行为，即使造成对他人人身、财产、精神等方面的损害，也不构成犯罪。并且只要行为人善意地相信法庭拥有作出该项判决或庭令的司法权力，而不问法庭是否完全合法拥有该项司法权力。

6. 善意的传达行为

行为人为他人利益而做善意的传达，因而导致危害受传达者的结果，并非犯罪。

7. 被迫行为

行为人因受他人威逼、强迫而实施的行为不构成犯罪。但是，所受威逼、胁迫的内容必须严重致使行为人当时合理地担心如果他拒绝必将面临死亡、重伤的危险程度。而且，如果被迫行为属于谋杀罪、叛逆罪，则不得免除刑事责任。

8. 轻微危害行为

危害行为轻微到任何具有正常理智与性情的人都不会申诉的程度，该行为则不能认为是犯罪。

（五）非典型形态的犯罪

《马来西亚刑法典》在总则中规定的非典型形态的犯罪可以分为两类：不完整罪和共同犯罪。这里只涉及不完整罪。

不完整罪是指行为虽缺少某些犯罪要件，却已造成或可能造成社会危害，被认为应该以刑罚制止和惩罚，进而被法典总则规定为犯罪。这些犯罪可称为不完整罪,具体包括未遂、教唆和串通。

1. 未遂

犯罪未遂,是指行为人企图触犯某一犯罪,或者企图为实施某一犯罪而作准备,或者已作出准备行为,而由于其意志以外的原因未能完成的犯罪形态。

《马来西亚刑法典》第 23 章对犯罪未遂专章作了规定。根据《马来西亚刑法典》的规定,犯罪未遂仍必须治罪,且可对行为人判处不超过该罪既遂所应判处的最长监禁期一半的监禁,以及罚金。但是,对未遂犯的处罚,仅限于被法典分则或其他成文法规定可判处监禁、罚金或两者兼施的犯罪。

2. 教唆

犯罪教唆是指行为人自己不去实施犯罪行为,而以引诱、怂恿、煽动等方式促使他人去实施犯罪行为,或者利用、协助他人去实施犯罪,以达到自己的犯罪目的的行为。

有关教唆的成立条件及处罚,《马来西亚刑法典》第 5 章专章作了规定。根据法典的有关规定,教唆成立必须具备主观和客观两方面要件:主观方面,必须有教唆的故意。即行为人明知他人作出某一行为就构成犯罪,或明知他人作出某一行为本身不构成犯罪,但可资利用而转化为行为人的犯罪,而仍对他人作出该行为进行煽动、串通、蓄意协助;客观方面必须有教唆的行为,教唆行为可以表现为以下几种形式:一是煽动他人实施某一行为,二是联合他人串通实施某一行为,三是蓄意地协助他人实施某一行为,且无论该人是在实施某一行为之前还是正在实施某一行为过程中。受教唆人是否作出所教唆的行为、受教唆人因受教唆而实施的行为最终是否达到教唆人的犯罪意图、受教唆人有无与教唆人同样的犯罪意图或对某项犯罪事实的明知、受教唆人有无与教唆人策划犯罪等,均不影响教唆的成立。

根据教唆行为的后果和教唆内容的危害程度,对教唆犯的处罚有:受教唆人没有实施所教唆的行为,对教唆人同样要处以刑罚,但适用未遂的规定;受教唆人实施了所教唆的行为,但是发生的危害后果超出教唆原意的,对教唆人应按实际发生的结果治罪处刑,如同他曾教唆蓄意导致这种危害结果的行为一样;受教唆人实施了被教唆行为以外的行为,只要该行为的实施是所教唆行为的可能结果(未必要求必然联系),对教唆人必须按受教唆人实施的行为治罪，如同教唆人曾直接教唆了这一行为的实施一样。但是受教唆人实施的行为与所教唆行为内容毫无牵连关系的除外。

3. 刑事串通

刑事串通是指两个以上行为人协议实施或同意实施非法行为或者犯罪，或协议以非法手段实施某种本身并非犯罪的行为。

对于刑事串通的处罚，视其内容性质而异。如果串通内容是犯罪，则对行为人比照有关教唆犯的处罚原则予以处罚。如果串通内容为非法行为或以非法手段实施某种本身并非犯罪的行为，则对刑事串通各方必须判处不超过6个月的监禁，或罚金，或二者并处。

三 刑罚的种类

《马来西亚刑法典》没有专门章节规定刑罚的种类，而是在分则中通过对各种规定犯罪处罚措施加以体现。从法典分则的规定看，刑罚的种类有五种：死刑、终身监禁、监禁、罚金和鞭笞。[①]

参考文献

祁希元主编：《马来西亚共和国经济贸易法律指南》，中国法制出版社2006年版。

申华林主编：《东盟国家法律概论》，广西民族出版社2008年版。

何勤华、李秀清主编：《东南亚七国法律发达史》，法律出版社2002年版。

中国—东盟法律网（http：//www.zgdmlaw.com）。

中华人民共和国驻马来西亚大使馆经济商务参赞处网站（http：//my.mofcom.gov.cn）。

赵秉志、肖中华：《马来西亚现行刑法典概要》，载《法治与社会发展》1996年第2期。

[①] 马来西亚刑事法律制度部分资料主要来源于赵秉志、肖中华《马来西亚现行刑法典概要》，《法治与社会发展》1996年第2期。

第三章

新加坡法律制度

第一节　新加坡概况

一　自然地理与民族结构

（一）地理状况

新加坡共和国是一个热带城市国家。位于马来半岛南端、马六甲海峡出入口，北隔柔佛海峡与马来西亚相邻，南隔新加坡海峡与印度尼西亚相望。由新加坡岛及附近63个小岛组成，共计712.4平方公里（2010年），其中新加坡岛占全国面积的88.5%。新加坡四面环海，南眺苏门答腊，北有两座跨海大桥与马来西亚相连，境内地势平坦，交通发达，公路超过3000公里，这里一年皆夏，空气潮湿，遍布绿色植物。

（二）民族结构

新加坡是一个多民族国家，境内住有20多个民族的居民，公民和永久居民为377.1万，常住人口为507.6万（2010年），其中63%属于本国公民，其他则属永久居民或外籍劳工，有23%本国公民在新加坡以外地区出生，永久居民约有50万人。新加坡的人口密度在世界排名第二，平均每平方公里居住了6430个人。

新加坡主要有三大种族，即华人、马来人和印度人，其中华人占人口总数的 74.5% 左右，马来人占总人口约 13.5%，而印度人占人口总数约 9%，除此之外，新加坡还有为数不多的阿拉伯人、犹太人、菲律宾人、缅甸人等，另有欧亚混血种人约 1.5 万人。

新加坡华人在国家经济、政治、文化、社会建设中发挥着主导性作用，但华人从来没有凌驾于其他民族之上的民族优越感，这要归因于新加坡领导人提倡的华人不要有"华族大民族主义"思想。新加坡刚独立时，李光耀就指出，"在新加坡，我们将是一个多元种族的国家。这个国家，不是一个马来人的国家，不是一个华人的国家，不是一个印度人的国家……不论民族、语言、宗教、文化，每个国民都应首先有国家意识，都要认同我是新加坡人"[①]。开国领导人的智慧与胸怀，为新加坡社会的民族和谐奠定了明确的指导思想。1982 年和 1988 年，新加坡政府两次开展国家意识讨论，从 1988 年开始，每年开展"国家意识周"活动。1990年，国庆的口号就是"一个国家，一个民族，一个新加坡"。新加坡要求所有国民"不分种族，都在国旗下效忠"。

二 历史与文化

（一）新加坡简史

新加坡最早名为淡马锡（Temasek），一直到 14 世纪末，梵文名字 Singapura 才首次出现。传说苏门答腊王子经过此地发现岸上有狮子（Singa），于是改名为新加坡，意为狮城。

公元 14 世纪时，新加坡成了邻近各国兵家互争的战场，战争到后来并没有出现大赢家，而人民却受到深深的伤害，房屋全毁，新加坡一时间竟沦为荒凉的丛林，直至 17 世纪之后，新加坡才有了新发展。

1819 年，英国人史丹福·莱佛士抵达新加坡，发现这里的地理位置十分特殊，极具发展潜力，于是选择在此设立大英帝国的海外贸易中心，并且采取自由贸易的措施，吸引了来自亚洲各国、中东甚至美洲的商人，从事海上贸易。

1824 年荷兰与英国达成协定，承认英国对新加坡的控制，从此英国开始控制马来半岛，新加坡也成了英国的殖民地，并成为英国在远东的转

---

① 马文余、李伟：《新加坡：多族一体和谐共生》，《中国民族报》2008 年 11 月 28 日第 5 版。

口贸易商埠和在东南亚的主要军事基地。1826年,英国东印度公司将马六甲、槟城、新加坡组成海峡殖民地,当时海峡殖民地政府听从印度总督的指挥。

1942年,新加坡被日本占领。1945年日本投降后,英国恢复殖民统治;1946年3月,海峡殖民地也正式解散,新加坡成为英国直辖殖民地。1959年实现自治,成为自治邦,英国保留国防、外交、修改宪法、宣布紧急状态等权力。1963年9月16日与马来亚、沙巴、沙捞越共同组成马来西亚联邦。

1965年8月9日,新加坡脱离马来西亚联邦,成立新加坡共和国,成为独立的主权国家;同年9月成为联合国成员国,10月加入英联邦。

(二)文化特色

1. 语言

新加坡以马来语作为国语,而英语、华语、马来语、泰米尔语为官方语言,英语为行政用语。

新加坡的国语是马来语,这是因为马来人是新加坡的"本地人",不像华人、印度人等族群,他们是后来才移民到新加坡的。新加坡除规定马来语为国语外,华语、马来语、印度语(泰米尔语)和英语同为官方语言,国会议员可用4种语言的任何一种发言(现场同步口译),政府所有文告都同时用4种语言文字发布。新闻出版通信也是4种语言文字任意选用。政府实行英语加母语的双语政策,英语实际上为全国共同语言,即行政用语,以培养国民共同的感情。2000年4月开始,新加坡在全社会开展"讲正确英语运动",力图用10—15年时间,改变国民使用混杂英语的现象,推行纯正英语。从1979年开始,新加坡还推行了"讲华语(普通话)运动",争取用10年时间使华语在大众场所通用,用10—15年使华语成为华人主要的交流语言。此举既增进了各民族的国家意识认同,又保留了各民族独特的文化,对新加坡的经济发展也起到了极大的推动作用。2005年11月,政府又接受马来文和泰米尔文检讨委员会的建议,增加了马来文和泰米尔文学习中心。

大部分的新加坡人为双语使用者,当中多数都懂得英语和普通话、马来语、泰米尔语之中的一种语言。根据2005年的数据,50%人口在家说普通话,32%说英语,12%说马来语,3%说泰米尔语,在家不说英语的新加坡人通常会学习英语以作为第二语言。如今在新加坡的大街上,到处都是简体汉字的招牌，跟华人可讲汉语普通话，跟印度人、马来人可讲英语，沟通起来毫无障碍。

2. 风俗习惯

民族不同日常生活中的习俗也各不相同。多年的文化交融，使得新加坡人有了共同的习俗禁忌。如新加坡人不会邀请初次见面的客人，不会当面打开他人赠送的礼物；和渔民、船员等居民吃饭时，不要将吃过一半的鱼翻过来吃；交谈中，新加坡人很少涉及政治得失、宗教是非等话题，也忌讳说"恭喜发财"；饭桌上，新加坡人主要使用勺子和筷子；言行举止方面，不能用食指指人，或是将以握紧的拳头放在另外一只手的掌心，这些都是极其不礼貌的；新加坡人最讨厌"7"这个数字，此外，"4""6""13""37"和"69"都是不受欢迎的数字；色彩图案方面，新加坡人最爱红色、绿色，蓝色也是他们比较喜欢的颜色，而在商品包装上最忌出现如来佛图案、宗教用语，此外也很忌讳猪、乌龟等形象。

新加坡的公众假期反映了不同族群的文化差异，有华人的农历新年、佛教的卫塞节、伊斯兰教的开斋节、印度教的屠妖节等。在新加坡，信仰基督教的人数亦在不断增长，所以圣诞节、耶稣受难日（Good Friday）及元旦亦被定为公众假期。8月9日为新加坡国庆日，这一天的庆祝活动为新加坡国庆庆典。

新加坡是一个文明程度较高的国家，讲究礼貌已成为他们的行为准则。新加坡政府对礼貌还作了一些规定。如店员礼貌：顾客临门，笑脸相迎；顾客选购，主动介绍，百挑不厌；顾客提问，留神听取，认真解答；顾客离去，热情欢送，礼貌道别。邻里之间的礼貌：邻居见面要互相问候；逢年过节要邀邻做客；帮助邻居照看房屋。公共场所的礼貌：利用公共场所，要时时为别人着想；待人接物总是笑脸相迎；用完公用电话，要笑着对等候的人说："对不起，让您久等了"。街头宣传文明礼貌的宣传画上面会印着一个笑容可掬的人物像和一些口号，如"处世待人，讲究礼貌""人人讲礼貌，生活更美好""真诚微笑，处世之道"。

三　宗教

新加坡主要宗教为佛教、道教、伊斯兰教、基督教和印度教。各族人民的宗教信仰分别为：中国血统的人大都信奉佛教或道教，少数人信奉基督教；马来血统的人（包括在新加坡、马来西亚出生的马来人和从印度尼西亚迁来的马来人）绝大多数信奉伊斯兰教；印度血统中（包括印度、巴基斯坦、孟加拉、斯里兰卡等血统的人）的印度人多信印度教，少数人信仰基督教；巴基斯坦人大多信奉伊斯兰教；欧美人多数信仰基督教。

根据新加坡法律，所有宗教团体、宗教活动场所需向新加坡内政部社团注册局申请登记注册，按章程开展活动。作为非营利性社团，新加坡的宗教团体、教堂、寺庙可以免税，但宗教团体、寺庙、教堂须将年度活动情况和财务报告经过审计部门审计后，提交社团注册局备案。申请修建宗教活动场所，须得到新加坡政府建屋发展局的批准。在审批宗教活动场所用地时，要考虑许多因素：是否符合社区统一规划、周边公共设施情况，还要考虑到各宗教的平衡因素，等等。被新加坡政府列为文物的宗教建筑物归国家所有，有关教会或寺庙教堂只有依法取得的一定年限的使用权，并承担保护义务。根据新加坡法律，在宗教组织开办的社区服务、慈善和福利事业活动中，不能对服务对象有宗教方面的特殊要求，不得公开进行传教活动。在宗教活动场所以外的公共场所举行宗教活动，须经过公共安全部门的批准。信教公民可以在居民区举行宗教聚会，但不能影响邻居正常生活，如果有居民投诉，该聚会将被禁止。总的来说，由于相关法律的有效实施，宗教与政府之间建立了一种良性互动关系。

新加坡不同种族、语言和宗教共存的特点，决定了宗教和种族的和谐是国家赖以生存的前提条件。为此，新加坡国会于1990年通过了《维持宗教和谐法案》。该法案尊重和保持各宗教文化的特点，提倡各宗教的平等、互相尊重、和谐共处，使各宗教的传统文化都有自由成长的空间；在处理宗教与政治、宗教之间、宗教内部、宗教与社会的关系上，划定了界限——大家都要自我约束，谁都不要做越轨的行为。该法案规定，设立名为"宗教和谐总统理事会"的权威机构，职能是"考虑并向部长报告由部长或议会转给理事会并影响到新加坡宗教和谐的事务"。该法赋予内政部长下达限制令的权力，一旦内政部长认定任何宗教团体机构中的成员或神父、僧侣、牧师、依玛目、长老、官员或其他人具有或试图具有以下行为："导致不同宗教团体之间的敌视、仇恨、恶意情绪；借宣传、信仰任何宗教之名进行推动政治事业或政党事业的活动；借宣传、信仰任何宗教激发对新加坡总统或政府的不满，企图利用宗教危害社会安全及种族、宗教和谐的言论"，部长可以发出限制令，限制此人的言论和行动。违反限制令者，地方法院可处2年以下的监禁，并处1万元以下罚款；再犯者可处 3 年以下监禁,并处 2 万元以下罚款。《维持宗教和谐法案》建立的这种机制,起到了警示、预防的作用,颁布 20 多年来实际上还没有发出过一次限制令,只警告过一两次。该法案对于维持宗教和谐,实行政教分离发挥了重要作用。

四 经济状况

新加坡自然资源贫乏,经济属于外贸驱动型,高度依赖美国、日本、欧洲和周边国家市场,外贸总额是 GDP(国内生产总值)的 4 倍。新加坡经济曾长期高速增长,1960—1984 年 GDP 年均增长 9%,[①] 成为亚洲经济"四小龙"之一。

新加坡传统上以商业为主,包括转口贸易、加工出口、航运等,是东南亚最大的海港、重要商业城市和转口贸易中心,也是国际金融中心和重要的航空中心。

独立后,政府坚持自由经济政策,大力吸引外资,发展多样化经济。20 世纪 80 年代初开始,加速发展资本密集、高增加值的新兴工业,大力投资基础设施建设,力求以最优越的商业环境吸引外来投资。以制造业和服务业作为经济增长的双引擎,不断提高产业结构,20 世纪 90 年代尤为重视信息产业,已投资在全岛兴建"新加坡综合网"。为进一步推进经济增长,新加坡大力推行"区域化经济发展战略",加速向海外投资,积极开展在国外的经济活动。

新加坡目前的五大经济部门为商业、制造业、建筑业、金融业、交通和通信业。工业主要包括制造业和建筑业。制造业产品主要包括电子产品、化学与化学产品、机械设备、交通设备、石油产品、炼油产品。新加坡拥有著名的裕廊工业区,还是世界第三大炼油中心。

新加坡交通发达,设施便利,是世界最繁忙的港口和亚洲主要转口枢纽之一,也是世界最大燃油供应港口。新加坡还是联系亚洲、欧洲、非洲、大洋洲的航空中心。新加坡樟宜机场连续多年被评为世界最佳机场。旅游业是主要外汇收入来源之一,主要景点有圣淘沙岛、植物园、夜间动物园等。

[①] 参见新华网《城市国家:新加坡》,http:/nes.xinhuantet.com/newsenter/2007—11/18/content 7099716.htm,2007 年 11 月 18 日。

农业在国民经济中所占比例不到1%，主要有家禽饲养和水产业。粮食全部靠进口，蔬菜自产仅占5%，绝大部分从马来西亚、中国、印度尼西亚和澳大利亚等国家进口。农业保存了高产值出口性农产品的生产，如种植热带兰花、饲养观赏用的热带鱼，种植一些传统的热带经济作物等。

服务业为经济增长的龙头产业，包括零售与批发贸易、饭店旅游、交通与电讯、金融服务、商业服务等。金融业是最大的服务业部门，在过去几年里增长很快。旅游业发达，是外汇主要来源之一，每年来访本地的外国游客逾900万人次，游客主要来自日本、中国、欧美地区和东南亚其他国家，其中中国游客人数增长最为显著。

此外，新加坡也是亚洲的区域教育枢纽，每年吸引不少来自中国和马来西亚等地的留学生前来升学，为国家带来丰厚的外汇，并吸纳了许多人才。[①]

五　法律制度概况

（一）新加坡法律渊源

新加坡原属英联邦国家，深受英国法律的影响，是普通法系国家。新加坡的法律渊源主要是：新加坡共和国宪法，宪法具有至高无上的地位；被接纳的英国法令；新加坡国会制定法令，即成文法或称制定法；新加坡法庭的判例，即法官造法；有关部长根据法令拟定的辅助条规，即附属法规，国际公约，风俗习惯等。

1. 被接纳的英国法

1993年，新加坡国会通过制定《英国法适用法令》，明确限定英国法在新加坡的实施。它主要规定：（1）英国的习惯法和衡平法仍然是新加坡法的一部分；（2）某些英国法令可以通过修订，适合新加坡的特殊环境，依然是新加坡法律的一部分；（3）新加坡的部长有权修改或颁布命令对英国法令进行修订，以便去除其在新加坡施行的难处。

2. 新加坡的制定法

新加坡在1965年独立以后，自己制定了不少制定法。在新加坡，制定法包括立法机关和行政部门制定的法律。立法机关颁布的法律称为

---

① 关于新加坡概况基本国情资料主要来源于http://baike.baidu.com/view/7009.htm?fr=aladdin。

"Statutes"或者"Acts",行政部门颁布辅助性立法(subsidiary legislation),这是有关部长、其他机构在有关法令的允许下,为特定目的制定的条规或条例。

在新加坡以及其他大多数普通法系国家,除刑法以外,制定法不可能也没有打算去解决该领域内的所有法律问题。在刑法方面,根据罪刑法定原则,除非刑法法案中有明确法律规定,否则该嫌疑人不可被判有罪。在其他领域的制定法,其只能解决该领域内的部分问题,对于其他问题必须借助判例法。制定法主要在以下领域发挥作用:(1)指定某行政机关或立法机关,规定其权力及职责;(2)对特定行业或行为进行规制;(3)对于判例法空白的领域制定法律原则,或者在必要情况下对某些原则进行澄清。

3. 新加坡的判例法

与普通法系国家一样,判例法也是新加坡的主要法律渊源。在新加坡,最高法院的判例在全国均有约束力,但是,在1994年之前,新加坡的最高上诉法院是英国的枢密院,所以1994年之前的从新加坡上诉到英国枢密院的案件判决对现在的新加坡法院仍有约束力。此外,因为1963年至1965年,新加坡是马来西亚联邦的一部分,所以1963年至1965年的马来西亚联邦最高法院作出的判决,对新加坡法院也是有约束力的。

基于新加坡国土面积小,案件不很丰富的情况,新加坡法院在判案时,有可能参照其他国家的判例。对于这些其他国家的判例,只有在新加坡国内法出现"空白"的时候才可以运用。一般来说,如果出现:(1)该问题从来没有被解决过;(2)下级法院不同意运用现存的法律;(3)当地的判例非常陈旧,或者该判例作出之时的时代背景已经变更,等情形的时候,则认为国内法有空白,可以借鉴外国判例。如果某项原则已经被很多国家承认,则该项原则具有很高的运用价值。尤其是来自英国和其他英联邦国家的原则,在新加坡具有格外重要的地位。然而,在借鉴外国判例时,应当与新加坡当地的公共政策不相冲突。

在判例法与制定法的关系上,一旦发现某判例法与制定法相冲突,则应当根据制定法优先原则,适用制定法。[①]

(二)新加坡法律制度特点

新加坡独立后,由于社会形式没有发生根本的变化,所以仍然继承了

---

① 参见葛丽霞《新加坡法律渊源简介》,《法律与社会》2009年第16期。

英国的法律制度，但是根据自己的国情做了调整，把东方文化的儒家伦理、道德修养和西方法律的民主价值进行交融取舍，再按照本国的国情进行适当的改造，形成了有自身特色的现代法律制度，成了一个高度法制化的国家。

1. 制定完备的法律体系

为了建立良好的社会秩序，政府制定了严厉的法律、法规。大到政治体系、经济管理、商业往来、公民权利与义务，小到停车规则、公共卫生，都有相应的法律规定。如上完厕所要抽水，否则是违法行为。所以人们的言谈举止、衣食住行都有法可依。如"禁止乱丢垃圾""禁止吐痰""禁止吸烟""禁止吃食物""禁止乱过马路""禁止钓鱼"等告示牌，各种告示牌无时无刻不在提醒人们遵守规则。

2. 执法体现人人平等

有了完善的法律必须严格执行才能发挥作用。新加坡要求每一个社会成员牢固树立"新加坡的法律制度是为了保护绝大多数人的基本权利而建立的，应当有效并公正实施"的观念。[①] 因此，新加坡在执法方面非常严格。任何人违反法律都要受到法律制裁，不论犯者的背景或身份。在新加坡犯法是没有什么可以变通的。新加坡案例告知大众：受贿的部长、协助妻子欺骗的商业刑事调查局长都必须面对法律的制裁，尽管他们曾对国家有功。从李光耀带领人民行动党执政以来，基本做到了党只管党，党在法律框架内活动，法律面前人人平等，人人自由，法律之上没有权威。

3. 建立高素质精良的执法队伍

为了保证严格执法，新加坡建立了高素质的执法队伍，无论是政府执法人员还是司法人员都必须是精英。新加坡政府要求无论是警察还是法官，都要经过严格的考试，本着公开、公平、择优的原则进行选拔，只有经过考试且具有优良品德的人才能被录用，从而保证了执法和司法过程的公正和严格。新加坡的执法和司法人员素质高，办案效率高，行为检点，不做超越法律、有失公平的事情，深受人民的尊敬。不检点的行为如被告上法庭，就会因知法犯法而被严惩。因此，政府执法机关和法院的执法人员、法官的执法活动得到了人民普遍的支持。

4. 对违法犯罪者处罚严厉

新加坡是一个典型的施行严刑峻法的国家，对违法犯罪者的处罚严

[①] 凌翔、陈轩：《李光耀传》，东方出版社1982年版，第292页。

厉。除了死刑和各种刑罚以外，罚款被广泛使用，而且数额非常之大。如乱丢垃圾罚款新加坡币1000元，开车闯红灯罚款新加坡币180元。这个价码对普通市民来说是一个相当大的数额，所以有阻慑犯罪的作用。新加坡刑法中仍然采用鞭刑，对那些罪不当死的罪犯，比如对暴力伤人或者非礼女性以及影响公众视线的涂鸦行为的犯人可以施以鞭刑。一鞭下去，皮开肉绽，具有阻慑犯法的作用。

5. 提高公民的法律素质

新加坡并没有把严刑峻法作为治理国家的"万能钥匙"，在运用严格法律惩治违法犯罪的同时，注意"以德育人"，大力培养公民的法律意识，在社会生活方面，引导公民遵循具体的法律规定和行为规范，培养他们遵守法律和纪律的意识和能力；另外，在政治生活方面，要求人们按照法律程序和规范参与政治生活，使公民的政治愿望的表达和各种社会舆论进入政府的控制和调节过程，从而达到整个社会的政通人和。

第二节　新加坡宪法与宪政制度

一　宪法的产生和发展

1826年，英国将新加坡、马六甲、槟榔屿三块殖民地合并成海峡殖民地。1867年，海峡殖民地移归英国殖民部管辖，成为英属殖民地，通过英王敕令的形式颁布了《海峡殖民地宪章》，在海峡殖民地建立起完整的组织体系。根据该宪章，海峡殖民地效仿西方三权分立的模式建立起自己的政治体制，按照英国的法律思想与传统实行法治管理。

第二次世界大战期间，日军于1942年2月占领了新加坡，实行法西斯统治直至1945年宣布投降，英国殖民者以战胜国的身份重新回到新加坡。但是，这时英国的殖民统治秩序再也无法稳定，新加坡人民要求独立的呼声日益高涨。在新加坡独立运动的迫使下，英国政府与新加坡各派政治力量通过谈判，于1958年5月达成关于新加坡实行内部自治的协议，同年12月，英国女王颁布敕令公布《新加坡自治宪法》，根据此宪法，新加坡于1959年5月举行了立法会议选举，成立了由人民行动党执政的新加坡自治邦政府。1963年7月，新加坡经过全民公决，同意新马合并并成立马来西亚联邦，新加坡成为马来西亚联邦的一个州。为适应政治地位的变化，新加坡颁布了《新加坡州宪法》。联邦内部在一系列问题上的分歧，致使政局动荡，经济发展速度迟缓，加之"二战"后激化的种族矛盾没有缓和，新加坡再次呼吁独立。1965年8月9日，新马两国领导人发表分离或独立宣言，新马正式分离。1965年12月，新加坡议会制定了《新加坡共和国独立法》。该法规定，从1965年8月9日起，新加坡正式独立，成立新加坡共和国，1979年，新加坡议会修改宪法，将《新加坡独立法》与《新加坡州宪法》正式合并为一个宪法典，即《新加坡共和国宪法》。1991年1月，新加坡议会通过对宪法中有关总统的选举、任期、权限作了若干修订，之后，新加坡又根据国情的需要对宪法做过多次修改。①

二 新加坡宪法的主要内容

新加坡是承袭了英国法律传统的国家，因此，虽然新加坡不像大陆法系国家有着完善的法律体系，但却有自己的宪法法典。《新加坡共和国宪法》一共7篇105条，第一篇政府，设有总统、穆斯林宗教、行政机关、关于财产、契约和诉讼的能力四章，第二篇立法机关，第三篇公民资格，第四篇公共事务，第五篇财政条款，第六篇一般条款，第七篇临时性和过渡性条款。新加坡宪法按照三权分立的理论，规定了政府制度、议会制度、司法制度。

三 新加坡的宪政制度

新加坡宪法按照三权分立的原则建立起来了自己的宪政制度，设立了国家的立法、行政和司法机关，实行责任内阁制度。

（一）总统

根据宪法规定，新加坡实行议会共和制，总统为国家元首，是国家权力的象征，也是国家机构的重要组成部分。形式上，总统是最高国家权力的执行者，对内、对外代表国家。

1992年议会颁布民选总统法案，规定从1993年起总统由议会选举产生改为民选产生，任期从4年改为6年。总统委任议会多数党领袖为总理；总统和议会共同行使立法权。

---

① 参见何勤华、李秀清主编《东南亚七国法律发达史》，法律出版社2002年版，第466页。

总统须由无党派人士参选，当选后须持无党派立场，不涉足政治派别矛盾。其职责是：保管国家储备金的第二把钥匙；委任获多数议会议员支持的议员为总理；拒绝解散议会；否决有关调整公积金投资等法案；否决法定机构和政府公司的预算；赦免死囚等罪犯，但须听取内阁的建议。

总统可行使宪法赋予的 5 项否决权：

1. 可以拒绝让政府动用历届政府所积累的储备金。

2. 否决政府提名某些人出任公共部门要职的决定，也可以否决政府免除某要职职务的决定。这些要职包括大法官、议会议长、总检察长、审计总长、会计总长、三军总长、警察总监、贪污调查局局长等。

3. 根据内部安全法成立的顾问委员会建议释放某名政治犯，而政府不同意，总统可以下令释放这名政治犯。

4. 如果总理拒绝批准贪污调查局局长继续对某人进行调查，总统可以推翻总理的决定，允许调查局继续调查工作。

5. 根据维持宗教和谐法，政府可向行为违反这项法令的人发出限制令。

（二）议会

新加坡的议会实行一院制。议会与总统构成了完整的新加坡立法机构，议会中的多数党领袖将获总统任命为政府总理，然后再由总理推荐内阁部长和部门首长，经总统任命后组成内阁与政府。政府对议会负责，并接受议会的监督与质询。一届议会（以及政府）的任期最长为 5 年，但是总理可决定提前解散议会，举行大选。大选必须在议会解散后的 3 个月内举行。

议会议员分为民选议员、非选区议员和官委议员。其中民选议员从全国 13 个单选区和 16 个集选区（2015 年大选）中由公民选举产生。选举权及被选举权为年满 21 周岁以上的公民享有。集选区候选人以 3—6 人一组参选，其中至少一人是马来族、印度族或其他少数种族。同组候选人必须同属一个政党，或均为无党派者，并作为一个整体竞选。非选区议员从得票率最高的反对党未当选候选人中任命，最多不超过 6 名，从而确保议会中有非执政党的代表。官委议员由总统根据议会特别遴选委员会的推荐任命，任期两年半，以反映独立和无党派人士意见。

议会设正、副议长各一人，议长可以是未担任部长或政务秘书的议员，亦可从非议员人士中选出，议会议长在议会首次召集开会后选举产生。当总统和总统顾问理事会主席均因故无法行使国家元首职责时,将由议会议长代为行使职责。

新加坡议会的职权主要包括:

1. 立法权

这是议会最基本的权力,而且立法的范围没有任何限制,从宪法的制定、修改到普通法原则的创制和适用,都在议会立法权限范围之内。议会立法程序主要有4个步骤:法案的提出、法案的辩论、法案的确认与公布、法案的同意。法案同意权由总统行使,法案一经总统同意即成为法律。

2. 经济干预权

议会干预经济是通过制定法律的途径进行的,如制定和通过经济发展战略和计划,制订人才与技术开发方案;协调各经济部门之间的纵向和横向关系;部署重点工程项目;通过掌握和运用经济调节手段控制经济运行;制定并监督执行经济法规等。

3. 监督政府

新加坡宪法确立了议会至上的原则,议会是一切权力的合法来源,政府由议会产生并对议会负责,议会可以向政府提出询问和质询,有权进行国政调查,当它认为政府不再适合继续领导全国政务时,可以对内阁提出不信任案。

(三)政府

新加坡的内阁是负责新加坡所有政府政策和事务的国家机关,对内是最高国家行政机关,是议会的执行机关,管理公共事务、推行国家政策、提议法律的制定;对外代表新加坡共和国政府处理国际事务,与世界各国保持和发展国家间关系。内阁由总理、副总理、各部部长、常务秘书和常务副秘书组成,任期一般5年,与议会相同。

新加坡的政府组织形式实行责任内阁制:行政大权集于内阁,特别是集于总理;内阁总理一般是在议会中占多数席位的政党领袖担任,由总理提名组成内阁,内阁成员通常为议会议员;内阁总理和有关部长定期向议会汇报工作,集体对议会负责;议会对内阁表示不信任或通过不信任案时,内阁应当集体辞职或者提请总统解散议会,重新举行大选,但是如果新选出的议会仍对内阁通过不信任案,内阁必须立即辞职。

总理是新加坡共和国的最高行政首长,其职权主要有:可不经议会批准或同意改组政府，设置部级机构，规定内阁工作程序，划定各部职权范围；提名各部部长；制定总的政策指导方针；如果议院不支持对总理表示信任的提案，则总理可请求总统解散议院，但议院如选出新的总理，则解散权立即终止。

新加坡没有地方行政机构，全国在地理上分为中央区、内市区、外市区、新镇区、内郊区、外郊区共6个地区，但这些区都不设行政机构。中央政府直接处理全国各项事务。公民咨询委员会、民众联络所、居民委员会等社区组织作为沟通政府与居民之间的桥梁，担负起准政府的任务，协助政府机关处理一些社区的日常事务。从1986年起，政府在镇一级设立"市镇会"，但它同样不是行政机构，其主要作用是将社区负责人组织起来，让他们参与当地事务的决策。1997年后，新加坡开始设立"市长"的职位，但市长同样是社区服务性质的，负责推动市镇与社区发展理事会合作开展社区工作。

（四）总检察署

总检察署是新加坡唯一的检察机关。总检察署不属于司法机关，而是新加坡的法律部门之一，也是一个独立的法律机构。总检察署由总检察长主理，总检察长必须具有担任最高法院法官的资格，由总统依照总理的推荐委任，是政府的首席法律顾问，也是最有可能被任命为大法官的人。总检察长的职责是就总统或内阁随时交付给他的法律问题向政府提供意见，完成总统或内阁分配给他的其他法律任务，以及履行根据宪法或任何其他成文法律所授予的职务。

总检察长是唯一的公共检控官（即公诉人），有权提控、进行或终止刑事诉讼，同时负责草拟法规。总检察长以下设两名副总检察长，其余均为副检察司。在总检察长的统一领导下，总检察署下设总检察长公署下设5个部门：法律草拟处，主要草拟法案法规和为法令的法定诠释等法律事务提供意见；民事检察处，主要为政府提供民事法律协助和咨询，草拟政府法律文本，代为诉讼等；刑事检控处，主要负责刑事案件的检控工作，下设7个特别部门，分别负责重大罪案、贪污与特别罪案、金融与证券罪案、上诉案件等，该处的副检察司代表公诉人出庭；国际事务处，主要为政府提供国际法律事务咨询，代表新加坡参加有关国际会议并草拟和洽商协定；法律改革和法律修订处，主要负责改革的研究工作和参与修订法律。另外还设有企业服务处，负责管理公署内部的经济、行政、人事和公共事务。

新加坡总检察长公署虽不是司法机关,但其实际掌握的权限很大,享有广阔的自由裁量空间,并极具权威。以刑事检控为例,检察官对案件是否提控享有绝对权力,警局和调查局不得持有异议;为减轻被告人的刑罚,检察官可以在制作控状时有意改变事实,法官亦不得更正。

(五) 法院

新加坡的司法权力是赋予最高法院以及在任何有实效的成文法下设立的初级法院。案件实行三审终审。法院执行法律时是完全独立的,不受政府和立法各部门牵制。司法的独立性由宪法捍卫。

1. 最高法院

最高法院由高等法庭和上诉庭组成。大法官和两位上诉庭法官组成上诉庭。最高法院一共有11名法官,包括大法官和上诉庭法官。同时,最高法院还有司法委员的职务,具有与高院法官相同的权力和豁免权,他们的任期由总统酌情决定。

大法官和最高法院的其他法官是由总统在听取总理意见后委任的。总理向总统推荐委任大法官以外的任何法官及司法委员之前,必须先和大法官商议。此外,最高法院还有主簿处。总统根据大法官的推荐,委任一名主簿,副主簿和多名助理主簿。只有符合新加坡律师法令规定的合格人士才能受委任担任这些职位。他们兼具司法与行政职能,分别兼任最高法院的执行吏、副执行吏及助理执行吏,拥有与英国最高司法法院主事、刑事审判庭书记官,以及主簿和同类官员相同的管辖权、权力和职责。隶属新加坡最高法院的职员还有监督员、通译员、书记、传票送达员和其他职员。从任命程序看,新加坡法院的法官及司法和行政人员都具有很高的社会地位。

最高法院高等法庭由大法官和高等法庭法官组成,行使民事和刑事案件的原审管辖权和上诉管辖权。高等法庭审理的上诉案件来自地方法庭、推事庭和其他裁判庭的上诉案。除非另有法律规定,在高等法庭进行的每一项程序和处理的一切事务都由一名法官单独聆审与办理。高等法庭也可委任一名或多名对审理程序所涉及的事项具有丰富经验与专长的人士充当陪审顾问,以协助法庭。

最高法院的上诉庭是终审法庭,行使民事和刑事上诉管辖权。其民事管辖权是审理不服高等法庭在任何民事案件或事项中所做的判决或庭令而提出的上诉；刑事管辖权则表现在审理不服高等法庭所做的任何裁决而提出的上诉。当然，上诉必须符合最高法院法令或其他有关的成文法规定。上诉庭的民事和刑事管辖权由三名或更大奇数的上诉庭法官行使，其中包括以上诉法官身份主审的高等法庭法官。这有点类似我国上级法院借调下级法院法官办案的情况。上诉庭由大法官主持审讯。在大法官缺席时，则根据最高法院法官的排名次序，由副庭长、上诉庭法官或以上诉庭法官身份主审的高等法庭法官主持审讯。

2. 初级法院

新加坡的初级法院又称初级法庭，包括地方法庭、推事庭、少年法庭、验尸庭、小额索偿法庭、家事法庭、劳资纠纷仲裁中心、伊斯兰法庭等。地方法官、推事、验尸官、小额索偿法庭的仲裁人皆由总统在大法官的推荐下委任。

第三节　新加坡民商事法律制度

一　民商法

根据新加坡法律的规定，财产分为动产和不动产，不动产包括土地和附着于土地上的建筑物、设备等，动产包括除不动产以外的物、财产性权利和权益。新加坡财产法就是调整土地关系和一般财产关系的法律规范的总和。财产法中最重要的莫过于土地方面的法律。

（一）新加坡土地法

1. 国有土地法

新加坡《国有土地法》制定于1880年，海峡殖民地时期，是一部管理国家土地取得、转让和占有的法律，这部法律的主要内容有三个方面：

（1）新加坡境内国有土地取得的方法。除开垦的土地归私人所有外，获得英王所有土地的使用权有两种方式——授予和租赁。两种方式均是通过缴纳象征性费用而从英王手中获得土地的永久使用权。

（2）无条件继承地产的授予。规定土地使用者获得永久使用权后，在其生前可以不受限制地使用土地，但是，当被授予人死亡后，其继承人并不当然享有土地永久使用权，而是通过政府重新颁发继承人使用权证书，把土地授予继承人永久使用。

（3）授予的土地上政府保留的权利。国家作为土地所有者，在被授予人和租赁人永久使用的土地上保留部分权利，即政府有权进入授予土地寻找并开采可能在土地中或土地上发现的矿藏和石油，并对使用权人作出适当的补偿；政府有权收取土地使用费，并有权在适度的范围内定期修改收取的费用。

《国有土地法》经过不断修改，逐步完善，一直是新加坡调整土地法律关系的基本法律。该法所提供的土地由政府所有，而使用者永久享有使用权的模式，至今仍是新加坡土地所有制度的基本模式。

2. 土地征用法

新加坡是一个土地资源紧缺的国家。新加坡独立后，为了保障经济发展的需要，除了通过开垦荒地、围海造田等方法扩大国有土地面积之外，还通过土地立法大量征收私人土地，使政府掌握的土地越来越多，成为土地所有的重要形式。目前绝大部分土地属于国有或公有，其中相当大的部分是通过土地征用转化而来的。土地征用制度是新加坡土地国有化的一种手段，而土地征用赔偿是土地征用程序中的重要环节。

（1）土地征用的目的和范围。新加坡土地征用权的行使范围较为宽泛。1985 年修订的《土地征用法》规定，当某一土地需要作为公用，经部长批准的任何个人、团体或法定机构，为公共的利益或公共利用，需要征用该土地作为某项工程或事业之用；作为住宅、商业或工业区加以利用时，总统可以在公报上发布通知，宣布该土地需要按通告中说明的用途加以征用。这样，在新加坡，将住宅、商业和工业区用地也纳入了征地范围。新加坡这种土地征用制度对其成功实现"居者有其屋"计划确实起到了关键作用，目前新加坡住屋总量已达 80 多万套，超过了总户数，人均居住面积是香港的 2 倍，居亚洲之首，在公屋建设过程中，住房发展商（HBD）可以强行征用私人土地用于自身发展。

（2）土地征用的补偿。在新加坡，有关土地征用补偿的决定由土地税务征收长官作出，但补偿金额由专业土地估价师评估，以公告征用之日的市价为补偿标准。土地补偿的项目包括因土地征用造成土地分割的损害，被征用的动产与不动产的损害，被迫迁移住所或营业所所需的费用，测量土地、印花税及其他所需要合理的费用等。

新加坡的土地征用赔偿的基本程序分四个阶段：通常由享有土地征用赔偿的当事人向地税征收官提出赔偿要求；地税征收官调查被征用土地的价值及要求赔偿的人所各自拥有的权益；根据新加坡《土地征用法》规

定的补偿价格标准,确定对被征用的土地进行赔偿的数额;向当事人支付赔偿金。

如果被征土地所有者对地税征收官确定的赔偿方式、金额,以及赔偿费的分配等不服,都可以向上诉委员会提出上诉;上诉委员会在听取了上诉后,可作出确认、减轻、加重、撤销地税官决定的裁决,或发布其他适当的命令;如果诉讼案涉及金额在 5000 新元以上,上诉人或地税征收官可依据法律就上诉委员会所做的决定中有关的法律问题向法院上诉,由法院做最终裁决。

(二) 新加坡财产及财产转让法

除土地法以外,新加坡的财产法的重要部分就是有关一般的财产和财产转让、授予方面的法律。

1. 财产转让法

1886 年制定的《财产转让和财产法》是一部规制财产转让活动的法律,该法一直适用至今。该法的主要内容有两个方面:

一是对财产转让含义做了广泛的解释,财产转让包括任何财产的销售、抵押、转让或者处理契约,以及其他为财产和契约的处理所产生的转让、租赁、处置和担保。该法运用大量的篇幅详细规定了财产转让、租赁、抵押等行为。

二是规定了新加坡独特的抵押制度。根据该法,抵押权不仅可以在不动产上设立,而且可以在动产上设立,所有设于财产上的请求权均可设立抵押权。政府设定的法定抵押,在对抗其他抵押权上具有最高的法律效力。

2. 卖契法

新加坡的《卖契法》制定于 1886 年,是一部规范动产权利转让的法律。所谓卖契,是指一方把自己对于某一动产享有的权利证书,为某一目的提供给另一方,约定在某一条件下或约定时间后将动产权利转移给受让方的契约。卖契的范围除了卖契本身外,还包括转让书、让与书、不得转让的信托证明书、附有收据的货款存单或者货物金额的收据,以及其他动产的财产转让书、代理证书或者获得债务抵押的动产授权证书。此外,还包括获得动产权利的任何协议书。

根据《卖契法》的规定,每一卖契在履行后的三天内要得到证明和登记,列明其对价,否则买卖行为不生效。

卖契作为一种担保形式，提供卖契的一方只要实际履行了债务，就不会发生实际的财产转移。但是，如果存在下列情况之一，提供卖契的一方的财产会发生转移给接受卖契一方的效果：（1）提供卖契的一方在支付金额或者为支付所担保的财产数额有误时，或者是在履行卖契所包含着为获得担保所必需的约定或协议有误时；（2）提供卖契的一方破产或者动产遭受损失或者动产抵押以充租金、财产税和其他的；（3）提供卖契的一方错误地将动产从现场搬离或因搬离而受损害的；（4）提供卖契的一方没有尽最大努力要求接受卖契的一方向其提供最后的租金和财产税收据的。

3. 商业财产销售法

商业财产作为一种特殊的财产，其采取买卖的形式进行转让应当按照一定的特殊形式进行。新加坡《商业财产销售法》对此作了规定。

新加坡法律中的商业财产是指建筑物或建筑物的地下部分，不论此种地下部分位于一个或多个水平线上或者全部处于地表面以下，而依据成文法的规定设计成为一个完整而单独的、用于居住目的以外的其他用途的单位。但是，如果是一个包含在或者一个在建成时将要包含不超过四个独立单元的建筑物中的商业财产，和在建筑主管机关签发占有合格证书以及土地管理局长已经就此签发了附加土地使用证的商业财产，就不在《商业财产销售法》的规范范围之内。

商业财产销售的前提是得到建筑主管机关的批准，如果建筑主管机关未批准商业财产的建筑或者施工计划，则任何人不得出售商业财产。能够取得建筑主管机关批准销售商业财产需要具备相应的前提条件：（1）以书面形式的协议同意将财产或商业财产的利益以特定的价格转让给他人；（2）以契约转让、让渡、转赠，或者在其他情况下处分此商业财产，以便能够使此财产按照《地契管理法》《土地管理法》和《土地（地下部分）管理法》规定的方式注册。但是，一个为期不超过 7 年而没有选择续展或者购买的租约或者租借协议不得视为《商业财产销售法》意义上的买卖。

为了保证土地开发者销售商业财产的合法性，新加坡《商业财产销售法》规定，经主管机关批准开发土地的人，包括其指定的遗嘱执行人和管理人、权利继承人或者受让人，已经出售了商业财产但没有根据相关法律的规定履行法定义务或者取得法定证照，那么房管局长能够依据自由裁量权，向开发者发出书面指令，要求开发者按其规定的具体时间或在其指定的若干时间内采取相应的措施履行相应的法定义务和办理法定的证照。任何人拒绝接受房管局长的指令或不遵守房管局长指令的行为都构成犯罪，将受到罚金或监禁的处罚。

(三) 新加坡知识产权法

新加坡政府一直致力于把新加坡建成重要的区域知识产权中枢。因此十分重视知识产权的保护和鼓励，除了通过资金支持等手段积极营造鼓励创新、方便智力成果产业化的科研、政策和商业环境以外，还制定了一系列保护知识产权的法律法规，对专利、商标、注册外观设计、版权（著作权）、集成电路设计、地理标识、商业秘密和机密信息，以及植物品种等知识产权进行保护。

1. 专利法

现行的新加坡《专利法》于1995年2月23日生效，新加坡分别于2001年和2004年对该法进行修改。该法及其附属立法《专利条例》《专利（代理人）条例》《专利（犯罪构成）法规》，以及新加坡参加的《保护工业产权巴黎公约》《专利合作条约》《国际承认用于专利程序的微生物保护布达佩斯条约》《与贸易有关的知识产权协议》《建立世界知识产权组织公约》等国际条约，以及《东盟知识产权合作框架协定》等，从而使新加坡拥有完备的专利法体系。

(1) 专利的对象。新加坡的专利法只保护发明，不保护实用新型，外观设计另行立法保护。只有满足法定条件的发明才能获得专利：发明是新颖的，即世界上任何人在任何地方以任何形式均不知道的；包含有创造性地运用，即一项发明对一个熟悉这门技术的人来说并不是显而易见的；可用于工业运用，即在工业领域具有实用性。不能取得专利的事项是：发现、科学原理和数学方法；文学、戏剧、音乐或艺术作品，或其他美术创作；游戏、商业行为、心智活动之规则；计算机程序；资料表达；医疗方法。另外，违反法律、道德或反社会的发明不能获得专利。

(2) 专利权人。在新加坡，取得专利权的发明人是指该发明的实际创作者，即"发明的真实者"。也就是说，新加坡专利权主要授予个人。只有在雇员执行其任务的过程中作出的发明才被确定为雇主所有。发明的所有人也可将权利转移给其他个人或实体。

在新加坡，任何个人或公司可以向专利局申请成为其发明的所有人，对国籍和住所没有限制和区别，但如果申请人不是新加坡居民则必须向专利局提供在新加坡服务的地址和相应的材料。如果是专利代理人代理申请专利事宜，还应提供代理人的地址。

（3）专利权的取得。要想在新加坡获得一项专利，必须向专利局提交一项专利申请，申请书应当要包括一份完整的书面说明以及该发明的技术性细节。所有申请新加坡专利的文件都要用英文，如果有其他语言的文件，则一律要附上经认证的英译本。

新加坡的专利实行"申请优先"原则，谁第一个提出专利申请，谁就享有专利优先权。决定谁是第一个提出申请的人依据的是提出申请的日期，专利局以其收到的专利申请和申请人的证件、发明的描述日期为准。如果申请人在《巴黎公约》或世贸组织成员方有过在先申请，则申请人可以在新加坡的申请中主张优先权，但必须在首次申请的 12 个月内主张。

新加坡采用"请求实审"制，申请人应从优先权日起 16 个月内请求做新颖性调查，22 个月内请求审查（两者可合并一次请求），39 个月内审查委员会将审查报告交给专利注册局，如果顺利，则在 42 个月内被核准专利。

（4）专利保护期限和续展。新加坡的专利有效期是自申请之日起 20 年。自申请日起至第 4 年底前须缴纳第一次延展费，而此后的延展费则逐年缴纳。每次缴费都有 6 个月的宽限期。如果忘了缴纳延展费致使专利失效，可在一年内申请恢复，但不能再延期。如果有让渡或授权，则应自行为日起 6 个月内办理登记，否则一旦发生专利侵害，可能无法求偿。

2. 商标法

新加坡保护商标的主要法律是《商标法》，该法制定于 1998 年，自 1999 年 1 月起施行。至今，新加坡商标法已经做了 5 次修改，内容覆盖申请、注册、侵权、救济等方面，并详细规定了各种可予注册、不予注册、无效、撤销的具体情况。最近一次修改是 2007 年，修改内容以商标注册制度为核心。

（1）商标的构成要素。新加坡商标法规定，单词、字母、数字、图形或照片、徽章、颜色或者颜色组合、商品的容器或外包装的形状（不能仅是为了获得某种功能的形状），以及上述要素的组合等，只要是能够将某一货物或服务与他人的货物或服务作出识别并能够以形象的方式表述的标志，均可以作为商标。新加坡法律规定：不可视，但可以感觉到的标识（比如说，像英特尔在宣传其芯片时播放的一段音乐这种声音）也能作为商标，只要它们能用书写或绘画的方式表达。

（2）商标权的保护。在新加坡，一个商标经过注册后即取得商标权。新加坡对商标的保护有两个相互独立的法律体系：一个是《商标法》，一个是普通法。商标并不强制注册，未注册的商标同样可以使用。对已经注册的商标，商标权人有权阻止他人使用未经其许可使用的商标，当注册商标被非法使用时，商标所有人无须证明自己有足够的商誉，仅凭注册的事实就可起诉侵犯其商标权的不法商人，并同时可阻止竞争者以相似商标用于市场。而对未经注册的商标，不得提起"禁止侵犯商标权的诉讼"，但是，商标所有人能够依据普通法上"假冒诉讼"来对抗模仿和侵权行为以保护自己的商标，要求基于该商标的使用而获得声誉后请求普通法上的救济权。在这种情况下，商标所有人须承担较大的举证责任，即必须证明自己商标的商誉或声誉。

（3）注册商标的取得。在新加坡，自然人或法人均可申请注册商标。因注册商标须有显著特征、便于识别，并不得与他人在先取得的合法权利相冲突的要求或条件，因此，申请商标注册前，申请人可以考虑对所申请的商标进行检索，看是否有相同或近似的商标已经在相同或类似商品、服务上申请、注册。

申请人申请注册商标必须向知识产权局提呈指定的文件及申请书、注册费、使用商标的商品或服务类别和名称、商标的详细解说、商标图样，以及办理商标申请所需材料。知识产权局收到注册商标申请后将进行审查，确保不会与之前的注册商标出现相同或相似之处，在获得有关的审查报告后，申请者可检查以确定该申请商标是否获允许注册。知识产权署受理申请后，会对申请事项进行初审，如果符合商标条例规定的标准，又没有与以前申请个案重复或雷同，事项申请就会进入公告阶段。有关商标申请会公布在商标公告上，任何人在公告后两个月内可提出异议，申请人可以对该异议进行答辩。若异议不成立或并没有任何一方提出异议，有关申请注册商标将核准注册，新加坡知识产权局将会发出注册证书。

（4）注册商标的保护期限。自申请日算起，注册商标的有效期为 10 年。注册商标有效期满后，需要继续使用的，应当在期满前 6 个月内申请续展注册，每次续展注册的有效期为 10 年。

3. 著作权

新加坡《著作权法》制定于 1987 年，经过 1994 年、1998 年、1999

年等多次修正。

（1）著作权法保护的著作。包括文学著作（包括电脑程式著作及创作性编辑著作）、音乐著作、艺术著作、戏剧著作、录音著作、电影著作、广播、有线节目、著作之发行版本、现场演出。

（2）著作权的取得。新加坡著作权法规定，著作权系自动保护，无须履行形式要件，但须符合某些要求。什么样的要求依"著作人之著作"、录音著作、电影著作或表演而有不同。"著作人之著作"依其是否发行可分两方面：一是未发行的"著作人之著作"，此种著作要得以保护，须在完成的时候，其著作人为新加坡公民、在新加坡有永久居留权者、世界贸易组织或《伯尔尼公约》成员方公民或国民。二是已发行的"著作人之著作"或已发行之版本，此种著作要得以保护，必须是在世界贸易组织或《伯尔尼公约》成员方首次发行，或是在首次发行时，其著作人为新加坡公民、在新加坡有永久居留权者、世界贸易组织或《伯尔尼公约》成员方公民或国民。至于录音著作或电影著作，必须是在新加坡、世界贸易组织或《伯尔尼公约》成员方完成或首次发行；而在表演方面，限于新加坡公民、在新加坡有永久居留权者、世界贸易组织或《伯尔尼公约》成员方公民或国民在新加坡做现场表演，但不问是否对观众所为的表演。

（3）著作权的保护期限。不同著作权的保护期有所不同。"著作人之著作"为著作权人终身加50年，或首次发行50年，以最长者为准；已发行之版本则以该版本首次发行起25年；录音著作、电影著作及现场表演则为首次发行或表演后50年。

（4）著作权的合理使用。在特定情形下，复制合理的部分著作被认为是合理使用而不构成对著作权的侵害，例如为个人学习或研究之目的。所谓"合理的部分"，在著作权法中的定义是"不超过已发行著作全部页数或 byte（字节，即是通过网络传输信息或在硬盘或内存中存储信息的单位）的 1/10；或有数个章节的著作之一章；或杂志中的一篇文章"，至于其他情形，则由法院依个案认定。

（5）著作的法定授权。教育机构、图书馆或档案机构在特定情形下可以主张法定授权。例如，为课堂授课需要，教育机构要复制一本书或电子档的 5%。1999 年《著作权法修正案》允许该法定授权制适用于该教育机构所控制或负责之网站，只要是属于仅供选修该机构开设课程者的需要。图书馆或档案机构为保存资料或避免毁损,可以复制一份著作复制物,但教育机构、图书馆或档案机构必须在著作复制物上作标识。

(四) 新加坡公司法

在新加坡,与公司有关的主要法律是 1966 年制定的《公司法》,该部法律曾多次进行修改。值得注意的是,一些特殊类型的公司,除了公司法之外,还要受到其他成文法的规制,如保险公司和银行,还要分别受《保险法》和《银行法》的规制。有限责任合伙组织其实也是公司,受《有限责任合伙组织法》规制。在诸如《证券与期货法》等其他成文法中,也有一些与公司有关的条款。

1. 公司的构成和组织形式

在新加坡,为了合法目的,任何人可以独自或者与他人建立公司,只要其承认公司组织大纲并在组织大纲上签字,遵守有关成立公司的登记要求。根据公司法的规定,拥有 20 名以上成员的经营组织都必须设立为公司。这是一条强制性规定,意味着超过 20 名成员的,以经营为目的的组织不能采取其他组织形式。该规则有例外,即不适用于那些遵照新加坡其他成文法设立的,由从事特定职业的个人即法律职业的从业者,组成的合伙组织受《法律职业法》的规制,可以设立成员超过 20 人的合伙组织。

新加坡的公司形式主要有以下几种:

(1) 独资经营。独资是最简单的商业所有形式。主要为一人投资的公司(独资)。投资人有权享有所有的利润并以其个人财产对公司的债务承担无限责任。

(2) 合伙经营。合伙经营是由两个人或以上的合伙人每人提供资金、技术或劳动共同出资和经营,共负盈亏和风险,以其个人财产对公司的债务负无限连带责任。合伙人最多可达 20 人。

(3) 有限责任合伙。有限责任合伙在新加坡是一种新的商业组织形式,2005 年 4 月 11 日颁布了《有限责任合伙企业法案》。这就是说在新加坡除了注册为合伙公司以外,还可以选择注册为有限责任合伙公司展开经营活动。有限责任合伙允许企业按合伙企业的方式运作,同时承担有限责任。它结合了合伙经营与私人有限公司的优点。

(4) 股份有限公司。又叫私人有限公司,股东出资金额是有限的,因此无论公司亏损多少,都不牵连个人资产;股份公司经过多年的努力,业务取得成功,可向政府申请为上市公司,即上市公共有限公司或称公共有限公司；外国公司也可以通过收购本地的新加坡私人有限公司而申请上市。

在新加坡，国外企业或者外国人只能注册私人有限公司和分公司。

2. 公司的设立

在新加坡，除了金融公司、保险公司、证券公司等经营特殊业务的公司以及通信、交通等对环境有影响的生产行业设立实行审批制，需要向政府行业主管部门申请特别执照以外，设立其他一般的普通公司采取注册制，只需向注册局注册即可，不需要经过其他特殊的程序。

新加坡会计与商业注册局（英文简称 ACRA）是公司注册的唯一机构，所有公司的设立，均需经 ACRA 注册。一般来说，申请设立公司需要在注册前按照法律规定办理相关手续：取得公司注册局批准的公司名称；申请人在组织备忘录上注明注册登记的目的；申请人提交相应的法律文件在公司注册局存档；缴纳规定的费用。注册设立公司时，必须提交的最重要的文件是公司章程和组织大纲，公司法对此作了强制性要求。公司章程和组织大纲就是公司的宪章，公司章程必须载明公司名称、公司股本，并表明公司成员承担的是有限责任还是无限责任。公司组织规章是公司的规章制度，其中也有与公司治理有关的规定。如果公司章程和组织规章有冲突，前者有优先效力。

公司章程一经登记，注册登记官便签发设立通知，通知中要注明公司的类型，必要时还将表明成立的公司是私营公司。注册登记官在通知中载明公司成立的日期，至此公司便取得相应的权利能力和行为能力，能够进行商业活动。

3. 公司的治理

（1）公司所有与经营的分离。新加坡公司法规定，公司经营由公司董事负责进行或根据公司董事的指令进行。除了那些根据公司法或者公司章程应由股东大会行使的权力外，公司董事可以行使全部其他公司的管理权。公司成员或者股东尽管是公司的拥有者，但未必需要作为董事参与公司的管理。在有的公司，特别是规模较小的公司中，公司成员也可能会参与公司管理，或作为公司的董事，或行使其他管理权。但在大多数公司中，公司成员并不参与公司管理，而是由董事会来经营和管理，而董事会里的很多董事并非公司成员。即使一些董事是公司成员，他们拥有的公司股份也相对较少。同样值得注意的是，在这些公司中，甚至董事会的管理也只是理论上的，因为董事会多数成员并非全职董事，而只是非执行董事。公司的日常管理将由公司的高级执行官来进行，这些人中也有一些是董事会成员。在这些公司中，董事会只是起到总体监管的作用，并不参与具体的管理工作。

（2）公司董事的义务。根据新加坡公司法规定，公司董事在履行职责所进行行为时，最主要的义务是促使公司利益最大化。如果董事的行为受到质疑而被诉至法院时，法院仅考虑公司的董事是否善意地认为其行为是为了公司利益的最大化，并不以法官自己的判断取代董事的判断。如果认为任何合理的董事都不会采取类似的行动，则公司董事的善意将受到严重的质疑。

董事最重要的义务是对公司的义务，但是公司法还规定，董事在行使职权时，董事也可以一般地考虑公司雇员以及公司成员的利益。公司董事适当考虑雇员的利益是因为促进雇员的利益往往也会使公司利益最大化。

在某些情况下，公司董事必须考虑公司债权人的利益。一般来说，公司债权人对公司资产并不享有任何权利，公司董事就公司事务作出决定时并不需要考虑债权人的利益，债权人要想实现债权，则必须对公司进行起诉。但如果公司无力清偿债务因而事实上已经破产时，债权人的利益则必须得到考虑，这是因为破产公司的债权人有权任命清算人管理公司的资产，并且与公司成员相比，债权人对公司资产享有优先权利。因此，在这种情况下，公司董事必须保证公司事务得到妥善处理，并保证公司资产不会被侵害或剥夺，以免损害债权人的利益。

（3）公司的会议与程序。新加坡公司法规定的会议形式有三种：一是法定会议。每个拥有股票资本的公共有限公司，应当在其开业后不少于1个月并不多于3个月内举行法定会议，由公司全体成员参加。二是年度会议。由公司全体人员每年定期召开，其举行不得迟于上次会议后的15个月。私人公司可以不用举行年度大会。三是特别会议。这是为解决公司某些特定事项所举行的会议，只要持有不少于10%实缴资本的在公司大会上有表决权的股东，或在公司没有股份资本的情况下，有代表不少于10%表决权的股东提议，公司董事就应当尽快召集特别会议。新加坡公司法详细地规定了各种会议的召开及其程序，其目的是保证公司成员有权充分表达自己的意见，对公共决策及经营活动能够施加影响，最终保障投资人及其公司的合法权益不受侵犯。

(五) 新加坡破产法

新加坡破产法的渊源主要包括两个，一是1995年制定并于当年7月15日开始实施的新的《破产法》，该法于1999年做过修改；二是公司法中有关破产的规定。前者是关于个人破产的法律，而后者是有关公司破产程序的规定。

1. 个人破产

（1）破产申请。根据新加坡《破产法》规定，债权人和债务人都有权申请债务人破产。

债权人申请破产，可以由一个人或几个人联合起来，或是由享有监督执行权的被委托人以及在个人提出的自愿协商协议中的利害关系人，来对抗个人债务人或企业中的任一合伙人；对企业中享有破产请求权的债权人（可以是债权人之一，也可以是几个债权人）可以对企业的任一合伙人享有破产请求权。每个债权人的请求权可以是根据法律的规定，也可以是根据债权人或其他能够证明债权事实存在的人的誓词确定。

债务人申请破产的，需要具备的条件是：在新加坡有住所或财产；在申请破产前的一年中的任何时候是新加坡的常住居民或在新加坡有住所；在新加坡经商。不具备这些条件的人不享有破产请求权。

（2）破产申请的条件。根据新加坡《破产法》的规定，只有当债务总数量不少于1万新元（这反映出立法者对小额债权人滥用破产申请权的限制，保护了一些债务数额较小的潜在的"破产者"），债权人已向债务人提出清偿请求而债务人不能偿付债权人，才能向法院提起破产申请。债务总数量可以通过在报纸上公告，由债权人申报后确定。

如果存在债权人的债权合法，而该债权按照成文法的规定已经超过21天，债务人完全不能履行债务又未向法院申请破产的；或者履行债务完全或部分不能令人满意的；或者债务人已经离开新加坡，不还、推迟或阻碍债务偿还的情况，除非债务人提出相反证据，否则，其将被推定为不能偿付债权人的债权。

（3）破产宣告。对于债权人的破产申请，法院应当在符合破产条件的情况下，才能作出宣告债务人破产的命令。这些条件是：债务已经到期，既没有被履行，也没有相应的担保或抵押，还没有由债权人和债务人达成的任何和解协议；破产申请已经送达债务人，但债务人没有出庭。如果存在债权人的债权申请证据或破产请求不足，或者存在有证据证明债务人能够偿付债务,或者存在债务人对破产申请债权人所涉及的债务提供担保,或与债权人和解,或该担保被破产申请债权人不合理地拒绝,或者存在其他不应作出破产宣告的理由的情形,法院可以驳回债权人的破产申请。

对于债务人的破产申请,法院在接到债务人的请求,只能在债务人不能履行其债务的情况下才能作出破产宣告的命令;如果债务人的请求权对抗部分而非全部企业的合伙人,法院只有在依法定形式与方式将通知送达不参加诉讼的每个合伙人时才能宣告其破产。

(4)破产宣告的后果。当法院作出破产宣告命令后,债务人的财产可在不需要让与证书、转让证书或转移证书的情况下,将其所有的财产授予官方代理人,或者在债权人中进行分配。如果破产宣告针对的是一个企业,那么该宣告对于企业的所有合伙人产生效力。当某人被确定为破产人,除非经法院的认可和同意,否则其在赔偿请求权行使之日到作出破产宣告期间对其财产的处分行为无效。

可在债权人中分配的破产财产包括破产开始时,债务人所拥有的及被授予的所有财产或在破产完结前被授予的财产和在破产开始或被解除破产前,破产人为了自己的利益而通过诉讼可以行使的一切权利。破产财产不包括债务人管理的其他人的信托财产,用于经营的工具,以及衣物、寝具、家具、生活用品等债务人及其家庭的必要用品。

(5)破产人的行为限制。法院作出破产宣告命令时,可判决债务人入"穷籍",一旦入"穷籍",便对破产人的行为作出了各种限制:未经官方代理人的许可不得擅自出国;未经法院或者官方代理人的许可不能担任信托人或者代表,不能担任公司的董事或者经理;不得从事除破产法以外法律规定限制破产人从事的职业,如律师、会计师以及议会议员等公共职务;限制破产人经商,破产人的破产身份要向社会公开;破产人的信贷能力会随之降低,他们从银行获得信贷的机会会减少,等等。在诉权方面,破产人的诉讼权利受到限制,只能起诉个人伤害赔偿等与个人身份有关的案件。如果破产人违反了限制性规定从事了受到限制的行为,将会受到罚款、监禁等处罚。

(6)破产令的废止和解除。新加坡《破产法》规定了两种"解放"破产人的方法,即废止破产令和解除破产令。两者的适用条件不同,但都包含了在债务人不能清偿其债务的情况下免除其债务的措施,达到最终帮助破产人走出困境,获得新生的目的。

废止破产令可以由法院作出,也可以由官方代理人作出。法院废止破产令的条件是:(1)作出破产令的基础已经不存在;(2)债务及破产费用已经偿付或者设立了担保。官方代理人废止破产令的条件是:(1)债权人会议接受债务清偿计划;(2)已证明的债务和破产费用已经全部付清。废止破产令的法律效力是取消破产人的破产身份,破产人恢复到破产令作出之前的地位,解除对破产人行为能力的限制。

解除破产令可以由法院作出,也可以由官方代理人作出。法院解除破产令有两种方式,一种是无条件解除,即绝对解除,条件是破产人没有违反法定义务;另一种是附条件的解除,如果破产人违反了法定义务,由法院裁量解除的附加条件。官方代理人解除的条件是破产令发出3年,债务不足50万新元。破产令解除的法律效力是,除个别法定的债务继续有效,如欠政府的债务、因欺诈产生的罚款等,其他债务消灭,但破产人须继续配合官方代理人做好破产财产的清偿工作。

2. 公司破产

对于公司的破产,新加坡公司法设立了一个颇具特色的司法管理制度。

(1)司法管理的条件。如果公司的债权人认为,公司当前或将来不能偿付其债务;或者有合理理由认为,公司恢复其经营能力或者保留全部或部分正常经营的业务或者不采取解散的方式能够更好地保护债权人的利益,那么公司或公司债权人可以根据相关法律的规定将公司的财产交由司法管理者管理。在公司、公司董事或者债权人提出申请后,如果法院认为公司已经或者即将无力偿债,法院可以签发司法接管令。法院作出司法接管令时应当有理由相信,此种命令一旦作出便能实现下列一个或更多的目的:一是公司恢复,或公司的全部或部分营业得以存续;二是公司与符合公司法有关规定的人之间的达成和解协议或重整计划能得到批准;三是与公司解散相比,公司的资产能得到更好的实现。

(2)司法接管令的效力。司法接管的好处在于为那些并非彻底破产的公司提供一个经营重组的机会。一旦重组成功,则对公司债权人和公司成员都有利。因此,公司法规定,从接受司法接管令请求到作出命令或驳回请求的期间,不得作出公司解散的决议或命令;除法院同意并遵守法院规定的条件,不得根据有关协议采取任何措施对公司财产设置抵押担保,或向公司要求收回财产；除法院同意并遵守法院规定的条件，不得开始或继续其他的诉讼程序和执行程序，不得对公司财产实施扣押。而司法接管令一旦作出，破产事务官的职责将终止，不得受理任何公司的解散申请。除非得到司法接管官的同意或法院的许可并遵守法院规定的条件，否则不得开始或继续针对公司及其财产的诉讼、执行或其他法律程序，不得对公司成员或其财产实施扣押。同样，除非得到司法接管者的同意或法院的许可，否则不得行使设定在公司财产上的担保权或者向公司要求收回任何财产。

（3）司法接管者。司法接管理者是由法院根据公共利益需要而予以任命的，法院也可随时解除其职责。司法接管者的工作是使公司克服困境，或者维持公司的全部或部分营业。公司法接管令作出后，司法接管者应接管公司的全部资产。在司法接管令有效期间，原属公司董事的全部权利和职责都由司法接管者而不是董事来行使，司法接管者可以进行公司管理所需或者法院指示的一切行为。

（4）司法接管令的解除。根据公司法的规定，除非根据司法接管者的申请由法院予以延长外，司法接管令的有效期为自发布之日起的180天。如果司法接管者认为司法管理的目的已经达到，公司已经恢复债务清偿能力，就可向法院申请撤销对其的任命，并解除司法接管。如果债权人拒绝批准司法管理者的建议，或者司法接管者认为司法接管令中指定的目的无法实现，或者司法接管者采取的行为或将采取的行为会不公平地损害公司债权人的利益，司法接管令也将被解除。

二 婚姻家庭继承法

在工业化和西方文明的影响下，以家庭为核心的东方社会受到很大的冲击。为了维持社会的稳定，新加坡通过法律鼓励人们建立家庭，并维系家庭，共同营造出一个以家庭为重，低离婚率，适合儿童成长的社会。

（一）婚姻法

1961年，新加坡立法会制定了《妇女宪章》，使新加坡境内的婚姻制度得到了统一。《妇女宪章》从严格意义上讲并不是一部专门的婚姻法，但是其中规定了婚姻家庭关系调整方面的内容。1997年和2011年，新加坡对《妇女宪章》进行修正，使该部法律在保护妇女、调整婚姻家庭关系方面的制度趋于完善。

1. 关于婚姻原则

受传统影响,新加坡曾存在事实上的婚姻包办和"娶妻纳妾"的现象。《妇女宪章》则彻底废除了这些制度,明确规定"公民享有婚姻自由""公民实行一夫一妻制"。根据该宪章的规定,任何在1961年9月15日《妇女宪章》生效以后已经依法律或宗教、习惯娶妻纳妾的,在婚姻存续期间不得再与任何人结婚,任何违反该规定的婚姻一律无效,违法重婚者因按照刑法重婚罪的规定处罚。

2. 结婚的条件和程序

新加坡结婚年龄:申请人达到21岁以上,可以自由结婚。申请人年龄在18岁到21岁之间,必须得到父母同意才能结婚。父母以及两名成年证人必须同时携带居民证在场作证;如申请人年龄在18岁以下,必须要申请特准证才能结婚。2011年1月《妇女宪章》(修正案)在国会三读通过,要求今后年龄未满21岁者注册结婚前必须参加婚前预备课程,才能取得结婚证书,新加坡政府希望通过这一措施能降低本地离婚率。

依据《妇女宪章》,在举行正式婚礼之前,必须提前21天到3个月向注册局申请注册结婚。新加坡婚姻注册局是婚姻登记和证婚的机构。在法律上新加坡不承认依据习俗婚礼举行的结婚,不过要结婚的双方如果既在婚姻注册局正式结婚,同时也举行习俗婚礼是可以的。

3. 离婚

新加坡《妇女宪章》规定,"婚姻破裂到不能挽回"是离婚的唯一标准。对什么是婚姻破裂,具体表现为:(1)对方有通奸行为,不能容忍;(2)对方行为不能忍受;(3)一方弃偶2年以上;(4)夫妻双方协议分居3年以上;(5)一方单方面分居4年以上。离婚申请人须举证证明其符合以上5种情形之一,离婚才可以成立。此外,一方离家出走或失踪,也可以使离婚成立。

在新加坡,每一个离婚案都是诉讼案,即使双方是合意离婚,也必须经过诉讼程序。而且,离婚诉讼的当事人一般都聘请代理律师,而在聘请律师之前,还可获得律师的免费咨询服务。无过错当事人可以请求法院让过错方为其支付律师费;而经济困难的当事人则可以向法律援助局申请法律援助。

新加坡《妇女宪章》规定,离婚诉讼原则上至少要在结婚3年后才能提起，但在离婚申请人遭受困难或者被告人行为恶劣的情形下可以例外。

(二) 继承法

新加坡继承法由《遗嘱法》，1966 年的《无遗嘱继承法》和《继承（家庭生活费）法》，1935 年的《继承检验与管理法》等法律构成。

1. 无遗嘱继承，即法定继承。是指被继承人没有对自己的遗产留下遗嘱或者被继承人的遗嘱没有处分自己的全部财产，而根据法律的规定对其遗产进行划分。根据《无遗嘱继承法》的规定，其顺序是：配偶首先获得遗产的 1/2，之后依次为子女、父母、兄弟姐妹、祖父母、叔父、政府。该法还规定了代位继承制度，即被继承人的子女可以代替其已经死去的父母获得被继承人的遗产。

2. 遗嘱继承。根据新加坡《遗嘱法》的规定，遗嘱包括通过遗嘱或具有遗嘱特性的书面形式行使权利设立遗嘱或指定受益人的作为；也包括通过遗嘱和其他遗嘱处分对财产的处置。任何人都可以根据该法的规定立遗嘱赠与或处置其去世时根据法律或者公理所享有的动产或者不动产。

遗嘱继承必须具备生效条件：(1) 必须遵循生效法律。(2) 立遗嘱人须达到法定年龄。未成年人、21 岁以下的公民所立遗嘱一律无效。(3) 采取书面形式，并签署。《遗嘱法》要求：遗嘱应当由立遗嘱人签署，或由其他人在立遗嘱人面前并依照立遗嘱人的指示签署；立遗嘱人须在 2 名或者 2 名以上同时在场的见证人面前作出自己的签署或者承认其他人的签署；每名见证人在立遗嘱人面前签署该遗嘱。但是，遗嘱不因见证人没有资格而无效。

3. 家庭生活费保留。新加坡《继承（家庭生活费）法》准许某些被赡养人向法院提出申请，要求从遗产中拨给生活费。能够提出申请的人包括：死者的配偶、未婚或身心残疾不能自立的女儿、未成年儿子、有身心残疾不能自立的儿子。这些人如认为得到的处置遗嘱不能为其提供合理的生活保障，可在遗产分配后 6 个月内提出申请，经法院审核，可以作出从死者净遗产中分配出适当的部分作为申请人的生活费的决议。[①]

[①] 参见何勤华、李秀清主编《东南亚七国法律发达史》，法律出版社 2002 年版，第 493—497 页。

三　国际贸易与投资法

（一）新加坡进出口法律制度

新加坡奉行开放的贸易政策，希望建立自由和开放的国际贸易环境，并积极进行双边贸易谈判。新加坡制定的贸易相关法规有《进出口商品管理法》《海关法》《关税法》《商业注册法》和《战略物资控制法》等。除此之外，新加坡是世贸组织成员，还与一些国家签订了双边贸易协议。

1. 进口管理规则

新加坡作为一个著名的自由港，是当今世界上贸易开放度最高的国家，其外贸政策和法律的立足点是自由贸易，包括自由通商、自由通航、自由通信、人员自由进出、货币自由汇总等方面，推行自由贸易政策成为新加坡经济发展不可或缺的基本条件。

（1）进口许可。在新加坡，大多数货物是不需要许可证就可以自由进口，少数商品，如可以喷火的玩具枪、玩具钞票、玩具硬币和爆竹、口香糖、喇叭、报警器、消音器等，被列入禁止进口的范围。被限制进口的是涉及有损人生命和健康、影响社会治安和安全、损害社会礼仪的产品，如医药品、危险品、化学药品、电影电视、武器和弹药等受管制产品的进口，需要申请进口许可证。

（2）进口程序。货物进口到新加坡前，进口商需通过贸易交换网向新加坡关税局提交准证申请。如符合有关规定，新加坡关税局将签发新加坡进口证书和交货确认书给进口商，以保证货物真正进口到新加坡，没有被转移或出口到被禁止的目的地。一般情况下，所有进口货物都要交消费税。如果进口货物是受管制的货物，必须向相关主管部门提交准证申请并获得批准。

（3）商品检验。尽管进口管制宽松，但新加坡对进口商品的检验检疫标准和程序十分严格。农粮兽医局（AVA）负责进口食品、动植物等的检验检疫，卫生科学局（HSA）负责进口药品、化妆品等的检验。只有获得 AVA 进口执照的贸易商才能从事农产品、食品和动物的进口业务。贸易商每次进口动物都须向 AVA 申请许可，并提前获得海关清关许可。进口植物及植物产品需出示原产国有关机构签发的检验证书并获得 AVA 的进口许可。所有从事药品进口、批发、零售以及出口业务的经营者须向 HSA 取得相关许可。进口药品和化妆品前，须向 HSA 如实申报其成分、疗效等相关信息,获得批准后方可进口。HSA 对进口相关产品进行抽检,一旦与申报不符,即取消该经营者经营相关产品的资格。

2. 出口管制规则

(1) 出口管制货物。新加坡的出口货物分为非受管制货物与受管制的货物。为了维护国家安全、改善贸易条件、谋取经济利益、维护政治利益,新加坡府也运用经济和行政手段,对一些特定货物的出口进行管制。出口管制的货物按照其特性分别由不同主管机构进行管理,如出口动物的主管机构为农粮与兽医局;武器与爆炸物由武器与爆炸物执照署和新加坡关税局管制;化学品和有毒及易制毒化学品、杀虫剂分别由新加坡关税局和污化管制处在其职权范围内管制;米和橡胶由新加坡国际企业发展局管理。另外,出口到一些特殊国家和地区的军事用品要受到新加坡关税局的管制。

(2) 出口呈报。目前新加坡在出口商品管理方面,非受管制货物从新加坡通过海运或空运出口,须在出口后 3 天内,通过贸易交换网提交准证申请;受管制货物,或非受管制货物通过公路和铁路出口的,需要在出口之前通过贸易交换网提交准证申请。出口受管制货物还必须事先取得相关主管机构的批准或认可。所有从一个自由贸易区转运至另一个自由贸易区的货物,或在同一个自由贸易区内转运受管制的货物,必须事先通过贸易交换网取得有效的转运准证才能将货物装载到运输工具上。但是,随着国际上对供应链安保的高度重视,新加坡关税局需要及时获知所有出口货物的信息,以使新加坡成为可以信赖和安全的环球贸易枢纽,同时在贸易协调上更加具有效率。[①]

3. 关税规则

(1) 关税税率。新加坡进口关税的主要作用是增加国家收入。而且由于新加坡是地处亚洲主要海运航线交点的自由港,并考虑到货物集散贸易的需求,它对进口实行开放政策,大约 95% 的货物可以自由进入新加坡。只有从社会、健康、环境保护的目的出发对极少数进口货物征收进口关税,例如,对酒类、烟草(含卷烟)、石油和汽车、家电等,以及那些

[①] 从 2013 年 4 月 1 日起,新加坡海关正式开始全面实施预出口先呈报制度,凡是从新加坡出口的所有货物,均需要在货物离境前向新加坡关税局预先呈报,在出口前提交准证申请,申领出口许可证。

并不迫切需要的食品。其他货物在进口的时候均免税。关税率一般较低，货物的从价税关税率为 5%，只有汽车例外，其税率为 45%。

新加坡出口商品一律免税，而出口商所获收益不论其产品是全部出口还是部分出口，均可获得固定基数 90% 的豁免待遇；对于出口额达到一定限额的公司或者组织，均可申请减免出口收益税金。

新加坡没有海关附加费用，但要征收 3% 的货物与服务的进口税，该税是按纳税价值（例如：生产成本、保险费、运费和关税之和）而征收的。海关当局采用布鲁塞尔定价原则对进口货物进行估价。除汽车燃料外，进口货物的价格应为正常价，也就是预留税金时，互相独立的买卖双方在公开市场上交易的货物卖价。税额一般包括 FOB 价格、运费、保险费、营销费（费率一律为 1%）和佣金以及在销售和交货过程中产生的各项附加费用。

（2）关税征收。根据新加坡《关税法》的规定，任何依法应当缴纳的关税、费用和其他收费，海关可以作为政府的民事债务予以征收，所收缴的税款交到统一基金中。

主管部门的部长如果认为有关的货物和人员符合条件，可以用命令的形式免除其部分或全部应缴纳的关税或其他费用，或者退还已经缴纳的部分、全部关税或其他费用。如果免缴纳关税的货物不再符合免税条件，或不再由符合免税条件的人员使用或拥有，那么所免的关税或费用应当重新征收。

（二）外商投资法律制度

自从新加坡独立以来，一直致力于把国家建设为世界政治、贸易、金融、航运中心，在始终将本国融入整个世界经济发展进程中，依托世界市场特别是东南亚市场发展本国经济。但是由于国内资源匮乏、资金不足等制约因素，单靠国内力量是不可能走上工业化道路的，因此，大力吸引外国投资是促进新加坡加快经济发展的重要措施。为此，从 20 世纪 60 年代初期开始，新加坡制定了《经济发展法》《新兴工业（豁免所得税）法》《工业扩展（豁免所得税）法》《经济发展奖励（所得税免除）法》等一系列法律制度，吸引和鼓励外来投资。

1. 投资准入制度

新加坡根据本国利益和实际需要，明确规定鼓励、允许、限制和禁止外资的领域和项目，以引导外商投资方向和规范外商投资行为。新加坡鼓励发展的行业是在其工业发展速度和发展方向上扮演关键角色的行业，一经获准，即可进入；限制投资领域主要是公用事业（交通、通信、电力等）、新闻传媒和武器制造等，行政审批的控制较严；而对危害社会安全的行业严加管制，如烟花爆竹、国防工业等。制造业中属劳力密集、污染性高或附加价值低的行业，如合成板业及成衣业列为不受欢迎行业，一般情况下不予核准投资。

2. 出资比例和出资方式

对于外商投资比例，新加坡在东南亚各国中条件最为宽松，其法律规定，外商投资比例除限制新闻业不得超过3%、广播业不得超过49%，以及公共事业属禁止投资产业外，无外资出资比例限制，外国投资人均可拥有100%的股权。新加坡对外商投资的出资方式没有太多的限制，允许以多种方式出资，货币、实物、知识产权、土地使用权以及法律允许的其他财产权利等均可用来出资。

3. 投资待遇

为了吸引外来资本，新加坡也像其他国家一样明确规定投资者可以享有的待遇，包括最惠国待遇、国民待遇和公平公正待遇，同时对投资者也采取相应的优惠政策。依据《经济发展法》《新兴工业（豁免所得税）法》《工业扩展（豁免所得税）法》等法律，在新加坡享有新兴企业称号的公司，可享受免征5—10年所得税的优惠待遇；向非新加坡居民或在新加坡设有常设机构的公司或个人提供与海外项目有关的符合条件的服务公司，其90%的服务收入可享有10年的免征所得税待遇；将区域总部或国际总部设在新加坡的跨国公司可适用降低的企业所得税税率；拥有或运营新加坡船只或外国船只的国际航运公司，可以申请10年免征企业所得税的优惠，最长期限可延长到30年；此外还有发展和扩展奖励、金融财务中心奖励、研发业务奖励和国际贸易商奖励。

（1）税收优惠。一是对外国投资者的税收优惠。包括非居民的利息所得免课税，避免双重课税，没有资本利得税、销货税、发展税及进口附加税，实行财产税抵扣等。对外国投资者分得的股利收入从新加坡汇往海外母公司时将不课征其他税捐。二是对外商投资企业的税收优惠。依据《经济发展法》《新兴工业（豁免所得税）法》《工业扩展（豁免所得税）法》等法律，在新加坡享有新兴企业称号的公司，可享受免征5—10年所得税的优惠待遇；向非新加坡居民或在新加坡设有常设机构的公司或个人提供与海外项目有关的符合条件的服务公司，其90%的服务收入可享有10年的免征所得税待遇；将区域总部或国际总部设在新加坡的跨国公司可适用降低的企业所得税税率；拥有或运营新加坡船只或外国船只的国际航运公司，可以申请10年免征企业所得税的优惠，最长期限可延长到30年等。

（2）其他优惠。包括财政与非财政补贴和资助，主要有研发补助、专利研发补助、奖励和政府参与出资等。新加坡规定对在新加坡从事研究发展的私人企业，研究发展的产品有显著技术优势并具有潜在商业应用性的，给予最高金额可达其研究发展计划费用50%的补助金。在新加坡从事加强公司竞争力及策略性科技之研究发展活动的公司，由政府补助其整个研究发展费用之0—30%，最长可达5年。新加坡国家科技局设立基金，对新加坡人拥有30%股权的公司，其在新加坡进行的专利申请项目，由基金对申请者提供财务援助以支付申请专利之费用。基金还可提供所有专利发明费用的50%，最高可达3万新元。此外，为提高招商引资成效，新加坡经济发展局（EDB）对确定为重大高新科技的工业项目，为减轻外方对投资风险的担心，与外国投资者一起出资，共担风险，共负盈亏，但不参与管理。一旦企业有盈利，经济发展局可退出，以此增加外商对高科技项目的信心。

4. 投资保护

新加坡主要通过立法执法活动、解决争端机制和损害补偿等途径维护外来投资者的利益。双边投资协定规定新加坡不对外国投资者在新加坡投资设立的企业采取征收、国有化或其效果相当于征收、国有化的其他措施，即使为法律所准许的目的，采取征收、国有化措施，也必须建立在非歧视性基础上，并进行合理补偿。

5. 投资监管

新加坡对外资的监管特色就是相当务实，以鼓励、促进为主，同时又进行必要的限制。

（1）主管部门。新加坡负责投资的主管部门是经济发展局（EDB），成立于1961年，隶属新加坡贸工部的法定机构。EDB的职能主要是负责制定和实施商业与投资策略，协助加强新加坡作为商业与投资环球中枢的地位，同时还专门负责引进外资，具体制定和实施各种吸引外资的优惠政策并提供高效的行政服务。

（2）审批与注册登记管理。新加坡外商投资企业的登记机关是公司商行注册局（RCB），外商到新加坡投资，需到 RCB 进行设立登记。新加坡对各类型企业的设立，采取注册登记主义，企业经注册登记即可开业经营。取得 RCB 所发给的注册证书或成立证书就可开张营业，但是法律规定的某些行业必须另外取得有关政府机关的批准与执照，才可开始营业。涉及生产、保健、环保、治安或社会风俗与道德的行业，为了保障社会大众的利益，政府需要进行必要的管制，因此必须经政府机关批准才能设立。银行与金融服务业还必须取得新加坡金融管理局的营业许可执照、交易执照、投资顾问执照或经纪执照。

（3）外商投资企业的营运监管。新加坡对外商投资企业的营运监管主要抓用地管理，其他方面相对放松。新加坡国土面积小，87%的土地属国有，私人土地转为工业用途必须获得政府核准。国有土地必须以承租方式拥有土地使用权。因此，工业用地须基于租赁合同获得 30—60 年的租赁权。由土地管理部门提供的工业用地为国有土地，仅供租用，不能买卖。

新加坡对外商投资企业的物资购买、产品销售、劳动力雇佣等都没有太多的限制。由于新加坡劳动力资源不足、劳工短缺，不对企业限制雇佣外籍员工，但是，在尚未取得居留与工作准证之前，即使公司已获 RCB 许可登记，外籍经理人仍不得执行公司业务。新加坡内政部移民厅主管外籍员工之居留与工作准许证审批。

第四节　新加坡刑事法律制度

新加坡的刑法是由《新加坡刑法典》、单行刑事法律和规定于其他法律中的附属刑法规范组成的，其中《新加坡刑法典》是最为重要的组成部分，该法制定于 1871 年，经过多次大规模的修改，现行的《新加坡刑法典》是通过 1998 年 18 号法令修改的版本，该法一共五章 511 条，其中总则 5 章，对犯罪和刑罚作了一般性规定；分则 18 章，规定了各类犯罪。除此之外，新加坡还有一些单行刑法，如《刑法（临时规定）法》《反贿赂法》等；还有附属刑法规范，如《破产法》《公司法》《计算机滥用法》《证券产业法》中都有关于犯罪和刑罚的规定。

一　关于犯罪的规定

（一）犯罪概念

与英美法系国家的刑法一样，新加坡刑法中也是对犯罪的概念缺乏抽象的概括，而把犯罪看成是一种非法的行为或不作为，并不管该行为是否是一种民事侵权行为，还是不履行合同、契约的行为或违背信托的行为。《新加坡刑法典》规定，任何人在新加坡境内违反本法的规定，实施犯罪的行为或不作为，都应当受到本法规定的处罚。由此可见，新加坡刑法中关于犯罪的界定是以行为是否应受到刑罚处罚为基础的。

（二）犯罪要件

依照新加坡刑法的规定，构成犯罪需具备两个基本条件，即客观条件和主观条件。客观要件就是要有犯罪行为，主观要件是行为人可归责的心理状态。两个要件同时具备就构成犯罪。对于客观要件，《新加坡刑法典》中规定的犯罪行为包括非法的作为与非法的不作为。作为和不作为均包括单个行为和系列行为，但一系列作为行为视为一项作为，一系列不作为行为视为一项不作为。对于主观要件，《新加坡刑法典》规定，只有具有犯罪意识或者犯罪故意而实施该行为的才构成犯罪。对于什么是犯罪故意，该法的解释是：一个人"故意地"引起某一后果，是指此人实施该行为时使用了企图引起这种后果的方法，或者在其适用这些方法时知道或有理由相信可能会引起这种后果。

但是新加坡刑法中有些犯罪是不需要具备主观条件的，即属于一种严格责任的规定，如《道路交通法》《公司法》中规定的法定犯罪，以及《新加坡刑法典》中规定的强奸罪均属于严格责任。

（三）犯罪的种类

新加坡刑法分则规定的犯罪包括：国事罪，海盗罪，与武装力量有关犯罪，破坏公共秩序罪，公务员犯罪或与之有关的犯罪，藐视公务员法定权利罪，伪证及破坏公正司法罪，与货币及政府印花票有关的犯罪，与度量衡有关的犯罪，危害公共卫生、安全、便利、礼仪和道德的犯罪，与宗教有关的犯罪，侵犯人身的犯罪，侵犯财产罪，与文件、流通券及银行票据有关的犯罪，与婚姻有关的犯罪，诽谤罪，恐吓、侮辱和骚扰罪。

二 刑事责任制度

（一）刑事责任年龄

新加坡刑法对于负刑事责任的年龄规定偏低，《新加坡刑法典》规定，不满7岁的儿童实施的行为，不构成犯罪；7岁以上，不满12岁的儿童，在实施行为时对行为性质和后果缺乏足够理解判断能力的，不构成犯罪。可见，在新加坡，刑事责任年龄最低是 7 岁。这种规定来源于英国，但如今英国已经提高了负刑事责任的最低年龄，而新加坡却继续沿用这一规定，与世界各国的法律规定相比较，新加坡是规定刑事责任年龄下限最低的国家之一。

（二）智力缺陷人的刑事责任能力

《新加坡刑法典》规定，行为人因智力缺陷不构成犯罪。但智力缺陷的行为人不构成犯罪而要免责的话，应当要具备相应的条件：一是在实施行为的时候，处于智力存在缺陷的状态，即精神病发病期间；二是在实施行为的时候，由于智力缺陷而对行为的性质缺乏认识或者不可能判断其行为是错误的或是违法的。只有具备这两个条件，才可以不负刑事责任。

（三）醉酒者的刑事责任能力

《新加坡刑法典》规定，对于醉酒者的犯罪行为，不得免予刑事指控。醉酒包括因麻醉品和毒品造成的状态。但是，如果是醉酒状态并非出于醉酒者本人意愿，而是他人恶意或过失行为造成，或者是被指控者因醉酒而实施作为或不作为时出现精神错乱，在这两种情形之下，被指控者在实施作为或不作为的时候不知道自己在做什么，那么，醉酒者的行为可免予刑事指控。

（四）被胁迫者的刑事责任

《新加坡刑法典》规定，除了可判处死刑的谋杀罪和国事罪以外，因胁迫而实施某种行为的，不构成犯罪。胁迫在这里有着明确的含义和界限，即必须是行为人受到即刻死亡的恐惧威胁，否则，如果仅只是一般的威胁，在时间上不是"即刻"，在程度上不是"死亡"的威胁，就不是可以免负刑事责任的胁迫。

（五）意外事件、紧急避险和正当防卫

对于意外事件，《新加坡刑法典》规定，不具有犯罪动机或者犯罪意识，以适当的注意与谨慎并以合法方式和合法手段而实施的合法行为而产生意外或不幸的，不构成犯罪。对于紧急避险，《新加坡刑法典》规定，为了防止或者避免对人或财产造成其他的损害，仅认识到所实施的行为可能引起危害，但对此危害并非出自故意的犯罪动机而善意实施了引起危害的行为，不构成犯罪。对于正当防卫，《新加坡刑法典》规定，实施自我防卫的行为，不构成犯罪。自我防卫的行为包括：保卫自己的身体和他人的身体免受侵害人身的犯罪的侵害；保卫自己和他人的动产或不动产免受盗窃、抢劫、伤害、侵入犯罪行为或者企图实施盗窃、抢劫、伤害、侵入犯罪行为的侵害。

三 刑罚制度

新加坡的刑罚制度继承了英国法的传统，又体现了本国的法律精神。法律规定的刑罚包括死刑、徒刑、财产刑和肉刑。

（一）死刑

不少国家目前已经废除了死刑，但新加坡刑法中一直保留有死刑。《新加坡刑法典》中规定可判死刑的犯罪包括：从事、企图从事或者教唆从事反政府的战争，对总统人身的犯罪，国家法律规定的海盗罪，煽动叛乱既遂，提供或者制造伪证意图使某项可判处死刑的犯罪成立，谋杀罪，教唆儿童或者精神病患者自杀，企图谋杀，为了谋杀而进行绑架或者劫持，结伙抢劫中杀人等。其他法律中还规定，对运输武器、贩运毒品等行为，处以死刑。对于达到一定数额的毒品犯罪，则必须判处死刑。在新加坡，死刑的执行方法通常是绞刑。

（二）徒刑

新加坡刑法中的徒刑包括有期徒刑和无期徒刑，但在执行无期徒刑时，往往要折换成有期徒刑。而在计算服刑期限时，无期徒刑相当于20年有期徒刑，因此，新加坡的徒刑实际上都是有期的，即最高期限为20年。

（三）财产刑

新加坡的财产刑包括没收财产和罚金。财产刑在新加坡的刑罚中占了很大比例，有关涉及经济的犯罪大多都可以使用财产刑，而财产刑可以独立适用，更多的时候是与其他刑罚方法结合适用。

（四）鞭刑

鞭刑为一种肉刑，是以杖鞭鞭打犯人臀部的刑罚方法。鞭刑源于英国刑法，但至今只在新加坡还保留下来，成为新加坡刑法最具特色的一个内容。鞭刑适用的对象主要是实施暴力犯罪或采用暴力手段实施犯罪的行为人，而且只针对年龄在50岁以下的男性，一般犯罪处以1—8鞭，最多15鞭。通常一次打3鞭，罪犯有一到两个月的养伤期，伤好了再施刑。行刑的杖鞭用藤条制成，长4英尺，厚1英尺，行刑前要进行消毒。

四 刑事责任追究制度

刑事责任通过刑事诉讼程序追究。新加坡的诉讼制度具有浓厚的英国法传统，但又具有新加坡自己国家的特色。这些特色在刑事诉讼中表现尤为突出：

1. 无陪审团

新加坡虽为英美法系国家，但它废除了陪审团制度这一英美法系最具显著特征的制度。20世纪60—70年代，国民受教育程度不高，新加坡人认为把一个等待审判的人的生命、自由、财产交到一群不懂法律的人手中，是非常草率的行为，法律追求的是实质的公正，不能为了追求表面的噱头而牺牲掉正义，所以经过新加坡国会讨论表决后，终于通过立法决定废除陪审团制度，而由专业法官根据案件的具体情况、证据及辩论的情况，决定嫌疑人是否犯罪，应处何种刑罚，这也使法官在新加坡具有非常受尊崇的地位。

2. 不实行无罪推定原则

新加坡在法律制度上倾向于追求建立稳定的社会秩序而不是保护嫌疑人的人权，他们认为法律是为大多数人的利益而不是那些犯罪分子设立的，这些观念形成了新加坡刑事法律制度上与世界上大多数国家，特别是经济发展较好的国家不同的一项非常有特色的制度，即不采用无罪推定原则，代之的是无过错责任，即检控方只要掌握了一定的证据指控嫌疑人，解释自己无罪的责任便转移到辩护方，如果其不能给出合理的解释，便可能被判处有罪。这就使律师在刑事诉讼中不能消极等待控方去收集证据，而必须主动出击，去收集有利于被告人的证据以及英联邦国家中与本案类似的刑事判例，选择有利于嫌疑人的判决结果提供给法官，以嫌疑人争取有利判决。

3. 程序上的简化审理

新加坡的初级法院设有过堂法庭，除判处死刑和严重刑罚处罚案件之外，罪行较轻的一般案件，法庭可以根据检控方提出的诉讼及基本证据上庭审理犯罪嫌疑人，向其宣读诉状，如果嫌疑人认罪，则法官会进一步讯问其是否完全明白认罪的法律后果，在得到肯定的答复后，法官便可以当庭判决而无须过堂质证。在这当中，律师（辩护人）可以为被告人向法官求情，恳请法官判处被告人较轻的刑罚。

4. 特殊的言词证据采信制度

新加坡言词证据的特殊性在于，首先，根据新加坡法律的规定，嫌疑人可以被警方扣留 48 小时，以获得口供，然后决定是否逮捕；只有嫌疑人被逮捕后的口供才能在法庭上作为证据，而律师只能在嫌疑人被逮捕之后才能介入案件。其次，作为刑事案件的证人证言，警方会在调查中收集，以便作为定罪的证据；将嫌疑人控上法庭的同时，证人必须在法庭上质证，其证言才可作为证据被采信。所以，如果嫌疑人不认罪，证人不到庭，法庭是不能判被告人有罪的。

5. 特殊的上诉制度

新加坡的刑事案件一般也采用终审制，但在上诉审的过程中有两个特点。一是上诉审通常采用书面审理，不再开庭审理，而且上诉审法院一般不轻易改变初审法官对证人及其他证据的判断。二是上诉可加刑制度。新加坡《刑事诉讼程序法典》规定，上诉不当，会对被告造成上诉加刑的严重后果。这样规定，是为了防止被告人滥用诉讼权利，带来司法资源消耗过大，限制不必要的讼累。犯罪嫌疑人提出上诉后，上诉审的法官根据案情最后作出的判决，可以有三种：减刑、维持原判、增加刑罚，既可增加刑罚种类，亦可增加刑罚的期限，这种制度使律师很难帮助嫌疑人作出选择，让犯罪嫌疑人慎重地考虑是否上诉。[①]

参考文献

蔡磊主编：《新加坡共和国经济贸易法律指南》，中国法律出版社 2006 年版。

刘涛、柯良栋：《新加坡刑法》，北京大学出版社 2006 年版。

申华林主编：《东盟国家法律概论》，广西民族出版社 2004 年版。

中华人民共和国驻新加坡大使馆经济商务参赞处网站（http://sg.mofcom.gov.cn/index.shtml）。

[①] 新加坡刑事法律制度部分资料主要来源于刘涛、柯良栋著的《新加坡刑法》（北京大学出版社 2006 年版）。

第四章

菲律宾法律制度

第一节 菲律宾概况

一 基本国情

(一) 自然地理与民族结构

菲律宾共和国 (The Republic of The Philippines) 位于亚洲东南部,西濒南中国海,东临太平洋,是一个群岛国家,共有大小岛屿7107个,菲律宾也因此拥有"西太平洋明珠"的美誉。菲律宾陆地面积29.97万平方公里,其中吕宋岛、棉兰老岛、萨马岛等11个主要岛屿占全国面积的96%。菲律宾海岸线长达18533公里,多天然良港。菲律宾属季风型热带雨林气候,高温多雨,植物资源十分丰富,热带植物多达万种,素有"花园岛国"的美称。其森林面积为1585万公顷,覆盖率达53%,产有乌木、檀木等名贵木材。

菲律宾总人口数为9220万,到2040年,菲律宾人口将翻一番,超过1.84亿,迈入世界人口十大国的行列。菲律宾是一个多民族国家,马来族占全国人口的85%以上,包括他加禄人、伊洛戈人、邦班牙人、比萨亚人和比科尔人等;少数民族和外国后裔有华人、印尼人、阿拉伯人、印度人、西班牙人和美国人,还有为数不多的原住民。

（二）历史、文化与宗教

菲律宾人的祖先是亚洲大陆的移民。菲律宾在 14 世纪前后出现了由土著部落和马来族移民构成的一些割据王国，其中最著名的是 14 世纪 70 年代兴起的海上强国苏禄王国。1521 年，麦哲伦率领西班牙远征队到达菲律宾群岛。1565 年，西班牙侵占菲律宾，自此统治菲律宾长达 300 多年。1898 年 6 月 12 日，菲律宾宣告独立，成立菲律宾共和国。同年，美国依据对西班牙战争后签订的《巴黎条约》占领菲律宾。1942 年，日本占领菲律宾。"二战"后，菲律宾重新沦为美国殖民地。1946 年 7 月 4 日，美国被迫同意菲律宾独立。1996 年 9 月 2 日，菲律宾政府与最大的反政府组织摩洛民族解放阵线签署和平协议，结束了南部长达 24 年的战乱局面。

菲律宾有 70 多种语言。国语是以他加禄语为基础的菲律宾语，英语为官方语言。

国民约 84% 信奉天主教，4.9% 信奉伊斯兰教，少数人信奉独立教和基督教新教，华人多信奉佛教，原住民多信奉原始宗教。

（三）经济发展

菲律宾实行出口导向型经济模式，第三产业在国民经济中地位突出，农业和制造业也占相当比重。近年来，菲政府加大了对农业和基础设施建设的投入，扩大内需和出口，国际收支得到改善，经济保持平稳增长。2008 年，受国际能源、粮食价格上涨和金融危机影响，菲律宾经济增速明显放缓。2008 年菲律宾国内生产总值为 1587.8 亿美元，比上一年增长 4.6%。菲律宾自然资源丰富，矿产主要有铜、金、银、铁、铬、镍等 20 余种。铜蕴藏量约 48 亿吨、镍 10.9 亿吨、金 1.36 亿吨。地热资源丰富，预计有 20.9 亿桶原油标准能源。巴拉望岛西北部海域有石油储量约 3.5 亿桶。水产资源也很丰富，鱼类品种达 2400 多种，其中金枪鱼资源居世界前列。已开发的海水、淡水渔场面积 2080 平方公里。旅游业是菲律宾外汇收入重要来源之一。以公路和海运为主，铁路不发达，集中在吕宋岛。航空运输主要由国家航空公司经营。菲律宾的主要粮食作物是稻谷和玉米。椰子、甘蔗、马尼拉麻和烟草是菲律宾的四大经济作物。工业产值占国内生产总值 31%，从业人口占总从业人口 14.8%。工业总产值中，制造业占 70.1%，建筑业占 14%，矿产业占 4.8%，电力及水气业占 11.1%。农林渔业产值占国内生产总值的 14.1%，从业人口占总劳力的 36.7%。

近年来,菲政府积极发展对外贸易,促进出口商品多样化和外贸市场多元化,进出口商品结构发生显著变化。非传统出口商品,如成衣、电子产品、工艺品、家具、化肥等的出口额,已赶超矿产、原材料等传统商品出口额。主要出口产品为电子产品、服装及相关产品、电解铜等;主要进口产品为电子产品、矿产、交通及工业设备;主要贸易伙伴有美国、日本和中国等。主要来源地为日本、美国、英国、德国、韩国、马来西亚和中国香港,主要投资领域为制造业、服务业、房地产、金融中介、矿业、建筑业。外援主要来自日、美、西欧国家和国际金融组织。每年外国承诺给予菲律宾各项援助约 20 亿美元。

二 菲律宾法律制度概况

(一)菲律宾法律渊源

法律的渊源,也称法源,一般是指法律规范的创制及其表现形式。菲律宾的法律渊源即指菲律宾规范的存在及其表现形式。菲律宾的法律渊源与其法律的历史发展息息相关。

1. 国内立法

国内立法是菲律宾最主要的法律渊源。菲律宾是大陆法系与英美法系的集大成者。西班牙宪法和美国宪法都对菲律宾宪法的制定有重要的影响。立法模式既有专章专篇式,例如继承法律制度规定在民法典中;也有单行立法式,例如宪法、民法典、刑法典、行政法、公司法、家庭法、知识产权法、外国投资法,等等。

2. 司法判例

司法判例,系指法院对具体案件的判决具有法律约束力,可以成为以后审理同类案件的依据。在英美法系国家,司法判例是其法律的主要渊源。在大陆法系国家,虽然传统上并不认为判例是其法律渊源,但菲律宾继承了美国法律传统,判例也可以被法官和律师援引以支持自己的主张。

3. 国际条约

国际条约是由两个或两个以上国际法主体缔结的调整其相互间权利义务关系的协议。国际条约是菲律宾法律渊源的重要组成部分。菲律宾加入的国际条约在菲律宾国内同样具有法律效力,例如菲律宾加入 WTO 的相关国际条约,知识产权保护的相关国际公约,等等。

4. 国际惯例

国际惯例是在长期国际交往中逐渐形成的不成文的法律规范，必须经过国际认可才有约束力。菲律宾在贸易制度方面同样承认部分国际惯例的效力。

（二）菲律宾法律体系

菲律宾法律体系相对比较完整，包含公法和私法、实体法与程序法、国内法律规范和国际法律规范。宪法为菲律宾的根本大法，围绕宪法的精神，菲律宾制定有民法典、商法典、刑法典、家庭法典、经济法、行政法、民事诉讼法、刑事诉讼法、劳动社会保障法等。其法律制度涵盖了社会生活的各个方面，这主要得益于菲律宾的特殊历史发展轨迹。

（三）菲律宾法律制度特点

16世纪之前，菲律宾处于原始社会向阶级社会过渡时期，社会由"巴朗圭"（barangay）组成，没有形成统一的中央集权统治。这个时期遗留下来的现存最早的两部成文法典是《马拉塔斯法典》和《卡兰莱雅奥法典》。菲律宾早期的法律涉及财产权、遗产权、收养权等许多现代法律的内容，说明法律已经对当时的社会和政治生活产生了影响。[①] 但是，西班牙统治菲律宾之前，菲律宾的法律是传统的、零碎的、没有组织的，而且不具备今天法律的强制力和影响力。[②]

16世纪中期菲律宾沦为西班牙殖民地，西班牙统治菲律宾时期有一部西班牙历代国王为治理殖民地而颁布的王室诏谕的总集《印地群岛的法律》，被后世一些法律界人士称为殖民地法律中最伟大的法典之一。[③] 西班牙将封建专制制度和西班牙法律引入菲律宾，欲在菲律宾建立政教合一制度，利用天主教的神圣力量辅助政治和法律制度的建立。中央集权制的政府机构设置现在在菲律宾仍然可见。16世纪中期至19世纪中后期，菲律宾的法律制度带有浓厚的西班牙法律制度色彩。

19世纪末，美国接替西班牙成为菲律宾的新宗主国。美国打着资本主义自由以及帮助菲律宾实现民族独立的旗号大张旗鼓地在菲律宾开展法

---

① 王勇：《菲律宾独特的社会政治文化》，《东南亚纵横》2004年第3期，第59页。

② Roman P. Mosqueda, Philippine Law and Jurisprudence on Products Liability：A Comparative Study, S. J. D 1982 Edition, p. 9.

③ 格雷戈里奥·F. 赛义德：《菲律宾共和国》（中译本），商务印书馆1979年版（上册），第160页。

律的制定活动,并先后于1899年颁布了《马洛斯宪法》和《1935年宪法》以及其他法律法规。19世纪末直到菲律宾独立之前的时间里,美国的法律制度仍对菲律宾的法律制度建设过程起着非常关键的作用。

由此可见,菲律宾由于有着特殊的历史原因,其现行法律制度同时受大陆法系和英美法系的影响,使得菲律宾法律制度成为大陆法系与英美法系相融合的典范。一般认为,在婚姻法、家庭法、继承法、合同法、刑法这些部门法中,大陆法系的法律精神起主导作用;而在宪法、诉讼法、公司法、票据法、税法、保险法、劳动法、金融法等方面,英美法系的传统对菲律宾法律制度的建立具有显著影响。[1]

第二节 菲律宾宪法制度

一 菲律宾宪法的结构与主要内容[2]

菲律宾现行宪法(1987 CONSTITUTION OF THE REPUBLIC OF THE PHILIPPINES)是在1986年菲律宾人民发动的"第一次人民力量"革命(亦称EDSA I)推翻了马科斯20年的独裁统治之后于1987年2月2日通过,并由阿基诺总统于同年2月11日宣布生效。该部成文宪法包括三部分,即序言、正文和附录。其中,序言主要阐述了立宪目的。正文18条,包括:国家领土;原则和国家政策原则的宣告;人民权利;国籍;选举权;立法机关;行政机关;司法机关;宪法委员会;地方政府;公职人员的责任;国民经济和国家财产;社会公平和人权;教育、科学和技术、艺术、文化与体育;家庭;一般规定;宪法的修改与修正;临时性规定。

同世界上其他国家一样,菲律宾宪法作为一个国家的根本大法,对全国重要的基本问题作出统筹性的规定。因为菲律宾国家性质与中国不同,因此在部分条款中的规定有较大差异性。本节主要阐述菲律宾宪法中有关国家领土,国家原则和政策,人民权利、国籍与选举权,立法、行政和司法机关以及宪法委员会的主要规定。

---

[1] 齐树洁:《菲律宾继承法研究》,载梁慧星主编《迎接WTO——梁慧星先生主编之域外法律制度研究集》第三辑,国家行政学院出版社2000年版,第292页。

[2] 菲律宾宪法的内容主要依据笔者对菲律宾宪法英文版的翻译。菲律宾宪法英文版下载于 http://www.wipo.int 网站。

菲律宾是民主国家,国家权力来自人民,国会是最高立法机构,由参、众两院组成。实行总统制。总统是国家元首、政府首脑兼武装部队总司令。有大小政党 100 余个,大多数为地方性小党。菲律宾是一个宗教国家,但是在宪法中明确其政教分离的立场。菲律宾是东南亚国家中为数不多的设立司法审查制度的国家。

(一)国家领土

菲律宾宪法规定:国家领土包括菲律宾拥有主权或管辖权的所有领陆、领水、领空和底土。由于菲律宾由不同岛屿构成,因此宪法规定岛屿之间的水域也归属于菲律宾。

(二)菲律宾的国家原则与政策宣告

菲律宾宪法在国家原则与政策部分规定了国家所倡导的基本原则和发展目标,奉行的很多政策与中国相似,例如独立的外交政策、人权保护、人民权利至高无上、创建和谐的社会环境、重视经济的发展、处理公共事务公开制度等。

1. 原则

因为宪法作为国家根本大法,为其他部门法的原则参照,菲律宾在宪法中规定了一系列原则性的条款,主要列明宪法制定的基础理论以及国家奉行的基本处事原则。总结下来主要包括以下五方面的内容:第一,菲律宾国家性质和政体在宪法中得到确定。菲律宾宪法明确其国体是一个民主共和国,国家主权属于人民,政府的一切权力来自人民,其政体为人民代表制度;第二,奉行和平解决争端原则以及其他国际法规则。菲律宾反对以武力作为解决争端的方式,将公认的国际法原则作为本国法律的组成部分,信奉国家和平、平等、公正、自由、合作以及和睦相处等政策;第三,军队的任务被明确制定在宪法中。在任何时候,人民权力高于军队,菲律宾的军队是人民和国家的保护者,其任务是保护国家主权和领土完整;第四,确定了政府的职能和服务目标。政府首要任务是服务和保护人民,政府可以在法律规定的情形下号召所有公民保卫国家并提供个人、军用的或者民用的服务,政府还需维护和平与秩序,保护生命、自由与财产并提高全民福利,解决社会、经济、教育、文化等问题;第五,推行政教分离制度。政府和宗教的权力范围相互独立,互不干涉。

2. 国家政策

菲律宾宪法在国家和社会生活的各个方面作了政策性的规定,旨在充分保护国家和公民的基本权利，主要涉及奉行国家独立的外交政策；推行在菲律宾领土范围内无核武器的政策；促进充分就业、提高生活水平及改善生活质量；尊重人权；强调家庭作为社会基本自治机构的重要性、保障父母子女之间的法定权利义务；培养年轻人的爱国主义与民族主义精神；强调法律面前男女平等原则；重视人民健康问题，创建良好的生态环境；重视科教文体的发展；保护工人权利并提高其福利；发展菲律宾自主的、独立的、有效控制国民经济的国民经济，鼓励私有制的发展；促进农村发展和土地改革；确保并促进本土文化团体的权利和发展；鼓励非政府、社区或者社团组织的发展；强调通信和信息在国家建设中的重要作用；确保地区政府的自治权；保证进入公共服务机构的平等机会；禁止法律意义上的政治王朝；维持公共机构的正直廉洁、反对贪污贿赂；采取并实施涉及公共利益的所有事务处理完全向公众公开的政策等。

（三）人民权利、国籍与选举权

同中国规定相似，菲律宾宪法规定了以血统主义为主、出生地主义为辅的国籍取得制度[①]，否定双重国籍制度。同时对公民的权利作了较为细致的规定，通过对法条的整合，将公民权利的内容归纳为三大方面的权利，即公民参与政治生活方面的权利和自由，公民的人身自由和信仰自由以及公民的社会、经济、教育和文化等方面的权利。

1. 公民参与政治生活方面的权利和自由

（1）平等权

平等权是公民正常生活的基本保障，菲律宾公民无论男女老少、宗教信仰如何，均平等地享有宪法规定的所有权利。非经正当法律程序，不得剥夺菲律宾公民的生命、自由或财产，也不得否认其获得平等的法律保护的权利。

（2）选举权和被选举权

满足法定条件的菲律宾公民均享有平等的选举和被选举的权利。任何人不得以文化程度、财产或其他实质性要求的原因对选举权的行使施加限

---

① 菲律宾宪法规定了菲律宾国籍取得的情形：通过时已是菲律宾公民者；其父或母为菲律宾公民者；其母为菲律宾公民，其本人于1973年1月17日以前出生并在成年后选择菲律宾国籍者；依照法律规定入籍者。本条本生公民（Natural-born citizens）是指因其出生、无须办理任何手续即可取得或实现菲律宾国籍的菲律宾公民。凡依照第一条第三款规定选择菲律宾国籍者应视为本生公民。

制。宪法规定，凡年满18周岁、在菲律宾居住满一年并在选举前在投票地区居住满6个月、未被依法取消资格的菲律宾公民均可以行使选举权。

鉴于保障选举的公平、公正性，国会应保证投票的秘密性和神圣性，以及保证侨居国外的合格的菲律宾选民能够进行缺席投票；国会还设计了一套程序保障残疾人士与文盲在无他人帮助的情形下进行投票以保证投票的秘密性。

当菲律宾公民自身条件满足宪法规定的不同职位要求时，即能平等地享有被选举的权利。

（3）政治自由

宪法规定，不得通过任何形式，剥夺公民言论、表达及出版自由的权利，或剥夺人民和平集会以及向政府申诉、请愿的权利。人民有权了解公共大事并获得相关政治资料。

（4）申诉的权利

菲律宾宪法规定，不得以贫穷为理由阻止任何人自由地向法院和准司法机关提起诉讼，或拒绝向其提供正当的法律帮助。人人皆有请求司法机关、准司法机关或行政机关迅速处理其案件的权利。

2. 公民的人身自由和信仰自由

（1）人身自由、住宅不受侵犯

根据菲律宾宪法规定，公民的人身、住宅、文件和财产不受任何性质、任何目的地无理搜查、扣押和没收。搜查令或逮捕令只有在满足法定的严格条件下才可以签发，例如当控诉人及其所提供的证人于宣誓后所作出的指控或证词，能够具体说明要求搜查的地点和要求扣押或没收的人或物后，确认有正当理由时，法官方可作出逮捕令或搜查令。

菲律宾宪法还特别规定了公民的迁移自由、旅行权利和人身保护令的问题。公民在法律规定范围内享有的居住和迁移自由不受侵犯，除非依据法院的合法命令而限制公民的迁移自由。公民旅行的权利不受侵犯，但出于国家安全、公共安全或公共卫生的需要，法律另有规定者除外。

（2）人格尊严不受侵犯

根据宪法第2条第11款规定，国家已将"尊重每一个公民的人格尊严"作为国家政策。除此之外，第3条第11款也暗示着人格尊严的不可侵犯性。由此可见，菲律宾宪法保护公民的人格尊严不被践踏。

（3）通信自由和通信秘密受法律保护

公民的通信秘密不受侵犯，但根据法院的合法命令或为维护公共安全或秩序的需要而另有规定的除外；违反法定方式所取得的任何证据，在任何诉讼中均不得认定为合法证据而使用。

（4）宗教信仰自由

宪法规定，不得制定任何关于禁止宗教机构自由活动的法律；不得歧视宗教信仰及举行宗教仪式，也不得以宗教考察为附带条件而限制公民权利或政治权利的行使。

3. 公民的社会经济和其他方面的权利

（1）公民的私有财产权

菲律宾宪法规定，公民的财产受法律保护，未经法定程序不受侵犯。如果没有支付公正合理的赔偿，任何人或机构不得征用私人财产作为公共用途。由此可以看出菲律宾推行国有化后进行适当合理补偿的原则。

（2）其他方面的权利

宪法第3条第10款规定了"不得通过任何损害契约义务的法律"。第8款规定职工有建立工会、社团和协会的权利。第12款规定禁止刑讯逼供，并否定刑讯逼供所获得的证据效力，及犯罪嫌疑人在接受调查时享有的沉默权、保释权利。第14款规定了无罪推定原则；第17款规定了任何人不得被强迫做不利于自己的证人；第18款规定了任何人不得仅仅因其个人的政治信仰和愿望而被监禁；第19款确定了人道主义原则；第20款规定任何人不得因债务或未交纳人头税而受监禁；第21款规定任何人不得因同一罪行而接受两次审判；第23款确定了法不溯及既往原则，等等。

（四）立法机关

菲律宾的国会是立法机关，依法行使立法权。国会的组成包括参议院和众议院、选举法庭和任命委员会。国会的职权主要包括立法权和宣布进入战争的权力。

1. 国会的组织结构

（1）参议院和众议院

在菲律宾，立法权属于国会，国会由参议院和众议院组成。

由于菲律宾是大陆法系和英美法系的集大成者，其立法机构的规定反映了菲律宾的特殊国情。菲律宾的参众议员的产生具有其独特之处。

参议院由24名参议员组成，由菲律宾合格选民依照法律规定选举产生。宪法规定，凡菲律宾本生公民（Natural-born citizens），在选举日已年满 35 岁，经正式登记为合格选民，具有读写能力，选举前在菲律宾居住至少满两年，均有资格当选为参议员。参议员任期六年，连续任职不得超过两届。

众议院由不超过 250 名众议员组成。众议员一部分从各省、市和大马尼拉区根据人口分布并按照统一的、累进的比例划分的选区选出；另一部分众议员根据法律，由正式登记的全国性的、地区性的和各界的政党或组织，依照法律规定，按政党名单代表制选出；按政党名单代表制选出的众议员人数占众议员总数的 20%，但在菲律宾宪法通过并施行后的头三届众议院选举中，上述按政党名单代表制选举产生的议席的 1/2 代表成员，将依照法律规定，从劳工、农民、城市贫民、少数民族、妇女、青年和社会各界中选出，但不包括宗教界；每个选区应尽量由毗连的整块的和邻接的地域组成，每个人口在 25 万人以上的城市或省，至少应有 1 名众议员；国会应在每次人口普查报告发表后的 3 年内，依法规定的标准，重新分配各选区的众议员名额；凡菲律宾本生公民（Natural-born citizens），在选举日已年满 25 岁，具有读写能力，在本选区登记为合格选民（政党名单代表除外），选举日前已在该选区居住满 1 年的任何个人，均有资格当选为众议员；众议员任期为 3 年，连续任职不得超过 3 届。

参议员和众议员的定期选举应在五月份的第二个星期一举行；如果参议员和众议员出现空缺，便依照法律规定举行特别选举填补缺额，补选的参议员或众议员，其任期为补足其前任未任满的任期。参议员和众议员的薪俸由法律规定，增加上述薪俸的任何决定在通过此项增加额的国会参众两院议员任期届满之前不得生效；在国会举行会议期间，触犯刑法可判 6 年以下徒刑的参议员或众议员，享有不受逮捕的特权。议员不得因其在国会或所属委员会上所做的发言或辩论而在其他任何地方受到质问或追究；任何参议员和众议员在其就职时均应全部公开其经济情况和商业利益，并应将他们所提出的法案可能引起的利益冲突通知其所属议院；参议员和众议员在其任期内不得在政府或其下属部门、代理机关或机构包括政府所有或控制的公司或其附属机构中，兼任任何其他职位或职务；也不得被任命担任在其担任议员期间所设立的任何公职职位或收受由此而增加的薪俸；参议员和众议员不得在任何法院、选举法庭、准司法机构和其他行政单位亲自出任任何人的法律顾问；议员在任职期间，对于同政府或其下属部门、代理机关或机构、政府所有或控制的公司或其附属机构所签订的任何合同或授予的特许权或特惠权，不得直接或间接地发生经济利益关系。议员也不得出于自身的经济利益或应他人之请利用职权对任何政府部门有待处理的任何事务进行干预；国会每年召开一次常会，除法律另行规定日期者外，常会于7月的第一个星期一举行。

（2）选举法庭和任命委员会

参议院和众议院应各组织一个选举法庭，全权负责裁决有关该院议员的选举、计票和资格的一切争议。每个选举法庭由9人组成，其中3名由最高法院首席法官委任的最高法院法官担任，其他6名为各参、众院议员，参加选举法庭的议员将按比例从各个政党和根据政党名单代表制登记的政党或组织中选出，由资深的法官担任选举法庭的主席。

国会设立任命委员会，由参议院议长担任主席，12名参议员和12名众议员任委员，由各院按比例从各个政党和根据政党名单代表制登记的政党和组织中选出，委员会主席不参加表决，但出现赞成和反对的票数相等的情况时除外。委员会在接到国会所提交的各项任命案后，应在会议期间的30天内对上述各项任命作出决定。委员会以多数票表决通过决定。

选举法庭和任命委员会应在参议院议长和众议院议长选出后30天内组成。任命委员会只能在国会开会期间由其主席或多数委员会召开会议，以行使宪法所赋予的职权。国会记录和账册应予保存，并依照法律规定向民众公布。国会账册应由审计署审计，审计署应每年公布一次国会支出明细账目以及每个议员的报销账目。

由此可看出，选举法庭和任命委员会辅助参、众议院选举议员，其职能类似于中国的选举委员会。

2. 国会的职权

（1）立法权

宪法规定，参议院、众议院及其任何委员会可以依照法律规定进行各种调查，在调查中应尊重被调查人的权利。各部门的首长经总统同意可以自动应任何一院的要求出席各院会议，并按照各院议事规则的规定，就涉及本部门的任何事项陈述意见。书面问题应至少在预定质询日期3天前送交参议院议长和众议院议长，质询范围不限于书面问题，也可以包括与之有关的其他问题，但如果出于国家安全或公共利益的需要并有总统的书面申明时，质询应在内部会议上进行。一切有关拨款、岁入和征税的法案、授权增加公债的法案、地方性法案和私人法案，一律由众议院提出，但需参议院提出修正案或修正后同意；国会可以进行立法活动，授权总统在指定范围内，遵守国会规定的限制和约束内容，制定关税率、进口和出口限额、船舶吨税、码头税以及在政府的全国发展计划内的其他税或关税。

国会在行使立法权的同时，也受到各种限制。国会对于总统所提出的预算方案中规定作为政府经费的拨款额不得予以增加；国会通过的每一项法案，只应包含一个主题并应由法案名称予以表明；任何法案，非在不同日期经过三读，并于通过前3日将最后定稿的印刷文本分送各该院全体议员，任一议院不得予以通过而成为法律，但经总统证明，为应付公共灾难或紧急情况，有必要立即通过的法案不在此限，法案在最后一读时不得再提出任何修正法案，并且在最后一读完毕后应立即进行表决，并应将赞成和反对的票数计入议事录；国会通过的每一项法案，在成为法律之前，应呈递总统。总统认可该法案，应予签署，如果不认可，则应予否决，并将原法案连同其反对理由详细记入议事录，并对该法案进行复议，如果复议时该议院全体议员的2/3同意通过原法案，应将该法案连同总统的反对理由送交另一议院复议，如另一议院全体议员的2/3也同意通过，该法案应立即成为法律；未经最高法院建议和同意，国会不得通过任何扩大宪法规定的最高法院上诉管辖权的法律；国会不得通过任何授予王族或贵族头衔的法律，等等。

（2）宣布进入战争状态的专属权

国会举行两院联席会议，经两院分别表决，如获得全体议员2/3多数通过，即可行使其宣布进入战争状态的专属权力；在国家处于战争状态或紧急状态时，国会的立法授权总统在一段有限时期内并在国会规定的限制范围内，行使必要和适当的权力以实行某项业已宣布的国家政策。总统的此项权力应行使至该次国会常会闭会时为止，除非国会通过决议提前收回此项权力。

从菲律宾国会的职权内容来看，各参、众议院与总统相互钳制，法律的通过必须经过较为严格的程序表决。这样的立法方式旨在从立法形式上实现公平公正，同时保证各议员的自由话语权，继而在实质上也实现制定善法之目的。

（五）行政机关

宪法规定，菲律宾总统拥有行政权。

1. 总统的资格条件

凡菲律宾本生公民，经登记为合格选民，具有读写能力，在选举日年满 40 岁，选举日前在菲律宾居住满 10 年，均有资格当选为总统；副总统的资格、任期和选举办法和总统相同，并与总统同时选举产生，对副总统的免职办法与总统相同，副总统可以被委任为内阁成员，这种委任不必经过确认。

2. 总统的产生程序

总统和副总统均由人民直接选举产生；选举应于 5 月的第二个星期一举行；每届总统和副总统选举的投票结果，经各省、市的检票委员会鉴定后，须送交国会，由参议院议长亲自接受，参议院议长须在选举后 30 天内，在参议院和众议院的公开联席会议上当众开拆全部检票证书，国会在确定检票证书的真实性并符合法定程序后，当即计算选票，得票最多者即为当选，如遇两个或多个候选人得票最多并相等时，由国会两院全体议员分别投票，以多数票选出其中一人为总统或副总统。

3. 总统的任职程序

总统、副总统或代理总统在就职前应作如下宣誓或确认："我庄严宣誓（或确认）：我一定忠诚谨慎地履行菲律宾总统（或副总统或代理总统）的职责，维护和保卫宪法，执行法律，公正地对待每一个人，献身于为国家服务。愿上帝佑助我。"（如作确认，最后一句应予省略。）

4. 总统的任期

总统和副总统任期 6 年，自选举后的 6 月 30 日正午起算至 6 年后的同日正午为止，总统不得竞选连任，副总统连续任职不得超过两届。

5. 总统的权利及义务

总统享有一座官邸，总统和副总统的薪俸由法律规定并在其任期内不得减少，任何增加薪俸的决定，在批准此项增加额的总统任期届满以前不得生效，总统和副总统不得在其任期内接受政府或其他来源的酬金；总统、副总统、内阁部长及其次官和助理，在其任期内不得兼任任何其他职务和职位，不得直接或间接地从事任何其他职业，不得参与经商，也不得直接或间接地同政府或其下属部门、代理机关或机构、政府所有或控制的公司或其附属机构所签订的合同及所授予的任何特许权或特惠权方面发生经济利益关系，并应在履行职务时严格避免利益冲突；在总统任期内，不得任命总统的配偶及四代以内的亲属和姻亲担任宪法规定的各种委员会委员、国会调查官，或任何部、局署，政府所有或控制的公司及其附属公司的处室的部长、主席或主任；总统提名各行政部门的首长、大使、公使和领事、上校级以上军官,以及本宪法授权总统任命的其他官员,并经国会任命委员会同意后予以任命;总统管辖所有部、局、署等行政机关,并保证法律的切实执行;总统是菲律宾一切武装部队的统帅;总统有权在法院终审判决后,特许缓刑、减刑、赦免和退回罚款及没收的财物,但弹劾案件或宪法另有规定者除外;总统经国会全体议员的多数同意,有行使大赦之权;在事先获得货币委员会同意,并在法律规定的限制范围内,总统有权代表菲律宾共和国同外国缔结担保贷款协议;总统应在每次国会常会召开后的30天内向国会提出关于财政支出和财政预算来源包括现行和拟议的税务措施在内的预算,作为总拨款法案的依据;总统应在国会常会开幕时向国会致辞,并得随时出席会议。

6. 总统职位的补缺

如总统当选人不符合资格,当选的副总统应代行总统职权,直至选出合格的总统时为止;如总统和副总统尚未选出,或都不合格、或都死亡、永久丧失能力,应由参议院议长代行总统职权,如参议院议长不能代行总统职权,由众议院议长代行总统职权,直至选出合格的总统或副总统为止。

(六) 司法机关

菲律宾宪法规定,司法权属于最高法院和依法设立的各下级法院。司法权包括由各法院解决有关正当合法权利的实际争议,以及裁决政府部门或代理机构是否存在无人管辖或超越权限等严重的滥用权力问题。

国会有权确定、规定和分配各级法院的管辖权,但不得剥夺最高法院对于宪法特别列举的案件的管辖权;不得通过任何损害法官和其他司法人员职位保障的改组法院系统的法律;各级法院享有财政自主权。不得以立法程序减少对各级法院的拨款,使之低于上一年度的拨款额,此项拨款须经批准并自动、定期拨付;最高法院和各下级法院法官在履职良好的情况下应继续任职直至70岁或无能力继续任职时为止。

1. 最高法院的组成

最高法院由首席法官1人和陪审法官14人组成,最高法院审理案件,由全体法官出庭,或酌情由3人、5人或7人组成分庭,如果最高法院法官出缺,应在出缺后90天内补缺;年满40岁的菲律宾本生公民(Natural-born citizens),曾任下级法院法官或在菲律宾执行律师业务15年以上的人员,才有资格被任命为最高法院法官或下级合议制法院法官;司法机关的法官必须被证明是适任、廉洁、诚实和独立的人。

2. 最高法院的管辖权

最高法院的管辖权主要包括以下内容：（1）一切涉及同外国缔结的条约、协定或行政协定或法律是否违宪的案件，应由最高法院全庭审理；（2）根据法院规则需要全庭审理的其他案件包括关于总统令、公告、命令、指令、条例是否违宪及其适用和有效性的案件；（3）对有关大使、其他外交使节和领事的案件，以及有关申请发布调卷重审令、诉讼中止令、履行职务令、责问权限令和人身保护令的案件，行使初审管辖权；（4）依照法律规定或法院规则，对下级法院关于特殊案件的终审判决和裁决提出的上诉或调卷重审令，进行复审、复查、驳回、改判或确认维持原判；（5）因公共利益需要，暂时指派下级法院法官到其他岗位工作，但这种暂时指派，未经有关法官本人的同意，不得超过6个月；（6）为避免误判而下令变更管辖区或审判地点；（7）颁布保护和行使宪法赋予的权利、辩护、诉讼手续和审判程序的规则，以及有关许可执行律师业务、律师协会和对贫困的当事人提供法律帮助的规则，这些规则应设制一种手续简便、费用低廉的程序，以便使案件得到迅速处理，这些规则对同级法院一律适用，不得减轻、扩大、改变所规定的权利；（8）依照文职人员，任命一切司法机关的官员和雇员；（9）最高法院对所有法院及其全体人员实施行政监督。

3. 司法和律师理事会

设立最高法院监管的司法和律师理事会，由首席法官作为主席、司法部长和国会的一名代表作为成员，以及一名律师协会代表、一名法律教授、一名退休的最高法院法官和一名私营部门的代表组成，理事会的正式成员由总统任命，并经任命委员会同意，任期4年；在第一届被任命的成员中，律师协会代表任期4年，法律教授任期3年，退休法官任期两年，私营部门代表任期1年；最高法院的书记员为理事会的当然秘书，负责理事会的会议记录；理事会的主要任务是向司法机关推荐供任命的人选，并履行最高法院指定的其他职能；最高法院和下级法院的法官均由总统根据司法和律师理事会提供的名单遴选任命。

（七）宪法委员会

宪法第9条第1款和第2款规定了公共服务委员会、选举委员会和审计委员会分别作为独立机构，各司其职；宪法规定的委员会的成员不得在任期内兼任其他职位或职务。

1. 公共服务委员会

公共服务由公共服务委员会管理,由1个主席、2个委员组成。委员应该是菲律宾的本生公民(Natural-born citizens),任命时至少35岁,具有公认的公共管理能力,在其任命之前不得在选举中成为其他任何选举职位的候选人;主席和委员在委员会同意的情况下由总统任命,任职7年,不得连任;公共服务委员会作为政府的中央人力资源机构,负责培养公职人员建立职业服务意识,并采取措施培养他们的品行、工作效率、廉政、责任感、进取心及礼仪;应强化功绩和奖赏制度,完善所有阶层的人力资源发展规划,将有益于公众责任感的管理风气制度化;委员会应向总统和国会提交一份关于公职人员规划的年度报告。

2. 选举委员会

设立由主席1人和委员会6人组成的选举委员会,其主席和委员均应为菲律宾本生公民,任命时至少年满35岁,有大学学位,并且任命前的最近选举中未担任任何选任职位的候选人。但是,包括主席在内的多数成员必须是菲律宾律师协会会员,从事法律工作至少满10年;委员会主席和委员由总统在任命委员会同意后任命,任期7年,不得连任。

选举委员会行使下列权力:(1)执行和实施有关选举、公民投票、人民创制权、公民复决和罢免的一切法律和条例;(2)对有关选举、计票结果和选举产生的大区、省、市官员的资格所涉的一切争议,行使专属的初审管辖权;对已由普通管辖权的法院裁决的有关选举产生的官员所涉的一切争议,以及已由有限管辖权的法院裁决的有关选举产生的官员所涉的一切争议,行使上诉管辖权;(3)对除投票权以外的有关选举的一切行政问题,包括决定投票站的数量和地点,选举工作官员和监察员的任命,以及选民登记等问题作出决定;(4)经总统同意,委托政府的法律执行机关和机构(包括菲律宾武装部队),为选举委员会的代理机关,以保障自由的、有秩序的、诚实的、和平的和可信的选举程序;(5)经过充分公布后,进行政党、组织、联盟的登记。登记时,除须符合其他的规定条件外,必须提交各自的党纲或政纲和选举委员会鉴定合格的公民资格。任何宗教团体和教派不得登记为政党。凡谋求通过暴力或非法手段达到其目标,或拒绝拥护和遵守宪法,或得到外国政府支持的政党和组织,也不得登记为政党。任何外国政府及其代理机构对政党、组织、联盟或候选人捐赠选举经费,均构成对菲律宾内政的干预,如果菲律宾选举主体予以接受,将成为选举委员会取消其登记的理由,此外,还应受到法律规定的处罚;(6)根据查证属实的申诉或法院宣布承认或取消民选资格的主动请求,对违反选举法的案件,包括一切形式的选举舞弊、违法行为和渎职行为进行调查,并在适当时候提起诉讼;(7)向国会推荐有效措施,以最大限度地减少选举费用,包括对张贴宣传材料的场所加以限制、防止和惩处各种选举舞弊、违法行为和渎职行为进行调查,并在适当时候提出起诉;(8)对于选举委员会委托的官员或雇员,因其违反、忽视或不服从委员会的指令、命令或决定而向总统建议撤销其职务或给予其他处分的权力;(9)向总统和国会提交关于每次选举、公民投票、人民创制权、公民复决或罢免的情况总结报告。

选举委员会举行全体会议或分两组开会,制定程序规则,以迅速处理选举案件,包括选举结果公布前的一切争议;一切选举案件应由分组会议审理和裁决,但在要求对裁决进行复议时,应由选举委员会全体会议裁决。

3. 审议委员会

审计委员会由主席1人和委员2人组成。审计委员会的主席和委员应为菲律宾本生公民,任命时至少年满35岁,并且是具有10年以上审计经验的国家会计注册师或从事法律工作10年以上的菲律宾律师协会会员,并在任命前的最近选举中未担任任何选任职位的候选人;主席和委员由总统经任命委员会同意后任命,任期7年,不得连任;在第一届被任命的成员中,主席任期7年,一名委员任期5年,另一名委员任期3年,均不得连任。

审计委员会行使下列权力:(1)检查、审计和清理政府或其任何下属部门、代理机关和机构、包括政府所有或控制的公司的岁入和收益账目,以及它们所有或托管或所属的基金和财产的一切开支或使用账目。(2)对下列机构和单位进行审核:一是被宪法授予财政自主权的机构、委员会和官署;二是自治的国立学院和大学院校;三是其他的政府所有或控制的公司及其附属机构;四是直接或间接地从政府或通过政府接受补贴或投资,法律规定以接受授予机关的审计为提供上述补贴或投资的条件的非政府单位。(3)审计委员会就下列事项行使其专属权:规定审计和检查的范围、方法和措施;公布会计和审计的规则和条例,包括制止和禁止不正当的、不必要的、过度的、浪费的或不合理的支出或使用政府基金和财产的规则和条例。

二 菲律宾宪法的历史与发展

(一) 菲律宾宪法的历史①

菲律宾先后共颁布了4部宪法,分别是1899年宪法、1935年宪法、1973年宪法和1987年宪法。

菲律宾于1899年6月12日宣布独立后,在1899年1月21日通过了菲律宾史上第一部宪法,即《马洛斯宪法》,同时它也被称为亚洲人制定的第一部宪法。这部宪法主要是由资产阶级激进派和小资产阶级代表参与制定的,它以孟德斯鸠的三权分立原则为理论基础,主张建立立法机关,限制行政权力,实行以立法、行政、司法分立为核心的制度,确保实现资产阶级的民主权利。

1987年宪法即现行宪法,是在阿基诺夫人带领下,推翻马科斯独裁统治后制定的。该部宪法恢复了1935年宪法所确立的三权分立的美国式民主制度。

(二) 菲律宾宪法的发展②

菲律宾现行1987年宪法制定之后,在随后的时间里几任总统都深知1987年宪法已经有部分内容落后于当时社会发展的现状,欲进行宪法的修改,但是最终都招致各种社会反对力量的激烈反抗而未果。

1. 拉莫斯执政时期修宪

1992年拉莫斯当选为菲律宾总统,随即展开了修宪运动。1993—1996年3年里,曾经几次菲律宾的修宪提议都被各种社会压力扼杀,没有结果。1996年12月开始,菲律宾出现了各种支持修宪的团体,诸如"人民创制改革现代化运动"组织(PIRMA)、全国经济改革修改宪法(CONCERN)、菲律宾基督运动(PJM)、菲律宾老兵协会(Veterans Association of the Philippines)、菲律宾地方议会议员联盟(PCL)、签名(SIGN)、菲律宾人民力量基金会(PPPT)等。③ 拉莫斯以及部分宪法委

---

① 参见陈云东主编《菲律宾共和国经济贸易法律指南》,中国法制出版社2006年版,第22页。

② 沈红芳、李小青:《菲律宾修宪与反修宪运动探析》,《南洋问题研究》2006年第4期。

③ 同上。

员会成员都称宪法存在落后条款应当修改，但是菲律宾前总统阿基诺夫人以及各种宗教团体、社会名流以及反对党都反对修宪运动，他们担心拉莫斯会通过修宪运动达到个人目的，比如延长自己执政年限等。1997年PIRMA组织提交支持修宪的签名请愿书最终遭受最高法院的否决并伴随着大规模的反修宪集会与游行，修宪运动最终无疾而终。

2. 埃斯特拉达执政时期修宪

1998年埃斯特拉达当选菲律宾总统。与拉莫斯相似的是，埃斯特拉达上任后也将宪法的修改提上日程。无独有偶，1999年8月20日，菲律宾爆发了一场大规模的抗议集会，同样遭到前总统阿基诺夫人和各宗教团体的强烈反对。更具讽刺意义的是前任总统拉莫斯也发表声明此时不宜修宪。尽管得到了部分参众议院议员的支持，这场修宪运动因为遭到反对派质疑埃斯特拉达意欲复辟独裁专制制度而被搁置。

3. 阿罗约执政时期修宪

2001年阿罗约当选菲律宾总统。尽管阿罗约采用迂回的方法欲达到修宪目的，但是最终遭到上述反对派的反对而以失败告终。

菲律宾的几次修宪运动遭到重重阻碍，单纯从政治角度分析，由于马科斯对菲律宾进行了长达20年的独裁统治，菲律宾人民通过"人民力量革命"推翻马科斯的统治之后，不愿意轻易修改宪法，唯恐当任总统通过修宪复辟独裁统治。① 当以拉莫斯为首的支持派与以阿基诺夫人为首的反对派在修宪问题上起冲突时，往往导致政局动荡，这就迫使当任执政者疲于稳定政局而将修宪问题搁置。②

菲律宾多次修宪目的均因为国内的反对力量过于强大而无法实现，因此，菲律宾如今仍在执行1987年的宪法，尽管从客观方面来说，1987年宪法已经不能完全适应发展的菲律宾国情，但是改革的步伐步履维艰，该部特殊时期制定的宪法仍发挥着其重要的基本法作用。

第三节　菲律宾民商事法律制度

菲律宾民商法制度融合了大陆法系和英美法系的特征，形成具有菲律

---

① 沈红芳、李小青：《菲律宾修宪与反修宪运动探析》，《南洋问题研究》2006年第4期，第16页。

② 同上书，第16页。

宾特色的《菲律宾民法典》《菲律宾商法典》《菲律宾家庭法典》。涉及自然人和法人的人身及财产问题、物权问题、债及合同的问题主要规定在民法典中。菲律宾商法典就商事的各种合同问题等方面作了更为细致的规定。除此之外，民法体系中对菲律宾经济生活有重要影响的法律还包括菲律宾的公司法。菲律宾的家庭法典深受其宗教信仰的影响，通过法律条文可窥见道德义务被提升至法律义务的特点。此处主要介绍菲律宾的民法典、公司法和家庭法典的相关制度。

一　民法典[①]

菲律宾于1949年6月18日通过了《菲律宾民法典》（AN ACT TO ORDAIN AND INSTITUTE THE CIVIL CODE OF THE PHILIPPINES）。该部法典共2270条，分为五大部分，第一部分是序言（Art1-36）；第二部分对有关"人"的问题作出了规定（BOOK I，Art37—413）；第三部分对财产、所有权以及相关变更制度作出规定（BOOK II，Art414—711）；第四部分对取得所有权的不同方式作出规定（BOOK III，Art712—1155）；第五部分对债与合同作出规定（BOOK IV，Art1156—2270）。本部分主要对法典中特色的规定做特别的阐述。

（一）序言

序言对法律的基本问题作出了原则性的规定，主要包括如下内容：

1. 法律的效力及实施问题

主要规定了法典生效时间以及法典在实施过程中的基本原则，例如法无溯及力原则；任何人不得因为对法律无知而成为其逃避遵守法律义务的理由；当法律与宪法冲突时，宪法优先的原则；对法律或者宪法的司法解释应当成为菲律宾法律制度的组成部分；有关自然人的家庭权利和义务、地位、行为能力的法律对菲律宾公民有效，即使该公民居住国外；对一项法律事件，若当商法典或者其他特别法的规定不足或有缺陷时，该民法典的规定作为补充，等等。

2. 人权问题

任何人在行使权利及履行义务的过程中，必须遵循公平公正、诚实守

[①] 民法典内容依据笔者对《菲律宾民法典》英文版进行的翻译，并整合而来。菲律宾民法典英文版本下载于 http：//www.wipo.int/wipolex/zh/text.jsp? file_id = 180199 网站。

信的原则；故意或者过失导致他人损害的应当赔偿对方相应的损失；在合同、财产或其他法律关系中，当其中一方因为自身的道德信赖、无知、精神障碍、年幼或者其他身体或智力方面的缺陷处于不利地位时，法院必须谨慎妥善处理对他（她）的保护问题；每个人应当尊重邻居或其他人的尊严、人格、隐私和内心的安宁；确定了刑事案件可以要求民事赔偿制度；列举了任何公共或私人主体侵犯他人合法权利或自由的情形（诸如侵犯他人宗教信仰自由、言论自由、选举权、诉诸法院的权利等），给对方造成损害的，需给予对方赔偿，等等。

（二）有关"人"的规定（BOOK I: PERSONS）

该部分共16编，378条。每编的规定涉及法律概念"人"的具体法律问题。其结构是编、章、条。

1. 第一编：民事资格（Civil Personality）

该标题下共分3章。第一章规定一般条款。每个自然人的权利能力始于出生终于死亡，并能够获得行为能力，但是也可能丧失行为能力。精神病或者智力不正常者，聋哑人以及"禁治产"人的行为能力受限，只在适当情况下例如精神正常时需要对自己行为负法律责任。权利能力和行为能力不因为宗教信仰或政治立场而受限。

第二章对自然人的相关法律问题作出规定。自然人一旦出生即享有人格权。怀孕腹中胎儿应设想为当然出生而被赋予人格权（胎儿是否被视为出生，按如下规定判断：如果婴儿从母体子宫内出生时是活体的，胎儿视为出生；如果胎儿不足7个月，出生后24小时内死亡的则不视为出生）。对两个或两个以上互有继承权的人死亡先后顺序有疑问的，首先应当用证据来加以证明死亡顺序，如果缺乏证据的，应当推定他们同时死亡并且他们之间不发生继承权。

第三章规定了法人的相关事项。法人的范围限定为：第一，国家及其政府机构；第二，其他出于公共利益目的而按照法律规定设立的公司、机构和实体；第三，为私人利益或目的并被法律赋予了法人身份的公司、合伙和协会。法人可以获得并占有财产，其行为可产生民事或刑事法律义务。为公共利益而设立的法人处理财产时应当符合法律规定，如果法律对此没有规定的，法人应当按照对其所处地区、省份、城市有利的目的来处理其财产。

2. 第二编：国籍及住所（Citizenship And Domicile）

该标题下没有分章。以列举的方式对公民的范围作了规定，公民可依据血统主义、出生地主义及收养事实等原因获得菲律宾国籍。住所是指自然人的惯常居所地。

3. 民法典中被废除的内容

以下九编的内容已经被新法《菲律宾家庭法典》所替代：第三编：结婚（Marriage）、第四编：离婚（Legal Separation）、第五编：丈夫和妻子之间的权利与义务（Rights and Obligations Between Husband and Wife）、第六编：丈夫和妻子之间的财产关系（Property Relations Between Husband and Wife）、第七编：家庭（Family）、第八编：父子关系（Paternity and Filiation）、第九编：家庭互助义务（Support）、第十一编：家长权力（Parental Authority）、第十五编：解放（父母权利解除）和法定成年年龄（Emancipation and Age of Majority）。

4. 第十编：葬礼（Funerals）

特别规定了葬礼应当按照逝者生前的意愿举办，如果没有这种意愿表达，则应按照他的宗教信仰等决定葬礼仪式。如果既不能确定他的意愿也不能确定他的信仰等，则可以在咨询他的家人后决定如何举办葬礼。任何人因不尊重逝者、干扰葬礼的行为导致逝者家属有损失的应当赔偿其损失，并且还必须给予逝者家属精神和道德情感方面的赔偿。

通过第十编的内容可看出，菲律宾的民法典受其宗教因素影响较大，葬礼仪式被提升为法律保护的范围，可见当地视葬礼为神圣的活动，对葬礼的重视程度之高。

5. 第十二编：孩子的受照顾与受教育权（Care and Education of Children）

每个孩子都享有接受父母抚养和教育的权利、接受基础教育的权利等，同时负有尊重长辈和听从长辈教导的义务等。法律还特别规定，一般情况下，母亲不得与7周岁以下的孩子分离。

6. 第十三编：姓氏权利（Use of Surnames）

孩子原则上使用其父亲的姓氏。未经过司法部门同意不得变更自己的姓氏和名字。

7. 第十四编：宣告失踪（Absence）

当一个人离开他的住所不知去向，也没有指定一个代理人管理他的财产，那么法官出于利益关系人、亲属或朋友的利益考虑可以指定一个人代理他的行为。指定代理人的时候，失踪人的合法配偶应该成为首要考虑对象；如果没有配偶等情况，法院可以指定其他有能力的人担任失踪人的代理人。能够提起宣告失踪申请的主体包括失踪人的配偶、失踪人的遗嘱继承人、失踪人的法定继承人以及因为失踪人死亡而能够获得财产利益的人。财产代管人必须出于妥善保护失踪人财产的目的而行使代管权。当法定事由出现（诸如失踪人重新出现，或者失踪人指定的代理人出现等），该代管人的权利即终止。失踪人失踪年限达到7年，并且无法确定其生死情况的，该人可被推定为死亡。

8. 第十六编：民事登记（Civil Register）

与自然人民事地位相关的行为、事件和司法判决裁决应当进行民事登记。应进行民事登记的事项包括出生、结婚、死亡、离婚、收养等。

（三）有关财产、所有权及其变更的规定（BOOK II：PROPERTY, OWNERSHIP, AND ITS MODIFICATIONS）

该部分共9编，298条。其结构是编、章、条。

1. 第一编：财产分类（Classification of Property Preliminary Provisions）

民法典主要将财产分为两类，即不动产和动产。不动产包括土地、建筑物等依附于土地的各种形式的财产；树木、植物和树上的果实；被固定在不能移动的载体上的物；已经在某块土地上使用的化肥；等等。动产是可以移动的物。民法典进一步将财产分为公共财产和私人财产。公共财产是指出于公共使用目的由国家建设的财产，例如道路、河流、港口等，或者国家所有的并非提供给公共使用，而是出于国家公共服务或国家经济发展目的而使用的财产。

2. 第二编：所有权（Ownership）

所有权人对自己的所有物享有最高的权利并可以依法排除任何人的非法侵犯，除非有权力的机构出于公共目的进行征用（但须给予所有人公正的补偿）。所有权人在行使权利的同时也必须遵守相应的义务，比如，所有人不得以损害第三人权利的方式来使用自己的所有物；如果为救助价值更高的物而对所有权人的所有物造成损害的，所有权人不能阻止他人的救助行为，但所有权人可以要求受救助者对自己进行赔偿。

所有权的争议应当诉诸司法途径解决。埋藏物属于土地、建筑物或其他发现地的所有人。然而如果这个发掘是偶然地在他人、国家及其机构所有的财产中发现的，那么发现者可分得该发掘物一半的价值；若发现者是非法入侵者，那么他不得从发掘物中获利。如果某项物品具有科学或艺价值，国家可通过公正价格购买而获得该物品。

所有权的取得方式分为自然成果、工业产出物和民事收入三种方式。自然成果是指土壤产出物和动物产出物；工业产出物是指通过土地耕作或劳动力作用于土地上而获得的产出物；民事收入是指建筑物的租金、土地或其他财产的出租收入、养老金或者稳定地能够不断获得的其他类似收入。

3. 第三编：共有权（Co-Ownership）

共有权在以下两种情况中产生：第一，同一个不可分物为不同人共同享有所有权；第二，同一项权利分属于不同人所有。共有人按照比例来行使共有物的所有权，法律推定这种比例是均等的，除非有合同证明其他分配方式。共有人应当按照不损害其他共有人权利的方式来行使自己的权利。如果共有物分割后将丧失其原来的使用目的，共有人不得要求对共有物进行分割，也不得约定由其中某个共有人对其他共有人补偿后获得该物，而应该将共有物进行销售后再分配，从而终止他们的共有关系。共有人对其权利部分享有完全的所有权，并可以行使转让、抵押等权利。若共有物需要维修的，共有人应当首先通知其他共有人，由于改善共有物而产生的费用分摊办法由共有人多数票投票通过而决定。

4. 第四编：某些特别财产（Some Special Properties）

该编主要对水资源的所有权、公共水资源的使用、私人水资源的使用和地下水的使用问题作出规定。有关矿的权利和其他事项、商标问题的规定参照其他特别法。属于公共水资源的归国家所有，属于私人水资源的由私人享有使用权。

5. 第五编：占有（Possession）

占有是指对物的持有或者对权利的享有。占有必须是对物的实际持有或权利的行使，或者是大众认为的事实上的占有行为，或者为获得占有权利的其他适当行为、法定的形式。当事人可以以自己或他人的名义来行使占有权。对物或权利的占有可能有两种含义：一是以所有权人名义占有某物或行使权利；二是以占有人名义持有物或行使权利，而该物或权利的所有者另有其人。占有分为善意占有和恶意占有。善意占有人有权获得占有物，除非其被依法剥夺权利。

6. 第六编：用益物权（Usufruct）

用益物权的规定与中国的规定有细微差别，用益物权人和所有权人权利义务内容因用益物权设定的对象和设定的方式不同而有所区别。用益物权使得非所有权人享有使用他人财产的权利，并负有保护财产的义务。通过自然成果（nature fruits）、工业产出物（industrial fruits）和民事收入（civil fruits）方式取得的财产可以被设定用益物权。如果是在自然成果、工业产出物两类财产上设定的用益物权，用益物权人自设定生效开始即获得用益物的使用权；用益物权人在用益物权生效后没有义务退还所有权人任何由用益物权产生的费用，而所有人却有义务在用益物权终止时补偿用益物权人因耕种产生的常规费用或其他类似费用。如果用益物权人在一块土地或一套公寓上既有租赁关系又设定了用益物权，那么用益物权在租期满之前无效。在用益物权关系有效期内，民事收入按比例归属于用益物权人。

用益物权人在使用财产之前，有两项重要义务：第一，在通知所有权人或者其法定代理人以后，制作财产清单并记载动产和不动产的情况；第二，保护财产的安全，以及法律规定的其他义务。但捐赠者对捐赠物的用益物权或者父母对其子女财产的用益物权（父母再婚情况例外）不适用保护财产安全的义务。

发生如下情况用益物权关系终止：第一，用益物权人死亡（除非有明确的相反意思表示）；第二，用益物权关系期满，或在设定用益物权时混同约定条件已完成；第三，用益物权人和所有权人混同为一人；第四，用益物权人放弃用益物权；第五，用益物遗失；第六，用益物权关系的当事人主动终止用益物权；第七，其他法规规定。

7. 第七编：地役权（Easements of Servitudes）

地役权是指为了某个不动产的利益而在他人不动产上设定义务的权利。受益的不动产称为主控地（dominant estate 相当于中国法律规定的需役地），被设定提供服务义务的不动产称为从属地（servient estate 相当于中国规定的供役地）。

菲律宾民法典对地役权做了较为细致的分类。根据使用地役权过程有无中断可将地役权分为持续性地役权（continuous easements）与间断的地役权（discontinuous easements）。持续地役权是指连续地没有中断地使用不动产；间断的地役权是指地役权行使过程中中断地使用不动产。根据是否有外部信息明确使用地役权将地役权分为明确的地役权（apparent easements）和默示的地役权（nonapparent easements）。明确的地役权是指有外部信息明确地表示要设立地役权；默示的地役权是指没有明确的外部信息指示地役权的存在。根据供役地所有权人是否有义务可将地役权分为积极地役权（positive easements）和消极地役权（negative easements）。积极地役权是指为供役地所有权人设定某项必须完成的义务的地役权；消极地役权是指为供役地所有权人设定不得作为义务的地役权。

需役地所有权人可以在不对供役地造成更重负担的基础上使用供役地，具体操作中，需役地所有权人在使用供役地时应通知供役地所有权人并采取最方便的时间和方式、尽可能减少给供役地人造成的不便。供役地所有权人仍然对供役地享有所有权，在不影响地役权行使的基础之上使用供役地。

除了不动产之外，菲律宾民法典还规定公民可对水资源、隔墙（party wall）、光线、视野、排水和邻里关系等问题约定地役权（easements）。因此，可看出菲律宾的民法典尽可能地鼓励公民设定地役权，方便公民的生活。

8. 第八编：干扰公民生活的行为（Nuisance）、第九编：财产登记（Registry of Property）

行为违反法律规定的干扰公民生活的行为受法律制裁。财产登记制度是国家对财产管控的方式之一；对公民而言，财产登记制有利于其财产的身份认定，有利于公民权利得到保障。

（四）有关所有权取得的不同方式的规定（BOOK III：DIFFERENT MODES OF ACQUIRING OWNERSHIP）

该部分共5编，444条。

1. 第一编：占有（Occupation）

具有自然获得属性的无主物可通过占有而获得该物所有权。自然获得主要指打猎或钓鱼所获的动物、埋藏物和被抛弃的动产。至于打猎或钓鱼的行为由其他特别法约束。土地不得通过占有方式取得土地所有权。

2. 第二编：智力创造（Intellectual Creation）

该编对因智力创作取得所有权的范围作了规定。作者对其文学创作、剧本、历史著作、法律著作、哲学著作、科学作品或者其他著作享有所有权；作曲家对他创作的音乐作品有所有权；画家、雕塑家或其他艺术家对他们的艺术作品享有所有权；科学家、技术专家或其他人对他的发明或者创造作品享有所有权。著作权和专利权由特别法规定。

3. 第三编：捐赠（Donation）

捐赠是无偿给予他人某物或某权利的自由行为。任何人都能成为捐赠者，但监护人和受托人不得将由他们代管的财产进行捐赠。除了法律特别规定外，一般人都能成为受捐者。以下捐赠行为无效：（1）捐赠时犯有通奸罪或者非法同居的当事人之间的捐赠；（2）犯有同种刑事罪行的人之间的捐赠；（3）由于公职原因而给予公职人员、其妻子、其子女或者其长辈的赠与。

4. 第四编：继承（Succession）

继承方式分为遗嘱继承、法定继承和混合继承（既有遗嘱继承又有法定继承情况）。遗产包括所有不会因为被继承人死亡而消灭的财产、权利和义务。继承权自被继承人死亡时生效。

5. 第五编：法律规定（Prescription）

主要针对因法定的特殊情况而获得所有权的各种方式作出规定。

（五）有关债与合同的规定（BOOK IV：OBLIGATIONS AND CONTRACTS）

该部分共19编，1115条。

1. 第一编：债（Obligations）

债的义务主要来自五个方面的原因：法律规定、合同行为、准合同行为、应受法律惩罚的作为和不作为，以及准私犯行为。

债被分为六大类：第一，无条件债务（pure obligations）和有条件的债务（conditional obligations）。无条件债务，债务的发生不以将来的、不确定的事件或双方无法知道的过去已经发生的事件为条件。有条件债务是指当条件生效债务即产生；第二，附期限债务（obligations with a period），是指当双方事先确定的某一天到来的时候，债务产生或者债务消灭。确定的某一天是指尽管不知道哪一天发生但一定会到来。如果确定的一天并不一定会到来，那么这个债务就是附条件债务，而不是附期限债务；第三，可选择性债务（alternative obligation），是指在多个可以选择的义务履行方式中任意选择一个履行即可的义务承担方式。除非债权人另有要求，债务人可以在多个义务方式中自由选择履行；第四，共同连带之债（joint and solidary obligations）是指同一债中并存有两个或者两个以上债权人或债务人，每个债权人并非都有权请求债务人完全履行给付义务，或每个债务人都负有履行全部给付的义务。只有当债作出明确规定或者法律或债之性质要求连带时，才存在连带责任；第五，可分割债务（divisible obligations）与不可分割债务（indivisible obligations）：当债务人或债权人只有一人时，按照标的物是否可分的标准进行的分类。标的物可分割的债称为可分割债务，反之为不可分割债务；第六，附带罚金条款的债务（obligation with a penal clause）是指当义务没有被完全履行，罚金则成为损失和利息的赔偿。

以下情况发生债务终止：第一，付款或履行完毕；第二，到期货物遗失；第三，债务被减免；第四，债权人和债务人混同或合并；第五，赔偿；第六，替代履行（在双方认可的情况下）。

2. 第二编：合同（Contracts）

本编主要包含合同的一般条款、合同的实质要求、合同条款的变更、合同的解释、可解除的合同、无效合同、未履行的合同以及无效和不存在的合同。

合同是指两个主体达成的并对双方都有约束力，由一方向另一方提供物品或者服务的意思表示。合同当事人在不违反法律、道德、善良习俗、公共秩序或公共政策的前提下设立合同条款、条件等。

合同的构成要件包括三个：有合同双方达成一致的意思表示、确定的合同标的和合同订立的原因（若法律另有特别的合同形式要求，则需满足合同的特别形式要求，合同方有效）。由于误解、欺诈、不公平的行为或者事件导致合同一方的意思不能真实地反映在合同中，那么合同一方有权要求变更合同条款使其能够表达其真实意思。合同的解释应同时考虑当事人的意思表示和合同条款的文字意思，当二者一致时，字面意思成为合同解释的基础，若二者不一致时，当事人的意思表示优先成为合同解释的基础。

当以下情况发生，合同可以解除：第一，当监护人签订的合同使受监护人遭受超过合同标的 1/4 价值的损失时；第二，当未出面的合同当事人的代理人签订的合同使该当事人遭受超过合同标的 1/4 价值的损失时；第三，债权人受到欺诈的合同；第四，当标的物是由某诉讼中的被告在未得到诉讼当事人或者有权利的司法机构的允许而擅自处置的合同；第五，其他法律规定可以解除的合同。

当以下情况发生时，即使对合同当事人没有造成损失，合同可被宣告无效：第一，一方当事人没有能力缔结合同；第二，由于误解、暴力、恐吓、权势或欺诈使意思表示不真实。这类合同需经过法院作出宣告无效决定后才无效。

当以下情况发生，合同不存在，发生自始无效的效力：第一，合同的理由、标的或合同目的违反法律、道德、善良习俗、公共秩序或公共政策；第二，完全是虚假合同；第三，在交易的时候根本不存在合同标的或者合同理由；第四，合同标的在人类可进行的商业贸易范围之外；第五，交易不可能提供的服务；第六，当事人关于合同主要标的的相关意思表示不明确；第七，法律明文禁止或规定无效的合同。

3. 第三编：自然债（Natural Obligations）

自然债是指公民出于公平和自然法则自愿履行某债务。这种债并不具有法律强制性。

4. 第四编：禁止反言（Estoppel）

某承诺或意思表示被确定无疑地作出后，对方已信赖该承诺或意思表示的，作出决定者不得否定或反驳其作出的承诺内容。若禁止反言权利的行使与民法典、商法典、法院规则或特别法相抵触的，后者优先。

5. 第五编：信托（Trusts）

信托当事人包括信托人（欲设立信托的人）、受托人（接受他人委托，为他人利益而进行投资的人）和受益人（信托的利益接受者）。信托种类包括明示的信托（express trusts）和默示的信托（implied trusts）。明示的信托由委托人或信托当事人意思自治所设立；默示的信托由法律明确规定。

6. 有名合同

菲律宾民法典规定了几种主要的有名合同，包括：第六编：买卖（Sales）；第七编：易物或交换（Barter of Exchange）；第八编：租赁（Lease）；第九编：合伙（Partnership）；第十编：代理（Agency）；第十一编：借贷（Loan）；第十二编：保管（Deposit）；第十三编：射倖合同Aleatory Contracts。这类合同分为三类：保险合同、赌博性质的合同以及生命佣金合同（Life Annuity Contracts）；第十四编：和解与仲裁（Compromises and Arbitrations）；第十五编：保证（Guaranty）；第十六编：质押、抵押和不动产典质（Pledge、Mortgage and Antichresis）；第十七编：非合同之债（Extra-contractual Obligations）；第十八编：损害（Damages）；第十九编：债的并存和优先（Concurrence and Preference of Credits）。

从菲律宾民法典的体系上看，其内容覆盖范围广，体系比较完善，包括"人"的问题，财产、所有权以及相关变更制度，取得所有权的不同方式以及债与合同。既继承了大陆法系的民法特征，又继承了英美法系的民法特征。

二 公司法①

菲律宾于1980年5月1日通过了《菲律宾公司法》（THE CORPORATION OF THE PHILIPPINES）。菲律宾的公司分为股份公司和非股份公司。股份公司是指公司的资本被划分为股份，并基于股份的持有比例分取红利的公司。其他的公司为非股份公司。根据财产所有制的标准，可以分为公公司和私公司。菲律宾公司法允许设立教育类、宗教类公司。这是菲律宾公司法特别之处。

菲律宾公司法共16编，148条。主要包括：公司法基本概念和分类的介绍、私人公司的设立和组织、董事会和高管人员、公司权利、法律规定、会议、股票和股东、公司账本和记录、并购和公司合并、评估权利、非股份公司、封闭公司、特殊公司（教育公司、宗教公司）、争端解决办法、外国公司、其他规定。

（一）私人公司的设立

1. 公司发起人的人数和资格。发起人数为5—15个达到法定年龄的自然人，且半数以上的人为菲律宾公民，可出于任何法定目的设立私人公司。每个发起人必须认购公司股本的股份。

2. 公司期限。公司自设立之后存续期间不得超过50年，除非公司期满后延期。

3. 股份公司最低股份数的要求。除非有其他特别法规定，公司法针对股份公司没有最低股份数的要求。

4. 股本的认购数额要求。公司设立时，至少有公司章程中规定的股本的25%被认购，在认购数额中，至少25%的认购数额在认购时或认购时在合同中约定的日期之前被支付，如果没有约定支付日期，由董事会召集认购人支付认购款。认购款不得低于5000比索。

---

① 本部分内容由笔者对《菲律宾公司法》的英文版翻译并整合而来，同时参见陈云东主编《菲律宾共和国经济贸易法律指南》，中国法律出版社2006年版，第72—86页。

5. 公司章程内容。与中国的规定大致相同。包括公司名称、营业地、公司的年限、公司经营范围、发起人基本信息等内容。

6. 公司章程的形式。公司法在条款中以罗列例子的方式规定了公司章程应当具备的特定格式。在菲律宾公司法中，公司章程的特定格式直接以类似于格式合同的形式规定在法律当中；而中国仅对公司章程的内容作出规定，至于公司章程的格式，则在所不问。①

（二）私人公司的组织机构以及公司的权利

除非法律另有规定，公司的权利由董事会行使。董事会负责控制和管理公司经济事务和公司的资产。董事会成员从股东中选举产生，若是没有股份，则从公司成员中产生。董事须至少持有一股公司股份，并以其姓名记载在公司的股东名册上为据。非股份公司的董事应当是公司的成员之一。公司董事会必须有过半数董事成员是菲律宾公民。任何被终审判决超过6年徒刑，在选举日或被任命前5年内违反公司法者，不得当选为公司董事。

董事会主席（必须是董事会成员）、财务总监（可以是董事会成员）、秘书（必须是在菲律宾居住的公民）和其他高级管理人员由选举产生。董事会主席不得兼任秘书或者财务总监。以上人员必须具备法定的任职资格，如果以上人员违反公司法的规定，公司股东可以投票决定将其解聘。

（三）公司并购与合并

合并的程序主要包括：（1）订立合并协议。合并协议是指合并双方就合并的有关事项达成的一致意见。合并协议的主要内容包括：合并前后公司的名称和地址、存续公司或新设公司因合并而发行的股票总数及种类数量、存续公司的章程是否需要变化、公司章程变化的内容及其他与公司合并有关的事项。（2）股东及其他人员形成决议。公司的合并属于公司的重大事项，应当以召开股东会议特别决议的形式通过，即应由代表2/3以上表决权的股东通过才能生效。

（四）评估权

评估权的内容类似于中国公司法中股东的股权回购的相关规定。当股东的自身权益因为公司的行为而发生受损或股东意见与公司的决议产生分

---

① 菲律宾公司法，TITLE II，section 15 以举例的方式具体罗列了公司章程的格式和主要内容。

歧时，股东可要求公司对其股权进行实际公平评估，进而获得公司退还的股款，从而保护自身利益。菲律宾公司法规定，在以下情况中，股东可以提出反对意见并要求获得其股份实际公平价值：（1）修改公司章程以达到改变或限制股东权利、延长或缩短公司存续时限等的目的时；（2）处理公司资产的决定时；（3）并购或合并时。

菲律宾公司法还规定了评估权的行使程序和权利内容，这一规定与中国的公司法规定稍有出入。法条规定，任何对上述行为投反对票的股东在投票日后30天内，向公司提交一份书面申请，要求公司评估其股票。未在此期限内提出请求的，可申请延期。如果公司的行为已生效或实施，公司应按选举日前的股票的实际价值予以评估。自公司的行为被通过以后60天内，要求退股的股东不能和公司就股票的实际价值达成一致的，由三个无利害关系人对股票进行评估和决定。这种评估具有终局性，公司必须在30日内把股款交给退股人。这三个人中由要求退股的股东和公司各指派一人，第三人由二者共同指定。评估费用一般由公司承担，如果股东最后同意公司给出的最高价，那么评估费用由股东承担。

菲律宾公司法规定，评估权行使之后，第一，要求退股的股东对其持有股票的所有权利包括股票权和分红权停止；第二，除非公司同意，股东的退股要求不能撤回。如果必须由证券和交易委员会通过的上述公司行为被证券和交易委员会否决或证券和交易委员会认为要求退股的股东无评估权，股东不得要求退股，其股东地位和各种权利恢复。

（五）非股份公司

非股份公司是指依公司法设立，但不把公司收入作为分红分给其成员、受托人和经理的公司。非股份公司主要出于慈善、宗教、教育、职业、文化、文学、科技、社会、公共服务或其他相似目的的行业诸如贸易、工业、农业等目的而设立的。除有特殊规定外，约束股份公司的条款适用于非股份公司。

（六）封闭公司

若公司章程中有如下规定，该公司即为封闭公司：（1）公司所有发行股票，除了自持股票（treasury shares）外，持有者人数不得超过20人；（2）所有发行股票的转让受到特别限制；（3）公司不得进行股票交易或者向公众销售股票。除了矿业、石油、股票交易、银行、保险、公共设施、教育或其他依法出于公共利益目的而设立的公司以外，任何一个公司都可以以封闭公司的形式存在。但是，如果公司2/3以上的具有投票权的股票由其他非封闭公司持有和控制，那么该类公司不是封闭公司。

（七）特殊公司

特殊公司包括教育公司和宗教公司。

菲律宾公司法规定，除非得到教育和文化部的许可，证券和交易委员会不得接受或通过任何教育机构的公司章程。由此可以看出，教育公司的设立由教育和文化部严格审核，并非任何一个主体都可以随意设立教育公司。教育机构的董事按照非股份公司模式组织管理，董事人数最少5人，最多不超过15人。在私立学校、大学或其他教育机构的章程中，应规定1/5的董事每年改选一次，董事的权限应由公司章程来规定。但是，若机构按照股份公司组织管理，董事成员的人数和任期规定适用有关股份公司的相关规定。

宗教公司可以由1个或1个以上的人组成，分为一人公司和宗教社团公司。宗教公司适用关于宗教公司的专章规定和非股份公司的相关规定。一人公司是由一个教派或教堂的大主教、主教、神甫、牧师、拉比或长老组成并由他们来管理和经营公司事务、财产和宗教教派接受的捐赠。一人公司可以购买和持有不动产和动产，并可以接受各种馈赠。还可以出于教堂、慈善等目的而销售或抵押不动产，但是此种销售或抵押必须由大主教等人做宣誓并接受捐赠者的质询后方可进行。

宗教公司是菲律宾公司法的特色之一，由于菲律宾是一个宗教国家，为了满足宗教团体的财产合法持有以及合法运营，宗教公司的公司模式便应运而生。宗教公司的性质和法律原理基本与公司法规定的其他公司模式相同。

（八）外国公司

外国公司是指依照菲律宾法律之外的其他国家法律规定而设立的公司，这些法律允许菲律宾公民和公司在其领土内经营。外国公司在菲律宾依法获得营业执照后便可以在菲律宾境内从事交易。外国公司在菲律宾申请营业执照时，首先得向证券和交易委员会提交申请，如果申请符合菲律宾法律的规定，证券和交易委员会将批准通过并颁发营业执照。

（九）公司的解散和清算

公司解散分为自愿解散和非自愿解散。自愿解散又分为无债权人受影响的解散和有债权人受影响的解散。非自愿解散是由证券和交易委员会按照控诉申请，经过通知和取证之后解散公司的形式。

公司在自愿或不自愿解散后，其财产必须经过法定程序处理，除非公司资产减少或其他法律允许的情况外，公司只得在依法解散并履行支付债务和其他义务之后，方可对剩余资产进行分红。

三 婚姻家庭继承法①

菲律宾于1987年8月4日颁布了《菲律宾家庭法典》（The Family Code of Philippines, Executive Order No. 209），于1988年8月3日生效。该法典是新法，宣布废除《菲律宾民法典》中第一部分的第三编、第四编、第五编、第六编、第七编、第八编、第九编、第十一编和第十五编的内容，与原有的民法典共同构成菲律宾的民法制度。该法典共12编，257条。

菲律宾家庭法典规定，结婚是男女依法终生结合并建立婚姻家庭生活的一种特殊契约。婚姻是家庭的基础，是神圣的社会制度，其性质、后果及附属的权利义务均由法律规定，而非服从契约。在该家庭法典允许范围之内，婚姻存续期间的财产关系，可由契约约定。由此可看出，菲律宾的家庭法典充分尊重公民的意思自治，在不违反法律规定的情形下，自主决定财产的分配问题。

（一）婚姻

1. 结婚的条件

结婚条件包括结婚的必备条件和禁止结婚的条件。结婚的必备条件包括：第一，结婚双方为一男一女，且具备缔约的民事行为能力；第二，结婚出于自愿的真实意思表示。结婚的禁止条件与无效婚姻条件大致相同。

2. 结婚的法定程序

在菲律宾家庭法典中规定，婚姻的形式要件包括：第一，经仪式官员许可；第二，须持合法结婚许可证（除法律规定的特殊情况外）；第三，双方当事人须在婚仪主持官员面前举行结婚仪式，须由两位以上达到法定年龄的证人参加，并由本人宣誓认可对方为丈夫或妻子。

3. 无效婚姻和可撤销婚姻

菲律宾家庭法典规定了无效婚姻的构成要件。包括如下情形：第一，

---

① 《菲律宾家庭法典》法条内容来自中国法学会婚姻法学研究会编《外国婚姻家庭法汇编》，群众出版社2000年版。

当事人结婚时未满18岁的婚姻无效；第二，结婚仪式非经合法拥有主持结婚仪式资格人主持的，所缔结的婚姻无效，但是当事人一方或双方真诚相信主持结婚仪式的官员享有主持仪式法定资格的除外；第三，除该法第二章所列的情形外，无结婚许可证的婚姻无效；第四，重婚或多配偶婚姻无效；第五，因缔约当事人一方对另一方身份认定错误而缔结的婚姻无效；第六，再婚者必须先到有关民事登记处及财产登记处登记撤销或宣告前段婚姻无效情形，财产分割问题或者给子女特留份的事项约定后方可再次结婚。否则该再婚者的婚姻无效。除此之外，家庭法典还规定，举行结婚仪式时，当事人一方因精神障碍不能履行婚姻义务的，即使该障碍在仪式后才显露，该婚姻仍然无效；乱伦的婚姻无效。

除了无效婚姻之外，菲律宾家庭法典确认了可撤销婚姻。可以撤销婚姻的情形包括：第一，当事人年龄在18岁以上21岁以下，未按规定征得父母、监护人或者代理亲权人的同意而举行结婚仪式的，为了该当事人的利益，该婚姻可以撤销。但是当事人已经年满21岁，与他人以夫妻名义自愿共同生活的，不在此限；第二，缔结婚姻时一方当事人精神失常的婚姻可撤销，但该当事人恢复正常后自愿以夫妻身份与他人共同生活的，不在此限；第三，采用欺诈手段使对方同意结婚的婚姻可撤销，但受欺诈一方表示对欺诈行为理解并自愿与欺诈人以夫妻身份共同生活的，不在此限；第四，以武力、胁迫或施加不适当影响迫使对方同意结婚的婚姻可撤销，但是当上述不当手段已经消失或停止，对方当事人仍自愿与其以夫妻身份共同生活的，不在此限；第五，因生理缺陷而不能人道者，此种"无能为力"处于持续状态且无法治愈的婚姻可撤销（此处"不能人道者"主要指生殖与繁衍能力存在缺陷）；第六，当事人一方患有严重传染性性病且无法治愈的婚姻可撤销。

（二）司法别居

1. 司法别居的申请

菲律宾家庭法典规定当事人可以申请司法别居的情形：第一，经常殴打或严重虐待申请人、申请人子女或双方共同子女的情形；第二，以暴力或胁迫手段强迫申请人改变宗教信仰或政治立场；第三，被申请人试图教唆、引诱或纵容申请人、申请人子女或双方共同子女从事卖淫活动；第四，被申请人被判处六年以上监禁；第五，被申请人吸毒或酗酒；第六，被申请人是同性恋者；第七，被申请人重婚；第八，被申请人为性变态者；第九，被申请人企图谋杀申请人。

2. 司法别居的驳回

家庭法典规定，法院对于以下申请别居的请求予以驳回：第一，受害方已宽恕对方的犯罪行为或所控告的行为；第二，被申请人的犯罪行为或构成司法别居理由的行为得到受害方的谅解或认同；第三，双方共谋实施犯罪行为或构成司法别居理由的行为；第四，双方已就司法别居理由作出让步；第五，双方申通获取司法别居判决；第六，已过诉讼时效。

3. 司法别居判决的效力

司法别居请求应先经法庭调解，调解不成的，方可判决，如果显然是不可能调解的案件可以不必经过法庭调解的程序。

司法别居判决具有法律效力，一旦司法别居判决生效，将会产生如下后果：第一，配偶双方有权各自单独生活，但继续保持夫妻关系；第二，清算、分割夫妻共同财产，有错一方根据家庭法典的相关法律规定不得分享共同财产的收益；第三，未成年子女的监护由无过错一方担任；第四，取消有过错一方作为无过错一方配偶的法定继承人资格。无过错一方配偶在遗嘱中为有过错配偶利益而设立的条款依法无效。

4. 和解的效力

在司法别居的审判过程中，若夫妻双方愿意和解的，应经宣誓正式签署和解联合声明，并在同一司法别居诉讼程序中向法庭提出。和解的效力如下：第一，终止未决司法别居诉讼；第二，废止司法别居的终审判决，但有关财产分割和剥夺有过错配偶一方财产份额的决定继续有效，夫妻双方同意恢复其原先夫妻财产制的除外。

（三）夫妻关系

夫妻关系包括夫妻人身关系和夫妻财产关系。其中夫妻财产关系的纠纷最受关注。

1. 夫妻人身关系

夫妻人身关系主要包括共同生活的权利义务、共同承担家庭责任以及自由择业的权利。首先，夫妻双方具有共同生活的权利。菲律宾家庭法典规定，丈夫和妻子应当一起生活，相亲相爱，相互尊重，彼此忠诚，相互帮助，相互扶养。夫妻双方共同选择家庭住所，如有争议的，由法庭判决。配偶一方居住在国外或者有其他正当理由的，法庭可免除另一方的同居义务，但与家庭团结原则相抵触的除外；其次，夫妻共同承担家庭责任。夫妻双方应当共同承担家庭扶养责任。以夫妻共同财产支付家庭和婚姻等的各项支出。如无共同财产则以配偶个人财产的收益或个人财产来支付。夫妻双方都有管理家务的权利义务。夫妻任何一方怠于履行家庭责任，或者其行为给对方或家庭带来威胁、耻辱或伤害的，受害一方有权向法庭申请救济；最后，夫妻双方均享有自由择业的权利。夫妻双方均有从事正当职业、工作、商业或社会活动，无须征得对方同意。双方对此问题产生争议的，由法庭决定。

菲律宾家庭法典将这些夫妻人身关系直接规定在法条中，可见菲律宾的宗教信仰以及社会伦理道德对立法的深远影响。

2. 夫妻财产关系

除夫妻人身关系之外，夫妻财产关系是夫妻关系中相对更为重要的内容。菲律宾家庭法典的特色之处也就在于夫妻财产制的相关规定。法典对夫妻共同财产的范围和夫妻对共同财产的权利义务作了详细规定。

（1）夫妻财产制的一般规则

有婚前财产协议的，夫妻财产关系受婚前财产协议约束；无婚前财产协议的，夫妻财产关系受菲律宾家庭法典的规定约束；家庭法典无规定的，夫妻财产关系受地方习惯约束。夫妻双方在婚前协议中可以选择一般共同制、婚后所得共同制、分别财产制或其他财产制作为夫妻财产分配制。若夫妻双方没有对夫妻财产作出约定的，法律将其财产制默认为一般共同制。夫妻财产契约没有在主管婚姻合同登记的机关进行登记的，不得对抗第三人。禁治产人或准禁治产人缔结的夫妻财产契约，必须经有管辖权的法庭指定的监护人许可方有效。

一般规则主要体现了菲律宾家庭法典充分尊重当事人自主决定财产分配的原则。

（2）结婚赠与财产问题

菲律宾家庭法典规定，夫妻财产可通过赠与的方式进行分配，但是赠与的特殊性决定了对赠与分配财产的问题要进行严格限制。结婚赠与是指以结婚为目的在婚前对未婚夫妻一方或双方的赠与。未选择夫妻财产一般共同制的，夫妻婚前在婚前财产契约中约定相互赠与的数额不得超过其现有财产的1/5，否则超过部分无效。未来财产的赠与，适用遗嘱继承和遗嘱形式的相关规定。已设定抵押的财产可以作为结婚赠与的财产。如果抵押取消，变卖该财产所得少于担保金额的，受赠人对短缺差额不负补充赔偿责任；变卖财产所得多于担保金额的，受赠人有权取得多余部分。

但是，如果以下情形发生，赠与人可以撤销赠与：第一，除夫妻财产契约有特别约定外，未举行婚礼的婚姻或依法被宣告自始无效的婚姻；第二，未依法经父母或监护人同意而结婚的婚姻；第三，婚姻被撤销且受赠人有欺诈行为；第四，司法别居中的受赠人为有罪方配偶；第五，附解除条件的赠与，所附条件成就的；第六，受赠人作出民法赠予规则所列的忘恩负义的行为。夫妻双方在婚姻关系存续期间不得擅自无偿转让财产或赠与。关于婚姻赠与问题，上述特别规定尚未涉及的法律问题适用菲律宾民法典中关于普通赠与的规定。

(3) 一般共同财产制

该制度的内容主要包括：

第一，夫妻财产一般共同制的共有关系始于结婚。婚姻关系存续期间，除司法分割财产外，夫妻任何一方不得声明放弃其一般共同财产中的权利、利益、份额和财产。

第二，共同财产的构成包括婚姻缔结时已有的财产和婚后取得的一切财产，但法律或夫妻财产契约另有规定的除外。婚姻关系存续期间所得财产，推定为夫妻共同财产。但是，以下三种财产不属于夫妻共同财产：婚姻关系存续期间夫妻单方无偿取得的财产及其孳息，赠与人、遗嘱人或财产授予人明确声明赠与的财产为夫妻共同财产除外；个人专用物品，但珠宝属于共同财产；婚前有合法继承人资格的配偶一方在本次婚姻缔结前获得的财产及其收益。

第三，在夫妻共同财产的管理和责任方面，一般共同财产用于家庭的必要开支、双方的共同债务、共同财产产生的税费等各种费用、夫妻任何一方进行深造而产生的费用、一方婚前缔结但已为家庭增益的债务、为抚养以及教育共同婚生子女产生的费用等。婚姻关系存续期间，参加任何合法或非法的博彩活动的盈利或获得利益，应为共同财产；但是遭受的损失，由损失者个人承担责任，不得记入共同财产账册中。

第四，共同财产由夫妻共同管理和使用。双方就管理、使用财产有争议的，由丈夫决定。但是妻子可以提起诉讼请求得到适当补偿。一方不能参加共有财产管理的，由另一方全权管理，但是全权管理的权利受到法律限制：当代管人为共同财产对外设置义务负担时，未经过法庭认可或配偶同意的情形，全权管理行为无效。夫妻双方可以通过立遗嘱的形式处分其在共有财产中的份额。夫妻任何一方不得将共同财产赠与他人,除非是慈善募捐或家庭喜庆或丧事中的小额纪念品的消费。

第五,一般共同财产制的终止情形包括:夫妻一方死亡的情形;判决准许司法别居;婚姻被撤销或被宣告无效;婚姻关系存续期间的财产经司法程序分割;一方无正当理由遗弃对方或不能履行其家庭义务。受害人有权呈请法庭授予其财产管理权、要求司法判决分割财产或其独享婚姻共有财产的全面管理权。

事实分居不影响夫妻财产一般共同制,但以下情况除外:无正当理由离弃家庭的,无权获得扶养;依法须经夫妻一方同意未经对方同意,但在简易程序中获得司法认可的;共有财产不足以支付生活费的;由双方个人财产共同承担。

第六,一般共有制中财产和债务的清算问题。在分割共同财产时,应为夫妻共同子女保留特留份。分割财产时,抚养义务较多的一方应获得婚姻住所。终止一般共同财产制须经过法定程序。首先,准备财产清单,区分夫妻双方的财产归属;其次,以共同财产偿还共同债务,共同财产不足清偿共同债务的,在法定的情况下以夫妻个人财产进行清偿;最后,个人专有财产剩余的部分归其个人所有,共同财产剩余部分由夫妻双方各分一半,但婚姻契约另有规定的除外。

婚姻因一方死亡而终止的,共同财产按照处理遗产的程序进行清算。无法定清算程序的,自配偶死亡之日起一年内,生存配偶可采取诉讼或非诉讼的方式要求清算。逾期未清算的,不得处理共同财产。未经法定程序清算夫妻共同财产而再婚的,再婚应当使用分别财产制。

(4) 婚后所得共同制

该夫妻财产分配制度主要包括以下内容:

第一,一般规定。婚后所得共同制是夫妻双方将婚后一方或双方有偿或无偿取得的财产和个人财产的一切收益组成共同基金,在婚姻终止或解除共有时由夫妻平均分配,但夫妻财产契约另有约定的除外。婚后所得共同制适用合伙合同的有关规定,但合伙合同有关规定与菲律宾家庭法典明文规定或与夫妻财产契约有不同规定的,适用家庭法典或夫妻财产契约的约定。

第二,配偶一方的特有财产。婚前财产、婚后无偿取得的权利、基于配偶个人财产的赎回权、因互易权或兑汇权而取得的财产以及夫妻以自有资金购置的财产都是夫妻一方的特有财产。夫妻各自对自己特有的财产享有所有权、占有权、管理权和使用权。成年配偶处分自己的特有财产无须对方同意。

第三，婚后所得共同财产范围。婚姻关系存续期间以夫妻任何一方名义取得的财产均是婚后所得财产。除了上述规定的夫妻一方特有财产之外的，婚姻存续期间产生的财产收入都是婚后所得共同财产。同时以特有财产和婚姻基金为本钱通过分期付款方式购买的财产，在结婚前取得财产所有权的，属于婚前财产，归购买者所有；在结婚后取得所有权的，属于婚后所得共同财产，归夫妻双方共同共有，清算共同财产时，夫妻一方或双方预支的钱款应予以扣除。配偶一方贷款或分期付款购置的财产，即使部分贷款是在婚姻存续期间偿还或分期偿还的，原则上该财产仍属于夫妻一方的特有财产；但是该财产在婚姻存续期间所得的收益原则上应属于夫妻共同财产。以共同财产或通过一方或双方努力修缮个人财产的，原夫妻个人财产转为共同财产，但是应补偿原所有人相当于该财产修缮前的价值，否则该财产仍属于配偶一方个人特有财产，但是修缮后的增值部分属于夫妻共同财产。

第四，婚后所得共同财产的管理和责任。婚后所得共同财产由夫妻共同管理和使用，如有争议的，由丈夫决定；但妻子有权提起诉讼请求得到合理补偿。一方不能参加共有财产管理的，由另一方全权管理，但是全权管理的权利受到法律限制：当代管人为共同财产设置义务负担时，未经过法庭认可或配偶同意的，全权管理行为无效。夫妻任何一方不得将共同财产赠与他人，除非是慈善募捐或家庭喜庆或丧事中的小额纪念品的消费。

婚后所得共同财产主要用于家庭的必要开支、双方的共同债务、共同财产产生的税费等各种费用、夫妻任何一方进行深造而产生的费用、一方婚前缔结但已为家庭增益的债务、为抚养以及教育共同婚生子女产生的费用等。夫妻任何一方在婚前或婚后单独产生的债务不得以夫妻共同财产清偿，但为家庭增益的债务除外。

第五，婚后所得共同制的终止情形包括：夫妻一方死亡的情形；判决准许司法别居的情形；婚姻被撤销或被宣告无效的情形；婚姻关系存续期间的财产经司法程序分割的情形；一方无正当理由遗弃对方或不能履行其家庭义务的，受害人有权呈请法庭授予其财产管理权、要求司法判决分割财产或其独享婚姻共有财产的全面管理权。

事实分居不影响婚后所得共同制，但以下情况除外：无正当理由离家或拒绝居住在婚姻住所的配偶无权获得扶养；依法须经夫妻一方同意方可进行的交易，但在简易程序中未取得对方同意的而行为的一方获得司法授权的；因共有财产不足而以夫妻各自个人特有财产共同承担时，夫妻一方提起简易诉讼的，法庭赋予出庭一方管理对方特有财产或设定义务负担的权利，并有权利用孳息或收入满足对方应得份额。

第六，婚后所得共同财产制财产和债务的清算问题。终止婚后所得共同财产制须经过法定程序。首先，准备财产清单，区分夫妻双方的财产归属。其次，以共同财产偿还夫妻一方个人债务的，该钱款应记入共同财产；利用特有基金获得的财产、因特有财产价值应获得的补偿，均属共同财产；共同债务由夫妻共同财产承担；共同财产不足清偿的，夫妻双方依法规定以各自的个人特有财产承担；特有财产剩余部分归个人所有；夫妻一方个人所有的动产用于家庭共益所造成的损失，以婚姻共同基金进行补偿；夫妻共同财产的净剩部分，由夫妻双方各分一半，但法律另有规定或双方另有契约规定的除外。最后，在分割共同财产时，应为夫妻共同子女保留特留份；分割财产时，抚养义务较多的一方应获得婚姻住所，另有约定的除外。

婚姻因一方死亡而终止的，婚后共同财产按照处理遗产的程序进行清算。无法定清算程序的，自配偶死亡之日起一年内，生存配偶可通过诉讼或非诉讼的方式要求清算。逾期未清算的，不得处理共同财产。未经法定程序清算夫妻共同财产而再婚的，婚后应当使用分别财产制。

（5）分别财产制

分别财产制是指现在的财产、将来的财产或现在和将来的财产可以全部或部分分开；约定部分分开的，未约定为分别财产制的，则适用一般共有制规定。夫妻一方对其个人财产拥有、占有、管理、使用和处分的权利，无须以对方同意为条件。夫妻一方因职业、商业经营或劳动所得或个人财产在婚姻期间的收益、孳息、劳动收入或民事的应得利益都归个人所有。夫妻共同承担家庭费用。

（6）非婚联合财产制

非婚联合财产制实际是解决了没有婚姻关系期间的财产分配问题，相当于中国的非法同居期间的财产分配问题。但其规定又具有特别之处。法律规定，符合条件的男女，未结婚或婚姻被宣告无效后以夫妻名义共同生活的，如无相反证据证明，双方共同生活期间所得财产由双方共同拥有。同居关系结束前，未经对方同意，任何一方不得处分其在同居期间取得的财产份额，也不得在该份额上设定义务负担。一方与另一方结婚的，其在联合所有的财产中的份额应记入该有效婚姻设定的一般共有制或婚后所得共同制财产中。恶意一方不依法与另一方结婚的，其财产份额应依家庭法典的规定予以没收。

（四）家庭

1. 家庭的构成

家庭是社会的基本组成部分，受菲律宾家庭法典的保护。家庭关系包括丈夫与妻子的关系，父母与子女的关系，祖父母与孙子女、外祖父母与外孙子女的关系以及兄弟姐妹关系（包括全血缘和半血缘的兄弟姐妹）。

2. 家庭住所

家庭住所是指家庭成员居住的房屋及其坐落的土地，由丈夫或妻子或未婚家长共同商定。除家庭未交税金，或设立家庭住所前负债的，或家庭住所建立前后以该房屋作抵押担保所附债务的，或者为建造房屋而对劳工、技工、建筑师、建筑工人、材料商和其他提供服务和材料的人所附债务的情况以外，家庭住所免予被执行、强制拍卖或扣押。经建房人及其配偶、达到法定年龄的成年受益人的书面同意，家庭住宅所有人可以将家庭住所出售、设定用益物权、赠与、转让或设定抵押，有争议的由法庭裁决。

（五）亲子关系

亲子关系因出生或收养关系而产生。因出生而发生的亲子关系具有婚生和非婚生两种情形。

1. 婚生子女与非婚生子女

婚生子女与非婚生子女的判断依据是菲律宾家庭法典的特别之处。夫妻关系存续期间受孕或分娩的子女为婚生子女。但是，如果在夫妻关系存续期间一方突破道德伦理底线，欺骗另一方而分娩的非夫妻双方共同子女的，为了保护受害方（受欺骗方），法律给予受害方提出异议的权利。菲律宾家庭法典规定，如果一方能够证明以下情形之一的，即可对子女是否为婚生情况提出异议：（1）子女出生前300日内的第一个120日内，丈夫因生理缺陷不能为性行为或夫妻事实分居不可能有性生活的或者丈夫患有严重疾病不能进行性行为而在生理上不可能与妻子同居；（2）经生物的或其他科学原因证明孩子不是丈夫的；(3) 人工授精怀孕的，父母一方的授权书或认可书是因误解、欺诈、暴力、胁迫或威胁获得的。丈夫或其正当继承人对子女婚生有异议的，可以向法院提起诉讼。母亲被宣告为未婚先孕或奸妇的，不影响婚生子女的地位。

母亲在前婚终止后 300 日内缔结后婚的，如无相反证据证明，适用如下规则判断子女婚生与否的地位：(1) 子女于前婚终止后 300 日内、后婚举行仪式后 180 日内出生的，视为前婚期间受孕；(2) 子女于后婚举行仪式后的 180 日外出生的，即使在前婚终止后 300 日内，仍视为后婚期间受孕。

婚生子女在姓氏方面可以随父母姓，可以由父母、祖父母和兄弟姐妹扶养，还可以取得遗产和民法赋予的其他继承权。

合法婚姻外受孕并分娩所生子女是非婚生子女。非婚生子女的亲子关系证明采用与婚生子女相同的证明方法。非婚生子女应当随母姓，由母亲行使亲权。非婚生子女的特留份为婚生子女特留份的一半。

2. 亲子关系的确认

婚生子女的亲子关系因如下事实而确立：(1) 在民事登记册或最终裁决中的出生记录；(2) 在政府公文或私人手写文件中，父母一方签署承认婚生亲子关系的；如果没有上述证据，婚生亲子关系还可以通过公开并持续地以婚生子女身份出现以及法庭规则或特别法允许的其他方式而获得确认。

3. 准正

父母在婚外受孕分娩，且在怀孕当时没有法定结婚障碍而被取消结婚资格的，所生子女可以准正。准正在父母缔结有效婚姻后发生，无效婚姻的废除不影响子女准正。已准正的子女享有与婚生子女同等的权利。准正的效力溯及子女出生之时。

(六) 收养

依家庭收入有能力抚养照顾其婚生或非婚生子女、具有完全民事行为能力和法定权利的成年人，可以收养子女。

1. 收养的条件

(1) 年龄条件。收养人必须比被收养人年长 16 岁以上，但是收养人是被收养人的亲生父母或者被收养人合法父母的配偶，不受此限；(2) 不得成为收养人的情况：终止监护关系后但监护账目获准前对被监护人负有监护责任的监护人、有道德沦丧犯罪记录的人以及外国人。但是如果该外国人原先是菲律宾人并收养有血缘关系的亲属，或者该外国人收养其菲律宾配偶的婚生子女，或者该外国人与菲律宾公民结婚并与配偶共同收养与其配偶有血缘关系的亲属时，该外国人可以具有收养人资格；（3）夫妻共同收养。除非夫妻一方收养本人非婚生子女或收养对方婚生子女的情况以外，夫妻双方必须共同收养；（4）被收养人的范围。以下人员不得被收养：第一，达法定年龄的人，但此人是收养人或收养人的配偶的亲生子女，或者收养人在收养此被收养人之前一直将被收养人视为自己亲生子女的不受此限；第二，与菲律宾共和国没有外交关系的国家的公民；第三，已经被收养的人，但是收养被取消或撤销的不在此限；（5）收养还必须征得以下人员的同意：年满十岁的被收养人，孩子的亲生父母、法定监护人或正当的政府收养机构，年满十岁的被收养人的养父母的婚生子女，与养父母及其配偶一起生活的、养父母的年满十岁的非婚生子女以及收养人或被收养人的配偶。

2. 收养的效力

收养生效后即产生如下法律效力：第一，被收养人视为收养人的婚生子女，产生父母子女的权利义务；第二，收养成立后被收养人生父母的亲权随即终止，转由收养人行使。但收养人是被收养人生父母的配偶的，对被收养人的亲权由配偶双方共同行使；第三，保留被收养人作为其生父母和其他有血缘关系亲属的无遗嘱继承人的身份。

3. 收养的解除

收养人有权在以下两种情况发生时请求法庭依法解除收养关系：第一，被收养人制造理由以使某一卑亲属丧失亲权保护的；第二，被收养人在未成年期间离开收养人家庭达2年以上，或者以其他行为明确表明断绝收养关系的。

（七）扶养

扶养是根据相应的家庭财产维持生存、居住、衣着、医疗、教育和交通所必需的一切。

1. 负有扶养义务的主体范围

夫妻之间，婚生的祖孙之间，父母及其婚生子女、婚生子女的婚生子女和非婚生子女之间，父母及其非婚生子女、非婚生子女的婚生子女和非婚生子女之间以及全血缘或半血缘、婚生或非婚生的兄弟姐妹之间负有扶养义务。

2. 扶养的费用分担

对婚生或非婚生的尊卑亲属、婚生或非婚生的兄弟姐妹的扶养，应以扶养义务的个人财产负担。义务人没有个人财产的，在财产许可情况下，从一般共有财产和婚后所得共同财产中预支。清算一般共有财产或婚后所得共有财产时从义务人应得份额中扣除。

司法别居或婚姻无效诉讼期间以及宣告婚姻无效诉讼期间，配偶及其子女的抚养费从一般共有财产或婚后所得共同财产中支付。准予诉讼请求的最终裁决作出后，配偶之间的相互扶养义务终止。

3. 承担扶养义务人的顺序

扶养义务人有两个或两个以上的，应当依照以下顺序确定扶养义务人：配偶、最近的卑亲属、最近的尊亲属、兄弟姐妹。扶养义务人以个人特有财产承担扶养义务。

4. 扶养的方式

扶养方式包括支付固定的抚养费和将被扶养人接到家里扶养两种。

（八）亲权

亲权是指父母对其未独立的子女人身和财产保护的权利和义务。父母的权利和责任包括照顾和培养子女，使子女具有公民意识和能力，保证子女身心健康和幸福，提高子女道德水平。亲权是父母必须履行的义务，不得放弃。

1. 一般规定

父母双方共同行使亲权；父母一方失踪或死亡的，亲权由另一方继续行使；父母离婚的，由法庭指定父亲或母亲行使亲权，7岁以下子女不得与母亲分离，除非存在迫不得已的情况；父母双亡、失踪或不能胜任行使亲权的，由生存的祖父母或外祖父母代理行使亲权。

2. 代理和特别亲权

未成年人无父母或法定监护人的，应当依法为其指定代理权人。对于弃儿、受遗弃、无人照管或受虐待的孩子或其他处于类似境地的孩子，儿童的家长、孤儿院以及由相关政府机构正式认可的类似机构有权提起简易诉讼，请求法院授予其亲权。有照管孩子责任的学校、学校管理人、老师，或者个人、单位或者机构，对在其监督、教育或保护下的未成年孩子，享有特殊的亲权，承担特殊责任。未自立的未成年人以作为或不作为方式产生的损害责任，由享有亲权和负有责任的人共同承担主要责任；对未成年人行使代理父母或法定监护人权利的人应当承担次要责任，但是如果负有责任的人能够证明已经尽力的，不承担个人责任。

3. 亲权对人身和财产的效力

监护人对被监护人行使管教和扶养的义务。法庭出于保护被监护人财产利益的考虑，为被监护人指定监护人或者诉讼代理人。

父母或其他监护人对子女的财产共同行使监护权，当子女财产的市值或子女年收入超过5万比索的，父母应立书面保证，保证履行普通监督人的法定职责，并提供保证金。未自立子女的劳动所得、通过有偿或无偿的方式获取的财产，归其本人所有，且得专用于生活和教育，但法律另有规定的除外。子女财产的孳息或收益首先考虑为子女的扶养目的而支出，其次是为家庭日常生活的共同需要而支出。父母委托子女经营或管理部分财产的，其收益归财产所有人所有，但应每月给付子女合理津贴，津贴金额不得少于财产所有人付给陌生管理人的酬劳金额；财产所有人将全部收益让给子女的不受此限；财产所有人让给子女的全部或部分收益，不得计入子女的特留份。

4. 亲权的中止和终止

亲权的中止和终止情形是菲律宾家庭法典的特别之处，当亲权行使者已经无能力再行使亲权或亲权的行使已伤害到相对方的利益时，出于保护人权的考虑，法律明确规定亲权可被法庭中止或者终止。

（1）亲权的中止。父母被定罪或亲权人因犯罪而被宣告禁治产的，中止亲权；当上述人服刑完毕或者罪犯获得撤免后，亲权自动恢复。当发生以下情形，亲权可被法庭中止：第一，亲权人对子女过于严厉或虐待子女；第二，亲权人给子女造成道德沦丧的示范；第三，亲权人迫使子女乞讨；第四，亲权人迫使子女或允许子女为淫荡行为。

（2）亲权的终止。如果发生父母双方死亡或子女死亡，或者子女自立的情形，亲权即永远终止。

除此之外，法律另明确规定亲权终止的情形：第一，子女被收养后；第二，已指定普通监护人；第三，根据起诉依法宣告构成遗弃子女；第四，被法庭最终裁决剥夺亲权；第五，亲权人被依法宣告失踪或无能力。但是如果将来依裁决而恢复亲权的不受此限。

（九）自立和成年年龄

年满18岁即为成年人，成年后即可自立。子女自立后，父母对子女人身和财产的亲权即终止。成年人以自己的名义行使民事权利和承担民事义务。

四 国际贸易与投资法

菲律宾自 1979 年加入关贸总协定后，于 1995 年又成为 WTO 创始成员国之一，同时还受美国殖民影响实行自由贸易政策。WTO 规则、东盟自由贸易区规则、中国—东盟自由贸易区规则等均成为菲律宾在国际贸易关系中保护本国利益和解决贸易争端的法律依据。菲律宾有关对外贸易的基本法律主要有《出口促进法》（1994）、《反倾销法》《反补贴法》《安全保障措施法》《关税与海关法》《知识产权法》（1997）等。菲律宾外贸管理部门是管理菲律宾国际贸易的主要机构。

菲律宾有关投资的基本法律有《1987 年综合投资法》《1991 年外国投资法》《1995 年经济特区法》以及有关投资方面的总统令、行政命令等法令。菲律宾政府管理投资的机构主要有投资委员会、证券与交易委员会、工贸部贸易管理与消费者保护局、经济区管理署、基地转换开发署、菲律宾中央银行等。

（一）宪法

宪法的第 12 条第 2、第 3、第 11、第 12、第 21 款，第 16 条 11 款对外国投资的范围作了规定。

（二）基本法律

《1987 年综合投资法》主要包括以下部分：投资政策的宣告；投资委员会；投资优惠；无优惠的外商投资；关于跨国公司在菲律宾设立区域或地区总部及区域运营总部的优惠；对跨国公司设立区域性仓库，向亚洲、太平洋地区和其他外国市场供应零件、部件、半成品和原材料的优惠；特别投资居民签证；对出口加工区企业的优惠；最终规定等。

《1995 年经济特区法》主要对外国投资企业的税收征收办法和减免制度等的优惠、对外国投资企业国内外雇佣人员的比例构成问题、员工的基本工资问题等作出规定。

《1991 年外国投资法》及其相关的总统令和行政命令主要对投资政策、非菲律宾国民投资登记问题、外商投资于出口企业的问题、外商投资于国内市场企业的问题、保留给菲律宾国民的投资领域问题、环境标准问题、行政制裁问题等作出规定。

（三）其他法律对有关外国投资的规定

1993年通过的共和国第7652法案《投资者租赁法案》、1995年通过的《经济特区法案》、1994年通过的共和国第7721法案、1998年通过的共和国第8556法案、2000年通过的共和国第8762法案等对有关对外投资作出规定。

从以上规定中可看出菲律宾极力鼓励外商到菲律宾投资，同时出于对国内企业的保护，也进行了必要的限制，例如对行业的限制、对雇工的限制等。

第四节 菲律宾刑事法律制度

一 菲律宾刑事法律制度概述

菲律宾于1930年12月8日通过菲律宾刑法典（AN ACT REVISING THE PENAL CODE AND OTHER PENAL LAWS），并于1932年1月1日生效。该部刑法典主要是以1870年的《西班牙刑法典》为蓝本修订而成。从修正案作出的时间来看，当时菲律宾正处于美国殖民时期，按理应该受美国法律影响更大。但是，该刑法典却主要依托西班牙的刑法典内容进行修订，有的条文直接从《西班牙刑法典》中照搬，只有部分条文才根据菲律宾当时的特殊形势对西班牙的规定进行适当修改。[1] 这点也是西班牙殖民统治与美国殖民统治理念不同的地方，西班牙殖民统治追求完全统治，而美国是"软性"统治，美国占领菲律宾以后在法律问题上宣布西班牙的法律传统基本不变，司法权主要靠美国在菲律宾成立的最高法院来控制。[2] 所以该部刑法典基本维持了《西班牙刑法典》的原貌，同时夹杂着美国的法律思想和理念，体现了菲律宾的法律制度特点，即为大陆法系和英美法系融合的典范，将西班牙法律和美国法律思想进行融合。

二 菲律宾刑事法律的内容

刑法典分为两大部分：第一部分是法典的主要条款以及法典的实施规定；第二部分是罪名和处罚规定。第一部分包括1个序言和5编，5编分

---

[1] 杨家庆（译）：《菲律宾刑法》，北京大学出版社2006年版，第10页。
[2] 同上。

别是：法典的生效时间；犯罪和影响刑事责任的情形；犯罪中的个人刑事责任问题；惩罚；刑事责任的消灭和民事责任。第二部分包括14编，分别是：侵犯国家安全和违反国家法律罪；侵犯国家基本法律罪；侵犯公共秩序罪；侵犯公共利益罪；侵犯鸦片和其他禁止使用毒品罪；侵犯公共道德罪；公职人员犯罪；侵犯人身罪；侵犯个人自由和安全罪；侵犯财产罪；侵犯贞节罪；侵犯公民个人身份地位罪；侵犯名誉罪；准犯罪。

刑法典的主要内容①包括如下方面（仅整合特殊规定并作出阐述）：

（一）法典的主要条款以及法典的实施规定

本部分对菲律宾刑法实施的原则问题作出规定。

1. 犯罪和影响刑事责任情形

从菲律宾刑法典来看，刑法的功能具有惩罚违反刑法规定的犯罪行为，保护社会秩序的目的。

（1）犯罪是指需要刑法制裁的行为。欺诈和过错都会构成犯罪。欺诈（deceit）是指具有故意意图的行为；过失是指因为轻率、疏忽、没有预见或者缺乏技能（lack of skill）导致的过错行为。当以下两种情况发生时即产生刑事责任：第一，任何犯罪的人实施的与其主观故意内容相同或不同的违法行为；第二，任何人实施侵犯人身或财产的犯罪，但如果行为本来不可能完成或因为采用了不充分或者无效的犯罪手段而使犯罪不得逞的除外。

既遂犯（Consummated felonies）、受阻犯（frustrated felonies）和未遂犯（attempted felonies）都要受到处罚。既遂是指所有构成犯罪的要素（行为和结果）都被实施完毕。受阻犯是指行为人实施了能够导致犯罪既遂的所有实行行为，本该造成构成犯罪的结果，但是由于行为人意志以外的原因导致结果没有发生。未遂犯是指行为人实施犯罪，非由于行为人自发中止犯罪结果的发生，而是由于某些原因或者事件使得构成犯罪要件的行为尚未实施完毕。共谋犯罪与建议犯罪只在法律另有规定处罚时才会受到处罚。重罪、较重的罪（less grave felonies）和轻罪都有不同程度的处罚方式。

---

① 在菲律宾刑事法律内容中，关于具体罪名的编著参见杨家庆（译）《菲律宾刑法》，北京大学出版社2006年版的翻译内容。除此之外的部分由笔者对菲律宾刑法典的英文版进行翻译并整合而来。

（2）菲律宾刑法规定了不构成犯罪的情形，包括：

第一，当非法侵害事实存在，采取措施保护自己的行为人采用合理的阻止方式并且没有挑衅对方，那么该行为人保护自己人身安全和权利的行为，不构成犯罪。

第二，任何人为保护自己的配偶、长辈、子女、兄弟姐妹或其他同辈亲戚以及四代血亲之内的亲属的人身安全和权利，采用合理方式并且不带有任何恶意动机阻止非法侵害行为的，不构成犯罪。

第三，为保护第三人的人身和权利，采用合理方式并且不带有任何报复、怨恨或其他恶意动机阻止非法侵害行为的，不构成犯罪。

第四，为避免灾难或者伤害，任何人的不作为行为造成他人损害的，若其行为同时满足下列三个条件则不构成犯罪：首先，恶意行为确实客观存在；其次，可能由恶意行为导致的损害比防止行为造成的损害大得多；最后，没有其他实际可行的以及可减少损害的方法来防御抵抗该恶意行为。

第五，任何履行职责或者依法定方式行使权利的行为不构成犯罪。

第六，上级出于合法目的而作出命令，听从并执行该上级命令的行为不构成犯罪。

（3）菲律宾刑法典还规定了免除刑事责任的情形：

第一，智力低下者或者精神病人的行为免除刑事责任，除非精神病人的犯罪行为发生在精神正常期间。

第二，年龄不满9岁者实施的行为免除刑事责任。

第三，年满9岁不满15岁的人，只在该法典第80条规定（特定罪名）下承担刑事责任。

第四，任何符合行为规则的合法行为，因无过错或意外事故而致损害的，该行为免除刑事责任。

第五，在不可抗力压迫下作出的行为免除刑事责任。

第六，在无法控制的恐惧下（此种恐惧是一种相当或更为严重的伤害）作出的行为免除刑事责任。

第七，由于合法的难以克服的原因所致的没有履行法定义务的行为免除刑事责任。

2. 个人刑事责任

根据刑法典规定，主犯、共犯和从犯要对重罪（grave felonies）和较重罪（less grave felonies）承担刑事责任，主犯和共犯需对轻罪负刑事责任。主犯是指在行为实施过程中起直接的、指导作用的人，或者是犯罪的直接力量、诱导他人犯罪的人，或者在犯罪中起合作作用的人，但是若没有其合作行为犯罪结果不会发生。共犯是指起合作作用的，构成主犯情况以外的其他共同协作实施犯罪的成员。

从犯是指明知是犯罪行为而参与，但并不充当主犯和共犯的角色，而是实施了以下行为：（1）资助或帮助罪犯从犯罪中获利；（2）为避免被发现犯罪而隐藏或毁灭尸体、财物或作案工具；（3）藏匿、隐藏或帮助主犯逃跑。但是如果帮助的人是为了保护自己的配偶、长辈、子女、兄弟姐妹或其他同辈亲戚以及四代血亲之内的人而给予帮助的，免除其刑事责任。

3. 刑罚

刑法典规定刑法不溯及既往的原则，即在法典颁布之前的犯罪行为不受该法典的惩罚。仅在对罪犯有利的范围内允许法律具有溯及既往的效力。

（1）刑罚种类。菲律宾刑法典规定的刑罚种类具有一定的特色。刑罚种类分为主刑和附加刑。主刑包括最高惩罚（Capital punishment）、苦难式惩罚（Afflictive penalties）、矫正式惩罚（Correctional penalties）、轻罚（Light penalties）以及与前三种兼并采用进行的惩罚（Penalties common to the three preceding classes）。最高惩罚方式包括死刑。苦难式惩罚包括永久监禁（Reclusion perpetua 相当于无期徒刑）、短暂监禁（Reclusion temporal 相当于有期徒刑）、永久或短暂剥夺全部权利（Perpetual or temporary absolute disqualification）、永久或短暂剥夺特殊的权利（Perpetual or temporary special disqualification）、监禁（Prision mayor）。矫正式惩罚方式包括监狱矫正（Prision correctional）、长期禁闭（Arresto mayor）、停职（Suspension）、流放（Destierro）。轻罚包括短期禁闭（Arresto menor）、公共非难也称谴责（Public censure）。与前三种同时兼并使用的惩罚包括罚金（Fine）和守法保证（Bond to keep the peace）等。在重刑、矫正式刑罚或轻刑中，罚款处罚方式作为单独处罚或可选择的处罚方式时，当罚款数额超过6000比索，该处罚应被视为重刑；当罚款数额不超过6000并不少于200比索时，该处罚应被视为矫正式处罚；当罚款数额低于200比索时，应被视为轻罚。

附加刑包括永久或短暂地剥夺全部权利、永久或短暂剥夺特殊的权利、剥夺公职和选举与被选举权以及职业权利、民事禁治产、赔偿、没收犯罪工具和所得、诉讼费用支付等。

(2) 刑罚刑期范围。永久监禁（Reclusion perpetua 无期徒刑）刑期为30年。短暂监禁（Reclusion temporal 有期徒刑）刑期为12年零1天开始至20年。永久或短暂剥夺全部权利（Perpetual or temporary absolute disqualification）、永久或短暂剥夺特殊的权利（Perpetual or temporary special disqualification）和监禁（Prision mayor）的刑期均为6年零1天至12年，除非剥夺权利被视为附加刑时，其附加刑期限与主刑期限相等。监狱矫正、停职和流放刑期均为6个月零1天开始至6年，除非停职被视为附加刑，其附加刑期限与主刑期限相等。长期禁闭刑期为1个月零1天开始至6个月。短期禁闭刑期为1天至30天。守法保证（Bond to keep the peace）刑期由法院判决确定。如果罪犯被判处监刑，刑期从法院判决最后生效当天开始起算。如果罪犯没有被羁押的，刑期从司法机关为执行处罚而处置罪犯的当天开始起算。其他处罚方式的刑期从罪犯开始服刑之日时起算。

4. 刑事责任的消灭[①]

根据菲律宾刑法典，以下情形发生时，刑事责任完全消灭：(1) 罪犯已经死亡的，只有在终审判决前被告死亡的，有关的个人刑事责任和有关罚款、债务因此消灭；(2) 服刑完毕的刑事责任完全消灭；(3) 完全消灭刑罚及其影响的特赦；(4) 完全赦免的；(5) 已过追诉时效的；(6) 已过行刑时效的；(7) 根据本法第344条的规定，与受害妇女结婚的。

应处以死刑、无期徒刑或者有期徒刑的犯罪，追诉时效为20年；应处以其他重罪犯罪的追溯时效为15年；除了应处以长期禁闭刑犯罪的追溯时效为5年外，其他应处以矫正刑犯罪的追溯时效为10年；侮辱或其他类似犯罪的追溯时效为1年；通过口头行为诽谤犯罪的追溯时效为6个月；轻罪的追溯时效为2个月。

终审判决的刑罚经过以下期限不执行就失效：(1) 死刑和无期徒刑经过20年；(2) 其他重刑经过15年；(3) 除长期禁闭刑为5年以外，

---

① 杨家庆（译）：《菲律宾刑法》，北京大学出版社2006年版，第22页。

矫正刑经过10年；（4）轻刑经过1年。

5. 犯罪导致的民事责任

民事责任内容包括：归还原物、赔偿直接和间接损失。只要有可能归还原物的尽量物归原主，允许有一定的损耗，由法院决定具体减少的价值。即使第三人是通过合法手段获得所有物的，也应归还原主，而第三人的损害由交易方负责赔偿。如果有两人或两人以上对同一犯罪应负民事责任的，由法院决定每个责任承担者应承担的数额。

（二）几种主要犯罪罪名和处罚①

菲律宾刑法典规定了各类具体犯罪罪名，本节重点介绍特殊罪名。通过罪名种类可看出，菲律宾刑法典深受菲律宾的宗教信仰影响，因为宗教的行为准则长期在社会生活中发挥着重要的作用，因此法律赋予大量的民间道德层次的行为准则法律效力。这是菲律宾刑法的特色之处。

1. 伪造菲律宾政府图章、总统签字或者印章罪

对伪造菲律宾政府国玺或总统签字或印章的，处以无期徒刑。

使用仿造的签字或伪造的图章或印章的，处以监禁。

2. 密谋罪、垄断罪和联合罪

公开拍卖中的密谋罪是指任何以获得财物或者承诺为对价而放弃参与公开拍卖，以及任何为降低拍卖物价格而通过威胁、赠送、承诺或其他欺诈行为使竞买者不能参加拍卖会的。侵犯密谋罪的，处以最低幅度监狱矫正并处以拍卖物价值的10%—50%的罚金。

刑法典第185条规定了对垄断罪和联合罪的概念以及刑罚。罪犯触犯以下罪行者，单处或者并处最低幅度的监狱矫正或200—600比索的罚金：（1）任何形成同行业企业之合同或者协议、共谋或联合参与托拉斯或者其他垄断性组织、限制商业贸易或者通过人为手段阻碍市场自由竞争的；（2）任何垄断商品、贸易或商业物品，或者为调整价格而联合他人对商品或者物品进行垄断，通过散布虚假信息或利用其他商品来以抑制市场自由竞争的；（3）商品或货物的制造者、生产者或者加工者或者进口商，不管其是负责人还是代理商、批发商或者零售商，与该商品或货物的生产、制造、加工、装配或者进口人员联合、共策阴谋或以任何方式达成一

---

① 本部分翻译的内容参见杨家庆（译）《菲律宾刑法》，北京大学出版社2006年版，第40—45页。

致协议的，或者为了让不当交易变为合法商业或者让菲律宾群岛某地之市场价格上涨，或者为制造、生产、加工、装配此类商品或将其引进菲律宾群岛，或者为在生产过程中使用这类商品或者货物而与其他行业者联合，共策阴谋或达成一致的。如果垄断罪和联合罪的行为影响粮食、燃油或者其他主要生活必需品的，处以最高幅度的监禁；如果已经开始实施上述联合行为，处以中间幅度的监禁。因该罪行获得的财产一律没收归菲律宾政府所有。

3. 提前履行公职罪、延期履行公职罪和放弃公职罪

任何未经宣示或者获得法定合同而提前履行公职人员或雇员的职责与权力的，中止其公职直到其履行正式手续时，并处以 200—500 比索的罚金。公职人员在法律、法规、特别条款规定的期限之外继续履行其公共职责和权力的，处以最低幅度的监狱矫正、最低幅度的有期剥夺特别权利和不超过 500 比索的罚金。任何公职人员在其辞职请求被正式批准之前不履行职责而对公务工作造成损害的，处以长期禁闭。

4. 杀亲罪

杀害自己婚生或私生的父母或子女，或任何直系尊亲、直系卑亲属、配偶的行为构成杀亲罪，处以无期徒刑至死刑。

5. 杀婴罪、故意堕胎罪、过失堕胎罪、自己堕胎罪或父母帮助堕胎罪

任何杀害出生不到三天的婴儿将被处以第 246 条关于杀亲罪和第 248 条关于谋杀罪的刑罚。

任何人故意导致堕胎的应追究刑事责任：对孕妇施加暴力导致堕胎的，处以有期徒刑；虽未施加暴力，但未经孕妇允许而使孕妇堕胎的，处以监禁；经孕妇允许帮助堕胎的，处以中间幅度或最高幅度的监狱矫正。

行为人无堕胎故意，因实施暴力行为而导致堕胎的，处以最低幅度或中间幅度的监狱矫正。

孕妇自己堕胎或允许他人帮助堕胎的，处以中间幅度或最高幅度的监狱矫正；孕妇为隐瞒自己羞耻而堕胎，处以最低幅度和中间幅度的监狱矫正；为隐瞒女儿的羞耻行为，孕妇的父母、父亲或母亲，经孕妇同意而帮助堕胎的，处以中间幅度或最高幅度的监狱矫正。

6. 通奸罪、姘居罪

已婚妇女与其丈夫之外的男人发生性关系，以及男人明知对方为已婚

的妇女仍与其发生性关系的,均触犯通奸罪,即使婚姻后来被宣布无效;任何丈夫在令人产生反感的情况下留宿妻子以外的其他女性于夫妻共同住处,或者与妻子以外的女性发生性关系,或者在其他地方同居的,处以最低幅度或最高幅度的监狱矫正。

7. 非法赛马罪和非法斗鸡罪

在法律允许的赛马期之外赛马的,单处或并处长期禁闭或者不超过 200 比索的罚金。在同样情况下,对为下赛马赌注或者实现利润而经营或者使用赛马赌金计算器或其他仪器或设备的,单处或者并处长期禁闭或 200—2000 比索的罚金。对于共同犯罪的负责人则以主犯论处。

以金钱或者有价物为赌注直接或间接参加斗鸡的,或者在法律规定以外的时间里组织斗鸡赌博的,或者在未经许可的斗鸡场直接或间接参加斗鸡活动的,法院处以单处或者并处长期禁闭或者不超过 200 比索的罚金。

(三) 菲律宾刑法典特点

第一,犯罪分类问题。菲律宾刑法典将犯罪分为不同的种类。(1) 根据犯罪行为是否实施完毕的标准,分为既遂犯、受阻犯和未遂犯;(2) 按照刑罚的轻重分为重罪、较重罪和轻罪;(3) 共谋犯和建议犯。共谋犯是两人或两人以上共同协商并决定共同实施犯罪行为;建议犯是指建议他人实施犯罪行为;(4) 故意犯罪和准犯罪。菲律宾刑法将过失犯罪称为准犯罪,包括轻率和疏忽行为导致的犯罪。[①]

第二,免除刑事责任的年龄规定问题。菲律宾刑法规定不满 9 周岁的行为人无须承担刑事责任,年满 9 周岁不满 15 周岁的行为人在特定情形下承担刑事责任。中国规定未满 14 周岁的行为人无须承担刑事责任,年满 14 周岁不满 16 周岁的行为人在特定情形下承担刑事责任。

菲律宾刑法典还规定由于不可抗力压迫或者非常严重的无法控制的恐惧刺激下实施行为的行为者无须承担刑事责任。

第三,刑罚的分类问题。菲律宾规定了矫正式的惩罚方式,例如流放和停职。在菲律宾的附加刑中具有特色的处罚方式为民事禁治产。

第四,刑期的期限规定。相对而言,菲律宾的刑期比中国的刑期长。

第五,菲律宾刑法典受宗教因素影响更为深远。菲律宾刑法典规定了有关堕胎的犯罪,通奸罪,姘居罪等,体现出社会道德和宗教信仰对刑法

---

① 杨家庆 (译):《菲律宾刑法》,北京大学出版社 2006 年版,第 12 页。

规定的影响。中国规定杀人的罪名,而未规定堕胎为犯罪行为。

参考文献

王勇:《菲律宾独特的社会政治文化》,《东南亚纵横》2004年第3期。

Roman P. Mosqueda, Philippine Law and Jurisprudence on Products Liability: A Comparative Study, S. J. D 1982 Edition, p. 9.

格雷戈里奥·F. 赛义德:《菲律宾共和国》(中译本),商务印书馆1979年版(上册)。

齐树洁:《菲律宾继承法研究》,载梁慧星主编《迎接WTO——梁慧星先生主编之域外法律制度研究集》第三辑,国家行政学院出版社2000年版。

陈云东主编:《菲律宾共和国经济贸易法律指南》,中国法制出版社2006年版。

沈红芳、李小青:《菲律宾修宪与反修宪运动探析》,载于《南洋问题研究》2006年第4期。

中国法学会婚姻法学研究会编:《外国婚姻家庭法汇编》,群众出版社2000年版。

杨家庆(译):《菲律宾刑法》,北京大学出版社2006年版。

http://www.wipo.int.

http://www.cnki.com.cn/Journal/G-G1-NYYC.htm.

除特别标注外,菲律宾国家概况的资料均来自新华网东盟频道http://www.gx.xinhuanet.com/dm/。

第五章

泰国法律制度

第一节 泰国概况

一 自然地理与民族结构

（一）地理状况

泰国全称泰王国，位于东南亚中南半岛中部，它的西部和北部与缅甸和安达曼海接壤，东北边是老挝，东南是柬埔寨，南边狭长的半岛与马来西亚相连。泰国面积51.3万多平方公里，位于中南半岛中南部，与柬埔寨、老挝、缅甸、马来西亚接壤，东南临泰国湾（太平洋），西南濒安达曼海（印度洋）。泰国全国共有76个一级行政区，其中包括75个"府"与直辖市的首都——曼谷。曼谷地处湄南河入曼谷湾的河口平原北岸，是全国的政治、经济、文化、交通中心，东南亚第二大城市，也是全国最大的工商业城市。

泰国西部为山区，是喜马拉雅山脉的延伸他念他翁山脉为主的山地，一直由北向南走向。东北部是呵叻高原，该地方夏季极干旱，雨季非常泥泞，不宜耕作。中部是昭披那河（即湄南河）平原。由曼谷向北，地势逐步缓升，湄南河沿岸土地丰饶，是泰国主要农产地。曼谷以南为暹罗湾红树林地域，涨潮时没入水中，退潮后成为红树林沼泽地。泰国南部是西部山脉的延续，山脉再向南形成马来半岛，最狭处称为克拉地峡。

泰国的民众习惯将国家的疆域比作大象的头部，将北部视为"象冠"，东北地方代表"象耳"，暹罗湾代表"象口"，而南方的狭长地带则代表了"象鼻"。

（二）民族结构

泰国人口约 6730 万人（2010 年泰国国家经济与社会发展委员会预测）。全国约有 30 多个民族，其中泰族人数居多，占人口总数的 75%。泰族人曾称"暹罗人"，属汉藏语系壮傣语族民族，和我国傣族、壮族源相近，在全国都有分布。华人占总人口的 14% 左右，大批移居泰国的是在 19 世纪下半叶到 20 世纪 30 年代，现在泰国华人多数居住在首都和外府城市，华人华裔在泰国工商、金融、旅游业、传媒业中有着重要位置和影响。马来族主要分布在泰国南部半岛；高棉族主要分布在与老挝和柬埔寨接壤的泰国东北部和东南数府；克伦族主要分布在西北部的泰缅边境山区；苗族分布在北部和东北部泰老、泰缅边境山区地带，以农耕为主。

其余的少数民族包括例如巴通族、嘎良族（著名的长颈族）、拉祜族、傜族等，接近缅甸的山区有少数掸族人。除此之外，泰国还有大量的来自其他亚洲地区、欧洲、北美等长期居住在泰国的人口，以及大量非法移民。不过由于泰国人口基数大，所以这些人口只占总人口的很小比例。

二 历史与文化

（一）泰国简史

泰国原名暹罗，已有 700 多年的历史和文化。公元 1238 年建立了素可泰王朝，开始形成较为统一的国家。先后经历了素可泰王朝（1238—1378 年）、阿瑜陀耶王朝（大城王朝）（1350—1767 年）、吞武里王朝（1767—1772 年）和曼谷王朝（1772 年至今）。

从 16 世纪起，泰国先后遭到葡萄牙、荷兰、英国和法国等殖民主义者的入侵。19 世纪末，曼谷王朝五世朱拉隆功国王（1868—1910 年）大量吸收西方经验进行社会改革，废除奴隶制，改进公共福利和行政制度。1896 年，英、法签订条约，规定暹罗为英属缅甸和法属印度支那之间的缓冲国，从而使暹罗成为东南亚唯一没有沦为殖民地的国家。拉玛七世（1925—1934 年）统治期间，泰国从君主专制政体转变为君主立宪政体。

1939年国家由暹罗更名为泰国，意思是"自由之国"。现任国王普密蓬·阿杜德国王是曼谷王朝的拉玛九世国王，是泰国历史上和当今世界上在位时间最长的国王。

（二）文化

1. 语言

泰语是泰国的官方语言，属汉藏语系壮侗语族壮傣语支。使用人口约5000万，有中部、北部、东北部和南部四个方言区。曼谷话是泰语的标准语。

泰语是素可泰王朝国王兰甘杏于公元1283年根据孟文和吉蔑文创造而成的。经过七百年的历史，今天的泰语有44个辅音、28个元音字母组成。有5个声调，并分成世俗用语、王族用语和僧侣用语三种。与世界上其他许多语言一样，泰语是一种复杂的多元化的混合体。泰语中的许多词汇来源于巴利语、梵语、高棉语、马来语、英语和汉语。

在泰国，英文也被广泛地使用，尤其是在曼谷和主要的旅游城市。潮州话、海南话、广东话在泰籍华人中使用较普遍。此外还有马来语和高棉语。

2. 习俗

泰国的传统习俗基于家庭，他们从小受家庭教育，在家里要尊敬父母、长辈。学校培养学生尊敬老师、对高年级同学要有礼貌的风气，教导学生敬老师犹如敬奉父母。泰国人对于不认识的长辈都习惯叫叔、伯、姑、姨，或爷爷、奶奶。同辈之间也称兄道弟，或以姐妹相称。泰国人没有重男轻女的风气，不少家庭生了女孩，比生男孩更高兴。泰国女子在各个方面取得了与男子平等的地位。

泰国的仪式繁多，礼节也很复杂，各民族都有不同的仪式和礼节。泰族是泰国的主要民族，因此泰族的礼仪基本上也是泰国人的礼仪。现阶段，由于科技的迅速发展，传统的生活方式尤其在大城市已不可避免地发生了改变。然而，在现代文明还没有渗透的边缘地区，在很大程度上，仍保留着古老的传统生活方式。

泰国是个王国，泰国人民对王室很尊敬，对他们的国王、王后、太子、公主等表示敬意，凡遇盛大集会、宴会，乃至影剧院开始演出之前，都要先演奏或播放赞颂国王的"颂圣歌"，这时须全场肃立，不得走动和说话，路上行人须就地站立，军人、警察还要立正行军礼。

三 宗教

泰国的宗教信仰以佛教为主，其中以小乘佛教为主。佛教对泰国的政治、经济、社会生活和文化艺术等领域具有重大影响。佛教徒占泰国总人口的94.6%，其次伊斯兰教占4.6%，基督教占0.7%，其他宗教占0.1%。

佛教传遍泰国数百年来，已深深地影响了泰国人民，对他们的日常生活产生强烈的影响，泰国的重大节假日几乎都与佛教相关联。佛教僧侣非常受人们尊敬，寺庙成为村镇的中心，是人们接受教育、举行意识、庆祝节日的场所，是社会生活和宗教生活的中心。佛教教义是泰国人的精神支柱。泰国人对小乘佛教的"三世两重因果论"中的"三世""因果报应"的说教很信仰。泰国人普遍相信人有"前世""今世""来世"的"三世"说和"善有善报""恶有恶报"的"因果报应"说。

四 经济状况

泰国实行自由经济政策，属外向型经济，依赖美、日、欧等外部市场。泰国实行出口导向型工业，主要门类有采矿、纺织、电子、塑料、食品加工、玩具、汽车装配、建材、石油化工、软件、轮胎、家具等。农产品是外汇收入的主要来源之一，是世界上稻谷和天然橡胶的最大出口国。全国可耕地面积约1.4亿莱（1莱=1600平方米），占国土面积的41%。主要作物有稻米、玉米、木薯、橡胶、甘蔗、绿豆、麻、烟草、咖啡豆、棉花、棕油、椰子等。旅游业是泰国外汇收入重要来源之一，一直保持稳定发展势头。主要旅游点有曼谷、普吉、清迈和帕塔亚、清莱、华欣、苏梅岛等地近年来也越来越受到国内外游客的欢迎。20世纪80年代开始，电子工业等制造业发展迅速，产业结构变化明显，经济持续高速增长，人民生活水平相应提高。

泰国的自然资源主要有钾盐、锡、褐煤、油页岩、天然气，还有锌、铅、钨、铁、锑、铬、重晶石、宝石和石油等。其中钾盐储量4367万吨，位居世界第一，锡储量约120万吨，占世界总储量的12%。油页岩储量达187万吨，褐煤储量约20亿吨，天然气储量约16.4万亿立方英尺，石油储量1500万吨。森林总面积1440万公顷，覆盖率25%。[1]

---

[1] 关于泰国基本国情资料主要来源于http：//baike.baidu.com/view/7009.htm? fr = aladdin。

五 法律制度概况

（一）法律制度的发展

1. 古代泰国法律制度

1238 年，以泰族为主体的素可泰王朝建立后，泰国法律走上了独立发展的道路。其特点是：

（1）印度法的影响。早期泰国的法律制度主要接受了来源于印度的法律传统。在法律思想和法律观念方面，印度法律通过宗教影响泰国法律；在立法方面，印度古代法律的特征在泰国法律中有明显反映，有些条文直接引用《摩奴法典》；在司法诉讼方面，受到《摩奴法典》的影响，庭审时如证据相左，则按照神裁法使用水刑和火刑。

（2）宗教法的地位。素可泰王国时期将小乘佛教定为国教后，佛教成为泰国的精神支柱。从维护宗教的目的出发，将国家和个人的统治利益与宗教利益紧紧结合起来，在形式上则表现出法律规范同宗教信条紧密结合的特征。

（3）传统法的内容。泰国古代法在内容上维护严格的封建等级制度，例如：阿瑜陀耶王朝曾实行对各阶层（王族、贵族、贫民、奴隶）居民的地位并对每个居民分别授田的规定的"萨克迪纳①制度"。"萨克迪纳"即等级、权利的含义，不同等级不同权利；"纳"即土地。

2. 近现代泰国法律制度

泰国近代法制建设始于 19 世纪下半叶。正值新老殖民者重新瓜分世界，自由资本主义向帝国主义过渡的时期。泰国成为东南亚唯一没有被殖民的国家，统治者开始吸收西方法制建设的经验，以欧洲方式建立新的法律制度。在法制建设上主要是立法和咨询机构的创立；在立法上聘请法国人、比利时人参加法学委员会和法律编纂工作，颁布一系列法规；在国家机构上重组全国行政机构，并形成较完备统一的全国性法院组织体系。

1932 年革命是世界上最和平的不流血的革命，结束了泰国 700 年历史的君主专制，开始了君主立宪制时代。之后，泰国对《民法典》《刑法典》《商法典》进行了修改和补充。

近代泰国法律制度发展的特点体现在：

---

① 在泰语中，"萨克迪纳"可直译为"对稻田的权利"。

（1）融合了东方法律文化和西方法律文化。如家庭法部分固守了传统法律和习惯，而商法则吸收了大量西方先进制度，并且主要是受法国法律制度的影响，其法律属于大陆法系。

（2）宪法较之其他部门法发展较快。在泰国法律制度的发展过程中，政治性强的法律尤其是宪法迅速发展，其他一些具体法律制度和程序相对出现较晚。

（3）强调民族和宗教。在法律制度中推崇泰族的地位和利益，除将国名由暹罗改为泰国，提出泰民族讲泰语以外，还确立了国家、君主和宗教三位一体的意识形态。①

（二）法律渊源

泰国是大陆法系国家，其法律制度受法国的影响较大。判例不是泰国法律的渊源，其法律和法规都要在《政府公报》上公布，主要包括：

1. 法律。指由国会建议和批准、国王颁布的法律规范，处于最高法律地位。

2. 紧急法令。指内阁建议国王颁布的法律规范。其中关于民商事、经济法的规定是民商法和经济法的重要渊源。

3. 王室命令。是国王在取得国会授权并有相应机构副署后颁布的法律规范。

4. 王室法令。是国王在内阁提出议案后颁布的法律规范。

5. 国家行政院或革命党发布的通告。

6. 内阁规章和通告。

7. 市政条例。市政府在其管辖权限内发布的规范。

8. 卫生特区规章。

9. 地方自治条例。除曼谷市政府和卫生特区外的省级行政机关在其管辖权限内颁布的地方性法规。

10. 特区（郊区）条例。②

---

① 参见何勤华、李秀清主编《东南亚七国法律发达史》，法律出版社2002年版，第579—580页。

② 参见申华林主编《东盟国家法律概论》，广西民族出版社2008年版，第200—201页。

第二节 泰国宪法与宪政制度

一 泰国宪法的产生和发展

1932年,泰国发生了以军人为代表的资产阶级革命,结束了君主专制的历史,未经战火就确立了君主立宪体制。12月10日,首部宪法颁行,虽然是"临时宪法",但其中接受了西方制宪思想,第一次宣布了"国家之权,为人民所有"的原则,取缔了千年的"王权至上"观念。

泰国是东南亚国家中政治发展问题最为特殊的国家,其政府更迭频繁,军事政变多。1932年至2008年,泰国共发生了24次政变,其中军事政变17次。军人直接执政8次。70多年来,泰国的政治发展一直在沿循着一种历史"轮回":军事政变—军人政权—大选—文人政权—危机—军事政变……①

但在泰国,政变往往是在现存的政治体制范围内权力转移,并不想把推翻"王制"作为目标,而是在这种制度下确立"民主政治"。所以,泰国政权的变更、宪法的修改都是按照国王的意图进行的。

从第一部宪法颁行直到2007年的75年时间内,泰国已使用18部宪法版本,政治学家,历史学家都认为,泰国是使用宪法"最浪费"的国家,其中有9部宪法是由政变者颁行并由新的政变者废除。除1932年、1978年和1991年的宪法实行时间在10年以上,其余的宪法施行上的时间仅两三年左右,反映出泰国自君主立宪以来资产阶级民主进程的曲折性,以及军人干政的复杂性。

2006年9月19日泰国发生军事政变。在推翻前总理他信政权后,政变当局随即废除了1997年宪法。2007年7月6日审议通过了泰国新的宪法草案。同年8月19日全民公决中通过的泰国新宪法草案,20日泰国选举委员会公布全民公决的结果。官方计票结果,新宪法草案以57.8%的支持率通过全民公决,8月24日,泰国国王普密蓬·阿杜德签署御令批准施行。10月24日新宪法颁行,这是泰国历史上的第18部宪法,也是泰国首部由全民公投产生的宪法。

---

① 参见杨建生、周青《泰国宪政制度非经济制约因素分析》,http://www.calaw.cn/article/default.asp? id=508。

二 泰国宪法的体例结构

泰国实行君主立宪制,宪法是国家的最高法。泰国宪法除引言外,共计15章,包括:第一章总纲;第二章国王;第三章泰国公民的权利和自由,本章规定了第一节总纲,第二节平等,第三节个人的权利和自由,第四节司法程序中的权利,第五节财产权,第六节就业的权利和自由,第七节个人与媒体的言论自由,第八节接受教育的权利和自由,第九节接受医疗服务与政府福利的权利,第十节接收信息与投诉的权利,第十一节集会与社团活动的自由,第十二节社区权利,第十三节保护宪法权;第四章泰国公民的义务;第五章国家的基本政策,这一章规定了第一节总纲,第二节国家安全政策,第三节国家行政管理政策,第四节宗教、社会、公共卫生、教育及文化政策,第五节法律和司法政策,第六节外交政策,第七节经济政策,第八节土地、自然资源及环境政策,第九节科学、知识产权及能源政策,第十节公众参与政策;第六章国会,这一章规定了第一节总纲,第二节下议院,第三节上议院,第四节两院通用条款,第五节国会联席会议,第六节宪法附加条例的制定,第七节条例的制定,第八节违反宪法的监督,第九节行政管理的监督;第七章公民直接参与政治;第八章金融、财政及预算;第九章内阁;第十章法院,这一章规定了第一节总纲,第二节宪法法院,第三节司法法院,第四节行政法院,第五节军事法院;第十一章依据宪法设立的机构,这一章规定了第一节依据宪法设立的独立机构(选举委员会、国家检察官、国家反贪委员会、国家审计委员会),第二节依据宪法设立的其他机构(检察官机关、国家人权委员会、国家经济和社会咨询院);第十二章公权行使的审查,这一章规定了第一节财产的审查,第二节利益冲突的行为,第三节撤职,第四节担任政治职务人员的刑事指控;第十三章担任政治职务人员和公务员的道德规范;第十四章地方管理;第十五章宪法的增修。另外,宪法还有9个附加条例。

三 泰国的宪政制度

(一) 政体

根据泰国现行宪法(2007年版)规定:泰王国是以国王为国家元首的民主体制国家。国王作为国家元首和王家武装部队最高统帅,其权力和地位神圣不可冒犯,任何人不得指责或控告国王。国王依据宪法规定通过议会、政府、法院行使权力。国王有权召集国会会议，解散下议院，根据国会决定任命总理，并可根据总理建议任免内阁成员；签署国会通过的法律；在紧急情况下颁布法令；在国会同意后，有权决定宣战、赦免、任免法官、各部常务次长、厅长或与此相当职务的军职和文职官员等。

议会是国家最高立法机构，议会通过的法律草案经国王御准后正式生效；议会有权罢免政府、法院以及选举委员会、反贪污委员会等中立机构人员。总理有权解散议会。议员要求罢免其他议员时，须经议会议长交由宪法法院裁定。中央选举委员会确认某议员当选后，如发现确有必要撤销该议员资格时，须交最高法院裁定。

（二）议会

1. 组成

泰国议会由上下两院组成。两院可依据宪法规定举行联席会议。下议院议长为议会议长，上议院议长为议会副主席。一人不得同时兼任上议员和下议员。

下议院由 480 名下议员组成。其中选区制下议员 400 人，比例制下议员 80 人。每届下议院自选举之日起任期 4 年。期间不允许拥有下议员议席的政党相互兼并。下议院结束任期后 45 天内国王须御准新的大选日期，全国须在同一天举行大选。上议院由 150 名上议员组成，其中直选制上议员 76 名，其余 74 名为遴选制上议员。当上议员席位空缺且不少于总议席的 95% 时，则认为上议院由实际人数组成。直选上议员自当选之日或中选会宣布任命之日起任期 6 年，不得连任两届，任期满后须继续履行职责直至产生新一届上议员。遴选制上议员首次任期 3 年，禁止上议员连任的规定不适用于首届遴选制上议员。

议会设常设委员会，下议院设 35 个常设委员会，上议院设 22 个常设委员会

2. 会议制度

议会会议分年度例会、年度立法会及特别会议，除特别会议外，年度例会及年度立法会会期均为 120 天，闭会前由下议院规定下一次会议的会期，期间为休会期。一般情况下，议会会议均采取对外公开形式，重要会议还将通过媒体进行实况转播，但如有 1/4 以上国会议员提出召开秘密会议请求，国会主席可视情况批准召开议会秘密会议。

3. 议会职权

依据泰国宪法，议会职权主要包括立法权（制定宪法附加法、制定

法律条例)、监督权(监督有关法律的制定是否违宪、监督国家管理工作)、预算审批权、人事权(推荐或罢免政府、议会、法院及其他独立机构主要成员)等。①

(三) 泰国政府

泰国政府行使国家行政权,管理国家事务。泰国政府采用内阁制,最高行政机关为内阁。内阁由1名总理和不超过35名部长组成。总理由下议院议员互选产生并由国王任命。

内阁成员包括总理府部长、各部部长和副部长,均由总理提名、国王任命,任期与国会相同。目前泰国政府设有总理府以及国防部、财政部、外交部、工业部、教育部、卫生部、农业部、交通部、科学技术部、劳动部、商务部、内政部、司法部、能源部、信息通信技术部、文化部、自然资源与环境保护部、旅游与体育部、社会发展与人类安全部等19个部。

(四) 泰国司法

作为大陆法系国家,泰国以成文法作为法院判决的主要依据。司法系统由宪法法院、司法法院、行政法院和军事法院构成。

宪法法院主要职能是对部分议员或总理质疑违宪、但已经国会审议的法案,及政治家涉嫌隐瞒资产等案件进行终审裁定,以简单多数决定裁决结果。宪法法院由1名院长及14名法官组成,由上议院议长提名呈国王批准,任期9年。

行政法院主要审理涉及国家机关、国有企业及地方政府间,或公务员与私企间的诉讼纠纷。行政法院分为最高行政法院和初级行政法院两级,并设有由最高行政法院院长和9名专家组成的行政司法委员会。最高行政法院院长的任命须经行政司法委员会及上议院同意,由总理提名呈国王批准。

军事法院主要审理军事犯罪和法律规定的其他案件。军事法院分为初审军事法院、军事上诉法院和最高军事法院三级。初审军事法院分为省军区军事法院、战区军事法院、曼谷军事法院和军事单位法院四种。军事上诉法院属于军事系统二审审判机关,全军共设有两个上诉法院。最高军事法院是军事系统内部设置的最高级审判机关,主要受理被告军人不服军事

---

① 参见"泰国议会",中国人大网 http://www.npc.gov.cn,2011-06-13。

上诉法院判决的刑事案件。

司法法院主要审理不属于宪法法院、行政法院和军事法院审理的所有案件，分最高法院（大理院）、上诉法院和初审法院三级，并设有专门的从政人员刑事厅。另设有司法委员会，由大理院院长和 12 名分别来自三级法院的法官代表组成，负责各级法官任免、晋升、加薪和惩戒等事项。司法法院下设秘书处，负责处理日常行政事务。最高法院的判决是最终判决，如果被告不服，可向国王上书请求赦免。

第三节　泰国民商事法律制度

一　民商法概况

泰国现行民商事法律制度受法国影响最大。在泰国，民商事与经济法律是不分离的，均包括在《民事和商事法典》及其相关的特别法规之中。

在泰国，判例不被认为是法律渊源，仅仅被视为法院对法律的有权解释，同样的，习惯和权利、正义等原则也不认为是法律渊源。

泰国拉玛五世统治时期，随着与西方贸易争端的增加，为了捍卫国家主权，朱拉隆功王下令进行一场全面的法制改革，大量引进西方的法律制度。这是一场由最高统治者发起的自上而下的改革运动，成为泰国法制"脱亚入欧"的转折点，也是泰国法律由印度化迈向西化的开端。

拉玛六世统治期间，泰国《民事和商事法典》的最先两编于 1925 年颁布实施，直至 1932 年，整个法典圆满完成。《民事和商事法典》主要效仿英国、法国、德国、日本及瑞士法而制定。1974 年和 1992 年，泰国根据经济社会的发展分别对该法典又做了较大的修改。[1]

泰国现行《民事和商事法典》一共 6 编：第一编总则，规定的内容主要包括自然人、法人和法律行为；第二编债权，主要是关于债权、债的担保和合同的一般规定；第三编合同分则，主要内容为各类合同、典当、代理人、票据法、股份与公司等；第四编物权法，主要内容是所有权、占有、居住权等；第五编家庭法；第六编继承法。

---

[1] 何勤华、李秀清主编：《东南亚七国法律发达史》，法律出版社 2002 年版，第 603—604 页。

二 人法

《民事和商事法典》规定，人格于胎儿之出生完成为始，死亡为终；胎儿享有法律上规定之权利，但须为生体分娩或顺利出生。即是说，自然人的民商权利能力始于出生，终于死亡。法典规定，人到20岁或结婚时成为有行为能力的人。即是说，自然人的民商行为能力始于成年或结婚。

根据《民事和商事法典》的规定，未成年人的各项行为，需征得法定代理人的同意，如未得到法定代理人的同意，都可视为无效，但：(1) 行为结果使未成年人取得权利或解除义务，且该项行为纯属个人性质；(2) 该项行为同他的个人身份相适应并为满足其合理需要所必需的；(3) 年满15岁后作出的遗嘱，均为例外。由于生理上或心理上缺陷，或由于惯常性挥霍浪费或酗酒而不能处理自己事务的人，也可以被法院宣告为准无行为能力人而被置于保佑人监管之下。

对于法人来说，只能按照《民事和商事法典》和其他有关法律的规定才能成立，其民事商事权利能力和行为能力自成立时产生，终止时消灭。

三 债权法

（一）债权的种类

《民事和商事法典》第二编债权法中规定了合同之债、不当得利之债。

1. 合同之债

在泰国，合同分为双务合同和单务合同，以及为第三人利益签订的合同。双务合同是指双方均承担权利义务的合同；单务合同是指只有一方承担义务的合同；为第三人利益的合同，即当事人一方向另一方承诺对第三方履行一定义务的合同，如人寿保险合同。

对于合同的成立，《民事和商事法典》要求合同须具备：当事人、双方合意、合同标的。双方合意是指合同双方当事人的意思表示完全一致，即当事人一方要约后应获得另一方当事人及时的、毫无修改的承诺。

对于合同的效力，泰国《民事和商事法典》采用意思自治的原则，但规定了合同的条件：(1) 合同标的不为法律所禁止或不与社会公德和诚实信用原则相违背；(2) 合同须符合法定的书面形式；(3) 合同订立的主体须以法律对当事人的行为能力的要求相符合。

对于合同的解除,合同法规定了根据当事人的约定解除和法定解除两种原因。法定解除的原因主要包括:(1)合同当事人一方没有履行义务;(2)如果履行要求在特定期间进行,而另一方当事人没有在特定期间履行的;(3)如果由于债务人的原因而导致全部或部分不能履行的,债权人可以解除合同。

合同法规定了违约责任和损害赔偿制度。某人故意或故意以违约方式造成他人死亡、健康和自由的伤害,以及财产和财产权利的伤害的,该人就应当赔偿其对他人造成的伤害损失。滥用权利造成他人的伤害,也应承担责任。赔偿费的数额由法院根据违约行为和侵权的严重程度来确定,赔偿损失的范围包括直接损失和间接损失。

2. 不当得利之债

根据《民事和商事法典》的规定,不当得利是指无法律上的原因而受利益,致使他人受损失的事实。不当得利既可以基于对方当事人清偿与己无关的债务而发生,也可以基于其他事实而发生;既可以是得利人以非正当方式取得,也可以是正当的手段获得。

对于不当得利,泰国《民事商事法典》规定,若该财产为金钱,得利人必须全额归还受损人。若该财产为金钱之外的财物,且该财产系通过正当手段获得,则得利人视具体情况来归还现有财产,无须对该财产遭受的损失负责;因得利人自身的原因导致该财产无法归还的,则得利人应归还利益受损人要求归还财产时所剩余的财产。若得利人是通过不正当的手段获得财产的,必须原价归还受损人该财产,该财产产生的利润亦须随同归还;该财产已灭失或受损的,得利人必须赔偿全部损失;得利人已对该财产外观进行改造的,应负担使其恢复原状的费用,并且按照受损人对财产外观的要求归还财物。《民事商事法典》规定了不当得利的除斥期间,即受损失的一方当事人自可以请求偿还不当得利之日起满1年,或者自不当得利发生之日起满10年,超过此期间,不得再提起请求返还不当得利的诉讼。

(二)合同的类型

《民事和商事法典》第三编合同分则共22章(第二十三章被废止)。主要介绍下面几种类型:

1. 买卖合同

泰国法律规定,任何有价值的财产及权利均可买卖。通过转移物的所有权而取得相应的价款，双方的法律关系为买方和卖方的关系。

所有权转移的一般规则是：合同签订时，买卖合同标的物的所有权由卖方转移给买方，除非是附条件或时间的买卖、合同不明确的销售、需确定价格的特殊财产。

2. 交换合同

交换不同于买卖，前者的目的是通过转移一物之所有权而取得另一物之所有权，后者则是通过转移物之所有权而取得相应的价款。交换双方的法律关系相当于买方和卖方的关系。

3. 赠与合同

赠与是赠与人将自己的财物无偿赠给受赠人，而受赠人愿意接受赠与物品。通常情况下，赠与合同须在财产交付后才生效。但是法律规定的情形除外：如法律规定对不动产和某些动产，需要相关机构和人员登记后作证才能买卖的财产，赠与时必须符合同样的要求。有相关机构和人员登记后的赠与或赠与承诺，受赠人享有交付该物的请求权。

4. 融资租赁合同

融资租赁既非货物租赁也非货物销售，而是兼具货物租赁和承诺销售该货物的特征。其特征是：出租方是出租财产的所有人；合同中应写明该物以租赁方式出租；出租方须承诺出卖该物给承租人或以后该物归承租人所有。分期付款租购须以书面合同的形式进行，否则视为无效。

5. 典当

典当是典当人将个人财产交付给承典人，作为某种债务的担保合同。典当是一种债务保证，债务包括利息、债务赔偿、转让典当所有权的手续费、保护典当财产的费用、没有典当的财产的损失赔偿。在典当期间，承典人有权占有典当物，直至得到清偿所有债务和其他相关费用时止。

6. 代理人合同

代理人合同是指代理人有权代替被代理人决定某种工作所订立的合同。代理人可以是直接委派，也可以是间接委托。除了出卖或抵押动产、出租3年以上的不动产、赠与、调解、向法院起诉和答辩的事项以外，代理人被赋予了代理权，可以以被代理人的名义进行任何工作。代理人和被代理人可以在代理合同中约定代理人的代理费用，如果没有约定，代理人无权得到报酬。

（三）时效

《民事和商事法典》规定了三种时效期间，即10年、5年和2年。该法或其他法律没有特殊规定的,时效为 10 年;国家捐税的请求权和由法院最终判决书或和解协议双方协定产生的请求权的时效均为 10 年。请求支付利息、分期偿还的清算款、资产租赁费、薪金以及退休金和抚养费的时效为 5 年。《民事和商事法典》第 193 条规定了 17 种款项的请求权的时效为 2 年。

四 公司法

泰国公司与许多国家一样,有三种类型的公司组织,即独资公司、合伙公司和有限公司。规范公司的法律除了泰国《民事和商事法典》第 22 章的规定以外,还有 1978 年颁布,并于 1992 年和 2001 年修改的《大众有限公司法》。

(一) 有限公司

在泰国,有限责任公司的形式及性质与在其他法域中基本类似。有限责任公司的资本都被平均划分,并由具有特定(票面)价值的股份代表。每一个股东的责任仅限于所持有股份的未付部分。有限责任公司可以是遵循《民事商事法典》设立的私人公司,也可以是遵循《大众有限公司法》设立的上市公司。

1. 私人有限公司

私人有限公司是指依照民事商事法典设立的有限公司。根据《民事商事法典》的规定,私人有限公司包括有限责任公司和股份有限公司。

申请成立私人有限公司,必须至少有 3 位发起人,且每一位发起人必须至少持有一份股权,法律上没有明确规定最低资本金额,但要求投入资本应能满足业务运作和发展的需要。成立公司时实收资本至少应达到认购股份金额的 25%,并须在商务部注册公司章程。公司章程的内容应当符合法律的要求。

在签署股权协议后,发起人应根据公司章程组织召开会议,选举第一届董事会成员,指派审计人员等。若符合《民事商事法典》的各项要求,私人有限公司可在一天内组建完成。私人有限公司要求至少有 7 名股东,一般情况下,除从事某些特定商业活动的公司外,不限制董事的国籍。私人有限公司的股权不公开销售。但是,根据 1992 年《证券交易法》的规定,在得到证券交易委员会的批准后,私人有限公司可向公众发行某些债券。

2. 大众有限公司

是指以向大众出售股份为宗旨，持股人有限责任不超过必须支付的股价数额而设立的公司。申请设立大众有限公司的发起人必须至少为 15 名。发起人所持有股份比例至少为全部股份的 5%，并且除非经公司股东大会的特别批准，否则必须自公司注册成立之日起持股两年。此外，至少 50% 的发起人须为泰国居民。大众有限公司的股份认购款项必须全额支付。

同私人有限公司一样，发起人必须召开法定股东会议，选举董事并指派审计人员等。董事会必须包含不少于 5 位董事，且董事中至少有一半定居在泰国。董事必须完全披露所持有的公司股份。与私人有限公司董事相比，大众有限公司的董事通常负有更大的责任。大众有限公司至少需要 16 天组建完毕。

股东行使权利是以股东会议的方式，股东会议包括年度会议和特别会议。董事会必须在公司每个年度结算之日起的 4 个月内召开股东年会；董事会认为有必要的时候，以及经持有股份总数不少于已经分配的全部股份 1/5 的股东，或者不少于 25 人并持有不少于已经发行的全部股份 1/5 的股份的股东提议的时候，可以随时召集股东召开特别会议。

大众有限公司还可以公开发行债券、债权凭证以及其他形式的证券。

（二）合伙公司

合伙公司是两方或多方为了同一商业目的进行联合并共享利润的商业组织形式。合伙企业可以是普通合伙，也可是有限合伙。

1. 普通合伙

是指所有的发起人均对企业的债务负有无限连带责任的合伙企业。普通合伙人可以通过资本、实物或劳动力参与合伙。此类型的合伙企业既可以注册，也可不经注册。

2. 注册普通合伙

是指所有合伙人一起承担无限责任，但注册后成为与合伙人有区分的法律实体，这种合伙企业可以在一定程度上保护合伙人利益。第一，经注册合伙关系中的合伙人可以代表合伙企业向第三方提出索赔，即使该合伙人并不属于交易方。第二，在注册合伙企业中，合作各方的义务在该合作关系结束两年后自动终止，而在未经注册的合伙企业中，合伙各方将继续负有义务。第三，债权人在合伙企业的所有资产清偿之后方可对合伙人个人提出索赔。第四，单个合伙人的债权人以其个人身份进行索赔时，仅可以针对合伙企业应付负债合伙人的利润进行主张，不可针对合作企业的整体资产进行索赔。

3. 有限合伙

是指其中有1名或1名以上合伙人仅在自己出资限额内承担有限责任，其余的承担无限责任的合伙企业。这种合伙必须注册有限合伙公司。部分合伙方仅对合伙企业承担有限责任和义务。有限责任合伙人仅可以通过投入资金或其他实物的形式合作，不能通过投入劳动力、参与合伙企业管理、为企业冠名等方式参与合作。如以上述方式合伙，合伙人将会丧失有限合伙人的地位，并须与其他普通合伙人一起承担完全责任。有限合伙公司必须履行注册手续。根据民事商业法案，拥有至少3个名合伙人的已注册的一般合伙或有限合伙可以转化为私人有限公司。

（三）公司设立程序

按照泰国《民事商事法典》注册成立有限公司，主要程序是：

1. 公司名称登记和核准

在建立一个有限公司之前，首先要将选定的公司名称进行注册登记并通过商务部商业注册厅的审核。登记的公司名称不能与其他公司的名称相似或一致。一些专门的名称不允许登记且必须遵守商业发展厅的公司名称登记准则。批准后的登记公司名称有效注册期为30天，不能延期。

2. 起草公司章程

其内容包括：（1）已批准之公司登记名称；（2）公司的详细注册地址；（3）公司目标和经营范围；（4）公司发起人的名字等个人详细资料；（5）股东的股份认购情况以及公司经批准后的注册资本数据。资本信息必须包括股份数量及每股面值，资本可以分期投入，但总额应明确。公司章程的登记费用为注册资本的万分之五，最低下限为500铢，最高上限为25000铢。

3. 召开法定会议

一旦公司股份认购确定后，在法律和公司章程的批准下组织全体股东召开一个法定会议，选举出公司董事会，批准公司发起人的交易和支出，任命审计师。

4. 注册

在法定会议召开后3个月之内，公司董事会必须向商务部提交公司注册申请。注册费用为注册资本的千分之五，最低下限为5000铢，最高上限为250000铢。

5. 税务登记

在公司正式成立开始营业后60天之内，须向税收部门申请公司纳税登记卡和企业代码（税号），缴纳所得税。经营者如年收益超过600000铢，须在其销售额达到600000铢之日起30天内申请产品增值附加税（VAT）的登记，成为增值税纳税人。

如果外国公司要通过设立分支机构、代表处或地区办公室在泰国开展业务，须提交相关文件资料。上述文件资料须由其公司总部提供并获公证部门公证，或泰国在其本地的大使馆或领事部门的证明和批准。

五 物权法

《民事和商事法典》第四编规定了物权法。主要内容包括：

（一）物权原则

1. 物权法定原则

《民事和商事法典》确立了物权法定的原则，规定：依照物权法和其他法律确立所有的财产权。

2. 物权公示原则

物权分为动产物权和不动产物权，一般来说，不动产的取得和转让，未经登记，不发生物权变动的效果，如果他人通过正当手段登记并已支付费用，则未登记权利的物权人无权对抗和起诉该登记人。但是，法律规定的不动产物权人的权利，不必登记，不得以法律行为取消或限制物权人的法定权利。

（二）国家公共财产

根据物权法的规定，各种为了公共利益或者为了维护公共利益的财产是国家公共财产，例如：荒地、收回的土地、遗弃或根据土地法规定返还国家的土地；公民共同使用的诸如河岸、水路、公路、湖泊等财产；用于国家利益的国家机关的财产和军事设施及军舰、军械等。对于国家公共财产，不得以诉讼时效对抗之。

（三）居住权

居住权是指居住人按规定的期限居住或终生居住房屋的权利。取得房屋居住权的任何人不必支付居住租金。居住权的期限不得超过30年，期限届满可以延长,自延长之日起不得超过30年。

居住权不得以遗产的方式转让,当居住权消灭时,居住权人应当将房屋归还给房屋所有人。

(四) 土地支配权

泰国实行土地私有制,土地所有人有权将其土地让与他人持有和支配,并允许该人成为在土地上建造的住房、建筑物、种植的作物的所有权人。

土地支配权的期限可以是终生的,也可以是规定具体期限的。终生的期限可以以土地所有人的终生,也可以以土地支配人的终生。规定的期限不得超过30年,期限届满可以延期,延期不得超过30年。如当事人没有约定土地支配权的期限,任何一方可以在任何时候取消支配权,但必须通知对方当事人;如果是支付租金取得的支配权,则必须提前1年通知对方。

土地支配权消灭,支配权人必须拆除住房、建筑物,铲除种植的作物,使土地恢复原状;如果土地所有权人不让拆除或铲除的,应当与支配权人协商,按市价购买。

六 婚姻家庭继承法

泰国《民事和商事法典》第五编规定了婚姻家庭法律制度。

(一) 婚姻家庭法

1. 婚姻法的原则

泰国的婚姻家庭法制度单纯,规范统一。家庭法是以泰国旧法律和习惯制度为基础的,受德国法和瑞士法中某些概念的影响,婚姻法确立了男女平等的原则,如规定男女双方必需互相照顾和扶养,男女双方在财产上享有平等的权利。

2. 结婚

为使订婚或结婚有效,婚姻法规定,男方至少必须满17周岁,女方至少满15周岁才能结婚。如果男方或女方为无完全行为能力人,订婚或结婚时必须有男方或女方的双亲或活着的父亲或母亲表示同意。

按照年龄段的不同,结婚程序相应要求也不尽相同。年满20周岁或以上的,双方带着身份证直接到泰国任意一个县的登记处办理即可。登记地点不受户籍限制,不用身体检查;年满17周岁但不足20周岁的,除带身份证外，还须出示父母或监护人的知情同意书；年满15周岁但不足17周岁的，须经法院批准同意方可登记结婚。男女结婚后，就独立于各自的父母。

除年龄限制外，还有五种情形不允许登记结婚：（1）精神病或智障的；（2）同父母或同父异母或同母异父的兄弟姐妹；（3）已经有配偶的；（4）养父母与养女子之间；（5）离婚后不足310天的妇女，但下列情况除外：离婚后的310天内生孩子的；与原配偶结婚的；医院证明无身孕的；法院判定可以结婚的。

3. 离婚

根据泰国《民事和商事法典》的规定：离婚分为夫妻协议离婚和法院判决离婚两种形式。

（1）夫妻协议离婚。丈夫和妻子双方可以通过相互协商，达成离婚协议，从而终止双方的婚姻关系。离婚协议必须采用书面的形式，并且至少有两位证人的签字证明。夫妻双方必须就如何对共同的婚生子女行使双方权利的问题达成协议，并在离婚协议中明确说明。缺少这种协议或者无法达成这种协议的，则应由法院裁决。在协议离婚时，还应当就子女的监护问题在离婚协议中明确说明。

（2）判决离婚。只要具有下列条件之一的，夫妻双方的任何一方都可以向法院提出要求离婚的申请。一是通奸，如果丈夫一方与妻子以外的其他女子形同夫妻，并且维持这种关系，或者妻子一方与丈夫以外的其他男子发生性关系的，另一方可以申请离婚；二是品行不端，品行不端往往是夫妻一方使另一方遭受极大的耻辱或受到侮辱，或持久的伤害和痛苦，另一方可以请求离婚；三是虐待，如果夫妻一方遭受人身伤害和折磨，受到严重的精神或人身侮辱，或者蔑视配偶一方及其祖辈的，另一方可以请求离婚；四是遗弃，如果配偶一方遗弃另一方1年以上，另一方可以请求离婚；五是失踪，如果配偶一方被认为已经失踪，另一方可以请求离婚；六是不履行扶养义务，如果配偶一方没有给另一方以适当的扶养，给另一方造成了痛苦，那么另一方可以请求离婚；七是精神病，如果配偶一方是持续3年以上的精神病患者，并且这种精神病几乎不能治愈，另一方可以请求离婚；八是违背良好品行的契约，如果配偶一方违背自己签订的良好品行的契约，另一方可以请求离婚；九是危险的传染病，如果配偶一方患有不可治愈的传染性疾病，并有可能给另一方造成损害的，另一方可以请求离婚；十是性功能障碍，如果配偶一方由于生理的原因而永久性地不能发生性关系，另一方可以请求离婚。

4. 离婚的效力

在离婚之后，对于夫妻双方的财产应当进行清理。如果夫妻双方协议离婚，财产清理从离婚登记之日起开始；如果采取判决离婚的方式，则清理从法院受理离婚诉讼之日起开始。

（二）继承法

泰国继承法律制度规定在《民事商事法典》第六编中。继承分遗嘱继承和法定继承。

1. 遗嘱继承

任何人均可按照自己的意愿以遗嘱方式处分他去世后的遗产。法律规定，遗嘱人可以排除其妻子和子女继承其遗产，但因遗嘱人伦理上和道义上都有扶养妻子和子女的义务，故实践中这一规定难以实施。

2. 法定继承

在没有遗嘱的情况下适用法定继承，原则是近亲优于远亲。配偶和子女属于第一继承人，享有同等继承权。在没有配偶和子女时，其他近亲属才有继承权。

七 竞争法律制度

（一）消费者保护法律制度

在泰国，消费者保护法通常指规范广告、销售行为、产品质量，以及对消费者营销其他方面的法规或行政措施。有一些具体法规为消费者提供了对抗缺陷产品或不公平商业行为的间接保护。这些法律包括《食品法》《药品法》《医疗器械法》以及《消费者保护法》。

1. 《食品法》

1979年的《食品法》对生产、进口、销售食品施加了诸多要求、限制和禁令。不遵守这些要求、限制和禁令的，会受到罚款和/或监禁。该法案下的要求、限制和禁令涵盖了生产、进口，或者经销掺假或掺杂食品，不符合泰国食品和药品管理局（FDA）规定标准的食品，以及虚假或夸大的食品广告。《食品法》规定设立食品委员会，其由来自各政府部门的官员组成。食品委员会被授权就撤回或吊销食品许可证向卫生部提出意见和建议。

《食品法》规定，禁止错误或欺骗性地宣传食品的质量或益处。在某一特定食品的视频广告或印刷广告发布以前，其内容必须提交食品和药品管理局批准。该授权食品和药品管理局依赖于食品委员会关于某一特定食品不具有广告的用途、质量或益处的决定，向生产商、进口商或者广告商发布书面禁令，停止生产或广告该产品。该法还授权有能力的官员进入制造、存储和销售场所检查产品。如果检查到违法案例，该等官员可以没收食品及其相关文件和包装。

2. 《药品法》

1967年的《药品法》要求所有药品的视频广告要经相关部门审批，印刷广告中使用的内容和图片在公之于众之前也必须经过行政审批。该法要求提交部门许可的药品广告不得包含以下内容：鼓吹药品或其成分是灵丹妙药或包治百病；存在表达某一药品可以减轻、治愈或防止疾病等词汇的；对药品的属性做夸大或不实描述；使人认为该药品含有其实际并未含有的药品物质或成分，或者在其含有某种特定药品物质或成分的情况下，使人认为其含量并非其实际所有。

3. 《医疗器械法》

2008年的《医疗器械法》要求所有打算生产或进口医疗器械的商业经营者在食品和药品管理局登记其营业地址，并应当根据其打算生产或进口的医疗器械类型，在开始生产或进口产品之前，通知食品和药品管理局或者取得许可。该法还要求生产或进口医疗器械的商业经营者必须提供该等器械的标签和说明书，其应符合公共健康部一份部级通知书中规定的规章、规程和条件。如果生产或进口医疗器械的商业经营者在其标签或产品说明书中含有错误或夸大信息的，应被处以不超过一年的监禁，或被处以不超过10万泰铢的罚款，或者两者并罚。

4. 《消费者保护法》

1979年制定、1998年修改的《消费者保护法》基于保护消费者利益的目的，规定了设立消费者保护委员会。消费者保护委员会由总理担任主席。除此之外，还设立了负责不同事务的三个委员会：广告委员会、标志委员会、合同委员会。消费者保护委员会负责审理消费者提起的投诉，起诉那些侵犯消费者权利的人员，规范三个委员会的工作，并审理对三个委员会决议的申诉。该委员会也被授权要求计划销售某一特定产品的商业经营者自行负担费用进行测试，保证产品安全。

《消费者保护法》下的处罚条款很多，各不相同，包含了监禁和递增罚款。处罚从因未按照消费者保护委员会的命令向其提供文件或数据处以一个月的监禁或1万泰铢的罚款，到因带入消费者保护委员会禁止带入境内的产品，而给予制造商或进口商五年以下的监禁或5万泰铢的罚款。当某一法律实体依据《消费者保护法》被控诉时，其董事和经理可能负有个人责任，除非能证明其未参与违法事件。

（二）产品责任法律制度

在泰国，涉及产品责任的法律包括2008年的《不安全产品损害责任法》（《产品责任法》），以及《消费者案件相关诉讼程序的规定》（《消费者案件诉讼程序法》）。

1. 《产品责任法》

根据《产品责任法》的规定，产品责任的范围限于因不安全产品引起的损害，无论是对生活、身体、健康、幸福、情绪，或者财产，但不包括对不安全产品本身的损害。"产品"包括所有类型的动产、所有农产品和电力。根据《产品责任法》，如果一个产品导致或可能导致损害，即被认为不安全。损害或者可能的损害，可能源于生产或设计，也可能源于不恰当地使用或存储指引，或者缺乏有关产品的警告或其他必要的信息。如果消费者因不安全产品遭受损害，相关商业经营者有义务补偿该消费者。《产品责任法》授权法院对精神损害判决补偿，以及所产生的实际损害两倍以内的惩罚性损失赔偿。

根据《产品责任法》，"商业经营者"指生产制造商或者雇主；进口商；若产品未标明制造商、生产雇主或进口商，即为产品销售者；以及使用的名称、商标、商号、标识或声明可能导致其被理解为问题产品的制造商、生产雇主，或进口商的人员。

《产品责任法》扩大了泰国法律下"严格责任"的概念，其指一旦产品被发现不安全，商业经营者应当对受损害的人员负责，即使该商业经营者不是故意造成伤害或者粗心大意造成的。商业经营者可能的抗辩理由包括：该产品并非不安全；受伤害的一方已经知晓该产品不安全；损害是由于未按使用指引、警告或者商业经营者充分提供的信息而不当使用或储存产品造成的。

2. 《消费者案件诉讼程序法》

该法适用于因消费产品和服务引起的所有案件，并且包括《产品责任法》下的案件。《消费者案件诉讼程序法》保证消费者适用更加便宜、迅速和简单的诉讼程序。如消费者可以用口头或书面方式立案,消费者起诉时可被法院豁免收费,如果消费者败诉,再向法院缴纳诉讼费用。为了方便起见,消费者案件被保证快速审理。法院会任命一名案件管理员来帮助诉讼程序中的消费者。

在诉讼过程中,产品生产、装配、组成相关事实的证明责任,或者与提供服务相关的证明责任,归于商业经营者(被告)。不同于普通民事案件,法院被授权要求提供其认为恰当的任何证据。关于损害,《消费者案件诉讼法》规定法院相较普通民事案件有更大权力。法院可以判决:惩罚性赔偿;产品召回;替换损害物品。另外,如果法院发现某一商业经营者是通过不正当手段设立的法律实体,法院可以使用"刺穿公司面纱"的原理,以使商业经营者的股东、合伙人或控制人对消费者承担连带责任。

八 对外贸易与投资法律制度

泰国的商法和民法是结合在一起的,其民商法典涵盖了这两个领域的几乎全部规范。但就贸易投资领域而言,泰国尚没有一部专门的对外贸易法,也未形成一套系统、完整的对外贸易法律体系。在泰国,与贸易和投资相关的法律法规主要包括《货物进出口控制法》《外商经营企业法》《投资促进法》《关税法》《出口商品标准法》《植物扣留法》《反倾销和反补贴法》《保障措施法》《涉外经济法》《对销贸易法》《直销贸易法》《电子交易法》《商业协会法》《外汇管理法》和《商业竞争法》等。

(一)进出口管理法律制度

1. 进口管理制度。泰国实行自由进口政策,任何可开具信用证的进口商均可从事进口业务。政府实行的主要进口管制措施如下:

(1)关税配额

泰国目前根据 WTO《农业协议》仅对 23 种农产品实行关税配额管理,分别是桂圆、椰肉、牛奶和奶油、土豆、洋葱、大蒜、椰子、咖啡、茶、干辣椒、玉米、大米、大豆、洋葱籽、豆油、豆饼、甘蔗、椰子油、棕榈油、速溶咖啡、土烟叶、原丝。另外,对动物饲料用玉米征收最惠国配额外进口附加费。但是,关税配额不适用于从东盟成员国的进口。泰国目前采用六级关税系统,该系统根据增值部分累计征收,对 WTO 成员方的平均关税是 14.6%,非 WTO 成员方的平均关税是 16.8%。[①]

(2) 进口禁止和进口许可

1979 年的《货物进出口控制法》是禁止进口的主要法律依据。根据《投资促进法》,如果投资委员会(BOI)认为其他形式的保护不足以支持某工业,则有权要求商业部禁止该工业所生产商品的进口(但根据泰国政府的有关资料,BOI 尚未行使过这一职权)。另外,不同的立法也规定一些商品可能因健康和安全原因而禁止从国外进口。根据进出口法令,商业部在得到内阁的批准后,可能因经济稳定、公共利益、公共健康、国家安全、和平、道德,或其他国家利益而限制进口。进口可能是"完全"或"有条件的"加以禁止。在后一种情况下,如果特别要求的条件得以满足,则可以进口。

泰国的《货物进出口控制法》规定进口许可必须在得到商业部外贸厅的同意后货物才能到港。对进口许可管制的商品品种及申请条件的改变都通过政府公告通知,并在泰国银行季度公报中公布,进口管理的有关规定若有任何变化,则通过政府公告或报纸以及国家广播公布。

2. 出口管理制度。泰国实行出口导向型经济,除通过出口登记、许可证、配额、出口税、出口禁令或其他限制措施加以控制的产品外,大部分产品可以自由出口。受出口控制的产品大约有 45 种,其中征收出口税的有大米、皮毛皮革、柚木与其他木材、橡胶、钢渣或铁渣、动物皮革。主要的出口管制措施有:

(1) 出口登记。为了保证出口质量、进行价格调控、保证食品安全、防止出口商之间的削价竞争,一些商品的出口要求实行出口登记制,如咖啡、大米、桂圆、纺织品和服装等。

(2) 出口配额和出口许可。实行出口许可主要是为了管理配额的发放,实行有条件的出口限制以及完全限制。受出口配额管理的商品主要是根据双边协议而自愿实行的。

(3) 出口税。出口税占泰国政府财政收入的部分几乎可以忽略不计。目前对出口征收关税的商品只有大米(10%)、铁块(50%)、牛皮、木材等。

[①] 参见 http://finance.ifeng.com/roll/20100129/1775914.shtml,2012 - 10 - 10 15:44。

(4) 出口支持。政府对出口的支持手段是为出口融资提供便利和优惠利率。

(二) 贸易保护法律制度

泰国的贸易保护措施主要有反倾销、反补贴，以及保障措施，与贸易保护和管制相关的措施有国内税的征收、进口附加收税、技术性贸易壁垒等。

1. 反倾销和反补贴

1995 年，泰国商业部颁布了《商业部关于征收反倾销和反补贴税的通告》，1996 年修改了该通告。1999 年 7 月新的《反倾销和反补贴法》出台，代替了 1996 年的商业部通告。泰国政府认为该法与 WTO 关于执行 GATT1994 第六款的协议精神完全一致。但在泰国有关反倾销的程序中，商业部外贸厅既负责反倾销调查，又负责对损害的程度进行调查和评估。这样集两种职权为一身的制度设计，恐难以保证评估的公正性。

2. 进口附加税

泰国《投资促进法》规定，BOI 有权为了保护鼓励投资的行业免受有可能的倾销或不合适的关税结构（如原材料的关税高于该原料所生产的制成品的关税）的影响，有权征收进口附加税。该项税不能超过该项进口商品价格的 50%，征收一般不超过一年，但是有可能延长。这种税只对极少数关税价格不合理的商品征收，一旦关税结构进行了重新调整，即予以取消。

3. 国内税收

除了海关关税外，泰国政府还对进口商品根据其 CIF（成本、保险费加运费）的进口价格，征收三种间接税，分别是消费税（excise）、政府税（municipality）以及增值税。对进口商品的这三种征税与国内商品所征收的税率和条件一样。

4. 技术性贸易要求

泰国制定技术性要求的机构，在工业方面是由泰国工业标准机构（TISI）来具体执行，而食品和烟叶产品、化妆品、药品和麻醉剂、动物饲料、化肥、危险物品、活动物、植物、种子、医疗器械、治疗精神病的和易挥发的物品的生产、销售和进口则由泰国卫生部下属的食品医药委员会（TFDA）来负责监控和进行规定。

泰国对本国产品和进口产品的认证实行统一评估程序的标准。这个标准系统包括强制性标准和自愿标准，已经得到 ISO9000 认证，且产品已由泰国与他国签署的相互承认协议所认可的机构进行了产品测试，外国工厂可以不用再进行产品认证系统所要求的产品质量检查，这些工厂出口的产品也不用进行抽样检查。但是在其他情况下，则需对产品进行质量测试和抽样检查，费用由进口商承担。进行强制性标准检查的产品的国内生产或进口需从泰国工业标准机构获得许可。

（三）外商经营企业法

泰国有数部法律和法规用以规范外国人在泰国境内参与商业活动。主要的法律为 1999 年的《外商经营企业法》，该法主要针对外国人在泰国投资的领域、条件和程序等。

1. 外国人的含义

《外商经营企业法》将"外国人"定义为：（1）非泰籍的自然人；（2）未在泰国境内登记注册的法人；（3）在泰国注册登记并具如下两种情况的法人，一是前面（1）或（2）项规定的外国人在该法人公司的股份投资占比达到 50% 以上者，二是由（1）项规定的外国人担任总经理者。可以看出，在泰国成立但 51% 的股份由外国人或外国公司持有的公司，被《外商经营企业法》视为"外国"或"外籍"公司。

《外商经营企业法》限制外国人在泰国从事某些业务活动。外国人可以在泰国全资拥有企业，但是不得从事《外商经营企业法》限制的某些特定的业务活动或其他法律禁止的活动。

2. 外国人禁止和限制的商业领域

《外商经营企业法》列明了三类禁止或限制外商投资经营业务的目录：

第一类，由于"特殊原因"禁止外国人从事的以及外国人无法获得执照的业务，包括：报纸、广播电台、电视台；稻米种植、农场、园艺；畜牧场、林业、原木加工；在泰国水域和泰国专属经济区内进行渔业或水产捕捞活动；泰国草药提炼业；经营和拍卖泰国古董或具有历史价值的文物；制作或铸造佛像及僧侣钵盂；土地交易。

第二类，可能影响国家安全稳定、艺术、文化、传统习俗、民族手工艺品、自然资源或环境的业务。外国人只有在商业部提交内阁审议批准后才能获得许可以从事第二类的商业活动；经营第二类行业目录的外国法人须由泰国人或非外国法人持股至少40%且2/3的董事须是泰籍人士。具体包括：(1) 生产、销售和维修枪械、子弹、火药、爆炸物及配件；武器、军用船舶、军用飞机、军用交通工具；军用设备零配件和所有战用设备及用料。(2) 经营古董、泰国艺术品与手工艺品，养蚕、泰丝生产、泰绸织造、泰绸花纹印制、木雕生产、泰国乐器制造、金器、银器、乌银镶嵌器、青铜器、漆器、与泰国艺术文化相关的陶瓷。(3) 蔗糖生产、制盐业（包括地下盐和岩盐）、矿业（包括爆石碎石）、用于家具器具生产的木材制造。

第三类，泰国认为尚未做好准备而无法与外国人平等竞争的业务。只有获得商业发展厅厅长的许可，并经外商经营企业委员会批准，外国人才可以从事此类业务。如果一家外国企业获得此许可，该法人可100%由外资所有，且对泰籍董事的最低人数没有要求。具体包括碾米业、以大米及其他农作物为原料的面粉生产；渔业、水产养殖；造林；夹板、胶合板、纸板及硬纸板生产；石灰生产；会计/法律/建筑设计/工程服务业；广告业、导游业及餐饮业。

外商经营企业委员会对附录列明的业务至少每年审查一次，并向商业部提出必要的修改建议。

3. 禁止或限制业务的豁免

豁免，即对于从事某些禁止或限制业务的许可，或对泰籍股东和董事成员比例要求的免除。泰国政府授予或根据条约的规定，在某些情况下，外国人有可能豁免执行《外商经营企业法》中的一些特别要求。这些情况包括：(1) 外国人所经营的业务受到泰国签署的条约的保护；(2) 外国人获得泰国政府许可在规定期限内从事受到监管的业务；(3) 外国人所经营的业务属于泰国有义务遵守的条约的范畴，即使泰国不是该条约的缔约国。

有权享受豁免的机构必须首先书面通知商业部，并获得商业发展厅厅长签发的许可证。商业发展厅厅长必须自收到书面通知之日起的30日内签发许可证。

另外，泰国投资促进委员会和泰国工业园区管理局就附录第二类和第三类业务取得泰国投资促进委员会的投资优惠或泰国工业园区管理局书面准许经营该业务或出口贸易的外国人也可以授予豁免权。被授予豁免权的外国人同样免受《外商经营企业法》管辖，但是，他们必须书面通知商业部并获得商业发展厅厅长签发的许可证,商业发展厅厅长必须自收到书面通知之日起的 30 日内签发许可证。

4. 外商企业经营执照的取得

(1) 申请和批准

外商在泰国投资经营,应当按照《外商经营企业法》的规定取得经营执照。从事附录第二类业务的,应当向内阁进行申请;从事附录第三类业务的,应当向商业发展厅厅长提出申请。内阁和商业发展厅厅长自接到外商申请经营执照之日起,必须在 60 日内完成审议。若内阁不能在该期限内完成审议,必要时可以延长该时间,但延长时间不能超过 60 日。商业部部长或商业发展厅厅长(根据具体情况)必须自内阁决议之日或商业发展厅厅长核准之日起的 15 日内颁发外商经营执照。

(2) 附加条件

根据《外商经营企业法》的规定,泰国商业部部长或商业发展厅厅长可以对外商经营执照附加特定条件。商业部部长可根据内阁决议或部级法规对附录第二类业务的申请者设定附加条件,商业发展厅厅长可根据部级法规及相关部级规章对附录第三类业务的申请者设定附加条件。另外,根据外商经营企业委员会的建议,商业部部长有权发布部级法规附加下列任一条件:特定的债务股本比;必须在泰王国内居住的外籍董事最低人数要求;最低资金要求及该资金保留在泰王国内的最低时间要求;必需的技术或资产投入;其他必需的条件。

第四节 泰国刑事法律制度

一 泰国刑事法律制度概述

泰国第一部《刑法典》颁布于 1908 年,该法典吸收了大陆法系国家(主要是法国和比利时)的刑法原则和制度,该《刑法典》后被于 1956 年 11 月 15 日公布,自 1957 年 1 月 1 日起施行的现行《刑法典》所取代。此后,随着泰国政治、经济、文化和社会生活的发展和变化,泰国立法机关以刑法修正案或法令的形式,对刑法典进行了多次修改。泰国《刑法典》明显具有大陆法系国家刑法的特点,同时体现了本国的国情,规定了罪刑法定原则,确立了社会防卫理念(保安处分);在本土与西方、传统与现代之间的妥协体现到了极致。①

（一）罪刑法定原则

泰国《刑法典》第 2 条规定："行为的处罚，以行为时的法律规定其为犯罪和刑罚者为限。加以行为人的刑罚，应当依照法律的规定"。除此之外，还明确规定了"适用保安处分，应当以裁判时生效法律有明文规定为限"的处分法定原则。泰国刑法将溯及力问题视为是罪刑法定原则的重要组成部分，根据罪刑法定的要求，对法律的溯及力，该法典采取"从旧兼从轻"的刑法适用原则，规定："如果行为后的法律不认为其行为是犯罪的，应当立即释放。如果经终局判决有罪的，应当视为行为人自始没有因该罪判处刑罚。如果被执行刑罚的，应当立即终止执行"。这样的规定，旨在确保正确、人道地贯彻罪刑法定的原则。

（二）社会防卫理念

19 世纪末至 20 世纪产生了社会防卫的理论，认为追究刑事责任时应当考虑社会防卫之需要，而不在于责任的报应；应当讲究社会政策和刑事政策，刑罚只是社会自卫的次要手段，必须寻求替代措施，即采用矫正、隔离、治疗、禁戒等手段对行为人进行改造等。泰国《刑法典》吸收了社会防卫的理念，设立了有利于预防犯罪和保障人权保安处分的制度，并对保安处分的种类、适用条件和要求进行了规定。与设立保安处分的社会防卫理念相适应，刑法对保安处分对定的是从新兼从轻的原则，这和刑法适用"从旧兼从轻"的原则有所不同。②

该法典特别注重的是行为人自身的人身危险性，如该法第 78 条规定，不论刑法或者其他法律有无刑罚加减的规定，法院在认为适当时，可以对智力缺陷、严重困境、良好素养、悔改、努力减轻伤害结果、自首、提供有利审判的信息或者法院认为类似性质的其他情况的犯罪嫌疑人减少不多于 1/2 的刑罚。

（三）适用范围

泰国《刑法典》将时间效力规定在罪刑法定原则中，故刑法的适用范围主要体现在空间效力上。

---

① 何勤华、李秀清主编：《东南亚七国法律发达史》，法律出版社 2002 年版，第 627 页。

② 同上书，第 626 页。

泰国刑法对于空间效力基本上是坚持属地主义原则,即一切发生在泰国领土范围内的犯罪,均适用泰国《刑法典》。泰国刑法对属地主义原则规定极为广泛,该法规定,只要犯罪行为的任何一部分在泰国领域内实施,或者行为人预期的结果发生在泰国领域内,或者依行为的性质其结果应当发生在泰国领域内,或者其结果发生在泰国领域内是能够预见的,都视为是在泰国领域内犯罪。另外,该法典还对何为泰国领域内犯罪作了完善具体的规定。例如,对于预备犯或者未遂犯,规定了如果其行为在泰国领域外,而按犯罪完成的步骤,其结果将发生在泰国领域内的,也视其预备或者未遂行为发生在泰国领域内,而适用泰国刑法。该法典甚至规定,犯罪在泰国领域内或者依本法视为发生在泰国领域内,则其共同正犯、从犯或者教唆犯的行为即使在泰国领域外,也应当将其共同正犯、从犯或者教唆犯的行为视为在泰国领域内。

泰国《刑法典》还对刑法的属人原则和保护原则作出明确具体的规定。该法典规定,在泰国领域外,实施了造成国王、王后、王储死亡的危害国家安全的犯罪;伪造变造货币,伪造有关的印章、票证和伪造变造有关债权文书的犯罪;有关风化的犯罪;抢劫罪和在公海上犯结伙抢劫罪等,应当受国内法处罚。除此之外还规定,在泰国领域外的犯罪,如果犯罪行为人是泰国人,并经犯罪地政府或被害人请求处罚的;或者犯罪行为人是外国人,泰国政府或者泰国人为被害人并请求处罚的,实施了前述以外的有关危害国家安全的犯罪、伪造变造文书的犯罪、有关风化的犯罪、有关侵犯财产权和人身权的犯罪,应当受国内法处罚。

二 泰国《刑法典》结构

泰国《刑法典》分总则、具体犯罪、轻罪三编,共14章398条。

第一编是总则,包括二章。第一章为适用于一般犯罪的规定,一共九节,第一节规定了各种定义解释、刑罚与保安处分、刑事责任、未遂犯、正犯与从犯、犯罪的竞合、累犯、时效等内容;第二节规定了适用于轻罪的规定。

第二编是对具体犯罪的规定,包括十二章。第一章是关于国家的犯罪,该章规定了侵犯国王、王后、王位继承人和摄政王的犯罪、内乱罪、外患罪和妨碍国交罪;第二章是关于公共管理的犯罪,规定了两类罪,即妨碍公务罪和渎职罪;第三章为关于司法的犯罪,规定了妨碍司法罪和司法渎职罪两类罪；第四章是关于宗教的犯罪；第五章是关于公共秩序的犯罪；第六章是关于公共安全的犯罪；第七章是关于伪造变造的犯罪，该章一共三节，规定了伪造货币罪、伪造印章票据罪、伪造文书罪；第八章是关于贸易的犯罪；第九章是关于风化的犯罪；第十章是侵犯生命和身体的犯罪，该章一共四节，规定了杀人罪、伤害罪、堕胎罪和遗弃罪；第十一章是妨碍自由和名誉的犯罪，一共三节，规定了妨碍自由罪、揭露秘密罪和妨碍名誉罪；第十二章规定了侵犯财产的犯罪，该章一共八节，规定了盗劫和抢夺罪、恐吓勒索和抢劫罪、欺诈罪、妨碍债权罪、侵占罪、赃物罪、损毁罪和非法侵入罪。

第三编是轻罪，本编主要是规定各种轻罪及其处罚标准。

三 泰国《刑法典》的主要内容

（一）犯罪的分类

泰国《刑法典》将犯罪分为两类，即一般犯罪和轻罪。对于一般犯罪，该法典没有作出一个准确的定义，只是在第一编总则的章名中出现了"一般犯罪"的表述，而第二编使用了"具体犯罪"的编名。《刑法典》对轻罪下了定义，轻罪指犯一个月以下有期徒刑或者一千铢以下罚金，或者二者并处刑罚之罪。这个定义从形式上对一般犯罪和轻罪做了界定和区别。《刑法典》第二章规定，轻罪的处罚不以故意为限，并且对轻罪之未遂犯、从犯应免于处罚。由此看来，《刑法典》总则关于一般犯罪的规定对轻罪也是适用的。

泰国《刑法典》第三编规定的轻罪大多为社会危害性较轻的犯罪行为，如扰乱公共秩序、无正当理由携带武器、污染公共用水、破坏交通设施、拒绝公务协助请求、缺乏正当理由拒绝遵守公务员命令等。该法典也将传统上许多不认为是犯罪的一些轻微的违法行为列入刑法调整范围，如见死不救、不妥当照管凶恶牲畜使其单独游荡、虐待或者杀害动物使其受不必要痛苦、不合理地过度利用牲畜工作或者使其从事因疾病和年龄关系不适宜工作、弃置腐尸、因醉酒而行为粗暴或在公共场所不能控制自己的，等等。

（二）刑事责任

泰国《刑法典》的特色之一是根据责任主义的要求在其总则第一章中设专节，规定了刑事责任。其主要内容为：

1. 关于故意和过失。该法典规定：除法律规定应当对过失行为负责或者法律明确规定即使非故意行为也应当负责外，行为人仅对其故意行为负刑事责任。

2. 关于错误与故意。该法典规定，以故意行为对他人犯罪，因为失误致使其结果发生在他人身上的，应当视为对被害人的故意行为；另外，以故意行为对人犯罪，因为错误而对他人犯罪的，不得以错误作为非故意的抗辩。

3. 关于违法性阻却事由的认识错误。该法典规定：有足以阻却犯罪、免除或者减轻刑罚的事实，或者其事实不存在而行为人误认为存在的，应当根据案件具体情况，宣告行为人无罪或者免除、减轻其刑罚。

4. 关于违法性认识的可能性。该法典第64条规定：不得因不知法律而免除刑事责任。但是法院认为依其情状，行为人不知其行为是法律规定的犯罪的，可以允许其举证；如果仍认为其不知法律的，可以判处比法定刑较轻的刑罚。

5. 关于责任能力。该法典规定：犯罪时不能辨认其行为的性质或者违法性，或者因心智缺陷、精神病或精神衰弱而不能自我控制的，不予处罚。行为人对其行为的性质或者违法性，能部分地辨认或者自我控制的，仍应当处罚，但是法院可以判处比法定刑轻的刑罚。饮用酒类或者其他酒精饮料而醉酒的，不能够免除处罚或判处比法定刑轻的刑罚；但是其醉酒因不知或者违背其意志，并在犯罪时不能辨认行为的性质或者违法性，或者不能自我控制的，免除其刑罚；如果能部分辨认或者自我控制的，法院可以判处比法定刑轻的刑罚。

6. 关于紧急避险和合法防卫。该法典规定：出现因为受强迫或者暴力影响不能避免或者抗拒和为了避免自己或者他人不是由其过失引起的紧急危险且没有其他避免方法的必要情况而犯罪的，不予处罚；为了防护自己或者他人的权利，而逃避违法暴力行为引起的紧急危险的行为，如果依当时情况是必要的，是合法防卫并无罪；因紧急避险和合法防卫行为依当时情况超过合理或者必要的限度或者超过防卫必要的，法院可以减轻处罚。但是如果其行为是因激动、惊吓或者恐惧而发生的，免除刑罚。

7. 关于职务行为的免责。该法典规定：依公务员命令的行为，不予处罚。即使其命令违法，如果有服从的职责或者善意认为有服从的职责的，也不处罚，但是明知其违法的除外。

8. 关于特殊身份的处罚阻却事由。该法典规定：丈夫或者妻子对对方犯有关的盗窃罪和抢夺罪、欺诈罪、妨碍债权罪、侵占罪、赃物罪、毁损罪和非法入侵罪的，不应当处罚。尊亲属或者卑亲属相互间、同父母的兄弟姊妹相互间，犯前述之罪的，即使法律没有规定告诉才处理的，也应当视为告诉的才处理，并可以减轻处罚。

9. 关于未成年人犯罪的刑事责任。该法典规定：（1）未满7周岁的未成年人犯罪的，不予处罚；（2）7周岁以上未满14周岁的未成年人犯罪的，不予处罚，但是法院应做下列处置：警告后放回，交给父母或监护人管教，由特定个人或者机构管教、训练或者指导，送交学校、训练指导处所或者特设的儿童训练指导处所训练教导；（3）14周岁以上未满17周岁的未成年人犯罪的，法院应当考虑其责任感和其他个人因素，以决定是否判处刑罚。如果认为免除刑罚适当的，应当按上述处置方法处理。如果认为判处刑罚适当的，应当减轻法定刑的1/2。

10. 关于可以减轻的情节。该法典第72条规定：对实施严重不当虐待的人，在其虐待之际而实施犯罪的，可以减轻处罚；第78条规定：犯罪有可以减轻的情节的，不论本法或者其他法律有无刑罚加减的规定，法院在认为适当时，可以减少不多于1/2的刑罚。可以减轻的情节包括智力缺陷、严重困境、良好素养、悔改、努力减轻伤害结果、自首、提供有利审判的信息或者法院认为类似性质的其他情况。

（三）犯罪的各种状态

1. 犯罪的未完成形态

犯罪的未完成形态在泰国《刑法典》总则中单独规定了1节，仅3个条文，包括犯罪未遂、不能犯和犯罪中止。

对于未遂犯，该法典规定应当依其所犯罪的刑罚的2/3处罚。对于不能犯，该法典规定应当依照不多于其法定刑的1/2处罚。另外，因为迷信而实施前款行为的，法院可以免除其刑罚。对于犯罪中止，该法典规定的是不应当处罚；但是其已完成的行为构成犯罪的，应当依该罪的完成形态进行处罚。

2. 共同犯罪

泰国《刑法典》总则第六节规定了"正犯与从犯"，这实际上是对两个以上的人实施共同犯罪的规定。共同犯罪包括正犯、教唆犯和帮助犯。

（1）正犯。正犯就是亲自参加实施犯罪行为的人。该法典规定，两人以上共同参与犯罪的，都是正犯。对于正犯，应当依同罪的法定刑处罚。

（2）教唆犯。教唆犯利用聘用、强迫、恐吓、雇用、利诱、煽动或者其他方法，使他人犯罪的。对于教唆犯的处罚有两种情况，一是被教唆人实行其犯罪行为的，教唆犯应当按正犯处罚；二是被教唆人未实行犯罪行为，不论是因没有同意、还没有着手或者其他原因，教唆犯应当依该罪法定刑的1/3处罚。

（3）帮助犯。所谓帮助犯，是指在他人犯罪前或者犯罪时，以任何方法帮助或者便利其犯罪的人，对于帮助犯，泰国《刑法典》第86条规定：即使他人不知道该帮助或者便利情况的，也是从犯，应当依该罪法定刑的2/3处罚。

3. 犯罪竞合

犯罪竞合在泰国《刑法典》中用了两个条文做了极为概括的规定。包括两种状态。一种是同一行为触犯数法条的犯罪竞合，对这种犯罪竞合，是在数法条中"从一重处断"。另一种是同一被告犯不同的数罪的犯罪竞合，对此种竞合形式，应当是合并处罚。但是，对于犯罪竞合的总和刑不得超过法定时间：（1）最重犯罪最高法定刑不超过3年的，不得超过10年；（2）最重犯罪最高法定刑3年以上但不多于10年的，不得超过20年；（3）最重犯罪最高法定刑10年以上的，不得超过50年，但是法院判处无期徒刑的除外。

4. 累犯

累犯在泰国《刑法典》中规定了一般累犯和特殊累犯两种情形。

一般累犯是指，曾经被确定判决有罪，在判决执行中或者自判决之日起五年内再次犯罪，并且法院应当对后罪判处有期徒刑的累犯。对于一般累犯，对后罪应当加重1/3的刑罚。

特殊累犯是指，曾经因为犯刑法特别规定的各项之罪，并受六个月以上确定判决执行中或者自判决之日起三年以内，再犯相同的各项之罪，前罪和后罪属于相同分项之罪，并且对后罪法院将判处有期徒刑的累犯。对于特殊累犯，对后罪应当加重1/2的刑罚。

（四）刑罚和保安处分

1. 刑罚的种类

泰国《刑法典》规定了刑罚的种类：（1）死刑；（2）徒刑；（3）拘

役；（4）罚金；（5）没收财产。虽然该法典没有主刑和附加刑之分，但从该法对各种具体犯罪的处罚来看，罚金和没收财产能够与其他刑种并处。如果法定刑为并处徒刑和罚金，而法院认为适当时，则可以只判处徒刑。

2. 刑罚的执行

根据《刑法典》的规定，各种刑罚的执行方法是：

（1）死刑。死刑采用枪决的方法执行。

（2）徒刑。徒刑自判决确定之日起计算。但是判决确定前羁押的日数，除判决另有规定外，应当从判决的徒刑期间内扣除。

（3）拘役。被判处拘役的，监禁在监狱以外的特定拘役处所。法院认为适当时，可以在判决中命令被告限居在自己的住所、经同意的他人住所或者其他适合被告性质或情况的处所。

（4）罚金。被判罚金的人应当缴纳法院判决确定的金额。如果该人在法院判决确定之日起三十日内不缴纳罚金的，应当扣押其财产以折抵罚金或者以拘役代替罚金。以拘役代替罚金替的，以七十铢折算一日。

（5）没收财产。法院判决没收的财物属于国家所有，但法院可以判决销毁或者使其丧失效用。被法院判处没收财物的人，应当在法院确定期限内交出，否则法院扣押应被没收的财物或者扣押其他财产抵偿该财物，以及拘留能支付而不支付的罪犯。

3. 保安处分

泰国《刑法典》的保安处分采取二元制模式，即在刑法中既规定刑罚又规定保安处分，以保安处分作为刑事制裁体系的组成部分，借以弥补单一刑罚手段的不足。保安处分的基本原则是：必须与行为人的以往表现、以后期望以及其人身危险性的程度相联系，即强调关联性原则。

泰国《刑法典》规定了五种保安处分：

（1）管训。指将惯犯羁留于特定地区，防范其犯罪，矫正其品性，并施以职业训练。管训期间于徒刑或拘役执行完毕之日起计算。对惯犯可宣告3年以上10年以下的管训。

（2）禁止进入特定地区。法院依职权或申请判决被告人于刑罚执行完毕后5年以下期间禁止进入特定的地区。

（3）提供附加担保物之安全保证书。法院经检察官之申请，认为任何人足以危险他人或财务，或于案件审理中，被告人之罪行虽不能证明，但有理由认为其足以威胁到他人或他人财物时,可提供 5000 泰铢以下的保证书,并可要求其附加担保物,以维持法院命令所定期间之安全。该期间不得超过 2 年。

(4) 医院限居。法院认为因犯罪人心智欠缺、精神病或精神虚弱不予处罚的,或因犯罪人对其行为的性质或违法性只能部分辨别或自我管制而减刑的,其开释足以影响公共安全的,得命医院限居。但该命令法院可随时撤销。

犯罪系因习惯性酗酒或有害之毒瘾者,法院在判决中同时宣告在徒刑之刑完毕之日起 2 年内不得饮用酒类或有毒瘾之害的药物。被告人若违反该判决的,法院得命 2 年以下的医院限居。

(5) 禁止执业。法院如果认为被告犯罪是由于其所从事的职业或利用职业之机会,而被告人继续该职业将有再犯的可能的,法院可以要求被告人在刑罚执行完毕起 5 年内禁止从事这一职业。

参考文献

冯建坤主编:《泰王国经济贸易法律之南》,中国法律出版社 2006 年版。

申华林主编:南《东盟国家法律概论》,广西民族出版社 2004 年版。

何华勤、李秀清主编:《东南亚七国法律发达史》,法律出版社 2002 年版。

中华人民共和国驻泰王国大使馆经济商务参赞处网站(http://th.mofcom.gov.cn/)。

中国—东盟法律网(http://www.zgdmlaw.com/)。

第六章

印度尼西亚法律制度

第一节 印度尼西亚概况

印度尼西亚共和国（印尼语：Republik Indonesia，IPA 国际音标读音：[rɛpublk ndɔnɛsa]），简称印度尼西亚或印尼，为东南亚国家之一；约由17508个岛屿组成①，是全世界最大的群岛国家，疆域横跨亚洲及大洋洲，别称"千岛之国"②。印尼人口超过2.38亿，为世界上人口第四多的国家。国体属共和国，国会代表及总统皆由选举产生。印尼首都为雅加达。印尼国界与巴布亚新几内亚、东帝汶和马来西亚相接，另有新加坡、

---

① Information on Indonesia ASEM Development conference Ⅱ：Towards an Asia-Europe partnership for sustainable development，2012-09-06.

② 也有学者称其为"万岛之国"，涉及的著作包括李炯才《印尼——神话与现实》，新加坡教育出版社1979年版；陈鹏《东南亚各国民族与文化——印度尼西亚》，北京民族出版社1991年版；梁敏和、孔远志《印度尼西亚文化与社会》，北京大学出版社2002年版；刘必权《世界列国志—印度尼西亚、东帝汶》，福州福建人民出版社2004年版；汤平山、许利平《印尼——赤道上的翡翠》，香港城市大学出版社2005年版；李美贤《印尼史——异中求同的海上神鹰》，台北三民书局2005年版；温北炎、郑一省《后苏哈托时代的印度尼西亚》，北京世界知识出版社2006年版以及Robert·Cribb、Cobin·Brown、蔡百铨《印尼当代史》，（台北）"国立"编译馆1997年版提及该称谓。

菲律宾及澳大利亚等其他邻国。印尼为东南亚国家联盟创立国之一，且为 20 国集团之成员国。依国际汇率计算，印尼为世界第 16 大经济体①，以购买力平价计算则为世界第 15 大经济体。

一 自然地理和民族结构

（一）自然地理

1. 地理属性

印尼位于亚洲东南部，约由太平洋和印度洋之间的 17508 个大小岛屿组成，其中有人居住的岛屿约 6000 个②，全国面积为 1919440 平方公里，是除中国之外领土最广泛的亚洲国家，世界上面积第 16 大的国家③，人口密度为 134 人/平方公里，居世界第 79 位。首都雅加达位于爪哇岛，是印尼最大的城市。爪哇岛为世界上人口最多的岛屿，该岛人口密度达 940 人/平方公里。印尼 70% 以上领地位于南半球，因此是亚洲唯一一个南半球国家。印尼位于亚洲大陆及澳大利亚之间，为太平洋、印度洋间的要冲，在全球战略上居重要地位。

印尼全国是典型的热带雨林气候，年平均温度 25—27℃，无四季分别。北部受北半球季风影响，7 月、8 月、9 月三个月降水量丰富，南部受南半球季风影响，12 月、1 月、2 月降水量丰富。印尼处在太平洋板块、亚欧大陆板块、印度—澳大利亚板块交界带这个环太平洋地震带中，海岸线长 3.5 万公里，是一个多地震的国家。全国火山有 400 多座，其中活火山有 150 座④。近期地震灾难，如 2004 年印度洋大地震即在北苏门答腊造成约 167736 丧生及 2006 年 5 月爪哇地震均造成大量生命、财产损失等。但火山灰堆积的肥沃土壤对于农业有相当大的贡献，并支持爪哇岛及巴厘岛高密度的人口生活。

印尼是个自然资源丰富的国家，素有"热带宝岛"之称。印尼的石油、天然气和锡在世界上占重要地位，石油储量约为 1200 亿桶，天然气约有 123589 兆亿立方米（相当于 206 亿桶石油），锡储量 80 万吨，煤炭已探明的储量为 388 亿吨，总储量约为 580 亿吨，主要出口亚洲地区，出

---

① Report for Selected Countries and Subjects. Imf. org, 2012 - 07 - 23.
② International Monetary Fund. World Economic Outlook Database，新闻稿，2006 - 10 - 05。
③ Central Intelligence Agency. Rank Order Area. The World Factbook. CIA, 2006 - 11 - 03.
④ Volcanoes of Indonesia. Global Volcanism Program. Smithsonian Institution, 2007 - 03 - 25.

口量为70%，其次为欧洲、美洲。亚洲地区的主要出口对象是印度、日本、中国。2010年印尼对中国出口的煤炭达4290吨，是中国南方部分地区的主要煤炭来源地。

2. 民族结构

根据2010年人口普查，印尼有2.376亿人口[①]，为世界第四人口大国，人口增长率为1.9%，全国有58%的人口居于爪哇岛，此岛为世界上人口最多的岛屿。虽于20世纪60年代起已实施家庭计划，估计于2020年及2050年人口将达2.65亿及3.06亿人[②]。

印尼约有300多个民族及742种语言及方言。大多数印尼人为南岛语族后裔，故而可以称为"南岛民族"。南岛民族由台湾移居东南亚，构成现代多数印尼人，且遍布于群岛，所使用的语言可追溯至发源于中国台湾的原始南岛语系。另一个较大族群为美拉尼西亚人，居住于印尼东部[③]，爪哇族为最大族群，占印尼47%的人口，在政治及文化上皆居优势地位，巽（xùn）他族、马都拉族及马来族为最大的非爪哇族群[④]。印尼华人则是具有影响力的少数族群，仅占3%—4%的人口[⑤]，但国家大多数商业及财富都由印尼华人掌控[⑥]，此情况也造成许多负面观感，并发生排华运动[⑦]。印尼人对国家的认同感体现在强烈的地区身份上，社会整体尚属和谐，唯社会、宗教及族群上的紧张曾引起暴力行为[⑧]。

---

① Central Bureau of Statistics: Census 2010. Badan Pusat Statistik, 2011-01-17.

② World Population Prospects (2010). Annual Population, 2012-09-06.

③ Taylor, Jean·Gelman. Indonesia: Peoples and Histories, New Haven and London: Yale University Press. 2003, pp. 5—7.

④ 较重要的少数族群如华人、印度人、欧洲人及阿拉伯人大多居住于城市中。

⑤ Johnston 指出在2.1亿人口中，华人比例低于1%，许多社会学家认为此为严重低估，认为印度尼西亚华人约6百—7百万人。"中华民国（台湾）侨委会"公布资料，印度尼西亚华人7776000人，其中207000来自台湾。

⑥ Friend, T., Indonesian Destinies, Harvard University Press. 2003, pp. 85—87, 164—165, 233—237.

⑦ （印尼文）Bhinneka Tunggal Ika Belum Menjadi Kenyataan Menjelang HUT Kemerdekaan RI Ke—59. 雅加达：印尼国家法律委员会，2012-09-06。

⑧ 国内移民（包括官方移民计划）造成暴力冲突，如于西加利曼丹达雅克族曾屠杀数百名移民至加里曼丹的马都拉族人，另外再摩鹿加、中苏拉威西、巴布亚及西巴布亚部分地区皆有冲突发生。

(二) 历史与文化

2011年在印尼邻国东帝汶发现遗迹，在4.2万年居民捕捉及食用大量深海鱼的痕迹，可以推测当时的居民可能具备跨海至澳大利亚或者其他岛屿的航海技术[①]。印尼群岛于公元前8世纪具备了理想的农业环境以及掌握了水稻的种植技术，相对稳定的生产和生活促使了村庄、城镇及小型王国的兴起，如公元前2世纪后半期的最早国家叶调[②]，公元3—7世纪，印尼境内出现数量众多的小王国和部落，如达鲁曼、诃陵和古泰等，这些古老的王国利用印尼的海洋航道促进了岛屿间的贸易以及长达数世纪的与印度、中国甚至是希腊的贸易关系。

1. 历史与文化

公元7—11世纪，海上帝国室利佛逝[③]兴盛于海外贸易往来，同时也因贸易利益的冲突加剧而备受沿海古国的攻击。至13世纪更面临湄南河流域素可泰王国（泰国的首个王朝）及东爪哇信诃沙里[④]的挑战，最后室利佛逝在14世纪末亡于印尼史上的大帝国满者伯夷[⑤]。

印尼人与欧洲人首次正规接触始于1512年，因佛朗西斯科·施兰

[①] EVIDENCE OF 42,000 YEAR OLD DEEP SEA FISHING REVEALED, PAST HORIZONS, adventure in archaeology. http://www.pasthorizonspr.com/index.php/archives/11/2011/evidence-of-42000-year-old-deep-sea-fishing-revealed, 2013-1-21.

[②] Yavadvipa，又译为"斯调、耶婆提、阇摩那洲"，是一个奴隶制国家，位于今天的爪哇岛，也有学者称是苏门答腊，或兼指爪哇、苏门答腊二岛。史载，东汉孝顺皇帝永建六年（公元131年），叶调国曾遣使东汉。

[③] 此为中国唐代古籍的称呼，671年唐高僧义净到"佛逝"取经是对三佛齐存在的最早记录。印度尼西亚历史上称为"三佛齐"，鼎盛时期其势力范围包括马来半岛和其他群岛的大部分地区。公元904年开始，中国文献改称"室利佛逝"为"三佛齐"。

[④] 1222年及1292年存在于东爪哇岛的一个王国，1290年将三佛齐逐出爪哇岛。

[⑤] 至加查·玛达（？—1364年，印度尼西亚麻偌巴歇王国政治家，军事家，其执政前疆域仅有东爪哇和马都拉岛，是印尼早期民族主义者的民族英雄。第一所印度尼西亚大学就是以他的名字命名的。）统治时期，因采取扩张政策，版图包含现今大多数印度尼西亚群岛及部分马来西亚地区。1290年信诃沙里国王克塔纳伽拉的女婿克塔拉亚萨创立的满者伯夷王朝，以满者伯夷城（今泗水的西南）为首都。随后信诃沙里国王克塔纳伽拉被叛将贾亚卡特望杀害。1292年元世祖忽必烈派遣一千艘战舰组成海军，从福建泉州渡海登陆爪哇，联合满者伯夷王——克塔拉亚萨攻打信诃沙里的叛将，灭信诃沙里国。满者伯夷王随后反戈打退元军，统一爪哇，史称满者伯夷为"麻偌巴歇"（爪哇国的国都，明朝时屡有入贡，后荷兰在此地建立东印度公司贸易和行政管理总部，"二战"后宣布独立并入印度尼西亚）。

（Francisco Serrão）带领葡萄牙商人寻找并垄断摩鹿加群岛上的肉豆蔻、丁香及荜澄茄等资源①，随后荷兰及英国商人也到印尼获取资源。荷兰于1602年成立荷兰东印度公司，最初通过荷兰东印度公司对这些地区实行殖民统治，荷兰变成了这些欧洲国家里面占领最多领土的国家。东印度公司于1800年解散，荷兰政府则成立"荷属东印"接管印尼殖民地。在多数殖民统治期间，荷兰在海岸以外的控制力相当薄弱②，直到20世纪初期荷兰统治的范围才扩张至今日印尼的版图。

1944年日本允诺印尼独立，1945年6月苏加诺发表了《建国五项原则声明》。1945年8月15日日本帝国宣布投降，两天后，深具影响力的印尼领导人苏加诺即发表"印尼独立宣言"宣布印尼独立，并出任总统职务。随后短短五日间，印尼全国都宣告脱离荷兰东印度公司的管治。之后虽然有过长时间的荷印冲突，但最终经过不懈努力，荷兰当局于1949年12月承认印尼独立③（不包括荷属新几内亚，该地区由于1962年的《纽约协定》及1969年《自由选择法》而并入印尼④）。

自建国后，借由平衡军方反对势力及印尼共产党维持其权力，苏加诺一直实施独裁统治。1965年9月30日印尼发生了"九·三〇"事件，部分印尼军方高层意图推翻苏加诺政权，事情败露后被处决，军事强人苏哈

---

① 肉豆蔻，又名肉蔻、肉果、玉果，是重要的香料、药用植物，其果仁可以制作香精油。肉豆蔻含有肉豆蔻醚，能够产生兴奋及致幻作用，如服用过量可产生昏迷现象。丁香，又名丁子香，原产与印度尼西亚，2005年印尼生产的丁香占世界总产量的80%。丁香是一种植物香料，干燥后用于烹饪，也可用于香烟添加剂、焚香添加剂、制茶等，丁香油可以治疗烧伤、作为牙科止痛剂。我国汉代称丁香为鸡舌香，用于口含，大臣向皇帝启奏时，必须口含鸡舌香除口臭。唐代鸡舌香从印度尼西亚进口用于烹调和入酒，也用于制造丁香油。荜澄茄，又名尾胡椒，被栽培以获取其果实和精油，主要生长于爪哇岛与苏门答腊岛地区，在约翰·帕金森的著作《Theatrum Botanicum》中，他提到葡萄牙国王在1640年前后下令禁止销售荜澄茄，以促进黑胡椒的贸易，19世界的欧洲，荜澄茄贸易曾因其医学用途二经历了一段短暂的复兴。在西方，它仍然被用作琴酒和香烟的香味剂，在印尼和非洲被用作食物的佐料。

② 荷兰军队经常忙于爪哇平息各地的动乱，包括地方领袖中爪哇的蒂博尼哥罗王子、中苏门答腊的伊玛目·朋佐尔及摩鹿加的巴蒂穆拉等。另外在亚齐30年的血腥战争也削弱并阻碍荷兰殖民地的军队。

③ IndonesianWarofIndependence. globalsecurity. org. 2012－09－06. http：//www.globalsecurity.org/military/world/war/indo-inde.htm.

④ Indonesia's 1969 Takeover of West Papua Not by "Free Choice". 乔治·华盛顿大学国家安全档案馆 2012－09－06。

托镇压叛军后掌握大权,此后苏哈托组织部队进行反共清洗和推翻苏加诺,印尼共产党被指控策动政变而受重创①,20世纪50年代末至60年代中期,印尼掀起反华排华浪潮,包含华人和印尼共产党员在内约有50万人受害。② 1968年,军队司令苏哈托正式出任总统一职。苏哈托的"新秩序"③ 获得美国政府支持,促进对印尼的外商直接投资,成为之后30年印尼经济实质成长的重要因素,然而独裁倾向的"新秩序"被指责用以贪污及压制反对势力。1997年,印尼于亚洲金融风暴经济遭受重创,引发大规模对"新秩序"政策的不满,苏哈托被迫于1998年5月下台,结束32年执政。1999年,东帝汶举行公投决定独立,也结束了25年来印尼备受国际谴责的军事占领。④ 苏哈托下台后,民主化进一步巩固,包括地区自治,并于2004年进行首次总统直选。政治及经济上不稳定、社会动荡、贪污及恐怖主义延滞了民主化进程,但于近年来经济情况有所好转。

2. 宗教

印尼无国教,但按照印尼建国五项基本原则第一条"潘查希拉"的规定国民一定要信仰宗教,不然将被视为共产党。⑤ 虽然印尼宪法明文规定宗教自由⑥,但政府仅承认6种宗教:伊斯兰教、新教、天主教、印度教、佛教及儒教⑦。印尼虽然不是伊斯兰国家,但却是世界上穆斯林人口

---

① Friend, T., Indonesian Destinies, Harvard University Press. 2003. pp. 107—109.

② 40 Years Later: The Mass Killings in Indonesia. counterpunch. org. 2006 – 11 – 12.

③ 所谓"新秩序"的国家建设方略,其主要原则包括:统一且中央集权的国家结构、国家的宗教化(即伊斯兰教化但并不排斥其他宗教)、将"潘查希拉"定为国家和社会的意识形态基础。"新秩序"方略确定稳定与安全为国家建设的优先目标。经济上把克服由于财政赤字所导致的物价上涨作为它的紧急课题,努力促使经济的稳定和恢复,商洽缓偿外债并借进新贷款。该政权主要依靠外国援助来抑制物价上涨。从这些原则和目标可以看出,所谓"新秩序"实际上是苏加诺时期单一性国家整合战略的延续和进一步强化。

④ International Religious Freedom Report. 美国国务院,2006 – 09 – 29(原始内容存档于2011 – 07 – 16)。

⑤ 在印度尼西亚,共产主义相关行为是非法的。由于肃清共产党曾与我国中断外交关系,于1990年恢复邦交。

⑥ The 1945 Constitution of the Republic of Indonesia. US-ASEAN. 2006 – 10 – 02(原始内容存档于2006 – 01 – 09)。

⑦ Yang, Heriyanto. The History and Legal Position of Confucianism in Post Independence Indonesia. Religion. 2006 – 10 – 02.

最多的国家，根据2000年人口普查①，86.1%人口信奉伊斯兰教，基督教约占9%，印度教3%，佛教、儒教和原始拜物教约占2%，大多数印度教徒为巴厘人，大部分佛教徒为华人。②虽然印度教及佛教为少数宗教，但皆影响印尼的文化。

（1）伊斯兰教

受穆斯林商人的影响，伊斯兰教最初于13世纪盛行于北苏门答腊，至16世纪成为各地区的优势宗教。据印尼宗教事务部估计，印尼大多数穆斯林属逊尼派，最大的两个穆斯林社会组织伊斯兰教师乌里玛和穆罕马迪亚的，拥有4000万和3000万的逊尼派追随者。估计有100万至300万什叶派穆斯林追随者。同时存在着许多规模较小的穆斯林组织，其中包括约40万人的，被称为艾哈迈迪拉合尔的组织。其他小的伊斯兰教少数民族也可归类为穆斯林组织。

（2）新教

天主教由早期葡萄牙殖民者及传教士传入，新教则于荷兰殖民时期由荷兰加尔文主义及信义宗传教士于殖民期间传入。印尼全国有1900万新教教徒（以下简称当地的基督教）和800万天主教徒。东努沙登加拉省占比例最高的是天主教徒，达55%。巴布亚省的新教徒比例最高，为58%。其他方面，如马鲁古群岛和北苏拉威西，承载相当大的基督教社区。

（3）印度教

印尼全国有10万印度教徒，其中90%的信徒居住在巴厘岛，少部分居住在中部和东部城市棉兰，南部和中部的苏拉威西岛、加里曼丹岛以及西努沙登加拉省的龙目岛。像印度教团体"克利须那"以及印度教精神领袖"赛巴巴信徒"等信徒数量则更少。包括在马鲁古省斯兰岛的"瑙

---

① 2002年《国际宗教自由报告·印尼》中的数据为：1990年至2000年，87%信奉穆斯林，6.0%信奉新教，3.6%信奉天主教，1.8%信奉印度教，1.0%是佛教徒，和0.6%的"其他"，其中包括传统的土著宗教、其他基督教和犹太教，2010年《国际宗教自由报告·印尼》中的数据为：根据2000年人口普查报告，88%信奉穆斯林，6%信奉新教，3%信奉罗马天主教，佛教、传统土著宗教、犹太教和其他基督教教派追随者均小于1%，有些基督徒、印度教徒和少数宗教群体的成员说，普查低估了非穆斯林。政府在2010年进行全国人口普查，将提供更准确的数字。

② Indonesia – Buddhism. U. S. Library of Congress. 2006 – 10 – 15.

鲁"等一些土著宗教群体即信奉印度教和万物有灵的信仰，也采取一些新教教义。

（4）佛教

虽然印度教及佛教为少数宗教，但皆影响印尼的文化。佛教徒中60%的人信奉大乘佛教，30%信奉上座部佛教，其余10%分别信奉密宗（在印尼被称为小乘佛教或泰国佛教）、佛寺①、金刚乘②、日莲宗③、弥勒佛教。根据印尼佛教徒新生一代的发展，大多数信徒生活在爪哇、巴厘、楠榜、加里曼丹、廖内群岛，据估计，60%的佛教徒是华人。

（5）儒教

在2000年的印尼全国人口普查中，因受访者不认同自己的信仰属于儒教，故儒教的信徒数量无法统计，印尼儒教最高委员会估计，儒教信徒中95%是华人。印尼真正的儒（孔）教会于1918年在中爪哇梭罗成立，目前有120多个儒（孔）教分会散布在印尼各个岛屿，估计有会员400万左右，同时许多儒教信徒也践行佛教和基督教教义。

（6）其他宗教

大多数印尼人，如爪哇阿邦安④、巴厘印度教及达雅克基督教，较少注重宗教正统性，而常与当地风俗及信仰综摄⑤。印尼国内同时还存在一个较小的教派——锡克教，信徒估计在1万至1万5之间，主要居住在棉兰和雅加达，有8个锡克教的朝圣寺庙Gurudwaras（译为：古鲁瓦拉）分别位于北苏门答腊和雅加达。

---

① 印尼将大乘佛教分为了大乘（Mahanaya）和佛寺（Tridharma），大乘是混合了禅宗（Zen）和净土（Sukhavati）宗派，而佛寺或"Tridharma"是混合了道家、儒家和当地的文化。

② 1956年由Giriputre Soemarsono和Dharmesvara Oke Diputhera成立了金刚乘佛教协会，印尼语称为"Kasogatan"。在满者伯夷王国时，"kasogatan"是用来指成佛，"Kasogatan"源于爪哇语"Sugata"，意为"高贵"，指一个最高的佛陀名称。

③ 日本佛教主要宗派之一，日莲在镰仓时代中期（约13世纪）所创立，也称为法华宗。狭义指以日莲为宗祖的宗派"宗教法人日莲宗"。

④ "Abangan"，为爪哇族的穆斯林。

⑤ 又称融合主义，指的是调和或统合信念，例如宗教混合的客观过程。英文中的综摄——"Syncretism"一词最早出现在1618年的牛津字典，但事实上在西元的前宗教进化过程中，就已出现多起。例如古希腊及犹太教，后者结合埃及太阳教和摩门信仰的过程，更是该时期著名宗教融合。之后的基督教、天主教、回教，东亚的儒教、佛教、道教（三教）与民间信仰，甚至现代新兴宗教，综摄现象均成为宗教发展中不可避免的过程。

印尼还有 20 万其他教徒，主要分布在爪哇、加里曼丹和巴布亚，信奉万物有灵论；一些小的犹太教社区存在于雅加达和泗水，但缺乏可靠数据。法轮大法认为自己是一个精神组织而不是一个宗教，并声称有 2000—3000 人的追随者，有近一半的人生活在日惹、巴厘岛和棉兰。

（三）经济状况

纵观印尼的经济发展，其大致经历了三个阶段：

第一阶段：经济飞腾时期

1960 年由于政治不稳定、政府经验不足、经济国家主义导致严重饥荒，出现年通货膨胀率达 1000%、出口紧缩、基础建设不足、工厂仅达最低产量、投资更是微乎其微等诸多问题。自 1968 年以来，特别是 80 年代调整经济结构和产品结构后，印尼的经济发展取得了一定的成就：印尼曾经为东南亚唯一的石油输出国组织成员，而 20 世纪 70 年代石油价格上涨使印尼获取大量出口收入，在第一个 25 年长期建设计划中，1968 年至 1981 年印尼平均年经济增长率达 7%①，通货膨胀控制在 10% 以内。20 世纪 80 年代末进行进一步改革②后，1994 年 4 月印尼进入第二个 25 年长期建设计划，政府进一步放宽投资限制，吸引外资，并采取措施大力扶持中小企业，发展旅游等，产业结构改革主要由出口导向制造业，于 1989 年至 1997 年平均年经济增长率再超 7%③，前景美好的印尼被誉为"亚洲四小虎"④ 之一。

第二阶段：经济动荡时期

1997 年，因受亚洲金融危机的重创、接二连三的天灾以及排华运动

---

① Schwarz, A., A Nation in Waiting: Indonesia in the 1990s, Westview Press. 1994, pp. 52—57.

② 由于过度管制及依赖石油出口，印尼于 20 世纪 80 年代石油价格跌落时经济成长趋缓，1981 年至 1988 年年经济成长率为 4.3%，后于 20 世纪 80 年代末期引入一系列经济改革，包括印尼盾贬值以加强出口竞争力和撤销对财政部门的管制。

③ Indonesia: Country Brief. web. worldbank. org. 2012 – 09 – 06.

④ 英语是 Tiger Cub Economies，与 20 世纪 60 年代开始短期实现经济腾飞的"东亚模式"引起世界关注的中国香港、新加坡、韩国、中国台湾（亚洲四小龙）相对称的东南亚的泰国、马来西亚、印尼和菲律宾四国。这四个国家的经济在 20 世纪 90 年代都像 20 世纪 80 年代的亚洲四小龙一样突飞猛进，因而得名。随着 1997 年亚洲金融风暴的打击，这四小虎未能像四小龙一样打稳经济基础，经济问题凸显。除此之外，与四小龙相比，四小虎还面对很多严峻的社会、宗教、基础建设等问题。

的影响，印尼经济衰退 13.7%①；货币贬值：2600 印尼盾兑换 1 美元贬至 14000 印尼盾兑换 1 美元，之后稳定在 8000 印尼盾至 10000 印尼盾兑换 1 美元②；通货膨胀高踞等使其陷入困境。为摆脱经济困境，印尼政府被迫向国际货币基金组织（IMF）求援，1999 年经济开始缓慢复苏，但整改阻力较大，私企外债、银行呆账等问题难以解决，同时国内贪污的问题也减缓了经济完全恢复的速度③。透明国际④发布的贪污感知指数，印尼的排名始终在 100 名外⑤。贪污感知指数也称为"清廉指数"，清廉指数评分越高，意味着感知的腐败程度越低；反之，指数越低，感知腐败程度越高。2012 年印尼排名 118 位，清廉指数为 3.2，意味着民众感知腐败程度高。与排名第一位，清廉指数为 9 的丹麦、芬兰、新西兰相比，腐败确实为印尼的一大影响经济发展的社会问题。⑥

第三阶段：限制发展时期

自 2007 年起，随着银行部门及国内消费改善，印尼年经济增长率达 6%⑦，在 2008 年至 2009 年的经济衰退中并未再遭受如 1997 年的经济严重衰退⑧，印尼在全球金融危机中仍表现强势，于 2011 年国内生产总值成长了 6.5%⑨，于同年恢复了 1997 年被降级的投资评级，部分城市如雅加达、泗水、万隆等大都市建设完善。印尼都市十分先进，许多国际大牌到印尼设厂与开设精品店，也有许多国际知名百货公司也相继在印尼进行投入（如 SOGO、屈臣氏、家乐福等⑩）。政府贪污问题仍未解决，但因国土过大，贫富差距与基础建设还是一个很重要的议题。

---

① Indonesia：Country Brief. Web. worldbank. org. 2012－09－06.
② Historical Exchange Rates. oanda. com. 2010－04－28.
③ Poverty in Indonesia：Always with them. The Economist. 2006－12－26.
④ "Transparency International" 是一个监察贪污腐败的国际非政府组织。从 1995 年起，透明国际制定和每年公布清廉指数，提供一个可供比较的国际贪污状况列表。
⑤ 2010 Corruption Perceptions Index. 透明国际，2011－04－10。
⑥ http：//zh. wikipedia. org/wiki/%E8%B2%AA%E6%B1%A1%E6%84%9F%E7%9F%A5%E6%8C%87%E6%95%B8，访问时间：2013 年 2 月 20 日。
⑦ Report for Selected Countries and Subjects. 国际货币基金组织，2011－04－10。
⑧ IMF Survey：Indonesia's Choice of Policy Mix Critical to Ongoing Growth. 国际货币基金组织，2011－04－10。
⑨ Indonesian Economy Grows at Top Clip Since '90s. english. kompas. com. 2011－09－06.
⑩ Carrefour Indonesia. carrefour. co. id. 2012－7－26.

1. 国内经济现状

印尼是发展中国家，历史背景与南亚洲各地一样，产业结构落后，国内工业欠发达。初期，印尼通过开发石油和其他资源，实现了粮食自给和生产自立。印尼经济上由私人部门及政府共同主导，属混合经济。[1] 印尼为东南亚最大经济体及20国集团成员国，2011年国内生产总值（国际汇率）为8456.80亿美元，人均国内生产总值为3509美元，以购买力评价则为4666美元[2]，印尼人均所得在1995年已突破1000美元，后经亚洲金融风暴的打击，曾短暂退至500美元以下，但2000年以来稳步成长，至2010年已约达3000美元[3]、外债比率约为21.6%[4]。印尼经济以2010年的数据分析国民生产总值，工业占了46.4%，其次是服务业（37.1%）和农业（16.5%）。但在国民就业结构中，服务业自2010年起是印尼最多人从事的产业，占48.9%，其次为农业（38.3%）和工业（12.8%）[5]，而农业则是过去数世纪最多人从事的产业。[6]

2. 对外国际贸易

根据世界贸易组织资料，印尼出口值于2010年居世界第27位，较前一年上升三位。2011年印尼主要出口市场为日本（16.6%）、中国（11.3%）、新加坡（9.1%）、美国（8.1%）、韩国（8.1%），进口至印尼分别为中国（14.8%）、新加坡（14.6%）、日本（11%）及韩国（7.3%）。印尼拥有丰富天然资源，包括石油、天然气、锡、铜及黄金。主要进口品为机械设备、化学制品、燃料、食品。出口品则有石油、天然气、电力设备、合板、橡胶及纺织品。[7]

二　印度尼西亚的法律制度概况

印尼的法律体系是三种不同的法律体系融合后的产物。这三种不同体

---

[1] Economy of Indonesia. State. gov. 2011 - 04 - 10.
[2] Report for Selected Countries and Subjects. Imf. org. 2012 - 07 - 12.
[3] Report for Selected Countries and Subjects. Imf. org. 2012 - 07 - 22.
[4] RI's Foreign Debts Safe. 2012 - 09 - 06.
[5] Indonesia Economy Profile 2011. Indexmundi. com. 2011 - 04 - 10.
[6] Indonesia-AGRICULTURE. Countrystudies. us. 2011 - 04 - 10.
Clearinghouse Countries：Indonesia. Childpolicyintl. org. 2011 - 04 - 10.
[7] Indonesia. CIA. 2011 - 4 - 10.

系分别是惯例法、荷兰殖民法和国家法。这三种法律体系共存于现今的印尼。在被荷兰殖民统治前，印尼实行的是惯例法。此后的350年直至第二次世界大战结束则由荷兰人统治，因而遗留着荷兰殖民法的传统。1945年8月17日印尼政府宣布独立之后，开始建立一套体现本国法制特色的国家法律体系。

（一）印度尼西亚法律制度特点

印尼的法律制度带有以下特点：

1. 综合性与复杂性并存

纵观亚洲的历史，法制是以传统中国法为母法的东亚法律体系为核心发展的，包括近代以前的中国法、封建时代的日本法、朝鲜法、琉球法、越南法以及周边其他一些少数民族地区的法。这也是法学界达成共识的有关"中华法系"的认知。正如杨鸿烈先生所说的那样：数千年来支配全人类最大多数，与道德相混自成一独立系统，且其影响于其他东亚诸国。[①] 19世纪中期以后，东亚诸国与中国命运有着极其相似的一面，正如张耀明先生所说："封闭式的自然经济结构在以武力为后盾的西方殖民地贸易和经济侵略的冲击下迅速瓦解，继续沿用旧律出现了许多弊端和困难，新的情况需要新的法律来调整新的社会关系，这就宣判了旧的立法宗旨和立法形式的死刑。"[②]

在印尼出现的传统习惯法与荷兰殖民者带来的西方近现代法穿越式的结合，呈现出一种法律综合性的态势。同时，正因为古老东方文明在瞬间被新生西方文明所占领，存在于一国中的既带有传统性又具有时代性的法律文化，无论是中国，还是日本、朝鲜和越南以及其他东南亚国家，不同程度地注入了东方的伦理精神和人文内涵，隐藏在西方化法律结构的背后的传统法律观念仍在发挥着影响，使得印尼本土法律具有了综合性与复杂性并存的特征。

2. 宗教法与现代法并用

由于印尼是一个传统的多民族多宗教信仰的国家，前文的论述中已提及，在此不做赘述。多民族多宗教信仰带来的一个结果就是意识上的多元化，使得印尼政府需面对各种民族自治法和宗教法的立法问题。据2010

---

① 杨鸿烈：《中国法律在东亚诸国之影响》，中国政法大学出版社1999年版，第11页。
② 张耀明：《略论中华法系的解体》，《中南政法学院学报》1991年第3期。

年国际宗教自由报告的内容来看,印尼政府确实为宗教信仰自由搭建了法律和政策的框架,"潘查希拉"(第一原则即信仰神恩)是该国的国家意识形态,政府工作人员必须宣誓效忠国家和潘查希拉思想。法律和政策限制那些未确认的宗教团体和离经叛道的教派。①

尽管伊斯兰教的宗教人口在印尼占据绝大多数,但这个国家不是一个伊斯兰国家。在过去的50年中,许多伊斯兰原教旨主义团体偶尔试图建立一个伊斯兰国家,但该国主流穆斯林社区,包括有影响力的组织,如穆罕默迪亚等拒绝该想法。亚齐省仍然是唯一由中央政府批准实施伊斯兰教法和非穆斯林在全省保持免除伊斯兰教法的省份。

(二)印度尼西亚法律渊源

法的渊源,简称法源,基本含义是法的来源或法的栖身之所。在传统法的渊源理论中,认为法的渊源可以指:实质渊源,法源于自然理性还是君主意志;效力渊源上,法产生于立法机关还是其他机关;材料渊源,法的制定是源于习惯还是外国引进;形式渊源,法来自制定还是习惯以及历史渊源,引起法产生的历史事件等。

1. 古代的印度尼西亚法律来源及表现形式

古代印尼的法律以习惯法为主,本土习惯法融入宗教因素,随着荷兰殖民者的到来,印尼古代法律制度逐渐发生变化,开始了法律近代化和殖民化的渐变过程。荷兰殖民者到来之前,印尼处于古代时期,这个时间段从公元前500年持续到公元1600年,包括印尼社会的原始公社时期、奴隶制时期和封建时期。随着封建国家的确立,帝王法令在古代印尼法律中占据一席之地,但其重要性不及习惯法(ADAT)。②

"ADAT"即为印尼习惯法,是其特有的地方或者传统法律,用以印尼当地争议的解决之法。古马来人语言中,ADAT专指习惯法,是规定社会、政治、经济以及海事法律的不成文传统法典。③ 印尼习惯法的产生与

---

① "国际宗教自由报告2010"·印尼,2010-11-17. http://www.state.gov/g/drl/rls/irf/2010/148869.htm. 访问时间:2013年2月20日。

② 武嘉:《荷属东印度法制略考》,华东政法大学硕士学位论文,2008年4月,第1页。

③ Encyclopedia Britannica, The new Encyclopedia Britannica, Vol. 1, Chicago: Encyclopedia Britannica, 1997, p. 82.

宗教和村的建立有着密切的联系①，在印尼公社对日常生活的管理中以及对各种纠纷的处理中逐步发展起来。主要涉及婚姻、家庭、继承、土地、简单交易等领域，具有诸法合体、民刑不分的特点。同时，又往往与道德规范、宗教规则相混合。故而古印尼的习惯法具有不成文、流动性、多样性、内容不确定的特点。

印尼古代时期先后有佛教、印度教、伊斯兰教等外来宗教的传入，它们对这一地区传统习惯法产生了不同程度的影响。"在印度教和佛教传入后，东南亚先的宗教观念和习俗仍然存在并具有强大的生命力，上述两种宗教在同它们妥协的过程中也发生了深刻的变化。"② 这种情况也发生在习惯法领域，是一个相互改变、相互影响的过程。习惯法在外来宗教的影响下，发生一些变化，但本质性的内涵没有动摇，没有受到外来宗教的控制，而是在自身发展中融入外来因素，不断地壮大着自己，并流传下来，体现出强大的包容力和生命力。

随着封建国家的出现，古印尼也出现了成文法律渊源，主要是封建帝王颁布的法令或者法律，大多带有宗教色彩。比较典型的有达尔马旺夏③颁布的用古爪哇文写成的《希瓦夏萨纳》法律书。到了腊查沙·纳加腊

---

① 关于习惯法的产生：原始社会时期，印度尼西亚已有某种定性的宗教观念，在各个氏族之间普遍存在着灵魂之说，首先能以灵魂之说解释人生的僧侣被认为是这个氏族的首长，凡集团遇到必要搬移住所时，必先由僧侣作法，与"魂"（Roh）通话，如果得到"魂"的允许则可以搬迁，定居时先斩一巨石，雕成一像，作为灵魂的象征，并在此处焚香和祷告，当魂降临时只有僧侣可以接近"天国"，所谓"天国"即石像建立之处，村庄则围绕它建立起来，其间又建立一村的议事堂，但每一房屋也必须雕一"魂"的像，因之这大石像便为村中的灵魂首长，并被命名为"旦痕"（Dang Hjang）。"旦痕"崇拜逐步确立，在这之后，僧侣的统治权力便更大了，紧接着，一村中集体的生活法则"adat"也就形成了，但此习惯法并非一成不变，如有不能适用时，便提出相反的法律，于原来习惯法上，或加以修改，或加以相反的成分，正所谓"adat istl adat"，即习惯法反对习惯法的意思，引申为扬弃旧法的新法。同时，新法中也保留旧法的成分，即经过实践考验的生活之自然法则，以示含有辩证意义，由此可见印尼原始共产社会的变更与新社会之产生。后又将对自然现象的经验解释纳入习惯法则中，并托之于"旦痕"的指示，这样习惯法则具备了一定效力。参见王任叔《印尼社会发展概观》，生活书店1948年版，第28—29页。

② ［英］D. G. E. 霍尔：《东南亚史》（上册），中山大学东南亚历史研究所译，商务印书馆1982年版，第21页。

③ 达尔马旺夏（Dharmavamsa），伊莎纳王朝君主，991—1007年在位，统治时期采取对外扩张政策，同时积极修订法律。

执政时期，爪哇的一个中央集权封建社会比较完整地建立起来了，这时出现了一部叫作《库塔腊纳马瓦》的法律书，相传是改写在谏义里（Kediri）王国时期的《库塔腊沙斯特腊》而成的王家法典。但由于印尼独特的地理环境、政治条件，古印尼封建国家的中央集权相对分散，从而为习惯法在民间留存提供了很大空间。同时国王颁布的法律在很大程度上也吸收借鉴了习惯法。

综上所述，在古代时期的印度尼西法律的实质渊源方面，法源于自然理性，对宗教的信仰；效力渊源上，法产生于村规民约；材料渊源上，法的制定是源于习惯而非外国引进；形式渊源上，法来自习惯的积累，以及历史渊源上，习惯法的一贯重要性以及不可替代性。

2. 殖民时期印度尼西亚的法律来源及表现形式

17世纪后，由于欧洲各国不断对外扩张，罗马法的影响也随之不同程度地被扩展到这些国家的殖民地，印尼就是其中之一。随着帝国主义入侵者的到来，印尼古代法律制度逐渐发生变化，开始了法律近代化和殖民化的渐变过程。荷兰入侵印尼群岛始于16世纪末，自1596年起，荷兰开始探索东南亚群岛的航线和海岸港口。1602年，荷兰东印度公司成立，拉开了荷兰殖民统治印尼的序幕。

在被殖民时期，荷属东印度建立起具有特色的政治法律结构，其特色在于按照分而治之的原则建立起二元制的行政结构和二元制的司法结构，并推行多元主义的法律政策。简单地说就是对不同种族的人分别适用各自的法律，荷兰在直接控制的地区为欧洲人设置法庭，适用荷兰法，对于当地人则按照各自民族习惯法解决纠纷。如此便形成了行司合一的政治法律结构和二元制的政治法律体系，既有利于以经济剥削为中心的殖民统治，又使得习惯的延续采用成为可能，错综复杂的法律政策安排，为多元法律体系的采用打下基础。

法律多样化将维系对不同群体的行政尺度，各自分立的法律政体也有助于区分各个族群的经济贡献。使用荷兰法意味着有平等机会参加各种商业活动，而这对于农耕体系没有什么根本意义。不同的法庭捍卫不同的法律，一旦统一法律，分立法庭将显得没有必要。所以直到1848年，法律多元主义才被荷属东印度宪法正式确认，形成了"习惯法—荷兰法并行"的局面。

3. 独立后印度尼西亚的法律来源及表现形式

随着"二战"的结束，荷兰殖民者以及日本人离去，上述的殖民立法在后世的印尼社会中还在继续适用，并沿用至今。1945 年 8 月 17 日印尼宣布独立，并由印尼当局根据印尼法律和正义的戒律，开始建立一个国家法律体系，形成了一个三股势力——ADAE、荷兰殖民法和国家法并存的现代法治国家。如新商业法是以殖民时期遗留下来的 1847 年商法典为基础订立的。然而，商业法也补充了大量的新的自独立以来颁布的法律。它们包括 1992 年的《银行法》（1998 年修订），1995 年《公司法》，1995 年的《资本市场法》，1999 年《反垄断法》，2001 年的《石油和天然气法》。ADAE 直接入法的情况并不那么明显，但是，一些 ADAE 的原则，如"共识决策"（musyawarah untuk mufakat）出现在现代的印尼法律中。

目前印尼国内的规范性法律文件有多种形式。人民协商会议确定的印尼法律法规效力层级由高到低分别为：1945 年宪法；人民协商会议的决议；法律；代替法律的政府规章；政府规章；总统令；规章。实际操作中，尚存在其他法律形式，包括总统指示、部长令和通知函。在印尼，法律颁布后，会刊登在印尼《国家公告》。对于法律和政府规章，还会同时颁布官方解释，解释刊登在《国家公告增刊》。

（三）印度尼西亚法律体系

由上文的论证可知，印尼的法律体系是三种不同的法律体系融合后的产物。这三种不同体系分别是习惯法、荷兰殖民法和国家法。三种法律体系共存于一国，究其原因：荷兰殖民者虽然与其他殖民者进行掠夺、剥削、高效榨取利益的追求一致，但不寻常的是，荷兰人为了达到这一目的而采取法律手段，在不涉及他们商业利益的场合之外，给予当地法律充分的尊重，创造了精密的多元主义法律体系。

所谓多元法律体系，就是荷属东印度土地上的不同族群：荷兰人、当地人、外国东方人，分别形成不同的法律群体，所有事务中应尽之义务和应享之权利由个体所属的不同种族的法律所决定。从 1848 年[①]历经近 75 年至 20 世纪 20 年代，按照种族而非宗教信仰划分法律适用对象，将中国人、阿拉伯人和印度居民囊括在本地人之列，但实践中这些人容易受到区别于本地人的待遇，因此现实中存在三种法律适用群体。这些规定被吸收

---

① 经历了东印度公司、丹德尔斯和莱佛士统治时期殖民法律政策，受到 19 世纪后半叶荷兰自由立宪主义思潮的影响，1848 年成为荷属东印度法律史上一个值得纪念的年份。这一年荷兰对东印度作出一些重大的法律改革，出台了宪法、各式各样的新法典，以及进行了司法改革。

到 1925 年的荷属东印度国家法中，将所有人界定为三个群体中的一员，即欧洲人、本地人以及东方外国人。这部法律体现了印尼当时的法律体系多元化特征，并将其成文化，有关荷属东印度法律方面的主要规定如下：

1. 民法、商法、刑法、民事诉讼法和刑事诉讼法必须成文化，必须将这些部门法以法典的形式制定成法律。

2. 涉及欧洲人的案件，应遵循在荷兰生效的法律。

3. 在涉及荷属东印度本地人和亚洲外国人，如中国人、阿拉伯人、印度人等的案件中，如果他们的特殊请求是必要的，对欧洲人生效的规则同样也可以适用于他们。对荷属东印度本地人和亚洲外国人已经生效的法律应该被保留，如果是基于政治利益或者他们自身社会要求的需要，可以对这些法律作适当的调整。

4. 至于没有受到对欧洲人普遍适用规则调整的荷属东印度本地人和亚裔外国人，他们也可以受到这些法律的调整，受这些法律调整的行为可以是相关活动的所有行为，也可以只是其中的某一特定行为。

5. 直到有一天，荷属东印度的法律以法典的形式被写下，"现在对他们普遍有效的法律"才失效。"现在对他们普遍有效的法律"被解释为荷属东印度人的原始习惯法。[①]

目前有关于印尼法律研究面临的主要障碍是相关法律材料的获取。印尼法律信息不是通过印刷版和在线媒体广泛使用推广的，最近有所改善，在线媒体的作用有着显著的进展。主流传播媒体是政府宪报和它的姊妹刊物。现在存在的问题是，这些出版物往往落后于预订计划。政府印刷办公室（Pusat Penerbitan PNRI），也出版了建立在个案基础上的单行立法。虽然这些都是有用的和相对便宜的，但也是有一定误差和错误的。其他出版类媒体以发行书籍、杂志和其他出版物提供法律资料。大部分是用印尼语发行以及用他们自己的理解介绍和分析法律产生各不相同的结果。大部分这类出版物仅在印尼，或专属印尼在海外图书馆收藏。网络媒体有望成为一种有用的手段，使印尼法律材料更容易向公众开放提供。某些印尼政府部门开始在他们的网站里，在各自领域中提供主要的立法。另一个明显的局限性，在于许多印尼的印刷品和在线资源，所公布的材料几乎完全使用

---

① Staatsblad, 1925, No. 415. 转引自 M. B. Hooker, Adat Law in Modern Indonesia, Oxford University, 1978, p. 71。

印尼的当地语言，这成为不熟悉或不能熟练运用该语言的外国研究人员的一个主要绊脚石。

第二节 印度尼西亚宪法与宪政制度

印尼是世界上最大的群岛国家，少数民族众多，也是世界上穆斯林人口最多的国家。1950年8月印尼联邦议院通过临时宪法，正式宣布成立印尼共和国。

一 印度尼西亚宪法的结构与主要内容

印尼的宪政始于1945年通过的宪法，宪法历经1999年、2000年、2001年和2002年四次修正。现行宪法规定了国家性质、政权组织形式、国家结构形式、公民基本权利与义务、国家机构等宪政制度。印尼宪政制度呈现出受传统观念影响较大、总统权力集中和军警影响政治发展的三大特点。

（一）印度尼西亚宪法的结构

印尼现行宪法为成文宪法，一共16章37条，规定了"体制与主权""人民协商会议""国家政府的权力"等内容。印尼现行宪法的序言确认印尼是个独立的民族和国家，把人民主权作为宪法的精神，并阐明"人民主权的基础是：至高无上的神道，公正和文明的人道，印尼的统一，协商和代表制指导下的民主，以及关于印尼全体人民的社会公正之实现"。

（二）印度尼西亚宪法的主要内容

1. 国家性质

国家性质是国家制度的核心内容，反映社会各阶级在国家中的地位，体现该国社会制度的根本属性。印尼现行宪法第1条第2款规定："主权掌握在人民手中，并全部由人民协商会议行使。"但是印尼现行宪法是对资产阶级革命成果的一个确认，其政权基础是资产阶级，实行的是资本主义生产资料私有制为主体的经济基础，整个宪法主要是体现资产阶级意志和利益。因此，可以说印尼的国家性质是资产阶级领导的资本主义国家。

2. 政权组织形式

印尼现行宪法第4条第1款规定："印度尼西亚共和国总统根据宪法规定掌握政府的权力。"第10条明确规定："总统掌握陆军、海军、空军的最高权力。"第17条第2款："各部部长由总统任免。"由此可见，印尼的总统既是国家元首，同时又是政府首脑和武装部队最高统帅。总统任命内阁成员，需要征得国会同意，但是总统由民选产生，总统不对国会负责，议会也不能通过不信任案迫使总统辞职。从印尼总统的地位以及总统与议会的关系来看，其实行的是总统共和制。

3. 国家结构形式

在行政区划上，印尼现行宪法第18条规定："印度尼西亚大小地区的划分及其行政机构体制将参照国家政府组织的协商原则并顾及一些特殊性地区的传统权利，以法律明文规定。"目前印尼地方政府分为省、县、乡和村四级行政区，其中一级行政区33个（包括30个省、雅加达首都特区、日惹和亚齐达鲁萨兰2个地方特区），二级行政区410个。在中央与地方关系上，全国只有一个统一的立法机关（人民协商会议和国会）、一个中央政府和一部宪法，公民也只有一个国籍，在国家内部中央与地方属于隶属关系。同时，现行宪法第1条第1款非常明确地规定："印度尼西亚是共和体制的单一国家。"由此，可以说印尼在国家结构形式上属于单一制的国家。

4. 公民基本权利

印尼现行宪法规定公民享有政治、人身权和社会经济文化权等较为广泛的权利。具体而言包括以下几个方面：

（1）政治权利

政治权利主要是国家保障公民有直接参与政治的可能，包括平等权、选举权、政治自由和批评建议权等。第一，平等权。印尼现行宪法第27条第1款规定："凡公民不论在法律上或在政治中都有同等地位，并须毫无例外地遵守法律和政府法令。"这说明，印尼现行宪法所确认的平等权包括公民在适用法律和守法上是平等的。第二，政治自由。印尼现行宪法第28条规定："结社、集会、言论与出版自由以法律明文规定之。"但是对于游行和示威自由，从其现行宪法文本中找不到直接相关的条款。

（2）人身权

人身权主要是指公民对自己身体和住宅支配的自由，以及其通信和宗教信仰的自由。印尼现行宪法规定的是宗教信仰自由，其宪法第29条第2款规定："国家保证每一居民有信仰各自宗教的自由以及根据宗教和信仰举行其宗教仪式的自由。"有学者①认为这就是说其公民有按照自己的意愿是否信仰宗教的自由和信仰何种宗教的自由,以及国家对参加宗教仪式的保障。但是按照印尼建国五项原则的内容来看,在印尼,公民必须信仰宗教,没有所信仰的宗教即为犯罪,在前文宗教部分本书已有过论述。对该宪法条文的理解应该是大前提居民必须信仰宗教,小前提即可以信仰任意的宗教,结论即为无论信仰何种宗教国家都保证被信仰宗教举行仪式、传播等自由。

(3) 经济文化权利

经济文化权利是继政治权和人身权后的第三类宪法基本权利,它主要包括劳动权、获得物质帮助权、受教育权及科学文化方面的权利。印尼现行宪法规定了劳动权、受教育权。宪法第 27 条第 2 款:"每个公民有合乎人道的谋生权利。"基于此,为公民创造劳动就业的条件,提供必要的技能培训,保障劳动者劳动的安全和休息的时间,是国家为实现公民劳动权应尽的义务。在受教育权方面,主要规定在印尼现行宪法第 31 条第 1 款:"每一公民有受教育的权利。"作为宪法确认的一项基本权利,当公民的受教育权难以实现的时候,有权请求国家给予必要的保障。印尼现行宪法对受教育权的规范,显示了国家对其公民所承担的基础性的公共服务职能。

5. 国家机构

实行民主制的西方国家,国家机构一般按照三权分立的原则分为立法机构、行政机构和司法机构。印尼现行宪法主要规定了以下国家机构:

(1) 总统

印尼实行总统共和制度,总统在其国家有重要的地位。现行宪法规定总统既是国家的元首,同时还是政府的首脑,并兼任武装部门的最高统帅,与典型的总统制国家美国相似。印尼的总统制度主要体现在以下几个方面:

第一,总统选举。印尼 1945 年的宪法第 6 条第 2 款规定:"总统与副总统由人民协商会议以多数票选出。"总统的选任条件为只要属于在印尼出生的印尼人即可参选,由人民协商会议选举,以多数票胜出者即可当选。但是 2002 年的宪法修正案对总统的选举进行了重大修改,总统由原

---

① 梁智俊、杨建生:《印度尼西亚宪政制度初探》,《东南亚南亚研究》2009 年第 3 期。

来的人民政治协商会议推选改为由全国公民直选，根据得票的多少来直接产生总统。这意味着印尼人民协商会议选举总统使命的结束，同时也向全世界昭示了印尼政治民主向前大大地迈进了一步。

第二，总统的任期。印尼1945年宪法第7条规定："总统与副总统任期五年，期满后得重新当选。"这也就意味着总统可以连选连任，不受次数的限制。印尼前总统苏哈托就曾长期借用人民协商会议和人民代表大会来巩固其执政合法期，使得苏哈托连续7次当选总统，顺利独裁32年。但是2001年的宪法修正案对此进行了修改，修正案规定总统只能连选连任一次，每次任期5年，改变了1945年宪法可以无任何限制的连任制度。

第三，总统职权。印尼现行宪法规定总统主要有以下职权：一是经国会同意后制定法律；二是制定政府命令；三是经国会同意与别国宣战、媾和并缔结条约；四是宣布紧急状态；五是委派大使、领事和接纳外国大使；六是颁布恩赦、大赦、免职与复职及颁发头衔、勋章与其他荣誉。

（2）人民协商会议

第一，人民协商会议性质。印尼现行宪法第1条第2款规定："主权掌握在人民手中，并全部由人民协商会议行使。"这说明人民协商会议与我国的全国人民代表大会一样，属于国家的最高权力机构。

第二，人民协商会议权力。人民协商会议是印尼的国家立法机构，其主要职权是制定宪法和国家基本方针。此外，它还对总统进行监督，如果总统违反宪法，它有权进行弹劾和罢免总统。在2002年的宪法修正案通过以前，人民协商会议还负责选举产生总统。不过自2004年的总统全民直选开始后，该项职能也就成了历史。

第三，人民协商会议组成。在人民协商会议的组成上，印尼现行宪法第2条第1款规定："人民协商会议由国会议员以及各地区、各阶层的代表根据法律规定组成。"根据1999年通过的宪法修正案规定，人民协商会议的代表人数为700人。实际上，人民协商会议的组成包括国会议员和政治组织、武装部队、专业集团和地区代表，特别是武装部队在人民协商会议中拥有预留的席位成为印尼政治的一大特色。但是2002年的宪法修正案要求武装部队职业化并远离政治，不能以军队的名义参加国会和人民协商会议，军方从此退出政坛。

第四，人民协商会议会期与任期。人民协商会议每年召开一次年会，必要时召开特别会议。宪法规定人民协商会议的各项决议按照多数票原则通过，但实际上其决议通常都是采取一致赞同而不是以多数票决定。其任期为5年，根据2002年宪法修正案的规定，2004年10月1日首次通过全民直选产生了新一届的人民协商会议代表。

(3) 国会（人民代表会议）

国会与人民协商会议都是国家的立法机构，行使的是除修改宪法和国家大政方针之外的一般立法权。国会无权弹劾和罢免总统，总统也不能宣布解散国会。只有总统在违反宪法的时候，它才有权建议人民协商会议追究总统责任。同时国会还有对总统在紧急状态下制定的政府命令进行审查的权力。印尼现行宪法第22条第1款规定："处在紧急状态中，总统有权制定政府命令，以代替法律。"但是该项政府命令必须经下届国会会议通过，如不能获得国会通过，该项政府命令应予撤销。与人民协商会议一样，2004年10月1日首次通过全民直选产生了新一届的国会议员。国会共有议员550人，任期5年，设议长1名，副议长3名，内设11个立法委员会分别负责各个领域的立法和监督。所有的议员成为人民协商会议的当然代表。国会通过决议一般按照协商一致原则通过，如出现意见分歧，需要投票通过时，2/3议员出席，并有多数票通过即可。国会所通过的法律必须经过总统的批准，根据印尼现行宪法第21条第2款规定："如某项法律草案虽经国会通过但未获总统批准，该项草案在本届国会中则不得再行提出。"

(4) 地方代表理事会①

这是2004年新成立的立法机构，负责有关地方自治、中央与地方政府关系、地方省市划分以及国家资源管理方面的立法工作。成员分别来自全国的一级行政区，每个区4名代表，共128名，兼任人民协商会议成员。设立议长1名，副议长2名。

(5) 内阁与地方政府②

第一，内阁。在印尼，内阁是总统行使政府权力最高也是最重要的机构，内阁对总统而不是对议会负责。内阁设21个部门、13个国务部，以及4个统筹部协助总统监督有关部门工作。印尼政府每个部门通常分为4个部门：领导部门、行政部门、执行部门、监督部门。此外随着经济的发

---

① 杨武：《当代东盟经济与政治》，世界知识出版社2006年版，第148页。

② 米良：《东盟国家宪政制度研究》，云南大学出版社2006年版，第260—261页。

展，还增加了研究与开发部门。所有上述各部的行政官员，均由总统根据部长的推荐任免，并对部长负责。他们在本部内部，以及与其有关的各部的关系中，依据协调、综合和同步的指导原则工作。

第二，地方政府。印尼地方政府分为四级行政区：一级行政区为省；二级行政区为县；三级行政区为乡；四级行政区为村。省和县政府都被授予自治权，县以下的行政单位不享有自治权。

(6) 最高评议院

最高评议院是总统的咨询机构，宪法第 16 条第 2 款规定："最高评议院有责任回答总统的咨询，并有权向政府提出建议。"最高评议院的成员由社会各界的名流组成，并由国会提名，总统来批准任命，任期为 5 年。为保证其独立性和客观性，最高评议院成员不得担任其他公职。

(7) 司法机构

印尼的司法权属于各类法院，法院独立于立法和行政机构。其法院分为普通法院、宗教法院、军事法院和行政法院。普通法院包括最高法院、高等法院和地方法院。最高法院有权监督其他各级法院是否遵守审判的司法程序，同时最高法院还可以监督除中央政府以外的地方各级行政法规的合法性。最高法院的首席大法官根据总统、国会和司法部提名的候选人选举产生，其他法官由总统根据国会提名任命。此外，根据最新通过的法律，在最高法院之外，印尼还新设立了一个宪法法院，用于监督行政和立法两个部门是否滥用职权。宗教法院根据伊斯兰法处理婚姻和继承的纠纷，法院的判决必须经过地方批准才能生效。宗教法院与其他法院不同，其法官由政府内的宗教事务部任免，并受宗教事务部监督。

二　印度尼西亚宪法的历史与发展及宪政进程

(一) 印度尼西亚宪法的历史与发展

自 1945 年 8 月 17 日印尼宣布独立以来，印尼先后颁布过三部宪法：1945 年印尼独立筹备委员会制定和颁布的宪法；1949 年 11 月荷兰政府迫使印尼在海牙签订《圆桌会议协定》，参加荷印联邦时实行的宪法；1950 年苏加诺宣布成立统一的印尼共和国，建立议会民主制时通过的临时宪法。1957 年 7 月苏加诺总统宣布废除临时宪法，恢复 1945 年的"四五宪法"。印尼现行宪法是"四五宪法"。从 1999 年开始，印尼几乎以一年一次的速度进行修宪，最近的一次修宪是在 2002 年。现行宪法从 1999 年 10

月起至 2002 年 8 月先后通过四个修正案。

1. 《1945 年宪法》

1945 年 8 月 18 日，印尼诞生了第一部宪法，也是当今实行的宪法，成立了印度尼西亚共和国，并选举苏加诺和哈达为共和国总统、副总统，实行总统内阁制。这部宪法分为 16 章 37 条，规定了国家组织及其权限。首先在序言中规定了著名的建国五原则"潘查希拉"（Pancasila）：信仰神道、人道主义、民族主义、民主和社会公正，为立国基础。该部宪法确定的总统内阁制，由总统掌握政府实权，只对最高权力机构即人民协商会议负责，不对立法机构人民代表会议（即国会）负责，还直接领导内阁任免内阁成员。[①] 此外，总统也享有一定的立法权，立法机构的法律草案须经总统批准，集权主义色彩比较浓厚。

建国之初，宪法的首要任务是巩固夺取的国家政权。但这部宪法内容尚不完备，对公民的基本权利的规定过于简单。不久后，印尼再度受到荷兰殖民者的侵略。

2. 1949 年《印度尼西亚联邦共和国宪法》

1949 年 11 月，印尼被迫与荷兰签订《圆桌会议协定》，组成印度尼西亚联邦共和国。同年 12 月，依据该协定制定并颁布了历史上第二部宪法——《印度尼西亚联邦共和国宪法》，同时也废止了 1945 年宪法。印尼沦为荷兰王国中的一个自治邦，民族独立成为泡影。由于协定及宪法被认为丧权辱国，因此这部宪法一经颁布便受到印尼共产党和广大印尼群众的反对，只存在了十个多月。[②]

3. 1950 年《印度尼西亚共和国临时宪法》

1950 年，印尼各地人民纷纷要求民族统一独立、成立单一共和国，5 月，在此趋势下联邦各个成员同意取消联邦，建立新的统一的印尼共和国。同年 8 月 15 日，苏加诺总统在原参、众两院正式宣布成立共和国，颁布了这一部统一的《印度尼西亚共和国临时宪法》。临时宪法和 1945 年宪法相比，实行的是议会民主制，政府或内阁由在议会中占多数的政党组成，政府或内阁对议会而不是向总统负责，因此，最大的不同点在于总

---

① 王蔚、潘伟杰主编：《亚洲国家宪政制度比较》，上海三联书店 2004 年版，第 140—141 页。

② 同上。

统在形式上是国家元首,实际上权力不大。在实行议会民主制时期党派斗争激烈,政府频繁更替,政局动荡。

4. 恢复《1945年宪法》及其修改

正是由于议会民主制时期的动乱,苏加诺在1959年进行了"复宪演说",提出要实行"有领导的民主"。同年7月,随着1945年宪法的恢复,临时宪法宣布无效。因此,历史上,从1959年7月《1945年宪法》恢复实行到1967年3月苏加诺总统被迫下台这一段时期,被称为"有领导的民主"时期。这一时期,苏加诺总统兼为国家元首和政府首脑,政府或内阁恢复对总统而不是对国会负责。中央集权得到加强,克服了过去内阁频繁更替的不稳定状况,国内政治形势趋于稳定。

1967年,印尼第二任总统苏哈托执政后,宣布实行潘查希拉民主制,认为民主应当同潘查希拉的五项基本原则结合起来,也就是在行使民主权利时,必须经常想到要为万能的真主负责,必须利用民族统一来维护社会正义。① 苏哈托政府执政以来,印尼政局基本上保持稳定人民生活水平得到一定程度的改善。而苏哈托的执政一直延续至20世纪末全球金融风暴时期,长达32年。

随着苏哈托王朝的终结,印尼进入一个民主政治改革的高潮,印尼进入了"后苏哈托时代"。新时代印尼变化的主要标志是其政治的民主化。宪政上体现为4次宪法修改:1999年,第一次宪法修改是关于立法机构人民代表会议的代表产生方式;2000年,第二次修宪是关于地区自治与尊重人权;2001年,第三次修宪是关于总统的任期及其权力的限制方法;2002年,第四次修宪是关于总统直选和军人退出政治舞台的步骤和方法。

(二)印度尼西亚宪政的进程

宪法是国家的根本大法,是特定社会政治经济和思想文化条件综合作用的产物。它集中反映各种政治力量的实际对比关系,确认革命胜利成果和现实的民主政治。国家内部政治力量的对比关系和变化对宪法的发展变化起着直接的作用。东南亚国家有着悠久的民族、宗教文化传统,同时,部分国家受过长期的殖民统治,在民族解放战争的同时构建本国特有的民主化进程以及宪政思想。印尼作为这其中的一员,有其特殊的国情:印尼是世界上穆斯林最多的国家,号称为世界上第三大民主国家,并且伴随着

---

① 米良:《东盟国家宪政制度研究》,云南大学出版社2006年版,第247页。

新教、天主教、印度教、佛教及儒教等宗教，在这样一个穆斯林占主体伴随其他宗教的社会，国家的民主化宪法进程在某种意义上是与宗教传统紧密联系的，因为现代意识很难完全整合现代民主政治社会，宗教文化已经形成了一以贯之的政治认同和民主合法的基础。宪法不仅是一部法律，更是一整套制度的建构，其中各国的文化因素是一个重要的变量，至少在东南亚国家具有重要的影响力。

在贯穿民主化的宪法建构中，政治现代化国家经历这样一种政治变革过程，即由较少负责的政府到较多负责的政府；由较少竞争，或者干脆没有竞争的选举到较为自由和公正的竞争性选举；由严厉限制人权和政治权利到较好地保障这些权利；由市民社会只有微弱的或干脆没有自治团体到享有充分自治和数量较多的自治团体。印尼的宪法发展就经历了议会民主制—威权体制—民主体制的转变。[①] 如前文所诉，宪法反映各种政治力量的实际对比关系，国家内部的政治力量对宪法发展起到决定性作用。

但是，印尼的宪政经验表明，把一纸具文的宪法转变成名副其实的宪法是一条漫长的路。历史上"民主—动乱—再民主—再动乱—再专制"[②]的怪圈生动地描述了印尼独立以来的宪政道路：印尼独立初期的民主——临时宪法时期的动乱——"有领导的民主"时期的专制——"后苏哈托时期"的再民主——修宪——修宪后制度大变的再动乱——2004年，军人出身的苏西诺总统上台，人民呼唤强人政治。印尼的宪法是政治局势变迁的最高法律体现。其实1997年的金融风暴凸显了印尼乃至东南亚各国的政治体制问题，尽管民主化的进程没有中断，但是政治和社会基础受到了很大的冲击。

印尼并不具备西方民主制度所需要的生存环境，如发达的市场、成熟的中产阶级和民主政治的文化传统。单纯模仿的政治制度必然是脆弱的，这也是军人独裁、干政、金钱政治得以出现的重要原因。[③] 这也说明西方社会的宪法理论不可能解决印尼社会中的所有问题。在理性与成熟的公民

---

① 许利平：《印尼和马来西亚民主化进程中的伊斯兰因素》，中国社会科学院亚太研究所，2007年6月13日。

② 张锡镇：《印尼民主转型和民主化软着陆》，李文主编《东亚：宪政与民主》，中国社会科学出版社2005年版，第177页。

③ 田禾：《东南亚四国的宪政之路》，李文主编《东亚：宪政与民主》，中国社会科学出版社2005年版，第48页。

意识和社会环境尚未达到发达水平的印尼，这种民主宪政超前了。民主应该是社会生产力发展到一定水平的产物。一个地区的民主制度受其历史文化和经济状况的深刻影响，每个国家都有自己独特的国情，在制度上也应注意扬弃而非照单全收。①

（三）印度尼西亚宪政的特点

1. 多元的政治观念影响印度尼西亚宪政发展

从印尼的政治民主来看，印尼的宪政制度与其传统的观念和政治文化有着密切的联系，并成了制约或推动印尼宪政制度发展的不可忽略的因素。综合归纳而言，对印尼宪政影响最大的是以下几种政治文化：②

（1）和谐的大一统观念

这个观念的来源之一是皮影戏表演方式。皮影戏的操纵者是整个表演的中心，他们认为幕就是整个可见的世界，那些被操纵的皮木偶就是地球上的万物。对应于印尼的宪政，反映在其价值目标的追求过程中，当出现意见分歧或者有多种意见时候，他们采用的是兼容并蓄、广而统之的价值观。

（2）对立中求平衡

这一观念产生于印尼人世界观中的二元论。对立中求平衡的观念允许对立和斗争，但要求双方在力量均等上的相互对立，使双方相互中立，从而达到平衡。这常常被称作"冲突基础上的稳定"。这种价值观念被运用到宪政实践中突出表现为印尼对不同宗教、党派以及军警参与政治上的妥协与平衡。

（3）自我克制和宽容

不同意见可以存在，但必须十分谨慎地表达，不能使他人为难或引起冲突。也就意味着不能将自己的价值观强加于他人，不能强行改变他人的价值观。这种观念引入政治领域，突出的表现是尽量不去批评他人和政府。这种观念是印尼独裁政治得以存在的精神温床之一。

（4）互助合作观念

他们把社会看作一个"幸福的大家庭"，这个家庭必须是和谐的、安宁的、有秩序的。要实现家庭乃至社会的和谐，除了要自我克制，忍耐宽

---

① 梁敏瑞：《印度尼西亚之宪政与民主研究》，《法制与社会·法学研究》2011年第8期（下），第8页。

② 严强、魏姝：《东亚公共行政比较研究》，南京大学出版社2002年版，第641—643页。

容,还需要互助合作。互助合作体现了一种集体团结感和团队精神,是增强印尼社会凝聚力的概念。正因为如此,在印尼的政治选举中,政党之间的联合和结成联盟才有可能。

(5) 庇护依存关系

低等级为了安全,要寻求较高等级的保护,作为回报,较高等级向较低等级索取利益和权力,这就形成了"庇护依附"关系。基于此,在以前国王是权力的中心、权力的顶峰,在现在总统是国家权力的实际把握者,并且信任总统赋予其诸多的权力。人们对总统的服从很大一部分是源于对权威服从的价值观念。

2. 总统权力集中

印尼民主政治体制的特征是总统高度集权。总统的一切政务不对国会负责,国会无权推翻总统。总统有权任命或者罢免内阁部长、省长,也有权经国会同意制定法律、法令、条例。虽然新的宪法修正案对总统的权力给予了很大限制,比如取消了总统对立法机构成员的任命、总统改由全民选举、对总统任期作了限制、规定总统不得解散国会等,但总统的权力仍然很集中,很难达到制衡的效果。

集权的总统制往往容易激化社会矛盾,引发社会动荡。在印尼,总统内阁制的政治体制中,国家元首同时兼任政府首脑,一旦由于各种原因,经济发展不景气,导致社会的不满和动荡时,政府无法通过撤换政府首脑的办法缓冲矛盾,因而由经济问题引起的社会与政府之间的矛盾往往会直接转化成社会与国家之间的矛盾,导致国家的动荡。[1]

3. 军警对政治有着重要影响

军警对印尼宪政民主的影响经历了一个从军政不分到军政分离的过程。在苏哈托时代,为了保证其执政的稳定性,他把军队势力引入国家政治生活。他提出了双重职能理论:军队不仅是一支军事力量,还是一支社会力量。在该理论指导下,印尼于 1982 年通过了一项法律,军队可以全方位参与政治生活。在 500 名国会议员中,军人占 75 个席位,并担任许多中央和地方官职。就连梅加瓦蒂总统也是在军警的支持下上台执政的。

在苏哈托政权倒台后,印尼进行了许多宪政改革,其中实行军警职业

---

[1] 王子昌:《民主与政治稳定:印尼局势动荡与政权更迭的政治解读》,《东南亚研究》2001 年第 5 期。

化和非政治化是其重要的内容之一。根据新的选举法，现职军人和警员不得参加竞选立法机构成员和总统候选人，其目的是实现军警的中立化，以便真正做到还政于民。对于印尼政治上所出现的这种新现象，一位印尼时事评论家曾这样评价道："后苏哈托时代的政治改革体现了还政于民的民权精神，特别是把50多年来左右国家政局的军警代表完全置于一边，使印尼真正走上民政的时代，不再是由军方控制政局和垄断政权，这是历史性的进展。"① 虽然目前印尼开始了军警职业化和非政治化改革的历程，但是军警对经济的控制与影响仍不可小视。经济是基础，经济很大程度上决定了政治的改革，因此印尼军警的改革仍然有很长的道路要走，这也从一个侧面反映了军警对国家宪政建设的影响程度。

第三节 印度尼西亚民商事法律制度

一 民商法

（一）印度尼西亚民商法发展概述

在亚洲的法律族群中，东南亚国家是明显区别于中日韩三国的独特法律实体。在荷兰殖民者到来之前，习惯法是调整印尼社会的主要法律渊源。口头传授、不成文等特点决定了印尼习惯法的动态性和多变性，社会状况或人的思想、行为发生变化时，习惯法也随之变化。另外，由于当时印尼以小农经济为主要生产形态，故民商事法律并不发达。

1848年，荷兰政府通过为在印尼的欧洲人制定民法典（Burgerlijk Wetboek）和商法典（Wetboek van Koophandel），拉开印尼法律法典化的序幕。这两部法典事实上就是对荷兰1838年民法典和商法典的简单复制。法律还同时规定印尼人受传统习惯法的调整。1920年荷兰司法部推出"荷属东印度内地民法典"草案，试图统一印尼本土人的民法，然而该草案受到印尼习惯法之父——沃伦霍汶的猛烈攻击，他论说印尼人的法律应该是"没有律师的法律"，统一法典不能代替许多截然不同的习惯法，不同地方的习惯法承载的地域文化是不同的，因而统一民法典不是印尼人的法。统一法典最终没能正式颁布，为印尼人单独制定民法典的尝试最终

---

① 郑一省、陈思慧：《试析后苏哈托时期印尼的宪政改革》，《东南亚纵横》2006年第11期。

失败。

印尼宣布独立后,其民商法律状态与殖民时期基本相同。在没有新的成文法典或政策指导的情形下,荷兰颁布的民法典和商法典仍主要适用欧洲人和华人,绝大部分印尼人适用习惯法,法院运作一如往日,适用荷兰法或习惯法,当诉讼人或事件是混合型时,就运用冲突规范。印尼私法在很大程度上仍带有多元主义的特点。到目前为止,荷兰殖民时代的《民法典》《刑法典》和1848年的《商法典》仍然还是调整印尼社会活动的主要法律。同时,根据印尼政府的相关数据,大约有400件殖民时代的法律至今还有效,这显然与时代的要求是格格不入的。[①]

因此,应该保留哪些现行的旧法律是当局需注意的重要问题,毕竟殖民统治时代的许多法律体制与刚独立的国家的抱负是不相适应的,不同的人种适用不同的法律与现代国家法律适用的基本原则也是相悖的。

政府已经把法律的统一化作为一项目标,尽管在最近的将来也许还不能实现全部统一,但在民商法领域短期内实现统一是可能的,1960年施行的《土地基本法》就是为法律统一化而努力的最初结果。近年来,新的合同法、民法总则、商法、诉讼法等统一法典正在制定中。

(二) 印度尼西亚1848《民法典》

从1848年《民法典》的体系来看,全法典分为四编,分别为个人法、财产法、契约法、关于证据及其法规共1993条。个人法共18章,涉及法典第1条至第498条,共计498条;财产法共21章,涉及法典第499条至1232条,共计734条;契约法共18章,涉及法典第1233条至1864条,共计632条;关于证据及其法规共7章,涉及法典第1865条至1993条,共计129条。

1. 个人法

印尼《1848民法典》第一编"个人法"共18章,个人法实际上与我国的民法总论有异曲同工之妙,但印尼民法典的个人法中有关民事权利的规定比较粗放,而与个人有关的婚姻、夫妻权利义务、家庭、父母子女关系规定得比较详尽。其篇章结构大致如下:

(1) 民事权利的取得与丧失。"自然人的民事权利始于出生,终于死亡",同时也明确规定,从母体诞生的孩子,如果是死胎,应该被视为从

---

① 申华林主编:《东盟国家法律概论》,广西民族出版社2004年版,第171页。

未存在而没有任何民事权利。这一点与我国民法通则的规定[①]不同。

（2）民事登记行为。指明了对民事登记中"登记"的一般理解；对公民为自己姓名中的首姓和末尾名字的命名和更名作出规定；规定了对民事登记行为的纠正以及增加等措施。

（3）居住地和永久居留地。规定个人的主要住所地被视为其居住地。没有住所地的，其实际居住的场所也可被视为其居住地。

（4）习惯。受荷兰殖民后带有了浓厚的大陆法系立法的特征，自第四章开始至第十五章均描述了大量存在的习惯法，涉及婚姻的各项原则规定，例如：婚姻是民事关系；婚姻是一男一女以共同生活为基础的民事结合。鉴于本书的篇章结构，有关婚姻法的内容将在下面的章节详细论述。

2. 财产法

印尼《1848民法典》第二编"财产法"共21章，有关于财产的规定与大陆法系其他国家的区别并不显著，或者从某种意义上讲，这部财产法中的内容直接来源于已经定型的荷兰法，故而从篇章结构来看是相对完善的，符合欧洲人在印尼本土的需求。其主要内容为：

（1）财产法总论

财产法第一章包含五节的内容，第一节（499—502条）指明该法适用于具有财产属性的所有商品和权利[②]以及一般规定下的财产内容，例如：天然产品，其中包括土地附属权、家畜及家畜产品；人工加工产品，其中包括种植品、劳动力附加产值；原公司与分支机构本体及土地；民事收益，包含不动产出租、使用等已获得或者预期获得的资金收入。第二节（503—505条）指明不同财产之间的区别，尤其明确表达财产包括了有形资产和无形资产、动产和不动产，动产中还细分了消费品和非自耗品。第三节（506—508条）详细描述了不动产财产按不同方式划分的种类。第四节（509—517条）详细描述了动产的特性、种类以及法定的登记方式。第五节（519—528条）指明不同所有权者之间的关系和所对应的财产权。

---

① 参见我国《最高人民法院关于贯彻执行〈民法通则〉若干问题的意见（试行）》第1条、《继承法》第28条规定。

② Article 499. The law interprets as assets all goods and rights which can be the subject of property. (Bw. 503, 519, 833, 955, 1131). Indonesian Civil Code (Promulgated by publication of April 39 1847 S. No. 23), p. 74.

第二章包含三节的内容，第一节（529—537条）指明所有权的绝对性，以及涉及的主要对象。第二节（538—547条）指明所有权获得、维持和灭失的方法。第三节（548—569条）指明所有权所派生的其他权利。

第三章包含两节的内容，第一节（570—583条）指明物权的一般法律规定，包括物权的概念、性质、包含的种类、绝对支配性、共有物权及在继承中的分割与分配、物权所有者可以向通过其他行为占有或持有物的人主张其所有权等内容。第二节（584—624条）指明物权的获得方式，以原始取得为主，包含行政审批、原权利附随、法规规定、法律明文和遗嘱继承以及法定方式的继受取得。

第四章（625—672条）涉及相邻地块所有权人之间的权利与义务。该内容更像是我国有关相邻权的规定。指明了该项权利来源于土地本身的特性以及法律法规相关规定，包含取水，排水，划定相邻地块边界，对边界的封闭，建造界墙的高度、垂直度，建造时物品的堆放、修建下水道、排水沟、新建树篱笆或植树、对树枝的修剪、相邻地块的分割、通过、公共空间等都做了详尽的规范。

第五章（673条）明确表明，强制劳动作为最高当局公认的法定方式应予以维持，通过民事诉讼协议不能对此作出修改或修正。主管部门应该在有法定授权的情况下明确规定更详尽的条款以便明确强制劳动适用于当事人的必要性。[①]

（2）财产法有关物权的规定

自财产法第六章开始，对物权的相关概念进行介绍，包括相邻权、地役权、地上权、用益物权。第六章有三节的内容，第一节（674—694条）指明地役权的属性及种类，地役权是一项在从属于他人掌控的土地上获得支配、使用其土地的权利。其中涉及了需役地和供役地。第二节（695—702条）指明地役权的来源，主要是土地所有权上的权益或法律的规定。地役权设定的主要原因是基于公共需求和利益，并且该需求高于土地的所有权。第三节（703—710条）指明地役权的失效，附随在具体的财产之

---

① Article 673. Compulsory labor as acknowledged by the high authorities shall be maintained; the stipulations of this civil code shall not alter this in any way. The Governor General shall be authorized to stipulate such further provisions with regard to compulsory labor as he deems necessary. (ISR. 46, see note with respect thereto), Indonesian Civil Code (Promulgated by publication of April 39 1847 S. No. 23), p. 81.

上地役权随财产的消灭而灭失①，如果一块土地上的地役权随土地转移，或者房产所有人的许可，就算土地毁损、灭失，地役权仍然存在②。除供役期限到期以外地役权灭失以后必须重新建立，需役地才能再次享有该权利③。

第七章（711—719条）涉及的主要内容为地上权，该权利是一项在他人土地上建造、构造或者种植的权利。特殊情况下，该权利能因抵押权产生，也因抵押权被阻却。抵押权人有权设定资产负债，通过设定地役权来限制建筑权的行使，但该权利仅限于抵押权人有抵押权的期间。

第八章（720—736条）涉及的主要内容为长期租赁产生的不动产占有权，按照相关民法的传统，该项权利应该是"永佃权"。永佃权是一项基于长期租赁产生的在他人私有土地上的完整财产权，包括占有、使用、收益的权利，而其主要义务是以现金或者以所有权人土地产出物的方式每年一次支付租金。租金不能分开支付，并且必须包含每一块土地的收益支付租金。永佃人没有权利要求地主支付其在租赁土地期间因建造、改建、加固或种植所产生的相关费用。且永佃人应当承担缴纳土地上所有法定种类税收的义务，其可以选择每年一付或者一次付清。

第九章（737—755条）涉及的内容为地面租金及什一税。地面租金实际上特指一种支付债务的义务，可以以现金或实物的方式支付因使用所有权人不动产而产生的债务。债权人可以在其上保留全部收益也可以处分或转移收益的1/3。

第十章涉及使用收益权，包含四节的内容。第一节（756—760条）

---

① Article 703. A servitude shall be null and void, if the property to which the servitude is attached is in such condition that an individual cannot use it. (Bw. 705, 718, 736, 754, 807; Civ. 703), Indonesian Civil Code (Promulgated by publication of April 39 1847 S. No. 23), p. 93.

② Article 704. If the plot of land charged with servitude or the dominant plot of land has been partially demolished or destroyed, the servitude shall continue, to the extent that the condition of the estate so permits. (Bw. 703, 705), Indonesian Civil Code (Promulgated by publication of April 39 1847 S. No. 23), p. 93.

③ Article 705. Servitude's, which are nullified, for the reason mentioned in article 703, shall be restored, if the property is restored to such a condition, that an individual can make use thereof, unless the period of time which has elapsed, is sufficient for prescription in accordance with article 707. (Bw. 679, 708; Civ. 704), Indonesian Civil Code (Promulgated by publication of April 39 1847 S. No. 23), p. 93.

指明使用收益权的属性以及获得收益权的方法。适用收益权是一种物上权利，基于使用他人财产而产生的一项特殊财产权，该权利的特殊性在于使用人在收益上等同于所有人，维持了财产自身的良好经营。第二节（761—781 条）指明使用收益者权利的具体内容。第三节（782—806 条）指明使用收益者义务的具体内容。第四节（807—817 条）指明使用收益权的终止的情形，包括：①使用收益权人的死亡；②约定了期限或者约定了条件的，当到期时或者约定的事由发生时，使用收益权自然终止；③当两种财产的合并而导致使用收益权需征得另一个所有权人同意时；④使用收益权人因为利益而将使用收益权让渡给所有权人的；⑤若收益使用权人在连续的 30 年内未使用该权利，按照法律规定其将丧失该权利；⑥作为收益使用权主要载体的财产的灭失导致收益使用权的终止。

第十一章（818—829 条）涉及占有使用权，按照其定义来看，占用使用权从性质上与使用收益权一样，是一种物上权利，基于占有特定财产而取得的使用权，其权利的取得和权利的终止与使用收益权一致。占有使用与使用收益不同之处在于其义务，占用使用必须确保财产的完整与完全，编制并描绘资产清单，如同真正的财产所有者良好地使用被占有财产，并按期归还占有物。

（3）有关于遗产、遗嘱的内容

第十二章涉及遗产的继承，包括三节的内容。第一节（830—851 条）指明遗产继承的基本概念，诸如：继承只能发生于被继承人死亡以后，这一点的规定符合大陆法系国家对于继承的定义。第二节（852—861 条）指明法定血亲之间以及存活的配偶均有继承权。对于法定血亲的表述甚至扩展到了子女、直系血亲后裔等三代以内或三代以上的直系血亲，不论年龄、性别均可继承遗产。同一亲等之间享有平等的继承权。同时对父母离婚后遗产的分割、兄弟姐妹间的继承权、父母一方死亡一方存活以及六亲等以上的血亲不享有继承权的内容作出了详尽的规定。第三节（862—873 条）指明非婚生子的继承权。被继承人如果留有法律上认可的非婚生子，那么该非婚生子女也享有相应的继承权，其中包括了被继承人有配偶和法定继承人的，非婚生子可以继承 1/3 的财产；被继承人没有法定继承人或者配偶的，非婚生子可以继承一半的财产，但被继承人如果有其他晚辈直系血亲，或者兄弟姐妹以及兄弟姐妹的晚辈血亲，那么非婚生子也只能继承财产的 1/3。这个规定与我国现行的婚生子与非婚生子在法定继承下享有平等继承权的规定有所出入，毕竟我国更看重血缘关系，但印尼法律完全符合了欧洲大陆对婚姻、家庭、血缘分三个等级来看待的传统。

第十三章遗嘱，涉及九节的内容。第一节（874—894条）指明一般概念，遗嘱是一个人在离世以前处理个人财产愿望的表达，法定继承人和立遗嘱人制定的非法定继承人在遗嘱的明示下均有继承权。遗嘱是一种随着被继承人死亡而使其个人愿望和意图的表达产生法律效力的行为。第二节（895—912条）指明最终遗嘱有效的法定条件以及法律效力。立遗嘱人必须意识清醒，必须是有行为能力者，未满18周岁的人不允许订立遗嘱。订立遗嘱时必须要有两个无利害关系的完全民事行为能力人做见证。第三节（913—929条）关于遗产的分割、法定份额的确定、分配以及减少的规定。第四节（930—953条）关于遗嘱的法定形式，尤其强调了不能在一份遗嘱中出现相互矛盾的多个遗愿。第五部分关于遗嘱处置。第六部分涉及一个特别法令（共6条），即1926年4月23日所公布的皇家决议第17号令，但凡复核遗嘱处置中涉及一般利益的协议内容或者遗赠的，必须依照和遵循1925年4月1日所制定的荷兰特别法第174号文件的规定，并且通过印尼各地公报予以颁布并生效。严格规定了印尼地方法院在复审遗嘱协议和遗赠协议上的职责和权利。第七节（973—988条）指明经手于有利害关系的孙子女、外孙子女以及兄弟姐妹的直系血亲的遗嘱处置和分配决定的认定条件。第八节（989—991条）指明经手于继承人或受遗赠人的遗嘱处置和分配决定必须是未经转印的原件和未经拆封使用的密封件，方可有效。第九节（992—1004条）指明遗嘱撤回、废止以及期满失效的法定情形，包含政治因素、自然因素以及其他特别因素。

第十四章（1005—1022条）涉及遗嘱执行人与管理人的规定。包括了对遗嘱执行人、管理人的选择规定、费用支付、对未成年继承人财产代管义务等内容。

第十五章（1023—1043条）涉及当局对被继承遗产的财产复核权以及要求继承人提供房地产说明的特权。

第十六章涉及遗嘱的接受和拒绝，包括两节的内容。第一节（1044—1056条）指明接受遗产的条件，例如：明确的遗嘱内容、在遗嘱所指明的时间内、附条件遗嘱中，认可遗嘱中的指示或者特殊要求以及当继承人未表示接受或拒绝继承便死亡或丧失民事能力的，那么他的法定继承人可代位继承等内容。第二节（1057—1065条）指明拒绝继承遗嘱的条件、形式等内容。首先，拒绝必须明确表示，并且必须经法庭审核或者判决后才具备法律效力。其次，继承人先于被继承人死亡的，也丧失继承权。以及拒绝继承遗产的权利无期限限制，继承人如果毁损或藏匿被继承财产的，也将丧失继承的权利等内容。

第十七章涉及财产的接管，包含了五节的内容。第一节（1066—1085条）指明房产的分割以及所产生的法律后果。规定细致，诸如：不可分房产不应被分割，只能通过全体共有人的同意再行分配；被继承人的债权人，包括受遗赠人在内，均有权利分割不动产等内容。第二节（1086—1099条）指明接管财产的核对。涉及动产、不动产、现金甚至是债务关系等均属于被继承财产的范围。第三节（1100—1111条）债务的转移，指明接受财产继承的同时，被继承人债务、财产以及其他负担同时转移给接受财产的继承人。以及继承人承担的其他债权债务关系的相关规定。第四节（1112—1120条）财产分割的无效。明确列举了无效的财产分割的情形：①基于强迫；②基于一人或多人的欺诈；③基于毁损遗产的1/3及以上的，或遗漏部分本应分配的遗产，导致有继承权人申明其权益的。第五节（1121—1125条）指明直系血亲之间、直系晚辈血亲之间、长辈与晚辈血亲之间和存活的配偶与前几者之间关于财产分配的问题。内容全面、规定详尽，覆盖婚生子、非婚生子、长辈直系血亲、晚辈直系血亲以及旁系血亲在继承权上的不同规定。

第十八章（1126—1130条）遗产的管辖规则，指明印尼本土由政府制定有关遗嘱执行的法律法规；对于海上移民、海难救助的乘客、失船水手以及其直系晚辈血亲的遗产继承由政府管理。政府同时还可以对孤儿院、政务官员、政务次官甚至军警的财产继承关系制定相应的法律。同时政府还可以接管一些无人继承的无主物、漂流物。该规范同时适用于爪哇岛以及马都拉地区。

（4）债权及债权的优先受偿

第十九章债权的优先受偿，包括三节的内容。第一节优先受偿的一般规定（1131—1138条），指明债务人处分不论现在还是将来已经设定债务关系的动产或不动产，都需征得债权人的同意。债务人同时还得为债权人提供相应的担保。第二节（1139—1148条）指明某些特殊财产的优先受偿。在法条中明确列举了特殊财产优先清偿的条件。第三节（1149条）指明所有动产和不动产优先受偿的一般规定。

(5) 保证与担保的相关制度

第二十章保证（1150—1161条）明确解释了保证是一项由债务人或其法定代表人向债权人提供的用以保证自己到期清偿相关债务的金钱或实物，若债务人到期不履行偿债义务，由债权人获得该相应动产的法律规定。

第二十一章抵押，包含六节的内容。第一节一般规定（1162—1211条）明确解释了抵押是一项由债务人或其法定代表人向债权人提供的不动产，并在其上设定相应的权利，用以保证自己到期清偿相关债务；若债务人到期不履行偿债义务，由债权人获得该相应的不动产或出卖该不动产并获得收益的法律规定。抵押是在不动产上设定的一种权利，原不动产所有者还可以继续使用该不动产，到期无法清偿的才丧失该不动产所有权。第二节（1179—1194条）指明抵押契约的登记以及登记的法定形式。第三节（1195—1197条）指明抵押合同的注销条件、形式以及法定要求。第四节（1198—1208条）抵押涉及其他权利人时的法律后果。第五节（1209—1220条）指明抵押注销的法定条件，例如：①权利人的同意；②债权人抵押权的实现；③法律的其他规定，例如，法定形式以及法律后果的相关规定。第六节（1221—1232条）指明官方对抵押行为的监控和监管及其法定义务和抵押公示的相关规定。

3. 契约法

1848《民法典》中的第三编"契约法"共18章，包含了完整的契约法的相关规定，虽然印尼本土一直在强调新合同法的修订，但该契约法的内容至今仍在产生作用。其主要内容如下：

（1）契约的一般规定

本法的一般规定包含四节内容，第一节一般规定（1233条、1234条）指明印尼本土中的契约按照双方合意或者法律规定的内容订立。订立契约的目的在于契约的当事人必须作为或者不作为一定的行为。第二节契约中的作为义务（1235—1238条）指明契约缔结的作用在于明确当事人双方的权利义务关系，促进生产和消费，并在契约规定的商品交换中获得收益。第三节可分契约与不可分契约（1296—1303条）明确解释了区分这两种契约的价值，并列举了不可分契约的4个种类及其特殊规定。第四节契约中的惩罚和处罚条款（1304—1312条）关于惩罚性条款是履行契约双方为了确保契约的履行力而协商一致产生的。契约的无效使得惩罚性条款也无效，但惩罚性条款的无效并不当然导致契约无效。契约中的债权人用惩罚性条款对抗债务人的行为。

（2）缔结契约的前提

协商和合意是契约缔结的前提，包含四节的内容。第一节一般规定（1313—1319条）指明缔结契约必须是契约各方当事人同意的结果，这也是契约法这一编的基础所在。第二节（1320—1337条）明确规定对合意的合法性要求：①必须是合同当事人；②必须有表达意志的能力；③必须针对特定的事项；④必须是符合公序良俗的。受胁迫，以及通过欺诈或是其他错误的手段签订的合同，没有合法的效力。第三节（1338—1341条）指明合意的法律效果。第四节（1342—1351条）指明对合意的理解，如果表达清楚的同意一般按照通常意义进行理解，以及在多种语境下进行不同解释方法的规定。

（3）法律强制规定

契约的法律强制性（1352—1380条），该部分指明，在当事人自由意志表达和协商一致下订立的契约在某种意义下也需要靠法律的强制力来保证实施。契约的订立也是明确双方法定权利和义务的结果。

（4）无效条款

涉及契约无效的内容包含八节内容。第一节（1382—1403条）关于付款的规定。第二节（1404—1412条）指明提示付款的托收与监管。第三节（1413—1424条）债务的代位清偿，主要源于以下三种情况：①债务人代表其债权人偿还另一个契约关系中的债务，将抵消原债务；②新债务人替代原债务人完成偿还义务，使得债权人解除与之前债务人的关系；③未经双方同意，原债权人将债权转移给新债权人的，原债务人将不再承担责任。第四节（1425—1435条）关于债权债务关系的抵消。两个人之间互为债权债务关系人，并且内容相当，该债权债务关系可以相互抵消。第五节（1436条、1437条）关于债务的合并。在不同契约关系中，债权人与债务人均是同一的，那么不同的债权债务关系可以合并解决。第六节（1438—1443条）关于债务的免除。第七节（1444条、1445条）指明所欠债务对应的财产的灭失。第八节（1446—1456条）围绕契约的无效和失效问题进行规范。

（5）契约法分论——各类契约

从本法的第五章开始至第十八章可以称为契约法分论，分别对买卖契约、劳务贸易契约、定金与订金契约、服务契约的承诺与履行、合伙及协议、法定经济实体、赠与保证、租赁、借贷、固定或永久资产、射幸、担保、转让等民商事行为以契约的方式进行规范。

4. 关于证据及证据法

全编是该 1848 年民法典的第四编"证据法",共 7 章的内容,涉及一般证据规则、证据种类以及相关的民事法规,规定详尽、系统,给近些年印尼本土普通法院诉讼机制改革以及仲裁这种法院外解决民事纠纷机制的开发打下了坚实的基础。主要内容如下:

(1) 证据法的基本原则

证据及证据法的第一章(1865 条、1866 条)从基本原则以及证据种类出发,解释了证据的作用在于"谁主张、谁举证",从事实真实向法律真实过渡的必要过程,以及法律意义上证据的组成:书证、证人证言、证据推论、自认以及宣誓。

(2) 法定证据种类

本法第二章(1867—1894 条)涉及种类为书证。一般包括政府权威文件以及个人文件。并且在政府文件与个人私人文件中区分不同的证明力。

本法第三章(1895—1914 条)涉及对证人证言的相应规定,并且还援引特别的政府法令。对证人的单独证言的法定性否认,证人证言间的一致性的要求,与其他证据之间的关联性以及证人的作证年龄(15 周岁以上)及作证能力都作出全面系统的规定。

(3) 证据的认定

本法第四章(1915—1922 条)对证据的认定包括了法律或者法官对于已知或者未知事实发生的一种推论,这种推论可以基于法律也可以基于事实。法理推论必须根据特定的法律规定,可能是行为或是事件。

(4) 证据的认证及证明力

本法第五章(1923—1928 条)无论在法庭中或法庭外,自认都有对抗其他证据的证明力。一个有法定效力的自认必须具备完整的说明事实过程,并且很难被推翻,除非自认所指向的事实发生变化。

(5) 证据质询的法定程序——宣誓

本法的第六章(1929—1945 条)宣誓的法定形式一般包括:①宣誓决定了待证事实的主要部分;②在法官的要求下对所述事实的宣誓。法庭上宣誓的人需要对自己所述确保真实性，假设对此有欺瞒的，将承担不利法律后果。

（6）涉及其他有关证据的法律规定

从整个1848年民法典内容来看，至今仍然在印尼本土有法律效果的这部民法典独具特色：

第一，既具有大陆法系立法体例的特性，又具备印尼本土的个性。

1848年民法典的立法首先采用总论和分论的模式，法典的第一章至第三章为总论，第四章至第十八章为分论，继承了罗马法成文法典的传统，采纳了荷兰法的体系、概念和术语，并在其中详细划分章、节、条、款、项、目。法律内容一目了然，表述明确清晰，逻辑比较严密，对当时的荷兰殖民者的需求进行了有的放矢的立法，对重要的涉及欧洲人、东方其他国家的人以及印尼本地人经常发生的民事法律关系制定详细的规则，构成了较为完整的成文法，带有非常浓烈的欧洲法律的特色，并形成了与印尼当地习惯法并行的状态。

第二，采用民商法分立的立法模式。

民商分立的真正标志是19世纪初法国民法典和法国商法典的先后颁布，由于在西方发达的法律体系中，一直存在一股促进法典化的驱动力，加之法国大革命推翻封建专制制度，建立了资产阶级共和国，颁布了1791年宪法，法典编纂的政治条件和经济条件已经成熟，因此在拿破仑的推动下，法国民法典于1800年起草，1804年通过，同时，法国在1801年成立了商法起草委员会，于1807年颁布了商法典，标志民商分立体制正式得以确立。

一方面，继法国以后，德国1861年颁布了《普通德意志商法》（即旧商法典），1871年统一德意志帝国开始编纂新商法典，并与1897年颁布，1900年生效；另一方面，于1874年、1890年分别成立民法起草委员会，起草民法。采用通过各自调整社会经济的民事关系和商事关系的民商分立立法模式在欧洲大陆传播开来，采用该模式的国家还有意大利、荷兰、比利时、西班牙、葡萄牙等国。荷兰在对印尼殖民期间，将该立法模式带入印尼本土，以此方便殖民的欧洲人在当地的生活和权利的保障。

第三，内容完整丰富，兼具实体法与程序法规定。

有关民事基本权利义务、财产、合同的内容规定极为详尽，并且结合了部分民事程序法的内容，初步实现了实体法与程序法并重的法律制度的构成。与同时期的其他东南亚国家相比，相对完善，但仅在印尼的欧洲人与外籍东方人中适用，印尼当地人适用习惯法，这种情况在世界上也不多见。在继承有关方面，印尼本土的继承法更为复杂，适用三种法律，一是欧洲人制定的继承法；二是当地土著的习惯法；三是伊斯兰教徒的继承法。使得地区不同，有关继承的法律关系、法律适用、法律结果就不同。并且造成了从印尼独立以后，传统法就与伊斯兰法一直处于对峙状态，双方都想处于主导地位，最后"鹬蚌相争，渔翁得利"，土著习惯法主导了继承方面的法律运用。

(三) 印度尼西亚知识产权法

从 1894 年 1 月 10 日印尼第一件商标核准注册生效起，印尼知识产权管理机构从隶属司法部的工艺所有权署逐步发展壮大，历经工艺所有权署、专利方法局、法律恢复总局下属专利局、法律与宪法总局下属专利与版权局、版权—专利与商标总局等多次更名和机构、职责重组，职责范围逐渐延伸至工业所有权领域。1998 年，根据第 144 号总统令，版权—专利与商标总局更名为知识产权总局（DGIPR），隶属法律和人权事务部（印尼知识产权保护机构发展历程）。从此以后，知识产权总局作为负责管理所有与知识产权相关的审批和行政管理事务的专职政府部门，正式确定下来。

目前，印尼知识产权总局下设总局秘书处、版权、工业品外观设计、集成电路布图设计与商业秘密局、专利局、商标局、合作与发展局、信息技术局等部门。截至 2009 年 8 月，印尼知识产权总局的雇员总数为 517 人。①

21 世纪初，印尼本国对知识产权法律体系进行全面修改、系统构建。印尼商标法的制定始于 20 世纪 60 年代，其后历经 1992 年、1997 年、2001 年多次修订。目前，印尼是 WTO 成员国，于 1950 年加入了保护工业知识产权的巴黎公约；1979 年加入 WIPO；尚未加入关于商标国际注册的马德里协定及其议定书。对于印尼本国来说，基本出发点和动力在于加大对知识产权的保护力度，适应知识产权国际保护的发展趋势。

1. 商标法

印尼现行《商标法》于 2001 年 8 月 1 日开始实施，商标权的产生基

---

① 印度尼西亚知识产权概况，中华人民共和国商务部，文章来源：驻印尼使馆经商参处，2009 - 11 - 16，http://www.mofcom.gov.cn/aarticle/i/dxfw/cj/200911/20091106632934.html。

础为"注册在先"原则，商标在先注册人享有商标的专用权。修订后的新法的主要内容如下：

（1）改变了商标申请、审查的时间，简化了审查程序。旧的法律规定：商标申请必先经 6 个月公告期，无异议方可进入审查程序。新法规定：对于商标的申请，要先进行审查，审查包括了形式审查和实质审查。形式审查是对提交的申请文件、商标图样、委托书等文件的合法性审查，符合规定的，将授予申请日和申请号。实质审查是根据法律的要求审查商标是否具有可注册性、是否与在先注册的商标相同或者近似、是否违背商标法的禁用条款。对于不能通过实质审查的商标，审查官将书面通知申请人，并告知驳回申请的理由。申请人在接到该驳回通知书之日起 30 天内可提交复审，否则，该申请将被视为放弃，申请日和申请号均不予保留。审查合格的进行 3 个月的公告，没有异议的商标将获准注册并下发注册证。

（2）关于商标续展期。印尼的商标权期限为 10 年，期满可以续展，每次 10 年。旧法规定：延展申请应于商标专用期满日前 1 年起至半年内为之。新法则将该期限放宽为：于商标专用期满日前 1 年起至期满日止。这样的修改，更便利当事人，并且有利于保护已经产生经济效益的商标及企业。

（3）关于商标侵权及其处罚。印尼《商标法》就商标侵权及其处罚作了详细规定：如在相同产品、服务或制造领域使用与某注册商标整体类似或与某注册商标的构成要素部分类似的标志，最高可对侵权人处以 5 年监禁及/或 10 亿印尼盾的罚金；在同类注册商品上使用与他人地理标志实质类似的商标可处以最高 4 年及/或 8 亿印尼盾罚金；使用可能欺骗或误导公众相关商品或服务来源的原产地名称标记者可处以最高 4 年的监禁及/或最高 8 亿印尼盾。

2. 专利法

现行的印尼《专利法》为 2001 年颁布的第 14 号法律，该法律对 1989 年的《专利法》进行了重大修改，加大了保护专利权利的力度，其主要内容包括：

（1）专利申请期限。新法规定专利申请应自申请之日起 18 个月内公开，公开时间为 6 个月，申请人提出审查请求之后 36 个月之内结案，不服驳回的可在 3 个月内提出复审请求。

(2) 权利保护期限。《专利法》要求发明人在印尼实施新产品生产后方能申请专利。专利的保护期限为自申请日起 20 年，小专利（印尼无实用新型专利）的保护期限为自申请日起 10 年，两种专利均不得续展。现行专利法规定，涉及以下内容的发明不得授予专利权：①违反法律法规、宗教道德、公共秩序和伦理；②人和/或动物的检查治疗、治疗方法；③科学和数学理论、方法以及除微生物外的活体生物；④动植物培育过程中不可或缺的生物方法。

(3) 专利侵权案件的处理及相关规定。《专利法》还规定，在规定期限内不缴纳专利费用的取消专利资格。有关专利的诉讼案件必须在案件提交之后的 180 个工作日之内结案。侵犯他人专利权者最高可处 4 年监禁和/或 5 亿印尼盾的罚金。侵犯小专利者则最高可处 2 年刑期及/或 2.5 亿印尼盾的罚金[①]。

3. 著作权法

目前，印尼国内的《著作权法》于 2002 年颁布的第 19 号法律通过，于 2003 年 6 月 29 日生效。该法针对不同版权类型，设立了非常详尽的规定、权利及权利救济措施。该法最大的亮点在于，除传统意义上的具有著作性的书面文件外，数据文件—数据库在印尼也可依照著作权法的相关规定受到法律保护。

(1) 关于数据库版权保护的规定。该《著作权法》对数据库的定义为：以任意形式编辑、任何可以由机器或计算机读取，但必须是经由智力创造行为加以选择与整理的数据形式。数据库必须具备独创性或创造性。这意味着仅仅是将大量的数据集中在一起并不能受到法律保护。

(2) 再次立法的空间。此次的新法未将间接侵权、网络侵权和平行进口等版权保护领域的重要事项列入。这意味着在印尼，不会追究间接侵权和网络侵权者的责任。另外，可以认为平行进口在印尼是合法行为。

(3) 著作权侵权行为的法律规定及处罚。印尼法律规定，非法复制或发行著作权产品者的最低监禁期为 1 个月，最长则为 7 年；罚金最低限为 100 万，上限为 50 亿印尼盾。此外，非法传播、展览侵权产品者的处罚为最高 5 年的监禁及/或 5 亿印尼盾的罚金。

---

① 印度尼西亚知识产权概况，中华人民共和国商务部，文章来源：驻印尼使馆经商参处，2009-11-16，http://www.mofcom.gov.cn/aarticle/i/dxfw/cj/200911/20091106632934.html。

4. 商业秘密法

印尼的《商业秘密法》于 2000 年颁布的第 30 号法律通过并实施，对侵犯商业秘密的行为进行了最新的法律修订和法律监管。

（1）对商业秘密的认知。商业秘密指的是技术或商业领域具备相当或一定的经济价值且未公开的相关信息。商业秘密的拥有者具有对权利的独占使用权、允许或禁止他人使用权或出于商业赢利为目的向他人透露商业秘密的权利。商业秘密可以通过遗产继承、赠与、遗言、书面协定或法律所规定的其他方法获得。

（2）对商业秘密的保护范围。印尼《商业秘密法》保护的范围包括生产方法、加工方法、销售方法以及技术与行业领域中其他具备经济价值的、通过正当手法获得且无须向外界公开的信息。

（3）对商业秘密侵权行为的规定及处罚。以违反现行法规的不正当手段窃取他人商业秘密，视为侵害他人的商业秘密权。但如果对营业秘密的使用是出于社会防卫、健康、安全的目的，则不视为侵权。此外，假如只是对他人利用商业秘密制造的产品加以研究进行再次生产的，也不视之为侵权。侵犯他人的商业秘密权，最高可判处 2 年监禁及 3 亿印尼盾的罚金。

5. 外观设计法

印尼的《外观设计法》与《商业秘密法》在同一年签署，即 2000 年 12 月 20 日颁布的第 31 号法律通过并实施。一般认为，印尼的《外观设计法》非常简单并且存在很大程度的不公平。主要由于：

（1）外观设计的审查极为宽松。在印尼，外观设计专利的门槛相当低，一个产品只要在公开期内无异议提出，则无须经过实审即可获得专利权。假如出现异议，只需将新产品与异议产品对照，或由申请人提出新的产品，即可授予专利权。印尼外观设计法对产品外观设计的保护期为 10 年。

（2）给予申请撤销外观设计专利资格的期限世界最长。该《外观设计法》规定，撤销外观设计专利权的申请应由申请人向商业法庭提出诉讼，商业法庭必须在 120 天之内作出判决。如果对商业法庭的判决不服，可向最高法院提出上诉，最高法院则必须在 90 天之内作出最终判决。这意味着在印尼撤销一项外观设计专利权的时间最长可达 210 天。

（3）外观设计侵权行为的处罚。侵犯外观设计者的刑罚为最长 4 年的监禁及或 3 亿印尼盾的罚金。

6. 集成电路布图设计法

印尼的《集成电路布图设计法》于 2000 年颁布的第 32 号法律通过生效并实施。

(1) 对布图设计的认定和申请。该法规定，布图设计必须具备独创性，且必须是设计人（或小组）自己的智力成果。布图必须具备能动性、电路中每一部分必须与总体相连以及设计目的明确等要素，且在设计当时于布图设计人或集成电路制造商群体中不具有普遍性。布图设计不得违反现行法律、公共秩序与公共道德。如果布图设计已经用于商业目的，提出申请之日不得晚于最初实施之后的两年。

(2) 对布图设计的保护制度。印尼对集成电路布图设计采取登记制，保护期限为 10 年。该法同时规定，如果是出于调查、研究、教育等非商业目的，在不侵犯专利权人权益的前提下，他人可以使用该布图设计。当出现布图设计权利被撤销的情况时，若所有权人与他人签署了实施授权协定，被授权者有权继续自己的实施行为，直至双方协定中所约定的期限到期。集成电路布图设计权可通过继承、赠送、遗言、书面契约或其他不违反法律规定的行为获得。

(3) 对布图设计侵权行为的规定及处罚。侵害他人集成电路布图设计权利者最高可判处 3 年监禁及/或 3 亿印尼盾的罚金；另一个是可处长达 1 年的监禁以及以情节严重者可以并处 4500 万印尼卢比的罚金①。

(四) 印度尼西亚 2007《商业法·公司法》

作为东盟成员国之一、东盟秘书处设立地的印尼，大力发展经济是目前印尼的要务，而印尼国内《关于有限责任公司的 1995 年第 1 号法律》被认为已经不再符合法律的发展和社会的需要，因此其需要被一部新的法律所取代。印尼在长期酝酿下，于 2007 年在国会全体大会上讨论并通过了《印度尼西亚共和国商业法·公司法》。其司法和人权部部长安迪在新公司法通过以后发表评论：新的公司法将为印尼的公司经营者奠定强有力的法律基础，为公司在其成立流程、法律地位、经营、权利义务方面提供依据。并且新公司法为企业经营提供了灵活机动的空间，使他们在印尼的

---

① 申华林主编：《东盟国家法律概论》，广西民族出版社 2004 年版，第 186 页。

业务运营健康、规范。①

正如该法在前言中所表述的：在创造繁荣社区的背景下，国民经济需要强有力的经济实体的支撑，其实现基于社区、公平效率、可持续性、环保意识、独立、保障平衡发展和国家经济实体等经济民主的原则；在促进国家经济发展的背景下，需要制定一项法律规范有限责任公司，以保证良好的商业氛围的实现；有限责任公司作为国家经济发展的支柱之一，需要赋予其法律基础以促进基于家庭精神原则的共同努力组成的国家发展。新公司法的颁布，使企业经营和操作有法可依，有据可查，稳定和健全地实施公司治理以便持续发展。

2007 年第 40 号法律案颁布的印尼公司法全文十四章，共 161 条，纵观公司法的全文，涉及对公司专有法律术语的一般解释；公司设立、章程及其修订、公司登记和公告；资本的发行、增资、减资、保护与股份、股权利益；工作规划、年度报告和利润分配；社会和环境责任；股东大会（GMS）；董事会和监事会的权利与义务；合并、解散、接管和分离；公司的检查；公司的解散、清算；公司成立与清算的各项费用以及其他事项的相关规定。实际上与我国的公司法相关规定差别不大，但仍有差异。其中，"公司的检查"实际上是印尼公司法中的一个特别规定，基于股东或者第三人利益可能遭受损失或者公共利益因公司行为遭受损失，由法定的申请人或检察机关向有管辖权的法院提起的调查公司数据的一种诉前程序。

除了保留旧法中有实用价值的条款，同时还提出了新的规定，即特别增设了公司负有社会和环保责任的强制性规定。该规定主要针对经营天然资源行业与天然资源行业有关的公司，而对其他牟利公司就没有这样的规定。其主要目的在于约束经营天然资源行业及有关公司注意保护周边环境和周边地区，避免因环境改变造成极大破坏。②

对该强制的特别规定，印尼国内褒贬不一。印尼工商总会约有 20 个

---

① 印尼部长：公司法给经营者强大的法律基础，中国—印尼经贸合作网，转译自安塔拉新闻网，2007 - 7 - 24，http：// www. cic. mofcom. gov. cn/ciweb/cic/info/Article. jsp? a _ no = 79685&col_ no = 458。

② 东爪哇省的 PT Lapindo Brantas Tbk. 股份有限公司，因环保措施做得不好，公司运营时溢出的泥浆危害了周边环境，病菌的蔓延导致附近上万居民生病遭殃，该公司多处的经济活动也被迫停止运作，这是印度尼西亚历史上第一次发生的惨痛事件。

团体觉得这个规定不公平,这个规定将增加企业负担,削弱企业竞争力。公司可以负有社会和环保责任,应该是出于公司的意愿或志愿,不应该是强制性的。另有社会群体表示赞同,认为这是环保界的好条款,"绿波"①潮流可成为环保或周边人民健康生活的保护神。公司负有社会责任,周边地区环境的青绿优美,可以保证人民的身体健康、卫生教育的普及,可以促进社会繁荣,所以这项法律制度值得支持并应严格执行。

公司负有社会和环保责任在当今全世界都是通行的观点,最初是以自愿为基础的一般法律规定,所以认为公司不需要负有社会和环保责任的这种观点是不恰当的。只要是谋利企业,尤其是大企业,特别在经营天然资源中获利,就更应该承担相应的责任:保护环境和帮助提高人民的生活,以此来回馈社会是理所当然的事。但基于公共利益观点,以及平等的法律观念下,除了经营天然资源行业或与其有关的公司,只要是从事商事活动的企业都应该承担该负担和责任。在全球化的市场经济中,公开和公平的竞争,不应该只有一方必须承担法律强制后果而另一方没有特别的法律条款的规范。故而,印尼2007年40号公司法的此项规定不平等也欠合理。

二 婚姻家庭继承法

(一)印度尼西亚婚姻习俗及婚姻家庭继承法概述

印尼作为一个多民族、多宗教信仰的国度,有关于婚姻家庭继承法的内容在很大一个层面上具备了民族和宗教的色彩。在尊重伊斯兰教穆斯林婚姻习惯、习俗的基础上糅合了宗教的内容。在印尼无论男女双方婚前所属何种宗教,婚后必须是一个宗教,例如婚前男方是伊斯兰教,女方是佛教,但婚后必须选择一个宗教,要么男方改伊斯兰为佛教,要么女方改佛教为伊斯兰。具体怎么改由当事双方自行协商。此外,由于印尼少数民族众多、岛屿零星分布,造成不同的岛屿区划间不同的婚姻习俗,这些习俗成了婚姻登记法定条件。例如:印尼的爪哇岛因为当地老鼠成灾,州当局宣布,男子要登记结婚,必须先打死25只大老鼠送交政府,否则不予办理结婚手续。

婚姻法颁布以前的印尼,甚至是在《1848民法典》对婚姻有规定的

---

① 这是一种新的思维,定位在于促使国家、公司将履行社会和环保责任作为营业的战略计划,发挥国家、公司潜能和强项在市场经济中拼搏,达成最终的胜利和盈利。

前提下，印尼当地人，尤其是占人口绝大多数的穆斯林信仰者，仍然坚持宗教世俗婚姻习惯而排斥婚姻法的相关内容。所以，在印尼推行婚姻家庭法的难度在于：第一，需要面对当地穆斯林反对者的抗议；第二，关于婚姻法立法的实际作用以及在穆斯林者之间的冲突成为党派大选中争论最激烈的政治问题之一。

（二）印度尼西亚目前实行的婚姻法及产生的法律效果

目前印尼实行的是颁布于1974年第1号法案《婚姻法》（Marriage Law 1974）。同时并行的还有颁布于1975年第9号法案的《婚姻法实施条例》（Marriage Law Implementing Regulation 1975）。这部法律和实施条例在婚姻制度、法定结婚年龄、婚姻登记程序、结婚后家长的监护权、夫妻法律地位以及夫妻家庭地位、见证离婚、司法离婚、离婚后的财产分割、对子女的监护以及子女对父母财产的继承等问题均作了全面的规定。并且这些规定是原宗教婚姻、当地婚俗未明确说明的内容，给印尼的婚姻缔结以及家庭生活带来了深远的影响。

1. 婚姻的基本制度

在印尼很长一段时间都在争论，究竟该践行哪种婚姻基本制度，"一夫一妻"还是"一夫多妻"。在新法实施前，一夫多妻的情况不是很普遍，只占婚姻总数的5%。实际上，对于穆斯林妇女来说，婚姻的不安定因素主要是一夫多妻的制度：按照旧法律，对于穆斯林男子而言，想要实行一夫多妻，只需向户籍官报告他的新缔结的婚姻，并且对他所有的妻子一视同仁就行。根据印尼1974年婚姻法，宗教法庭赋予的合法婚姻是一夫一妻，欲娶多妻则必须向当地宗教法庭申请。1983年和1990年政府修改了婚姻法有关条例，不准国家公务员娶第二个妻子，但不包括议员、内阁部长等政务官、省长、地方首长及军警。虽然在2006年印尼妇女事务部长默蒂亚·哈达宣布，政府将修改有关公务员结婚和离婚的条例，不准国家公务员和政府官员娶第二妻，不许歧视女性。① 但目前为止，这两种相互矛盾的夫妻关系制度仍然在印尼当地适用。

新婚姻法规定，一个男人只能在第一个妻子同意，或第一个妻子残疾、不能生育的情形下，才可以娶第二个妻子。除此之外，一夫多妻还必

---

① "印尼将修改婚姻条例，公务员不许一夫多妻"，新华每日电讯3版，2006-12-10，http：//news.xinhuanet.com/mrdx/2006-12/10/content_5463245.htm。

须获得司法许可,法院应对丈夫的财政能力、妻子的安全、孩子能否得到公平对待等各种因素予以调查并最终作出决定。虽然印尼普通民众中,一夫多妻制并不常见,但这个法律的实行受到了一夫多妻制狂热支持者的反对,他们认为,法律这样规定,使一夫多妻制度得不到实现,他们将继续为争取一夫多妻制度进行抗争①。

2. 法定结婚年龄及婚姻中家长对未成年人的监护

1974年婚姻法规定,印尼最低结婚年龄男19周岁,女16周岁,除非得到法院或者男女父母所指定的另一官员的特许除外。如果双方中有一方或者两方均未满21周岁,那么婚姻的缔结必须得到家长的许可。② 这个规定在印尼本岛和爪哇岛民众间产生了不一致的反应。印尼本岛的民众认为,18周岁以下的公民属于未成年人,女子法定婚龄定在16周岁属于未成年人,还需要监护人的同意,这个制度稍显烦琐。所以直接规定为18周岁以上,更为简洁明了。但爪哇岛的民众认为,这样的规定提高了婚龄,因为在印尼大约有1/2③的人没有明确记载其出生日期,由于缺乏记载而引起年龄的不准确,可能使得地方官在当事人虚报年龄的基础上允许其结婚。即使官员拒绝承认虚报年龄的情况,想要结婚的人也比较容易得到必要的特许,尤其是婚姻法没有应该限制或者禁止给予特许的相关规定。在巴厘岛,婚姻法的实施造成了与习惯法的冲突。

巴厘人习惯在经济自立后再结婚,通常是20—25岁。如果一个巴厘人在法定的最低婚龄之前做到经济自立要结婚时,对于女子来说,她必须至少来过一次月经,对于男子来说,他已经变声,方能结婚。这些标准反映了巴厘的习惯,在冲突的情况下,婚姻法只能以特别规定加以确认。

3. 婚姻登记程序

对于印尼大部分地区而言,按原来的婚姻习俗新人只需要进行宗教宣誓即可缔结为合法夫妻关系,但婚姻法规定:缔结婚姻双方进行婚姻登记是一项法定义务,隶属于宗教事务部的登记机关负责登记穆斯林婚姻,隶

---

① "印度尼西亚宪法法院支持对一夫多妻制的限制",环球法律资讯(九月),2008-04-01,http://www.legaldaily.com.cn/zbzk/2008-04/01/content_ 825995.htm。

② Marriage Law 1974 (No.1, 1974)。

③ [美]琼·卡茨、罗纳德·卡茨:《一个发展中国家进行社会变革的立法——印度尼西亚新婚姻法评介》,沈小明节译,原载《美国比较法杂志》1978年第2期。

属于国家内部事务部的民事婚姻登记机关则负责其他婚姻的登记①。这个规定给不同的岛屿带来了不同的影响。

在爪哇，根据婚姻法的规定，婚姻不一定需要登记才算合法，穆斯林可以在宗教事务局登记，他们继续执行自 1946 年以来的那种结婚登记。穆斯林和不同信仰的人的混合婚姻也仍然同 1974 婚姻法实施前一样到民事登记处去登记。

在巴厘岛，婚姻法实施前，男女缔结婚姻不需要登记，婚姻法实施以后，对于巴厘也有一系列特别规定，其中包括：巴厘是登记结婚的唯一例外。为了防止利用该特殊规则私奔到巴厘的情况继续发生，巴厘当地人可以在婚姻缔结后再进行登记，但非巴厘人则必须在结婚 10 天前登记，否则婚姻无效。

4. 夫妻的法律地位和家庭地位

法律规定：夫妻双方都是平等的，都是印尼永久居民及住所由双方所有，夫妻共同承担维持家庭和照顾子女的责任。作为一家之主的丈夫，在家庭中必须保护妻子，并为妻子提供丈夫尽最大可能可以获取的生活所需。而妻子在家庭中的主要职责是管理家庭。由此可见，印尼在婚姻夫妻法律地位平等的规定上与世界各国一致，但有关家庭中夫妻的分工不同，东方"男主外、女主内"的影响还是很深远。

5. 离婚制度

1974 年印尼的婚姻法在夫妻双方法律权利的保护上达到了基本一致，特别明显地体现在离婚制度的全面、系统构建上，涉及离婚的实体和程序法律规定，离婚的方式及法定机关，一夫多妻或童婚②离婚的特别规定等问题上。并且最大的进步在于从程序上改变了穆斯林男子独断专行的离婚习俗。

按照印尼旧法规定，一个穆斯林男子只要说三遍"我跟你离婚"无须任何理由，就能够和他的妻子离异。而提出离婚的穆斯林妇女则必须到法院说明离婚的理由，并且这些理由是事先征得丈夫同意或是合乎穆斯林法律的。而 1974 年婚姻法实施以后，一个穆斯林丈夫要离婚，必须去伊斯兰法院说明理由。这个变化引起了穆斯林离婚率的全面下降，根据宗教

---

① Marriage Law 1974 (No. 1, 1974).

② 特指未到法定婚龄结婚的情况。

事务部掌握的数字,大约下降了70%①。同时变化在于,提出离婚的穆斯林妇女仍然必须到法院并提出理由,而这些理由不需丈夫同意,只要是法定理由即可离婚。

在印尼,婚姻法规定经法院调解无效,按婚姻法规定判决以后,夫妻双方可以离婚。根据伊斯兰法律缔结婚姻的男子想要离婚,必须向宗教法庭提交离婚通知信,并说明理由及其成因。如果理由和原因符合婚姻法规定的6个理由,并且再无和解的可能,那么法院将给予其见证离婚。而一方在其配偶有如下情况时,可以请求法官调解或寻求司法帮助,例如:配偶与人通奸、酗酒、吸毒、赌博以及其他恶习,屡教不改的;遗弃、无辜虐待2年及2年以上或威胁生命的;生理缺陷或其他妨碍夫妻间婚姻权利义务的;被判处5年及5年以上有期徒刑的;长期不和并双方已无意愿继续生活的其他情况。

离婚费用的提高及特别规定降低了离婚的随意性。按旧法规定,一个穆斯林男子只需要向宗教事务局登记其离婚决定,并支付相当少的手续费。而现在,他至少要去一次伊斯兰法院,并且花费三万卢比(折合75美元),等于当时一个印尼人的一年收入②。随着经济的发展,目前该费用在印尼爪哇岛的斯拉根地区上涨为四万印尼盾(折合4.8美元)或捐赠25棵树苗③。同时规定,外国人娶印尼妻子需交5亿印尼盾(折合35万人民币)作为"生活安保费",如果10年内离婚,这笔钱就归妻子所有。④ 同时,印尼政府坚定地介入了一夫多妻或童婚中对弱势群体的保护,体现了法律制度的文明化,婚姻事务咨询处的工作人员有了法律权力以及伊斯兰法院作为后盾,减低了离婚率,也减少了未到法定婚龄就结婚的新人数量。

离婚时获得的财产,视为婚姻存续期间的共同财产。新婚姻法指示相关部门根据适用的法律向当事人提议关于前妻和子女的赡养问题。而法院可以在子女或前妻的请求下,责令离婚男方当事人按当地平均生活水平,

---

① [美]琼·卡茨、罗纳德·卡茨:《一个发展中国家进行社会变革的立法——印度尼西亚新婚姻法评介》,沈小明节译,原载《美国比较法杂志》1978年第2期。

② 这是20世纪70年代末的情况。

③ "印尼:结婚或离婚都要捐树苗",新华网,2007-12-05,http://news.xinhuanet.com/newscenter/2007-12/05/content_ 7200628.htm。

④ "外国人娶印尼妻或需'押金',10年内离婚钱归女方",中国新闻网,2010-06-09,http://www.chinanews.com/gj/gj-xxsh/news/2010/06-09/2331934.shtml。

一次性或按一定时间周期给付子女和前妻的赡养费。

同时1974婚姻法还明确了离婚的双方对子女均有监护权，都要承担监护责任的规定。只是该规定仍然不尽完善，夫妻双方离婚时，在子女监护问题上是有争议的，法院应宣布判决父亲承担抚养、赡养的责任，除非其无法承担该责任，那么，法院可责令母亲分担相应的抚养费用。

三 国际贸易与投资法

2010年印尼的GDP超过7000亿美元，是亚洲经济发展第三快的国家和东南亚最大的经济体。印尼2010年的经济增长率是6.1%，预计2012年的增长率会攀升到6.5%—6.9%。① 据海关总署数据网站显示，2012年第二季度，我国对印尼进出口总额达177.46亿美元，同比增长17.7%，占中国对东盟十国贸易总额的17.6%，是我国在东盟的第二大贸易伙伴，仅次于马来西亚。② 2012年1月至11月，印尼最大出口市场兼最大进口来源国还是中国。③

在2012年第九届中国—东盟博览会中，印尼展区用2025平方米的展览面积共128个展位展示来自印尼的88个企业的产品，是东盟中参展企业最多的国家。同时，其贸易部国家出口总司司长古斯玛蒂·布斯塔米（Gusmardi Bustami）表示，印尼非常重视与中国之间的经贸合作，目前中印之间还有更进一步合作发展的空间，印尼希望能够借助东盟博览会这个平台促进印尼和中国企业之间的贸易。④ 根据印尼工业部的发展规划，近期目标是：至2014年加强可持续制造业基地的综合竞争力和建立一个具未来发展前景的支柱产业；远期目标是至2025年成为工业强国。⑤

自21世纪初以来，印尼政府采取了一系列的措施，鼓励和推动非油

---

① "印度尼西亚投资环境简介"，云南省商务厅·云南省国际商会对外经济合作分会，2012-09-21，http://www.dh.gov.cn/bofcom/433476996052287488/20120921/335135.html。
② "2012年第二季度中国—印尼双边贸易情况"，中国—东盟博览会官方网站，2012-08-23，http://www.caexpo.org/gb/cafta/t20120823_102700.html。
③ "印尼2012年最大进出口市场仍为中国"，中新网，2013-01-03，http://finance.chinanews.com/cj/2013/01-03/4453252.shtml。
④ "印尼希望与中国进一步加强贸易及投资合作"，东方网，2012-10-12，http://finance.eastday.com/Business/m2/20121012/u1a6916674.html。
⑤ "印度尼西亚投资环境简介"，云南省商务厅·云南省国际商会对外经济合作分会，2012-09-21，http://www.dh.gov.cn/bofcom/433476996052287488/20120921/335135.html。

气产品出口,简化出口手续,降低关税,对外经济贸易取得较大发展。其国内与贸易投资有关的法律主要包括《1934年贸易法》《海关法》《建立世界贸易组织法》《产业法》,与贸易相关的其他法律还涉及《国库法》《禁止垄断行为和不正当贸易竞争法》《外国投资法》和《国内投资法》等。本书着重介绍与对外贸易和招商引资有关的法律制度。

(一)印度尼西亚贸易政策、管理制度及法规

印尼主管贸易的政府部门是贸易部,其职能包括制定外贸政策,参与外贸法规的制定,划分进出口产品管理类别,进口许可证的申请管理,指定进口商和分派配额等事务。印尼与贸易有关的法律主要包括《贸易法》《海关法》《建立世界贸易组织法》《产业法》等。与贸易相关的其他法律还涉及《国库法》《禁止垄断行为》和《不正当贸易竞争法》等。除少数商品受许可证、配额等限制外,印尼对大部分商品均实行放开经营。2007年底,印尼贸易部宣布了进出口单一窗口制度,大大简化了管理程序。

1. 进口商品管理制度

印尼政府在实施进口管理时,主要采用配额和许可证两种形式。适用配额管理的主要是酒精饮料及包含酒精的直接原材料,其进口配额只发放给批准的国内企业。适用许可证管理的产品包括工业用盐、乙烯和丙烯、爆炸物、机动车、废物废品、危险物品,获得上述产品进口许可证的企业只能将其用于自己的生产。其中,氟氯化碳、溴化甲烷、危险物品、酒精饮料及包含酒精的直接原材料、工业用盐、乙烯和丙烯、爆炸物及其直接原材料、废物废品、旧衣服9类进口产品主要使用自动许可管理;丁香、纺织品、钢铁、合成润滑油、糖类、农用手工工具6类产品主要使用非自动许可管理。

2. 出口商品管理制度

印尼出口主要采取"出口指导"和"出口控制"两种出口限制形式。出口指导产品必须符合印尼的出口审批要求。出口货物必须持有商业企业注册号或商业企业准字或由技术部根据有关法律签发的商业许可,以及企业注册证。印尼将出口货物分为四类:受管制的出口货物、受监视的出口货物、严禁出口的货物和免检出口货物。受管制的出口货物包括咖啡、藤、林业产品、钻石和棒状铅。受监视的出口货物包括奶牛与水牛、鲸鱼皮(蓝湿皮)、野生动植物、拿破仑幼鱼、拿破仑鱼、棕榈油、石油与天然气、纯金银、钢铁废料(特指源自巴淡岛的)、不锈钢、铜、黄铜和铝

废料。严禁出口的货物包括幼鱼与金龙鱼等，未加工藤以及原料来自天然森林未加工藤的半成品，圆木头，列车铁轨或木轨以及锯木，天然砂、海砂、水泥土、上层土（包括表面土），白铅矿石及其化合物、粉，含有砷、金属或其化合物以及主要含有白铅的残留物，宝石（除钻石），未加工符合质量标准的橡胶，原皮，受国家保护野生动植物，铁制品废料（源自巴淡岛的除外）和古董。除以上受管制、监视和严禁出口的货物外，其余均属免检的出口货物。

3. 海关管理制度

印尼关税制度的基本法律是 1973 年颁布的《海关法》。现行印尼进口关税税率由财政部于 1988 年制定。自 1988 年起，财政部每年以部长令的方式发布一揽子"放松工业和经济管制"计划，其中包括对进口关税税率的调整。印尼进口产品的关税分为一般关税和优惠关税两种，关税制度的执行机构是财政部下属的关税总局。

根据 WTO 对各成员国 2006 年进口关税水平的统计，2006 年印尼的简单平均进口关税税率为 9.5%。其中，工业品的简单平均进口关税税率为 9.2%，农产品为 11.4%。印尼对超过 99% 的进口产品征收从价税，但对大米和糖类等进口产品征收从量税。根据《中国—东盟全面经济合作框架协议货物贸易协议》，从 2007 年起，印尼对自中国进口的产品关税将降至 8%；从 2009 年起自最惠国进口产品的税率由 5% 降为 0；在 2010 年前，印尼与中国逐步消减进口关税，对绝大多数进口产品实行零关税。

4. 进出口检验检疫的规定

印尼要求所有进口食品必须注册，进口商必须向国内药品食品管理局申请注册号，并由其进行检测。检测过程烦琐且费用昂贵，检测费用从 5 万印尼盾（约合 6 美元）到 250 万印尼盾（约合 300 美元）不等，每一件产品的检测费用在 100 万印尼盾（约合 120 美元）到 1000 万印尼盾（约合 1200 美元）之间。此外，印尼药品食品管理局在测试过程中要求提供极其详细的产品配料和加工工艺情况说明。2007 年 11 月，印尼对真空保鲜球茎蔬菜采取更为严格的检验检疫措施和技术要求，重点加强对以球茎形式进口的新鲜蔬菜的检验检疫和技术两方面的要求，在检验检疫方面，该规定扩大了证书要求范围，除了须具有与 2005 年法规相同的生产国权威机构签发的证书外，经转运的产品还须被提转运国授权的证书；在技术要求方面，该规定加严了原产国无虫害地区的调查及对植物性检疫虫害进行风险分析。

(二) 印度尼西亚投资政策、管理制度及法规

印尼负责投资的管理部门为投资协调委员会 (Badan Koordinasi Penanaman Modal, BKPM), 直接对总统负责。委员会设主席一人, 同时兼任投资部长。BKPM 的职能是协助总统制定投资政策, 办理投资批准许可, 监督实施投资项目。具体包括: 起草投资政策, 交总统批准; 根据投资法律法规, 协调行业和地区投资计划, 制定出全国投资总规划; 定期会同有关行业的主管部委整理审议"禁止和限制投资行业目录"; 将上述目录提交总统批准后以总统令形式颁布; 依据国家发展政策推动各省的投资活动; 就投资项目咨询提供广泛的信息; 与投资者和商界保持联系, 建立有效的促进和交流机制; 依照投资政策、法律、法规对投资申请进行评估; 将外资申请项目遴选和评估结果呈报总统批准; 审批内资和外资的投资申请和变更; 代表有关行业的主管部门颁发执照和投资许可; 会同地方协调投资协调委员会与其他有关部门监督实施已批准的投资项目。

印尼涉及外国投资方面的法律目前是 2005 年颁布的第 25 号《投资法》, 规范了国内外投资。新法特征: 第一, 外资在土地和建筑使用权限方面有了较大突破。如土地使用权, 由原来的 35 年延长到 95 年, 建筑使用权由原来的 50 年延长到 80 年, 而由地方政府批准的土地使用权最长可达 70 年。第二, 内外资享有同样待遇及优惠政策。外国投资者可以自由汇回其资金, 可申请两年的居留权并逐渐能转为永久居留权, 还禁止政府将外国企业国有化以及对外国公司在犯有商业犯罪时重判。第三, 出台了新的优惠政策。其中财政优惠政策鼓励投资的领域和地区, 在 6 年的期限内总共给予投资者在应税收入中扣除投资额的 30% 的税收折扣。第四, 对外资在各领域的投资股份限额作了详细明确的规定, 对电信等几个涉及国家安全的重点领域的外资所有权进行限制, 如外国投资对印尼固网和移动运营商的持股比例最高不得超过 49% 和 65%。印尼投资政策、法律主要在以下方面作出规定:

1. 市场准入政策

印尼对投资采取市场准入政策, 包括对禁止内外资进入的领域、只禁止外资进入的领域、外资与内资组建合资企业时才能进入的领域。

(1) 绝对禁止内、外资进入的领域

包括: ①农业领域: 种植和加工大麻及同类产品; ②海洋渔业领域:

海绵的应用和种植；③工业和贸易领域：对环境有害的化工产品：如五氯苯粉、滴滴涕、狄氏剂、氯氮，化学武器，武器及相关零配件生产，环己氨基磺酸盐和糖精生产，烈性酒生产，赌场和赌博设施；④交通通信行业：航空系统，船舶检测；⑤矿产和能源领域：开采放射性矿藏。

（2）只禁止外资进入的领域

包括：①森林和养殖领域：微生物原生质培植，森林砍伐特许；②交通领域：出租车/公共汽车服务，小规模航运；③贸易领域：贸易以及贸易支持服务，但以下领域除外：大型零售业（购物中心、超市、商场），批发贸易（分销或批发、进出口），展览或会议服务，市场研究服务、港口以外的仓储服务，售后服务；④传媒领域：广播电视服务、闭路电视服务、多媒体传媒和印刷传媒信息服务，电影工业。

（3）外资与内资组建合资企业时才能进入的领域

包括：海港的建设和经营、公用电力的生产、输送和销售、航运、公共饮用水的建设和经营、铁路运输、原子能发电、医疗卫生服务、通讯、商业空运。

（4）满足一定条件才可投资的领域

包括：①海洋和渔业领域：对于淡水鱼养殖，外资须和当地小型渔业企业合作并且养殖印尼渔业部所限定的渔业种类，对于捕捞水底鱼，限于大鱼、群鱼；②工业领域：原材料进口或者来自工业用林区、不使用硫酸盐或者氯化物的木浆工业；不使用硫酸盐或者氯化物的纸浆工业；不使用水银的氯碱工业；原料来自红树林的红树木料加工或者半加工；③贸易领域：外资只可在旅游区或者综合宾馆才能设立饭店，外资只可在旅游区或者综合宾馆才能开展游戏业务。

2. 内外资企业的优惠政策

（1）税收优惠

所有由印尼投资协调委员会审批的企业，包括现有的外资企业和内资企业，如果以高于已安装生产能力的30%的规模扩展其项目来生产类似产品或增加其产品种类，印尼政府将会准予进口关税的减免和征收优惠。对以下情况，进口税可减至5%，对于进口税价目（btbmt）中的进口税为5%以下的货物，则按进口税目表的规定征收：进口生产所需的资本货物，如机械、仪器、零件、附件等，进口期限为2年，自同意减免税同意书签发日起算；进口生产期限为2年的产品所需的原材料和配件；免征首次在印尼进行的船舶注册契约或证明的有权转让费。

在其他税收政策方面，现提供的所得税优惠包括：①企业所得税税率为30%（根据新《所得税法》，2010年后为25%），可以在6年之内付清；②加速偿还和折旧；③在分红时，外资企业所缴纳的所得税税率是10%，或根据现行的有关避免双重征税协议，采用较低的税率缴税；④给予5年以上的亏损补偿期，但最多不超过10年。根据2008年1月《关于税收办法及其总则法的第三项变化的2007年第28号法规》规定，第一次逃税或漏税致使国家受损的将免于刑事责任，但将被处以数额为所逃税款两倍的行政罚款。

（2）产品出口优惠

对用于生产出口产品而进口的货物可退进口税，对于在国内购买用于生产出口产品的物资免增价税和奢侈品税，企业可自由选择在国内或国外购买生产所需要的原料。

（3）保税区

对于在保税区内设立的企业，有以下优惠措施：①对于进口生产过程中所需要的资本货物、设备以及原料的可免进口税、所得税以及奢侈品的增值税；②允许企业将50%的最终出口产品通过正常的进口手续转移到国内市场，若非最终出口产品，可100%转移到国内市场；③允许将一些边角料或废料销入印尼关境内，但含有生产所用材料的量不超过5%；④允许这些企业将自己的机器设备出借给保税区以外的或无出口加工地位的分包商进行深加工，期限不超过2年；⑤如果这些企业将其产品从保税区或出口加工转口区交到这些区域以外的分包商或是这些区域内的其他公司进行深加工，则对其免征增值税和奢侈品销售税。

（4）综合经济发展区

为发展某些区域的经济建设，如印尼东部地区或者偏远地区，政府已开辟几个综合经济发展区，在这些区域的投资者，可获以下优惠措施：给予30%的投资补助，加速折旧和摊提，亏损结转①可延长10年；关于股息税，一般是按红利的10%收取，若双方在税务协议上取得一致，则还

---

① 亏损结转，是指缴纳所得税的纳税人在某一纳税年度发生经营亏损，准予在其他纳税年度盈利中抵补的一种税收优惠。外商投资企业和外国企业在中国境内设立的从事生产经营的机构、场所发生年度亏损，可以用下一纳税年度的所得弥补。下一纳税年度所得不足弥补的，可以逐年延续弥补，但最长不得超过5年（《中华人民共和国外商投资企业和外国企业所得税法》第11条）。

可再降低。

3. 承包工程项目的程序

（1）获取信息。印尼的承包工程项目主要分为四类，即国际金融机构援助项目、外国资金援助的印尼政府项目、外国和本国资金投资的政府项目、私人资金项目。前三类项目由印尼国家计委或公共工程部、能矿部、交通部和国家电力公司等具体实施项目部门对外发布项目招标信息。私人项目则多通过商业关系寻求合作伙伴。

（2）投标方式。根据印尼国家法律和国际金融组织项目要求规定，由国际金融组织贷款或援助项目，一律采用招标方式；而使用某一特定国家政府贷款项目，一般采用在援助国国籍公司中公开招标形式；印尼政府自筹资金项目的招标方式比较灵活，视情况可进行国际招标或只在印尼公司中招标；私人项目则由项目业主自行决定议标或招标。

（3）办理许可。在印尼承包工程的主管部门是公共工程部，中标的外国公司必须在其国内成立有限责任公司或代表处并取得印尼公共工程部颁发的承包工程准字，方可与项目业主签约。从事承包工程业务的外国公司，其印尼合作伙伴必须是具有 a 级资格的承包商协会或承包商联合会成员。进行工程咨询业务的公司，印尼合作伙伴必须是具有 a 级资格的咨询协会成员。

第四节 印度尼西亚刑事法律制度

一 印度尼西亚刑事法律制度概述

在荷兰殖民者进入印尼本土之前，印尼土著均以习惯作为法则，融合宗教法的内容对社会治安、民众行为进行规范和制约。直到 1915 年，才颁布了《印度尼西亚刑法典》，并于 1976 年加以修改与完善，但随着时代的发展，特别是国际化的进程，法律已明显不适应，故自 2005 年起印尼就准备大规模翻修这部荷兰殖民时期遗留下来的刑法典。该修正案到目前为止尚未通过，主要在于新版的刑法草案有部分内容不符合世界刑法发展的趋势和特征，例如：该草案中严禁公开接吻，公开接吻者可能会被判处 10 年以下有期徒刑以及高达 3 亿印尼盾（折合 3.3 万美元）的罚款。[1]

---

[1] 《印尼拟修改刑法，严禁光天化日下公开接吻》，中新网，2005-02-06，http://www.china.com.cn/chinese/law/781471.htm。

同时禁止未婚同居、通奸以及不准公开展示色情图片或者影像等条款。对此修改的内容，印尼国内的法律人士则批评该法案有剥夺人权的嫌疑。到2013年3月20日，有报道表明印尼继续对刑法典进行修正，提高了对通奸和婚前同居行为的刑罚力度，发生婚外情的印尼人将面临最高5年的有期徒刑。做这样的修改，主要基于现行法律惩罚太轻，而通奸、与婚外情对象同居等是许多社会问题的根源，故而，印尼若干国会议员同意并支持加重刑罚。① 2013年5月8日，印尼地方省份亚齐省在宗教法的影响下，大力推行修订刑法中有关于同性恋者的惩罚问题。

正如印尼刑法典前言所述：随着经济的增长和交通基础设施的完善，各个民族之间的国际贸易日益显著增长，这已经成为每个国家非常常见的现象。多年以来，印尼并未对这部古老的刑法典进行大面积的修订，而是在原有基础上的小修小补。以至于原来就缺失的内容在当下迅速发展的社会现实中更显薄弱。该刑法典在适用过程中有一定的阻碍。如前文所述，印尼是一个多民族多宗教并且法制理论异常复杂的国家。在构建法律的过程中，受习惯的影响，同时也受宗教法和现代法律的影响，故而，在其国内刑法典的相关刑名内容既要考虑少数民族的宗教教义，还要注重跟国际形势接轨，所以印尼刑法典的修正道路走得异常艰难和缓慢。纵观印尼刑法典的体例和内容来看，其特点在于：

第一，体例完整，结构层次清晰，具备大陆法系总论结合分论的结构特征。印尼刑法典分为前言、附则、总论、分论；分论包括犯罪和刑罚两部分内容，有关犯罪的规定是该刑法典的主体内容，体现了其重实体规范的立法理念。并且，犯罪和刑罚相对应的罪名和量刑也适度的分类。

第二，有关刑名和量刑的规定稍显落后。多年以来，印尼并未对这部古老的刑法典进行大面积的修订，而是在原有的基础上小修小补。以至于原来就缺失的内容在当下迅速发展的社会现实中更显薄弱。

第三，该刑法典在适用过程中有一定的阻碍。如前文所述，印尼是一个多民族多宗教并且法制理论异常复杂的国家。在构建法律的过程中，受习惯的影响，同时也受宗教法和现代法律的影响，故而，在其国内刑法典的相关刑名内容既要考虑少数民族的宗教教义，还要注重跟国际形势接

---

① 《印尼提高通奸罪刑度，婚外情最高面临5年刑罚》，环球网，2013-03-20，http://world.huanqiu.com/exclusive/2013-03/3752244.html。

轨，所以印尼刑法典的修正道路走得异常艰难和缓慢。

二 印度尼西亚《刑法典》的结构及内容

印尼刑法典全文除去前言和附则之外共三编，第一编"总则"，共9章，涉及第1条至第103条共103条，规范其国内有关于犯罪和刑罚所适用的理论及原则。第二编"重罪"，共31章，涉及第104条至第488条共385条，规范国内犯罪行为，从危害国家安全到颠覆政府，从侵犯公民人身权到财产权，以及其他经济类犯罪行为的相关规定。第三编"轻罪"，共9章，涉及第489条至第589条共101条，分别规范了损害公民个人健康、财产和公共安全等一般安全规定的量刑、损害公共利益需求的量刑、危害公共权威的量刑、损害继承和婚姻关系的量刑、遗弃生活困难者的量刑、违反道德的量刑、危害土地和房屋行为的量刑、职务犯罪的量刑、违法航行的量刑等内容。

（一）印度尼西亚《刑法典》总论

从刑法典英文文本来看，印尼刑法典从文本结构来看与其宪法有相似之处，都是序言、附则、正文三个层次；从体例来看采用了大陆法系在正文中以总则加分则为模式。前言就是对刑法典立法理念的阐述以及对立法背景的解读。而附则则特别说明有关罚金刑的新的适用：在法典第364、373、379、384、407条中"25卢比"修改为"250卢比"；任何罚金的处罚额度，无论在1960年后予以多次增加删减的刑法典还是早于1945年8月17日予以公布的，现在都应该用"卢比"的计量单位予以代替并且要乘以15。

1. 关于法律效力（1—9条）

该法首先明确了世界各国刑法所认定的"罪刑法定"原则，也即"法无明文规定不为罪，法无明文规定不处罚"。并且确定了在印尼境内或者境外犯罪的认定，适用属人主义、属地主义和保护主义原则，以及外国人在印尼犯罪，印尼国家机关工作人员犯罪和在印尼领土延伸部分，比如飞机、船舶等犯罪的处理原则。

2. 关于刑罚及刑罚的适用（10—52条）

该法具体列举了印尼国内刑罚的种类，与我国一致的是，也分为主刑和附加刑。其主刑有罚金、监禁、管制、罚款；附加刑有剥夺权利、没收财产、其他司法裁决。

另外涉及的是刑罚的适用，即免于，减轻，加重刑罚的情形。该法从犯罪主体、犯罪动机到犯罪客体的角度出发，对一般情况和特殊情况分别予以免除、减轻或者加重刑罚的规定。首先规范了印尼国内精神病人、16周岁以下的未成年人作为犯罪主体，由于主体资格的欠缺，所以可以给予一般量刑之外的免除刑罚或者减轻刑罚的量刑方式；同时，对于精神病人需要强制看护，对于16周岁以下的未成年人看其所犯罪行以及犯罪状态的不同，再判决由其父母监护或者政府监管。从犯罪目的来看，基于正当防卫、紧急避险、执行法定行为或者被他人胁迫犯罪的情况均可免除刑罚。而官员犯罪的，在处罚时从重，可以提升比原刑罚高1/3的量刑幅度。

3. 关于犯罪犯罪动机（53、54条）

该法主要解决的是有关于犯罪主观故意的问题。对于故意犯罪，世界各国都采取严厉打击的态度，印尼也不例外，该章第53条第1款就明确了只要犯罪者有主观犯罪意识的表示，犯罪行为可能由于外部介入因素未能达到原犯罪目的，也不影响对该犯罪行为责任的追究。主要犯罪分子或者因违法行为被判处终身监禁的，因犯罪动机的认定可以减轻处罚至15年监禁。针对犯罪动机的刑罚可以同时适用附加刑。同时比较先进的规定在于"法不诛心"原则，犯罪如果并未表示出来或者并未有犯罪行为的，不受惩处。

4. 关于犯罪行为（55—62条）

该法罗列了对教唆犯、帮助犯、共犯以及协助犯罪或者帮助掩盖罪行等行为的处罚。法条中并未明确何谓帮助犯、教唆犯以及共犯中领导与指挥、参与之间的差别，只是表明一个朴素的观点：教唆犯罪者、提供犯罪信息者、主要犯罪分子承担主要刑事责任，而从犯或在犯罪中起次要作用的，可以减轻或者免除责任。

5. 关于数罪（63—71条）

该法涉及一个理论问题，即一个犯罪行为触犯多个罪名，多个行为触犯多个罪名该如何处理。按照大陆法系的刑法理论来看，处理方式有两种，一是法定一罪和处断一罪；二是数罪并罚。印尼的刑法典明确对此状况是以法定一罪和处断一罪为主，几乎没有涉及数罪并罚的问题，就算是多个行为触犯多个罪名，只要多个行为之间有关联，那也是择一重罪来进行判罚。对于漏罪，也是合并至新罪的判罚中一并执行。

6. 关于追诉期（72—75 条）

该部分涉及指控犯罪的主体、提出控诉的期限以及上诉期的问题。首先，能够控诉犯罪的是受犯罪行为侵犯的被害人，如果被害人死亡的，那么由其三代以内的直系血亲代位行使相应的权利，如配偶、父母、子女、祖父母外祖父母、孙子女外孙子女以及兄弟姐妹和其他有血缘关系的人，这个范围是非常宽泛的。对于犯罪的指控要在行为人被确定有犯罪行为后 6 个月之前。

7. 关于诉权及刑罚的失效（76—85 条）

该部分首先规定了诉权的终结，指明除了在司法判决修订的情况下，任何人不得被起诉。主要由于在印尼一项法案，是法官的最终判决，并且该判决只要不违背印尼的习惯法并且得到大众的认可，由大法官进行最终判决即成立。并且该部分还确定了"同一行为不得被两次起诉"的原则，并列举了三项不受起诉的事由：第一，原告无罪或者超过诉讼时效；第二，刑罚执行完毕，超出诉讼期限或者期限失效的；第三，犯罪人死亡之后不应被起诉。同时还规定了相应的诉讼的中止、中断，例如：由于不公正的辩论及庭审，判决程序将中止，同时也导致诉讼期限的中止。

8. 关于专有词汇的释义（86—103 条）

该部分对总论条文中的法律术语进行了刑法意义上的释义，也即我国刑法中的学理解释及司法解释的结合，更有利于司法人员对法条的理解和对法律的适用。

（二）印度尼西亚《刑法典》分论——重罪

1. 危害国家安全罪（104—129 条）

本条罪名首先明确指明危害国家安全是以故意实施恐怖行为或者借助境外破坏联邦、分裂国家势力实施恐怖行为的，将判处终身监禁或者 20 年的长期监禁。以解放的名义颠覆国家的将判处 15 年的长期监禁。危害国家安全的首脑以及组织者也将参照第 1 款判处终身监禁或 20 年以上监禁。另外本章还包括了其他危害国家安全的罪名，如反叛罪、共谋罪、通敌罪、间谍罪、故意泄露国家信息和秘密罪、过失透露秘密信息罪等相关的罪名。

2. 侮辱总统和副总统尊严（130—139 条）

该条罪名已在 1946 年第一号法案中明文废除，并同时废止了大量相关法条，只保留了有关通过散布谣言、公开游行示威、书写匿名信件等方式造成公众误解的处罚以及发生该行为两年内再次犯其他罪名的以累犯合并刑罚的规定。

3. 分裂国家及危害代议制及议会领导机制的犯罪（139—145条）

该条罪名首先明确试图分裂领土或者破坏本国各州友好团结的行为处以5年以下监禁；试图以破坏或其他非法方式威胁合法政府的处以4年以下监禁；对于前两款罪行处于谋划尚未实施犯罪行为的按犯罪未遂处以6个月以上1年以下的监禁。而谋杀国家领导或者州领导的将处以15年的长期监禁。

4. 危害公民法定基本权利和义务的犯罪（146—153条）

该条罪名最主要的涉及侵害公民的基本政治权利和公民权的行为：任何人以暴力或暴力威胁的方式强迫法人组织、政府组织或者公民代表团体吸收或者排除特定人为组织主席团主席或成员的，将处以9年以下监禁。其他相关的罪名涉及破坏选举、暴力或暴力威胁并迫使他人违背意愿选举、公民不行使法定选举权等相关罪名。

5. 危害公共秩序罪（154—181条，161条171条已废止）

该条罪名主要涉及的是危害国家统一、尊严的行为。任何人以任何方式敌对、反对、藐视印尼政府的，将处以7年以下监禁以及并罚罚金300卢比。同时，也不得以任何方式侮辱国旗、军装，公开侮辱政府、散布谣言等。

6. 决斗

该条罪名首先明确任何人煽动他人提出决斗或者致使他人接受决斗的将处以9个月的监禁。这就意味着在印尼，以决斗等方式伤害他人身体的行为是为法律所禁止的。而在决斗中，无论是否受伤，受轻伤或重伤的均要接受刑法处罚，分别为：决斗者未伤害对手的将处以9个月监禁；致对方轻伤的处以1年零4个月的监禁；致对手重伤的处以4年以下监禁；致对手死亡的（不论是否事前同意生死有命富贵在天）均处以7年以下监禁。另外在特定的决斗中，符合一定条件的，决斗罪还可能向谋杀等罪名转化。

7. 危害公共安全罪（187—206条）

该条罪名主要涉及的是以危险方法危害公共安全，例如放火、爆炸、决水等方法，造成公共财产损害的处以12年监禁；危害公共安全的处以15年监禁；采取危险方法造成多人死亡的处以20年以上监禁或终身监禁。另外储藏、隐瞒、运输、制造、接收、试图获取以及进口那些明知或应当知道可能危害印尼国家公共安全、民众生命安全的材料、物品或工具的，可判处 1 年以上 8 年以下的监禁。另外相关的罪名包括破坏电力设施罪、破坏公共交通及设施罪、致使船舶沉没或搁浅、毁坏建筑物、投放危险物质致人损害或死亡等均处以 20 年或终身监禁这种严厉的处罚。

8. 反政府行为（207—241 条）

该条罪名主要指任何人以口头或书面的形式公开地侮辱印尼合法建立的权威公共机构的行为将处以 1 年零 6 个月的监禁，情节轻微的处以 300 卢比的罚金刑。同时还包括更为严重的贿赂法官而造成不公平的判决罪、暴力抗法罪（量刑时考虑暴力抗法致人轻伤、重伤、死亡以及多人进行以上活动的）、扰乱法庭秩序或当地治安秩序罪、寻衅滋事罪、故意私放犯罪嫌疑人、证人不履行作证义务罪、伪造法定文件罪等罪名。

9. 作伪证和提供假证词罪（242、243 条，243 条已废止）

该条罪名主要指明伪证是法定依据要求必须作证的人员，在誓言以及法律要求下，以书面、口头方式自书或者代书与案件相关的事实，但故意提供错误的证词的将处以 7 年监禁；如果所作虚假供词导致他人犯罪成立的，将处以 9 年监禁。

10. 变造伪造货币及银行金融票据（244—252 条，248 条已废止）

该条罪名主要指故意伪造、变造货币、银行流通物以及金融票据，使其外观上与真币、真的票据相似并难以识别的，将处以 15 年监禁。同时规定了，接收、储存、贩卖变造伪造货币票据罪、改变货币价值（专门针对硬币）等相关罪名。

11. 伪造文件的密封及标记罪（253—262 条）

该条罪名指明任何人伪造、篡改印尼政府公章、随意滥用或允许他人随意使用政府公章以及基于故意非法制造公章的行为将处以 7 年监禁。另外还包括添附政府公章、法定责任人签章或者在金银开采中随意允许他人使用政府签章的处以 6 年监禁；其他罪名包括：伪造变造其他签章罪，使用、出售、提供他人使用、运输、储存伪造的印尼法定文件罪，非法使用原产证明文件罪扡多个其他罪名。

12. 伪造文件罪（263—276 条，265、272、273 条已废止）

该条罪名主要指故意伪造变造文件的标题、内容或者即将发布的债券文书，造成他人损失的将受到法律的惩处。认定的要件包括伪造是真实存在的行为；伪造公权力机构认定的债券、债务凭证；伪造社会团体、基金会、合伙企业、公司的股份、公司债、股权凭证和债券凭证；伪造变造文书数据等行为的处以8年监禁。相应的罪名还包括在权威文书中插入错误文件、医生非法开具处方、非法出具医学鉴定、伪造变造签证及身份证件、伪造变造野牛和奶牛的托运证、伪造变造物权所有凭证等相关罪名。

13. 侵犯公民相关身份罪（277—280条）

该罪主要涉及混淆血缘关系的相关罪名，主要指公民一方以故意的行为混淆另一公民的血缘关系，将受监禁的刑罚处罚。明知孩子并非其丈夫所出，根据民法典的相关规定由于错误认知造成他人伤害的将处以3年监禁。有婚姻者明知该行为会造成目前婚姻的障碍，仍然故意造成该事实，将受到最高7年的刑罚处罚。该罪名类似其他国家的"通奸罪"。

14. 违背道德礼仪规范罪（281—303条）

该罪主要指故意造成公序良俗破坏的相关违法行为，故意在公共场合作出违背道德规范要求的行为，任何人以宣传、公开宣扬或者张贴文字、图画等相关内容对抗道德约束，以及制造、运输、网络传送、传递、储存相关制品的处以1年零4个月的监禁，情节轻微的处以300卢比的罚金。同时，该罪中还包括以下的罪名：非法同居罪、强奸罪（强迫妇女发生性关系也可以强奸论处）、猥亵妇女罪、与未满15周岁女性发生性关系、已婚男性与未婚女性发生性关系（并造成身体伤害的，因伤情不同处以4—12年不等的监禁）、以暴力方式猥亵他人实施侵害他人贞操的行为（一般处以9年监禁，造成轻伤或重伤的处以12年监禁）、卖淫嫖娼罪、聚众淫乱等行为。

15. 遗弃罪（304—309条）

该罪所指明的即为故意抛弃自己负有法定抚养义务的人的违法行为。其中未造成严重后果的处以2年零8个月监禁，情节轻微的处以300卢比罚金。而遗弃7周岁以下儿童将处以5年零6个月的监禁，如果造成被遗弃人重伤的则处以7年零6个月的监禁，造成其死亡的则处以9年监禁。母亲遗弃新生儿的则应酌情减轻，处以以上刑罚的半数监禁。

16. 诽谤罪（310—321条）

该罪主要描述的是在公开场合以捏造事实的方式，故意损害他人的名誉、中伤诋毁他人造成他人社会评价的降低等行为。诽谤他人的行为不只是口头，还包含发表文字诽谤，例如散布、公开发放、张贴书面或图画类诋毁他人的物品这类行为。同时该章节的相关罪名中还明确了如何认定诽谤行为的内容。

17. 泄露国家机密罪（322—323 条）

该罪主要描述因特殊职业原因获悉的本应该保密，而事后有意泄露该秘密的行为。首先强调的是因职务原因获得的秘密，并且本来有保密的义务，而违背该义务条款的作为特性。同时还包含了供职于商业、工业、农业各部门的职员为求利益而泄露相关事业的秘密罪。

18. 侵犯公民自由权（324—337 条）

该条罪名首先指明，侵犯公民自由权是基于自己的利益或者他人的利益，以间接参与或直接的各类形式奴役自由公民的将处以 12 年监禁。其中包括了船只上禁止船长奴役劳工，如果因奴役造成劳工死亡的，船长将承担 15 年监禁的处罚；对待同船水手也禁止奴役，奴役水手的将处以 9 年监禁。

19. 杀人（338—350 条）

该条罪主要针对故意剥夺他人的生命，这首先专指一般杀人罪，将处以 15 年监禁。如果是有预谋的杀害他人，则被认定为"谋杀"，将处以 20 年以上监禁甚至死刑。该罪名中还包括：母亲因为对分娩的恐惧而剥夺胎儿或杀害新生儿的生命，以过失杀害稚儿罪判处 7 年至 9 年监禁；母亲主动流产将处以 4 年监禁；他人迫使女性流产的将处以 12 年监禁，致使被流产人死亡的处以 15 年监禁；因强制性行为致他人死亡的将判处 12 年监禁；自伤自残及自杀者将判处 4 年监禁等相关内容。

20. 虐待罪（351—358 条）

该条罪首先指明虐待无论有何后果均处以 2 年零 8 个月的监禁，情节轻微的处以 300 卢比罚金。而虐待造成严重身体伤害的将处以 5 年监禁；虐待致人死亡的将处以 7 年监禁；虐待损害的主要是人体的健康。如果虐待行为未造成疾病或者伤害的将处以 3 个月的短期监禁。

21. 因疏忽大意导致他人死亡或身体伤害（359—361 条）

该罪名主要强调行为人的疏忽大意、过失的心态，致使他人死亡处以 1 年以上 5 年以下监禁；而疏忽大意造成他人身体损伤、疾病的将处以 6 个月监禁，情节轻微的处以 300 卢比的罚金。

22. 盗窃罪（362—367 条）

该罪名主要强调以故意非法占有属于他人财产的全部或者部分为主观

要件的行为均为盗窃。一般的盗窃行为处以 5 年监禁，但情节严重的，诸如：盗窃牲畜、乘火灾、爆炸、洪灾、地震、海啸、火山喷发、沉船、火车事故、暴乱、罢工、战争等事故实施盗窃；黑夜入室盗窃被人发现反抗的；多人联合实施盗窃的等行为均应从重处罚。

23. 敲诈勒索罪（368—371 条）

该条罪名主要指明以故意为目的，胁迫或者威胁他人给予第三方财物、转让土地或免除债务等行为，将处以 9 年监禁的刑罚。而且敲诈勒索能够成功的主观心态在本法中也有明确规定：以泄露他人的秘密这类方式达到让受敲诈勒索人恐惧而交出财物的方式，这种方式比暴力威胁的处罚力度要小，处以 4 年监禁。

24. 侵占罪（372—377 条）

该罪名指出，侵占罪与盗窃和敲诈勒索不同，虽然均是以故意占有财物为目的，但侵占主要还在于有职务便利或者职务机会，非法占有公私财物。侵占罪在该刑法中将处以 4 年监禁，而侵占的物品如果价值不到一头牛或者未超过 20 卢比，则不以侵占论处。

25. 诈骗罪（378—395 条）

该罪也是强调以非法占有他人财物为目的，以虚假的身份、能力或者钓鱼网站欺骗他人主动交出财物、土地产权或者免除自己债务等行为均属于诈骗，而诈骗罪一般的处罚是 4 年监禁。当然，前文所述的内容，如果诈骗的金额及财产价值低于 25 卢比（附则中已说明，以 25 为单位的卢比变为 25 亿卢比），则属于诈骗情节轻微的，将处以 3 个月监禁。其中的罪名还包括：贩卖、供应、运输、储存、出口印尼认可的许可证，艺术品，工业产品以及伪造签章、标记的诈骗；以非法占有为目的假作出售，交换土地、地面建筑、地面工作、地上种植物或种植物所得而又将其抵押的；

26. 损害债权人或合法索赔人利益（396—405 条）

该罪名主要指明商人被宣告破产或者已经被认定进行不动产交割的情形下，仍然过度消费、故意隐瞒破产事实企图转移财产的均可认定为犯罪。其中包含很多犯罪行为，例如：有意降低交割财物的价值、转让明显低于其价值的物品以及商法典第 6 条规定相关行为的处以 7 年监禁；被宣告破产的有限公司、国有公司、社会团体的成员或股东在自己负有承担公司损失责任，延迟宣布破产造成他人损失等情况的将处以 1 年零 4 个月的监禁。

27. 毁坏财物罪（406—412 条）

该罪名主要指以故意为目的，以不法方式毁坏、毁损、使物品降低价值、藏匿部分或全部属于他人财物的行为均为犯罪，一般情况下将处以 2 年零 8 个月监禁。本条罪名描述中的降低物品价值，若未超过 25 卢比，则采用较轻的 3 个月监禁。而采用毁坏、毁损铁路、电车轨道、通信系统、电力系统、水坝、水量分布、水气供给以及排污的将受 4 年监禁。

28. 政府官员职务犯罪（413—437 条）

该罪名主要涉及积极的作为和消极的不作为，任何法定暴力机关的领导拒绝或者故意忽视公民的合法请求其对抗非法行为的，以犯罪论处，处以 4 年监禁。该罪名描述更像是渎职罪，而其他罪名包括不执行法定判决裁决的、利用职权暂时或连续的侵占公共服务费用、利用职权致使物品价值降低、收受财物并利用职权给予他人好处等行为。

29. 危害航海罪（438—479 条）

该罪名针对在船舶上提供服务的水手或劳工，以故意为目的利用自己工作之便在公海实施暴力行为并获取财物的行为。该罪名中还包括在印尼海域内两方船员的暴力对抗行为、在河岸、海滩、河口地带发生冲突的行为均为犯罪。

30. 接收赃物罪（480—485 条）

该罪名主要指接受盗赃财物或者买卖、出租、交换、保管或作为礼物赠予他人等行为。而以购买、交换、包换、藏匿为习惯的销赃者同样是犯罪。

31. 普通累犯共犯在各章的相关内容（486—488 条）

（三）印度尼西亚《刑法典》分论——轻罪

这部分中法律主要依据犯罪行为所造成的后果，从量刑的角度作出规范，具体包括：

第一，对一般侵犯公民人身财产和公共安全的量刑（489—502）

损害公民人身、财产甚至使其陷入危险、伤害或安全困扰的一般行为，可处以时间较短的监禁和罚金的刑罚。

第二，对一般违背公共需求的量刑（503—520 条）

第三，对一般违背公共权力的量刑（521—528 条）

第四，对一般违反婚姻家庭的量刑（529—530 条）

第五，对一般遗弃造成贫困的量刑（531 条）

第六，对一般违背道德的量刑（532—547条）

第七，对一般侵犯住宅的量刑（548—569条）

（四）印度尼西亚《刑法典》的特色内容

根据前文对印尼现行刑法的初步翻译和解读，比较明确的是该刑法典具有一定的社会规范性，至少在习惯法之下给予了印尼本土一个规范的参照，符合刑法的基本发展趋势。纵观整个刑法典，虽然其体例比较完善，但是从结构来看过于散乱，并且刻意地将重罪和轻罪分开，显得散乱无序。并且该刑法典仅针对社会存在的现象进行罗列，而缺少了对刑法理论的研究，尤其是对犯罪的认定缺少普遍适用的要件和要素。

1. 以国家、社会安全为首要注意范畴

与其他国家的刑法关注点一致的是，印尼的刑法典也将危害国家安全和公共安全这类危险系数高的罪名列为重罪首条，并且制定严格的刑罚罪行，以通过这样的方式产生一定的威吓力。并且将反政府罪，伪造政府文书、公章罪，伪造变造政府货币、票据等行为都按此罪名分类。

2. 关注决斗罪与故意杀害的区分

在本刑法典中仅次于国家安全和公共安全罪后的就是斗杀罪，将与人决斗以及决斗导致的伤、残及死亡的都被规定为比故意杀害还要严重的犯罪行为。这样的罪名存在主要基于印尼本土的决斗、斗杀等行为难以控制，械斗成风的情况，为了防止国内无止境地相互消耗而制定的该法。同时又另行规定了以其他方式故意杀害他人的谋杀以及故意伤害罪。主要基于犯罪动机的不同，所以做此分类。

3. 宗教影响下专门规定非法流产、伤害胎儿等剥夺生存权的罪名

作为一个以伊斯兰教为主的国家，加之其他宗教的影响，所以在其国内的法律当中为了维护宗教教义，认为胚胎、胎儿也属于生命的一种形式，以及防止非法盈利者，所以在其国内禁止以任何形式经营流产、引产等损害母体及胎儿的行为。这应该说是区别于中国的一种规定，在中国母亲有自由抉择要或者不要胎儿的权利，但在宗教信仰国家，除非身体原因，任何人不得对有生命的胚胎或者胎儿作出损害的行为，包括母亲本人，任何伤害胎儿的行为在印尼国内均被视为犯罪。

4. 注重维护传统道德，规定损害社会善良风俗和道德的罪名

虽然印尼国内有相关的婚姻法，但涉及有关于社会善良风俗的问题，是按照刑法的内容分进行规范，可见印尼本土对于社会的公义和道德异常

的看重。故而国内对于混淆了父系学院的通奸行为视为犯罪，同时涉及公开传播淫秽物品、非法同居、已婚男性与 14 周岁以下女性发生关系、强奸等均属于此列。可见在这个问题上印尼的立法更倾向于维护道德与道义。

参考文献

［英］D. G. E. 霍尔：《东南亚史》（上册），中山大学东南亚历史研究所译，商务印书馆 1982 年版。

陈鹏：《东南亚各国民族与文化——印度尼西亚》，北京民族出版社 1991 年版。

Robert·Cribb、Cobin·Brown、蔡百铨：《印尼当代史》，（台北）"国立"编译馆 1997 年版。

梁敏和、孔远志：《印度尼西亚文化与社会》，北京大学出版社 2002 年版。

刘必权：《世界列国志——印度尼西亚、东帝汶》，福州福建人民出版社 2004 年版。

汤平山、许利平：《印尼——赤道上的翡翠》，香港城市大学出版社 2005 年版。

李美贤：《印尼史——异中求同的海上神鹰》，台北三民书局 2005 年版。

温北炎、郑一省：《后苏哈托时代的印度尼西亚》，北京世界知识出版社 2006 年版。

杨鸿烈：《中国法律在东亚诸国之影响》，中国政法大学出版社 1999 年版。

严强、魏姝：《东亚公共行政比较研究》，南京大学出版社 2002 年版。

申华林主编：《东盟国家法律概论》，广西民族出版社 2004 年版。

王蔚，潘伟杰主编：《亚洲国家宪政制度比较》，上海三联书店 2004 年版。

田禾：《东南亚四国的宪政之路》，李文主编，《东亚：宪政与民主》，中国社会科学出版社 2005 年版。

米良编著：《东盟国家宪政制度研究》，云南大学出版社 2006 年版。

杨武:《当代东盟经济与政治》,世界知识出版社2006年版。

莫纪宏:《实践中的宪法学原理》,中国人民大学出版社2007年版。

武嘉:《荷属东印度法制略考》,华东政法大学,2008年4月。

王子昌:《民主与政治稳定:印尼局势动荡与政权更迭的政治解读》,《东南亚研究》,2001年第5期。

郑一省、陈思慧:《试析后苏哈托时期印尼的宪政改革》,《东南亚纵横》,第2006年第11期。

许利平:《印尼和马来西亚民主化进程中的伊斯兰因素》,中国社会科学院亚太研究所,2007年6月13日。

梁智俊、杨建生:《印度尼西亚宪政制度初探》,《东南亚南亚研究》,2009年第三期。

梁敏瑞:《印度尼西亚之宪政与民主研究》,《法制与社会·法学研究》2011年第8期(下)。

(印尼文) Bhinneka Tunggal Ika Belum Menjadi Kenyataan Menjelang HUT Kemerdekaan RI Ke – 59. 雅加达:印尼国家法律委员会,2012 – 09 – 06。

Constitution Of The Republic Of Indonesian.

Indonesian Civil Code.

Law Of The Republic Of Indonesia Number 40 Of 2007 Concerning Limited Liability Companies.

Penal Code Of Indonesia.

《国际宗教自由报告2002·印尼》和《国际宗教报告2010·印尼》。

第七章

越南的法律制度

第一节 越南概况

越南社会主义共和国（越南语：Cộng hòa Xò hôi Chû ngh ủ a Việt Nam/共和社会主义越南；英语：Socialist Republic of Vietnam；法语：Republique socialiste du Viet Nam），通称越南，位于东南亚中南半岛东端，与柬埔寨、老挝和中国的云南省及广西壮族自治区接壤，又与广西壮族自治区共享北部湾（旧称东京湾，东京指越南北部红河三角洲地区）。越南为东南亚国家联盟成员。

一 基本国情

（一）自然地理和民族结构

1. 自然地理

越南全国大约331688平方千米。地形包括丘陵和茂密的森林，平地面积不超过20%。山地面积占40%，丘陵占40%，森林占42%。北部地区由高原和红河三角洲组成。东部分割成沿海低地、长山山脉及高地，以及湄公河三角洲。

气候属热带季风气候，湿度常年平均为84%左右。年降雨量从120厘米到300厘米不等，年气温介于5℃—37℃。平均降雨量为1500—2000

毫米。北方分春、夏、秋、冬四季。南方雨旱两季分明，大部分地区5—10月为雨季，11月至次年4月为旱季。北部和西北部为高山和高原，中部长山山脉纵贯南北。主要河流有北部的红河，南部的湄公河。

越南的野生动物种类、资源丰富。越南的特有动物包括中南大羚、越南金丝猴、安南龟、爱氏鹇、越南鹇、皇鹇、越南鳅等。而令人遗憾的是，越南最后一只尚存的爪哇犀牛，证实已于2010年4月遭人开枪射杀灭绝。越南矿产资源丰富，种类多样，主要有油气、煤、铁、钛、锰、铬、铝、锡、磷等，其中煤、铁、铝储量较大。越南有6845种海洋生物，其中鱼类2000余种、蟹类300余种、贝类300余种、虾类70余种。森林面积约1000万公顷。

2. 民族结构

根据2009年越南人口普查数据，越南全境共8578万人，截至2012年，越南人口估计为91519289人[①]，华人100多万。其中男性占49.5%，女性占50.5%。城市人口占27.9%；农村人口占72.1%。越南有54个民族，主体民族京族占总人口87%；除京族外，其余均定为少数民族。少数民族有岱依族、泰族、芒族、高棉族、赫蒙族、侬族、华族等。根据2009年越南人口普查数据，华族为823071人（占越南总人口0.96%）[②]，按越南各民族人口数量排名，华族是第八大民族。

（二）历史、文化与宗教

越南古称安南，主要朝代为李朝（1010—1225年），陈朝（1225—1400年），黎朝（1428—1527年），西山朝（1778—1802年），阮朝（1802—1945年）。1802年，阮福映在法国的支持下灭西山朝，建立阮朝，1803年接受清朝嘉庆帝的更改册封"越南国王"，正式建立新国号为"越南"。现其国内修宪起草委员会提出改"越南社会主义共和国"国名为"越南"也不会对社会主义体制造成影响的言论。[③]

1. 历史

越南历史源远流长，距今40万年的远古时代，越南土地上已发现有

---

① 赖海榕：《越南领导体制改革的探索》，人民网，2012-10-29，http://theory.people.com.cn/GB/15883032.html。

② 1999年越南人口普查，华族为862371人（占越南总人口1.1%），十年间将近减少四万人。

③ 越南修宪：或改国名为"越南民主共和国"，中国新闻周刊，2013-04-15，http://news.inewsweek.cn/news-48429.html。

人类生活的痕迹。据神话传说，越南第一个国家文朗国①（后改名为瓯雒②国）是在青铜器时代建立的，以东山文化③（最早发现于清化省东山村遗址而得名）为代表，出土文物中最著名的是铜鼓。

春秋战国时期我国南方的少数民族统称越人，因分部众多又称百越。公元前3世纪，秦征服百越。百越以南的地方称越南，至此，越南北部置于中国封建王朝统治长达十多个世纪，中国文化大量输入。公元前111年西汉击灭南越国，在其地设置交趾郡（或作交阯）等九郡。自此，越南置于中国直接统治下长达1182多年，"交趾"开始成为越南的名称。938年"白藤江之战"④过后，968年丁部领⑤统一境内的割据势力而建国，在李朝建立后受宋朝承认其主权，越南丁朝建立，安南最终建立了国家，但一直作为中国的属国或藩属国。到1174年南宋封李英宗为"安南国王"，这个封建国家才得到中国政府的正式承认。越南立国后，仍与中国历代封建王朝保持"宗属关系"。

18世纪前，越南历史记载一律采用汉字，越南以奉中国做宗主国为荣，历代越南新君执政，只有得到中国中央政府的册封才能算是正统。其

---

① 越南文：Văn LangQuốc，是越南历史上第一个古国，由传说中的雒龙君所建，存在于公元前2879年至前258年。据《大越史记全书》（越南语：Dai Việt sử ký toàn thử）所载，其疆域东临南海，西接巴蜀，北临洞庭湖，南临胡孙国（即占城）。但实际疆域可能仅限于今天的越南北部及中国广西南部一带。

② 音[luò]，前257年—前207年，又称为安阳国。秦国灭亡古蜀国后，开明王朝王子开明泮（蜀泮）逃到越南北部时创建。都城为古螺城，在今越南河内东英县，其疆域主要包括今越南北部一带，后一度扩张到我国广西、云南部分地区。前207年，与南越国发生战争，为南越武帝赵佗所灭。

③ 东南亚青铜时代晚期至早期铁器时代文化。因最早发现于越南清化省东山村而得名。主要分布在越南北部永富、河山平、河北诸省。一般认为年代在公元前3世纪至公元1世纪。20世纪20年代以后，法国和越南的考古学家先后进行了发掘和研究。

④ 指的是938年中国南汉政权与静海地区（今越南北部）军阀吴权之间的战争，因发生在白藤江而得名。南汉大军被吴权以计谋打败，损失过半，主将刘弘操阵亡。吴权击败南汉军后，在939年称王，建立吴朝，都城古螺（Cổ Loa）。从此以后，南汉不再南下攻打交趾。而越南（交趾）开始走向自主独立发展道路。

⑤ 丁先皇（924—979年）是越南封建朝代丁朝的缔造者，968年至979年在位。讳丁部领（越南语：Đinh Bộ Lĩnh/丁部領），一说名为丁桓，（越南语：Dinh Hoàn/丁桓），他平定了十二使君之乱，建立了越南历史上第一个统一的封建王朝——丁朝，并确定国号大瞿越，年号太平。但在979年的一次宫廷政变中被宦官杜释所杀，丁朝随即被前黎朝取代。

后由于越南陈太宗扣留元朝使者，引发蒙古（元朝）对越南陈朝的三次战争，分别发生在1257年至1258年，1284年至1285年，以及1287年至1288年①。在每次战争前后，双方均进行政治交往活动，此后越南继续为中国的属国。1885年，清政府与法国签订《清法新约》，被迫承认越南独立。从此，越南彻底从中国版图独立，并沦为法国殖民地，成为法属印度支那的一部分。

面对人民的苦难，爱国青年阮爱国（胡志明主席，1890—1969年）先后到法国、英国、美国和法属非洲殖民地国家，接受了马克思列宁主义思想。1930年2月3日，阮爱国在中国香港九龙召开会议，成立越南共产党，党的政治纲领提出的革命目标是，打倒法帝国主义和封建集团，使祖国完全独立。第二次世界大战时，日本占领了越南。1941年，胡志明等越南革命家创办了"越南独立同盟会"（简称"越盟"），确定了反对法国和日本殖民统治，通过了以武装斗争来建立新民主主义的越南民主共和国的主张。1945年9月2日，日本战败投降后胡志明领导的越盟（即后来的越南劳动党）在越南北方的河内宣布独立，胡志明发表《独立宣言》，宣布越南民主共和国成立（即"北越"）。同年9月，法国再次入侵越南，越南人民又进行了历时9年的抗法战争。

中越两国于1950年1月18日建交，中国开始向越南无偿提供了累计达几千亿人民币的资金和几百万吨的物资援助。1961年，越南战争爆发，美国与韩国、菲律宾、泰国、澳大利亚、新西兰等国组成联军，介入了这场战争。中国出动军方和大量民力、免费物质，支持越南，援越抗美。1973年1月27日《巴黎协定》签订，美国承认越南民主共和国在国际上的法律地位，退出越南战争，同年3月从越南南方撤出全部军队及其同盟者军队和军事人员。1976年4月越南选出统一的国会，7月宣布全国统一，定国名为越南社会主义共和国。

2. 文化

越南文化已经发展了几千年，它是随着以农业为基础的土著东山文化而发展起来的。越南的官方语言为越南语。历史上，越南语最初并无文字

---

① 也称蒙越战争，或元越战争、蒙古越南战争、蒙古侵越战争、越南抗蒙战争，如今，越南视抗蒙战争为其历史上对外抗战最为光辉的一页。越南陈朝共有三代皇帝经历了此次战争，分别为陈太宗、陈圣宗和陈仁宗。

而只有口头语言，大约从东汉开始，汉字开始有系统和大规模的传入越南。到了越南陈朝以后，汉字已经成为越南政府以及民间的主要文字，此时大量的汉字著作开始出现，最著名的就是成书于 15 世纪的《大越史记全书》。因此当时越南人大多使用完全由汉字组成的文言文（越南语：Han Văn/汉文）来书写文章。但口头的交流仍使用与书面的文言文差异很大的越南语。13 世纪越南人发明了本民族文字的喃字①（越南语：Chữ Nom/𡨸喃文），同汉字混用以书面表记本民族语言的越南语，从此越南语进入了言文一致的阶段。越南著名的汉喃文小说《金云翘传》（阮攸著）便大量采用了喃字。在法属时代，亚历山德罗（Alexandre de Rhodes）和其他罗马天主教会传教士在 17 世纪发明了罗马化的越南语拼音文字国语字（越南语：Chữ Quốc Ngữ/𡨸国语），用以表记越南语。因为拼音文字的易学性，国语字逐渐为越南人所接受。

值得注意的是，这些以汉字写成的文章基本上并不按照越南语的文法规则书写，也不采用越南语的词汇，而是纯粹地用古汉语的文法写成。时至今日，越南文字虽然用拉丁字母书写，但其词汇里还保留着 70% 的汉越音词汇。在某种程度上，可以说越南文化是"汉字文化圈"②的一部分，因为它最传统的政治体系和哲学是依据儒家学说和老子学说而逐渐发展的。

越南习俗与中国习俗非常相近。越南有与中国几乎一致的十二生肖。越南人使用的十二生肖中只有 1 个生肖与中国不同的是越南没有"兔"，只有"猫"。

越南十分崇拜文化符号，例如源于鳄鱼和蛇的象征的越南龙（the Vietnamese dragon），被描述为神圣的龙的越南的国父"雒（汉音：luò）龙君"（Lac Long Quan），被描画为圣神之鸟的越南国母"妪姬"③（Âu Cơ）。海龟和狗的影像也在越南备受崇拜。"仁慈"（nhan tử）与"和谐"（hài hòa）被视为越南文化的首要特征，越南人非常重视家庭价值和社会价值。

---

① 一种过去在越南通行，以汉字为素材，运用形声、会意、假借等造字方式来表达越南语的文字，其在越南古代文字系统中的地位和作用与朝鲜的谚文、日本的假名相同，都被用来表示本民族固有词汇，而汉字则用来表示从古汉语中引入的汉字词。

② 是指一组目前中国人口大多数居住或历史上受到中国文化影响的国家和地区，它是一个新词，特别是伴有面语言学的语言学家詹姆斯 Matisoff 于 1990 年提出了"汉字文化圈（Sinosphere）"。詹姆斯·A. Matisoff. Megalocomparison, 1990. 66. 1, p. 113.

③ 妪姬，是雒龙君的妻子，生下了 100 个男孩，这 100 个男孩就是越南百越的祖先。

越南是延着 Làng（即祖先的村落）而建造起来的，因此所有越南人都牢记着一个共同祖先的纪念日——农历三月的第十天。越南受移民文化的影响也很显著，比如粤语文化、客家文化、闽南文化和海南文化都有迹可循。在近几个世纪里，一些西方文化也颇具影响力，特别是法国文化和美国文化。

3. 宗教

越南是一个宗教国家，除东正教以外，世界上现存的宗教都可以在越南找到，宗教在社会占据着重要的地位，主要有天主教、佛教、基督教新教、儒教、道教、和好教、高台教、福音教和伊斯兰教等，其中天主教和佛教影响最大，其次是基督教和儒教。越南各宗教之间的分野不清，宗教的相互演变、融合现象比较普遍。其中儒教、道教和佛教经过融合形成了名称为"三教"的宗教，大多数越南人都属于这种信仰系统。在少数民族地区，萨满、图腾、巫术亦很流行；约100万华人圈内外，关帝与妈祖崇拜也相当普遍。

越南人口8800万，越南信教人口有2000多万，约占总人口的25%，每4人就有一人信教。越南受汉文化影响颇深，多信奉佛教，其中1500多万是佛教徒，又以大乘佛教徒居多，上座部佛教徒约200万；600多万是天主教徒；200多万高台教徒；150万和好教徒；50万基督教徒。

（1）佛教

越南最大的宗教，通过陆海两路，分别从中国和印度传入，10世纪后，佛教被尊为国教。大约在1世纪初佛教从印度传入越南，印度商人已经由海路进入越南了。公元2世纪，中国东汉末年，大乘佛教从中国传入越南，越南人称为"北宗"，故而大乘佛教的禅宗对越南的佛教影响最大，信徒中大乘佛教者居多。至今越南的大多数和尚、尼姑和居士都属中国禅宗系统。小乘佛教从泰国和柬埔寨传入，称为"南宗"。

6世纪后，越南僧团逐渐形成。9世纪初，无言通在交州创立新的禅派，对越南佛教的发展起了重要作用。10—14世纪越南佛教兴盛。佛教成为维护封建制度的重要精神支柱。封建时期的越南国家政权主要掌握在僧侣和武将手中。国王重用僧人，赋予特权；僧人参与朝政，制定律令文书。在民族解放斗争中，许多佛教徒参加斗争，佛教徒和僧侣也组织了各种战斗组织开展斗争，例如"越南佛教救国会"，会员达6000人。1961年，在河内成立了"越南统一佛教会"，有信徒500多万，积极参加北方的建设。1964年南方佛教徒成立"越南佛教统一教会",信徒约600万人,和尚1.3万人。1969年革命政府在南方解放区成立,印光寺派敦厚法师和阮杂法师分别担任革命政府的顾问和副总理。1976年越南统一后,成立了全国统一的"越南佛教联合会"。在1977年4月全国国会普选中,当选的宗教界代表占代表总数的2.6%。

(2) 天主教

天主教传入越南已有400多年,截至2012年,越南有天主教徒约600万人,占总人口的6.66%,人数在亚洲仅次于菲律宾和中国大陆(包括地下教会),但其占人口的比重和社会影响力则远高于中国。同时天主教也是越南最重要的二大宗教之一。① 法国统治时期天主教取得合法地位,使得当时越南天主教徒的总数大约与整个中国相当,阮朝的南芳皇后就是虔诚的天主教徒。1954年7月20日,日内瓦协定签订,结束了法国在越南的统治,并将越南一分为二。当时逃离越南北部的86万多难民中,估计有75%为天主教友。1954年,北方政府将许多教会产业充公,将外国修会从越南北方驱逐出去。天主教在越南南部仍有较大的影响力,前南越总统吴廷琰就是一名虔诚的天主教徒。1975年越战结束后共产党执政,所有的宗教都受到严密限制,直到20世纪90年代初才开始逐步放宽。

越南南方的同奈省是越南天主教友最多的地区,教堂林立。位于胡志明市中心的哥特式圣母大教堂是该市的重要旅游景点。2003年,越南教会拥有一名红衣主教(枢机)——胡志明市总主教范明敏。虽梵蒂冈同越南仍未建交,2005年,他前往梵蒂冈参与选举新教皇。20世纪90年代末,越南和教廷就主教任命权取得共识,任命权在教宗,但教廷的任命名单需由越南政府认可并提供。2005年11月教廷以此形式册封了57名主教。

过去,修院每次招生人数10—15人。2005年,政府放松了对天主教招收修生的限制。同年教廷在越南南方设立巴地教区,这是建国30年来越南首次设立新教区。新成立的教区的面积为1975平方公里,总人口90万,天主教徒有22万多,包括78个本堂区,有教区司铎56位,会士司铎35位。主教座堂为圣雅各伯圣斐理伯圣堂。2005年11月29日,梵蒂冈枢机主教塞佩首次在河内圣若瑟主教座堂为8个北方教区的57名神父

---

① "越南天主教" http://zh.wikipedia.org/wiki/%E8%B6%8A%E5%8D%97%E5%A4%A9%E4%B8%BB%E6%95%99。

举行祝圣仪式,这显示越南北方信奉天主教的人越来越多。

(3) 基督新教

越南基督教新教,也被称为"更正教",1893年传入西贡,但遭法国殖民当局的禁止。直到1920年,宣道会在越南打稳基础。基督新教现有不少信徒,主要分布在河内、海防、河西、承天、广南—岘港、波莱古、平顺等地。第一个政府承认的更正教机构是成立于1963年的越南福音教会(北方)。到1967年,更正教团体主要位于南越境内,包括法国归正会、圣公会、宣道会、浸信会、基督会、环球福音会和基督复临安息日会。1967年,在南越有15万名更正教信徒,占总人口的大约1%[①]。1975年,越南所有的更正教教派被当地共产党政府组合成一个单一的机构,称为越南福音教会,到1997年有50万正式成员。不过,1988年,当一些活跃的牧师被逐出官方教会时,家庭教会运动开始了。其中最突出的一位牧师是Tran Dinh Ai,他拥有16000名信徒和165个教会。

基督新教是一个较小的宗教社群,占总人口的0.5%—2%[②],根据2006年政府人口统计,大约有100万人(1%)[③][④]。不过,更正教是越南增长最快的宗教,在过去10年间增长率达到600%[⑤]。目前,超过一半的越南新教徒属于家庭教会。2010年政府的人口普查称,越南福音派基督徒中近80%的人是少数民族。一位著名的越南新教专家告诉《晨星新闻》(Morning Star News),政府的统计令人非常惊讶:"我们知道,少数民族新教徒数量已经远远超过越南主要民族的新教徒数量,比例大概是2∶1"[⑥]。

---

① Protestantism in South Vietnam, US Navy, Bureau of Naval Personnel, Chaplains Division, 1967, http://www.sacred-texts.com/asia/rsv/rsv11.htm.

② US State Department 2006 country report on Vietnam, http://www.state.gov/j/drl/rls/irf/2006/71363.htm.

③ Religion in Vietnam 2006, http://vietnamembassy-usa.org/news/story.php?d=20070202130018.

④ VietnamAffirmsConsistentPolicyonReligion: WhitePaper, http://vietnamembassy-usa.org/docs/Vietnam%20White%20Paper%20on%20Religion.pdf.

⑤ Annual Report on International Religious Freedom for 2005 - Vietnam. U.S. Department of State. 2005-06-30 [2006-07-21].

⑥ "新归信基督的越南家庭因信仰受到严重打压",Morning Star News,来源:基督邮报,2013-02-28,http://chinese.christianpost.com/news/新归信基督的越南家庭因信仰受到严重打压-14023/。

数年前基督新教就得到了越南政府的法律认可。但目前在越南国内，基督教信徒经常受到威胁，人身安全遭到侵害，财产受到严重损坏，越南当地官员对此置之不理，并鼓励冲突的发生。由于基督徒的信仰被视为对政府意识形态和主权的一种威胁，越南官员甚至雇佣暴徒来袭击基督徒。在越南的较大城市中，宗教自由环境在最近几年已经改善了很多。越南新法令（关于宗教）的第 92 条称，进一步清晰和放宽对宗教的控制。但分析过这一法令的新教徒说，它预示着将会有更多的管制，如对教会事务的干预、也会给新教会和信徒们带来更多困难。[①]

(4) 高台教

主要流行于越南南方，兴起于 20 世纪，与和好教并列为越南特有两种宗教，也是越南第三大宗教。1925 年 12 月 25 日圣诞节那天，在越南南部的西宁（西贡西北 100 千米），在法属印度支那殖民地政府内任职的两名公务员——吴文昭（Ngô Văn Chiêu，1878 年生于西贡）和黎文忠（Lê văn Trung，1876 年—1934 年 12 月 19 日），自称得到至尊无上神"高台"的启示，糅和佛教、基督教、道教、儒教教义创立了这种越南本土宗教。高台教崇拜和供奉这些宗教所尊奉的神和创始者，全称为"大道三期普渡高台教"。主张"万教大同，诸神共处"，信奉孔子（人道）、姜太公（神道）、耶稣（圣道）、老子（仙道）、释迦牟尼（佛道）。不过，在这一切之上，高台教承认有一位宇宙的最高"主宰者"——高台[②]神，高台教也因此而得名。

高台教也传播到了越南以外的一些地方，例如美国、欧洲和澳洲，高台教在海外共有 3 万信徒，不过基本上都是越南侨民及其后裔。越南本土南部的西宁、迪石等地的京族农民大部分信仰高台教。高台教信徒甚至供奉李白、关公、牛顿、维克多·雨果、莎士比亚、丘吉尔、克里孟梭、孙中山等历代东西方圣贤。在该教的总部——西宁圣殿的门口有所谓"三圣"（神和人类之间的先知）的图像：从左向右分别是孙中山、维克多·

---

① "新归信基督的越南家庭因信仰受到严重打压"，*Morning Star News*，来源：基督邮报，2013 - 02 - 28，http：//chinese. christianpost. com/news/新归信基督的越南家庭因信仰受到严重打压 - 14023/。

② "高台"一词出自"道德经"第二十章，"众人熙熙，如享太牢，如春登台"。高台教徒解释"如春登台"为"上祷高台"，高台就是神灵居住的最高的宫殿的意思。

雨果和阮秉谦①。同时可以供奉祖宗，但不能供草，不能使用纸马，要忌杀生、忌贪欲、忌荤、忌色、忌粗口，每日6点、12点、18点、24点要焚香诵经。其中以中午12时举行的最隆重。拜颂时各祭司分别穿着代表儒教的红袍（代表权威）、代表佛教的黄袍（代表德行）、代表道教的蓝袍（代表宽容），而信徒则身穿白袍。脱鞋进入庙宇后，在主持人的带领下，面朝神坛，念经颂唱。高台教教徒遵守佛教的五戒和儒教的中庸之道，蓄发（类似道士）。出家的教徒还必须遵守独身和素食的誓言。

高台教的组织结构既模仿西方政体的三权分立，其中央机构包括八卦台（立法机构）、九重台（行政机构）和协天台（司法机构）3个平等的机构。高台教内神职人员的品级系模仿天主教的教阶制度，同样有神父（Giáo Hữu）、主教（Giáo Sư）、大主教（Phối Sư）、红衣主教（Ɖầu Sư）、监察枢机主教（Chưởng Pháp）等头衔，最高头衔同样也是教宗（Giáo Tông）或教皇（Giáo Hoàng）。大主教有36名；主教有72名。高台教强调男女平等，男女都可以担任红衣主教。唯一的区别是女性不可能升到教皇，因为阴不可统治阳。1972年，该教还创办了高台大学院。

高台教是一个很有意思的宗教。越南人文社科中心的阮维馨教授认为高台教就是道教。他的理由是：该教神灵谱系吸纳方式和乞灵（谶纬、扶乩）手段与道教相同，不脱"杂而多端"的特点。另外越南学者实际上把道教一分为二，上层或官方认可的具有系统的道教被称为"老教"（老子之教），而底层民间部分则为之道教。阮教授以为高台教亦为后者，其无非是"老教末流"而已。此说不无道理，但结论仍可商榷②。比如，高台教最高神灵为一"天眼"，虽具象化，但仍不失有自然神论的味道，并不全像道教三清尊神那么具有人格魅力；再如高台教主旨亦有大乘佛教利益众生的积极外向意义，这又与道教追求不死成仙的个人旨趣和禳灾祛病的实用功效相区别。

高台教之义实为最高台阶，该教认为：佛教为普世宗教的第一阶段；

---

① 越南语：(Nguyễn Bỉnh Khiêm/阮秉谦，1491—1585年)，字亨甫，号白云居士，别号雪江夫子。越南南北朝时期的哲学家、教育家、儒者和诗人。出生在海阳省永赖县的中庵乡（今属海防市）。他曾师从于榜眼梁得朋学习儒学，并于1535年参加莫朝的科举考试，连中三元，成为状元，时年45岁。随后阮秉谦历任莫朝的吏部左侍郎、东阁大学士、吏部尚书等官职，封程国公。由于他是状元，因此民间称他为程状元。现在越南不少城市的街道以他的名字命名。

② 孙波：《越南宗教点滴谈》，《世界宗教文化》1995年第1期。

基督教（广义）为第二阶段；而通向世界之未来者是高台教。创始人范公则，20世纪50年代末死于柬埔寨，生前曾希望高台教普及于世，身后该教却教派林立，纷争不息。其中最大的两个教派为西林派和边芝派，边芝派在抗击法、美时期为爱国派，西林派却紧随法、美。西林派曾有过军队，现在亦有自己的大学——西林大学，西林省是该教派的基地。

（5）和好教

越南语：Ðạo Hòa Hảo（汉越音：道和好），与高台教一样是越南特有的一种宗教。我们以往的材料记载，和好教之名源于和好乡，1939年黄富楚创立。西方殖民主义渗透越南本土而引发的刺激，促使高台教、和好教产生。它虽自称为佛教，但实质上是佛教与充满儒教伦理的民族传统观念相结合的产物。它的产生和发展反映了当时的社会现实与人们的心理需求。而其创始人黄富楚，擅长谶纬，并以符水治病，颇有东汉末年"太平道"张角的风采。该教崇拜物为一块红巾，红巾寓意纯洁，代表神灵。教徒吃斋，搞佛子家庭，以白莲花为象征；其口号为悲、智、勇。和好教提倡爱祖国、爱同胞、爱祖先、爱三宝（水、花、香），其教义经典为《谶传》，文字表现形式为400多句的诗歌。其仪式并不复杂，只需一间大一些的房间，所以深受底层贫苦农民的欢迎。

该教为佛教的变体，与佛教不同的是，和好教并不兴建寺庙，而是用一块褐色布代替神像，供品为鲜花和清水（鲜花代表坚贞，清水代表纯洁），早晚在家向印度方向礼拜。和好教主要流行于越南南部的安江、同塔梅、河仙、东川等地，多达90％的人信仰。此宗教的一个重要特征是其对农民们的重视，体现的旧口号有"禅修耕作你的土地""农家生活被认为是最有利于宗教实践和自我完善；爱国主义和保卫家园的意愿得到重视"。

和好教是越南土生土长的宗教，有教徒150万人。和好教是小乘佛教的变体，主要分布在西南五省。它强调农民的俭朴和与世无争，不接受佛礼和佛道修炼。同高台教一样，和好教也具有浓厚的政治色彩。1948年，和好佛教会组织民社党，领导百万信徒，它还组建了一支2万多人的军队。1969年创办和教大学院。1974年春，在反对美伪统治的斗争中，大批僧侣被捕，有的惨死狱中。1975年2月，和好教军队奋起还击，并配合越南人民军推翻了西贡的伪政权。因和好教教规规定信徒不得越过钱江，故在胡志明市未见该教。

4. 宗教政策①

越南自古以来一直是一个政教分离的世俗国家。历史上，越南历代封建统治者对儒释道三教基本实行"并举"的政策。即使是优崇佛教的李、陈时期或是独尊儒教的黎、阮时期，对儒教或佛教虽然有所抑制，但并非绝对的摒弃或排斥。从丁朝"初定文武僧道阶品"② 到李、陈统治者"试三教子弟"③。天主教在越南的传播开始并不顺利，最大的阻碍主要来自越南封建统治者的排斥与限制。越南封建统治者奉儒释道三教为正统，视天主教为异端邪教、旁门左道，实行禁教政策。

1945年越南民主共和国成立，胡志明主席在9月3日的政府会议上提出的几项越南民主共和国急迫的任务中指出，殖民者实行区分教民与非教民的政策以便于统治，建议政府宣布信仰自由，教民与非教民团结起来。此精神随之体现在1946年越南民主共和国宪法："人民享有信仰自由权"；越南劳动党政纲第8条："尊重和保护公民信仰自由权"；越南民主共和国政府8条命令中的第4条："保护寺庙、教堂、学校、医院和其他社会文化机关……政权、军队和团体必须尊重同胞的信仰、风俗和习惯。"等。

从越南目前相关法律规定可知，越南奉行"开明的宗教政策"：

越南国家宪法明确规定，公民有信仰和不信仰宗教的自由，各宗教在法律面前一律平等，正常的宗教活动受法律保护，任何人不得侵犯宗教信仰自由的权利或利用宗教信仰进行违反国家法律和政策的活动。从20世纪90年起，越南根据宪法制定和颁布了一系列新的宗教政策，纠正了用行政手段消灭宗教的错误做法，充分发挥宗教的积极方面，鼓励宗教人员帮助人行善做好事，为国家的工业化和现代化建设服务。越南设有政府宗教委员会，为宗教管理工作提供了组织保障。

为了防止外国敌对势力利用宗教搞颠覆活动，越南在1996年颁布了

---

① 《越南文化·宗教信仰·宗教政策》，东方语言文化数据库，2010-10-22，http://sfl.pku.edu.cn/olc/database/view.php/825。

② 公元971年，丁部领发布的诏谕，以阮匐为定国公，刘基为都护府士师，黎桓为十道将军，僧统吴真流赐号匡越大师，张麻尼为僧录，道士邓玄光授崇真威仪。建立了比较巩固的封建阶品。

③ 陈朝高宗李龙干殿试三教子弟：诗赋、经义、运算等科目，根据成绩赐予其不同的及第出身。

《外国驻越非政府组织活动规定》,加强了对某些西方宗教组织活动的监控,防止这些组织到边远山区和少数民族地区传播歪理邪说。2000 年,越共中央颁布了《新时期宗教工作问题》的指示和相关的法规,对宗教集会、资金、慈善活动、对外交往、土地管理以及封职和培训等都作出具体的要求和规定。此外,政府还帮助各宗教团体成立出版社,负责出版经书、宗教研究杂志,为宗教工作的研究和培训服务。

越南政府鼓励各宗教不断创新,发展有益于社会主义建设的新教义。通过引导,越佛教协会提出了道法、民族、社会主义的教义口号,将宗教活动与社会主义建设联系在一起。天主教教会提出了生活福音,要将为人民幸福生活而奋斗融入心灵。高台教提出国荣教兴,将国家的命运与高台教的命运相结合。

综上所述,越南共产党和越南政府有关宗教的政策和主张都是遵循以下两条基本原则:一是国家不干涉教会和宗教组织的内部事务。二是所有宗教(包括宗教个体和宗教团体)都必须在国家法律允许的范围内进行宗教活动并接受国家的管理。

(三) 经济状况

越南是一个农业国家,农业人口约占总人口的75%。耕地及林地占总面积的60%,种植作物以水稻为主,除了水稻之外,还有玉米、甘薯和木薯等。这里的经济作物也有很多,主要有咖啡、橡胶、腰果、茶叶、烟叶、花生、胡椒、蚕丝等。除了这些种植作物,越南的捕鱼业也是相当发达的,每年平均捕鱼量都能达到一百多万吨。越南的工业部门发展也是比较全面的,有电力、煤炭、机械制造等。比较出名的工业区有河内、胡志明市、岘港等。这里的交通运输形式比较单一,主要以铁路和公路为主,河内和胡志明市是越南的两个比较大的交通枢纽中心,这里的铁路总长有3000多千米。

1. 经济发展

越南经济发展经历三个时期,分别是 1975—1985 年的恢复期、1986—1995 年革新开放以及市场经济定位期、1996 年持续至今的国家工业化与现代化期,并从 1986 年开始实行革新开放。二十多年来,越经济保持较快增长速度,1990—2006 年国内生产总值年均增长 7.7%,2010 年国内生产总值 1035.74 亿美元,人均国内生产总值为 1174 美元,经济总量不断扩大,三产结构趋向协调,对外开放水平不断提高,基本形成了以国有经济为主导、多种经济成分共同发展的格局。2006年,越南正式加入WTO,并成功举办APEC领导人非正式会议。

2. 对外贸易与外资投入状况

越南和世界上150多个国家和地区有贸易关系。近年来,越对外贸易保持高速增长,对拉动经济发展起到了重要作用。越南主要贸易对象为美国、欧盟、东盟、日本以及中国。2009年,越南10亿美元以上的主要出口商品有9种,分别为:纺织品、石油、水产品、鞋类、大米、木材及木制品、咖啡、煤炭、橡胶。4种传统出口商品石油、纺织品、水产品、鞋类均在40亿美元以上,其中纺织品为90亿美元。2012年上半年越南出口总额约达530亿美元,同比增长22.2%,占全年计划的48.5%[①]。

总之,外资的进入对越引进先进生产技术和管理经验,推动经济增长,解决就业起到了重要作用。2010年外国新增在越南投资协议金额186亿美元,新增项目969个,实际到位110亿美元,增长10%。在越南总投资排名前五位的国家和地区依次是中国台湾地区、韩国、新加坡、日本、马来西亚。

二 越南法律制度概况

总体来看越南的法律制度构建经过三大时期:封建法律制度时期、法属殖民地法律制度时期、统一革新法律制度时期。对于越南来说,在法国殖民者到来以前越南一直沿用封建法律制度,直至130年前被法国殖民以后国家法体系被移植了西方法的因素。第二次世界大战时,越南开始民族独立运动,1945年日本宣布投降,越南独立统一后,法律制度一度受苏联模式影响,后又被纳入社会主义法系中。20世纪80年代革新开放以来,越南开始建设有自己特色的社会主义法律制度。

(一)越南法律制度的特点

1. 华夷文化之下的封建法律文化传统的根源性

公元968年,丁部领建立了丁朝,是为越南立国之始。在此以后的900多年间,作为一个封建国家,越南经历了丁、前黎、李、陈、胡、后黎、南北朝、西山、阮共9个朝代,越南开始了封建国家的立法。

---

① "越南2012年出口总额预计达1095亿美元",来源:上海金属网,http://www.shmet.com/Statistic/Detail.aspx? id =6047,2012 - 07 - 12。

这个时期的越南受宗教和宗主国（中国）的影响，法律制度偏向印度法和中国封建成文法。此时期的越南法律制度表现出与同期中国相同或相似的结构特征：第一，立法思想上和价值取向上维护帝制，追求社会稳定和人际关系和谐；第二，实体法上主要是刑事法、行政管理法及婚姻家庭法，此外的成文私法并不发达；第三，程序法上刑事审判依律进行，程序严格，民事纠纷注重裁判。中央行政司法略有分工，地方行政司法混合。

2. 殖民地时期的"西法东渐"冲击与落后并存性

1884年，越南沦为法国殖民地，成为"法属印度支那"，实行联邦制。1940年9月，日本占领越南。1945年，日本投降，越南人民在印度支那共产党的领导下取得了"八月革命"的胜利，越南民主共和国宣告成立。此后，法国殖民者又卷土重来，法国势力撤出后，美帝国主义又发动侵略战争，占领了越南。

这一时期的越南法律制度饱受西方法律的冲击，被迫接受法国法。西方法律的强行移植使得被殖民国家在兼顾意识形态和原有土著法的基础上出现了同中有异的现实：第一，法律思想上虽然受民主价值的影响，但固有的文化传统仍然存在导致立法原则的差异。第二，实体法上虽一改之前的"民刑合一，诸法合体"的状况，但私法的立法仅为了保障海外殖民者的利益，而非本土的法律进化。第三，联邦制的国家结构使得法国人对越南维持了一种半殖民地半封建的统治。从司法程序法上看，虽然有了程序法分类，数量有所增加，但等于让渡了司法权；虽然名义上联邦成员有自己的立法、行政、司法权，但总体来说要接受法国的最高司法机关管辖，出现了诸如"领事裁判权"这一类治外法权。

3. 统一和革新开放后法律制度的全面性和创造性

1945年8月15日日本宣布投降，印度支那共产党领导起义，逼迫阮氏皇朝末代皇帝保大被迫退位，9月2日胡志明宣告越南民主共和国正式成立。1946年，越南全国首次普选，选举了国家主席、国会常务委员、宪法起草委员会等机构，并通过和颁布了越南民主共和国宪法。之后1953年至1985年第一届国会执政期间颁布了《土地改革法》《关于财经、国防、外交和民族自治的政策》《农业合作化问题的决议》《婚姻家庭法》《国会选举法》《人身自由权、集会自由权法》《1959年宪法》（第二部宪法）、《越南各级人民行政委员会组织法》等法律法规，充分体现了该阶段百废待兴，调动各个社会阶层积极完善社会法律制度的情形。

自20世纪80年代以来，越南面对国内外的新形势，开展了"革新开放"的体制改革，使得其当代的法律制度构建出现重大转折，"民主与法制"成了其核心价值追求。至90年代，在摒弃了苏联模式后，越南开始借鉴中国的成功经验，根据国情创新法律体制。除了制定新宪法《1992年宪法》以外，还制定了一系列宪法组织法，如《国会组织法》《国会代表选举法》《地方人民议会和地方人民政府组织法》《中央政府组织法》《人民法院组织法》《人民检察院组织法》。并且加强了其他部门法的立法，如民法、商法、经济法、诉讼法及相关法规的订立。

（二）越南法律渊源

越南从未出现过"超稳定"封建中央集权，专制王朝虽然存在过，但每个王朝持续时间均不长。所受中国传统文化影响，也因法国殖民后，殖民者停止使用汉字，另创越南文字，致力于传播法国文化，致使越南的"汉化"从此停滞。而越南自独立统一以后，在苏联模式的影响下完全颠覆了法属殖民地时期的法律制度，传统历史对其立法的影响不大。所以越南采取一个全新的方式来面对刚刚赢得的民族独立以及处理独立统一后国家要面对的国家经济基础及上层建筑的重构。所以，现在运行良好的越南法律主要来自制定法。并且由于长期受中国传统文化的影响，中国自封建社会就传入越南的成文法的模式也使得越南倾向于制定法律。在之后的"革新开放"以后大胆吸收借鉴中国以及其他国家法律制度的成功经验，使其材料渊源更为丰富。

基于越南国家的性质，其法律的表现形式构成包括两个方面：

1. 国会制定的基本法

第一，宪法及宪法组织法，包括《1992年宪法》《国会组织法》《部长会议组织法》《选举法》《人身自由权、集会自由权法》《地方人民议会和地方人民政府组织法》《中央政府组织法》《人民法院组织法》《人民检察院组织法》。

第二，民事、刑事、行政实体法和程序法，包括《民法典》《婚姻家庭法》《继承法》《房产法》《民事合同法》《破产法》《合作社法》《民事诉讼法》；《刑法》《刑事诉讼法》；《行政违法处罚法》《环境保护法》《预备动员部队法》《国防工程和军事区保护法》《行政诉讼法》《执行法》《承认执行外国仲裁、裁决法》《监察法》等。

第三，劳动、经济实体法和程序法，包括《劳动法》《劳动诉讼法》；《外国在越南投资法》《经济合同法》《技术转让法》《资源法》《公司法》《私营企业法》《海商法》《经济仲裁法》《国家银行法》《国家财政法》《进出口税法》《个人所得税法》《特别销售税法》等。

2. 授权中央政府、最高法院检察院制定实施细则

这在越南是非常常见的，由于越南在立法规划、立法稳定性以及立法的技术上还有所欠缺，缺乏整体的部署和安排使得很多法律适用不到一年即被废止，例如：1994年《著作权保护法》；同时使得很多法律频繁的修改，颁布先后不停增加和删减，如《行政违法处罚法》《国会组织法》《选举法》等。并且由于许多法律规定的较为粗略，缺乏可操作性，均需要政府、法院、检察院制定相应的细则，无形中扩大了政府的立法权，法律应有的位阶次序受到冲击。

第二节 越南宪法与宪法制度

一 越南宪法的结构与主要内容

越南的宪法始于1945年，期间宪法历经1959年、1980年、1992年重新颁布和2001年的修正。现行宪法规定了国家性质、政权组织形式、国家结构形式、公民基本权利与义务、国家机构等宪政制度。越南宪法和宪政制度呈现出逐步深化认识的特点，呈现对基本国情和国家根本任务、所有制结构及私人经济的宪法地位、保护手段的完善以及治国理念和方略本质性改变的趋势。

（一）越南宪法结构

越南社会主义共和国现行宪法为成文宪法《1992年越南宪法》，一共12章147条，以及2001年颁布的24条修正案。其中规定了"社会主义越南国家的各项制度"（包括政治制度、经济制度、科教文卫制度）、"国家武装力量""公民的基本权利和义务""国会""国家主席""政府权力及行政机关划分""人民议会及人民委员会""司法机构"等内容。越南现行宪法的序言确认越南是个统一的民主独立的国家，把人民主权作为宪法的精神，并于1976年明确越南的国家性质为"社会主义共和国"。

（二）越南宪法的主要内容

现行宪法决定了越南的政治经济、社会文化、军事和国防制度，越南

公民的基本权利和义务，国家结构，国家机关的组织和运作原则；并使人民是主人的国家机关内部工作制度化，国家实行管理和党的领导。

1. 国家性质

越南现行宪法第2条规定："越南社会主义共和国是人民的国家，由人民所组成，为了人民。一切国家权力属于以工人阶级与农民和知识分子联盟为基础的人民。"越南现行宪法是对民族独立革命成果的一个确认，其政权基础是无产阶级，实行社会主义国家生产资料公有制为主体，多种所有制并存的经济基础，个人和组织私有的合法财产不实行国有化。整个宪法主要体现摆脱殖民统治的劳苦大众的政治需求及革新开放后民众的经济需求，因此，可以说越南的国家性质是工人阶级领导的社会主义国家。

2. 政权组织形式

越南现行宪法第6条第1款规定："人民通过国会和人民议会行使权利。国会和人民议会是代表人民的意志和愿望的机构，由人民选举产生并对人民负责。"第7条规定："对国会和人民议会的选举，按照全体平等、直接选举的原则以秘密投票的方式选出最高的人民代表机关。国会为唯一的享有立宪和立法权的机关。"由此可见，越南贯彻"人民主权"原则，国会是最高的权力机关，人民通过该机关选举国家机构，包括国家首脑、政府等；国家主席须向国会负责，国会享有唯一的立宪权、立法权和监督权以及其他涉及国家经济、金融、民族制度，国家机构，军事力量，外交等事宜的最高权力。当国会的代表或人民议会的代表不受人民的信任时，选举人或国会可以撤销国会代表的资格；选举人或人民议会可以撤销人民议会代表的资格。可见越南采用的是议会共和制的政体。

3. 公民基本权利和义务

社会主义越南现行宪法规定：在越南社会主义共和国内，政治、经济、文化和社会各个方面的人权得到尊重，并在公民的权利上和宪法、法律的规定中充分体现出来。具体而言包括以下几个方面：

（1）政治权利

第一，平等权。越南现行宪法第52条的规定："所有公民在法律面前平等。"这说明，越南公民有权参加对国家和社会的管理，在适用法律和守法上是平等的。并且还进一步表明，在越南公民不论男女，其政治权利至家庭权利均平等，禁止歧视女性和侵犯妇女尊严，实现了社会性别的平等对待。第二，选举权被选举权与政治自由。越南现行宪法第54条规定：

"所有公民，不分民族出身、性别、社会地位、信仰、宗教、教育程度、职业和居住期限，凡年满18岁者都有选举权，年满21岁者依法享有被选为国会和人民议会代表的权利。"同时还明确规定公民享有言论出版的自由；有权获得信息资料，有权依法集会、结社和游行示威的权利。

（2）人身权

越南现行宪法第71条、第72条规定："公民的人身不受侵犯，其生命、健康、荣誉和尊严受法律保护。"以及"公民的住宅不受侵犯。"这就意味着，严厉禁止任何形式的对公民的荣誉、尊严的强制、侮辱和侵犯。公民不受非法的逮捕、拘押、扣留，非经法定程序不得侵犯公民的人身权和住宅支配权。

在越南宗教信仰自由，其宪法第70条规定："公民享有信仰和宗教的自由，可以参加或不参加任何宗教。所有宗教在法律面前平等。"

（3）经济文化权利与义务

第一，劳动权规定方面，越南宪法第55、56条和第57条规定：工作是公民的权利，也是义务，国家和社会制订计划，为工人创造更多的就业机会；国家制定颁布劳动保护政策和制度；公民有权依法自由地从事经营。基于此，为公民创造劳动就业的条件，提供必要的技能培训，保障劳动者劳动的安全和休息的时间，是国家为实现公民劳动权应尽的义务。与公民的经营收入可以自由的支配配套的遗赠权与继承权也被规定为一个宪法性权利。

第二，在受教育权方面，主要规定越南现行宪法第59条规定的"教育是公民的权利和义务"；以及其他相关规定，包括初级教育免费、天赋儿童和残疾儿童的特殊教育、全民的普通和职业教育以及国家提供相关的教育经费及奖学金义务。越南宪法对受教育权的规范，显示了国家对其公民所承担的基础性的公共服务职能，并且将教育的宣传列为全民的终身事业。较之我国而言，作为宪法确认的一项基本权利，受教育权的规定在宪法中比较系统和完整。

第三，获得医疗保障和社会救助的权利，主要分散于宪法的第61条至67条中，内容包括：公民有权享受保健医疗，国家制定关于医疗费用以及医疗费减、免的规章。国家对于生产、运输、销售、储存和使用鸦片等麻醉类药品进行管制。而对于特定的群体：妇女、儿童、老人、残疾人、孤儿、因战争致伤致残的人员，军人，家庭以及对社会有贡献的人等给予一定的社会帮助。诸如，禁止歧视妇女和侵犯妇女尊严，妇女与男子一样同工同酬，并在女性特殊生理时期给予一定的保护；国家和社会不允许在家庭中歧视儿童。国家、社会和家庭有义务保护、关怀和教育儿童；国家对战争残废、伤员和受到战争创伤的家庭实行优惠待遇，为失去能力的战士恢复劳动能力创造条件；没有家庭生活来源的老人、残疾人和孤儿有权得到国家和社会的帮助等。这样一种制度的规定倾向于一个全国范围的建设一个福利体系，并体现社会主义对特定弱势群体的关爱。

4. 国家结构形式

在行政区划上，越南现行宪法第 118 条规定："各行政府单位、人民议会和人民委员会的建立由法律规定。"目前越南地方政府分为省、中央直辖市；县、省辖市和自治区、郡、县和自治区；乡镇、坊乡三级行政区。一级行政区为省、中央直辖市，共 63 个（包括 58 个省、胡志明市、河内市在内的 5 个中央直辖市）；二级行政区为省下设的县、省辖市和自治区；中央直辖市下设的郡、县和自治区；三级行政区为县下设的乡镇，省辖市和自治区下设的坊和乡以及郡下设的坊。

在中央与地方关系上，全国只有一个统一的立法机关，即国会；一个中央政府和一部宪法，公民也只有一个国籍；在国家内部中央与地方属于隶属关系。同时，现行宪法非常明确地规定：国会是最高权力机关，人民通过国会和人民议会行使权利，人民议会是地方的国家权力机关，由当地人民选举产生，并向人民和上一级国家权力机关负责。① 可以说越南在国家结构形式上属于单一制的国家。

5. 国家机构

（1）国家主席

实行议会共和制的国家，国家主席是一国的首脑，同时对内对外代表越南社会主义共和国，国家主席在整个社会主义国家结构中的职能规定主要体现在以下几个方面：

第一，国家主席选举。越南 1992 年的《宪法》第 102 条规定："主席从国会代表中选举产生。"主席对国会负责并向国会报告工作，其任期与每届国会的任期相同。当国会任期届满时，主席应任职至新国会选出新主席为止。国家主席经民主选举，由符合选举规定的越南公民以多数票胜

---

① 《1992 越南社会主义共和国宪法》第 6 条、第 119 条。

出者即可当选。

第二，国家主席的任期与职权。根据宪法的相关规定越南国家主席主持国会会议来看，其任期与国会一致，为5年，可以连选连任。越南国家主席的职权为：一是公布国会制定的宪法、法律和条例。二是人民武装力量发布命令和主持国防安全委员会，委派或召回外交人员，决定军事人员的衔级称号；根据国会决议宣布战争或者大赦。三是向国会提出选举、任免副主席、总理、副总理、部长和其他政府成员、最高人民法院院长，副院长，审判员和人民检察院总检察长，副检察长的建议。

（2）权力机关

越南实行议会制共和制，议会在其国内机构中有着唯一、权威、最高的地位。

第一，中央权力机关——国会及国会委员会。

现行越南宪法规定，国会是越南社会主义共和国的最高权威、最高的人民代表机关，每届国会任期5年，通常每年举行两次例会。2011年5月22日，第十三届国会代表选举在全国展开，从827名候选人中选出500名国会代表。国会为唯一的享有立宪和立法权的机关，对全部国家行为行使最高监督权。国会具有修改和补充宪法以及制定、补充法律的立法权，规定基本的国内和外交政策，规定全社会的经济、国防安全任务，以及国家机关职责、社会关系与公民行为的基本原则。同时，国会选举任免主席、副主席，国会常务委员会委员长、副委员长、委员，政府总理，人民法院院长，人民检察院检察长；决定政府各部及其他同级机构的设立和解散；决定中央直属省和市的设立、联合或划分以及其边界的变更；决定特殊经济管理机构的设立和解散。

国会常务委员会为国会的常设机关。国会常务委员会由国会委员长、副委员长、委员组成；常务委员会人数由国会决定。常务委员会成员不得同时为政府成员。国会常务委员会在国会闭会期间承担国会的相关职责，主要监督宪法、法律和国会决议的实施；监督国会常务委员会的法令、决议的实施；监督政府、最高人民法院、人民检察院的工作；停止政府、总理、最高人民法院、人民检察院与宪法、法律和国会决议相矛盾的文件的执行，并建议国会决定这些文件的废除；废除政府、总理、最高人民法院、人民检察院与国会常务委员会的法令、决议相矛盾的文件。

第二，地方权力机关——人民议会及人民委员会。

人民议会是地方的国家权力机关由当地人民选举产生，并向人民和上一级国家权力机关负责，与选民保持密切联系并接受其监督，定期会见选民并向选民报告自己和人民议会的工作；人民议会代表有权质询人民议会主席、人民委员会主席及其成员、人民法院院长、人民检察院检察长以及人民委员会直属机关的负责人；地方重大事项必须经过集体讨论，多数人决定。

人民委员会由人民议会选举产生，并为人民议会的执行机关。人民委员会是地方国家行政机关，负责执行宪法、法律和上级国家权力机关通过的文件和人民议会的决议。人民委员会主席有权停止执行或废除人民委员会的机关或下级人民委员会的机关通过的不适当的文件；停止下级人民议会不适当决议的执行，同时提请同级人民议会予以废除。

（3）行政机关

政府为国会的行政机关和越南社会主义共和国最高国家行政机关，政府的任期与每届国会的任期相同。当一届国会期满时，政府应将工作至新国会选出新的政府为止。政府对国家的全部政治、经济、文化、社会、国防安全和对外事务进行统一管理；加强从中央到基层的国家机器，确保对宪法和法律的尊重和执行；发扬人民在国防和建设中作为主人的权利，确保人民的物质和文化生活的安定和改善。政府由总理、副总理、部长和其他成员组成。除总理以外，其他政府成员不必为国会代表。政府总理向国会、国会常务委员和国家主席负责并报告工作，而政府向国会、国会常务委员会和国家主席负责并报告工作。2011年8月3日，第十三届国会通过第十三届政府（2011—2016年任期）成员任命，共27个成员，包括总理、4位副总理及22位部长和部级机关首长。

从行政区划与越南国家结构形式来看，越南的行政机关分为中央政府和地方政府。从政府职能角度来看按照宪法的要求，越南政府建立和完善统一的从中央到基层的国家管理机构；政府领导各部、政府所属的各部级机关、各级人民委员会的工作，指导和管理人民委员会对上级国家机关文件的执行；各级政府可向国会和国会常务委员会提出法律草案、法令草案和其他提案；组织和管理国家的清算和统计工作；国家的监督和管理工作；反对国家机关内的官僚和腐败现象；呈交公民的申诉和控告案；统一管理国家对外事务；代表政府签署加入或批准国际条约；政府职责范围内的重要事项必须集体讨论并按多数作出决定。

(4) 司法机构

越南的司法审判权属于各级法院行使，法院独立于立法和行政机构；司法监督权属于各级检察院。越南法院分为最高人民法院、地方人民法院、军事法院和其他法律规定的法院，在特殊情况下，国会可以决定成立特别法庭。在基层可以成立适当的人民组织，按照法律规定，解决群众之间小的违法行为和争执。最高人民法院院长的每届任期随同国会。各级人民法院法官的任免和任期以及人民陪审员的选举和任期，由法律规定。最高人民法院院长向国会负责和报告工作，在国会闭会期间，向国会常务委员会和国家主席负责并报告。地方人民法院院长向同级人民议会负责并报告工作。法院的审判工作贯彻以下几个原则：陪审制原则、公开审判原则、使用少数民族文字语言原则、辩护原则、合议制原则。这与我国的审判原则差别不大。

越南人民检察院的职能在于监督检察各部和部级机关、其他政府所属机构、地方行政机关、社会经济组织、人民武装力量和公民遵守法律的情况，行使公诉权，保证法律得到严格一致的遵守。人民检察院由检察长领导。人民检察院实行委员会制，并按照法律规定对监督事项进行讨论，以多数意见为决定结论。下一级人民检察院检察长受上一级人民检察院检察长的领导；地方人民检察院检察长和军事检察院检察长受最高人民检察院总检察长领导。最高人民检察院总检察长的任期随同国会的任期。最高人民检察院总检察长对国会负责并报告工作；在国会闭会期间，向国会常务委员会和国家主席负责并报告工作。地方人民检察院检察长对地方的法律遵守情况向人民议会负责并报告工作，并应答复人民议会代表所提出的问题。

二 越南宪法的历史与发展

1945年9月越南民主共和国诞生，到1992年越南第四部宪法的颁布，越南先后颁布了4部宪法。从宪法的本质来看，1946年宪法还不能算作真正的宪法；1959年宪法也是在南北分裂的情况下颁布的，并不完善；1980年越南在中越关系不正常时颁布了第三部宪法；中越关系正常化之后，越南又于1992年颁布了第四部宪法，2001年对1992年宪法又做了部分修订。从时间跨度上来划分，可以分为越南民主共和国建立后，到越南南北统一以前颁布的两部宪法，以及更名为越南社会主义共和国以后颁布的两部宪法。

（一）越南宪法的历史

1. 1946 年宪法

1946 年 1 月 1 日，越南临时联合政府成立，在胡志明的主持下，以《共同纲领》为基础，越南起草了越南民主共和国第一部《宪法》，于 1946 年 11 月 8 日在第一届国会第二次会议上讨论并通过，次日，胡志明主席签署命令颁布了这部宪法。此部宪法仅 3300 多字，包括序言、正文 7 章 70 条[①]。在政治制度方面，这部宪法规定了越南民主共和国的社会主义性质，并宣布废除阮氏皇朝及其亲日傀儡政权的一切反动法律，同时还规定，国家主席由国会选举产生，任期 5 年；选举国家主席须有 2/3 的赞成票，如未达到，在第二次选举时只要过半数就可当选；国家主席可以连选连任；国家主席是国家的代表，不向任何机关负责。在经济制度方面，这部宪法适应了民主革命的需要，仍然保护生产资料的私有制。[②] 严格地说，它只能算作一份纲领性的文件。

2. 1959 年宪法

1956 年 12 月，越南民主共和国第一届全会第六次会议决定成立修宪委员会对宪法进行修订，于 1959 年完成并予以颁布。该宪法共有 10 章 112 条，政治制度方面，确定越南是工人阶级领导的，以工农联盟为基础的人民民主国家，肯定越南当时是走向社会主义的人民民主制度。另外还规定了公民的权利和义务，关于国会、政府会议、人民法院和人民检察院的组织等，并规定了宪法的修改程序；只有国会有权修改宪法。经济制度方面，越南仍然以保障计划经济为主，优先发展国有经济；同时依法保护民族资本家的生产资料所有权和其他财产所有权，并指导他们从事有利于国计民生的活动，鼓励和指导他们通过公私合营和其他形式接受社会主义改造。

当时的越南正在遭受法帝国主义的再次侵袭，一些必需的基本法如各国家机关的组织法等也没有在这一时期产生，客观上使得宪法制定的程序、技术、法律文件的构造、语言文字的表达等方面还存在很多缺陷。

3. 1980 年宪法

1979 年 8 月 15 日，越南国会公布越南社会主义共和国宪法（草

---

① 蒋玉山：《从越南宪法的修改看越南共产党对社会主义认识的逐步深化》，《东南亚纵横》2008 年第 1 期，第 35 页。

② 米良：《当代越南立法的历程》，《云南法学》2000 年第 1 期（总第 56 期），第 105—106 页。

案)。1980年12月,越南第六届国会第七次会议通过了"越南社会主义共和国宪法",共12章147条,该宪法最大的亮点在于对越南的国家体制作了变动。政治制度上明确越南社会主义共和国是无产阶级专政的国家;越南共产党是领导国家、领导社会的唯一力量;越南祖国阵线是国家的坚强柱石;明确规定设立国会常务委员作为国会的常设机构。并且颁布了《国会组织法》《部长会议组织法》《最高人民法院组织法》《最高人民检察院组织法》四部宪法组织法。经济制度方面,仍然强调越南的经济主要是由全民所有的国营和劳动人民集体所有的合作社经济组成。

4. 1992年宪法及2001年修正案

越南在1980年宪法基础上颁布了1992年宪法,即越南现行宪法,于1992年4月15日在越南八届国会十一次会议上通过,体现了越南社会主义目标与国家全面改革新路线。该宪法包括序言、正文12章147条。政治制度上,越南在许多方面借鉴了中国的成功经验,如将部长会议改为中央政府,将部长会议主席改为政府总理并实行首长负责制,恢复了国家主席的设置,重申了共产党的领导地位,并强调了祖国阵线委员会在维护国家统一中的地位和作用,加强了国会作为代议制机关的权力。经济制度方面,规定越南实行多种经济成分并存,发展私营经济的内容,实际上该经济制度是建立在全民所有、集体所有、私人所有制度之上的。并且在为数不多的2001年宪法修正案中确定:越南要发展"社会主义定向"的市场经济,实际上即是社会主义的市场经济。

(二) 越南宪法制度的发展

进入90年代,随着经济的快速发展,社会政治结构开始发生变化,在东南亚国家和地区发生了令人瞩目的政治转型及民主化浪潮。与英美是以社会自由、经济放任发展为主轴的常态宪政国家相比,东南亚的菲律宾、新加坡、马来西亚、泰国、越南等国家的民主化进程和宪政改革经验有着自己的路径与发展模式。

越南是一个采用党国体制的国家,实行一党立宪民主制的社会主义国家,通过一党制实现民主和宪政[1],核心是实现选举性权力与非选举性权

---

[1] 罗雪飞:《走向民主:论越南一党立宪民主制的实践》,《北京大学研究生学志》2012年第3/4期,第131页。

力之间的制约。① 其实践表现在：坚持"五项基本原则"，坚定社会主义方向和坚持共产党领导，反对多党制；坚定实施"革新"，推行党内民主和国家政治民主，切切实实的实施宪法，依法治国。之所以选择这个宪政制度，主要在于越南先前的政治实体缺乏宪政民主经验，如民主结构分化程度低、机构缺乏专业分工、政治参与狭小甚至为零等。

根据有关学者的研究，到目前为止，越南宪政进程分为三步：第一步是学习苏联戈尔巴乔夫式的政治改革；第二步是抛弃这种模式，并在20世纪90年代进行了较为全面的体制改革；第三步以越共十大差额选举总书记为标志向法治的纵深方向改革。② 自1986年以来，越南坚定地实施"革新"，推行党内民主和国家政治民主，切实地实施宪法，依法治国。由此越南改变了领导人权力集中、政治专断的状态，逐步走上立宪民主的道路。

（三）越南宪政的特点

1. 社会主义民主理论的影响深远

越共注重将马克思主义民主理论与越南实际相结合，实现马克思列宁主义越南本土化，创立了胡志明思想，丰富了越南社会主义民主理论，越共七大确定坚持以马克思列宁主义、胡志明思想为思想基础和行动指南，以民主集中制作为基本组织原则，强调"革新和完善我国政治体制的本质在于建设一种社会主义的民主"。③

2. 立宪的外源性动力

越南借鉴中国宪法立法的经验，吸收了中国民主思想的核心内容，即：一方面，人民当家做主，按宪法规定行使公民权利，并进行了本土化的发展。实行人民代表大会制度，人民不仅可以选举人民代表，而且有权监督和罢免人民代表。人民代表服务人民，并对选民报告工作和接受选民监督。另一方面，革新开放以来越南一直十分注重积极借鉴和吸收西方协商民主的理论与实践成果，如越共近年来实行代表制民主、直接民主和选

---

① 储建国：《一党立宪：中国宪政新路》，来源：http://www.chinaelections.org/newsinfo.asp?newsid=99982。

② 欧阳斌：《越共政改20年》，来源：http://news.ifeng.com/special/yn/200611/1126_360_39055.shtml。

③ 陈元中、周岑银：《越南社会主义民主建设的成就、经验与困境》，《当代世界与社会主义》（双月刊）2012年第5期，第78页。

举民主，在党代会召开前将呈递大会文件向全国公开征求意见并在党内外广泛讨论、协商。

越南宪法中明确规定了人民行使权力的两种形式：一种是直接的，一种是间接的。同时明确国家政权的来源基础是选举，专门制定了《越南社会主义共和国国会代表选举法》和《越南社会主义共和国人民议会代表选举法实施细则》，规定了选举权与被选举权的年龄限制、以行政区划分选区以及选民选举的平等效力等内容。其特色规定包括：一天内在全国范围进行选举，并且必须在选举日的上午7时至晚上7时为止，最早不得在上午5时前，最迟不得超过晚上10时以后①以及禁止委托投票的原则以及例外情形②；在票数相等的情况下，按年龄顺序排列，年长者中选③。

3. 宪法与宪法组织法的制定与系统化

越南宪政的发展并非仅止步于宪法的制定与修改。作为社会主义国家面对舶来品的宪政思想，社会主义越南从体系出发，实行宪法与宪法相关组织法并举的策略。不仅在宪法的内容上全面涉及越南社会主义革新开放时期的社会主义初级阶段的基本国情、国家根本任务、政治制度、经济制度（2001年宪法修正案将"经济结构由多种经济成分构成，有多种生产经营形式，是建立在全民所有、集体所有、私人所有制度之上的"写进宪法）、公民的权利、关于党的建设；同时还在相关的组织结构及组织制度方面作出全面的规定，涉及的立法、司法、行政三大机关，初步形成了权力结构的分立模式。

---

① 《越南社会主义共和国国会选举法》第六章"选举程序"，第二节"投票办法"，第三十九条。

② 《越南社会主义共和国国会选举法》第六章"选举程序"，第二节"投票办法"，第四十条、四十一条：第一款"选民不能填写选票时可请他人代为填写，但必须亲自到投票处投票"；第二款"有残疾的选民不能亲自到投票处投票的，可委托他人代办投票"；第三款"选民因生病、老弱、残疾不能亲自投票的，可建议选举组带投票箱和选票到其他住所让其填写后投票。在此情况下，选举组也可组织流动投票箱让选民投票"。

③ 《越南社会主义共和国国会选举法》第七章"选举结果"，第二节"选举单位的选举结果"，第五十三条。

第三节　越南民商事法律制度

一　民法

越南自 50 年代独立以来,由于长期进行战争及战争结束后实行计划经济,认为社会主义建设不需要民法典,民法关系多用行政法令调整。1986 年以来,由于实行社会主义市场经济的改革路线,民法典的编纂才被提到立法日程。1995 年 2 月,民法典第十草案向国民公布并征求意见。① 后又形成公开公布的第十二草案。同年 10 月 28 日,越南社会主义共和国第九届国会第八次会议就越南社会主义共和国民法典最终草案进行表决并通过。同日公布,从 1996 年 7 月 1 日施行。②

（一）越南民法概述

殖民地时期的越南,直接适用法国民事法律,如《1804 年法国民法典》和《1807 年贸易法典》③,故而越南民法典受旧宗主国法国民法典的影响较大。结束殖民历史以后,越南曾经历了以政策代替法律的阶段,如 1950 年 5 月 22 日颁布的第 97 号《关于修改旧民法的意见》的敕令在当代越南民法的发展中具有十分重要的意义。这个敕令一方面废止了旧民法中带有封建性、殖民性的内容；另一方面,补充了新的内容,确立了新环境下的民法原则。④ 但仍然改变不了这个阶段越南民事规范以政府决议、总理决定、最高法院的通知指示为主的立法停滞状态。

1. 立法进程

《越南民法典》的立法动议始于 1980 年,并在国会恢复司法部以后专门成立了民法起草委员会,最终于 1991 年正式着手越南民法起草工作。委员会组织翻译并参照了多国民法,如《法国民法典》《德国民法典》《日本民法典》《中国民法通则》《原苏联民法纲要》《俄罗斯新民法典》（第一部）《泰国民法典》和《瑞士债务法典》等。立法中聘请了日本民

---

① 金子由芳：《迎来最终阶段的越南民法典草案》,《国际商事法务》1995 年第 5 期。
② 铃木康二：《越南民法——条文与解说》,日本贸易振兴会 1996 年版,第 393—396 页。
③ 黎明新：《越南国家与法的历史》。
④ 米良：《越南民法典的历史沿革及其特点》,《学术探索》2008 年第 5 期,第 74 页。

法学者森岛昭夫教授①参与起草，由于森岛昭夫研究方向为侵权行为法、环境法，越南民法典关于侵权行为法的规定颇为先进。② 根据越南国会关于施行民法典的决议，从民法典施行之日起，原《民事合同法令》（1991年4月29日）、《住宅法令》（1991年3月26日）、《继承法令》（1990年8月30日）、《工业所有权保护法令》（1989年1月28日）、《著作权保护法令》（1994年12月2日）、《关于越南的外国技术转移法令》（1988年12月5日）失效。

越南民法典使用的语言通俗易懂，并设前文，法典以财产法为中心，这些方面颇似法国民法典。越南民法典的前文，是关于立法目的的规定，不分条只设三段分别规定立法目的。民法典是越南原来的民事法律的继续和发展，是1992年宪法的具体化，在国家法律体系中占有重要地位。前文的规定表明，越南的改革将继续坚持社会主义方向③并实行与自由市场经济不同的国家管理的市场经济。

而后经过近10年的实施，越南法学家发现这部当代唯一的民法典存在许多问题：一些规定与实际不符；一些规定不具体，如第二编"财产和所有权"的规定太笼统，未规定具体财产权的内容，特别是未规定他物权；带有行政色彩，有一些调整国家与公民之间关系的条款，如户籍登记，用行政制裁的方式来解决无效合同，对于一些合同规定了登记、许可、审批等手续。许多与世贸规则相矛盾的地方，特别是关于合同、知识产权等领域更为突出。为此，对《1995年民法典》作重大修改成为必要。2003年，全面修改民法典提上了议事日程。经过两年的时间，新的越南民法典草案起草完毕并于2005年获得通过，从2006年7月1日起施行。

2. 立法目的

越南民法典前文中"为促进民事交易"的表述，鲜明地表明了越南民法典的立法目的。越南民法典是以调整民事交易关系为核心的，是规定交易主体的法的地位、权利义务和交易规则的法典。为促进交易，法典直接使用"民事交易"的章名规范民事行为，各条文均从民事交易角度加以规定，包括民事交易的定义（指民事债权、债务发生、变更、终止的

---

① 现为名古屋大学大学院国际开发研究科科长。
② 铃木康二：《越南民法——条文与解说》，日本贸易振兴会1996年版，第4页。
③ 这个表述明确地表明，越南抛弃的苏联改革的模式，而倾向于中国特色社会主义包括法治在内的各类制度改革之路。

主体一方的法律行为和合同)、效力及条件、目的、形式、解释、无效的种类、无效的后果等。而且法典调整的身份关系，明文规定仅限于民事交易的身份关系，不包括婚姻、家庭方面的身份关系。

越南民法典第1条规定："民法典规定个人、法人、其他主体的法的地位，规定关于财产关系、民事交易上的身份关系的主体的权利与义务，制定参加民事关系各主体相应的法准则。"这项规定有三点内容：一是规定主体的法的地位；二是规定各主体的权利义务；三是规定各主体的行为准则。其中第二点为核心，表明民法调整财产关系和交易上的身份关系。此种立法目的与一般民事立法以保障财产安全的目的不同。

3. 越南民法典的结构

大多数国家和地区的民法典在首部采取了序编的形式，只有少数国家仍然追随德国民法典的范式，而越南就采纳总则立法体例，在结构上将序编性条文置于总则的最前部，总则内容继而展开。

《1995越南民法典》的结构为：前文；第一编总则；第二编财产与所有权；第三编债务与民事合同；第四编继承；第五编关于转移土地使用权的规定；第六编知识产权及技术转让；第七编具有海外要素的民事关系，共838条。① 《2005年越南民法典》共七编36章777条，比1995年民法典减少61条，减少的主要原因是新民法典将一些行政管理性质的规定从民法典中删除；一些内容归入民事特别法。

(二) 越南《民法典》的内容

1. 一般规定

(1) 关于总则与序编

大多数国家和地区的民法典在首部采取了序编的形式，只有少数国家仍然追随德国民法典的范式，而越南就采纳总则立法体例，在结构上将序编性条文置于总则的最前部，总则内容继而展开。越南民法典总则的第一章为"民法典任务和效力"，即实质上的序编。规定了民法典的任务及调整范围，尊重国家、公众、他人的权益；遵守法律，尊重公德与良俗，尊重和保护人身权、财产权自愿，平等，善意诚实，承担民事责任，和解，保护民事权利；适用习惯与类推诸原则，并规定了民事权利义务的根据及

---

① 徐国栋主编：《越南社会主义共和国民法典》(2005年版)（外国民法典译丛），厦门大学出版社2007年版。

民法的效力，此间规定多为价值宣示。

(2) 基本原则

越南民法典所规定的基本原则比较多，规定了11项基本原则，且原则的表述不同于其他国家的民法，较有特色。具体包括：原则一"尊重国家利益、公共利益、他人的合法的权利与利益的原则"，即确立、履行民事债权、债务，不得侵犯国家、公共、他人的利益和他人的权利；原则二"遵守法律的原则"，即依法履行债权、债务，法无规定依合意，但合意不得违反民法的基本原则；原则三"尊重道德、传统的原则"；原则四"尊重与保护身份权的原则"；原则五"尊重与保护对财产的所有权及其他权利的原则"；原则六"根据自由，自主约束和合意的原则"；原则七"平等原则"；原则八"信义、诚实原则"；原则九"负担民事责任的原则"，即当事人不履行或不完全履行债务必须依法承担责任。但还欠缺一些完善，该规定并未以过错为要件；原则十"和解原则"，即国家鼓励当事人合法的和解，纠纷的解决不允许使用武力或以武力相威胁；原则十一"适用习惯和法律类似规定的原则"，即无法律规定和当事人合意时适用习惯，或适用法律类似规定，但不得违反民法的基本原则。

(3) 民事主体——个人

涉及个人的民事权利能力和民事行为能力、人身权、住所、监护、公告寻找下落不明人、宣告失踪、宣告死亡等内容。

第一，行为能力的规定。

明确规定了个人在民法上的民事权利能力和行为能力，人身权，第一节住所，第二节监护，第三节公告寻找下落不明人、宣告失踪、宣告死亡，从民法原理上看与中国的规定没有太大差别。例如越南民法典规定，年满18周岁的人为成年人，除法律特别规定的情况外，均具有完全的民事行为能力，不满6周岁的人无行为能力，满6周岁的未成年人为限制行为能力人。心神丧失或因其他疾病不能认识自己行为时，经利益关系人申请，法院宣告其丧失行为能力。因注射或吸食麻药或其他刺激物而散失家庭财产的人，经利益关系人申请，法院作出宣告限制其行为能力的决定。以上宣告事由消失，法院取消宣告。

第二，人格权的范围。

法典作了专节（第二节）规定，包括姓名权，姓名变更权，确定民族的权利，肖像权，保障生命、健康、身体安全的权利，保护名誉、人格、威信的权利，隐私权，婚姻权，夫妻平等权，离婚权，收养养子的权利及被确认养子的权利，对国籍的权利，保障居住安全的权利，信仰的自由权与宗教的自由权，迁徙、居住的自由权，劳动权，经营的自由权，创造的自由权。

（4）民事主体——法人

涉及法人的规定，包含法人的一般规定和法人的类型。较之中国有特点的是越南国内法人的种类，包括：

①国家机关、武装力量单位，它们实行国家管理机能、文化与社会活动，非以经营为目的，参加民事法律关系时为法人，用从国家取得的经费承担民事责任（而非占有、使用的一切国家财产），在有收益活动的情况下，用收益活动所得对相关的活动承担民事责任。

②政治组织，政治、社会组织，是为实现政治、社会目标管理、使用、处分属于自己所有财产的组织，参加民事关系时是法人，其成员不得分割其财产，除法律规定不能用来承担民事责任的财产外，用自己所有的财产承担民事责任。

③经济组织，包括国有企业、合作社、有限公司、股份公司、外资企业及具备法人条件的其他企业。经济组织法人必须经国家机关认可并具有章程，用自己的财产承担民事责任。

④社会组织，社会、职业组织。该组织必须根据国家机关的许可而设立，须有章程，为会员的一般需要和组织目的由作为会员的个人、组织交付财产或会费，参加民事关系时是法人，用自己的财产承担民事责任。

⑤社会基金、慈善基金法人。

⑥符合法人条件的其他组织。越南民法典关于法人的规定，均限于参加民事关系，明确区分了公法领域与私法领域，在社会主义民法史中具有进步性。

（5）户、合作组

依据越南民法典，户可作为独立的民事主体，包括：①限于基于土地使用关系，农、林、渔业生产活动及法律规定的其他生产、经营活动，具有共有财产进行共同经济活动的家庭，为相关民事关系的主体；②与宅基地相关的户，是与宅地相关的民事关系的主体。户主为户的代表。户，用户的共有财产承担民事责任，不足部分，其成员用自己的财产承担连带责任。而本法规定合作组是为一定事业，共同出资、共同劳动、共享利益、共负责任的 3 人以上的个人组成的组织，是相应民事关系的民事主体，可以理解为我国的合伙。合作组用其共有财产承担民事责任，不足部分，由其成员按相应出资负连带责任。

2. 财产与所有权

越南民法典该编章为"财产与所有权"，没有使用"物权"的概念。本编分为总则，财产的种类，所有权的内容，所有形态，所有权的取得、终了，所有权的保护，关于所有权的其他规定等 7 章。较有特点的为所有形态一章，包括了各种所有制形式，如国家所有、集体所有、私人所有、共有、政治组织所有、政治—社会组织所有、社会组织所有、社会—行业组织所有以及混合所有制等形式。

（1）全民所有

包括土地、山林、河川、湖沼、水源、地中的埋藏资源、海洋、大陆架和空中资源，国家投入各行业及经济、文化、社会、科学技术、外交、国防、安全保障各方面的企业、设施的资本与财产，及法律规定是国家财产的其他财产。在越南，一切土地均归国家所有。国家是全民财产的代理所有者，代理全民行使所有权，政府对全民财产统一管理，按照其目的及效率性、节约性而使用。国有企业经营管理的财产属全民所有，国有企业享有管理、使用权。国家机关、各武装机关对国家交付的财产享有管理权和基于法律规定的使用权，所有权归属全民所有。国家交付给政治组织，政治、社会组织的财产属全民所有，政治组织，政治、社会组织享有管理、使用权。以上规定，在社会主义财产法史上具有独创性，基本理顺了国家与国有企业、国家机关以及其他接受国有资产组织的财产权与国家所有权之间的关系。

（2）政治组织及政治、社会组织所有

包括：成员赠与财产及其他依法取得的财产，国家将全民财产所有权转让给该组织的财产（只转让管理、使用权的不属该组织所有）。这一规定，在社会主义立法史上，也是具有独创性的，它改变了源自苏联的那种一切政治及政治、社会组织的财产均属国有的传统，理顺了这些组织与国家之间的财产关系。

（3）集体所有

集体所有是指基于自主、平等、民主、共同管理及共同受益原则，为实现章程规定的共同目的，由个人、户共同出资，协力进行生产经营的合作社及稳定的其他集体经济形态的所有。集体所有的财产包括成员赠送、生产经营的合法收入、基于国家保障的收入、根据依法规定的其他利益获取的财产。法律规定集体成员对集体所有的财产，享有优先购入、借贷、租赁等权利。

（4）私人所有

私人所有是指对自己的合法财产的个人所有。私人所有的财产包括：合法收入、储蓄、房屋、生活资料、资本、天然孳息、法定孳息及个人的其他合法财产。法律规定属于私人所有财产的数量、价值不受限制，法律规定不得为个人所有的财产个人不享有所有权。

（5）社会组织、社会职业组织所有

这类财产是指根据章程为实现各成员的共同目的的组织所有，其财产包括成员赠送的财产、为公共受赠的财产及依法取得的其他财产。

（6）混合所有

这类财产是指不同经济形态的各所有者为实现其利益而出资并进行生产、经营的财产所有，其财产包括：各所有者的出资，通过生产经营获取的合法利益及依法获取的其他利益形成的财产。

3. 民事义务与民事合同

该编章为"民事义务与民事合同"，分为：一般规定，具备了总则性质；一般的民事合同；无因管理，涉及无委任的事务的行使；无法律根据的财产的占有、使用及收益的返还义务，等同于我国的"不当得利"；非合同的损害赔偿责任及其特殊规定，等同于我国的一般侵权和特殊侵权责任等5章内容。

（1）一般规定

包括债务、债务的履行、民事责任、债权转让与债务转移、债务履行的担保、民事义务的终止、民事合同7部分内容。民事合同一节相当于俄罗斯民法典中的合同总则一章。较之我国的债权与合同法的相关规定比较有特点的是债务担保的种类，包括质、抵押、定金、寄托、供托、保证、违约金7种。其中，寄托是为保证租赁财产的返还而在一定期间将一定的金额或贵金属、宝石或有价值的其他物（称寄托财产）转交给出租人，当不返还或不能返还租赁财产时，寄托财产归出租人的担保方式。供托是为保证债务人履行义务，由银行冻结账户的一定金额或债务者交付银行的贵金属、宝石，或能用金钱换算的书类的担保方式，当债务人不履行债务时，债权者可在银行精算并留取银行手续费后的金额作为自己的损害赔偿费用。

（2）通用民事合同

包括财产买卖合同、交换合同（互易合同）、赠与合同、借贷合同、租赁合同、使用借贷合同、提供劳务合同、运送合同、加工合同、保管合同、保险合同、委任合同，悬赏广告及优等悬赏广告13个部分的内容。

（3）侵权责任的规定

越南的侵权责任法分为总则、损害的确定、几种具体情况的损害赔偿3部分。其中，与我国民法通则比较，新内容有关于造成死亡对其亲族精神损害赔偿的规定、关于使用刺激物（包括饮酒）造成他人损害负赔偿责任的规定、树木所致他人损害由所有者赔偿的规定等。

4. 继承

该编自第22章至第25章，共4章的内容，包括继承的一般规定、遗嘱继承、法定继承、遗产的清算与分割等内容。

5. 土地使用权的移转

根据越南《1992年宪法》第17条、第18条，《1993年土地法》第1条的规定，越南土地实行单一所有，即属于国家所有或全民所有，由国家将土地分配给社会组织和个人使用。土地法第3条、第73条至第78条规定，农户或个人依法取得的土地使用权，在权利存续期间内，可以互换、转让、租赁、继承、抵押，而这些行为不过是普通的民事行为。因此民法典详尽地规定土地使用权移转是有其现实意义的，既可以保障国家对国有土地的所有者权益，也可以切实保障农户和个人对土地的使用和收益，详尽地规定土地的归属和利用关系。

6. 智慧所有权与技术转让

2005年11月19日，越南国会颁布了一部统一的《知识产权法》（the Law on Intellectual Property），并于2006年7月1日开始施行。这部法律对以前的各项知识产权法律进行了清理，将它们纳入一部统一的法律之中，保证了知识产权法律体系的协调统一。该法分为6编，分别是总则、著作权及相关权、工业产权、植物品种权、知识产权保护、附则，共计18章222条。越南《知识产权法》成为越南知识产权法律发展历程中的里程碑，它标志着越南知识产权法体系的成熟。而且，在越南制定《知识产权法》之时，其新《民法典》也获得颁布，并于2006年1月1

日开始施行，新《民法典》第六编"知识产权与技术转让"也对知识产权的相关内容进行了规定。

新《民法典》第六编"知识产权与技术转让"共有3章22条，与1995年《民法典》的3章81条相比，精简了许多。与1995年《民法典》对知识产权保护范围的含糊规定不同，新《民法典》在条文中明确规定了知识产权的保护范围为著作权及相关权、发明权、实用新型权、工业设计权、商标权、地理标记权、集成电路布图设计权、商业秘密权和植物品种权。在条文的具体规定上，新《民法典》完全采取了原则性规定的做法，仅仅只是分别就著作权及相关权、工业产权、植物品种权这四大类权利的主体、客体、内容、保护期、转让进行了原则性的规定。至于更进一步具体的规定，就要到《知识产权法》中去寻找了。可以认为新《越南民法典》对知识产权的处理采取了我国学者所认为的链接式模式，即在民法典中对知识产权作原则性的规定，然后再单独编纂知识产权法典，使知识产权法典与民法典成链接状。①

同时，越南《知识产权法》也十分注意处理其与新《民法典》的关系。一方面，由于《民法典》知识产权编所作的规定十分原则和抽象，而具体内容都由《知识产权法》进行调整，使得两部法律之间相互矛盾的情况不太可能出现。另一方面，《知识产权法》第5条"法律适用"也规定，如果《知识产权法》不能解决与知识产权有关的民事争端时，则应当适用民法典的相关规定。此条规定一举奠定了《知识产权法》与《民法典》之间在法律适用上的先后关系。

在越南文化信息部下的文学艺术著作权办公室负责管理和监督保护著作权问题。尽管越南在逐步完善著作权保护的相关法律体系，但具体执行环节仍存在很多问题，越南知识产权保护力度仍然不够。如越南侵犯著作权现象主要集中在计算机软件和音像制品（包括CD、VCD以及DVD产品）。由于在越南商标注册相对简单，商标侵权事件时有发生，尽管越南知识产权局正与国外一些专利和商标代理机构一起努力加强知识产权保护体系，但在对侵权事件的迅速裁决和行政执行方面仍存在困难。2004年曾发生重庆隆鑫摩托车的商标在越南被恶意抢注事件。

---

① 曹新明：《知识产权与民法典连接模式之选择》，《法商研究》2005年第1期。

二 商法

从立法体例来看，越南采用了民商分立的模式，在民法典之外独立订立商法典，并颁布大量商事单行法以顺应经济发展的新形势。

（一）《越南商法典》的体系

越南商法的制定以1989年《越南经济合同法》为标志，该法由越南社会主义共和国部长会议于1989年9月25日通过，国家主席武志公于1989年9月29日签署公布并实施。[①]《越南商法典》的编纂始于2005年，并根据1992年越南宪法的第103条和第106条的相关规定，国会已经通过的决议基础下，国家主席签署并颁布相关的法令。[②]

《越南商法典》第一章为总则，包括：调整范围和适用对象，基本原则以及外国商人在越南的商事活动；第二章至第六章是对各种商业行为的规定，依次为商品买卖、服务提供、商事促进、商事中间活动和其他商事活动；第七章是对商业制裁和商事争端解决的规定；最后在第八章中明确对违反商事法律行为的处理进行了规定。

（二）民法典与商法典的关系

越南虽采取民商分立的立法体例，但从相关法律的制定来看，越南并不是绝对的民商分立，二者有着紧密的联系。

1. 商法必须与民法配套理解和适用

首先，从理论上看，相当一部分《越南商法典》的规定，只有根据《越南民法典》所确立的理论才能理解，只有将民法典的基本规范与商法个案结合起来才能对独立案件事实进行理解。例如：《越南商法典》中关于商品买卖的规定重点在于国际商品买卖，填补民法局限于国内商品买卖的不足，买卖双方当事人之间的权利和义务，原则上仍然须由民法典第十八章的通用民事合同之下的财产买卖合同调整。

其次，越南商法典中的其他规定，比如合同领域的行纪合同等，形式上属于专有规定，非常详尽，可以视为完全不同的具体制度。但是在基础

[①] 申华林主编：《东盟国家法律概论》，广西民族出版社2004年版，第252页。

[②] 英文原文：Pursuant to Article 103 and Article 106 of the 1992 Constitution of the Socialist Republic of Vietnam, which was amended and supplemented under Resolution No. 51/2001/QH10 of 25 December, 2001, of the Xth National Assembly, the 10 th session; This Law provides for commercial activities.

的规范上，仍然要适用民法典中的合同规范，以解决合同的成立、效力、履行和不履行后果的确定等基本问题。此外许多基本制度还是要适用民法的规定，如法人制度、时效制度、法律行为制度等。

从这个意义上看，不能单纯地仅从商法规范本身来理解商法的适用。此时的民法商法的区分应停留在一般法与特殊法的层次之上，商法并非完全独立，其调整的对象仍然是平等主体之间的关系。针对商事平等关系的私法调整时，附加了与民法不同的特殊意味，即商业的个人经济和社会利益的得益。这种区分是在方法上的改变，试图基于特殊的目的对民法规则的变更。所以，越南商法并非平行于民法，而是两个独立法律体系的相互联系和作用。

2. 商法典外颁行商法单行法

在越南，以商法典为基础，同时又制定了各种商事单行法。这种做法既保持了商法典的稳定性，又要使商事法律制度适应不断发展变化的新形势的需要。所以，越南制定了商事法典以外存在大量的商事单行法，例如：1989年《经济合同法》、1991年《公司法》后又于1997年制定的取代公司法的《企业法》、1998年《证券法》等。

从各国的国内立法现状来看，采用法典之外另立商事单行法成了民商合一或民商分立体制国家的共性。现代经济国家中，商法的存在和发展并获得实质的独立地位是大势所趋。但也不意味着要制定一部鸿篇巨制的商法典，《越南商法典》就将法典的范围自觉地缩小在一个较小的范围内，而没有囊括所有的商法规范，从而避免了像德国和法国那样的高度法典化之后又经历了一个"去法典化"的过程。

三　婚姻家庭法

（一）越南婚姻家庭法概述

越南脱离殖民统治后即于1959年制定了第一部社会主义性质的《越南婚姻家庭法》，但该法因当时国家未统一只能在北越实施。1976年越南实现了祖国统一，而后越南学习苏联搞计划经济，法制的发展止步不前。1986年越共"六大"的召开，标志着越南正式进入"革新时期"。当年越南即通过了新《越南婚姻家庭法》。90年代开始，中越关系实现正常化，越南学习中国也开始搞市场经济，并且于1995年制定了民法典，但该法典受俄罗斯联邦影响未将婚姻家庭法列入民法典内。2000年6月9

日越南第十届国会第七次会议通过了新修订的《越南婚姻家庭法》。① 新法在立法体例上仍保留原体例,即单列婚姻家庭法,但已有向民法典靠近的趋势。在内容上,该法删除了1986年婚姻家庭法"反对资产阶级婚姻家庭制度"等政治色彩较浓厚的词句。同时,一些提法逐渐符合国际惯例,例如不再使用"保护"而使用"监护"一词等。

(二)越南婚姻家庭法的立法与内容

越南现行婚姻家庭法于2000年6月9日获得越南社会主义共和国第十届国会第七次会议通过,于2001年1月1日起生效,生效的新法代替1986年的《婚姻家庭法》和1993年12月2日的《越南公民与外国人之间的婚姻家庭法令》。并且在序言中表明了婚姻家庭的社会作用以及婚姻家庭法的立法目的和价值追求,即家庭是社会的细胞,是人类繁殖的摇篮,是形成和培养人格的重要场所,是建设和保卫祖国的基地。家庭好则国家才能好,国家好则家庭更好;为了提高家庭在社会生活中的作用,维持并发扬越南民族传统和美好的婚姻家庭风俗习惯,消除落后的婚姻家庭风俗习惯;为了提高公民、国家和社会在建设和巩固越南婚姻家庭制度中的责任;继承和发展越南的婚姻家庭法律。此部婚姻家庭法共13章,110条。

1. 基本原则(1—8条)

总则中规定了本国婚姻家庭制度的基本原则。确立了婚姻自由、一夫一妻、男女平等、保护妇女儿童及老人合法权益、确立家庭成员互助义务和实行计划生育六大原则。越南婚姻家庭法的基本原则还包括:婚姻家庭法第2条第1款规定的进步原则;第2条第2款规定的婚姻权受法律保护原则;第2条第4款规定的家庭成员互助义务原则;第2条第5款与第6款规定的国家和社会对婚姻家庭的责任原则。

比较而言,《越南婚姻家庭法》的基本原则规定在内容上更加丰富,更能体现其婚姻法与传统的对接,例如:该法在家庭成员互助义务中关于"孙子女有尊敬、奉养祖父母的义务"的规定充分体现了其追求家庭美德的理念。

2. 结婚(9—17条)

越南婚姻家庭法采取列举主义,从结婚的肯定性要件和禁止性要件两

---

① 徐国栋主编:《越南社会主义共和国民法典》(2005年版)附录《越南婚姻家庭法》(外国民法典译丛),厦门大学出版社2007年版。

个角度对结婚条件进行了规定。

(1) 缔结婚姻的要件

在肯定性要件方面规定：一是自愿原则，结婚必须男女双方自愿。结婚任何一方不得欺骗另一方，因欺骗而缔结的婚姻是可撤销的婚姻。二是法定婚龄的限定，结婚最低年龄是男年满20周岁，女年满18周岁。在禁止条件方面，越南规定：一是禁止直系血亲和三代以内的旁系血亲通婚；并且增加了禁止无民事行为能力人、养父母与养子女（包括曾经的养父母与养子女）、直系姻亲、继父母与继子女、同性之间通婚等条款。二是禁止有配偶者通婚。这些特色规定更体现了其"发扬越南民族传统和美好的婚姻家庭风俗习惯"的立法目的，具有强烈的伦理道德性，是现代法制与民族精神结合的有益尝试。

从缔结夫妻关系的法定形式来看，越南奉行登记与仪式相结合的制度。《越南婚姻家庭法》第11条第1款规定："结婚必须办理登记，并由结婚登记机关按照本法第14条规定举行结婚仪式。不遵守本法第14条规定的任何仪式都不具有法律价值。"

(3) 无效婚姻与可撤销婚姻

从《越南婚姻家庭法》第15—17条规定可看出，越南将所有违法婚姻都列为可撤销婚姻范畴。根据《越南婚姻家庭法》第15条规定：被强迫、被欺骗的违法婚姻由被强迫或被欺骗的一方为请求权利人；而未达结婚最低年龄、重婚、无民事行为能力人的婚姻、近亲婚、同性婚的请求权利人既可以是检察院，也可以是结婚各方的夫、妻、父、母、子女或保护和照顾儿童委员会、妇女联合会；同时，其他个人、机关、组织尽管不能直接向法院提出撤销请求，但有权提请检察院审查，并通过检察院向法院提出请求撤销该违法婚姻。其规定具有较强的灵活性，有利于保障权利人的合法权益。

越南法律规定：法院将判决书副本送达结婚登记机关，由结婚登记机关作出撤销决定。也就是说，越南撤销违法婚姻的直接机关是结婚登记机关，但它必须是在法院判决某婚姻违法后才能作出撤销的意思表示。而中国规定，可撤销婚姻既可由婚姻结婚机关作出，也可由人民法院判决撤销该婚姻；而对无效婚姻，其宣告机关只能是人民法院。越南规定，婚姻被撤销后子女的权益按照父母离婚的情形处理；夫妻之间的财产个人的归个人所有，共同财产协商分割，协商不成时由法院依照优先保护妇女和子女正当权益的原则判决。而中国规定，被宣告为无效或被撤销的婚姻，其子女适用有关父母子女的规定；而同居期间的财产双方协商解决，协商不成时，由人民法院根据照顾无过错方的原则判决。

3. 离婚制度（85—99条）

（1）离婚意愿方面的规定

越南允许自愿离婚，但其自愿离婚不属行政离婚，而是诉讼离婚中的一个依据，即只有在夫妻双方同时要求离婚，经过法院调解不成时，经法院审查确系自愿离婚，并就子女和财产问题达成协议后才确认这种自愿离婚的效力。而在中国，只要夫妻双方自愿离婚，婚姻登记机关查明双方确属自愿并就子女与财产问题已达成协议，即同意其离婚。

（2）诉讼离婚方面的规定

越南采取概括式立法技术，《越南婚姻家庭法》第89条规定："1. 法院对离婚要求进行审查，若发现问题严重，无法继续共同生活，婚姻之目的无法实现，则准予离婚。2. 夫、妻一方因对方被法院宣告失踪而要求离婚的，法院准予离婚。"即越南规定诉讼离婚的法定理由是"无法继续共同生活，婚姻之目的无法实现"，本质上采用的是破裂原则，只不过是共同生活破裂原则，接近关系破裂原则。而中国采用的是例示制与概括制相结合的立法技术，采用的是感情破裂原则。从离婚的理由来看，总体上看中国在立法技术上较越南要先进些，但对离婚的法定原则规定却不及越南。因为感情是否破裂纯粹是一个主观标准，不仅法官不好把握，而且也不符合一些并非感情破裂，而是因为其他原因导致婚姻共同体解体的离婚类型。

4. 其他内容

第三章夫妻关系（18—33条）涉及夫妻的平等地位、夫妻之间的共同财产、个人财产的划分、夫妻之间的继承权等内容。第四章父母与子女关系（34—46条）；第五章祖父母、外祖父母与孙子女之间的关系，兄弟姐妹之间及各家庭成员之间的关系（47—49条）；第六章供养（50—62条）；第七章确定父、母、子女（63—66条）；第八章养子女（67—78条），其中有关于男性收养女性的年龄差的规定为20周岁，第九章家庭成员之间的监护（79—84条）；第十一章涉外婚姻家庭关系（100—106条）；第十二章违法处理（107条、108条），与中国婚姻家庭法的相关规定差别不大，在此不多做赘述。

四 国际贸易与投资法

(一) 越南国际贸易与投资法概述

1. 立法现状

越南与贸易投资有关的法律、法令主要有《外国投资法》《公司所得税法(修正案)》《内河运输法》《竞争法》《会计法》《统计法》《水产品法》《反倾销法令》《反补贴法令》《食品安全与卫生法令》《保护国内改进新植物品种法令》等。

2005年6月,越南国会颁布了《商业法》《海关法(修正案)》《进出口关税法》,上述法律于2006年1月1日正式生效。为推进越南加入世界贸易组织的进程,使越南贸易投资法律体系更加符合WTO多边贸易规则要求,2005年11月29日,越南国民大会讨论通过了《知识产权法》《增值税和特别销售税法》《投资法》《企业法》《投标法》《电子交易法》,上述法律将于2006年7月1日正式生效。2006年11月越南加入WTO后,又修改《劳动法》《银行法》《土地法》《企业法》和《知识产权法》等的相关内容,力求从法律、法规方面来调整和规范各种投资关系。同时,越南还制定了一系列鼓励投资的优惠措施,如在税收、亏损转移、固定资产折旧、土地使用、技术转让等方面给予优惠,保障投资者的财产所有权、收入和其他合法权益,并履行其作为国际公约成员国的相关投资的承诺。

2. 越南贸易投资主管部门

越南负责管理贸易投资的部门主要有贸易部、财政部、建设部、产业部、自然资源及环境部、计划投资部、农业和农村发展部、交通运输部、文化信息部、邮电部、科学技术部、越南国家银行等。贸易部除负责对外贸易管理外,还负责对国内货运和进出口活动的管理,电子商务的管理,市场管理,对竞争、反垄断和反倾销的管理,代表国有财产所有者在国有企业中履行特殊任务,确定享受税收减免等优惠待遇的主体资格等。

自2005年以来,越南政府将一些职能下放给了地方贸易管理部门。如贸易部将中国从越南过境的货物管理职能下放给河内、岘港和胡志明市的进出口管理处。越南计划投资部是越南吸收外资和对外投资的中央政府主管部门,下设外国投资局具体负责外商在越南投资和越南企业对外投资管理工作。

(二) 越南的贸易政策、管理制度

越南的出口以纺织品、服装、原油、大米、天然橡胶、木制品、鞋、水产品等为主，进口以机械设备和工业原辅料为主。贸易伙伴方面，出口市场依次为美国、欧盟、东盟、日本；进口市场依次为中国大陆、东盟、日本、韩国、中国台湾、欧盟、美国和澳大利亚。越南于 2007 年 1 月开始履行入世承诺，逐步削减货物关税，不断开放服务领域，商业环境明显改善。越南已加入的区域和双边贸易协定包括：东盟——中国自贸区、东盟——中日韩自贸区、东盟——印度自贸区、东盟——澳大利亚—新西兰自贸区、越南——欧盟扩大贸易合作协定、越南——日本经济伙伴协定等。

1. 进口商品管理制度

对于进口产品管理，越南政府主要采取进口禁令、关税配额、进口数量限制、进口许可以及进出口贸易权许可等措施；越南政府目前仍然保留了对 7 种重要产品的强制进口许可证管理，这些产品包括：汽油、玻璃、铁制品、植物油、糖、摩托车和九座机动车。同时，越南对部分产品实行数量限制，如：糖、水泥与溶渣、烟草，国内能够生产的普通化学品、化肥、油漆、轮胎、纸、丝绸、陶瓷制品、建筑玻璃、建筑钢材、某些发动机、某些汽车、摩托车、自行车及其部件和船舶等。

2. 出口商品管理制度

越南禁止出口的产品主要包括：武器、弹药、爆炸物和军事装备器材，毒品，有毒化学品，古玩，伐自国内天然林的圆木、锯材，来源为国内天然林的木材、木炭，野生动物和珍稀动物，用于保护国家秘密的专用密码及密码软件等。为最大限度地限制国外禽流感向越南传播，2004 年 10 月 28 日，越南农业农村发展部决定 2005 年 11 月 1 日至 2006 年 3 月 31 日暂停进口各类家禽和观赏鸟。

2005 年 1 月 25 日，越南财政部海关总局颁布文件，暂不受理初级矿产品出口通关手续。2005 年 8 月 2 日越南产业部下发通知，只允许出口经过加工并达到一定标准的矿石。此外，越南贸易部对全国粮食、大米出口企业实行统一措施，所有大米经营企业必须向越南粮食协会登记大米出口合同。

3. 海关管理制度

越南政府在 2004—2006 年海关现代化、发展和改革计划的基础上，制定了2006—2010年的海关改革目标、任务和措施。根据该规划,越南政府努力建立稳定、透明的海关法律体系,将在五年中投资7706万美元建立起国际标准的现代海关管理制度,全面推广电子海关系统,提高通关效率和海关风险控制水平。越南现行关税制度包括四种税率:普通税率、最惠国税率、东盟自由贸易区税率及中国东盟自由贸易区框架下特别优惠税率。普通税率比最惠国税率高50%,适用于未与越南建立正常贸易关系国家的进口产品。原产于中国的商品享受最惠国税率,其中属于越南海关税则1—8章的商品适用于"早期收获"税率。越南现行税则共包括10721个8位协调海关编码商品。税率共分为16档,平均税率18.3%。其中,农产品简单平均税率约为29.4%,非农产品简单平均税率约为17.0%。①

目前,越南政府对国产汽车和进口汽车按不同税率征收奢侈品税。其中,进口的上述3类汽车的奢侈品税税率分别为80%、50%和25%,国产汽车则分别为40%、25%和12.5%。此外,越南政府计划在2006—2007财年统一国产和进口香烟、生啤酒的奢侈品税税率。香烟统一后的税率为55%的奢侈品税,2008年起税率调为65%。生啤酒统一后的税率为30%,2008年起税率调为40%。

4. 进出口检验检疫的规定

越南科学技术部对进出口商品进行强制质量检验,并且公布了检疫检验目录,目录所列产品必须在通关时经过检验,得到有关行政主管部门(包括:公共卫生部、农业与农村发展部、产业部、渔业部以及科学技术部)许可。检验时,有些产品依据的是国家标准,有些产品依据的是主管部门的内部标准,有些产品则两个标准都须符合。对于该强制质量检验制度的透明度一直受到与越南有长期贸易关系的中国一方的关注。

5. 贸易救济制度

为符合WTO的相关规定,越南正逐步建立其国内的贸易救济制度。2004年4月和8月,越南分别公布了《反倾销法》和《反补贴法》,对反倾销和反补贴调查的申请、调查程序和实施措施作出了规定,并指定越南贸易部为反倾销和反补贴调查的主管机关。目前,越南尚未对进口产品采取反倾销或反补贴措施。

---

① "越南投资环境",来源:南博网。

(三) 越南的投资政策、管理制度

2006年7月1日生效的《投资法》为国内外投资商提供统一的投资管理法律框架。根据投资法的相关规定，外国投资商可以在法律不禁止的行业和领域进行投资，并自主决定投资活动；外国投资者与国内投资者享有相同的投资优惠条件和投资保障；不强迫外国投资商优先购买、使用国内商品和服务，以及商品生产的国产化比例。

根据修订后的《外国在越南投资法实施细则》，越南进一步放松了对外资的管制，将投资审批制改为投资登记制。推出了诸如"一个窗口"等简化加速许可程序的措施。并规定对于投资金额在3000亿越盾（约合1800万美元）以下，且不属于限制投资领域的外国投资项目，投资商可以在省级国家投资管理机构办理投资登记手续和获得投资证书。该细则在投资促进政策、投资经营税收政策方面对外资做了优惠安排，同时还对外商投资企业规定了详细的所得税减免政策。但是，这些措施并没有达到很好的效果，许可程序仍然是一个严格、费时的过程。越南各级政府对各类投资项目的受理审批时限均有明文规定，一般为5—30个工作日，办理投资项目申请手续烦琐，审批周期长，有的项目申请领照时间长达几个月，甚至半年或更长。

1. 市场准入政策

越南对于外国在越投资的管制采取了限制投资和禁止投资两种立法模式，具体规定如下：

（1）明确列举限制投资的各类方式

这些被限制的投资方式包括合作、合资、捆绑投资以及特许等。①只允许以合作经营合同方式投资的领域：电信业务服务；国内国际邮件收发业务经营；新闻出版、广播电视经营。②只允许以合作经营合同或合资方式投资的领域：钢铁、煤矿、石油、稀有矿产开采、加工；空运、铁路、海运；公共客车运输；港口、机场建设（BOT，BTO，BT等投资项目不在此限）；海运、空运业务经营；文化；造林；工业炸药生产；旅游；咨询服务（技术咨询不在此限）。在矿产资源开采加工领域，越南《外资法实施细则》规定，政府鼓励外商投资矿产勘探、开发和深加工项目，但对石油、稀贵矿产开采、加工项目实行限制投资政策。③加工与原料开发捆绑投资的领域：乳制品生产与加工；植物油、蔗糖生产；木材加工（使用进口木材的项目不在此限）。④政府总理特批办理的领域：从事进

出口业务、国内营销业务及远海海产品捕捞、开发性投资项目。

(2) 明文禁止外资投入的领域

以下领域的投资在越南是绝对禁止的:①对国家安全、国防及公共利益有害的投资项目;②损害越南历史古迹、文化、传统、风俗的投资项目;③损害生态环境的投资项目;④处理从国外输入有毒废料投资项目;⑤生产有毒化学品投资项目,或使用国际条约禁止的毒素的投资项目。

从 2001 年开始,越南降低了外资企业在越南的投资费用;取消了国内企业与外资企业的双重收费制度;进一步降低土地租用费和作为银行抵押贷款的土地使用费用;放宽或取消外资企业将所得的大部分外汇出售给当地银行的规定;降低外资企业工人的收入税等。另外,越南还特别鼓励 6 个领域的发展,即污染处理及环境保护,垃圾处理及加工,新材料及贵重材料的生产,应用生物学的新工艺,生产远程通信设备的新工艺及电子通信工艺等,只要投资于这 6 个领域的企业,都得到越南政府的相关优惠。在吸引投资的重点方向上优先吸引供水、排水、环境卫生、北南高速公路网、中越"两廊"[①] 高速公路网、北南高速铁路等项目的外商投资;主张尽早开放文化、医疗、教育、电信、航海、航空等投资领域。并规定每年举行中央政府与外资企业代表对话交流会,直接聆听企业代表的意见和建议。

2. 投资政策

(1) 外国企业在越南投资的税收政策

根据越南《投资法》规定,外国投资企业和越南内资企业都采用统一税收标准,对于不同领域的项目实施不同的税率和减免期限。例如,特别鼓励投资项目所得税率为 10%,减免期限为 12—15 年;鼓励投资项目所得税率为 15%,减免期限为 8—12 年;普通投资项目所得税率为 20%—25%,减免期限为 3—5 年。

(2) 特殊税收优惠的规定

从 2004 年 1 月 1 日起,外国投资公司、国内公司、外国公司的分支机构以及不受《外国投资法》管辖的外国承包商适用的标准公司所得税

[①] 中越两国 2004 年 5 月达成一致决定建设"两廊一圈"。它指的是"昆明—老街—河内—海防—广宁""南宁—谅山—河内—海防—广宁"经济走廊和环北部湾经济圈,涉及中国广西、广东、云南、海南、香港和澳门及越南的 10 个沿海地带。其建设包含中越发展贸易和经济关系、投资、技术合作、旅游、跨国界经济交换、土地、铁路以及水运等方面。

税率为25%。建设—经营—移交（BOT）企业的标准税率为10%。国内外石油、天然气企业的标准税率为50%，优惠税率最低为32%。符合政府税收鼓励政策规定条件的外国投资公司和国内公司，优惠税率为20%、15%和10%。外国企业的分支机构目前已允许在越南开业，但有许多限制条件。外国银行、烟草公司和法律公司等分支机构取得的利润，按照28%的税率纳税。外国投资者转让在越南注册公司的利益所取得的资本利得，按照25%的标准税率纳税。当外国投资者把资本转让给依据越南法律成立的居民公司时，税款可以减少50%。

（3）对外国投资者经营的限制

在越南，对电子、汽车、蔗糖、乳品、职业、木材等产业的加工生产仍然规定了国产化比例要求。企业生产产品的产量必须由政府核定，带有计划的色彩。虽然这个强制力控制经济的状况有所改善，但一般情况下，越南政府仍然直接干预企业的生产和经营。例如：生产和组装的摩托车，其产量一般由政府核定。2005年4月，越南政府办公厅发驻地1854/VPCP-HTQT号通知，决定取消摩托车整车组装生产企业的整车产量限制，改由市场和企业决定产量。但越南政府仍直接规定整车组装厂必须生产车架等20%以上的摩托车零部件，发动机厂必须生产8个发动机部件中的1个。此外，根据规定，越南企业（包括国有企业和外商投资企业）聘用外国劳务比例不得超过企业现有总人数的3%，最多不能超过50人。对外国代表处和分支机构无此类人数限制，但是雇佣外国劳务需获得人民委员会主席批准。

3. 承包工程相关的投资

（1）许可制度

计划投资部是越南负责制定社会经济发展计划和规划、管理外资和外援、管理工程项目招投标等工作的政府部门，其下属的投标管理公司直接负责项目的招投标。越南建设部负责给予承包商颁发项目施工许可证。越南政府规定：在工程承包招标中，外国公司必须同当地企业联合投标，或承诺分包给当地公司，才允许参加投标；中标的外国公司必须优先选用越方技术人员和工人，外方只能选派少数技术和管理人员参与项目管理；施工中使用的原材料和机械必须优先在当地市场购买等。

（2）招标

根据越南《投标法》规定，越南国家投资项目或国际组织贷款项目，一律采用招标方式。大型项目的招标需经过较长时间的审批；自筹资金项目可通过议标方式进行。越南的大型工程承包项目透明度较高，其国内主要报刊均会刊登招标信息。

（四）中越双边协定

目前，中越双边协定包括：第一，中越双边投资保护协定。1992年12月中国与越南签署了《关于鼓励和相互保护投资协定》。第二，中越避免双重征税协定。1995年5月，中国与越南签署了《关于对所得避免双重征税和防止偷漏税的协定》。第三，中越签署的其他协定。中国与越南签署的其他双边经贸合作协定包括：1991年11月《贸易协定》、1992年2月《经济合作协定》、1993年5月《中国人民银行与越南国家银行关于结算与合作协定》、1994年4月《关于货物过境的协定》、1994年11月《关于保证进出口商品质量和相互认证的合作协定》、1994年11月《关于成立经济、贸易合作委员会的协定》以及1998年10月《边贸协定》。

由于中越长期的贸易投资合作关系，基于双边互惠的协定，越南给中国提供了中国企业在越南投资合作的保护政策。

第四节 越南刑事法律制度

一 越南刑法典概述

（一）越南刑法典的历史发展路径

1. 东方法律影响下的越南古代刑法典

公元1042年，李太祖颁布了《刑书》，这是越南历史上第一部成文的律书，也可以说是越南的第一部刑法典。其中有偷牛者杖100，禁止买卖满18周岁男子为奴等规定。1483年，黎圣宗①派人搜集了过去颁布的所有法律，进行了补充和系统化，并仿照中国的律令制定了《洪德法典》，其中包括有关官制、军制、刑法、民法等篇目；对叛国、欺君等罪都处以死刑或流放；对侵犯他人的稻田、住宅、池塘者也处以严刑。至此，越南的刑法体系进一步完善。

2. 法治语境引导下的越南现行《刑法典》

自1945年越南人民民主共和国建立以后至1985年的40年间，越

---

① 越南黎朝的皇帝。

南由于长期处于战争状态,立法很少。刑事方面一直靠临时刑事政策代替,仅在1980年颁行了《惩治贪污、贿赂罪条例》,直到1985年才颁行了第一部《刑法》,并且这部刑法还带有强烈的计划经济色彩,如规定有投机倒把罪、违反国家计划罪等。从1986年起,越南开始实行"国家管理的市场经济"制度,许多带有计划经济色彩的罪名已不适用;苏联解体后,以学习苏联制度为主的指导思想也发生动摇。在此背景下,越南于1999年12月通过了第二部《刑法》,并于2000年7月1日起生效。

(二)越南现行《刑法典》的特点

1. 体系完整、体例科学

总则规定了刑法的概念和性质、刑法的任务、刑法的基本原则、刑法的适用范围、犯罪的概念和特征、犯罪构成、排除社会危害性的行为、犯罪形态、共同犯罪、刑罚的概念和目的、刑罚的种类、量刑等,按刑法的一般原则归类和排列。分则规定了各种具体的犯罪及相应的刑事责任等,按犯罪行为所侵犯的客体进行归类,确定篇目名称;同时,在每一章中又进行类似的组合,各章条目的排列顺序有其内在的逻辑性。总之《越南刑法典》的体例科学,结构严谨,编章条目的设置与排列合理。条目的多少,反映了立法者对犯罪的认识程度,以及对各种犯罪行为的总结和归纳水平。条文太少,则容易疏漏犯罪,条文太多则会走向另一个极端。

2. 重视人权的保护

越南刑法典明确了处理未成年人犯罪的原则:对未成年人犯罪的处理应本着教育、帮助他们改正错误、健康成长,以使其成为对社会有益的公民为宗旨。在对未成年人犯罪的侦查、起诉、审判过程中,有关国家机关必须弄清楚未成年人对犯罪行为的社会危害性的认识以及引起犯罪的原因和条件。[①] 并且对未成年人的法定、酌定减轻处罚作出规定。

越南刑法典重视对妇女权益的保护,有多条法律从多个角度对侵害妇女权利的行为进行制裁。涉及强奸罪、强奸少女罪、骚扰妇女罪、拐卖妇女罪、引诱强迫未成年人实施犯罪行为罪、容留卖淫罪、介绍卖淫罪、嫖宿未成年人罪8项罪名,并且最高刑可至死刑。同时还注重保护儿童的权

[①] 钟铭佑:《新时期越南刑法的特点》,《河北法学》2008年第26卷第1期,第162—163页。

利,包括杀害婴幼儿罪①、买卖偷盗儿童罪、虐待罪3项罪名,其中买卖偷盗儿童罪情节严重、性质恶劣、有组织或累犯的最高刑期为终身监禁。最近几年,越南政府还制订了专门的《越南2004—2010年预防打击拐卖妇女儿童犯罪行动计划》②和《越南妇联关于2004—2007年越南预防打击拐卖妇女儿童的行动计划》③。

3. 关注人文伦理的保护

《越南刑法典》第22条规定了"不告发罪":"知道犯罪正在预备、实施或者已经完成而不告发者,必须依照本法第313条的规定承担不告发罪的刑事责任。如不告发者为罪犯的祖父母、父母、子女、孙子女、同胞兄弟姐妹、妻子、丈夫时,只有当犯罪为危害国家安全罪或者本法第313条规定的特别严重犯罪时,才承担不告发罪的刑事责任。"④这是我国古代"亲亲相隐"的礼的思想在越南刑法中最典型的体现。越南刑法体现维护家庭的另外一个法条是第61条的"暂不执行徒刑":"被判处徒刑者在下列情况下可暂不执行徒刑:……行为人是家庭中唯一的劳动力,且送监执行将使其家庭陷入特别困难境地的,可暂缓一年,但所犯之罪为危害国家安全罪或其他很严重、特别严重之罪的除外。"并在第七章关于量刑的规定中,规定了老人犯罪是法定从轻、减轻情节,体现了恤老的精神。越南刑法典还在分则第十五章专章规定了侵犯婚姻家庭罪,可见越南刑法把对婚姻家庭关系的保护放到一个很重要的位置。

4. 将某些道德义务上升为法律义务

最具代表性的就是第102条规定的"对生命处于危险境地者故意不救罪",该条规定:"在他人正处于危险境地,有条件而不救助的,处以

---

① 此处的规定,包括遗弃或因封建等其他原因杀害婴幼儿的两种情况。有关于遗弃婴幼儿造成死亡的,与我国的遗弃罪有相似之处。但因封建思想或其他原因主动杀害婴幼儿的在我国是按故意杀人或故意重伤致人死亡来判罪。

② 越南政府实行了1997年9月17日关于"分工负责执行措施,制止把妇女儿童非法输送出境"的776/TTg号指示。参见李碧华译《越南政府总理2004年7月14日颁布实施130/2004/QD—TTg号决定》,《东南亚纵横》2005年第8期,第52—55页。

③ 越南妇联制定和实施了1999—2002年预防打击拐卖妇女儿童的行动计划。参见:李碧华译:《554/CTHD—DCT号,2004年6月23日》,《东南亚纵横》,2005年第8期,第56—57页。

④ 米良:《越南刑法典》,中国人民公安大学出版社2005年版,第9页。

警告、2年以下监外改造或者3个月以上2年以下有期徒刑。"越南刑法中的"对生命处于危险境地者故意不救罪"很大程度上受到了大陆法的影响,特别是法国法的影响,1985年越南《刑法典》第107条规定中找到了相似的表述为其例证。

5. 创新新罪名

随着社会的发展,越南刑法典对新形势下不断涌现的新的犯罪行为进行了规定和制裁。例如:第100条逼死他人罪;第103条威胁杀人罪;第243条违法打胎罪;第246条侵犯尸体、墓穴、骸骨罪;第253条传播颓废文化品罪等。

二 越南刑法典的体例结构

越南现行刑法共24章342条,分为总则和分则两编并设有前言。总则为10章77条,规定了刑法的一般规定,如刑法的任务、原则、效力、时效、犯罪构成、刑罚措施[①]、量刑、免刑、减刑、取消案籍[②]、未成年人犯罪等。总则的内容不仅适用于分则,而且适用于其他有刑罚规定的法律。分则为14章265条,内容为具体规定,主要是按照犯罪所侵害的为刑法所保护的社会关系进行分类的14类犯罪。

前言主要强调了两个问题:一是越南刑法的任务,即打击、预防犯罪。维护越南社会主义国家的独立、主权、统一和领土完整;维护国家利益;维护公民、组织的合法利益;维护社会安全秩序、经济管理秩序;让每个人生活在安全、自由、文明的社会环境里。同时,刑法还为国家革新事业、工业化、现代化排除障碍,实现民富、国强、社会公平、文明。二是刑罚的目的,即通过刑罚惩罚、教育、感化、改造罪犯,使其改恶从善,培养公民主人翁精神、守法及主动参与预防犯罪的意识。[③]

《越南刑法典》的体例结构如下:

总则

第一章 基本条款(1—4条)

规定了刑法的任务、刑事责任的基础、刑法的处罚原则等内容。

---

① 司法措施,相当于我国刑法中的强制措施。
② 取消案籍是越南刑法中有别于我国刑法的特殊制度,在本节的第二部分中详细说明。
③ 米良:《越南刑法典》,中国人民公安大学出版社2005年版,第1页。

第二章　刑法的效力（5—7 条）

规定了刑法在越南领域内和越南领域外的空间效力、刑法的时间效力。

第三章　犯罪（8—22 条）

规定了犯罪的含义、犯罪的种类、意外事件、刑事责任能力的判定、正当防卫、紧急避险、犯罪预备、犯罪未遂、犯罪中止、共同犯罪等内容。

第四章　追究刑事责任、免予刑事责任的时效（23—25 条）

规定了追究刑事责任的时效、不适用追究刑事责任的时效的情况、免予刑事责任的情况。

第五章　刑罚（26—40 条）

规定了刑罚的概念、刑罚的目的、刑罚的种类等内容。

第六章　司法措施（41—44 条）

规定了没收与犯罪直接相关的财物，返还财产，修理或赔偿损失，强制公开道歉，强制治疗措施等内容。

第七章　决定刑罚（45—54 条）

规定了决定刑罚的根据，从重、从轻、减轻情节，免予刑事处罚，累犯、危险累犯，数罪并罚等内容。

第八章　执行判决的时效、免予执行刑罚、减刑（55—62 条）

规定了执行判决的时效，不适用执行判决的时效，免予执行刑罚，减刑、缓刑等内容。

第九章　取消案籍（63—70 条）

规定了在何种情况下取消案籍以及取消案籍期限的计算，这是越南刑法典里面特殊的一种制度。

第十章　关于未成年人犯罪的规定（71—80 条）

规定了未成年人犯罪刑罚的适用问题，处理未成年人犯罪的原则和对未成年人适用的司法措施等内容。

分则

第十一章　危害国家安全罪（81—95 条）

规定了背叛祖国罪、间谍罪、暴乱罪、土匪活动罪、恐怖罪等内容。

第十二章　危害他人生命、健康、人格名誉罪（96—125 条）

规定了杀人罪、精神受强刺激杀人罪、逼死他人罪、对生命处于危险境地者故意不救罪、威胁杀人罪、传染艾滋病罪等内容。

第十三章　侵犯公民自由、民主权利罪（126—135条）

规定了非法拘留罪，伪造选举结果罪，违法强迫劳动者、干部、公职人员辞职罪，侵犯著作权罪等内容。

第十四章　侵犯财产罪（136—148条）

规定了抢劫罪、抢夺罪、公开侵占罪、破坏财产罪等内容。

第十五章　侵犯婚姻家庭罪（149—155条）

规定了破坏一夫一妻罪、组织早婚罪、早婚罪、乱伦罪等内容。

第十六章　侵犯经济管理秩序罪（156—184条）

规定了走私罪、生产经营假货罪、违法经营罪、高利贷罪、非法设立小金库罪、虚报经济信息罪、广告欺诈罪等内容。

第十七章　破坏环境罪（185—194条）

规定了造成空气污染罪、污染水源罪、污染土地罪等内容。

第十八章　关于毒品的犯罪（195—204条）

规定了种植罂粟或者各类含有麻醉品成分的植物罪、非法制造麻醉品罪、容留非法使用麻醉品罪等内容。

第十九章　危害公共安全、公共秩序罪（205—259条）

规定了阻碍公路交通罪，将不能保障安全的交通工具投入使用罪，违法组织汽车比赛罪，违法参加汽车比赛罪，扰乱公共秩序罪，侵犯尸体、墓穴、骸骨罪等内容。

第二十章　破坏行政管理秩序罪（260—279条）

规定了妨碍公务罪，假冒职务、级别罪，逃避军事义务罪等内容。

第二十一章　职务犯罪（280—294条）

规定了贪污财产罪、执行公务时利用职权牟利罪、公务作假罪、缺乏责任心造成严重后果罪等内容。

第二十二章　妨害司法活动罪（295—317条）

规定了对无罪人追究刑事责任罪，违法作出决定罪，使用肉刑罪，侵犯冻结、查封财产罪等内容。

第二十三章　侵犯军人义务、责任罪（318—341条）

规定了违抗命令罪、执行命令不严谨罪、侵占或者毁坏战利品罪、骚扰百姓罪等内容。

第二十四章　破坏和平罪、反人类罪（342条）

规定了破坏和平罪、引起侵略战争罪、反人类罪、招募雇佣军罪、充当雇佣军罪。

三　越南刑法典的特色内容及优势

（一）特色内容

1. 明确"罪刑法定"原则

在实施"革新开放"、颁行《越南刑法典》之前，由于越南当时缺乏成文的、系统的、严密的刑事法律，法院有时在没有法律明文规定的情况下，不借助于类推制度来打击那些严重危害国家、社会和公民个人利益而刑事法律又未予规定的犯罪行为。例如，越南1967年10月30日关于惩治反革命犯罪的刑事法定，其第21条规定了类推制度："对于本法令没有明文规定的反革命罪，可以比照本法令中具有相同或相似因素的犯罪予以定罪量刑。"立法者经过权衡利弊，坚定地主张应摒弃类推制度，实行严格的罪刑法定。1983年在越南政府机关向立法机关致送的一份关于刑法典草案的起草说明报告中，强调指出："在刑事立法中摒弃类推原则是制定刑法的一个最重要的步骤。这种做法不仅符合世界刑法立法的趋势，也与当代许多东欧社会主义国家的立法例相一致。"[①]

2. 对犯罪与刑法基本概念的严格规定

《越南刑法典》在总则中专门设立一个条文规定犯罪的一般概念。《刑法典》第8条第1款规定："本法典所规定的犯罪，是具有刑事责任能力的人故意或非故意地实施的，侵害国家的独立、主权、统一、领土完整，侵害社会主义制度、经济体制或社会主义的财产，侵害公民的生命、健康、名誉、尊严、自由、财产或其他合法权利、利益或以其他方式破坏社会主义法律和秩序的危害社会的行为。"从这一概念可以看出，越南刑法典中对于"罪与非罪"的认定与我国基本一致，本持"四要件说"，即：犯罪的主体，须为有刑事责任能力的人；主观方面，须为具有主观恶意的故意或者过失；客体，须为法律所保护的法益；客观方面，须为行为人确实实施了危害社会的行为。并且该条第二款规定："重罪是指对社会造成严重危害并且法定最高刑为5年以上有期徒刑、无期徒刑或死刑的犯罪；其他的犯罪则都属于较重罪。"明确了"轻罪重罪"的认定标准，例

---

① 阮方民：《越南刑法典若干规定概述》，《外国法学译评》1993年第1期，第70页。

如：行为人的年龄、主观恶性大小、一般累犯与危险累犯①、对犯罪的追诉期等。将犯罪分为轻微犯罪、一般犯罪、严重犯罪和特别严重犯罪四类。轻微犯罪，是指社会危害性不大，且法定最高刑为 3 年以下有期徒刑的犯罪。一般犯罪，是指具有一定社会危害性且法定最高刑为 7 年以下有期徒刑的犯罪。严重犯罪，是指社会危害性大且法定最高刑为 15 年以下有期徒刑的犯罪。特别严重犯罪，是指社会危害性特别巨大且法定最高刑为 20 年有期徒刑、终身监禁或死刑的犯罪。

3. 有关于刑罚及刑期的设置

越南刑法典规定的刑罚方法分为两类：主刑和附加刑。主刑包括警告、罚金、非监禁的再教育、军纪营的再教育（适用于犯罪的军人）、有期徒刑、无期徒刑和死刑 7 个刑种；附加刑包括禁止担任特定公职或从事特定职业业务、放逐、监管、暂停行使某些公民权、剥夺军衔（适用于犯罪的军人）、没收部分或全部个人财产和罚金 7 个刑种。

非监禁的再教育是越南刑法创设的一个新的主刑刑种。根据刑法典第 24 条的规定："非监禁的再教育是法院判决将犯罪分子交由其工作地或居住地的某个国家机关或社会团体进行监督和再教育的刑罚方法。"被判处这种刑罚的犯罪分子必须履行判决所规定的某些义务，并且应将收入的 5%—20% 部分上交国家财政。非监禁的再教育只适用于犯较重罪的犯罪分子，期限为 6 个月至 2 年。一般认为，它与警告、罚金、监管等刑种都属于教育性或矫正性的刑罚方法。

监管则是越南刑法设立的一个新的附加刑刑种。根据该法典第 30 条的规定，监管是法院判决强制犯罪分子于某一特定地区居住，在当地政府机关和群众的管制、监督下劳动谋生和接受再教育的刑罚方法。在监管期间，被判刑人不得离开被限定居住的地区，并被剥夺某些公民权和从事特定职业、业务的权利。监管主要附加适用于犯有危害国家安全罪，危险累犯等犯罪分子。其期限为 1—5 年，刑期自服满有期徒刑之日起开始计算。

越南现行刑法第 33 条规定：一罪有期徒刑的期限是 3 个月以上 20 年以下；数罪并罚不超过 30 年。②

4. 刑罚裁量的规定

越南现行刑法的第七章是关于"决定刑罚"的规定，该法典的第 46

---

① 此概念与我国刑法中的特殊累犯相同。

② 米良：《越南刑法典》，中国人民公安大学出版社 2005 年版，第 14—20 页。

条、第 48 条分别规定了量刑的从轻、减轻情节和从重处罚情节。法定从轻减轻包括：罪犯已中止犯罪，阻止犯罪结果的发生；罪犯自愿修理、赔偿损失，采取措施避免后果发生；防卫过当；避险过当；怀孕妇女犯罪；老人犯罪；自首；坦白；有悔罪表现；立功等内容。法定从重包括：有组织的犯罪；专业性犯罪；利用职权犯罪；流氓性质犯罪；具有卑鄙动机的犯罪；共同犯罪；多次犯罪、累犯、危险累犯；对青少年、怀孕妇女、老人、没有自卫能力的人或者与自己有物质、精神、工作或者其他特定关系的人犯罪；教唆未成年人犯罪；有狡猾、凶恶的旨在逃避追究、掩盖犯罪的行为等内容。

《越南刑法典》把量刑情节全部规定在总则的一章中，其分则部分没有涉及。这种集中设置的方法显示的优点，就是能一目了然，适用起来非常方便。在越南涉及刑罚裁量问题的只有法定的规定，没有酌定的相关规定，这样的做法，不仅更明确，也更符合罪刑法定原则。

《越南刑法典》在总则第七章设专章专门规定了未成年人犯罪特殊的刑事责任原则和特殊的处置方法。所谓未成年人犯罪，是指已满 14 岁尚未满 18 岁的人犯罪。根据《刑法典》第 58 条的规定："已满 14 岁不满 16 岁的未成年人为相对负刑事责任年龄阶段的人，只对故意犯重罪的行为负刑事责任。"换言之，如果某个处于相对负刑事责任年龄阶段的未成年人故意犯较重罪或过失犯重罪的，依法不应负刑事责任。由此可知，在越南未成年人的年龄成了量刑的依据，甚至是法定减轻、从轻的依据。

另外，该法典第 59 条规定："国家诉究未成年人犯罪行为的主要目的在于教育和帮助其改正罪错，使其健康地成为社会的一个劳动成员。"国家司法机关对未成年人犯罪适用的处置方法具有教育和预防的性质。对于未成年人犯罪的，只有根据其犯罪的严重程度、本人的个性、预防犯罪的需要认为确有必要审判和处刑的，才予以诉究。未成年人犯罪不适用死刑和无期徒刑。对于未成年人犯罪判处有期徒刑时，应处以较成年人犯罪为轻的刑期。此外，对被判刑的未成年犯罪分子应予以单独监禁。

5. 对于"溯及力"和死刑的规定

有关于"法的溯及力"的问题，越南国会第十届六次会议关于实施《刑法典》的决议第 3 条规定："对于某行为，旧刑法规定为犯罪而新刑法未规定为犯罪的，不给予刑事处罚；如果案件正在侦查、起诉、审判的，必须终止；如果已经作出判决正在执行刑罚的，不再执行剩余刑罚；如果尚未执行或缓刑的，免于执行全部刑罚。"同时，该决议第3条规定：对罪犯已按照旧刑法的规定被判处死刑已宣判但未执行，而新《刑法典》已对该罪名取消死刑的，不再执行死刑，改判为新《刑法典》对该罪规定的最高刑罚。在法院权威与生命权冲突的情况下，越南选择了适当放弃法院权威，体现了越南立法者尊重生命的和慎重对待死刑的态度。

6. 特色制度——"取消案籍"及"司法措施"

《越南刑法典》第九章专门规定了"取消案籍"制度。根据该章的规定，对于被判处警告、罚金、监外改造、缓刑或有期徒刑的罪犯，在刑满释放后，在刑法第64条规定的期间未犯新罪，则可取消案籍，司法机关会把犯罪记录从该人的个人档案中删除，由法院发给证明，被取消案籍的人视为未犯过罪。一个人犯了罪，承担了刑事责任，受到了应有的处罚，接下来就要回归社会、融入社会、自食其力，做一个守法公民。这项制度有利于让受过刑事处罚的人回归社会，从而有利于刑罚目的的实现。在英国也有类似的规定。

7. 非刑罚的司法措施

《越南刑法典》除规定了刑罚方法外，还规定了一些必要的非刑罚性质的司法措施，其目的在于更有效地矫治犯罪分子。这些司法措施包括：没收与犯罪直接有关的财物，退还财产，修复损坏或赔偿损失，责令公开道歉和强制医疗5种形式。

强制医疗是《越南刑法典》规定的一个全新的非刑罚的司法处置措施。它主要适用于由于精神疾病或其他疾病实施了犯罪行为但不应负刑事责任的人。根据刑法典第35条的规定，在刑事诉讼过程中的不同阶段，法院或检察院根据法医鉴定委员会所作出的病情结论，可以分别决定将行为人送交指定的医疗单位强制医疗。如果认为行为人的疾病状况不致再危害社会或他人，没有必要予以强制医疗的，也可以在主管的国家机关的监督下交由行为人的家属或监护人进行管护。强制医疗的期限将根据医疗单位的建议，由原作出决定的法院或检察院确定。如果行为人是在犯罪之后才患有精神疾病的，可以处以强制医疗，待疾病治愈后，再追究其刑事责任。如果行为人在服刑中患精神疾病的，也可以处以强制医疗，待疾病治愈后，仍须服完剩余的刑期。但强制医疗经过的期间可以折抵相应的有期徒刑刑期。

对未成年人犯罪适用的是兼具教育和预防属性的司法措施,包括管护、入感化院两种措施。管护是由法院判决将犯罪的未成年人交由当地的政府机关或社会团体监督和指导,该未成年人应当达到有关学习或工作上的一定要求,并且做到遵守社会纪律和法律的一种司法措施。管护的期限为1年至2年。如果未成年的犯罪分子已执行管护期限1/2以上,并有显著进步表现的,根据负责对该未成年犯罪分子进行监督、指导的单位的建议,法院可以决定终止管护。

感化院是一种实行严格纪律约束的特殊教育组织。法院根据未成年人犯罪的严重程度、本人个性、其居住环境等因素认为不宜放在社会上的,可以判令其入感化院。入感化院的期限为1年至3年。如果未成年的犯罪分子已执行入感化院期限1/2以上,并有显著进步表现的,根据感化院负责人的建议,法院可以决定终止执行剩余的期间。

8. 分则将公民人身、财产权的保护放在优先的位置

《越南刑法典》分则共14章,按照犯罪所侵害的社会关系的类型将犯罪分为14类,分别是:危害国家安全罪;危害他人生命、健康、人格名誉罪;侵犯公民自由、民主权利罪;侵犯财产罪;侵犯婚姻家庭罪;侵犯经济管理秩序罪;破坏环境罪;关于毒品的犯罪;危害公共安全、公共秩序罪;破坏行政管理秩序罪;职务犯罪;妨害司法活动罪;侵犯军人义务、责任罪;破坏和平罪、反人类罪。各类罪名的排列顺序通常体现一国立法者的价值取向,也是一国通过刑法保护各类社会关系的一个优先顺序。

通过《越南刑法典》分则的排列顺序,我们看到,除了危害国家安全罪被排在第一之外①,分则第二章至第五章的规定均是涉及公民生命、健康、人格名誉、自由、民主、财产和婚姻家庭的,经济犯罪和其他犯罪则被排在后面几章。越南立法者这样的一个排序绝非偶然,而是越南立法者价值取向的一个体现,把公民权利放在仅次于国家安全的地位,表明越南立法者对公民作为社会最重要、最基本的主体的优先保护。越南是一个经济社会相对滞后的国家,自1986年开始实行革新开放后也把经济建设作为党和政府的中心工作,把对经济秩序的保护作为

---

① 除泰国外,几乎所有国家的刑法均把危害国家安全罪排在第一章,泰国刑法分则第一章是危害国王罪。

刑法的保护对象，但在经济秩序与公民权利的价值优先顺序上，越南立法者认为，经济秩序应当给公民权利让位，因而把侵犯经济管理秩序罪排在公民权利之后的第六章。发展经济不是目的，只是手段，发展经济的最终目的是改善民生，最终目的是人的全面发展。越南人对这个问题的理解是十分到位的。

(二) 优势

1. 越南刑法典逻辑清晰、体例完整值得借鉴

越南刑法典在总则中，涉及具体概念时都是先解释，然后再规定责任或实施制裁。这种在法典中直接解释的情况是一种法定解释，如：第8条犯罪的概念和责任、第15条正当防卫和防卫过当的概念和责任、第16条紧急避险的概念和责任、第17条犯罪预备的概念和责任、第18条犯罪未遂的概念和责任、第19条犯罪中止的概念和责任、第20条共同犯罪的概念和责任、第26条刑罚的概念和责任等。

2. 借鉴某些罪名可以填补我国刑法分则罪名的空白

随着社会的发展，越南刑法典对新形势下不断涌现的新的犯罪行为进行了规定和制裁。例如：第100条逼死他人罪；第103条威胁杀人罪；第243条违法打胎罪；第246条侵犯尸体、墓穴、骸骨罪；第253条传播颓废文化品罪等。对于这些犯罪行为，我国刑法没有规定，或者规定得过于简单，缺乏可操作性。客观地说，越南刑法典的这些规定，对我国现行刑法典的修订或重新制定具有一定的借鉴意义。

第五节　越南其他法律制度

一　商业仲裁法

(一) 立法背景

1. 2003年立法背景

1986年12月，越南共产党全国代表大会决定展开广泛的"经济革新"，实行"特殊模式"的市场经济。在革新的背景下，1990年颁布了《越南社会主义共和国经济仲裁法》。该法虽名为"仲裁法"，实则仍是当时不完全市场经济体制下经济管理的产物，不是一部真正意义上的仲裁法，因为该法明确指出：经济仲裁机关是国家对经济合同制度的管理

机关①，故而没有体现"民间性""自治性"等仲裁制度的精神。

2003年2月24日，越南国会常务委员会审议通过了《越南社会主义共和国商事仲裁法》，该法于2003年7月1日起正式生效。2003年仲裁法在开篇就明确规定是"为了帮助解决商业活动中出现的纠纷，保证自主经营权利，保护当事人的合法权益，发展社会主义方向的市场经济"。该法被视为是当时越南政府为解决投资者及国内外企业间经济纠纷的重要举措之一，也为在越南经营的企业注入新的动力。该法的颁布实施，使得从事商务活动的各组织和自然人第一次真正享受到了可自由选择纠纷解决方式的权利。2003年仲裁法从某种程度上说是越南第一部现代意义上的仲裁法。

2. 2010年修订背景

2010年6月17日，越南国会第十二次会议通过了包括商事仲裁在内的八项法律，其中商事仲裁法（以下简称"2010年仲裁法"）在2011年1月1日正式实施。新商事仲裁法的颁布对于越南经济融入全球一体化进程具有非常重要的意义。2010年仲裁法在2003年仲裁法的基础上做了比较大的改进，这一变革促使越南的商事仲裁法律体系进一步完善，使商事仲裁纠纷解决方式赢得更多当事人的选择和信赖。2010年仲裁法既注重扩大当事人意思自治的范围与程度，又赋予仲裁庭较大的权力；在法院与仲裁庭关系上，强调更多支持与更少干预，发挥仲裁制度的最大功能，维护仲裁机制中权利与权力的平衡，保障仲裁程序的快捷进行。

（二）修改的内容

1. 仲裁范围的扩大

仲裁管辖范围受到限制是2003年法的一个重要不足，这使得越南商事仲裁的使用受到限制。对于争议当事人来说选择商事仲裁来解决纠纷缺乏吸引力，因为仲裁仅仅能够解决商事领域的纠纷，而且对于商事的范围已经明确预设并列举在法律条文中。

2010年法中对于仲裁管辖的争议范围大大拓宽，不再将仲裁能够解决的争议范围限定在商事领域，并且还将争议主体的范围扩大化。该法第2条明确规定，仲裁解决争议的范围包括："①从事商事活动的当事人发生的争议；②至少有一方从事商事活动的当事人之间发生的争议；③其他

---

① 李莉：《越南商事仲裁制度的最新发展》，《特区经济》，2011年11月刊，第119页。

法律、法规中规定或将来可能规定的通过仲裁解决的当事人之间的争议。"根据这条法律规定，争议当事人无论是不是商人都可选择仲裁来解决纠纷。契约性和非契约性权利义务纠纷，即使不是在商事活动中发生的，但至少有一方当事人从事商事活动，也可以通过仲裁来解决。同时，还给其他法律、法规的规定预留了空间，避免了法律规定之间的矛盾和冲突。例如，越南投资法中规定投资者可以就投资的相关争议寻求仲裁途径解决。

2. 仲裁员的资格

无论是 2003 年法还是 2010 年法对仲裁资格的规定都非常严格而详细，对保证仲裁的公正性、效益性提供了保障。但是对于外国人能否具有仲裁员资格的问题，二者持有不同的态度。2003 年法规定只有具有越南国籍的仲裁员才能参与解决纠纷，2010 年法则接受非越南国籍的外国人参与国际商事仲裁。这一立法变化是为了适应仲裁实践的发展，适应越南经济的全球一体化趋势，提高越南在国际经济贸易争议解决的参与度。在仲裁实践中，如果争议一方当事人非越南国籍，他可能更倾向于能够自由选择他认为最方便、最适合的仲裁员来组成仲裁庭解决其纠纷。而他们选择的仲裁员中就有可能是非越南国籍的。

此外，在接受非越南国籍的仲裁员参与仲裁的基础上，2010 年法还规定"仲裁庭中有非越南籍的仲裁员"不得成为"外国仲裁"的认定标准。无论争议当事人是在越南境内或境外，只有他们选择仲裁适用的法律为外国法，并且仲裁程序适用的是外国仲裁机构的仲裁规则时才被认定为外国仲裁。因此，一项仲裁裁决是否为外国仲裁裁决，其认定不再以仲裁地为标准，也不以仲裁员为标准。同时，2010 年仲裁法还允许外国仲裁机构参与仲裁即批准外国仲裁组织和机构可以在越南开设分支机构和办事处。

3. 仲裁协议的规定

关于仲裁协议"书面形式"的要求，从旧法和新法的对比来看，对于仲裁协议的形式要求存在一个从狭义到广义的发展过程和趋势。2010 年新法第 16 条规定：仲裁协议可以是合同中的仲裁条款形式，或者是单独的协议形式。仲裁协议应当是书面的。下列协议形式可以认定为具有书面形式：第一，仲裁协议应当包含在当事人之间交换的电报、传真、电传、电子邮件中或法律规定的其他形式中；第二，足以证明该项协议的书面形式的任何往来信息之中；第三，应当事人的请求，事先由律师、公证员或有权组织机构提供的书面协议；第四，其他有关书面文件中的仲裁协议，例如：合同书、原始文件、公司章程或其他类似文件，经过当事人的援引而有效。在申诉书和答辩书的交换中当事人一方声称有协议而当事人另一方不否认即为书面协议。

另外，有关于仲裁协议的效力。2003年仲裁法规定，如果仲裁协议中对仲裁机构没有约定或者约定不明，那么双方当事人的仲裁协议无效。而2010年仲裁法改变了这一规定，赋予当事人在这一问题上更大的自治权，只要仲裁协议中约定的仲裁机构是可以执行的，就应承认仲裁协议的效力。仲裁协议中包含的关于仲裁机构约定不明确的瑕疵，不应导致仲裁协议的绝对无效。

4. 仲裁程序

（1）仲裁语言的选择

2010年法规定发生纠纷的双方当事人，只要其中一方或双方涉及外国因素或者外国投资公司，有权协商仲裁程序中使用的语言。如果双方当事人之间没有就仲裁程序使用的语言达成协议，那么仲裁庭有权决定使用何种语言。与2003年仲裁条例不同，2010年仲裁法重新使用了越南民法典中的涉外民事争议的概念。这些规定有助于提升外国投资者在越南投资兴业的信心，并且进一步明确越南仲裁法和越南民法之间的联系和区别。

（2）仲裁地点的选择

2010年仲裁法明确了仲裁地点可以位于越南境内或境外。仲裁庭可以在任何地点进行仲裁，只要仲裁地点方便仲裁庭进行当事人询问、证人出庭、登记或检查封存财产等一系列行为就可以，除非合同双方另有约定。

（3）仲裁程序进行中的终止

在纠纷解决过程中，如果一方当事人明知违反了法律或违反了仲裁协议，仍然继续进行仲裁程序，那么该当事人的行为被视为放弃自己在仲裁庭或法庭上反对或抗辩的权利。这一规定是2010年越南仲裁法顺应国际商事仲裁实践的积极表现。

（4）仲裁庭有权采取临时措施

在越南，当事人不愿意选择仲裁来解决纠纷的一个重要原因就是仲裁庭或仲裁员没有权力采取临时措施。2010年法作出了重要修改就是赋予仲裁庭采取临时措施的权力，具体包括：

其一，维持现状的措施，是指在争议得到解决之前，按原来的合同规定或双方当事人的最初约定继续履行合同中的规定或双方当事人的最初约定，直到仲裁庭作出裁决；

其二，与保存证据有关的措施，即在争议得到解决之前，如果一些至关重要的证据被销毁，无疑将给争议的解决设置重大障碍；

其三，便于裁决执行的措施，即用来查封、扣押或冻结当事人的资产，防止当事人在仲裁程序开始前或仲裁程序进行中至仲裁裁决作出前这一阶段，有隐匿、转移、变卖有关财产的企图或正在采取这样的行为，以便保证临时措施申请人的利益不受损失或少受损失，保障将来发生法律效力的仲裁裁决得到切实有效的执行。

5. 司法监督

2010年法确立了一系列新规则来规范司法对仲裁的支持和监督，但是这一切均以尊重和保证仲裁独立性为前提。具体体现在：法院对仲裁管辖权的尊重，当事人达成了仲裁协议，一方仍向法院起诉的，法院不予受理，但仲裁协议无效或无法执行的除外；法院宣告仲裁协议无效或不存在；决定仲裁庭有无管辖权；指定或更换仲裁员；帮助搜集、保存证据；保证证人到庭；帮助采取临时措施；审理撤销仲裁裁决的请求；执行仲裁裁决等。

在2010年法中，以列举的方式明确了具备法定情形之一的，当事人中的任一方可以向法院申请撤销仲裁裁决。该法第68条第2款规定的法定情形有：①没有仲裁协议或者仲裁协议无效；②仲裁庭的组成或仲裁的程序与当事人的仲裁协议不一致或者违反法律规定；③对某项争议仲裁庭无权管辖。如果当事人在仲裁协议中约定的事项违反了此条规定，并且当事人依据此仲裁协议将本不能提交仲裁的争议事项提交仲裁，那么，仲裁庭对无权仲裁的争议事项作出的仲裁裁决应予撤销；④由当事人提交的，仲裁庭以此作为依据作出仲裁裁决的相关证据是伪造的；仲裁员从争议当事人那里收受金钱、财物或其他物质利益的，并影响了仲裁裁决的客观性和公正性；⑤仲裁裁决违反了越南仲裁法规定的基本原则和公共政策。

2010年法的这条规定目的在于最大限度地减少仲裁裁决的撤销，并告知当事人要审慎地对待已经作出的仲裁裁决，只有在充分了撤销条件且有证据证明的情况下才能提起撤销仲裁裁决的申请。这些规定大体上符合当下国际商事仲裁实践的潮流,保证了仲裁程序的顺畅地、有效率地进行。这些规定也为未来越南仲裁成为富有成效的纠纷解决方式奠定了基础。

二 律师制度

越南现行的《越南社会主义共和国律师法》(以下简称《越南律师法》)于2001年国会十届八次会议法律制定议程的决议,根据1992年越南社会主义共和国宪法制定。在该法的前言中明确地指出制定律师法的立法目的:为了保障被告、被牵连者的辩护权,保护当事人的合法权利、利益,并适应个人、组织日益增强的对法律顾问的需求,为维护社会主义法制贡献力量;为了发展、巩固有道德品质、有专业水平的专业律师队伍,发挥律师和律师组织在属于人民、因为人民、为了人民的社会主义法权国家建设中的作用,加强国家对律师组织和律师执业的管理。并且其主要内容涉及越南国内的律师执业和律师组织。该《律师法》共8章,45条。

(一)律师的执业原则(1—6条)

明确指明律师的执业原则,律师执业的组织形式只能是法定的律师事务所和合伙法律公司;并且依法成立律师执业组织参与律师执业管理等内容。基本属于条刚性的原则规定。

(二)律师的执业方式(7—36条)

首先,明确执业律师必须加入律师团并获得律师执业证书。作为一种资格和行为能力的许可,执业律师从国籍、学历、品格、是否接受过培训等方面作出严格的规定,包括了一般规定和特殊可以免除律师培训的规定;其次,规定了律师执业的范围以及执业过程中的法定权利和义务,同时对律师的权利和义务作出了一定的限制。最后,对律师事务所和合伙法律公司的组织构成、执业登记、权利义务、设定分支机构、提供服务、报酬计算方式、律师行业协会的律师团等内容进行了全面的规定。

(三)律师管理(37—45条)

明确国家是律师组织和律师执业的管理者,颁布和指导律师组织和律师执业方面的法律文件、组织培训、颁发执业证书、检查监督律师组织及执业律师的行为。具体到管理机关为:(1)政府统一对律师组织和律师执业的国家管理;(2)司法部具体实施政府对律师组织和律师执业的国家管理;(3)司法部根据法律规定在律师组织和律师执业的国家管理中与政府各部、部级机关、直属机关相互配合;(4)省、中中央直辖市人民政府在自己的权利、义务范围内在地方实施对律师组织和律师执业的国家管理。同时，规定律师执业组织、个人具有违反本法规定的行为的，则根据其性质、违反程度给予纪律处理、行政处罚或追究刑事责任；如果引起损害，则根据法律规定给予赔偿。

参考文献

张友渔等编：《中国大百科全书·法学卷》，中国大百科全书出版社1984年版。

勒内·达维德：《当代主要法律体系》，漆竹生译，上海译文出版社1984年版。

［美］费正清：《东亚文明：传统与变革》，黎鸣等译，天津人民出版社1992年版。

K. 茨威格特、H. 克茨：《比较法总论》，潘汉典等译，贵州人民出版社1992年版。

铃木康二：《越南民法——条文与解说》，日本贸易振兴会，1996年版。

［美］大木雅夫：《比较法》，范愉译，法律出版1999年版。

杨鸿烈：《中国法律在东亚诸国之影响》，中国政法大学出版社1999年版。

申华林主编：《东盟国家法律概论》，广西民族出版社2004年版。

王蔚、潘伟杰主编：《亚洲国家宪政制度比较》，上海三联书店2004年版。

米良：《越南刑法典》，中国人民公安大学出版社2005年版。

米良编著：《东盟国家宪政制度研究》，云南大学出版社2006年版。

徐国栋主编：《越南社会主义共和国民法典》（2005年版）附录《越南婚姻家庭法》（外国民法典译丛），厦门大学出版社2007年版。

阮方民：《越南刑法典若干规定概述》，《外国法学译评》1993年第1期。

孙波：《越南宗教点滴谈》，《世界宗教文化》1995年第1期。

金子由芳：《迎来最终阶段的越南民法典草案》，《国际商事法务》1995年第5期。

米良：《当代越南立法的历程》，《云南法学》2000年第1期（总第56期）。

曹新明:《知识产权与民法典连接模式之选择》,《法商研究》2005年第1期。

张中秋:《从中华法系到东亚法——东亚的法律传统与变革及其走向》,《南京大学学报》2007年第1期。

米良:《越南民法典的历史沿革及其特点》,《学术探索》2008年第5期。

曹云华:《越南的经济发展现状与前景》,《东南亚视野》2008年8月刊。

钟铭佑:《新时期越南刑法的特点》,《河北法学》2008年第26卷第1期。

蒋玉山:《从越南宪法的修改看越南共产党对社会主义认识的逐步深化》,《东南亚纵横》2008年第1期。

余贵林:《〈社会主义共和国民法典〉的编纂、修订及其启示》,《内江师范学院学报》2008年第23期。

邓崇专:《越南刑法介评之二:刑罚裁量及其对中国的启示》,《广西社会科学》2010年第5期。

李莉:《越南商事仲裁制度的最新发展》,《特区经济》2011年11月刊。

陈元中、周岑银:《越南社会主义民主建设的成就、经验与困境》,《当代世界与社会主义》(双月刊)2012年第5期。

罗雪飞:《走向民主:论越南一党立宪民主制的实践》,《北京大学研究生学志》2012年第3—4期。

《越南社会主义共和国宪法(译本)》。

《越南社会主义共和国地方人民议会和地方人民政府组织法(译本)》。

《越南社会主义共和国国会代表选举法(译本)》。

《越南社会主义共和国公民神速控告法(译本)》。

《越南社会主义共和国国会组织法(译本)》。

《越南社会主义共和国人民法院组织法(译本)》。

《越南社会主义共和国人民检察院组织法(译本)》。

《越南税收法律制度及外汇管制方面资料(译本)》。

《越南社会主义共和国民法(译本)》。

《越南社会主义共和国刑法(译本)》。

第八章

缅甸法律制度

第一节 缅甸概况

缅甸联邦共和国（Republic of the Union of Myanmar），通称缅甸，位于东南亚中南半岛西部，西南临安达曼海，西北邻印度和孟加拉国，东北靠中国，东南接泰国与老挝。东南亚国家联盟成员国。缅甸南临安达曼海，西南濒孟加拉湾，海岸线总长3200公里，占国境线总长1/3。缅甸面积约67.85万平方公里，是世界上第四十大的国家，东南亚的第二大国。缅甸人口数量超过6000万，世界排名第24位。[①] 2005年，出于国防及平衡国内经济等考虑，缅甸政府从最大城市仰光迁都至内比都。

一 基本国情

（一）自然地理与民族结构

1. 自然地理

缅甸位于亚洲东南部、中南半岛西部，其北部和东北部同中国西藏自治区和云南省接界，中缅国境线长约2185公里，其中滇缅段为1997公

---

① Asian Development Bank-Myanmar Fact Sheet, Retrieved 8 July 2010. http://www.adb.org/Documents/Fact_ Sheets/MYA. pdf.

里。缅甸的形状就像一块钻石,地势北高南低。北、西、东为山脉环绕。北部为高山区,西部有那加丘陵和若开山脉,东部为掸邦高原。靠近中国边境的开卡博峰海拔5881米,为全国最高峰。缅甸位于南亚季风区,属热带季风气候,3—5月是暑季,6—10月是雨季,11—次年2月是凉季;山地多雨区年降水量达3000—5000毫米,内陆干燥区500—1000毫米。

缅甸的矿藏资源丰富,有石油、天然气、钨、锡、铅、银、镍、锑、金、铁、铬、宝石特别是翡翠,全球95%的翡翠、树化玉产自缅甸,在世界上享有盛誉。缅甸的森林覆盖率为50%左右,全国拥有林地3412万公顷。且缅甸盛产柚木、铁力木、藤、竹等,是世界柚木产量第一大国。柚木质地坚韧、耐腐蚀,是人类用钢铁造船以前世界上最好的造船材料。缅甸将柚木视为国树,被称为"树木之王""缅甸之宝"。缅甸的粮食作物以生产大米为主,素有"稻米之国"美称,中央部分有南北向广大的冲积平原,是农业的精华区,使得缅甸还盛产小麦、玉米、棉花、甘蔗、花生等农作物。

2. 民族结构

缅甸是一个多民族的国家,共有153个民族,主要有八大民族:缅族、克钦族、克耶族、克伦族、钦族、孟族、若开族、掸族。截止到2010年缅甸约有600余万位国民,其中68%为缅族。主要的少数民族为掸族占9%、克伦族占7%、若开族占3.5%、华人占2.5%、孟族占2%、克钦族占1.5%、克耶族占0.75%以及其他原住民民族共占4.5%,此外还有印度人和孟加拉人移民共占1.25%。但是缅甸官方目前并不承认除果敢华人以外的缅甸华人、印度人、孟加拉人和罗兴亚人[①]为法定少数民族。

同时,民族问题一直困扰缅甸政府。由于缅甸民族众多,且少数民族都分布在边远山区,加之历史、政治原因和长期的地理隔阂,造成了很多地方武装割据。长期以来地方割据势力与缅甸中央政府冲突不断,虽然有40个地方武装先后与中央政府达成了和解,但仍然有几个大的地方武装同中央对抗。

(二)历史、文化与宗教

1. 历史

缅甸历史可以上溯到5000年前,当时缅甸的伊洛瓦底江边的村庄已

---

① 来自孟加拉国的一个混血族群。

有人类居住，1044 年形成统一国家。经历了蒲甘、东坞和贡榜三个封建王朝。蒲甘王朝是由阿努律陀国王（KingAnawrahta，1044—1077 年在位）建立，为缅甸第一个统一的帝国，以小乘佛教为国教。缅甸作为一个佛教国，13 世纪初期达到鼎盛。当时建造的 3000 余座寺庙尚有 100 座保存至今。因波道国王多次企图入侵泰国的野心，引发了当时占据印度的英国和缅甸间的紧张局势。英国于 1824 年至 1885 年先后发动了 3 次侵缅战争并占领了缅甸，1886 年英国再度赢得第三次的英缅战争，此时英国将缅甸纳为印度的一省，并将缅甸划分成"上缅甸"和"下缅甸"分而治之，并将政府设于仰光。在英国人进入缅甸后，上缅甸的经济显著好转。在英国的殖民统治时期，缅甸的交通和教育获得大幅改善，铁路和道路也获兴建和改善以弥补水路的不足。

第二次世界大战时，在日本的支持下，反对英国殖民政府、渴望独立的昂山将军（Gen. AungSan）组织了缅甸独立义勇军，1942 年他率军与日军一起参加了对英军及中国远征军的战斗，然后在日军支持下宣布缅甸从英国独立。1944 年，日军在战场节节败退，昂山开始支持美英的同盟国一方，并组织"反法西斯人民自由同盟"以对抗日军。战后的缅甸仍受英国控制，昂山则在 1947 年 7 月遇刺身亡，其继承人德钦努（ThakinNu）继续领导独立运动，1948 年初缅甸脱离英国六十多年的殖民统治，缅甸联邦诞生。

1948 年后缅甸进入"二战"后社会制度恢复时期。究竟该走一条什么样的道路成了独立以后缅甸发展的核心议题。首先，1948 年至 1958 年 10 年间，以吴努[①]为首的反法西斯人民自由同盟成为缅甸联邦的执政党。1962 年吴努将反法西斯人民自由同盟廉洁派改名为"缅甸联邦党"，继续执政。然而，在同年，吴奈温夺取政权，废除联邦宪法，成立"缅甸联邦革命委员会"，排除民选制度，开始长达 10 年的军人独裁统治。1974 年后，奈温颁布新宪法，承认若开邦、钦邦、克钦邦、克伦邦、卡耶/克伦尼邦、孟邦、掸邦为行政单位。奈温将军自任"缅甸社会主义纲领党"主席，将"缅甸联邦革命委员会"改称"缅甸联邦社会主义共和国国务

---

① 缅甸独立后任总理，并任执政党缅甸反法西斯人民自由同盟主席。1958 年该党分裂后任自由同盟连接派主席。1958 年将政权移交给奈温将军为首的看守政府。1960 年大选后再度出任总理。1962 年 3 月奈温发动政变后被捕。

委员会","缅甸联邦"改为"缅甸联邦社会主义共和国"。1988年7月,因经济形势恶化,缅甸全国爆发游行示威。以国防部部长苏貌将军为首的军队接管政权,成立"国家恢复法律和秩序委员会"①,宣布废除宪法,解散人民议会和国家权力机构。1988年9月23日,国名由"缅甸联邦社会主义共和国"改名为"缅甸联邦"。

2005年11月,因战略思维调整,缅甸政府宣布首都由仰光迁至内比都。2007年8月中旬,仰光爆发2007年缅甸反军政府示威,是缅甸20年来规模最大的抗议游行,参加人数大约数十万人。之后军政府开始镇压致数人死亡。2008年2月,军政府宣布将在5月举办公民投票通过新宪法,并在2010年举行民主选举来成立新政府。

2010年10月21日,缅甸国家和平与发展委员会颁布法令,正式启用新宪法确定的新国旗和新国徽。国号再次更名,由"缅甸联邦"改为"缅甸联邦共和国"。2010年11月7日,缅甸依据新宪法举行了一次多党制全国大选,共有37个政党参加大选。其后,现军政府将向新政府移交国家权力。由于反对派领袖昂山素季未能参选,所以这次选举在国内外备受批评。2011年2月4日,缅甸国会选出联邦巩固与发展党的登盛为缅甸总统。3月30日,军政府最高领导人丹瑞和副主席貌埃当天退位,下令解散了国家和平与发展委员会(军人政府),将政权移交新政府。

2. 宗教

缅甸是世界上著名的"佛教之国",早在2500年前佛教就已传入此地。2006年在缅甸的5300多万人口中,至少4500万的人口信仰佛教。②缅甸是一个多宗教的国家,除信奉佛教外缅甸人还信仰原始拜物教与神灵崇拜、伊斯兰教、印度教和基督教。佛教是缅甸的国教,截至2009年缅甸有将近90%的人信仰佛教,大约5%的人信仰基督教,3.7%的人信仰伊斯兰教,约0.5%的人信仰印度教,1.21%的人信仰泛灵论。③

(1) 佛教

据考证,公元4世纪,佛教由中国传到缅甸,7世纪前后,自印度传

---

① 该委员会于1997年改名为"国家和平与发展委员会"。

② 林锡星:《揭开缅甸神秘的面纱》,广东人民出版社2006年版,第32页。

③ "缅甸宗教的基本情况",来源:中华人民共和国驻缅甸联邦共和国大使馆,http://www.fmprc.gov.cn/ce/cemm/chn/xnyfgk/t256864.htm,2009-08-17,最后访问时间:2013-06-07。

到我国南诏①的佛教密宗,则是经过缅甸人传入中国的。② 在缅甸,影响最为广泛并为绝大多数缅甸人信仰的宗教是南传上座部佛教,俗称"小乘佛教"。11 世纪,浦甘王朝的阿奴律陀王统一缅甸,废除包括阿利耶教、大乘、密宗在内的佛教流派和婆罗门教,以上座部佛教为国教,要求其他宗派必须改信上座部佛教。佛教于 1961 年被定为缅甸的国教。

目前缅甸政府承认合法的僧侣派别有 9 个,按照约定俗成的译法,名称如下:善法派、竹林派、瑞京派、捏顿派、大门派、目古多派、根本门派、摩诃英派、西溪门派。缅甸佛教信徒众多,不仅有数以几十万计的正式出家的僧人,而且每个男子成年之前要去寺庙当一次和尚,成年了也可以"临时"去寺庙抱下"佛脚"。每个孩子的启蒙仪式也是由僧人来主持的,孩子也是靠僧人来教导识字。几乎每个人都做过和尚,人们遇有大事总是去找僧人来商量,他们不仅知识渊博而且德行高深,所以在社会上极有号召力和感染力。

(2) 基督教

缅甸全国信奉基督教的仅占总人口数的 5%,比重并不大,并且集中在克伦、克耶、克钦等几个山地民族之中。缅甸人最早接触到基督教是在 16 世纪初。目前缅甸基督教影响最大的是新教浸礼会和罗马天主教派。主要的基督教团体有缅甸天主教协会、缅甸基督教协会、缅甸基督教浸礼派总会等,这些团体一直努力通过办学等方式在国内服侍青年和妇女等群众。由于多方条件限制,福音的传播仍受到很大的限制,全缅甸现仅有 5200 座教堂。③

1852 年第二次英缅战争后,西方传教士开始把传教重点转向居住在山区的缅甸少数民族。④ 1902 年至 1930 年,西方传教士在缅甸的傈僳、钦、佤、那加、克耶、若开、布朗等少数民族进行传教,当时的基督教信徒在缅甸总人口中占 2.3%。⑤ 英国殖民当局在缅甸实行的是"分而治

---

① 中国云南大理的古称。
② 冷革萍:《缅甸的宗教》,《东南亚南亚信息》1997 年第 12 期,第 14 页。
③ "缅甸新法加大限制基督教徒信仰自由亟须代祷",来源:福音时报,2011 - 11 - 04,http://www.gospeltimes.cn/news/2011_ 11_ 04/17647.htm,最后访问时间:2013 - 6 - 18。
④ 陈真波:《基督教在缅甸的传播及其对缅甸民族关系的影响》,《世界民族》2009 年第 3 期,第 84 页。
⑤ 贺圣达:《缅甸史》,人民出版社 1992 年版,第 469 页。

之"的民族政策,主要传教对象锁定了与缅人有世仇的克伦人①,利用信仰基督教的克伦人和钦人士兵去镇压信仰佛教的缅人起义者,加深了民族间的隔阂。因而在英国殖民统治时期,缅甸的经济虽然得到较大发展,但缅甸人对国家的认同却一直没有形成,故而自1961年佛教被定为国教后,各少数民族武装开展了分离活动,大大小小的民族武装近30支,严重影响了缅甸的正常发展,导致了缅甸政府一直无法消除民族分离主义,无法实施经济计划以及社会的正常发展。

(3) 伊斯兰教

缅甸的穆斯林,有悠久的历史,近300万人口。7世纪,伊斯兰教一路由阿拉伯商人传入缅甸南部和西部沿海地区,一路从印度传入缅甸西部。15世纪,有大批孟加拉穆斯林迁居缅甸。他们大多属于逊尼派的沙斐仪学派,少部分遵循哈乃斐学派。另有少数人属于苏菲派的卡迪里、纳格什班迪耶、契斯提教团,还有个别人属什叶派的伊斯玛仪支派。主要组织有:全缅伊斯兰宗教事务理事会、全缅伊斯兰学者协会、穆斯林中央信托基金会。缅甸全国约有2500多座清真寺,包括几座百年老寺,还有一些经文学校和几所高等伊斯兰学院。②

缅甸的穆斯林主要有三个族群,分属三个不同的穆斯林派系,最大一派罗兴加(Rohingya)派是阿拉伯商人的后裔;另一派是卡曼齐(Kamanchi)派,其祖先大部分为商人,于18世纪末跟随莫卧儿亲王抵缅定居;第三派由数十年前从孟加拉国吉大港移居缅甸的农民和渔民组成。缅甸独立后,分别于1948年1月4日和5月3日颁布了《缅甸联邦入籍法》(The Union Citi-zenshipAct, 1948)和《缅甸联邦选择国籍条例》(The Union Citizenship/Election0Act, 1948)。虽然许多穆斯林祖祖辈辈居住在缅甸,但是,由于他们中的许多人不识字,也不知道有这两个法律;缅甸政府又没有充分宣传这两个法律,其政府官员疏于职守,致使很多穆斯林失去入籍机会,成为无国籍居民。缅甸政府视他们为非法移民。③

缅甸最后一次大规模驱逐罗兴加穆斯林事件发生在1978年,一个代

---

① "克伦"是缅人对克伦人的称呼,克伦人自称为"巴蔼诺"。参见余定邦、喻常森、张祖兴《缅甸》,广西人民出版社1994年版,第43页。

② "缅甸伊斯兰教",来源:百度百科,http://baike.baidu.com/view/796075.htm,最后访问时间:2013-06-18。

③ [缅]吴奈温:《缅甸政府对非原住民的政策》,林锡星译,《民族译丛》1985年第5期。

号为"那伽王"(NagaMin)的调查移民紧急行动。在一个月内有20万难民逃往孟加拉国。"9·11"事件后,美国对阿富汗塔利班武装进行了军事打击,缅甸政府同时做了一些政策调整,加强了打击恐怖主义的力度,缅甸各地穆斯林的反美情绪日益高涨。缅甸政府因此加强了各地的警卫、侦缉力量,对仰光、曼德勒(Mandalay)等约10个大、中城市的穆斯林实施严密监控,并派出大批军警对举行游行示威、集会的穆斯林实施控制。2002年6月中旬,缅甸政府一举取缔了6所穆斯林学校和3个穆斯林组织。①

2012年9月昂山素季访问欧洲期间,当记者问到"罗兴加穆斯林是否是缅甸公民"时,她的回答是"不知道"。她说,"谈到罗兴加人,我不是很清楚你们在谈论谁。有一些自称是罗兴加的人实际上并不是出生于缅甸,他们是最近才从孟加拉国过来的"。由于不被认同,罗兴加人在缅甸被剥夺公民权,在寄居国也备受歧视,因而被国际人权组织称为"东南亚的巴勒斯坦人",至今整个缅甸穆斯林群体的境遇与罗兴加人大致相同。②

3. 文化

佛教对缅甸文化施予极深的影响,无论语言文字、文化教育,或是文学艺术、建筑艺术、手工艺等,都吸收和融入大量佛教文化。所以,缅甸人常说,佛教即缅甸文化。长期以来缅甸佛教与缅甸政治紧密结合,为日后缅甸几经分裂但总能统一起来的历史奇迹奠定了思想和文化的认同基础。

(三) 经济状况

21世纪初的缅甸经济总体水平,并没有在第二次世界大战之后有大幅的提高,反而比第二次世界大战前还低。据比较权威的一种估算,1936年缅甸国内生产总值(GDP)已达121.97亿美元(当时人口1570.8万),人均年收入776美元。据2004年11月的统计数字,缅甸国民人均年生产总值仅356美元,人均年收入自然比这个数字更低,远不及"二战"前的人均年收入776美元。可见缅甸的经济发展几乎陷入停顿或倒退。

---

① 林锡星:《缅甸的穆斯林问题》,《世界民族》2003年第5期,第73页。
② 宁威:《缅甸最新宗教冲突揭秘》,《WORLD AFFAIRS》2013年第9期。

缅甸自然条件优越，资源丰富，但多年来工农业发展缓慢。1987年12月被联合国列为世界上最不发达国家之一。2001年度，政府制订了2001/2002—2004/2005四年经济发展计划，并制定经济年均增长10%的目标。同时继续加强基础设施建设，降低通货膨胀，使经济走上健康、持续发展的轨道。由于美等西方国家的长期制裁，及本身经济结构的封闭性和脆弱性，缅甸经济仍然未走出困境。2001/2002—2005/2006年，GDP年均增长12.8%，经济总量增加1.83倍。2010年GDP总额为383亿美元，人均GDP约648美元。外债累计67亿美元，外汇储备约40.41亿美元（2008/2009财年）。

1. 国内经济

（1）第一阶段：农业发展工业落后（1948—1962年）

此时期是吴努执政时期。从历史上说，缅甸是一个以农业为基础的国家，在英国统治缅甸时期，缅甸对外经济的主要特点是出口大米、豆类、木材、珠宝等初级产品，其中在1920—1940年，缅甸每年出口的大米可以达到200万到300万吨，是当时世界上出口大米最多的国家。1948年刚刚获得独立的缅甸经济已经濒临崩溃，长期的战争使缅甸的城镇、村庄几乎成为废墟，铁路、公路桥梁等基础设施也遭到了毁灭性的破坏，战后缅甸的实际经济发展水平极其低下，已经落在了邻国泰国的后面。刚独立时的缅甸面临的现实经济情况是农业的发展条件较好，工业的发展条件较差。

因此，新成立的缅甸联邦政府基本执行了一条较为现实的经济发展路线，利用原有条件，在注重发展农业的同时，积极促进其他产业的发展。[①] 在此基础上，新政府采取了推行国有化的政策，即将殖民地时期发展起来的外国资本实行国有化，兴办国有企业，建立外资合营企业，扶助私营工商业和小农经济，发展合作社集体经济等政策。在对外经济关系上，独立后缅甸政府较积极地发展对外经济关系，截至1960年，缅甸共获得大约5亿美元的贷款和援助。[②]

（2）第二阶段：缅甸社会主义时期（1962—1989年）

该阶段是吴奈温领导下的缅甸社会主义纲领党执政时期。缅甸在经济

---

① 陈明华：《当代缅甸经济》，云南大学出版1997年版，第6页。

② 陶程：《缅甸对外经济关系研究（1988—2009）》，云南大学硕士研究生学位论文，第9页。

上实行"缅甸式社会主义发展道路"的开始，实质便是一种低水平的计划经济模式，执行的结果是极大地束缚了生产力的发展。大规模将私有经济国有化、严格限制私人经济的发展、实行由中央政府统治的计划经济、"闭关自守"的政策，不接受任何外国援助贷款、禁止引进外商投资等。对缅甸的经济毁灭性的，这一点从缅甸大米出口的下降也可以看出来。缅甸在 20 世纪前 50 年还是世界上大米出口最多的国家，被称为"亚洲的粮仓"，在奈温执政期间，缅甸的大米出口急剧下跌，到 1970 年时，缅甸"亚洲粮仓"的地位已经完全丧失，当年缅甸的大米出口占全世界大米出口的比重只有 6.5%。到 1985 年后，缅甸经济急剧恶化，1989 年缅甸的人均 GDP 只有 190 美元，不幸沦为世界上最不发达国家之一。[①]

（3）第三阶段：区域经济一体化发展"大东盟"构建（1988—1999 年）

20 世纪 90 年代初，美国、西欧和日本经济相继陷入困境，亚洲新兴经济体都以较低成本生产中、低等技术产品而获得持续高速增长。但由于缅甸遭受西方国家经济制裁，而无法融入区域和世界经济发展中，导致缅甸经济长期得不到发展。

1999 年 11 月，东盟第二次非正式首脑会议决定，东盟老成员国间于 2010 年免除所有关税，实现完全自由化，而越南、老挝、缅甸和柬埔寨则于 2015 年实现完全自由化的目标。[②] 在东盟经济一体化的进程中，东盟也由 6 个国家扩大到了 10 个国家，越南、老挝、缅甸和柬埔寨分别于 1995 年、1997 年和 1999 年加入东盟，标志着"大东盟"的实现。缅甸在加入东盟后不久就发生了亚洲金融危机，这打乱了缅甸试图通过东盟扩大贸易和投资的计划。但进入 21 世纪后，随着亚洲国家的经济复苏，东盟和其他国家之间的合作也愈加紧密，这时缅甸才享受到了东盟和其他国家经济合作加深的好处，经济迅速发展。

2. 对外国际贸易

从缅甸新军人政权上台以来缅甸最主要的贸易对象一直是中国、泰国、新加坡、马来西亚、印度、日本和韩国。在 20 世纪 90 年代时缅甸最大的贸易伙伴是新加坡，但 2000 年后因为缅甸出口泰国的天然气激增，

[①] 贺圣达、李晨阳编著：《缅甸》，社会科学文献出版社 2005 年版，第 189 页。

[②] 朱进、王光厚：《冷战后东盟一体化论析》，《北京科技大学学报》2009 年第 1 期，第 39 页。

泰国取代新加坡成为缅甸最大的贸易伙伴。缅甸和前5位的贸易伙伴贸易额占了缅甸全部贸易的绝大部分，2007/2008财年缅甸前5位的贸易伙伴分别是泰国、新加坡、中国、印度和日本，缅甸与这些国家的贸易额占了缅甸全部对外贸易额的74%。

在2000年前后，中国的纺织品、机械设备等都扩大了在缅甸的份额，这次增加的主要原因是中国扩大了与缅甸的经济合作，同时提供给缅甸的商业贷款也大大增加了。缅甸从中国进口的商品主要是机电产品、电子产品、食品和日用消费品；缅甸出口中国的商品主要是木材、农产品、水产品、珠宝等初级产品，其中木材多是一些完全没有经过加工的圆木，附加值极低。

2008年12月，中国石油天然气集团公司（中石油）同缅甸签订了天然气购销协议。根据协议，缅甸通过即将兴建的中缅天然气管道，每年向中国出口天然气，供应期为30年。真正使管道建设计划"落地"的是2009年3月26日中缅双方签署的《关于建设中缅原油和天然气管道的政府协议》。按照协议，管线天然气、石油双线并行，西起缅甸西海岸实兑港，经缅甸第二大城市曼德勒，然后从云南边城瑞丽进入中国境内，最后抵达昆明。计划输送原油2000万吨/年，输气120亿立方米/年，预计投资约25亿美元。

二 缅甸的法律制度概况

截至2010年12月，缅甸各时期颁布的基本法律共有566部，其中176部已停止执行。目前相关部委管理和执行的法律共有390部。其中最高法院管理执行的最多，有52部；内政部管理执行的有50部。

566部法律颁布于不同时期。分别是缅甸独立以前至议会民主制度时期的1954年的法律214部（缅甸法律汇编1—13卷）；议会民主制度时期1955年至1962年3月共56部；革命委员会时间（1962年3月至1974年3月）共78部；纲领党（人民议会）时期（1974年3月至1988年9月17日）60部；治安建设委员会时期（1988年9月18日至1997年11月14日）84部；国家和平与发展委员会时期（1997年11月15日至今）74部。[①]

[①] "目前缅甸各部委在执行的法律共有390部"，《缅甸十一新闻》，2011-07-28，来源：驻缅甸经商参处子站，http://www.mofcom.gov.cn/aarticle/i/jyjl/j/201107/20110707668115.html，最后访问时间：2013-07-17。

（一）缅甸联邦法律制度特点

由于缅甸历经封建王朝统治、英国殖民时期以及民族独立民主制宪的复杂、多样、动荡的历史阶段，并且党派林立，政权分散，导致缅甸法律制度构建不够完善，且带有明显的军政色彩。

1. 原生法律带有明显的宗教色彩

根据有关资料表明，早在薄甘王朝时期，缅甸就有了法典，但其主要内容主要来自印度的《摩奴法典》[①]，直到18世纪贡榜王朝时期，基本上还沿用这一法典。著名的缅甸学者丹吞（Than Tun）阐述了这套复杂的司法体系的性质以及它在14世纪以前所发挥的作用。缅甸过去的行政体系有明确而独立的司法体系。法官中还有女法官及僧侣法官。法官的作用不仅是诠释法律、宣布审判结果，还有见证交易（例如土地所有权或奴隶所有权的转让）以及见证界地（在耕地边界竖立木桩作为界标），而拿走这种木桩属于严重的罪行。1207年的一份文献就详细规定了，如果有人胆敢撬走一根界柱，尤其是具有宗教意义的界柱，他将受到残酷的处罚。故而那个时期法律的本质是仲裁，而非诉讼。[②]

2. 法律制度演变的外生力大于其内动力

直至13世纪下半叶，法官和文职官员才有民法和刑法作为参考。由于当时的法律规定并不完善，并且法官更钟情于适用宗教法进行判定，故而他们更多的是依靠证人的证言，而不是这些法律文书。为了更好地保存这些判例，有人把这些记录刻在石头上，因此留下了一些可供阅读的石刻信。

1795年，贡榜王朝的Mindon国王进行了一场意义深远的法律改革：创办了《曼德勒公报》（*The Mandalay Gazette*），颁布了有关言论自由的法律。类似原生性的法律变革还未继续发展即因西方帝国主义的侵入而中断。到19世纪中叶，缅甸沦为英国的殖民地，大量的立法在当时产生，缅甸现存的500多部基本法几乎有近50%的法律诞生于英属殖民地期间。第二次世界大战结束后，缅甸人民在争取民族独立的斗争中，制定了1947年缅甸联邦宪法，直至1962年一直执行该法。由此可见，缅甸近现

[①] 属于法经、法论性质，由婆罗门根据吠陀经典，结合古来习惯编成的教律与法律，并加入了神话思想，纯粹谈法律的部分仅占全书1/4左右。全书以种姓制度为核心，论及各种姓的地位、权利、义务，规定了人们对种姓制度若有违背时的奖惩罚。

[②] 《世界文明史》（第四版·精装本）。

代先进的民主立法并非源自其国内自身的变革，而是殖民者的影响，其发展演变的力量外生力大于内动力。

（二）缅甸法律渊源

缅甸有着千年悠久的历史，早期出现过部落国家，之后出现了自1044年至1885年长达841年的封建王朝统治，以及1948年缅甸独立后的变革时期。期间，缅甸的法律表现形式从宗教法变为普通法，从普通法过渡到现代大陆法的情况。

1. 英国殖民时期的缅甸法律表现形式

英帝国于1824年、1852年、1885年发动三次侵缅战争，并于1885年11月28日，攻占贡榜王朝首都曼德勒，俘虏了锡袍王，自此，缅甸全国沦为英国殖民地。在英国的殖民下，普通法成为主宰缅甸的法律，虽然英国殖民者保留了一部分对其统治不构成威胁的佛教法，比如有关婚姻、离婚、继承、宗教等方面的法律，但普通法仍然成了当时缅甸的主要法律表现形式，今天的缅甸很多法律还可以找到殖民时代的影子。

2. 独立以后的缅甸法律的表现形式

1948年1月4日缅甸独立后，到1962年3月2日军事政变前，普通法对缅甸尚有较大的影响。1962年，奈温将军开始实行由缅甸社会主义纲领党一党执政的一党制，并于1974年制定了带有社会主义性质的宪法。1962—1988年，缅甸的法制建设是以缅甸社会主义纲领党的人民司法制度为基础，大陆法系的传统开始左右缅甸法律的发展，同时融合了一些缅甸传统佛教法的因素，故而这一时期的缅甸法制发展状况并不理想。之后，缅甸军队接管了政权，中止了宪法，取消了人民议会和国务委员会，法制状况继续恶化。直至2008年，缅甸新宪法全民公投通过后，缅甸的法律才开始逐渐进入构建的轨道。

（三）缅甸法律体系

缅甸在普通法和大陆法双重影响下形成了独特的法律体系，同时既有宗教法、习惯法的影响，也有相应的成文法存在，并且成文法中也按照大陆法系的法律位阶对法律的效力进行排列。首先，如同所有制宪国家一样，在缅甸宪法具有最高地位，并且不同的政党以及军政府在面对宪法时有不同的态度，导致宪法在缅甸法律发展中呈现复杂、曲折的情况，具体的制宪过程将在下一节中详细论述。其次，经过近20年的发展，缅甸尚未形成现代法治国家的基本法律体系。缅甸的法律体系中缺少了非常关键的民商法典，有关于平等主体之间的私法行为，如借贷、买卖、婚姻家庭继承、知识产权等内容都尚未专门立法。

目前缅甸国内所立基本法包括：第一，公司法，相应的规范包括：1914年《缅甸公司法》、1950年《特别公司法》、1955年《缅甸公司法（修正）》、1957年《缅甸公司管理条例》等；第二，经济法类，相应的规范包括：1988年《缅甸联邦外国投资法》、1974年《所得税法》、1990年《商业税法》、1992年《关税法》、1990年《仰光市政发展法》；1994年《缅甸公民投资法》；1990年《缅甸中央银行法》、《缅甸金融机构法》、1992年《储蓄银行法》；第三，社会法类，包括1959年《就业法》、1948年《就业率统计法》、1950年《就业与培训法》、1951年《工厂法》、1949年《最低工资法》、1951年《商店与公司法》、1954年《社会保障法》、1951年《请假与假日法》、1929年《商务争端法》等；第四，组织法类，相应的法律法规有2000年《缅甸联邦法院法》、2001年《缅甸联邦检察法》。当然，基本法中最重要的《缅甸刑法典》是颁布于1860年，有些相应的内容已经严重不适合当前的缅甸，缅甸当局也在酝酿刑法典的修改。

第二节 缅甸宪法与宪法制度

缅甸的民主政治发展受制于军人专政，导致在1993年前其宪法发展曲折、复杂。缅甸从1993年开始制宪，历经十余年，2008年2月完成新宪法的起草，5月10日全民公投通过新宪法。缅甸新宪法的出台，缅甸未来政局的变化和走向，引起了国际社会的密切关注。该宪法遭到外界的普遍抨击和批评，但无论其是"新瓶旧酒"，还是果真"还政于民"，都离不开对宪法本身的考察。

一 缅甸宪法的结构与主要内容

缅甸现行宪法的序言表达了三大核心价值：第一，始终坚定不移地固守和维护联邦不分裂、民族团结不破裂、主权稳固的目标，宣扬以公平、自由、平等为内涵的社会思想，巩固和维护全国各族人民和平富足的生活；第二，在缅甸培养和巩固贯穿民族平等思想的、真正爱国主义的联邦精神，各族人民永远团结在一起，共同生活；第三，始终努力维护以世界和平、各国之间的友好合作与交流为目标的和平共处原则。全国各族人民根据国民大会通过的宪法基本原则及其细则起草了这部《缅甸联邦共和国宪法》，于2008年9月由缅甸宣传部印刷，书籍发行公司发行。

（一）缅甸现行宪法的结构

缅甸新宪法篇幅冗长、结构复杂，全文共15章，设章、节、条、款，条款仅在章节之下。15章的设置依次为：国家的基本原则；国家结构；国家领导人；立法权；行政权；司法权；军队；公民权、公民的基本权利与义务；选举；政党；国家紧急状态条款；宪法修改；国家标志（国旗、国徽、国歌与首都）；临时条款；总则（含宪法法庭）。

（二）缅甸现行宪法的主要内容

1. 国家性质

1962年以来，缅甸就一直是军人专政，军人在缅甸政治舞台上已经活跃了近半个世纪。缅甸曾经按照资本主义的性质构建了议会民主制度，后奈温将军发动政变，解散议会，推行"缅甸式社会主义"。随后由于缅甸式社会主义致使缅甸陷入全面危机，缅甸再次进入军人专权时期。目前，虽然缅甸国内有国民大会，但最终缅甸还是一个军政国家，区别仅在于政权组织形式的选择上。

2. 政权组织形式

缅甸现行宪法第一章"国家基本原则"——第一节"国家"中明确的指明：缅甸是一个主权独立国家，国家名称为"缅甸联邦共和国"，民族众多并聚居，主权来源于国民并覆盖全国范围；国家实行多党民主制度。由此可见，缅甸几经发展以后，将"总统制共和制"作为国家政权组织形式，实施"三权分立"。而立法权、行政权、司法权分别授予联邦、省、邦、民族自治地方平行行使。

同时，该新宪法的第6条第6款明确指明：始终坚持军队能参与和负担对国家政治生活的领导。为了达到这个目的，宪法赋予了军方在政权组织形式中的特殊地位，独立于立法权、司法权、行政权的存在，并且在联邦议会中，上院议员224席中有56席，下院440席中有110席留给军队[①]，基本上联邦议会中军人和非军人议员法定结构比例为1∶3。

---

① 范宏伟、肖君拥：《缅甸新宪法（2008）与缅甸民主宪政前景》，《太平洋学报》2008年第8期，第25页。

3. 国家结构形式

缅甸宪法明确缅甸按照联邦制组建国家权力结构。在行政区划上，缅甸国内分为由总统直接管辖的1个联邦直辖区（内比都联邦特区），7个省（分别为：伊洛瓦底省、勃固省、马圭省、曼德勒省、实皆省、德林达依省、仰光省）和7个邦（分别为：钦邦、克钦邦、克耶邦、克伦邦、孟邦、若开邦、掸邦），并且省邦级别相同。新宪法条款中省的缅文名称已发生变化，可直译为"大区"或"大省"；从所附英文来看，译为"行政区"比较合适。而省邦由自治州、自治县和县组成；自治州由若干县组成，自治县由若干镇区组成；镇区由若干村组、街区或镇组成，镇或镇区由若干街区组成，村组由若干村庄组成。联邦、省、邦均有行政权，民族自治地方也有自治权，而各行政区中均应该由国防军总司令提名的军人参与地方行政工作。

从权力结构来看，国家权力分别授予联邦、省、邦和民族自治地方。联邦议会由两个议院组成，一个以镇区和人口数量为基础选举产生，一个由各省和邦选举出数量相同的代表组成。国家立法权分别授予联邦议会、省议会和邦议会，授予民族自治地方宪法所规定的立法权。

而国家司法权由包括联邦最高法院、省法院、邦法院和民族自治地方法院在内的各级法院行使。联邦境内只设一个联邦最高法院，联邦最高法院为国家级别最高的法院，有权颁布最终裁决令。每个省各设一个省法院，每个邦各设一个邦法院。

4. 国家机构

（1）国家和平与发展委员会

缅甸国家和平与发展委员会其前身为成立于1988年9月18日的"国家恢复法律和秩序委员会"，1997年11月15日更名为"国家和平与发展委员会"，系国家最高权力机构，由13人组成。国防军最高司令部司令丹瑞大将任主席，国防军最高司令部副司令兼陆军总司令貌埃副大将（Vice-Senior Gen. Maung Aye）任副主席，三军情报总部部长兼国防军最高司令部高级顾问钦纽上将（Gen. Khin Nyunt）任秘书长。

（2）总统

缅甸新宪法中明确表明总统和副总统代表国家，是国家的元首，在联邦共和国全体国民中处于最高地位。而总统必须是本人及其双亲都出生在缅甸境内的土生缅甸公民，年满45周岁，连续在缅甸境内居住20年以上,并且其本人、父母、配偶、婚生子女及婚生子女配偶,不得是效忠外国政府的人,不得是外国政府的附庸,不得是外国公民;上述人士不得因为是外国政府的附庸或是外国公民而享受外国政府提供利益的人。可见缅甸新宪法对于总统人选的条件控制得非常严格,另外还对总统选举、任期、职权作出了详细的规定。

第一,总统选举。总统须由总统选举团选举产生,而缅甸的总统选举团由三个联邦议会代表组构成,分别为:省、邦以相同名额选举产生的议会代表组、按镇区或人口分配选举产生的议会代表组和国防军总司令提名的军人议会代表组各选举一名副总统,由全体联邦议会代表组成的总统选举团投票在三名副总统中选举一个担任总统。

第二,总统的任期。总统及副总统任期五年,可以连选连任,但不得超过两届,担任过渡期总统和副总统的时间不计入任期。同时,在任职期间因故空缺时,继任者的任期到其前任的原任期届满为止。与美国的制度一致的是,可对总统或副总统进行弹劾,弹劾案需获得联邦议会中任何一个议院至少1/4的代表联署方可提交本议院议长,一个议院提出弹劾案时由另一个议院展开调查。调查中,被弹劾的总统或副总统可以进行辩护,至少有2/3的代表认为弹劾证据属实的方可停止总统或副总统的职务。

第三,总统职权。首先在不违背宪法规定的前提下,联邦行政权属于总统。总统或副总统不得担任议会代表,原为国家公务员的在担任总统与副总统以后应自动辞去岗位;原为政党成员的自当选后至卸任前,不得参与政党的一切事务。总统在征得联邦议会同意可以确定联邦政府部的设置,并可对部进行改变和增补;总统也可确定部长人数。总统对联邦议会负责,副总统对总统和联邦议会负责。总统可在联邦议会的批准下宣布缔结外交、对外战争紧急情况下,总统在与国防和安全委员会协商后,可以未经联邦议会批准宣布与外国中断外交关系。

(3) 联邦议会

缅甸联邦议会是缅甸联邦两院制立法权力机构,由上院民族院和下院人民院组成。人民院由镇区或按人口比例分配名额选举产生的代表与国防军总司令提名的军队代表共同组成,而民族院是各省、邦以相同名额选举产生的代表与国防军总司令提名的军队代表共同组成。联邦议会正、副负责人称为议长、副议长;人民院、民族院以及省、邦议会的正、副负责人均称为主席、副主席。人民院任期开始之日起的三十个月内,由民族院主席和副主席分别担任联邦议会议长和副议长，剩余任期内由人民院主席和副主席分别担任联邦议会议长和副议长。

第一，联邦议会议长和副议长的职责。联邦议会首次正式会议必须在人民院首次会议召开之日起的十五日内召开，联邦议会会议由联邦议会议长召集。联邦议会的正式会议每年至少由议长召开一次。

第二，联邦议会的召开。联邦议会会议首次召开时，到会代表数超过全体代表的半数以上时，会议视为有效，否则视为无效，会议应延期举行。因无效而延期举行的会议或首次开会有效并继续举行的会议，与会代表数超过应到代表数1/3的，会议即视为有效。

第三，联邦议会的立法权。不论在人民院还是在民族院提交的法律草案如获两院通过视为联邦议会通过。人民院和民族院对法律草案产生分歧时由联邦议会会议讨论决定。联邦议会还可授权联邦机构制定颁布实施细则、条例、规章，同时授权政府发布公告、命令、指示、办法等。这一立法权的行使与我国的人民代表大会一致。

（4）人民院

缅甸新宪法规定，人民院的议会代表不超过440名，并且在组成方式上，镇区或按人口比例分配名额选举的人民院代表数不超过330名，如镇区数量超出330个，新组建的镇区与相邻的某一适当的镇区依法合并为同一选区；国防军总司令依法提名的军队人民院代表不多于110名。

首先，人民院代表中需选出人民院主席、副主席各一名，并且由主席负责主持召开人民院会议，并在事项讨论中对所议事项进行解释，发表意见。同时，人民院应成立由人民院代表组成的法律委员会、财政委员会、人权委员会和监督审计委员会等下属委员会。

其次，人民院每届任期五年，自首次召开会议之日起算；人民院代表必须年满25周岁，父母双方及其本人都必须是缅甸公民，并且在缅甸国内连续居住至少10年。同时严格规定了当选人民院代表的消极要件。

（5）民族院

民族院由不超过224名的议会代表按如下方式组成：包括有关联邦直辖区在内的每个省、邦选举的民族院代表名额相同，均为12名，其中必须保证每个自治州或自治县各有一名代表，按此方法选举产生的民族院代表共计168名。国防军总司令依法提名的军队民族院代表，每个省、邦（含联邦直辖区）4名，共计56名。民族院会议执行主席的产生与人民院的一致。

首先，民族院应成立由民族院代表组成的法律委员会、财政委员会、人权委员会和监督审计委员会等下属委员会。涉及国防、安全和军队事务的事项时，由民族院中的军队代表组成国防与安全事务委员会并规定任期，可根据需要委派适当的民族院非军人代表参加国防与安全事务委员会。

其次，民族院每届任期五年，自人民院任期开始之日起算，民族院首次正式会议须在该届民族院任期开始后的七日内召开。民族院代表应年满30周岁，其他条件与人民院一致。

(6) 省、邦议会

省邦议会实际上是缅甸地方政府的权力机构，并按职权审批省邦年度财政预算案。省、邦议会可针对宪法赋予立法、民族事务成立由省、邦议会代表组成的下属委员会或小组。省、邦议会可视情况选择合适的公民参加下属委员会或小组。省、邦议会的任期与人民院的任期相同，人民院任期届满时省、邦议会任期也随之结束。省、邦议会首次会议由国家和平与发展委员会召集。

省邦议会通过的法律草案需经省、邦行政长官签署方可生效。省邦议会颁行的法律条款与联邦议会颁行的法律条款相抵触的，以联邦议会邦行的法律条款为准；自治地方颁行的法律条款与省、邦议会颁行的法律条款相抵触的，以省、邦议会颁行的法律条款为准。

(7) 联邦政府、省政府、邦政府、自治州县政府

联邦政府是国家行政机关，并且可将行政权授予联邦的各省、邦，同时可以依据宪法规定授予民族自治区相应的自治权。联邦政府由总统、副总统两人、联邦部长若干人和联邦总检察长组成。由此可见，缅甸联邦政府类同于中央行政机关，而省邦政府、自治州自治县政府为地方行政机关。

联邦政府根据宪法的规定制定联邦政府政策，并根据此政策制定必要的计划，经联邦议会审议通过后实施。联邦政府协调解决省与邦之间、省与省之间、邦与邦之间、省邦与自治地方之间、自治地方相互之间出现的行政纠纷，必要时可作出裁决；也协调解决省、邦与联邦直辖区之间、自治地方与联邦直辖区之间出现的行政纠纷，必要时可作出裁决。联邦政府需适时向联邦议会报告国情。

联邦政府依法设立公务机构，并对其责任和职权进行规定。同时，联邦政府下设财政委员会、联邦各部、联邦检察院等机构并且对其职责职权作出宪法规定，明确各部、委员会的正副首长的任职条件以及职权。

5. 司法机构

缅甸司法机构的组成从联邦到地方为：联邦最高法院、省法院、邦高等法院、自治州法院、自治县法院、县法院、镇区法院以及依法成立的其他法院，如军事法院、宪法法院。

（1）联邦最高法院

缅甸国内设唯一的联邦最高法院，是国家最高司法机关，但不得干涉宪法法院和军事法院的司法权。可见，联邦最高法院的司法权与军事法院和宪法法院的司法权相互独立。联邦最高法院享有发布国家最高法令、授权令、禁止令、质询令、传票的权力；对于联邦签署国际条约相关事务、联邦政府与省邦之间、省邦和联邦直辖区相互之间除涉宪问题之外的争议拥有司法权。并且，联邦最高法院是享有最终判决权的最高上诉法院。作为三权分立国家，缅甸联邦的总统、人民院或民族院可对联邦首席大法官或联邦最高法院法官进行弹劾，实现了司法机关、行政机关和立法机关的相互监督。

（2）省法院、邦法院及其下设法院

缅甸的省和邦分别设省法院或邦法院，享有对案件初审、审理上诉案、审理修正案及法律规定的其他事项的司法权。省邦高等法院设立大法官3—7名，不得参与政党政治，不得担任公务员。联邦直辖区内比都各法院归曼德勒省高等法院管辖，省邦辖区内如果有地区被划入联邦直辖区的，该地区法院司法工作仍归省邦高等法院管辖。

省邦之下设立的各级法院也可以称为初等法院，省、邦辖区内无自治地方的设县法院和镇区法院。省、邦辖区内有自治地方的，在自治州设自治州法院、镇区法院；在自治县设：自治县法院和镇区法院。其他非自治州县的设县法院、镇区法院。而联邦直辖区设县法院、镇区法院以及法律规定的其他法院。县法院、自治州法院和自治县法院对刑事案件和民事案件的初审，上诉案和修正案以及法律规定的其他事务具有司法管辖权。

（3）宪法法院、军事法院

宪法法院由院长在内的9人组成，其中，总统、人民院主席和民族院主席各推荐3人共计9人组成宪法法院。宪法法院的职责主要与宪法的解释以及违宪审查、宪法争议的处理有关。宪法法院的裁决是最终裁决，同时宪法法院的成员不得担任议会代表及公务员职务，必须独立于权力机关与行政机关。本宪法中还规定了宪法法院院长和成员任命的积极条件和消极条件。而军事法院比较特殊，仅负责对军人的审判。

6. 军队

缅甸的新宪法明确给予了军队特殊的宪法地位。独立于立法权、司法权、行政权的存在，并且在联邦议会中，上院议员224席中有56席，下院440席中有110席留给军队①，基本上联邦议会中军人和非军人议员法定结构比例为1：3。

军队是最重要的国防武装力量，全国范围内的武装力量统一归国防军指挥。在国家国防与安全委员会的授权下，国防军有权计划并实施针对国防安全的全民动员，并领导实施人民战争战略。始终坚持军队能参与和负担对国家政治生活的领导。为了达到这个目的，宪法赋予了军方在政权组织形式中的特殊地位，显然，源于缅甸长期军人统治的影响，缅甸宪法明确给予了军队特殊的宪法地位。

7. 公民基本权利

在缅甸，有关公民资格的认定，目前国内仍然适用1982年《缅甸公民法》。而在新缅甸宪法中，明确规定缅甸联邦共和国公民为血统主义和出生主义并行，要求其父母双方均为缅甸联邦共和国公民，或者是依法获得公民身份的人。首先，从原则上规定，公民法律面前人人平等，任何人平等享有法律保护的权利。即为宪法普世的价值：平等权，该权利涉及政府工作、体力劳动、商贸活动、经济生产、技能谋生、科学研究等方面，并且强调男性与女性平等并同工同酬。

（1）人身权

缅甸宪法规定任何人的生命安全与个人自由不受损害，明确表述继平等权以后的第二项重要权利，即人身自由权，未经法律的允许，不得对人身非法拘禁。人身自由权只有明确规定下来，相应的其他自由权利才有相应的保障，例如：言论、写作自由的权利；和平集会和游行的权利；结社

---

① 范宏伟、肖君拥：《缅甸新宪法（2008）与缅甸民主宪政前景》，《太平洋学报》2008年第8期，第25页。

的权利；使用本民族语言文字，宗教信仰自由的权利；居住权；获得动产和不动产的权利以及通信自由权等相应的权利。当然，缅甸宪法对于自由权的价值判断是相对性的，尤其是当自由权危害国家安全时，那么自由将受到限制。比如，本宪法认定佛教是信徒最多的杰出宗教，并且国家承认的宗教信仰还有基督教、伊斯兰教、印度教等，国家尽可能帮助获得认可的宗教，禁止出于政治目的滥用宗教，挑起民族和宗教团体之间相互仇恨、敌对和分裂的图谋或行为都将被视为违反宪法，可制定相关法律予以惩罚。

（2）经济文化权利

缅甸公民可以依法自由传承发展各自珍视的文学、文化、艺术及风俗，但享有上述权利须避免破坏民族团结。同时，公民有受教育的权利，该权利是公民的宪法权利，缅甸公民必须参加法定的基础教育。公民享有钻研发展科学技术、文学、艺术及文化领域进行自由研究的权利。为了促进国民经济发展，公民依法享有自由从事经济活动的权利，国家提供技术、资金、设备、原材料等帮助，在不违背宪法和现行法律的前提下开展经济活动，国家确保公民的财产所有权、使用权、发明权和版权不受侵犯。总结起来实际上就是公民的科、教、文、卫、体等社会、经济、文化的权利。

（3）政治权利

该新宪法明确规定：年满18周岁的具有完全法律行为能力的公民，均享有选举权和被选举权。但一些特殊人群包括神职人员、正在服刑的犯人、精神病患、被宣布破产未摆脱此身份的以及被法律剥夺选举权的没有选举权。公民实施选举权的在一次选举中只能在所在选区向一个议院投一票。国家总统必须成立联邦选举委员会，并且在大法官、司法部门工作人员、律师、其他威望高有才干的人担任联邦主席及委员。同时，总统享有弹劾选举委员会主席或委员的权力。

纵观缅甸2008新宪法整体的结构，可以说其吸收和借鉴了西方宪政国家的精华。

二 缅甸宪法的历史与发展及宪法制度

缅甸历史上曾有两部宪法，加上2008年缅甸联邦新宪法，共3部宪法。1947年，缅甸颁布建国宪法《缅甸联邦宪法》，1948年1月4日，缅甸摆脱英国殖民统治实现独立。1974年1月，第二部宪法《缅甸社会主义联邦宪法》颁布。20世纪80年代缅甸进入长期军政府统治时期，直至2004年军政府才恢复举行国民大会，重启制宪进程。

（一）缅甸宪法的历史与发展

1. 1947年《缅甸联邦宪法》

1947年的宪法是缅甸的建国宪法，成了当时缅甸的立国之本，是缅甸人民反殖民统治的指导，在争取独立的过程中起到了理论支撑，提供合法性依据的作用。在缅甸独立后至1962年3月，缅甸依据该宪法实行议会民主制度。

2. 1974年《缅甸社会主义联邦宪法》

1962年3月，奈温军人集团发动政变，废止宪法解散议会，成立革命委员会，实行军人专政。军政府还成立了"社会主义纲领党"，推行激进的"缅甸式社会主义"，规定缅甸的政体为人民议会一院制，纲领党是缅甸唯一合法的政党。随后革命委员会将权力移交给人民议会，宣称"还政于民"，但军人专政的实质并没有改变，军人仍直接或间接牢固地控制着国家政治、经济命脉。

（二）缅甸宪法制度发展

20世纪80年代末，推行二十多年的"缅甸式社会主义"将缅甸带入了全面危机，尤其是经济已经到了崩溃的边缘。1988年，缅甸爆发数百万人参加的民主运动，抗议、示威、罢工、罢课席卷全国，民众强烈要求纲领党政府下台，实行多党制，举行全国大选。同年9月18日，以国防部长兼三军总司令苏貌为首的军队发动政变，宣布废除宪法，解散人民议会和国家权力机构，成立"国家恢复法律与秩序委员会"，接管国家政权。此时的缅甸既没有宪法也不存在宪政治国的问题。

1990年5月27日，缅甸举行大选，以昂山素季为首的反对党"全国民主联盟"（以下简称"民盟"）取得485个议席中的392个，军队支持的民族团结党获得10个议席，但军队最后拒绝将政权交给在大选中获胜的民盟，并提出"先制宪后交权"，导致缅甸人民与军政府的矛盾进一步激化。1992年10月2日，军政府成立了国民大会召集委员会，次年1月召开制宪国民大会。此后由于民盟的抵制，国民大会从1996年开始无限期休会。2003年8月，缅甸军政府提出旨在实现民族和解、推进民主进程的"七点路线图计划"，并于2004年5月恢复举行国民大会，重启制宪进程。

2005年12月和2006年10月，缅甸军政府又两次召开国民大会，就新宪法的细节进行讨论。2007年9月，国民大会明确了新宪法的制宪原则，完成制宪使命。同年10月18日，军政府成立54人组成的宪法起草委员会，根据前期确定的制宪原则起草新宪法。2008年2月9日，缅甸政府宣布将于2008年5月举行新宪法全民公决，2010年根据新宪法举行多党制大选。2月19日，缅甸官方宣告完成新宪法起草工作，2月26日颁布《缅甸联邦共和国宪法全民公决法》，并宣布组成由大法官吴昂都为主任的45人全民公决委员会。2008年4月9日，缅甸当局公布新宪法草案，计划5月10日对新宪法进行全民公投。5月3日，热带风暴"纳尔吉斯"袭击缅甸，造成大量人员伤亡，灾情严重。但这并没有阻挡军政府原计划在5月10日举行宪法公投的步伐，内比都执意公投如期举行。5月15日，官方宣布宪法通过并正式实施。

(三) 缅甸宪政的特点

纵观缅甸历史及其现在民主政治的状况，缅甸目前的宪政制度处于一种极不正常的状态中，导致其在东盟各国中，法律和法律制度建设极度落后，最不完善。

1. 宪法的结构有瑕疵

第十五章为"总则"，是对前十四章内容的汇总与糅合，类似其他国家宪法总纲的规定。按照大陆法系的整体逻辑结构来看，总则放于文后稍欠妥当，无法起到总领全文的作用。并且总则中将宪法法庭的组建、职权、人员构成等详尽地规定在内，也有欠妥当，毕竟宪法法庭行使的权力从本质来看仍然是国家司法权，要么合并于"司法权"章节中作特殊规定，要么就单独设立专章规定。

2. 吸收借鉴西方宪政文明的成果，同时也大篇幅赋予军队相应的权力

从宪法文本上的用语来看，西方宪政文明中的一些耳熟能详的语汇成功揉进了该宪法。譬如，总统、议会、两院、议员、权力、公民权、批准与否决、选举、罢免、政党、公务员、紧急状态、宪法法庭、国家象征、弹劾、违宪审查等。当然，其中也大量充斥着军队、国防军总司令、国家国防与安全委员会、发言人、"领导体"、人民院与民族院等独特语汇。在缅甸宪法洋洋洒洒的行文表述中，关于联邦层面的权力分配以及中央与

地方的权力划分、选举程序、国家政策的宪法化、紧急状态情势等规定详细，也应该算得上其鲜明特色。①

3. 在宪法中设专章规定军队、选举、政党

这类结构，本来在世界立宪史上就不多见。军队在缅甸的现实政治生活中地位举足轻重，宪法必然无法回避。选举是民主政治的基本程序，专章规定选举是宪政实现的必要保证。而在号称要实现多党民主的缅甸，政党的组建条件与依法规制也是必不可少的。由于军队在其他章节中已有相关条款确保其权力、特权与职责，故"军队"章节中条款简短。同样，选举在其他章节中亦有相关规定，故同样着笔不多。对政党的规定，似乎有些模糊，好在其规定国家将就政党颁行专门法律。与军队、选举、政党的简短规定相比较，有关立法、行政、司法、公职人员的责任则规定得十分详尽。

4. 认可特殊机构

缅甸国家和平与发展委员会其前身为成立于1988年9月18日的"国家恢复法律和秩序委员会"，1997年11月15日更名为"国家和平与发展委员会"，系国家最高权力机构，由13人组成。缅甸国家和平与发展委员会在缅甸十分特殊，它不是宪法规定的国家权力机构，但宪法的通过又需经该委员会主席签署才能生效。

第三节 缅甸民商事法律制度

一 民商法

从缅甸的法律体系来看，缅甸法律受到英美法系和大陆法系的共同影响，所以目前在缅甸国内生效的法律中有很大一部分具有英美法的特征，即：以判例作为判定案件的依据，注重法的实用性、灵活性。故而，缅甸至今没有成文的民法典，有关平等的自然人、法人、组织主体之间的关系依靠原有的宗教法、习惯法及判例法进行处理。

（一）《缅甸公司法》

缅甸公司法主要构成为，适用一般公司设立的缅甸《公司法》（1914

---

① 范宏伟、肖君拥：《缅甸新宪法（2008）与缅甸民主宪政前景》，《太平洋学报》2008年第8期，第23—24页。

年 4 月 1 日颁布、1989 年 1 月 21 日重新修改）和主要是适用于国有公司设立的《缅甸特别公司法》（1950 年）。

1. 公司类型

缅甸公司法明确规定，公司的章程必须表明公司成立的目的，根据目的不同划分公司类型，同时，按公司的类型再划分国内公司和外国公司以及只能由缅甸公民专营的公司。缅甸的公司可以有以下的类型：（1）工业、制造和建筑公司；（2）贸易公司；（3）服务公司；（4）宾馆服务公司；（5）旅游公司；（6）宝石公司，只有缅甸公民才能成立；（7）银行；（8）保险公司。

而该法同时规定，公司只要有股份为外国股东持有，公司就属于外国公司。在缅甸国内视为外国公司的有：（1）外国人持有 100% 的资本的有限责任公司；（2）合资公司；（3）有限责任公司的分支机构。并且，在缅甸外国公司一般采取有限责任公司的形式。

2. 公司设立制度

缅甸公司的设立采取主管机关批准和登记注册的方式。许可机构为缅甸投资委员会，法定的批准方式许可制为原则，无须许可为例外。以颁发许可证确定公司经营资格，同时对于贸易类公司还需要由投资主管机构的公司注册部门和国家计划与经济发展部的公司管理部门申请获得"贸易许可"。而按照《缅甸特别公司法》的规定，与国有经济企业合资成立的有限责任公司则无须许可即可设立。申请许可证的时候应提交下述文件：（1）缅甸公司管理条例中的许可申请表；（2）公司章程和合同草案；（3）征求意见表；（4）明确表达从业行业的意思表示；（5）第一年经营期间在缅甸的预计开支；（6）公司或个人的资信状况；（7）如果签署者是公司，还需有董事会的决议。

同时，获得许可证的企业组织，如合伙商号、有限责任公司、外国公司的分公司或代表处以及非营利协会，均需向有关政府机构的公司主管部门进行注册。有限责任公司的注册是强制性的，但合伙商号的注册不是强制的，而国家资本和外资合资的企业则按《缅甸特别公司法》和《缅甸公司法》进行注册。

（二）《知识产权法》

缅甸于 1995 年和 2000 年分别成为世界贸易组织和世界知识产权组织的成员。但目前缅甸还没有具体的保护知识产权的法律体系，知识产权的种类目前也局限于商标,而知识产权所有人的权利只能依赖其他法律受到一定程度的保护。缅甸目前没有关于商标注册的具体立法,也没有具体的政府部门主管商标注册事务,以使商标所有权人获得某一特别商标使用的独占权。根据习惯法的原则,缅甸承认商标未经注册就可以获得商标权,在缺乏具体的立法对商标进行保护的情况下,如果有人仿冒著名商标,就主要通过宪法、刑法和民事习惯中的有关规定来处理相关纠纷。

1. 商标的定义

缅甸的民事法律没有对商标进行定义,同时也缺乏具体的法律来调整商标法律关系,但根据《缅甸刑法典》第478条的规定,商标必须具有独特性,是用来表明商品是由某一特定的人进行生产或销售的标志,文字可以构成商标,各种不同颜色的混合液可以构成商标。2008年的新宪法明确规定,在总统的允许下公司可以"缅甸联邦共和××"为商标名,这点与我国不同,我国商标法明确禁止使用国家名、国徽、国旗作为商标标识。

2. 商标的注册

根据缅甸《注册法》的有关规定,商标所有人可以向缅甸注册主管部门提出申请,声明自己对某一商标拥有所有权。申请书必须包括公司的名称、个人或所代表公司的名称已经注册申请人的签字。申请书是对商标所有人拥有某一商标的事实陈述,需根据法律的规定进行公证。经注册的法律文件在商标诉讼中,对商标所有权人主张其商标权利有决定性作用。同时,在申请注册商标时,商标所有权人必须对以下事实进行证明并登记备案:

(1) 其生产销售的商品正在使用被申请注册的商标;
(2) 该商标是根据其本人的创意设计的;
(3) 该商标未仿冒他人的或者是通过欺骗手段获得他人的商标;
(4) 申请该商标时,其他人并未在类似商品上使用该商标。

经注册后的商标,商标所有人就可以根据法律起诉任何仿冒或伪造其商标的行为。

缅甸法律也对商标的注册进行了限制性的规定,下述商标不能进行注册:违反道德和法律规定的商标;有损宗教感情的商标;含有淫秽内容的商标;含有欺诈性内容的商标;含有国家领导人头像的商标;其他违反法律规定的商标。

二 婚姻家庭继承法

从缅甸历史来看，缅甸没有专门的婚姻法，从 1872 年开始，依据缅甸皇帝时代使用的"法典"和传统规章，才有了"佛教法典"。到了 1898 年，缅甸被英国侵占和统治后，在缅甸法令（The Burma Act）的第 13 条款中规定，有关婚姻案应该按照当事人所信仰的宗教来判决。该条款的细则中指出：如果案件的当事人是信仰佛教的就按佛教法，信仰伊斯兰教的就照伊斯兰教法，信仰基督教的就按照基督教法处理。后来，在婚姻和遗产的问题上，缅甸法庭就以缅甸风俗习惯法为基础进行处理，至今还是如此。

（一）缅甸的婚姻家庭习惯法

缅甸的婚姻家庭习惯法中有几项原则的性规定，分别涉及缔结婚姻的合法形式、法定婚龄、夫妻财产等相关积极规定，同时还明确了禁止结婚的消极规定。

1. 法定结婚年龄及条件

（1）仅限定女子的结婚年龄

缅甸婚姻习惯法中未对男子的法定结婚年龄作出任何规定，但女子的最低结婚年龄规定为不得小于 14 岁，但由于未达成年的法定年龄①，故而，女子 14 岁到 20 岁之间，就必须取得女方父母或其监护人的同意，超过 20 岁就没有这样的限制了。

（2）结婚意愿的特别规定

在 1954 年 4 月 23 日颁布的《含有佛教徒女人的婚姻和继承权内容的 1954 年特别法》中明确指明对女子结婚年龄限制的特别条款：①男性与 14 周岁以下的女孩发生性关系，即使女方同意或者以结婚为前提，也将按强暴案论处。②男性与 16 周岁以下的女孩私奔，女方家长若不同意的，以拐骗案论处。同时，未满 20 周岁的女佛教徒未经父母与监护人的同意与人私奔的，其父母或监护人有权将其追讨回来。③18 周岁以上的女性有权和男性进行宣誓结婚，但当男性取得女性信任又与之发生性关系，而后来又不与其结婚的，则可以根据法令对该男性以欺骗案件进行追究。该类案件中的女性无论有无身孕，由于身心和名誉的损失，都可向男方主张

---

① 缅甸习惯法规定，女子满 20 周岁方为成年。

赔偿责任。同时还规定，如果该女子过去也曾发生过类似行为不端的事，男方则可以拒绝承担责任。

(3) 缔结婚姻的禁止性规定

缔结婚姻的男女之间，双方都必须是精神正常的人，可以自由表达缔结婚姻的愿望。不得有亲戚朋友不能接受的亲戚关系，同时女方不可有未离婚的丈夫。由此可见，缅甸的婚姻习惯法明文禁止一妻多夫，但并未明文禁止一夫多妻。

2. 法定婚姻缔结的形式

按照缅甸婚姻习惯法的相关规定，缔结婚姻无须契约书、仪式甚至同居共饮，以登记、宣誓、自愿为合法形式要件。合法的婚姻不需要有任何契约书，但双方当事人必须前往法庭公开表示同意结婚的意愿，并要在结婚证书上签名表示同意，这成为目前通行的一个习俗。对于佛教徒，结婚时，可以不需要有任何仪式。特别在现代，有些缅甸佛教徒为了节省经费开销，不采取隆重的结婚仪式，只在法官面前签署登记结婚证书表示双方自愿结合为夫妻。

同时，对于结婚时没有任何仪式，也未签下结婚证书的夫妻，如果发生婚姻是否合法的问题时，就要根据他们的相处行为和名声、名望来做决定。换句话说，如果男女双方是自立门户，成家立业，尽人皆知地过着以夫妻相处的生活，才算是合法夫妻。由此可见，习惯法影响下的合法婚姻因大众认可而合法。

3. 夫妻财产的规定

根据缅甸风俗习惯法的规定，一对夫妻的财产不是合资性的，而是共同共有，妻子有权继承丈夫的遗产。同时，丈夫过世后不是所有财产都归妻子一人所有，也应该分给已过世丈夫的继承人。如果丈夫与妻子的宗教信仰不同，不是因为死亡而是为宗教问题与妻子离婚时，或以残忍的手段使妻子的精神受到苦恼时，则：(1) 丈夫就得放弃夫妻共同拥有的财产中自己应得的一份，此外还要对妻子给予赔偿；(2) 妻子有权收养他们的儿女；(3) 丈夫应承担未成年儿女的抚养义务。

4. 夫妻的身份关系

在缅甸的婚事上虽然有一些为消灾而假结婚的现象，但从习俗上并未作此规定。由于缅甸只看重婚姻是否自愿合意，这一类私益的要求，并未对其作出符合国家公益这样的强制夫妻身份要求。所以缅甸的婚姻法允许以消灭假结婚就无法杜绝其他损害婚姻公益要件缔结的婚姻。

夫妻因吵架分手或离婚的，两人又重新和好的，必须让和好的事实家喻户晓，如果只是私下普通的结合，则不算重新具有婚姻关系。并且夫妻之间的身份不是唯一的，以前的缅甸还有原配与小妾之分，现今只有合法和不合法的区别，都是合法妻子，分为第一妻子、第二妻子的称呼区别。

（二）缅甸佛教徒的婚姻和继承权

该婚姻习惯法对于佛教徒的婚姻规定主要在于中国佛教徒与缅甸非佛教徒和佛教徒之间、孔教徒与缅甸人之间的婚姻关系。中国佛教徒与缅甸女子通婚基本上适用"缅甸婚姻习俗法"，而中国佛教徒与缅甸佛教徒通婚后由于中国佛教和缅甸佛教没有差别，如果发生争议不能因为结婚时采用了中国风俗而适用中国法，应根据缅甸风俗习惯来进行判决。同样中国孔教徒与缅甸女子通婚后，如果产生争议，也优先适用缅甸风俗习惯法。

而1954年的特别法令更明确的规定，缅甸非佛教徒男人如果承诺与一个女佛教徒结婚，就等于根据此法令男方向女方表示了承诺，法令对女佛教徒和其非佛教徒的丈夫都产生同等的法律效果。同时，根据佛教法典举行婚事的或被公认的有关夫妻之间离婚、分配家产、抚养子女等事宜，都以缅甸佛教徒一般看待和处理。

如果有法令一般权利的某宗教习俗，或是对某宗教习俗有奏效的某个法令，不允许该非佛教徒与佛教徒女子之间的婚事，该男士可以与该女士离婚。但是如果丈夫想与妻子离婚或者遗弃她，或以残忍的手段使妻子受到精神虐待，那不论在风俗习惯法或者法令中有如下规定：（1）该男子要放弃夫妻所共有财产中自己应得的一份，此外还要对佛教徒妻子给予赔偿；（2）佛教徒妻子有权抚养两人的子女；（3）该丈夫也要为未成年的孩子负责抚养费。

三 国际贸易与投资法

1988年缅甸联邦实行新的对外经济开放政策以后，为吸引和扩大国内外的投资，制定和颁布了一系列有关投资的法律、规定和政令，这些法律、规定和政令对促进缅甸联邦的经济发展起到了重要的推动作用。缅甸联邦的投资法律、政令和政策主要包括外国投资和缅甸公民投资两个方面。涉及外国投资的法律、政令和政策主要有《缅甸联邦外国投资法》（1988年11月30日）、《缅甸联邦外国投资法实施细则》（1988年12月7

日）和《缅甸联邦外国投资委员会1989年第一号令》（1989年5月30日）三个法律、法令。涉及缅甸联邦公民的投资法律主要有《缅甸公民投资法》（1994年3月31日）、《缅甸公民投资法实施细则》（1994年3月31日）和《缅甸联邦允许私人投资的经济项目》（1994年8月3日）三个法律、法令。

（一）缅甸国际贸易与投资法概述

1989年缅甸军政府上台后，废除"社会主义计划经济"，实行以建立市场经济为目标的经济体制改革。经济对外也逐步有所开放，恢复从世界银行贷款，参加亚洲开发银行。继1988年颁布《外国投资法》，规定鼓励外国投资，实行对外开放后，又相继颁布了《外国人投资法实施条例》《国家企业经济法》《国营企业法》等条例和法律，宣布实行市场经济，并逐步对外开放，允许外商投资，农民可自由经营农产品，私人可经营进出口贸易，鼓励发展私人企业。1995—1996年度，私营经济产值占GDP的比重已达75.5%，国有经济为22.5%。总之，缅甸现政府实行市场经济和对外开放政策，鼓励本国和外国人进行投资，进出口贸易现已成为缅甸国民经济第二大行业。缅甸最重要的出口对象是：东盟国家（约占外贸总额的80%）、印度、中国、中国香港、日本等，进口新产品主要来源于东盟国家、日本、中国、韩国、中国香港和印度等。

而到2013年初，缅甸13个边境贸易口岸，贸易总值比去年多收入1.8亿美元。这13个边境贸易口岸是木姐、略解、青水河、甘白底、大其力、铭瓦底、高桑、丹老、那布勒、实兑、貌杜、德母和里德。2012—2013财政年度（至1月18日止）进出口贸易总值为27.86838亿美元。比去年2011—2012财政年度（至1月18日止）的进出口贸易总值26.05992美元，增加了1.80846亿美元。

中缅边境贸易口岸中，木姐的贸易量居首，其次是铭瓦底和青水河。为了提高边境贸易量和削减非法贸易，经贸部带领有关部门组成"保护消费者和打击非法贸易移动队"，取缔那些非法贸易者。此外，在德母、木姐和铭瓦底等边境地区，对有意进行个体贸易者，发放个体进出口企业证。①

（二）缅甸贸易政策、管理制度及法规

缅甸进出口法从1947年开始实施，管辖出口、进口和旅客行李运输。

---

① "缅甸边境贸易比去年增加1.8亿美元"，林耀宗译，缅华网，2013-01-28。

缅甸对进出口经营资格实行登记注册制，登记费用一年 50000 缅币，延期至两年的费用为 100000 缅币。

1. 进出口商的规定

开展国际贸易的企业应向商务部下属的贸易理事会提出申请，首先，根据缅甸公司法和特别公司法（1950 年）注册的有限公司（包括外国公司及分公司）和合资公司；其次，依社团联合体法成立的社团联合体均可申请登记进出口经营资格。在缅甸有三个国家银行，即缅甸外贸银行（MFTB）、缅甸投资与商业银行（MICB）和缅甸经济银行（MEB），负责缅甸联邦外贸交易。MEB 在边境设立分支机构，负责与周边国家的陆路贸易。

已登记的出口商和进口商按法律规定有如下的权利：第一，出口法规所允许的全部产品，法令规定只能由国有企业经营的产品除外；第二，进口法规所允许的全部产品，使用外汇（出口赚取的）或其他允许的方法；第三，进行法规允许的边境贸易业务，外国公司不得开展此业务；第四，在当地市场的销售；第五，申请商务护照；第六，邀请洽谈业务的外国客人。

2. 进口商品管理制度

缅甸进口政策规定，进出口商的进口量以他的出口收入为限，以期促进出口和克服贸易赤字问题。鼓励私人企业家进口资本货物、工业机器、原料和其他消费品。进口许可证不免费，所有的进口要支付许可费、关税和商业税。许可证适用于任何出口或进口。签发许可证的部门是商务部下属的贸易局和边境贸易署。贸易局授权签发经由海运进出口的出口/进口许可证，边境贸易署授权签发边境贸易进出口许可证。由贸易局发出的进口许可证有效期为 3 个月，从签发之日算起，并不能延期。

3. 出口商品管理制度

缅甸的出口政策是尽可能多出口过剩产品，并且力争市场多元化。增加出口、多样化和提高产品质量是促进出口政策的主要目标，出口许可证是免费的，包括农作物的出口。农业是缅甸经济发展的基础和重点，在过去几年中，一批新的制造和加工项目被引进。主要出口产品包括农产品、林产品、渔业产品、五金矿产、宝石和工业产品。已登记的出口商可以将出口所得外汇全部用于进口货物。对于任何个人或组织，不存在出口配额和上限。

4. 海关管理制度

缅甸的海关计征采用估计制度，基本原则是货物的真正价格是以货物进口时间地点的价格作为正常价或进口价，前提是货物销售在公开市场的具有独立资格的买卖人之间进行。根据《海洋海关法案》，缅甸基本上进口采用 C.I.F 估价制，出口采用 F.O.B. 估价制。关税与商业税一起在入境点和进口货物清关时间征收。原材料和其他必需品税率非常低，最低为零税率；而奢侈品的税率很高，最高税率为 40%。对于不豁免商业税的进口商品，税率分为 5%、10%、20%、25% 四个档次。农业、医药品以及机械和零配件的进口税率税率一般从 0.5% 至 3% 不等，香烟、酒的税高于 25%。出口关税一般不收税，收税商品仅分五档，即大米和面粉出口每吨征收 100 缅元关税，竹制品出口征收 10% 从量税，米糠、毛皮类、油饼粕类、非大米及大米制品的豆类和粮食类出口征收 5% 的从量税。

（三）缅甸投资政策、管理制度及法规

1. 市场准入政策

（1）允许投资的门类

为对外国投资者提供更具体的指导，缅甸已发出通知，列出允许外国投资的部门有：

第一，农业。共两大类，包括普通种植业和园艺业的生产、加工及销售。

第二，畜牧与渔业。共四大类，包括畜牧、渔业、饲料、添加剂及兽医用药等的生产、加工及销售。

第三，林业。共四大类，包括柚木深加工、其他硬木深加工、其他林木的加工及销售等。

第四，矿产。共三大类，包括非金属矿、大理石等的勘探、开采、加工及销售。

第五，工业。共十一大类，包括食品、纺织品、日用品、家庭用品、皮革制品、运输设备、建材、纸张、化工及医药用品、钢铁及其他金属、机械设备的生产、加工及销售。

第六，建筑业。共两大类，包括工程建筑及设备安装与调试。

第七，运输与通讯。共三大类，包括陆路、内河、海运的运输业务及设备制造。

第八，《国营经济企业法》第三条中的部分项目。

第九，贸易、旅馆与旅游业。

(2) 投资申请审批部门

上述清单虽然算不上是一份全面的清单，但包括除国有经济企业法（SEE LAW）所规定以外的其他大部分活动。缅甸政府官员表示：如果外国投资者对通知中未规定的活动或对国有经济企业法中规定的活动感兴趣，可向缅甸投资委员会提出申请，说明他们对此有兴趣以及进行此项活动对缅甸和投资者双方都有益的理由。如果缅甸投资委员会满意地认为，所建议的活动确实对国家有利，它会将此申请提交贸易理事会和内阁审批。

(3) 积极引入的投资与限制、特许投资的规定

缅甸对投资于资源型重大投资项目、资源出口增值型项目和劳动密集出口型项目的外国人给予优先地位。目前缅甸非常欢迎对农业、农业加工业、制造业、家具业、旅馆、旅游业、矿业及化工业前往投资设厂，以建立外销导向的出口产业。

同时规定，只允许缅甸公民合资经营的项目进行了一一列举：主要是日常生活用品，诸如产销杂交种子项目、饼干、面条、面线等农作物产品的项目，糖果、巧克力在内的各种甜品的项目，陶瓷物品、餐具、炊具，等等。

以及一部分特许经营的经济项目，例如：农业和灌溉部项目；畜牧水产部项目；环境保护和林业部项目；矿业部项目，包含稀土、稀矿、放射性矿物；工业部项目；电力部项目；交通部项目；通讯和信息技术部项目；能源部项目，包含石油、天然气、石油产品的供应、勘探、开采、经营、运输、储存等需经许可；卫生部项目，包括私立医院、专科医院、政府与私人合资医院、政府与外国投资合资的医院等需要卫生部同意；建设部项目；饭店和旅游部项目；宣传部项目，包含定期出版外文报纸等。

(四) 内外资企业的优惠政策

为吸引更多的外资，外国投资法向外国投资者提供以下投资优惠：

1. 免征所得税

任何从事生产或服务的企业，从投产或启用之年起算，连续三年免征所得税，并可视情况申请延长减免所得税的期限；如将利润作为积累且在一年内再投资的，可减免所得税；机器、设备、建筑物及其他资产可按MIC批准的比例加快折旧；企业产品出口所获利润免征50%所得税，企

业所产产品出口的，可申请免征商业税；投资者所缴纳的外籍人员所得税可从所得税应征税额中扣除；外国人的收入可适用缅甸公民所得税税率；如属确需的科研项目和开发性项目的费用支出，允许从所得税应税额中扣除；享受所得税优惠的企业，如连续两年亏损，则可从亏损当年起算，连续三年予以结转和冲抵；企业开办期间确需进口的机器、设备、仪器、零部件、备件等可减免关税；企业建成后最初三年用于生产的进口原材料，减免关税或国内税，或两者都予减免；经投资委员会批准，外商投资企业所雇佣外国技术人员数量可不受限制；外国机构或个人在缅甸租赁土地使用权，使用期限可达 30 年，并可申请延长。

2. 投资担保

外国投资法提供不可撤销的国家担保，外国投资法项下经缅甸投资委员会核准的企业，在获准期或延长期间（如有的话），不应被国有化。该法还提供对利润（扣除所有税收和规定的资金后）以及外籍人员合法工资收入和法定收入（支付生活费和税收后）给予汇回的权利。一旦业务中止或解体，也允许外国资金汇回。外籍企业结束营运，清算后的资金可自由汇出境外。

3. 签证

打算在缅甸开展业务的外国人，可从缅甸驻外使馆获取 3 个月的业务签证。缅甸联邦外国投资法准许雇佣外国专家和技术人员，因此缅甸投资委员会准许下的专家和技术员，可以办理逗留许可、工作许可、单程再入境签证以及多次再入境签证。

4. 其他便利措施

缅甸政府开辟工业园区，同时为了方便外国投资者在缅甸建立外销导向的出口产业，缅甸还决定于 Minguladon Industrial、Thanlyin Kyauktan Development Projcet 和 Myanmar Rojana Industrial Park 三处设立工业区，以供外人投资开设以外销为主之产业，为投资者提供必要的协助。虽然一站式服务尚未执行，但缅甸投资委员会总是为投资者提供必要的协助，同相关部和机构进行协调，以便利投资。对投资者向缅甸投资委员会提出的项目建议书，如文件齐全，约 6 周就能得到投资许可。如获准的企业在运营中遇到问题和困难，投资委员会还会协调各相关部，提出解决方案。由于缅甸目前是世界上最不发达国家之一，在缅甸投资所生产产品增值率达 45% 以上时，即可取得缅甸原产地证，向发达国家出口可享受普惠制关税待遇。

（五）缅甸投资环境存在的问题

1. 政策多变，政令反复

至今，缅甸政局依然起伏不定，时稳时乱，政策多变，政令反复。现政权由19名军人组成"和发会"，各部部长也由该集团指派，全国各项重要政令、决议均以此为核心。在这种人治社会体制下，许多贸易投资法令变化很大，常随着官员的改变而改变。而且，许多规定变化后都不能及时通知外商或给予缓冲时间，投资者的利益得不到保护。

2. 矛盾众多，缺乏安全

缅甸1948年独立以来民族问题没有解决好，致使众多的反政府武装组织同政府分庭抗礼，"民族和解"任重道远。虽然现在执政的军政府自1989年以来已同17支反政府少数民族武装达成了和平协议，并实现了停火，但目前仍有20支反政府武装和组织同缅甸政府作对。它们袭击国际机场、政府军据点、国家天然气输送管道、电影院和公共汽车等设施，投资者的人身安全缺少保障。

3. 金融监管能力欠缺、经验不足

缅甸政府缺乏对国内银行业的监管经验，国内金融秩序一度十分混乱，出现国内金融危机，通货膨胀率长期居高不下。缅甸的外资企业的优惠待遇远不如其他东盟国家，而且限制多，自主权少。

4. 政策、法律执行不力

缅甸虽然制定了一些吸引外资的政策和法律，但不全面，而政府对已形成的政策法律缺少执行力，落实不到位，不少情况下成为空文。

第四节　缅甸刑事法律制度

一　缅甸刑事法律制度概述

如前文所述缅甸是个从封建王朝通过外国殖民势力被动走向现代化的国家，在社会制度方面进行新旧制度的交叠与汰换。法律制度方面的影响尤为明显。缅甸历史上曾经存在的封建王朝一直以严刑峻法为主要手段达到刑事惩罚的目的，例如：在印度和缅甸，被判了饿刑的人则会被烧熔的铅水堵住喉咙和嘴巴。有史料还原了相关刑法规定，也向我们展示了缅甸刑罚向近代文明刑法发展的历程。

宗教教义影响下的缅甸古代刑法

缅历 611 年，蒲甘王朝末期加苏瓦王时期的《加苏瓦王公告碑》颁布了敕令来改变当时矛盾尖锐、土地被大部分寺庙占有、失地民众大量沦为盗贼等国衰落的现状，治安混乱的现状。所以该敕令主要以惩治盗贼为目的，以明文规定严厉惩处，并借用宗教的威严威慑告诫人们不要偷盗。① 碑文全文内容有近1/4 的内容都对盗窃的刑法作出具体描写，并且对偷盗者实行穿刺身体、劈胸、炙烤、掏肠、砍手脚、挖眼、割肉、扒皮、灌油、以犁犁头、驱象践踏、钉死、烧死、砍头等刑法。② 该刑罚方式受到原始佛教地狱刑罚描写的借鉴，将虚幻的地狱描写还原到真实世界，其目的是让偷盗者受到极大心灵和肉体的痛苦。

但该刑罚的相关规定具有致命的缺陷，因而在苏瓦加王死后无法继续推行。主要在于：第一，该刑罚规定中并未明确执行刑罚者以及裁判者。该碑文中没有明确以上的酷刑由官府还是由民众来执行，公告的意思为"抓到偷盗者即可怎样"来看，该刑罚具有很大的随意性。第二，碑文明文规定抓到偷盗者要带到国王面前，国王会将偷盗者移交官员处理。官员首先要判定这个人到底有没有犯偷盗罪，无偷盗行为即可释放，但关于官员怎么判定、怎样量刑惩处则只字未提。

印度《摩奴法典》影响下的古代刑法典

在加苏瓦王之前缅甸有成型的法典。但在加苏瓦王同时期或稍后，缅甸出现了《达摩伐罗沙法典》和《伐丽流王曼奴法典》。这表明，至少在加苏瓦王时期，缅甸已有了编写法典的基础。大多数学者认为，缅甸蒲甘法律深受印度《摩奴法典》的影响。③《摩奴法典》中"断肢""穿刺"和"灌油"等刑罚在加苏瓦王公告中同样得到了应用。而有关于对偷盗者的处罚缅甸的《加苏瓦王公告碑》的规定来源于《摩奴法典》，但远重于《摩奴法典》。例如，《摩奴法典》中对偷盗的处罚方式有罚金、砍脚、死刑等，这些处罚方式不仅是按情节轻重量刑的，而且较少采用体刑的方式。《加苏瓦王公告碑》却大不一样。加苏瓦王不仅没有明确是否该按情节的轻重量刑，而且对偷盗者采取的刑罚都是极端残忍的，可以说无所不

---

① 姚秉彦、李谋、蔡祝生：《缅甸文学史》，北京大学出版社 1993 年版，第 42 页。
② 原文见《缅甸蒲甘碑铭》，缅甸高等教育局翻译与图书出版社 1980 年版，第 75—77 页，第 30—35 行，第 42—43 页，第 85 页，反面第 12 行。
③ 贺圣达：《缅甸史》，人民出版社 1992 年版，第 62 页。

用其极。

二 缅甸刑法典的结构及内容

缅甸 1860 年《刑法典》以序言开篇，以实际的刑名结束，全文总共 23 章，511 条。将序言作为法条文本的一部分这也具有一定的特殊性。从本法的前言来看，秉承了英美法系特色，有关于立法的目的等问题都是以原则性的意味表达出来，总共 5 条描述的非常简单，分别是：

第一，原属于本法，基于英国殖民时期的立法理念于 1948 年缅甸联邦修正法案中予以修订；

第二，本法的效力范围在于惩罚缅甸国内从事任何犯罪行为的人；

第三，任何人在缅甸均受到本法最低限度的调控，某些特殊情况下就算某行为未在本法调控范围内也将受到法院特别法的裁定；

第四，本法同样适用于未在缅甸国内的公民；

第五，供职于政府部门的官员、军人、水手、飞行员将不适用于该法，而是适用于特别法。

由此可看，该刑法典的序言实际上是指明了本法适用范围的原则，与其他国家先进立法相似，包括属人主义、属地主义、保护原则。从本法的文本来看，虽然制定于 200 多年前，但其具有特有的特征：

第一，体系完整，主要包括序言、总论、刑罚、司法判例、犯罪人理论、罪名等相应内容；

第二，逻辑清晰，缅甸有其特殊的情况，不能像英美国家那样完全适用纯粹的判例法，因而在本刑法中除了有司法判例的部分外还有关于刑法理论的总论与分论的内容；

第三，覆盖罪名相对全面，从危害国家到个人的罪名，从损害人身关系到损害财产关系均有覆盖，并且从现代的角度来看，有些罪名的立法仍然是相对先进的。

（一）总则

1. 总则的学理解释

包含序言和总则两部分。序言（1—5 条）对本法的适用范围和适用原则及其例外情况进行说明。总则（6—52 条）该部分相当于对本条文的总述，首先对法典中用于指引适用法条的各种例外情况进行说明；其次，将法条文本中出现的各类词汇在刑法的意义上进行学理解释，例如：对公众、男性、女性、政府公务员、动产、不当得利、不正当手段、欺诈、文件、判例、伤害、生命、死亡、期限与期日等进行规定。

2. 刑罚（53—75条）

该章节主要描述的是缅甸的刑罚种类，有以下几种：判决死刑、判决流放、替换流放刑的监禁、单独拘禁、罚金主要这五种刑罚。并且在每一种刑罚后面详细描述了其执行的条件、方式、特殊规定以及该刑罚的局限性。很多国家均是以法条来呈现刑法条文，很少有这类在条文中附带学理说明以及相关适用解释的，这种表现模式相对来说比较有利于适用和审判实务。

3. 例外法案（76—106条）

本章主要强调司法判例的作用以及司法判例在刑法司法裁判中的作用，首先缅甸有一种类似"迷信犯"的规定，但是迷信犯是误以为自己的行为违法，实际上并不受刑法调整。而该部分例外法案76条就以判例指明一种状况"某人相信自己所做的事是正确的，但却受到了法律的制裁"，这类情况在成文法国家也以犯罪论处。并且每一次公正的判决都可以使该案的结论成为可以普遍适用的判例法案。这些法案随着时间的推移逐渐成了原则性的规定，诸如：依照秩序裁定案件、行为人错误认知导致犯罪、意外事故导致的犯罪、客观存在伤害但未构成犯罪、未成年人犯罪（分为7岁以下，7岁至12岁）、限制行为能力人犯罪、酒醉中毒丧失意识者犯罪、过失造成他人重伤或死亡、对限制行为能力或无行为能力人的犯罪、正当防卫造成的损害、防卫过当致人伤害或死亡的犯罪等法律规定外的特殊判例的说明

（二）犯罪行为与罪名

1. 教唆罪（107—120条）

从此章节开始，就是缅甸刑法的刑名编，主要以描述罪名以及该罪名的特殊要求为内容。而该刑法典对教唆罪的概念、教唆的行为、教唆人的责任、教唆人的累犯、教唆人的特殊身份、教唆公众或人数众多的聚众行为等方面作出了详尽的规定。最重的刑罚可以至死刑、流放，并且在该章120条a款b款中明确描述了共谋犯罪的相关定义及处罚方式。

2. 危害国家安全的犯罪（121—130条）

在这个刑名中列于首位的是叛国罪，主要包括鼓励、包庇他人叛国，对叛国行为知情不报，叛乱暴动，用暴力方式鼓动或组织推翻政府，鼓励亚洲其他国家对缅甸进行战争攻击，在和平状态下承认国家领土主权被他

人占有，私自占有在战争中或侵略中所夺得的财产，国家公务员故意纵容叛国罪犯潜逃，国家公务员过失放走罪犯，帮助、鼓吹、包庇叛国罪犯潜逃等多种行为，以及对其的处罚。

另外，按照判例法的传统，该罪名中还包括其他宪法条款和议会法案中所定的其他罪名，如诋毁国外势力罪。

3. 与海军、空军、陆军相关的犯罪（131—140条）

煽动兵变或企图诱使陆军、海军、空军玩忽职守罪，煽动兵变并造成犯罪，海军、陆军、空军士兵受到上级的暴力殴打、辱骂，帮助、支持、教唆上述犯罪，教唆该犯罪士兵潜逃，包庇潜逃犯，商船船长失误导致潜逃犯潜逃，教唆士兵违抗军令等行为。实际上就是教唆特定主体叛国，尤其是教唆军人背叛国家的犯罪。

4. 扰乱公共秩序罪（141—160条）

该罪名首先明确的是何谓非法集会行为，以及非法集会的成员将受到的惩罚。并且对非法集会的加重情况作出规定，诸如：参加非法集会并携带杀伤性武器，明知集会已被解散还故意参加的情况。其次，属于扰乱公共秩序的行为还包括：暴乱，暴乱中还携带杀伤性武器，雇佣或纵容人员参加非法集会，非法集会中的每一名行为人都被认定为同一犯罪行为。再次，在防止暴乱的执法行为中，非法集会者攻击或阻碍国家公务员执行公务，其他人有目的地挑起暴乱，挑起阶级矛盾，为非法集会提供场地的人，被雇佣为非法集会实施暴乱的人，以及其他寻衅滋事的行为均要受到该刑罚的处罚。

5. 国家公务员职务犯罪（161—171条）

该罪名主要指国家机关工作人员利用职务之便所为的一系列犯罪行为的总称。国家公务员利用职务之便收取工资以外的报酬，可以称为"受贿罪"，同时包括了与此对应的"行贿罪"，并且行贿的手段在该法中也有多样，例如：腐败手段贿赂、个人手段贿赂、教唆他人以前两种手段贿赂，以及公务员在无考虑的情况下收受贿赂等行为。另一部分职务犯罪不以收受贿赂为目的，但是以滥用权力为犯罪的构成要件，例如：国家公务员违反职务要求故意伤害他人、伪造文件、参与非法交易、非法收购或招投标。第三类是非国家机关工作人员冒充国家公务员，包括以欺诈性的目的穿戴国家公务员制服及令牌，以及其他冒充公务员的行为。

该罪名中还包括了一种宪法权利的刑罚，即选举中的犯罪，这是一个宪法权利的刑法化，是缅甸刑法的特殊章节和罪名，至少同为邻国的我国刑法没有这类规定。该罪首先明确选举及选举权等相关概念，并指明与选举犯罪有关的行为包括选举中的贿赂、选举中的不当影响、选举中冒充他人、不实的选举报告、选举中收取不法报酬、无效计票、非法盗用并使用议会成员的投票令或者使用类似的假冒品，均为犯罪。

6. 侵害公务员职责罪（172—190条）

该罪名主要是指公务员故意逃避或不履行公务员职责，同时还包括了公务员在其他行为影响下未履行相应的职责等相关行为。该罪名不同于我国的"渎职罪"，因为渎职罪只包括公务员主观故意违背职权要求，而非被动无法执法的行为。缅甸的该罪首先指明，公务员以故意的心态不履行职责，不按规定出席，随意对上交国家的文件、通知、消息进行省略删减，掩饰错误信息，拒绝履行国家制定的公务员声明或誓言，发表错误的声明或誓言等行为。其次，还包含了妨碍公务员执法的相关行为，例如：拒绝回答国家公务员提出的权威性问题、利用虚假信息误导国家公务员的法定职权伤害他人、拒绝配合依法的强制执行以及阻碍强制执行措施的实施、对变卖财产的非法购买或投标、不履行法定的帮助执法的义务、威胁或伤害公务人员、威胁他人不得协助公务人员以及其他暴力阻碍执法的行为均为犯罪。

7. 虚假证据罪和违反社会公义行为（191—229条）

该罪名首先特指虚假证据的行为主要是伪造证据，以及对提供或者直接伪造虚假证据的一般处罚，同时还包含明知为虚假证据还故意提供的行为和伪造或签署虚假证书的行为。对虽然未犯罪但仍被判处死刑的人故意提供虚假证据也属于该罪名惩罚的对象。而证人在法律程序中声明证据真实性以后仍然故意给假口供的，以及司法审判人员故意删减、知情不报、销毁证据文件也属于该罪。

而该罪还包括冒出他人身份，故意提供虚假证明隐匿财产，提供虚假证供，在审判中诬陷他人，窝藏包庇死刑犯、流放犯、监禁犯或帮助其洗脱罪名，公务员故意违反法律从没收财产中谋取私利等行为。

8. 关于货币或政府印章的犯罪（230—263条）

首先该罪名涉及作为金融类票据的货币犯罪，尤其是假币、生产或销售制造假币工具的行为；同时包括教唆他人制造缅甸或非缅甸的货币，进出口假币，明知或不明知而使用假币，明知或不明知而持有假币，铸币过程中变造货币，非法带走铸币工具，改变货币用于其他用途的，伪造或持有伪造政府邮票及其工具，制造或贩卖虚假邮票及制造工具，变造邮票签章等行为。

9. 违法称重度量的相关罪行（264—267 条）

该罪名主要指故意使用欺诈性称重工具、度量工具以及持有、制造、贩卖、相关工具混淆公众，具有欺诈性的称重和衡量工具。虽然我国没有改罪名，但实际上缅甸刑法这样的规定与其意图维护市场的安全统一有不可分割的关系。

10. 影响公共健康、安全、道德罪（268—294 条）

该罪名主要指滋扰公共的各类行为，第一类，投放危险物质行为：故意或者过失传播危害他人疾病罪，违反隔离制度，在食物饮料中掺假，贩卖有毒饮品，在药物中掺假，贩卖掺假药物，以次充好，在温泉或水库中投放危险物质，在空气中释放有毒物质等行为。第二类，危害公共交通行为：在公路上急速行驶；向行驶车辆投掷危险物品；超速驾驶船舰；展示错误信号灯、图标；无安全措施或超载运客；在公共运输道上危险行驶或妨碍执法。第三类，对有毒有物质疏于管理行为：对有毒物质、易燃易爆物品、机械设备、拆迁或重修房屋、动物等危险物的管理，并且明确了对损害公共秩序的惩罚；以及在明令禁止后继续危害公共安全的其他行为，包括出售淫秽刊物、歌曲；实施淫秽行为；向未成年人出售淫秽刊物等行为。

11. 与宗教有关的犯罪（295—298 条）

该罪名是宗教教义的升华，也是缅甸作为佛教国家对宗教信仰的一种刑事保护方式的体现。该罪主要是惩罚亵渎宗教，伤害宗教情感，干扰宗教活动等行为，分别涉及伤害或亵渎任何宗教朝圣之地、侮辱他人宗教或宗教信仰的方式恶意伤害其宗教意识、干扰宗教集会、擅自闯入宗教墓地等、恶意出言伤害宗教意识这些行为。

12. 侵害生命、人身的犯罪（299—377 条）

该章的罪名与其他国家的涉及公民生命权的规定一致，保护的是公民生命不受非法剥夺的法益。

（1）刑事杀人罪

主要指谋杀，以及对刑事杀人罪行的解释；除死者故意死亡之外的刑事杀人引起的死亡以及非谋杀的刑事杀人的处罚；疏忽大意造成他人死亡；教唆小孩或精神病者自杀；教唆其他人自杀；企图进行刑事杀人的预谋行为（专指有犯意表示，还未着手实施）；企图自杀，暴徒等行为。

（2）流产及伤害胎儿的罪

主要是进行非身体原因的非法人工流产等行为，包括女性男性的非法结扎手术；个人同意下的私自结扎术；因实施结扎手术引起死亡的；未经怀孕妇女同意进行流产导致其死亡的；婴儿出生后他人故意造成其死亡的；针对怀孕妇女实施暴行导致胎儿流产死亡的；监护人或父母遗弃 12 周岁以下小孩的；私自隐瞒并遗弃婴儿尸体的行为。

（3）伤害罪

主要指故意或者过失造成他人机体的损害，包括严重伤害罪；蓄意伤人罪；蓄意严重伤人罪及其惩罚；使用危害性武器或方法造成严重伤害罪；归伤人以强制手段占有其财产或逼迫其违法罪；故意投毒造成伤害；蓄意严重伤人以抢占其财产；蓄意伤害，刑讯逼供罪；蓄意伤害公务人员致使其无法执行公务罪；受挑衅造成他人伤害罪；受挑衅造成严重伤害罪；对人身安全或生命造成威胁的行为；对人身安全或生命造成伤害罪；利用不正当的限制行为对人身安全或生命造成严重伤害罪。

（4）非法限制自由和非法监禁罪及对其的惩罚

一般非法监禁他人 3 天以上，10 天以上均有不同的惩罚。包括对应该释放的人员仍非法监禁罪；私下非法监禁罪；以非法监禁占有财产或其他非法行为；以非法监禁进行逼供或强行占有财产等罪行。

（5）暴力和暴力攻击犯罪

首先该条罪名中指明暴力、暴力犯罪、攻击等词汇的概念，其次对暴力的使用限制相对严格，除对方严重挑衅的情况下，严禁对他人攻击并实施暴力，随意使用暴力手段攻击他人都是犯罪行为。并且还针对对象的不同分为了对国家公务员进行攻击和实施暴力导致其不能执行公务罪；对妇女实施暴行；利用不正当手段监禁他人并企图攻击或实施暴力行为均为犯罪。同时该罪名下罗列了例外的情况，即对偷窃财物的小偷进行攻击或实施暴力行为，在严重挑衅情况下实施暴力行为，未超过限度的，均不违法。

（6）绑架、诱拐、奴役他人

包括在缅甸境内或境外实施的诱拐行为，以及在合法监护的情况下进行诱拐的犯罪行为及处罚。同时还包括绑架罪；企图谋杀或严重伤害被诱拐人或被绑架人；故意监禁被诱拐、绑架者；诱拐、绑架或强迫妇女结婚；

逼迫被诱拐、绑架幼女卖淫罪；诱拐或绑架 10 岁以下儿童；购买或出售人类奴隶；嫖宿被拐卖幼女罪；强迫被拐卖人口非法做工等犯罪行为。

(7) 强奸罪

该罪名只包含对违背妇女意愿而与其发生性行为的这一类单一的情况，与其他国家刑法的复合型规定不一致，仅包含强奸罪的判刑以及其他非自然性行为犯罪。

13. 侵害公民财产罪（378—462 条）

该类罪名以故意侵犯公民的财产为主观要件，以意图非法占有他人的财产为客观要件，实际上这一类行为侵犯的是公民受法律保护的财产权。

(1) 盗窃罪

首先明确盗窃罪的定义以及一般处罚规定，其次规定了相应的其他情况，如入室盗窃、职员或佣人盗取主人财物以及为使盗贼认罪而监禁或殴打其致伤、致死。

(2) 勒索罪

首先规定勒索罪一般的构成以及惩罚。其次规定了在勒索财物过程中恐吓人质或致使其轻伤、重伤甚至死亡的；以威胁他人生命安全或威胁他人以死亡、重伤、流放为代价进行勒索；明知他人的犯罪事实不予检举反而以他人的犯罪事实勒索企图获得不当得利的行为也犯该罪。

(3) 抢劫罪

首先明确规定抢劫罪的一般概念，并且明确抢夺转化为抢劫的情形，一时兴起的抢劫与蓄谋的抢劫等情形。其次明确了抢劫中造成他人伤害、死亡或者抢劫后的蓄意谋杀或重伤害；持枪抢劫；对抢劫的预备阶段、非法集会、共犯等行为的处罚。

(4) 私吞财产罪

掌握他人信息者，隐瞒当事人所上报的财产；减少死者继承人的数目等行为侵吞财物的。

(5) 背信罪

主要针对违背承诺的对背信弃义的惩罚。包括承运人对托运方、雇员对雇主、公务员对国家、银行职员对行业、中介对顾客的背信弃义行为。另外还包括私自收纳盗赃物品、故意隐瞒私自收取抢劫或盗赃中所获得的赃物以及协助他人隐匿赃物的行为均是犯罪。

(6) 欺诈罪

指明欺诈是提供错误的信息误导相关人员以掩饰犯罪事实的行为。例如：冒名欺骗罪；交付财产过程中的欺骗行为；处理财产中的欺骗行为；为了逃避债务而故意隐瞒财产的数目；在审判过程中故意欺诈或提供不实陈述；谎报财产数或故意无偿转让财产。

（7）恶作剧导致犯罪

关于恶作剧、恶意玩笑而导致犯罪的基本标准，毕竟恶作剧的本意并非故意，甚至过失。所以对于恶作剧行为罪的标准一般是造成50卢比以上的财产损失，例如：对动物的挑衅致死或致残造成动物本身的损失或者经济损失50卢比以上的；恶作剧损坏诸如道路、桥梁、隧道等公共设施的；恶作剧造成水灾或排水系统阻塞；恶作剧破坏、移动尚未废弃的灯塔或航标；恶作剧蓄意破坏政府树立的路标等。同时还包括了故意使用易燃易爆物品引起100卢比以上的经济损失；故意使用易燃易爆物品损坏房屋；故意以恶作剧方式损坏加班船或者造成20吨以上货物损失等行为。

（8）非法入侵罪

非法入侵的方式包括私闯民宅、潜伏在房屋附近伺机潜入并且对非法入侵的手段不同予以不同的惩罚，非法入侵不同于非法入侵房屋的惩罚，潜伏在房屋附近、侵入房屋、破坏房屋情节严重者判处监禁，非法入侵房屋并蓄意伤害、攻击、禁锢受害人的，情节严重的可判处监禁、流放刑甚至死刑。该罪如果由团伙实行，那么团伙中的某人对他人造成严重伤害或死亡的情况，团伙成员共同承担相应的责任。

14. 文件、商标、标签等相关犯罪（463—489条）

对于该罪首先涉及伪造有法律属性的文件，例如：伪造已登记的文件、伪造有价产权、遗嘱等文件。从主观目的上来看，以行骗为目的、以毁坏他人名声为目的伪造文件。以及直接虚构文件、以伪造文件当作真文件使用、伪造或私自占有虚假印章、明知文件是伪造的仍然继续占有和使用的以及伪造账户、商标、财产和其他标志的行为。

其次，涉及的是商标、所有权标志以及伪造商标，使用伪造的商标和所有权标志。同时严格规定了对公务员使用伪造商标及所有权标志的处罚；生产、私自占有制造伪造商标的工具；贩卖有伪造商标的货物；篡改所有权标示等行为。

最后，伪造货币、票据、汇票等罪行。包括伪造货币、票据、汇票等行为，以及故意使用伪造的货币、票据、汇票；生产或私自占有制造伪造货币、票据的工具等行为。

15. 劳务合同刑事犯罪（490—492条，其中490条和492条已被废止）

该罪主要特指劳动合同中违反照顾无助人员及给予其帮助的相关规定。

16. 与婚姻有关的刑事犯罪（493—498条）

该罪名在缅甸尚无完整的成文婚姻法的现实中显得尤为重要，主要针对严重威胁婚姻家庭安全，侵犯夫妻身份权的行为进行惩处。首先即是已婚男性与他人同居，有配偶者重婚的惩罚。其次是在下一场合法婚姻中隐瞒之前婚姻中的犯罪行为；未经法律承认私下办理婚姻手续；通奸；引诱、拐带已婚妇女等行为均是犯罪行为。

17. 诽谤罪（499—502条）

诽谤行为主要指颠倒是非黑白造成他人被处罚的情况。而颠倒黑白的言论违反了国家的文明守则、公共问题的行为守则。同时诽谤的加重情节又在于诱导案件的目击证人作出回答，将诬蔑的罪名加于有良好声誉的人，明知是诽谤之物仍然复印、宣传并销售等行为。

18. 恐吓、侮辱、骚扰的罪行（503—510条）

该罪名中包含对他人名誉的侵犯以及对他人的生活造成侵扰的情况。例如：故意挑起事端并侮辱他人；不当言辞导致公众混乱；以引发重伤或死亡结果作为恐吓的惩罚；匿名恐吓；通过语言、肢体等动作或行为对女人进行侮辱；醉酒者在公众场合作出不当的行为等均属于该犯罪之列。

19. 企图犯罪（511条）

该条是本法典的最后一条罪名，也只有唯一的内容，即对正在着手准备犯罪，还未实施者处以流放或监禁的刑法。

（三）缅甸刑法典的特色内容

纵观缅甸的刑法典，体系上有一定的完善性，但毕竟制定于近200年前，有些相应的内容也有与当下的社会脱节之嫌。但总体来说缅甸的刑法典体系完整，总则在前，刑名在后，具有逻辑性和整体性；大篇幅地规定了侵犯公民生命权与财产权的罪名，这一点与大多数刑法完善的国家不谋而合，体现了刑法的共同特性。并且作为佛教国家，在分则的刑名中体现了佛教教义的特殊需求。

1. 将危害国家、威胁公共安全及国家公职人员的职务犯罪立于罪首

与其他国家的刑法一致，将危害国家、威胁公共安全、公职人员的职务犯罪这些危害性较大的罪名置于最首，明确表示为了维护国家主权，以

国家最强的制裁手段所控制和制裁的犯罪行为。这也算是各国刑法的通例。

2. 增加侵害宗教自由罪

缅甸是一个承认佛教为国教的国家，但是也不限于佛教的教义，所以在多重宗教的影响下，维护宗教信仰成了缅甸这个宗教国家的任务。故而在刑法中作出了有关于宗教信仰维护的强制里保护规范。主要包括亵渎宗教信仰、损害宗教情感、挑唆宗教争议等内容。这样的规定在其他周边宗教国家中也并不多见。

3. 私自人工流产以及损害胎儿即为犯罪

与印度尼西亚相同的在于，宗教国家的缅甸同样也认为非身体原因的私自流产、剥夺胎儿的生存权是犯罪行为。无论是母亲还是其他人都不能剥夺胎儿的生命权，这不只是宗教国家教义的体现，也是作为一个相对人道国家理念的体现。这样的规定杜绝了其他一些犯罪行为，例如非法行医、销售假冒伪劣药品等行为。

主要参考书目

《缅甸蒲甘碑铭》，缅甸高等教育局翻译与图书出版社1980年版。

贺圣达：《缅甸史》，人民出版社1992年版。

姚秉彦、李谋、蔡祝生：《缅甸文学史》，北京大学出版社1993年版。

余定邦、喻常森、张祖兴：《缅甸》，广西人民出版社1994年版。

陈明华：《当代缅甸经济》，云南大学出版1997年版。

申华林主编：《东盟国家法律概论》，广西民族出版社2004年版。

王蔚、潘伟杰主编：《亚洲国家宪政制度比较》，上海三联书店2004年版。

贺圣达、李晨阳编著：《缅甸》，社会科学文献出版社2005年版。

米良编著：《东盟国家宪政制度研究》，云南大学出版社2006年版。

林锡星：《揭开缅甸神秘的面纱》，广东人民出版社2006年版。

[缅]吴奈温：《缅甸政府对非原住民的政策》，林锡星译，《民族译丛》1985年第5期。

冷革萍：《缅甸的宗教》，《东南亚南亚信息》1997年第12期。

林锡星：《缅甸的穆斯林问题》，《世界民族》2003年第5期。

范宏伟、肖君拥：《缅甸新宪法（2008）与缅甸民主宪政前景》，《太平洋学报》2008 年第 8 期。

陈真波：《基督教在缅甸的传播及其对缅甸民族关系的影响》，《世界民族》2009 年第 3 期。

朱进、王光厚：《冷战后东盟一体化论析》，《北京科技大学学报》2009 年第 1 期。

宁威：《缅甸最新宗教冲突揭秘》，《WORLD AFFAIRS》2013 年第 9 期。

陶程：《缅甸对外经济关系研究（1988—2009）》，云南大学。

《世界文明史（第四版·精装本）》。

MYANMAR PENAL CODE（原本）。

缅甸联邦共和国宪法（译本）。

缅甸合伙企业法（译本）。

第九章

柬埔寨法律制度

第一节 柬埔寨概况

一 基本国情

（一）自然地理与民族结构

柬埔寨全称柬埔寨王国（The Kingdom of Cambodia），面积约为18万多平方公里。位于东南亚中南半岛南部，东部和东南部同越南接壤，北部与老挝交界，西部和西北部与泰国毗邻，西南濒临暹罗湾。海岸线长460公里。中部和南部是平原，东部、北部和西部被山地、高原环绕，大部分地区被森林覆盖。豆蔻山脉东段的奥拉山海拔1813米，为境内最高峰。湄公河在境内长约500公里，流贯东部。洞里萨湖是中南半岛的最大湖泊，低水位时面积2500多平方公里，雨季湖面达1万平方公里。沿海多岛屿，主要有戈公岛、隆岛等。属热带季风气候，年平均气温29—30℃，5月至10月为雨季，11月至次年4月为旱季，受地形和季风影响，各地降水量差异较大，象山南端可达5400毫米，金边以东约1000毫米。

柬埔寨全国人口总数约1440万（2012年6月统计）。有20多个民族，其中，高棉族为主体民族，占总人口的80%，还有占族、普农族、老族、泰族和斯丁族等少数民族。

(二) 历史、文化与宗教

柬埔寨是个历史悠久的文明古国，于公元1世纪下半叶建国。公元9世纪至14世纪吴哥王朝为鼎盛时期，国力强盛，文化发达，创造了举世闻名的吴哥文明。1863年起，柬埔寨先后被法国和日本占领，1953年11月9日独立。20世纪70年代开始，柬埔寨经历了长期的战乱。1993年在国际社会的斡旋和监督下，柬埔寨举行大选，恢复了君主立宪制。此后，随着柬埔寨国家权力机构相继成立和民族和解的实现，柬埔寨进入和平与发展的新时期。

柬埔寨的通用语言为高棉语，与英语、法语同为官方语言。

佛教为国教，93%以上的居民信奉佛教。占族多信奉伊斯兰教，少数城市居民信奉天主教。

(三) 经济发展

柬埔寨是传统农业国，工业基础薄弱，服务业、旅游业在国家经济中占据重要地位，属世界上最不发达国家之一，贫困人口占总人口28%。柬政府实行对外开放的自由市场经济，推行经济私有化和贸易自由化，把发展经济、消除贫困作为首要任务，把农业、加工业、旅游业、基础设施建设及人才培训作为优先发展领域，推进行政、财经、军队和司法等改革，提高政府工作效率，改善投资环境，取得一定成效。

柬埔寨矿藏主要有金、磷酸盐、宝石和石油，还有少量铁、煤，林业、渔业、果木资源丰富，盛产贵重的柚木、铁木、紫檀、黑檀、白卯等热带林木，并有多种竹类。森林主要分布在东、北和西部山区，木材储量约11亿多立方米。洞里萨湖是东南亚最大的天然淡水渔场，素有"鱼湖"之称。西南沿海也是重要渔场，多产鱼虾。近年来，由于生态环境失衡和过度捕捞，水产资源减少。

工业基础薄弱，门类单调。农业在国民经济中占主要地位。农业人口约占总人口的71%，占劳动总人口的78%。可耕地面积670万公顷[①]，其中可灌溉面积37.4万公顷，占18%。主要农产品有稻谷、玉米、薯类、花生、豆类，湄公河流域和洞里萨湖沿岸为著名产米区，马德望省素有"粮仓"之称。经济作物有橡胶、胡椒、棉花、烟草、糖棕、甘蔗、咖

---

① 根据http://www.asean-china-center.org/zxgk/jpz.htmJHJ该网站资料显示，农业人口约占总人口的85%，占劳动总人口78%。可耕地面积630万公顷。

啡、椰子。全国橡胶园有 10 万公顷，橡胶单位面积产量较高，年产橡胶 5 万吨，主要分布在东部磅湛省。柬埔寨工业基础薄弱，主要有一些食品加工和轻工业。

近年来，柬埔寨政府加大对旅游业的资金投入，改善旅游环境。2008 年，外国到柬埔寨旅游人数达 215 万人次，同比增长 7%。主要旅游点有世界闻名的吴哥古迹、金边和西哈努克港等。

2003 年 9 月，柬埔寨加入世界贸易组织。据柬埔寨海关统计，2008 年柬埔寨进口 44.22 亿美元，出口 33.56 亿美元。柬埔寨工业出口产品结构基本以制衣业、纺织和制鞋业为主。主要贸易伙伴为美国、欧盟、东盟、中国、韩国。其中普惠制贸易国家有美国、欧盟和加拿大等共 40 个国家。[1]

二 柬埔寨法律制度概况

（一）柬埔寨法律渊源

法律的渊源，也称法源，一般是指法律规范的创制及其表现形式。柬埔寨的法律渊源即指柬埔寨规范的存在及其表现形式。柬埔寨的法律渊源与其法律的历史发展息息相关。

1. 国内立法

国内立法是柬埔寨最主要的法律渊源。柬埔寨是大陆法系国家。法国法律制度对柬埔寨法律的制定有重要的影响。立法模式主要有单行立法式，例如宪法、刑法典、知识产权法、投资法、商业企业法、商业法等。

2. 司法判例

司法判例，系指法院对具体案件的判决具有法律约束力，可以成为以后审理同类案件的依据。

3. 国际条约

国际条约是由两个或两个以上国际法主体缔结的调整其相互间权利义务关系的协议。国际条约是柬埔寨法律渊源的重要组成部分。柬埔寨加入的国际条约在柬埔寨国内同样具有法律效力，例如柬埔寨加入 WTO 的相关国际条约，知识产权保护的相关国际公约，等等。

4. 国际惯例

国际惯例是在长期国际交往中逐渐形成的不成文的法律规范，必须经

---

[1] 资料来源于 http://www.asean-china-center.org/zxgk/jpz.htmJHJ。

过国际认可才有约束力。柬埔寨在贸易制度方面同样承认部分国际惯例的效力。

(二) 柬埔寨法律体系

由于历史原因，柬埔寨的法律体系还十分不健全和不完善。事实上，现行法律制度包括20世纪60年代民盟时期、金边政权时期以及1993年王国政府成立以来三个不同历史时期制定的法律法规，在实际执行的过程中并没有明确的界限。同时，整个法律体系缺乏系统性，没有具体的法律分工，缺乏必要的部门法，关于经济、商业、贸易等方面的法律法规尤其欠缺。例如，柬埔寨至今尚无《公司法》；而商业活动中常适用的《合同法》是1988年金边政权时期制定，其相关规定已完全不能适应现代商业合作发展的需要。

(三) 柬埔寨法律制度的特点

柬埔寨王国自1954年从法属印度支那殖民地获得独立以后至今，经历了政治、经济和法律在国家主导的自由主义（1954—1970年，1970—1975年）、红色高棉的农业共产主义（1975—1979年）、越南式"改革开放"的社会主义（1979—1993年，1993—2003年）的变化。①

1. 自由主义时期（1954—1975年）

柬埔寨独立，继承了其原宗主国法兰西共和国风格的大陆法体系。在越南战争中西哈努克国王保持了绝对的中立政策，保证了柬埔寨王国在1970年以前有了较长的和平时间来发展经济。但在60年代中后期，西哈努克国王开始了强有力的国有化政策，大力扩张政府和国有企业在市场经济中的作用；受到波及的外国企业开始大量撤出柬埔寨，使其经济大受影响。1970年，通过政变上台的朗诺政权开始采纳全新的民主政体，但是常年的战乱，使其无暇顾及法律体系的发展。

2. 红色高棉的农业共产主义时期（1975—1979年）

取得政权的红色高棉废除了所有的前柬埔寨王国的法律、条约和法律相关的文件，并宣布完全废除私有制，采取了极端的农业共产主义政策。司法机构被完全撤销，大部分法官、律师和其他法律专业人士被杀害、死亡或逃离了柬埔寨。

3. 越南式"改革开放"的社会主义时期

(1) 1979年至1993年：在越南支持下成立的新政权，在1979年到

---

① 资料来源于http://wenku.baidu.com/view/980837a40029bd64783e2ce5.html。

1989 年间开始了对柬埔寨的缓慢恢复和重建工作。越南风格的社会主义政治经济体制也开始运作,虽然农业集体经济受到否认(仅在 1979—1985 年间试验性推广),但是私营经济不被许可,政府拥有和管理所有企业并控制所有国内和国际贸易。在此期间的突出立法就是 1988 年制定的关于合同和其他责任的法律(该法律至今仍然有效)。

随着自 1987 年开始的西哈努克国王和首相洪森的和解进程,以及越南军队的分步撤军,较为灵活的首相洪森主导把国名改称为"柬埔寨国"(State of Cambodia),并开始了市场自由化运动。私有制和私营经济开始起步发展,大量的现代型立法也开始产生,许多至今仍然具有效力。

(2)1993 年至 2005 年:巴黎和解后产生的新的柬埔寨王国继续进行了市场自由化的进程。1997 年洪森领导的政变并没有产生实质性的负面影响。关于外商投资、企业组织、保险、银行、税收、劳工、环境保护等立法和部门规定开始涌现,刺激和保证了经济的发展。

4. 2005 年至今

柬埔寨在 2005 年加入了世界贸易组织(WTO),其立法也在按照 WTO 的要求进行进一步的修改和完善。2009 年柬埔寨证券交易市场开始运作,现代的金融体系逐步具备雏形。

从柬埔寨法律制度的发展进程,可看出柬埔寨的法律在不断地进步与完善,特别是自加入 WTO 之后,柬埔寨吸收了国际性法律理念,实现了部分法律国际化的进程,这有助于柬埔寨法律与国际接轨。

第二节 柬埔寨宪法制度

一 柬埔寨宪法的结构与主要内容[①]

柬埔寨现行宪法(1999 CONSTITUTION OF THE KINGDOM OF CAMBODIA)于 1999 年 3 月 4 日宣布生效,包括 1 个序言和 16 章。其中,序言主要阐述了立宪目的,正文 16 章,包括国家主权,国王,柬埔寨公民的权利义务,政策,经济,教育、文化和社会事务,国民大会,参议院,国民大会和参议院,皇家政府,司法机构,宪法委员会,行政机构,国

---

① 柬埔寨宪法内容主要依据笔者对柬埔寨宪法英文版翻译而来,柬埔寨宪法的英文版从 http://www.wipo.int/portal/index.html.en 网站中下载获取。

会，宪法的效力、修订和修改，过渡条款。

柬埔寨宪法中最大的特色在于建立违宪审查制度。宪法中明确规定了国家相关代表和机构以及公民具有提起违宪审查的权利。柬埔寨设立了宪法委员会监督柬埔寨宪法的实施情况，有权就违宪申请进行调查，一旦有违宪条款等情况出现，宪法的根本大法的最高效力必须得到保障。

（一）国王

1. 国王的职能和权力

宪法规定国王是终身制国家元首、是武装力量最高统帅、国家统一和永存的象征，有权宣布大赦，在首相建议并征得国会主席同意后有权解散国会。国王因故不能理政或不在国内期间由参议院主席代理国家元首职务。国王与议会之间的交流用"皇室信息"（royal messages）进行，参议院和国民议会不得猜测并讨论皇室信息。国王根据法律规定任命最高部长和部长委员会成员。

当国家面对危险时，在最高部长（the prime minister）、众议院主席和参议院主席达成一致之后，国王应该向人民宣布国家进入紧急状态。国王是柬埔寨皇家武装部队的最高指挥官。国王是国家防御最高委员会的主席。经参众议院同意，国王宣布战争开始。在参众议院投票通过后，由国王签发国际条约和公约并宣布生效。国王有特赦权。国王签署并公布宪法、国民议会通过的法律和参议院检阅的法律，并签署由部长委员会递交的皇家法令。国王应该设立并颁发由部长委员会发起的国家奖牌，并根据法律规定授予民事和军事头衔。

2. 代理国王及国王资格

当参议院选任的医生证实国王身患严重疾病因而无法履行国家元首的正常职责时，议会主席和参议院主席、最高部长作为代理国王行使国家元首职责。

王位不能世袭。国王去世、退休或退位后，由首相、佛教两派僧王、参议院和国会正副主席共9人组成的王位委员会在7日内从安东、诺罗敦和西索瓦三支王族后裔中遴选产生新国王，国王必须是皇室成员，至少30岁。

3. 女王的职能

国王的妻子享有柬埔寨女王的头衔。柬埔寨王国的女王无权参与政治，不得担任国家元首、政府首脑或其他行政或者政治角色。女王应该参与服务于社会、人道主义、宗教利益的活动以及协助国王完成外交礼仪和外交职能。

(二) 柬埔寨公民的权利义务

1. 公民参与政治生活的权利和自由

(1) 平等权

柬埔寨王国承认并尊重人权、父母和儿童的权利。不论公民种族、肤色、性别、语言、宗教信仰、政治倾向、出身、社会地位、财富或其他因素如何，在法律面前每一个柬埔寨公民均享有平等权，享有相同的权利、自由和负有相同义务。每个公民应依法行使权利和自由，行使权利时不得对他人的权利和自由构成不利影响。每个柬埔寨公民均享有生活权利、个人自由和安全。柬埔寨公民，非因引渡的双边协议规定，不得被剥夺国籍、流放、逮捕和驱逐到国外。居住在国外的柬埔寨公民受国家保护。

每个公民不分性别可根据自己的能力和社会需要选择工作，享有同工同酬权利，享有贸易主体资格。家庭主妇所做的家务事与在外做同样工作的所得价值等同。每个公民有权获得法定的社会安全和其他社会福利。

柬埔寨宪法规定，社会不得歧视妇女。男人和女人在所有领域都享有平等权利，特别是在婚姻和家庭事务方面。任何人的婚姻均遵循自愿原则。

(2) 选举权

柬埔寨公民不分性别，凡年满18周岁均享有选举权，凡年满25周岁均享有被选举权，凡年满40周岁享有参议员候选人的被选举权。

(3) 政治自由

柬埔寨公民不分性别均享有积极参与国家政治、经济、社会和文化生活的权利。任何人提出的意见均受重视。罢工和非暴力示威活动应在法律允许范围内进行。柬埔寨公民享有言论、出版、新闻和集会的权利，行使这些权利的时候不得损害他人的权利，不得影响社会的善良传统习俗，不得侵害公共法律和秩序以及国家安全。媒体制度由法律规定。柬埔寨公民享有组建社团和政治团体的权利，并有权在互惠基础上参与大规模的组织保护国家财产和维护社会秩序。

(4) 控告、申诉的权利

每个公民有权通过司法途径捍卫自己的权利。柬埔寨公民可通过国家或社会机构或机构的职员对违反法律的行为进行揭露、控告或提起诉讼。

2. 公民的人身自由和信仰自由

(1) 人身自由和住宅不受侵犯、通信自由和通信秘密受法律保护、人格尊严不受侵犯

法律保障个体不受身体虐待、保护公民的生命、荣誉和尊严。没有法律规定不得控告、逮捕或拘留任何人。不得对被拘留者或服监人员进行刑讯逼供或身体上的虐待。实施、参与或密谋刑讯逼供或类似肉体虐待的人应当受到法律制裁。身体上或精神上遭受刑讯逼供而招供的内容不得视为有罪的证据。任何有疑点的案件按照有利于被告人的原则处理。未经过法庭判决有罪的，任何被告人应视为无罪。

公民享有旅行、定居国外或返回柬埔寨的权利。公民居住隐私、通讯秘密受法律保护。

(2) 宗教信仰自由

公民不论其性别均享有信仰自由的权利，宗教信仰和信奉的自由在不影响其他宗教信仰或不侵犯公共秩序和安全的情况下受到国家保护。佛教是柬埔寨的国教。

3. 公民的社会经济和其他方面的权利

(1) 公民的私有财产权

所有公民无论是个体还是集体均享有所有权。私人所有权受法律保护。只有柬埔寨法人和具有柬埔寨国籍的公民有权获得土地。个人财产只能出于法定的公共利益才能被没收，并且对没收的财产要给予公平公正的补偿。

(2) 其他方面的权利

柬埔寨宪法规定，贩卖人口、卖淫或色情服务等会影响妇女名声的行为均被禁止。妇女不得因怀孕而被解雇，并可以获得带薪产假，保持职位或其他社会福利。国家和社会应该为妇女提供机会，特别是生活在农村地区缺乏足够社会保障的妇女，让她们可以获得工作、医疗、送孩子上学的保障，并有一个舒适的生活条件。父母有义务照顾并教育自己的子女成为善良公民。子女有义务按照柬埔寨传统照顾他们年老的父母。国家保护儿童法案赋予孩子的权利，特别是他们的生命、教育、战争时受保护和不得受经济剥削和性剥削的权利。国家保护子女的受教育机会、健康和福利权利不受侵犯。每个柬埔寨公民必须遵守宪法和法律，并有义务参与国家建设和保卫国土。所有柬埔寨公民不论性别均应尊重国家主权原则和自由多

党派的民主政策，并充分尊重公共财产和经合法途径获得的私人财产。

（三）经济

"经济"问题被单独罗列为柬埔寨宪法的专章，可见柬埔寨王国对经济发展的重视力度。柬埔寨王国采取市场经济体制。

国家财产构成包括土地、矿产资源、山脉、海洋、地下水、大陆架、海岸线、领空、岛屿、河流、运河、湖泊、森林、自然资源、经济和文化中心、国家防御基建和其他被规定为国家财产的设施。国家应该保护环境并制订详细计划管理陆地、水、空气、风、地质、生态系统、矿、能源、石油和天然气、岩石和沙、宝石、森林和森林产物、野生动物、鱼以及水资源。

柬埔寨公民有权利销售他们的产品。除非法定的特殊情况，任何人不得被强迫销售产品给国家。国家应当促进所有部门和边远地区的经济发展，特别是农业、手工业、工业，同时也要关注水、电、道路和交通方式、现代科技和信贷体制的发展。国家应当关注和帮助解决产品事务，为农民、手工业者保护产品价格并为他们提供销售市场。国家应重视市场管理以保障人民更好的生活水平。国家严厉处罚进口、生产和销售非法药物、假冒伪劣和过期产品等影响消费者健康和生命的行为。

（四）柬埔寨议会

1. 国民议会

国民议会是柬埔寨议会的下议院，共有123个席位，由比例代表制选出，任期为5年，每个省份就是一个选区，每个选区可选出1—18名议员，并由汉狄法进行席位分配。国民议会享有立法权，并按照宪法和法律的规定履行职责。其立法权不可转移给其他机构或个人。国民议会的几项特殊决议由国民议会成员过半数赞成票通过（宪法列举了诸如国家预算、国家计划、贷款、赦免等特别事项）。国民议会在皇家政府的投票以全体成员的2/3人数通过投票决议。参议员、国民议会成员和最高部长有权发起立法，提出修改法律的建议，但这些建议若旨在减少公众收入或增加人民负担则不可被采纳。当国民议会通过的法律违背国家独立、主权、领土完整原则，影响国家团结或国家行政管理的，应当由宪法委员会废除。国民议会通过的法律一般由参议院最后检阅，由国王签署日开始，10日后在金边生效，20日后在全国生效；国民议会应该设立各种必要的委员会。若国民议会代表死亡、辞职或被开除，那么至少在任命终结前6个月根据国民议会程序内部规则和选举法规定指派一个替代者。

2. 参议院

参议院是柬埔寨议会的上议院,根据宪法和法律规定履行职责。参议院组成人数不超过国民议会成员数的一半,部分参议员是提名任命产生,部分参议员通过非普选方式产生。国王应当提名任命两名参议员,国民议会经过过半数票投票选举产生两名参议员,其他参议员通过非普选方式产生。关于参议员的提名和选举的组织与运行程序以及选举人的决定、选举的组织和选区问题都由法律决定。参议员任期 6 年,任期于新参议员产生时终止。参议员享有豁免权,其不得因在履行职责过程中发表的言论而受控告、拘留或逮捕,但参议院或参议院常务委员会同意的除外。参议院每年举行两次例会,每次会期至少持续 3 个月。如果需要传唤国王或总理,则参议院需召开特别会议,至少获得 1/3 的议员同意方可传召。

一般情况下参议院会议公开举行。当主席、至少 1/10 的参议员、国王、最高部长(prime minister)或国民议会主席提议不公开举行会议时,则会议不公开。参议院有义务做好国民议会和政府之间的协调工作。参议院应当审查草案或已由国民议会第一次通过的法律或国民议会递交的其他事务,并提出建议。参议院应当设立必要的委员会,参议院的组织办法和职能由参议院内部规则规定。该内部规则应由所有参议员 2/3 的多数投票通过。

在特殊案件中,国民议会和参议院可以聚集解决国家的重要问题。这种特殊情况由法律确定。

(五)皇家政府

部长委员会(the council of minister)是柬埔寨的皇家政府,由一个部长主席,副部长主席、国家部长、部长和国家秘书组成,其中部长主席起领导作用,其他成员起辅助作用。国民议会主席提议并获得国民议会副主席的同意后,国王从获胜政党的代表中任命代表组成皇家政府。皇家政府成员不能从事贸易或工业的职业,也不能任公职。皇家政府成员集体就皇家政府的所有政策问题对国民议会负责。皇家政府的每一个成员就自己的个人行为对部长主席和国民议会负责。皇家政府成员不得利用任何人的书面或口头命令使自己免罪。部长委员会应当每周举行全体会议或工作会议。部长主席主持全体会议。部长主席可以指派一个部长副主席主持工作会议。部长主席有权将其权力委托给部长副主席或皇家政府的任何成员履行。如果部长主席职位永久空缺，应按照宪法规定的程序任命新的部长委员会；如果空缺只是暂时的，则可任命一个执行部长主席。每个皇家政府成员在其履职期间所犯的罪行或不法行为应受到惩罚。部长委员会的组织和职能由法律规定。

（六）司法机关

1. 司法权独立

司法机关应保障和维护公平，并保护公民的权利和自由。最高法院以及基层法院均被赋予司法权，管辖各类法律案件包括行政案件。只有法官享有审判权，法官应该尊重法律、认真尽职地履行自己的职责。

2. 司法权不得授予立法机构或行政机构

只有检察部门有权提起刑事案件诉讼。国王保证司法权的独立，该权力的行使由最高安保委员会辅助国王进行。判决必须执行，由最高安保委员会对不执行判决的人进行惩罚。最高安保委员会由国王领导，国王可以任命一个代理人来领导最高安保委员会。法官的地位、起诉人和司法机关的职能由单独法律、单行法例（separate laws）特别规定。

（七）宪法委员会

1. 职责

宪法委员会有义务保障宪法的权威并解释宪法和法律。宪法委员会接收并解决关于选举国民议会代表以及参议员的纠纷案件。

2. 构成

宪法委员会由9名成员组成，1/3的委员会成员每三年替换一次。国王任命3名成员，国民议会任命3名，其他3名由最高安保委员会任命。主席由宪法委员会成员选举产生，主席的投票在赞成票和反对票数相等时起决定作用。宪法委员会成员应从受过法律高等教育者、行政官员、外交官、经济学家或有一定工作经验的人士中产生。宪法委员会成员不得担任参议员、国民议会议员、皇家政府成员、法官、公职、政党的主席或副主席以及联盟会的主席或副主席。

3. 违宪司法审查制度

违宪司法审查制度是柬埔寨宪法的特色之处。通观东南亚国家宪法制度，在宪法内直接规定违宪司法审查制度的情况并不常见，可见，柬埔寨对宪政问题的重视力度。

在法律公布前，国王、部长主席、国民议会主席、1/10 的国民议会代表、参议院主席或者 1/4 的参议院成员可以将经由国民议会通过的法律递交给宪法委员会检查。国民议会内部规则、参议院的内部规则和其他组织法律应当在公布前递交宪法委员会检查。宪法委员会应当在 30 日内决定上述法律以及国民议会或参议院的内部规则是否符合宪法规定。任何法律公布后，国王、参议院主席、国民议会主席、部长主席、1/4 的参议院成员，1/10 的国民议会代表或者法院可以要求宪法委员会审查法律的合宪性。柬埔寨公民有权通过他们的代表或国民议会主席或参议员或参议院主席对任何法律的合宪性提出上诉。违宪条款不得公布与实施。宪法委员会的决定是终局决定。国王修改宪法时应该咨询宪法委员会。

二 柬埔寨宪法的历史与发展

柬埔寨王国的宪法变化比较明朗，修改次数并不多。柬埔寨 1993 年宪法于 1993 年 9 月 21 日经柬埔寨制宪会议通过，由西哈努克国王于同年 9 月 24 日签署生效。

1999 年 3 月 4 日，第二届国会通过宪法修正案，新宪法由原来的 14 章 149 条增至 16 章 158 条。1999 年宪法即为柬埔寨王国的现行宪法。宪法规定，柬埔寨的国体是君主立宪制，实行自由民主制和自由市场经济，立法、行政、司法三权分立。国王是终身制国家元首，是武装力量最高统帅，是国家统一和永存的象征，有权宣布大赦，在首相建议并征得国会主席同意后有权解散国会。国王因故不能理政或不在国内期间由参议院主席代理国家元首职务。王位不能世袭。国王去世、退休或退位后，由首相、佛教两派僧王、参议院和国会正副主席共 9 人组成的王位委员会在 7 日内从安东、诺罗敦和西索瓦三支王族后裔中遴选产生新国王。

第三节 柬埔寨民商事法律制度

柬埔寨没有统一的民法典，只有各不同部门法的单行法规和法令。由于婚姻法相关制度资料难以搜集，现有资料有限，因此，本节重点介绍柬埔寨王国的合同法律制度以及商事制度。

一 合同法[①]

柬埔寨于 1988 年 10 月 28 日正式颁布和实施第 38 号有关合同和其他债务的法令。该部法令共有 138 条，分为四章，分别为合同内容、常用合同内容、其他责任内容和附则。在该部法令中，还可看到关于侵权制度的规定。

合同是指两名或多名个人之间创设、变更或终止约束他们的一个或多个义务的自愿协议。合同当事人应当诚实信用，尊重社会道德，特别要消除一方合同当事人对另一方合同当事人的剥削。

（一）合同的订立

柬埔寨合同法规定，合同必须具备如下要件方为有效：第一，当事人双方自愿订立合同，并签订真实协议；第二，合同当事人具有订立合同的行为能力；第三，合同内容确定，能够履行，并符合公序良俗；第四，合同有对价。与中国合同法相比，内容具有相似之处。中国合同法规定合同的订立必须经过要约与承诺的过程，其实就是合同当事人真实意思自治的结果。承诺一旦生效，合同便成立。当双方订立的合同没有违反相关法律规定时，合同即生效。

1. 当事人双方自愿订立合同，并签订真实协议

在合同法中，意思自治原则堪称霸王原则，只有当事人在自愿基础之上订立合同，所订立的合同才是有效合同；除此之外，合同内容必须是合同双方真实地表达意图，也即法律否定任何受胁迫的、欺诈或者重大误解等原因而订立的合同效力。

2. 合同当事人具有订立合同的行为能力

除非法律另有规定，年满 18 周岁的自然人具有完全订立合同的行为能力。未满 18 周岁的自然人非经其监护人同意不得订立合同，但事后监护人可对该合同效力进行追认。未成年人因其日常生活需要订立的合同不需要获得监护人同意即为有效。当事人与不具有订立合同行为能力的未成年人订立合同的，不能以合同另一方不具有订约能力为由，主张解除自己的合同义务。

---

① 参见董治良、赵佩丽主编《柬埔寨王国经济贸易法律指南》，中国法制出版社 2006 年版。

3. 合同内容确定，能够履行，并符合公序良俗

订立的合同内容不得违背公序良俗的内容，不得违反社会利益和社会道德。

4. 合同有对价

合同标的必须有价值，处分标的物的当事人应当对标的物享有处分的权利。合同标的的对价应当公平、适当。

(二) 无效和可撤销合同

柬埔寨合同法规定合同在特殊情况下可以被依法认定无效或可撤销。中国合同法中同样规定有无效和可撤销合同的情形，但是与柬埔寨的法律规定稍有不同。

1. 无效合同

根据柬埔寨合同法规定，若如下情形发生，合同无效：第一，合同违反法律，不遵守公序良俗；第二，合同与社会公共利益相悖，或者违反了社会道德规范；第三，合同内容无法履行。中国合同法中无效合同的法定情形较之更为复杂，还包括因为合法形式掩盖非法目的而订立的合同、恶意串通损害国家财产及利益等情形。

2. 可撤销合同

根据柬埔寨合同法规定，若如下情形发生，合同可被撤销：第一，不是双方自愿或真实订立的合同；第二，不具有订立合同行为能力人订立的合同；第三，在误解、欺诈或胁迫、暴力、乘人之危以及合同对价不公平的情形下订立的合同。在中国，不具有订立合同行为能力人订立的合同不是可撤销合同而是效力待定的合同，若权利人不进行追认合同，合同无效。同时中国合同法更为具体和全面地规定了其他两种效力待定的合同，包括无权处分以及无权代理的合同。这一点与柬埔寨的规定有较大不同。

(三) 合同的履行

1. 履行方式适当

合同履行方式的规定要求义务人按照合同约定的时间、地点、方式、质量等适当履行。但是柬埔寨法院能够根据"善意精神"和基于承担义务当事人的特殊"经济状况"而延长或延迟履行期限。

2. 履行的地点

双方当事人按照合同约定地点完成各自义务；合同对履行地点未约定的，以合同义务人所在地为合同履行地。

3. 履行的时间和期限

双方当事人按照合同约定时间或期限完成各自义务。合同对履行时间未规定的，合同义务人可以在任何时间履行合同义务，而合同权利人则可以在任何时间要求履行合同义务；合同中未约定或法律没有规定具体的履行期限，依照法律承担义务的当事人只要是在一个合理的时间范围内，能够在任何时间履行或清偿义务。义务是支付价款的，合同权利人有权要求付款当事人在任何时间付款。

（四）合同的违约和赔偿

合同的违约和赔偿问题的制度与中国规定较为接近。柬埔寨合同法同样规定不可抗力免责制度以及赔偿损失与实际损失相符的原则。

（五）各类有名合同

柬埔寨规定了买卖合同、借款合同、个人财产担保合同、承揽合同、运输合同、寄托合同、借用合同、租赁合同、保证人合同。有名合同的相关规定与中国的规定相似，在此不再赘述。

个人财产担保合同是指债务人把其个人财产交付债权人持有作为债务的安全担保的合同。拥有这种担保财产的债权人有权优先于其他债权人受偿。

借用合同是无偿的，出借人保留对其财产的所有权而出借给借用人使用。借用人未经出借人同意不得出售、互易或再次出借该财产，并且要以善意和适当的方式使用该财产。对借用财产的维修和保护费用由借用人承担。由于借用人过错导致借用财产受损或者丢失的，借用人应当向出借人承担赔偿责任，但是因不可抗力原因导致借用财产受损或者丢失的，借用人无须承担赔偿责任。借用人必须按照合同规定的时间返还借用财产；如果合同中没有约定返还时间，出借人可以随时要求返还其出借的财产。如果借用人不适当使用借用财产，不按照借用财产的正常功能使用的，即使在合同约定的返还时间之前，出借人也可以立即要求返还其出借的财产。[①]

[①] 董治良、赵佩丽主编：《柬埔寨王国经济贸易法律指南》，中国法制出版社 2006 年版，第 126 页。

二 《商业企业法》①

柬埔寨没有一部独立的《公司法》，关于合伙和公司制度见于《柬埔寨商业法》《商业管理与商业登记法》《关于在商业部进行商业登记的指导性通知》《投资法》《投资法修正法》等法律中。柬埔寨于 2005 年 5 月 17 日颁布实施的《商业企业法》主要规定了合伙企业以及公司的相关事务，因此是合伙企业法与公司法的结合，尽管如此，这些法律法规也为柬埔寨市场主体的投资行为规定了法律依据，能够促进柬埔寨的经济发展。

《商业企业法》共 8 章 304 条，分别是总则、普通合伙企业、有限责任公司和公众有限责任公司、外国企业、股东衍生诉讼、罪行、法则与补救措施、过渡性条款和最后条款等。柬埔寨的合伙企业制度没有单行立法，其法律规定与国际接轨将合伙企业分为普通合伙企业和有限合伙企业。

（一）普通合伙企业

1. 普通合伙企业的设立

普通合伙企业的设立要求合伙人具有民事行为能力，自然人与法人均可成为普通合伙企业的合伙人。合伙人之间要订立合伙协议，作为普通合伙企业的证明，可以是口头或者书面的形式。普通合伙企业的资产具有独立性。法律还特别规定普通合伙企业的营业场所的办事处必须在柬埔寨王国境内。关于出资问题，合伙人可以以货币、实物、技术、工业产权和劳务等方式出资。实物出资的评估必须经过其他合伙人认可，劳务出资可以是合伙人的知识也可以是其他的劳务，但是行政权力不得作为劳务出资。

2. 普通合伙企业合伙人的权利与义务

普通合伙人享有参与经营管理和执行合伙事务的权利，享有企业利润分配的权利。合伙人不得自营或与他人合作经营与合伙企业相互竞争的业务。合伙协议中约定某合伙人不享有收益或免除某合伙人责任的约定是无效的，不得对抗善意第三人。经过全体合伙人同意，普通合伙人可以转让其财产份额。

对于合伙事务的管理，合伙人可以推选某个或某几个合伙人代为管理，也可以委托合伙人之外的第三人管理合伙事务。受托人必须对合伙企

---

① 参见黄滢《柬埔寨合伙企业法律制度研究》，载于《东南亚纵横》2011 年第 9 期。

业负责，代理行为后果由合伙企业承担。普通合伙人对外代表合伙企业时，如果交易行为中既有个人行为又有企业行为时，则该合伙人与合伙企业对债务承担连带责任，同时，该合伙人与合伙企业对获得的收益可以按适当比例分红。

3. 普通合伙企业与第三人的关系

合伙人出于善意对外进行的代表合伙企业的行为有效。当第三人相信行为人是普通合伙企业合伙人时，善意第三人可以要求该行为人承担责任。一般情况下，普通合伙企业对他人的欺诈行为无须承担责任，但是如果因合伙企业没有采取措施而让第三人发生误解的，合伙企业也要承担责任。柬埔寨不承认隐名合伙人制度，如果行为人没有宣布为合伙企业的合伙人，但是参与合伙企业的实际经营的，视为普通合伙企业的合伙人，与其他合伙人共同承担连带责任。普通合作企业不能发行证券。

4. 入伙与退伙

经过全体合伙人同意，自然人和法人可以加入普通合伙企业。如果未经过其他全体合伙人一致同意，合伙人擅自转让其财产份额予第三人，该第三人不得成为合伙人。新入伙人对入伙前普通合伙企业的债务承担无限连带责任。

合伙人符合以下情形的可以退伙：第一，转让财产份额；第二，死亡；第三，处于破产监督下；第四，行使退伙权；第五，被除名；第六，被法院强制执行其财产份额而退伙。除非合伙协议另有规定，普通合伙人的退伙并不导致合伙企业的解散，但是合伙企业应当及时修改合伙协议并到登记机关进行变更登记。退伙人退伙后，对退伙前的债务承担连带责任。若合伙企业偿还债务之后仍有财产，合伙人可从合伙企业中取回其财产份额，其他合伙人有义务从其退伙之日起给付其相应的财产份额和利息。取回的份额以合伙协议的约定确定其份额，如果对于取回份额的数额有争议的，可以由全体合伙人选择或者法院指定一个评估机构重新评估。

合伙人还可以通知退伙的方式退出经营。非固定成员的普通合伙企业合伙人可以基于善意在通知其他合伙人之后退伙。固定成员的普通合伙企业合伙人不能通知退伙，得到其他合伙人的一致同意或者合伙协议另有规定的除外。

如果某一合伙人不履行其义务或者在执行合伙事务中有隐瞒行为，其他合伙人一致同意后可以将其除名。如果该合伙人对除名决议不服，可向法院提出异议，法院可以经过审查后裁决异议是否成立。

5. 合伙企业的解散与清算

合伙企业解散的原因如下：第一，合伙协议中规定的解散事由出现；第二，合伙企业的经营目的已经达到；第三，合伙企业不能继续经营下去；第四，全体合伙人一致同意解散。

普通合伙企业解散后立即进入清算阶段。清算人受托后对企业财产进行占有和管理，并有权要求合伙人提交相关的文件和账簿。清算完毕后，按照下列顺序进行清偿：职工的工资、所欠税款、其他债权、合伙人的出资返还或盈余分红。此规定与中国合伙企业的解散与清算规定相同。

（二）有限合伙企业

有限合伙企业是由有限合伙人和普通合伙人构成的合伙企业。在有限合伙企业中至少有一名有限合伙人和一名普通合伙人。有限合伙企业吸收了合伙制度与公司制度的特点，最大限度地满足不同投资者的需求。除有限合伙企业特别的规定外，其他有关普通合伙企业的规定仍适用于有限合伙企业。

1. 有限合伙企业的设立

首先，有限合伙企业的合伙人构成需符合法定条件，至少有一名普通合伙人和一名有限合伙人构成。其次，有限合伙企业需签订合伙协议。合伙协议可以是口头或者书面形式。但如果是书面合伙协议的，应当由全体普通合伙人和至少一名有限合伙人签名方有效。再次，出资方式符合法定要求，有限合伙人可以以货币和实物出资，并且可以随时增加出资。但是有限合伙人不得以劳务出资。最后，有限合伙企业有自己的名称并且依法登记。有限合伙企业成立的日期为登记的日期。需要特别注意的是，如果不进行登记，则有限合伙企业不得具有法人资格，只被认为是一般的合伙关系。

2. 普通合伙人和有限合伙人的权利义务

有限合伙企业中普通合伙人的权利义务与普通合伙企业的普通合伙人的权利义务相同。有限合伙企业中的普通合伙人参与合伙企业事务的管理，并对有限合伙人负责，对企业的债务承担无限连带责任。

有限合伙人不参与有限合伙企业的经营管理，对外不得代表有限合伙企业，但有权参与有限合伙企业红利的分配。有限合伙人可以随时查阅企业的文件关注企业的发展，并监督普通合伙人的管理行为。如果有限合伙人的名字出现在合伙企业的名称中，应当承担与普通合伙人一样的无限连带责任，除非第三人知道有限合伙人真实身份。合伙企业存续期间，有限合伙人不得任意撤回出资，除非其他合伙人同意并且抽回出资后剩余的财产足以支付有限合伙企业的债务。有限合伙人可自由转让其财产份额。普通合伙人对企业债务承担无限连带责任，有限合伙人则以其出资额为限承担责任。

三　公司制度[①]

柬埔寨包括公众有限责任公司、个人独资有限责任公司、私人有限责任公司、独资经营、公共企业等。这种分类具有独特性。公众有限责任公司（股份有限公司）是在一个以上同意开展商业行为的实体之间订立的合同基础成立的经济实体。公众有限责任公司可以拥有30个以上的股东，各股东在其拥有公司股份的数量范围内对公众有限责任公司的债务承担有限责任。公众有限责任公司可以向公众募集股本，公司的股权证明和公司的其他有价证券应当根据有关股票市场的规定向一般公众出售。

个人独资有限责任公司是在一个被称为单独出资人的自然人的单方意愿下建立的一种企业形式。这种企业也可以在私人有限责任公司的所有股份归属于一人的情形下形成。个人独资有限责任公司是只有一名股东的私人有限责任公司的特别形式。此股东只在其对公司的出资范围内对公司的债务负责。个人独资有限责任公司的股东应作为公司的董事，第三方也可被任命为公司的独立董事。

私人有限责任公司是指由两个以上从事商业行为的实体组建的一种企业形式。公司股东应在30人以下。任何在私人有限责任公司中共同拥有股权的人都被视为股东。股东以其出资为限对公司承担责任。私人有限责任公司应由一个以上董事管理和控制，董事可以是股东或其他第三方。股东可随时根据法律的特别规定而转让股权，但其不得向一般公众提议出售其股权。任何私人有限责任公司的股份转让应依照公司的成立章程和公司规章进行。

[①]　参见董治良、赵佩丽主编《柬埔寨王国经济贸易法律指南》，中国法制出版社2006年版，第93页。

四 《柬埔寨王国商业法》①

《柬埔寨王国商业法》于1995年5月3日通过。主要规定商人从事商业活动的登记注册规则。

（一）商业活动的范围

该法律对是否属于商业活动作了具体列举：

（1）属于商业活动的范围

下列活动属于商业活动：购买目的是出售，其中包括不动产；所有出租业、制造业、收取服务报酬业、运输业、印刷业，以及其他各种服务业；进行兑换钱币的银行；提供中间人性质服务、代理处和协调办公室服务、文化服务和安排公共旅游；从事建筑业、购买或租赁轮船在国内或国外运输，进行陆路、水路和空中运输和托运；各类保险业；渔业、林业和矿业。

（2）不属于商业活动的范围

不为出售的生产；家庭性质的生产和服务；纯艺术性质的生产；合法的协会或私人直接进行的训练等活动不属于商业活动。

（二）商人的范围

该法以排除法的方式规定下列主体不属于商人：

（1）所有的生产者、手工业者或农民，所从事的活动具有家庭性质，不被认为是商人；

（2）任何人如果只是帮忙身为商人的配偶出售货物，不被认为是商人；

（3）任何职员，如果只出售身为商人的企业主人的货物，不被认为是商人；

如果商人的配偶，从事商业活动，并且已在不同的商业名册上注册，应被认为是商人；

（4）按本法规定，未成年人不能是商人，除非该未成年人已无监护人；

（5）因下述原因，则被认为失去从事商业活动的能力：破产、法庭

---

① 《柬埔寨王国商业法》法条内容来自 http://www.caminfoweb.com/ReadNews.asp?NewsID=452 网站。

作出禁止从事商业活动的决定、商业工作和公众工作发生冲突。

(三) 商业名册注册

所有商人和贸易公司，如果在柬埔寨王国设有总公司、子公司或代理处，有责任在该商业名册上注册，除非该商人不需要缴纳盈利税；必须在该名册中，登记所有有关商人和从事商业活动公司的分类材料。

1. 在柬埔寨王国设有公司的商人

商业活动开始之前15天内，商人必须将自己从事营业的地点呈送商业法庭秘书办公室，在商业名册上注册。报告书必须有当事人的签名或大拇指纹。报告书必须按秘书提供给的样本书写，详细报告法律要求的报告事项，如商人的姓名和本人身份证号码、在商业活动中使用的名字和代名、出生年月日和出生地以及地址、国籍等，营业的地址、商业标志、当事人的签字样本以及印章样本等。必要时，某些项目和某些商业内容必须得到批准，并且发给批准书。

该法还规定，以下情况必须登记在商业名册上：所有与上述条文中允许在商业名册中注册的情况发生任何相关的改变；法庭与法官的判决书，决定允许商人夫妻离婚；进行营业的发明证书和商人使用的生产标志或商标；法庭与法官判决书所委任的辅助商人的赞助委员会或禁止商人从事商业活动的法庭与法官判决书，以及禁止出口的法庭与法官判决书；为了进行营业而把贵重财产抵押的证书；宣布破产的法庭判决和按照法庭的办法清盘；转让商业基金。

2. 在柬埔寨王国有固定办事处的公司

注册工作必须由管理人在成立公司的当月内和开展商业活动之前15天内进行。申请注册者必须向商业法庭秘书办公室提供两份由申请者本人签署的公司办事处所在地的报告书，同时还要有公司的章程存档。

报告书必须按秘书提供给的样本书写，该报告书须注明：股东的名字和代名、公司的标志、公司的营业内容、公司在柬埔寨王国境内的固定办事处、分公司和代理处的地址、被授权管理、处理和代表代司签字的股东或第三者的名字、出生年月日和出生地、公司资本、资本来源，出资形式、公司规模以及股东或第三者的签名样本和公司印章样本、由银行发出的存放资金证明书无刑事犯罪声明等。

3. 只有分公司或代理处在柬埔寨王国的外国公司

所有在柬埔寨王国只有分公司或代理处的外国贸易公司必须在商业名

册上注册。履行登记注册手续与法律对在柬埔寨王国有固定办事处的公司的相关规定相同。除此之外,把分公司和代理处所发生的变化和改变情况,登记在商业名册上。

五　婚姻家庭法

柬埔寨是一个有着悠久历史的文明古国,其婚俗制度受佛教和婆罗门教影响甚远。庄重、肃穆、虔诚便是柬埔寨高棉族传统婚俗的主要特点。

(一)婚姻习俗

在婚姻制度发展中,柬埔寨也曾出现"男嫁女"的传统习俗。儿女的婚姻也需要由父母定夺。由于妇女在家庭的地位相对比较高,儿女的婚姻尽管也是父母之命,但是家里的父亲要与母亲一同商量,并同时尊重儿女的意志,不会将父母的意志强加于子女,所以柬埔寨传统婚俗并不是父母之命不可违。在柬埔寨传统婚俗中父母为子女决定婚姻大事的时候,最首要的是看重对方的人品,其次是家庭、经济、门风等情况。同时又由于受佛教的影响,高棉族人特别看重"合八字"以确定子女婚姻是否相冲。

柬埔寨传统婚俗中婚姻必须经过四个步骤,即"说媒""提亲""定亲"和"亲迎",类似于中国的六礼制度。通过媒人知晓对方家庭背景、经济实力、对方子女的人品性情等,然后再询得双方的生辰八字,经过合八字之后,男方家向女方家提亲。男方提亲的日子由女方父母来定。提亲分为三次,第一次和第二次都是由媒人带上男方家准备的礼物前往女方家,说明男方家的意图,第三次男方则与媒人一同前往女方家,获得同意方可订婚。在礼品准备过程中,象征爱情的槟榔必不可少。一旦女方家长认可男方之后,进入"定亲"阶段,男方准备槟榔、金银首饰等礼品与女方家定下婚期,最后完成婚礼。

婚礼的举行历时三天,第一天是"入棚日",男方搭建"结婚棚",第一层是灶台,第二层用来招待宾客,第三层是男方新郎的临时住所。棚内要摆放神台。第二天由男方带领"亲迎"队伍到女方家举行婚礼,由此可见,女性地位比较高。男方的"亲迎"队伍要带着各种礼盘到女方家,队伍越长、越隆重,女方也就越有面子。男方到达女方家之后,要先祭拜女方家的列祖列宗,表达自己愿意成为女方家庭一员的意愿。在第二天有一个非常重要的仪式,即"剪槟榔花仪式"。当槟榔花被锋利的剪刀一剪即断时,寓意着男女双方婚后能够幸福美满、白头偕老。"剪槟榔花仪式"结束后，男女双方举行"剪发礼"。"剪发礼"并不是真正的剪头发，而是将身上的汗毛等轻微剔除几根，意味着干净、美满。女方剪完才能轮到男方剪发。接着进行"诵经"仪式。男女双方均面朝东席地而坐，听僧人诵经念佛。最后，举行"绑手礼"，象征着新婚夫妇心连心。第三天，举行"拜堂礼"，一拜祖先，二拜父母，最后夫妻对拜。

现代婚俗发生变化。传统婚俗讲究"父母之命，媒妁之言"，而现代柬埔寨社会的男女有自由恋爱的权利。男子年满18岁可以结婚，女子年满16周岁可以结婚。结婚的礼俗也由原来的3天缩短至1天。

（二）夫妻关系

柬埔寨施行一夫一妻制。高棉族传统婚俗中，受母系氏族社会的观念影响，妇女在家庭的地位较高，男子婚后与女方家人一同生活，妇女负责相夫教子、家务等，男子主要是家庭的经济支柱，但是家庭的财政大权却是掌握在妇女手中，妇女在家庭中有绝对的控制权，男子做任何决定都需要与妇女商议，方可定夺。

（三）婚姻的终止

高棉族受宗教信仰的观念影响，对婚姻持有非常谨慎的态度，一般不会轻易解除婚姻关系。因为婚姻关系的解除，对男女双方都会产生巨大的社会压力。但是对于无法继续婚姻关系的情况，妇女与男子都具有主动解除婚姻的权利。

六 国际贸易与投资法[①]

1993年柬埔寨实现了民族和解，经过大选产生了联合政府。1993年以及1999年柬埔寨宪法均宣布实行市场经济体制。在对外贸易方面，进出口关税的法律框架始于1989年9月颁布的进出口税法，在这之后财经部做了多次补充修订，并于1997年9月发布了No.002号关于关税的修改决定。此外，还有部分与其他国家签署的双边贸易协定。2003年9月12日柬埔寨成功成为WTO成员。由此，柬埔寨对外贸易多元化格局形成。入世后，柬埔寨加快了法律改革的步伐，制定和修改了47部涉及对外贸易的法律法规，构成柬埔寨对外贸易法律体系。主要有《商业规定和商业登记法》（1995）、《贸易协定》《进出口关税法》（1989）等。1993年

---

① 参见董治良、赵佩丽《柬埔寨王国经济贸易法律指南》，中国法制出版社2006年版。

王国政府成立后，柬埔寨实行了贸易自由化，除少数关系国家利益的战略物资外，对几乎所有商品都取消了进出口限制。目前，柬埔寨已成为东南亚国家中最为开放的国家之一。

（一）对外贸易制度基本原则

1. 国民待遇

它是指国家在一定范围内给予外国人与本国公民同等的待遇。即在同等条件下，外国人享有与本国人相同的权利并承担相同的义务。依此原则，一方面，国家给予外国人的待遇不低于本国人的待遇；另一方面，外国人不得要求任何高于本国人的待遇。①

柬埔寨对外资与内资基本给予同等待遇。除宪法中有关土地所有权（只允许柬籍公民和法人购买）的规定外，所有的投资者在法律面前一律平等。柬埔寨与美国的贸易协定第 2 款即规定了国民待遇制度（1）各方都应以这样一种方式来管理影响贸易的关税和非关税措施，以便为第三国、本国竞争者以及对方国家的产品和服务，提供有意义的竞争机会；（2）相应地，任何一方都不得直接或间接地向对方国家进口到其国境内的产品征收超过其对本国产品直接或间接地征收的任何形式的税款或收费；（3）在影响产品的国内销售、发售、采购、运输、分拨、储存或使用的所有法律、法规和要求方面，各方都应授予来源于对方国家境内的产品不低于本国产品的待遇。

2. 最惠国待遇

它是指一国（施惠国）给予另一国（受惠国）国民的待遇，不低于现时或将来给予任何第三国国民的待遇。

柬埔寨与美国的贸易协定第 1 款规定：各方无条件地授予来源于对方国家境内，或者出口到对方国家的产品不低于授予来源于第三国，或者出口到第三国境内的产品的待遇。

3. 差别待遇

也称非歧视待遇，是指一国给予外国人不同于本国人的待遇，或对不同国籍的外国人给予不同的待遇。

柬埔寨与美国的贸易协定第 1 款还规定：在适用数量限制和授予许可证方面，授予来源于对方国家，或者出口到对方国家的产品非歧视待遇。

---

① 程晓霞主编：《国际法》（第四版），中国人民大学出版社 2011 年版，第 59 页。

4. 普遍优惠待遇

它是指发达国家单方面给予发展中国家以免征关税或减征关税的优惠待遇。

尽管早期普遍优惠待遇对发达国家来说是掠夺发展中国家资源的方式之一，但不可否认柬埔寨作为不发达国家之一，美、欧、日等28个国家给予的普惠制待遇（GSP）也促进了柬埔寨的发展。柬埔寨很多产品如满足原产地规则等要求，可享受较宽松的配额和进口关税减免待遇，同时有权享受很多产品关税减免的额外优惠。

（二）出口贸易制度

1. 出口数量限制及许可制度

柬埔寨法律规定，一般出口交易不限制，但以下出口受到禁止或限制：（1）有一百年以上历史的古玩绝对禁止出口；（2）毒品和有毒物品绝对禁止出口；（3）原木；（4）外汇，超过一万美元的外汇应取得国家银行的许可；（5）武器和炸药（弹药），要求有国防部的许可；（6）所有的军用车辆和机械，要求有国防部的许可。

2. 出口关税和退税

柬埔寨出口关税适用于所有应税出口货物，出口关税税率分别为0%、10%和20%；一般柬埔寨的出口关税适用0%税率，只有对木材和一些动物产品才征收出口关税；针对特殊物品，柬埔寨规定了进口关税退税税目。

（三）进口贸易制度

1. 进口许可证

柬埔寨既不限制进口货物的数量也不限制进口货物的价值，许多货物无需进口许可证即可进口；但是针对某些可能影响公民消费者或者环境利益或者对国家安全有影响的货物，则要求进口许可证。

2. 原产地规则

原产地规则作为一项标准，主要用于确定产品的"国籍"。柬埔寨还未加入京都公约，其颁布了《签发服装原产地证书、商业发票和出口许可证的条例》规定只有将其公司在商业部普惠制司进行登记的出口商，才能将服装产品从柬埔寨出口到第三国。作为登记的程序要求之一，柬埔寨出口商需提供一份原产地证明。

（四）鼓励外国投资者的投资规定

柬埔寨鼓励外商投资农业、旅游业、环保、高科技、劳动密集型工业、出口型工业、基础设施和能源等重要领域。

1. 柬埔寨鼓励外商投资的领域

（1）先进产业或高科技工业；（2）以自然资源为基础的产业，包括林业、农业、渔业、矿藏、非金属矿物和石油、天然气等；（3）能创造就业机会的产业，促进劳动密集型产业；（4）能提高出口的加工制造业；（5）发展旅游业，能促进旅游相关产业的发展；（6）农用工业产品的生产加工业；（7）基础设施建设及能源产业；（8）环境保护产业；（9）在依法建立的特别开发区投资。

2. 柬埔寨不对外国投资者开放的项目范围

（1）农业生产方面：第一，一千亩以上的稻田；第二，五百公顷以上的经济作物；第三，五十公顷以上的蔬菜；（2）畜牧业生产方面：第一，一千头以上的家畜；第二，饲养一百头以上乳牛的农场；第三，饲养家禽和禽蛋在一万只以上的；（3）水产业生产方面：第一，占地二公顷以上的鱼苗场；第二，占地十公顷以上的养虾场和其他各种水产的养殖场；（4）食品加工及其有关产品方面：投资额在五十万美元以上的饮料、食用油、糖果、肉制品、乳制品、水果和蔬菜罐头、面粉类产品、烘烤产品、饮料；（5）纺织厂产品方面：投资额在一百万美元以上的纺纱厂、棉纺厂、针织厂、地毯纺织厂、其他各种纺织品；（6）投资额在一百万美元以上的成衣产品和其他各种纺织产品；（7）投资额在一百万美元以上的家庭用的家具、办公用家具、楼房用帘布和固定装饰品；（8）投资额在一百万美元以上种植造纸用树木种植园和造纸厂、纸类、胶和纸板厂、纸板箱；（9）投资额在一百万美元以上各种化学原料，其中包括农用化学原料、塑料产品、药品、清洁产品、油漆及有关产品；（10）投资额在五十万美元以上橡胶产品和其他塑料制品；（11）投资额在五十万美元以上皮制品和其他相关产品；（12）投资额在一百万以上各种金属类产品；（13）投资额在五十万美元以上电器与电子产品；（14）运输工具：汽车和替换零件、飞机和替换零件、水上建筑物和水上交通工具、铁路运输工具和设备、自行车和摩托车；（15）修建桥梁与道路；（16）投资额在一百万美元以上生产机器和工业设备；（17）建设三星级以上酒店；（18）国际标准医院、国际标准教学大楼和职业培训中心；（19）建设旅游和文化服务的基础设施；（20）为环保工作服务的生存和营业活动。

3. 不向外国投资者开放的领域

（1）各种商业活动；（2）各种运输服务；（3）免税商店；（4）在国

际标准酒店范围外的餐厅、卡拉 OK 厅、夜总会和各种按摩室；(5) 贸易中心；(6) 与新闻和宣传有关的活动（广播、电视、报刊）；(7) 批发零售；(8) 专业性服务；(9) 电讯服务；(10) 开发自然资源，但勘探石油和天然气除外。

4. 可采用 BOT 投资的项目适用范围

(1) 交通运输：道路及汽车专用路、铁路、港口、机场、大坝；(2) 能源开发：发电厂、水电站、洁净水生产、固体废物处理厂；(3) 城市及住宅开发：新城市、住宅开发、工厂；(4) 旅游开发：旅游胜地；(5) 公用事业：医院、学校、体育场；(6) 通信：通信网络。

（五）不予享受投资优惠的相关活动①

1. 相关法规禁止的投资活动

(1) 精神及麻醉物质生产及加工；

(2) 使用国际规则或世界卫生组织禁止使用、影响公众健康及环境的化学物质生产有毒化学品、农药、杀虫剂及其他产品；

(3) 使用外国进口废料加工发电；

(4) 森林法禁止的森林开采业务；

(5) 法律禁止的投资活动。

2. 不享受投资优惠的投资活动

(1) 商业活动、进口、出口、批发、零售，包括免税商店；

(2) 运输服务，包括水运、陆运、空运，铁路系统投资除外；

(3) 国际标准酒店外设立的饭店、卡拉 OK 厅、酒吧、夜总会、按摩室、健身室，或虽位于国际标准酒店内，但投资人将店面出租给非合格投资项目第三方经营的，投资人无权享受投资法修正法赋予投资人的免缴利润税政策；

(4) 旅游服务、旅游代理、旅游信息及旅游广告；

(5) 赌场、赌博业务及服务；

(6) 货币、金融业务及服务，包括银行、金融机构、保险公司及其他金融媒介；

(7) 报刊及媒体业务，包括电台、电视台、新闻、杂志、电影、视频制作或复制、影剧院、演播室及相关业务；

---

① 资料来源于 http://cb.mofcom.gov.cn/article/ddfg/waimao/200612/20061203918108.shtml。

（8）专业服务；

（9）危及生物多样性、人类健康及环境的改性活生物体（LMO）；

（10）有国内合法原材料供应渠道、使用天然林木生产加工木材制品项目；

（11）烟草制品生产以及其他投资、生产项目。

3. 可享受免缴关税，但不享受免缴利润税的特定投资活动

（1）电信基础服务；

（2）天然气、石油勘探及全部矿产开采项目，包括石油、天然气开采的供应基地

第四节　柬埔寨刑事法律制度

一　柬埔寨刑事法律制度概述

联合国柬埔寨过渡政府刑法于 1992 年制定，当时柬埔寨正处于内战受联合国管理的过渡时期。联合国柬埔寨过渡政府刑法也被视为柬埔寨过渡刑法。知识产权刑事执行权被授予警察机构和有权的法院及司法管辖机构（包括上诉机构）。之后，柬埔寨新刑法于 2009 年 11 月 17 日第二届参议院通过，取代由联合国引进的 1992 年刑法。

二　柬埔寨刑事法律的内容[①]

柬埔寨刑法典共包括五个目录。

目录一，包括三编，分别是第一编刑法，包括总则、刑法的实施、柬埔寨领域内的刑法（在柬埔寨王国领域内的犯罪、在柬埔寨境外的犯罪行为）；第二编刑事责任，包括总则、刑法中定罪减刑和免刑的规定、未成年人的刑事责任以及法人的刑事责任；第三编刑罚，包括刑罚的种类（总刑罚、附加刑、缓刑）、重刑和轻刑（重刑、减刑的情况）、判刑的形式（总则、缓刑、犯罪预备、假释、监外监管、定罪处刑）、数罪并罚（总则、特殊条例）、刑罚执行的总则（刑罚时效、从轻处罚、犯罪中止、修改部分刑罚与取消部分附加刑）、未成年人犯罪的处罚（总则、特殊条

---

① 柬埔寨刑法典内容来源于柬埔寨刑法典的柬文版，从 http://www.wipo.int/portal/index.html.en 网站中获取，该版本为最新修改的刑法。

例)、法人的刑事处罚（总则、附加刑）。

目录二，危害人身安全罪，包括三编，分别是第一编，灭绝种族罪、危害国家罪、反人类罪，包括灭绝种族罪、反人类罪、重大伤害罪；第二编，侵犯人身权利类的犯罪，包括侵犯人身权利（侵犯人身权利、故意侵犯人身权利、无意侵犯人身权利）、侵犯个人所有权（使用酷刑或暴力、暴力行为、恐吓威胁罪、无意伤人罪）、性侵（强奸、其他性侵）、侵犯人身自由（非法拘禁、扣留他人、对自由的其他影响）、伤害他人尊严罪（对死者的不尊重罪；歧视罪；限制工作的条件侵犯他人尊严；国家工作人员；管理人员贪污贿赂罪；组织、强迫、引诱、介绍卖淫罪；对尊严的其他影响）、妨碍他人罪（影响他人隐私生活罪、造谣罪、侮辱罪、控告诽谤、侵犯商业秘密罪、侵犯他人通信秘密罪）；第三编，侵犯未成年人和家人罪，包括遗弃未成年人行为、遗弃家人行为、对保护未成年人的影响、拐卖儿童、危害未成年人犯罪（危害未成年人身心健康、唆使未成年人犯罪及做危险的事情、长辈侵犯未成年人权益、同犯及惩罚）、危害家庭犯罪。

目录三，侵犯物权罪，包括二编，分别是第一编，蓄意占有他人财物，包括偷窃及威胁他人（偷窃、勒索、利用他人隐私进行勒索）、诈骗罪（诈骗罪、欺诈）、非法侵占他人财物（非法侵占他人财物、转移没收物品及抵押物）、非法侵占他人财物补充条例（销赃、洗钱）；第二编，破坏他人财产罪，包括破坏他人财物导致他人财产受损（破坏他人财物导致他人财产受损、以破坏财物威胁他人）、破坏广播设施。

目录四，危害国家安全罪，包括四编，分别是第一编，危害国家机关，包括侵犯国家、危害国家安全（背叛国家、预谋叛国罪、暴动、争夺军事指挥权及非法制造武器、危害柬埔寨王家军、危害国防机密）、危害公共安全（非法持有武器团伙；武器、爆炸品及火药犯罪；煽动犯罪；加入非法社团组织罪）、诋毁、妨碍公务人员罪（单一的犯罪行为；诋毁、妨碍公务人员）、危害国教罪（危害国教罪、诋毁僧侣罪、施暴）；第二编，妨碍公正司法，包括妨碍公正司法（贿赂司法工作人员罪、妨碍法院判决罪）、妨害司法工作（妨碍诉讼及检举罪、妨碍调查取证罪、翻译员作假证罪、情节类似的犯罪及附加刑）、脱逃罪与监管罪犯的相关条例（脱逃罪的犯罪构成及刑罚；脱逃或帮助他人脱逃罪；未经批准不得为囚犯提供财物；情节类似的犯罪及刑罚；违反、拒不执行法院相关判决）；第三编，妨碍行政工作，包括行政工作人员玩忽职守（行政人员玩忽职守、贪污受贿罪、故意破坏侵吞他人、情节类似的犯罪）、私人妨碍行政工作（腐败犯罪行为、破坏与侵吞行为、干涉行政工作及行政职务、破坏界碑、同犯处罚）；第四编，妨碍公众信任，包括伪造（伪造资料、伪造货币与外汇）、伪造国家机构票证（伪造国债及邮票、伪造机构证件）。

目录五，临时性法规和单类临时性法规。

由于柬埔寨刑法典内容较多，许多刑法基本理论与中国较为接近。在此，主要对柬埔寨刑法典的特别之处做介绍。

（一）总则

1. 犯罪的分类和刑法原则

柬埔寨刑法典将犯罪种类分为三类：重罪、中罪和轻罪。刑法原则与中国相似，都遵循法无明文规定不为罪、法无明文规定不处罚的原则。刑法典对刑罚适用问题做了严格说明，法官只能在法律规定范围内作出解释，不得超越职权解释刑法典。未经法院宣告为犯罪行为的，犯罪嫌疑人不视为罪犯。

2. 刑法典的适用范围

柬埔寨刑法的管辖原则包括属地管辖原则、属人管辖原则、保护性管辖原则和普遍性管辖原则。其中，国际条约在柬埔寨领土范围内不予适用。具有柬埔寨国籍的船舶和航空器被视为虚拟领土，适用柬埔寨刑法典。其特色之处在于，柬埔寨刑法典规定了行使保护性管辖权的条件，具体罗列了五种情形，包括：第一，扰乱柬埔寨王国正常社会秩序的违法犯罪行为；第二，假造柬埔寨王国印章的违法犯罪行为；第三，伪造在柬埔寨王国法定规定的有价值的纸币和货币的违法犯罪行为；第四，反抗柬埔寨王国领事，正式外交工作人员的违法犯罪行为；第五，对抗柬埔寨王国大使馆和领事馆的违法犯罪行为。新刑法典取代旧刑法典，并且遵循法不溯及既往原则。

（二）刑事责任

凡实施了违反刑法典规定的犯罪行为均会受到柬埔寨刑法法律的追究。承担责任的主体包括自然人与法人。共同犯罪的主犯从重处罚。在这部分规定中，重点介绍柬埔寨刑法典的减刑和免刑制度以及未成年人的刑事法律责任。

1. 减刑和免刑规定

精神病人以及不能辨认或控制自己行为的间歇性精神病人不用对犯罪行为承担刑事责任。酒后驾驶不视为精神病人，因此不能免除刑事处罚。法律赋予个人的合法行为、职务行为、正当防卫、紧急避险以及个人在不能避免的强迫下不得已作出的违法犯罪行为均无须受到刑事处罚。

2. 未成年人的刑事法律责任

柬埔寨刑法典中关于承担刑事责任年龄的规定与中国有较大不同，柬埔寨规定年满18周岁的公民为完全刑事行为能力人，对自己的犯罪行为承担刑事责任。年满14周岁的未成年人只有在触犯特殊规定时，才需对特殊犯罪罪名承担刑事责任。对未成年人犯罪，刑法典明确规定应酌情从轻处罚。

（三）刑罚

刑罚规定的缓刑、累犯、减刑、假释、监外监管、数罪并罚、刑罚的执行、未成年人犯罪的基本概念和立法理念与中国较为接近。但是在刑罚种类以及刑罚规则的具体执行方面具有其本国特色。柬埔寨刑法典时效原则为法不溯及既往原则，执行刑期从判决执行之日起计算。刑事附带民事案件中，民事赔偿优先。犯罪中止的中止犯在犯罪过程中没有造成损害的，免除刑事责任。

1. 刑罚的种类

刑罚包括主刑和附加刑。主刑可以同附加刑罚一并使用。主刑包括重刑、中度刑罚和轻度刑罚。重刑包括无期徒刑以及五年至三十年的有期徒刑；中度刑罚为五天至五年的有期徒刑；轻刑包括两种，一是不超过五天拘役，二是仅给予罚金处罚。

附加刑包括19类，分别是剥夺公民政治权利；限制职业选择的权利；取消各类机动车驾驶资格；吊销驾驶资格证；禁止居住、禁止进入柬埔寨王国国境；取消外国人进入、居住柬埔寨境内资格；收缴犯罪过程中使用的或其犯罪预备中使用的武器、工具；没收犯人的财产、物品；没收犯人的动产、不动产；没收犯罪现场的工具、用品、装置；没收犯罪交通工具；收缴各类武器、枪支、炸弹、子弹等；收缴没收公共财物；查封犯罪预备或犯罪使用住所；停止向公共开放、使用的住所里的一切生产活动；张贴惩处法令；媒体宣告惩罚结果；通过各种通信方式来宣告刑事处罚。除此之外，特殊法令还能另外增加附加刑。附加刑仅在法律有明确规定时方能使用。

柬埔寨刑法典规定了一种特别的处罚方式，即共同服务。共同服务是缓刑的一种特殊规定。缓刑适用于刑法规定的最高刑为三年以下的罪名。公共服务是根据服务法的规定进行的夜间卫生以及安全内容的女性工作，时限为30—200个小时。

2. 累犯的特别规定

柬埔寨刑法典规定的累犯产生条件包括：第一，判刑以后，被判重刑的犯罪分子在十年内再次触犯重刑罪；第二，判刑以后，被判重刑的犯罪分子在五年内又触犯中度型犯罪；第三，判刑以后，被判中刑并判有期徒刑三年以上的犯罪分子在十年内又触犯严重罪行。刑罚从判决宣告之日起算。对于累犯要加重处罚。

3. 减刑规定

当罪犯认真服刑并符合法律减刑条件时，可获得减刑。减刑标准包括五种情形：第一，最低刑罚在十年以上的刑罚，可减两年；第二，最低刑罚在五年到十年的刑罚，可减轻一年；第三，最低刑罚在两年以上五年以下的刑罚，可减轻六个月；第四，最低刑罚在五天以上、两年以下的刑罚，可减刑一天；第五，罚金刑罚可减免一半。另外，被判为无期徒刑的罪犯，减刑后服刑期不得低于十五年到三十年。

4. 缓刑规定

柬埔寨刑法典分别针对重罪、中型犯罪和轻罪规定了不同的缓刑条件。对触犯重罪而被判处五年以下的有期徒刑以及被处以罚金的犯罪分子，在五年内没再犯罪，予以缓刑。在缓刑考验期限内再犯新罪的，应当依照法定程序撤销缓刑。对触犯轻罪而被判处有期徒刑以及被处以罚金的犯罪分子，在一年内没有再触犯刑法，依法予以缓刑。被判处有期徒刑以上轻罪刑罚的犯罪分子，刑罚执行完毕或者赦免以后，五年内没有再犯，被视为免除刑罚，不予以执行该刑罚。

5. 预备犯罪

在柬埔寨刑法中，犯罪预备被判处有期徒刑的刑期为一年以上三年以下。犯有预备犯罪的罪犯在执行期间应该遵守五个法定义务：第一，尊重并承认法院下达的判决书；第二，接受国家考察机关及公民的监督；第三，按照考察机关的规定，定期报告自己的活动情况；第四，应将地址等信息的变更及时报告给相关的执法人员；第五，应将相貌等信息的变更及时报告给相关的执法人员；第六，在征求相关执法人员的同意后方能去其他国家。

预备犯罪的犯罪分子必须履行其他普通公民无须承担的一些义务，例如自觉接受改造；接受教育；在指定的地点服刑；接受医疗服务；赡养扶助家庭；根据犯罪情节和自身条件，对犯罪所构成的危害和损失，应承担其相关的赔偿责任；根据犯罪情节和自身条件，定期向国家缴纳罚金；禁止通过各种社会活动从事或促使违法犯罪；禁止进入特定的场所；禁止参加赌博；禁止进入饮酒等娱乐场所；禁止接触主谋、同伙或受害人等；禁止个人非法持有枪支弹药。

预备犯没有构成危害的，予以免除刑罚。

（四）柬埔寨刑法典中几种特别的罪名

1. 重大伤害罪

重大伤害罪主要包括以下行为：谋杀；使用酷刑或使用各种非人道手法伤害他人；故意造成他人受伤行为或者严重损害他人身体和健康；在严重违法或在非军需情况下，造成巨大财产损失；强迫战俘或为敌人服务的民众；剥夺战俘或为敌人服务民众的权利；违法转移、运输或拘禁民众；抓民众作为人质。除此之外，使用国际武器或非国际武器实施下列行为，也称为重大伤害罪：第一，使用有毒武器或使用武器造成无谓的伤害；第二，在没有受保护的城、乡或任一地方、大楼或者在非军事活动中，故意伤人等行为。类似于中国的故意伤害罪。触犯重大伤人罪的判无期徒刑。

2. 故意剥夺他人性命的犯罪种类

柬埔寨将故意杀人行为细分为谋杀罪、预谋杀人罪、用毒药杀人罪、蓄意谋杀罪、国家工作人员杀人罪、暴力杀人罪等，可看出柬埔寨对故意剥夺他人性命的犯罪行为的处罚范围比较广、处罚力度比较强。

3. 恐吓威胁类犯罪

恐吓威胁类犯罪包括威胁恐吓罪、威胁他人签订协议罪、威胁杀害他人罪、威胁杀害他人达到签订协议目标罪。威胁恐吓罪是指屡次写信或以其他方法威胁他人人身安全。威胁他人签订协议罪是指通过威胁恐吓他人或其他方式强行他人签订协议。威胁杀害他人罪是指屡次写信或以其他方法威胁杀害他人。威胁杀害他人达到签订协议目标罪是指通过威胁恐吓他人或其他方式，威胁杀害他人达到签订协议目的。该类犯罪均被判处不同年限的监禁刑罚并处以罚金。

4. 限制工作条件以至侵犯他人尊严罪

当限制工作条件是建立在侵犯他人的弱点之上的行为，从而侵犯他人尊严的，将处以一个月以上一年以下的有期徒刑，并处以十万柬币以上两百万柬币以下的罚款。

5. 歧视罪

当因种族、宗教信仰、政治信仰、家庭、性别、健康等问题而受到歧视并达到一定损害程度时，即构成歧视罪。歧视行为包括拒绝提供他人应得财产或自由、限制条件的提供财产和自由、拒绝雇佣他人工作、限制条件雇佣以及拒绝给予他人王国公民权利等。因歧视行为不同，刑罚期限和罚金数额有所不同。

6. 侵犯未成年人和家人罪

柬埔寨刑法典对未成年人作出了特别的保护规定。因遗弃、虐待、抢夺以及造成未成年人身心危害的，均构成犯罪。有义务照顾未满五周岁未成年人的，遗弃未成年人，对被遗弃的未成年人的健康安全造成危害的，处一年以上五年以下有期徒刑，并处以两百万以上一千万以下柬币的罚款。不遵守法院判决未在两个月内提供义务食品给未成年人或自己的亲戚的，处一个月以上一年以下有期徒刑，并处以十万以上两百万以下柬币的罚款。恶意不向有权提出监护义务的人转让未成年人监护权的，处一个月以上一年以下有期徒刑，并处以十万以上两百万以下柬币的罚款。从合法监护人手里抢夺未成年人的，处一个月以上一年以下有期徒刑，并处以十万以上两百万以下柬币的罚款。

唆使未成年人饮酒或乞讨、煽动未成年人触犯重度或中度刑事犯罪、向未成年展示性器官或与未成年人发生性关系、猥亵未满十五周岁的未成年人、对未成年人进行断食或不抚养十五周岁以下未成年人的，需承担不同刑期的有期徒刑以及罚金惩罚。

7. 勒索罪

勒索是指运用暴力或威胁、要挟等手段强行索取公私财物的行为。例如强迫他人签字按手印、强迫他人舍弃某物、泄露他人机密、要挟他人转让资金及财物等行为。勒索罪类似于中国的抢夺罪。对于特别的勒索弱势群体、使用武器勒索、用残忍手段勒索、勒索致人残疾或死亡，属于结果加重犯，对其加重处罚。

8. 侵犯国家类犯罪

柬埔寨国王的利益被视为国家利益，任何人触犯刑法规定对国王的人身进行伤害的均视为对国家的侵犯。该类犯罪分为谋杀国王罪、对国王用刑或使用极其残酷手段的犯罪、对国王施暴罪、导致国王器官受损或残疾罪、对国王施暴并导致国王死亡罪。罪犯除了被判处有期徒刑或无期徒刑之外还需被判处附加刑。

9. 暴动罪

暴动是指会影响到柬埔寨王国政府及国家领土完整的集体武装行动。若暴动者实施下列行为的，处以五年以上十年以下有期徒刑：建造阻碍交通的障碍物，或实施旨在阻碍公众活动的行为；非法占用大楼及公共设施的行为；破坏建筑物或公共设施的行为；领导或为暴动提供财务；召集他人进行暴动；非法持有武器、爆炸物品、各类火药；使暴动合法化。

暴动者在暴动过程中使用武器、爆炸物品、各类火药对他人造成危害的以及为暴动提供武器、爆炸物品及其他物品的，处以十年以上二十年以下有期徒刑。对暴动领导者处以二十年以上三十年以下有期徒刑。对暴动者同时处以有期徒刑与附加刑。附加刑的处罚包括剥夺部分公民权利、没收财产、不得离开柬埔寨王国境内以及在报纸上公告等。

10. 争夺军事指挥权及非法制造武器类的犯罪

该类犯罪主要包括争夺军事指挥权、非法持有军事指挥权、非法制造武器、煽动公民持武器反政府、煽动公民持武器反部分公民的行为。该类犯罪的有期徒刑刑期为十年至三十年，同时必须一并处以附加刑。

11. 危害国教类的犯罪

由于柬埔寨王国是一个宗教国家，因此有关国教的利益被视为刑法保护的法益。对国教的侵犯行为包括如下行为：未经许可，非法穿戴佛教袈裟；偷盗佛教用品；恶意破坏佛寺、佛教用品。未经许可，公然非法穿戴佛教僧侣的袈裟、披肩布，情节轻微，判处六天以上三个月以下拘役，并处以十万以上五十万以下柬币的罚金。闯入佛寺，偷盗佛教的祭祀用品，情节严重，判处两年以上五年以下有期徒刑，并处以四百万以上一千万以下柬币的罚金。恶意破坏佛寺或佛教的祭祀用品，情节严重，判处两年以上五年以下有期徒刑，处以四百万柬币以上一千万柬币以下的罚金。除此之外，对危害国教类的犯罪还需判处其他附加刑。

12. 妨碍调查取证类的犯罪

不配合司法工作人员做笔录、不配合法院作证以及故意隐瞒不向司法人员供证将构成妨碍调查取证类的犯罪。不配合司法工作人员做笔录的，判处一个月以上一年以下拘役，并处以十万以上两百万以下柬币的罚金。任何人被法院传票来配合调查案件，没有特殊原因，拒不提供证据或出庭作证，判处一个月以上六个月以下拘役，并处以十万以上两百万以下柬币的罚金。任何人如有发现犯罪嫌疑人犯罪的证据，故意隐瞒而不向司法工作人员及其有关人员上报，判处一年以上三年以下有期徒刑，并处以两百万以上六百万以下柬币的罚金。但如果故意隐瞒者为原告、犯罪嫌疑人的直系家属，如兄弟姐妹等、犯罪嫌疑人的配偶或者依法受到保护的检举人经查证无犯罪事实，予以释放，不构成妨碍调查的犯罪。

13. 未经批准不得为囚犯提供财物类的犯罪

任何人未经允许不得私自向囚犯提供或寄存现金、护照、药品等财物，也不得私自从囚犯处获取现金、护照、药品等财物。触犯该类犯罪的，将被判处一个月以上一年以下拘役，处以罚金十万以上两百万以下柬币的罚金。若有监管人员或探监人员参与以上行为的，情节严重，判处一年以上两年以下有期徒刑，处以两百万以上四百万以下柬币的罚金。

14. 伪造资料类犯罪

柬埔寨刑法典对该类犯罪作了非常细致的规定。伪造资料类的犯罪包括使用假证件罪、伪造公文罪、使用假公文罪、提供虚假文件罪、索求虚假文件罪、提供虚假公报罪、提供不真实证件罪、伪造证件罪、使用不真实或虚假证件罪、执权者受贿为他人伪造证件罪、为制造虚假证件向执权者行贿罪、医务工作者受贿为他人伪造证明罪、为制造虚假证明向医务工作者行贿罪。此类犯罪均被判处有期徒刑并处罚金。

参考文献

程晓霞主编：《国际法》（第四版），中国人民大学出版社 2011 年版。

董治良、赵佩丽主编：《柬埔寨王国经济贸易法律指南》，中国法制出版社 2006 年版。

黄滢：《柬埔寨合伙企业法律制度研究》，载于《东南亚纵横》2011 年第 9 期。

http：//wenku.baidu.com/view/980837a40029bd64783e2ce5.html.

http：//www.asean-china-center.org/zxgk/jpz.htmJHJ.

http：//www.wipo.int.

http：//www.cnki.com.cn/Journal/G-G1-NYYC.htm.

除特别标注外，柬埔寨国家概况的资料均来自新华网东盟频道 http：//www.gx.xinhuanet.com/dm/。

http：//www.caminfoweb.com/ReadNews.asp?NewsID=452.

http：//cb.mofcom.gov.cn/article/ddfg/waimao/200612/20061203918108.shtml.

第十章

老挝法律制度

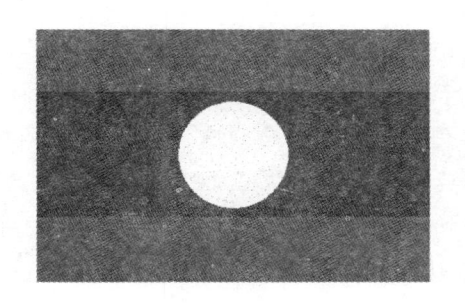

第一节 老挝概况

一 基本国情

(一) 自然地理与民族结构

老挝人民民主共和国（The Lao People's Democratic Republic）是一个位于东南亚中南半岛北部的内陆国家。北邻中国，南接柬埔寨，西北接缅甸，西南毗邻泰国，东与越南接壤。全国总面积23.68万平方公里，多山地和高原，且多被森林覆盖。地势北高南低，北部与中国云南的滇西高原接壤，东部为长山山脉构成的高原，西部是湄公河谷地和湄公河及其支流沿岸的盆地和小块平原。全国自北向南分为上寮、中寮和下寮，上寮地势最高，川圹高原海拔2000—2800米。最高峰比亚山峰海拔2820米。发源于中国的湄公河是最大河流，流经西部1900公里。老挝属热带、亚热带季风气候，分为雨季和旱季。

老挝人口约为625.6万。2008年11月，老挝六届国会六次会议审议确定，老挝只有一个民族即老挝族，下分49个少数民族，分属老泰语族系、孟—高棉语族系、苗—瑶语族系和汉—藏语族系。

（二）历史、文化与宗教

老挝历史悠久，公元 14 世纪建立的澜沧王国曾是东南亚最繁荣的国家之一。1707—1713 年逐步形成了琅勃拉邦王朝、万象王朝和占巴塞王朝。1779 年至 19 世纪中叶逐步为暹罗征服。1893 年沦为法国保护国。1940 年被日本占领。1945 年 8 月老挝人民举行武装起义，成立了伊沙拉阵线，同年 10 月 12 日老挝宣布独立，成立了伊沙拉政府。1946 年法国卷土重来，伊沙拉政府解体。1950 年爱国力量重建伊沙拉阵线，成立了以苏发努冯亲王为总理的寮国抗战政府。1954 年 7 月法国被迫签署日内瓦协议，从老挝撤军。此后美国入侵，1962 年美国又被迫签订关于老挝问题的日内瓦协议。老挝成立以富马亲王为首相、苏发努冯亲王为副首相的联合政府。1964 年美国支持亲美势力破坏联合政府，进攻解放区。老挝军民在爱国阵线领导下进行了英勇的抗美救国战争。1973 年 2 月老挝各方签署了关于在老挝恢复和平和实现民族和睦的协定。1974 年 4 月成立了以富马为首相的联合政府和以苏发努冯为主席的政治联合委员会。1975 年 12 月首届全国人民代表大会在万象召开，宣布废除君主制，成立老挝人民民主共和国，老挝人民革命党执政。1991 年 8 月，老挝最高人民议会通过《老挝人民民主共和国宪法》，根据宪法，将老挝部长会议改名为政府，部长会议主席改名为总理，最高人民议会改名为国会，老挝国徽上原有的红星、斧头和镰刀将被著名古建筑物塔銮图案所取代。

老挝居民多信奉佛教，通用老挝语。

（三）经济发展

老挝经济以农业为主，工业基础薄弱。从 1988 年起推行革新开放，调整经济结构，即农林业、工业和服务业相结合，优先发展农林业；取消高度集中的经济管理体制，转入经营核算制，实行多种所有制形式并存的经济政策，逐步完善市场经济机制，努力把自然和半自然经济转为商品经济；对外实行开放，颁布外资法，改善投资环境；扩大对外经济关系，争取引进更多的资金、先进技术和管理方式。

2012 年 10 月 26 日，世界贸易组织在瑞士日内瓦召开的理事会上正式接受老挝成为世贸组织的一员，老挝成为该组织第 158 个成员。老挝有锡、铅、钾、铜、铁、金、石膏、煤、盐等矿藏，迄今得到少量开采的有锡、石膏、钾、盐、煤等。老挝水力资源丰富，森林面积约 1100 万公顷，全国森林覆盖率约 52%，出产柚木和紫檀等名贵木材。

二 老挝法律制度概况

(一) 老挝法律渊源

法律的渊源，也称法源，一般是指法律规范的创制及其表现形式。老挝的法律渊源即指老挝规范的存在及其表现形式。老挝的法律渊源与其法律的历史发展息息相关。

1. 国内立法

国内立法是老挝最主要的法律渊源。老挝是大陆法系与英美法系的结合。法国法律制度对老挝法律的制定有重要的影响。立法模式主要有单行立法式，例如宪法、刑法典、知识产权法、投资法等。

2. 司法判例

司法判例，系指法院对具体案件的判决具有法律约束力，可以成为以后审理同类案件的依据。

3. 国际条约

国际条约是由两个或两个以上国际法主体缔结的调整其相互间权利义务关系的协议。国际条约是老挝法律渊源的重要组成部分。老挝加入的国际条约在老挝国内同样具有法律效力，例如 WTO 的相关国际条约，知识产权保护的相关国际公约，等等。

4. 国际惯例

国际惯例是在长期国际交往中逐渐形成的不成文的法律规范，必须经过国际认可才有约束力。老挝在贸易制度方面同样承认部分国际惯例的效力。

(二) 老挝法律体系

老挝的法律体系不够完善，主要包括宪法、刑法，以及与投资相关的法律制度。中国目前已经建立符合国情的中国特色社会主义法律体系。中国同老挝均为社会主义国家，中国法制建设的经验对实行社会主义制度的老挝具有借鉴意义。[1]

---

[1] http://news.cntv.cn/20110316/112601.shtml，2011 年 3 月 16 日，老挝国会法律委员会代表主任达万曾表示，"中国的法律体系是完整的，涉及行政、司法、经济、社会、文化等各个领域，中国的法律和各行业的法规是和谐的。老挝也在制定和完善符合老挝党和国家方针、政策以及社会经济状况的法律。中国的经验对于老挝的法制建设很有益处"。

（三）老挝法律制度特点

老挝先后被法国、日本、美国占领，并长期成为法国的殖民地，因此老挝的法律制度带有浓厚的大陆法系色彩，同时兼顾了美国英美法系的特点。

自1975年12月首届全国人民代表大会在万象召开并宣布废除君主制成立老挝人民共和国，建立以老挝人民革命党为领导核心的政治制度。老挝人民共和国成立后，国会作为立法机构高度重视立法工作，组织和支持法律界人士不断制定、完善各方面的符合本国实际的法律法规。1991年8月14日老挝人民民主共和国成立后的第一部宪法诞生。从而揭开当代老挝法律活动的新篇章，依托新宪法，先后颁布了《国会法》《人民法院法》《人民检察院法》《刑法》《刑事诉讼法》《民事诉讼法》《投资法》等法律。

1. 法律制定更加宽松

老挝人民民主共和国成立后，其深知经济发展的重要性，在1991年宪法中体现出政策的宽松性，尤其是2003年现行宪法对1991年宪法进行废除并更改不适应经济发展的规则，增添了许多更为民主、开化和开放的态度来发展经济。例如2003年新宪法的"社会经济制度"一章中，突出国家鼓励经济发展的目标；再比如一系列投资的相关法律以开放的姿态接受外国投资者加入老挝经济发展的进程中，专设了针对外国投资者的优惠制度。

2. 立法形式上，以成文法形式为主

老挝在立法方面的表现形式上多以成文、统一的法律形式反映法律规范的内容。老挝立法同时吸收了大陆法系和英美法系的优点，比如对程序法越来越重视、诉讼中的国家职权主义被日益淡化、对经济案件的审理也更多地适用国际惯例解决。

3. 灵活变通，具有较强适应性

一国法律本身应当具有确定性和稳定性，以便公民了解国家相关制度和维持社会的稳定。老挝的法律中既有稳定的特点又具有灵活的特点。在有关重要基础法律领域，例如宪法、刑法，法律制度相对是稳定的。2003年新宪法与1991年宪法间隔12年时间，既是稳定的，同时也反映了其灵活性。因为旧宪法不能适应老挝经济发展的速度，落后的制度将会阻碍社会发展进程。除此之外，老挝还制定了许多单行立法，而且在立法过程中吸收并借鉴了他国具有善法特性的规定以完善自己的立法。

4. 具有混合法特征

由于老挝的特殊历史原因，导致老挝的现行法律制度融合了其自身的传统法规定、西方宗主国国家的法律特色以及现代法律制度的特点。法国的大陆法系对老挝法律制度有深远影响，在老挝的现行宪法和刑法中能够看到大陆法系的影子，同时老挝还受英美法系的影响，认可判例作为法律渊源的效力。

第二节 老挝宪法制度

一 老挝宪法的结构与主要内容①

老挝现行宪法 2003 年 5 月 6 日宣布生效。该部成文宪法包括 1 个序言和 10 章，共 98 条。老挝实行社会主义制度。老挝人民革命党是老挝唯一政党。

（一）政治制度

老挝人民民主共和国是一个拥有主权和领土完整（包括领水和领空）的独立国家；是一个属于多种族的统一的不可分割的国家。老挝是一个人民民主国家，国家所有权力属于人民并由人民行使，并且权力的行使是为了实现以工人、农民和知识分子为主要组成部分的所有社会阶层的多民族利益。各民族人民的国家主人翁的权利通过以老挝人民革命党为领导核心的政治制度来保障实现。

人民选举代表组成国会来确保他们的权利、权力和利益的实现。国民议会成员应当通过全民普遍公平的直接选举的原则和无记名投票产生。如果人民代表被发现行使权力与其高尚的职权不相符并失去人民信任的，选举人有权提议将其除名。国民议会和其他国家组织机构根据民主集中制的原则设置和履职。

（二）社会经济制度

老挝人民民主共和国的国民经济建立在国家鼓励的稳定的多种经济形式基础之上；这些经济形式应能增强生产能力，扩大出品、贸易和服务，

---

① 老挝宪法的内容依据笔者对《老挝宪法》英文版的翻译整合而来。老挝宪法的英文版从 http：//www. wipo. int/portal/index. html. en 网站中下载获取。

将国民经济转为贸易和制造业型的经济模式；结合地区和全球经济形势持续地稳固和发展国民经济，并改善各民族的物质和精神生活条件。各类企业在法律面前平等，并根据市场经济原则运营，与其他经济主体竞争和合作以扩大生产和贸易。国家鼓励在生产、贸易和服务方面的国内各经济部门的投资，以推进工业改革和现代化，发展和加强国民经济。

国家鼓励在老挝境内的外国投资，为资金的注入、技术的使用以及在生产、贸易和服务方面的现代生产管理模式的引进提供良好条件。投资者在老挝的合法财产和资金不得被没收、征收或国有化。国家保护和承认各类财产形式的权利：国家的、集体的、国内外私人投资者在老挝境内的财产。

国家保护财产权利（例如占有权、使用、收益和处分）以及组织与个人的继承权。国家根据国家管制下的市场经济机制管理经济。全体组织和公民必须保护环境和自然资源，包括陆地表层、地下资源、森林、动物、水资源和大气。老挝实行开放政策，与他国进行不同方式的经济合作，并遵循相互尊重独立、主权以及平等互利的原则。优先发展人力资源，同时注重经济发展、文化和社会发展。

（三）国家防御和安全

国防和安全是国防和安全军队的职责，是全体组织和老挝公民的义务，公民必须保护国家独立、主权和领土完整，保护人民的生命和财产，确保稳定和持久的人民民主制度。国防和安全政策与社会经济发展并进。

国防和安全军队必须完善和加强自身力量，对国家忠诚，成为具有真实的革命精神、遵守严格纪律和具备现代军事素质的人民军事力量，成为保卫国家稳定、和平社会秩序的主要力量。国家为国防和安全军队提供物质、科技、工具和设备，提高军队的知识、能力、专业技能、策略和手段。国家和社会实施政策确保国防和安全军队的物质和精神条件完备，激励国防和安全军队的后方梯队、增强自身保护国家和维持社会和平的能力。国防和安全军队必须自强自立，并建立军事部门以确保完成任务和促进国家发展。

（四）公民的基本权利和义务

老挝公民是依法具有老挝国籍的人。老挝公民不论其性别、社会地位、教育程度、宗教信仰和民族如何，在法律面前人人平等。凡年满18周岁的老挝公民均享有选举权，年满20周岁的公民方享有被选举权，但精神病人、精神错乱的人以及被法庭剥夺选举和被选举权的人除外。公民不论性别均在政治、经济、文化和社会领域以及家庭事务方面享有平等权利；享有接受教育和提升自我的权利；有权参加工作、从事法律允许的职业，劳动者享有休息的权利、生病时接受医疗治疗的权利、丧失行为能力时或残疾时或年老时或法律规定的其他情形下接受帮助的权利；享有定居和移居的权利；有权就有关公共利益或公民自身的权利和利益问题，向相关国家机构提起控告或请愿以及提出建议（必须对公民的控告、请愿和建议依法审查和处理）；老挝公民的人身、名誉和住宅不受侵犯；没有检察机关或人民法院的命令，老挝公民不得被逮捕或搜查，除非法律另有规定；有决定信仰或者不信仰宗教的自由权利；享有言论、出版和集会的权利，有权设立社团和发起合法的游行示威活动；有权学习和运用先进的科学技术，有权创作艺术和文字作品，参加合法的文化活动；国家保护居住国外的老挝公民的合法权利和利益。

老挝公民有义务尊重宪法和法律的规定、遵守劳动纪律和有关社会生活和公共秩序的规则；有义务根据法律规定承担税赋义务；有义务保卫国家、维持安全以及根据法律规定履行服兵役义务等。

（五）国民议会

1. 职权

国民议会是权利、权力和各民族利益的代表。国民议会是立法机构，有权对国家的根本问题作出决定，并监督行政机构、人民法院和检察院的活动。

国民议会享有如下权利和义务：准备、通过和修改宪法；考虑、通过、修改或废除法律；考虑和通过或废除有关税负问题的决定、修正案；考虑和通过社会经济发展和国家预算的策略计划；选举或废除主席、副主席和国民议会常务委员会成员；在国民议会常务委员会的提议下，选举或废除国家主席和副主席；根据国家主席的提议，考虑和通过对最高部长的任命或废除的提议；考虑和通过政府的组织结构以及根据最高部长的提议，任命、调任或开除政府成员；根据国家主席的提议，选举或废除最高人民法院主席和最高检察院主席；决定组建或取消政府部门、与政府部门相当的组织机构、省级政府和地方政府；根据最高部长的提议，决定省、市的界限；决定特赦；根据法律规定，决定批准或撤销与外国签订的条约和协议；决定有关战争或和平的事务；监督宪法和法律的实施；行使法律规定的其他权利和履行法律规定的其他义务。

2. 会议及任期

国民议会每届任期 5 年，国民议会成员由老挝公民依照法律选举产生。新的国民立法议会必须在现任国民议会任期届满前 6 天选举完毕。国民议会常务委员会是国民议会的常设机构，在国民议会休会期间代表国民议会履行职责。

国民议会每年召集两次常务会议。如有必要，国民议会常务委员会可以召集国民议会的特别会议。

国民议会通过的法律需由国家主席在通过后 30 日内颁布。在这段时间内，国家主席有权要求国民议会再次审查该法律。如果国民议会审查后肯定之前的决定，那么国家主席必须在 15 日内颁布该法律。

3. 国民议会常务委员会

国民议会常务委员会享有如下权利和义务：准备国民议会会议和确保国民议会实施其工作计划；翻译和解释宪法和法律文件；监督行政机关、人民法院和检察院在国民议会休会期间的活动；任命、调任或废除各级人民法院法官和军事法庭的法官；召集国民议会会议；根据法律规定，享有其他类似权利和履行其他类似义务。

未经国民议会同意或在国民议会休会期间未经国民议会常务委员会同意，国民议会成员不得受法庭的指控或拘留。在经证实的犯罪或紧急犯罪情形下，已经拘留国民议会成员的机构必须立即报告国民议会或在国民议会休会期间报告其常务委员会，获得其决定从而对该成员采取进一步行动。调查并不阻碍受调查的成员参加国民议会会议。

（六）国家主席

国家主席是老挝国家首脑，是老挝各民族的代表。国家主席由国民议会选举产生。国家主席的任期与国民议会的任期规定相同。

国家主席的权利和义务如下：颁布已由国民议会通过的宪法和法律；发布主席命令和法令；向国民议会提议任命或废除最高部长；经国民议会同意，任命或废除最高部长，任命、调任或废除政府人员；在最高人民法院主席提议下，任命或废除最高人民法院副主席；在最高检察长提议下，任命或废除最高检察院副检察长；在最高部长提议下，任命、调任省级或地方政府官员；人民武装军队的最高首长；在最高部长提议下，决定授予或剥夺国防和安全军队的将军衔；决定授予国家金牌、勋位、胜利奖章和最高国家荣誉称号；决定特赦；决定征兵事项和宣告全国或特定地区处于紧急状态；颁布批准或解除与外国签订的条约或协议；在最高部长提议下，任命和召回老挝人民民主共和国的全权代表，以及接受委派到老挝的他国全权代表；享有根据法律规定的其他权利和履行其他义务。

国家主席可以有一个由国民议会选举的副主席。国家副主席的职责由国家主席决定，当国家主席处理其他事务时，由副主席代表主席履行职责。

（七）国务院和地方政府

1. 国务院

国务院是国家行政机构，统一组织国家在政治、经济、文化、社会、国防和安全以及外交事务方面的职责的实施。

国务院有如下权利和义务：保障宪法、法律、国民议会的决定及主席命令和法令的实施；递交法律草案和主席法令予国民议会，递交主席令予国家主席；决定社会经济发展策略和国家年度预算计划，并将其递交予国民议会审议和通过；向国民议会或在国民议会休会期间向其常务委员会以及国家主席汇报工作；发布有关国家行政、社会经济管理、科学技术领域的管理、国家资源、环境、国防和安全以及外交事务的命令和决定；组织和监督各部门机构和地方政府的活动；组织和监督国防和安全军队的活动；与他国签订条约和协议，并保障实施；中止实施或取消各部、相当于部的机构、政府管理下的机构和地方政府的决定或规章，如果这些决定或规章与法律相抵触的；行使法律规定的其他权利和义务。

国务院由最高部长、副部长、部长和相当于部的机关的主席组成。其任期与国民议会的任期规定相同。经国民议会同意，最高部长由国家主席任命或罢免。最高部长是政府的首脑，代表政府，领导和管理政府、各部、相当于部的机构、国家附属部门和其他组织机构的工作，领导和管理各省及城市的工作。最高部长任命、调任和废除副部长等人的职务。最高副部长是最高部长的助理，其职务内容由最高部长决定。当最高部长处理其他事务时，可以任命最高副部长代其履行职责。

2. 地方政府

老挝人民民主共和国被划分为三级地方政府：省级、区级和乡级。省级包括省和各城市；区级包括各区和市；乡级包括各乡镇政府。省级政府人员管辖省级政府，市政府人员管辖市级政府，市长管辖区政府，乡长管辖乡级政府。如有必要，由国民议会决定设立特别行政区，与省同级。

各省和城市的政府人员、区长有如下权利和义务：保障宪法和法律的实施，执行上一级别的政府下发的决定和命令；指导和监督在其管辖之下的各部门和政府活动；中止或取消与其同级或下一级的部门作出的与法律和法规相抵触的决定；在法律规定的权限内，管理公民，处理人民的各类控告和建议；行使法律规定的其他权利和义务。

市长有权利并有义务制订计划，实施和管理城市发展和全市公共服务，确保与城市规划一致的秩序和整洁，以及法律、法规规定的其他权利和义务。乡长有义务组织和实施法律、国家决定和命令，维持乡镇和平和公共秩序，发展乡镇。

（八）人民法院和检察机关

1. 人民法院

人民法院构成国家司法部门，由最高人民法院、上诉法院、省级人民法院和市人民法院、区人民法院以及军事法院构成。最高人民法院是国家最高审判机关。最高人民法院管理各级人民法院以及军事法院，并检查和审查各级人民法院和军事法院的决定。在最高人民法院主席提议下，最高人民法院副主席由国家主席任命或罢免。

在最高人民法院主席提议下，国民议会常务委员会任命、调任和罢免以下职务：最高人民法院法官；上诉法院、省级法院、市法院和区法院的主席、副主席和法官；军事法院的首脑、副首脑和法官。

人民法院通过小组决议作决定。法官必须在审判中保持独立并严格遵照法律规定进行审判。除非法律另有规定，法院应公开开庭审理案件。被告有权为自己辩护，律师有权为被告提供法律服务。社会组织的代表有权依法参加法庭审判程序。人民法院作出的最终决定，应当得到政党组织、国家机关、老挝国家建设前线、大众机构、社会组织以及全体公民的尊重，并由有关的涉案个人和组织履行。

2. 检察机关

检察院有权监督法律的实施。检察院由最高检察院、上诉检察院、省级和市级检察院、区级检察院和军事检察院。

检察院具有如下权利和义务：监督各部、相当于部的机关、国家附属机关、老挝国家建设前线、大众组织、社会组织、地方政府、企业、公务员以及公民正确和统一实施法律和法规；行使公诉权。

最高检察院管理各级检察院的活动。在最高检察长的提议下，最高检察院副检察长由国家主席任命或罢免。上诉检察院、省级和市级检察院、区级检察院和军事检察院的检察长和副检察长由最高检察长任命、调任或罢免。在履职过程中，各检察长只遵照法律和最高检察长的指示行事。

二 老挝宪法的历史与发展

老挝国王西萨旺·冯于 1947 年 5 月 11 日颁布了老挝历史上第一部宪法。该宪法的颁布确定了老挝的君主立宪制和宪政制度。该宪法规定，国王为国家的元首，是军队的最高统领和佛教的最高保护者。成立国民议会，确定首相和内阁组成政府并对国民议会负责。国民议会每届任期 4 年，通过普选产生。老挝王国的政府由首相、副首相、各部大臣和国务秘书组成，首相由国王任命，各部大臣及国务秘书由首相提名经议会 2/3 以上议员投赞成票通过后任命。①

该部宪法后来进行了 6 次修改，分别是 1949 年、1952 年、1956 年、1957 年、1991 年和 2003 年。其中，1956 年国民议会修改后的新宪法规定：老挝不再是法兰西联邦的成员，法文也不再是老挝的官方语言和文字；妇女有选举权；国民议会议员的任期由 4 年改为 5 年；王位由国王确定的太子或国王的后裔继承。1957 年宪法废除君主制，废除王国宪法，建立老挝人民民主共和国。1976 年老挝最高人民议会决定起草新宪法，于 1991 年 8 月 14 日通过了 1991 年宪法。② 而后老挝于 2003 年 5 月 28 日通过了新宪法，即为现行宪法。

1991 年宪法对老挝的影响非常重大，该宪法形式上看是成文宪法、刚性宪法、民定宪法、单一制宪法；实质为社会主义宪法。③ 该部成文宪法包括 1 个序言和 10 章共 80 条。序言部分主要阐述了老挝的历史、国家的任务、制定宪法的理由和国家的目标。正文的 10 章内容分别是：政治制度；社会经济制度；公民的基本权利和义务；国会；国家主席；国务院；地方政府；司法机关；语言、文字、国会、国旗、国歌和首都；最后条款。

---

① 米良主编：《老挝人民民主共和国经济贸易法律指南》，中国法制出版社 2006 年版，第 22 页。
② 同上。
③ 同上书，第 23 页。

1991年宪法政治制度部分规定了老挝的国家性质为人民民主共和国，国家的一切权力属于人民，国家为以工人、农民和知识分子为主体的社会各民族、各阶层服务。老挝各族人民的主人翁权利通过以老挝人民革命党为领导核心的政治制度来保障实现。还规定了人民议会制度、民主集中制的国家机关活动原则、社团制度、民族政策、宗教政策、依法治国原则和外交政策。

1991年宪法第三章规定了老挝公民的11项基本权利和义务，第四章到第八章规定了议会、主席、国务院、地方国家机构、审判机关和检察机关的职责。第九章规定了老挝的语言文字、国徽、国旗、国歌和首都等国家标志。

2003年颁布的现行宪法对1991年宪法进行了部分改动，增加了一些新条款，尤其在社会经济制度一章中做了较大变动，反映出老挝吸引外资和发展国内经济的迫切愿望。

第三节　老挝民商事法律制度

老挝没有民法典，老挝民法相关制度散见于不同的单行立法中，例如《老挝人民民主共和国合同条文法》《所有权法》《合同外责任法》以及《履约担保法》等。老挝商法主要以《企业法》为中心对公司和合伙制度做了规范。

一　合同法[①]

1990年老挝颁布了《老挝人民民主共和国合同条文法》，成为调整老挝国内合同问题的重要法律依据。合同是指组织机构之间、组织机构与个人之间或者个人之间发生、变更或者终止民事法律方面的权利或者义务的协议。

（一）合同的订立

合同必须经过发价与承诺的过程才能订立。接受发价人接受发价内容的意思表示到达对方，合同即订立。发价方未规定期限的书面合同，当接

---

① 参见米良主编《老挝人民民主共和国经济贸易法律指南》，中国法制出版社2006年版，第158—173页。

受发价人接到发价后，须在接到发价后 30 天之内承诺发价方。如果发价方规定了承诺期限，并在该期限内得到肯定答复，该合同将被视为自接到承诺之日起订立，发价方无权撤销合同。如果承诺在规定期限内完成，但却超过 30 天后发价方才收到承诺，在此情况下，合同也视为订立。如果承诺有内容变更，且发价方也同意，合同也视为订立。

（二）合同的内容

合同内容主要包括标的、价格、履行的期限、结算、运输、地点、数量、质量、场所、相互通报义务、违约责任、调解纠纷的机关、变更的条件、提前解除合同等。

（三）合同效力

符合法律规定的合同订立后即生效。但是违反合同法规定的条件的合同为无效合同。无效合同分为相对和绝对无效合同、全部和部分无效合同。

1. 相对无效合同

以下合同为相对无效合同：以欺诈、胁迫和一方利益受损的形式订立的合同；无行为能力人订立的合同；精神失常的人订立的合同；代理人恶意订立的合同；在特别严重的情况下不得不订立的合同。相对无效合同经失去权利的一方同意认可后，合同仍是可用的合同。

2. 绝对无效合同

下列合同为绝对无效合同：以违背国家和社会利益的形式订立的合同；法人以违背自己组织和活动规定的形式订立的合同；以隐瞒形式订立的合同；以违反合同形式的方法订立的合同。合同双方当事人有权决定合同为绝对无效合同。

3. 全部和部分无效合同

在导致无效的原因涉及合同各方的情况下，合同无效并且不能使用。如果导致无效的原因只涉及合同的一方，则该合同仅对合同当事方无效，其余方面内容仍可使用。

4. 无效合同的解除

相对无效合同只有合同当事人有权解除。绝对无效合同，各方利益关系人都有权解除合同。如果合同符合法定的无效合同要求，则一方及时通知另一方即可解除合同，若被通知方不同意解除合同，通知方可向法院起诉请求解除合同。未成年人或精神失常者的父母和监护人，有权申请解除无效合同。

（四）合同的履行

合同双方必须根据约定的或法定的时间、地点、结算办法等内容履行合同。合同保障履行的措施主要包括抵押、流动资产担保、固定资产担保、个人担保、契约担保和个人、法人担保和处罚等。

（五）合同的变更、撤销和终止

经过合同当事人的一致同意，合同可变更或撤销。在符合法定的情况下，合同非违约方可以单方面变更或撤销合同。合同一经撤销，合同双方的合同义务即终止。如果一方已经履行了其义务，另一方也必须履行其义务。若双方均未相互履行各自的义务，合同的义务即终止，双方均不用继续履行合同。合同在以下情况即终止：合同正确履行完毕后；合同双方合并；合同双方共同决定终止后；无法履行的合同；合同一方死亡的；他人无法继续履行；合同双方是法人并在被解散或破产等情况发生时终止。

（六）违约责任

一方不完全或不履行合同义务，将对对方承担赔偿责任，但是因不可抗力造成的损失除外。非违约方即可通过诉讼也可通过仲裁维护权利。

（七）合同分论的各类有名合同

老挝合同法规定了以下几种主要有名合同：买卖和易货合同、典当合同、借贷合同、租赁合同、寄存合同、委托合同、服务合同、工程承包合同、运输合同以及股份合同。

买卖合同卖方负有交付货物、所有权担保和质量担保义务。买方有付款和接收货物的义务。典当合同是指合同双方中的卖方有权在3年的时间内，以自己卖出去的价格赎回财产物品的约定。若在订立合同前双方已有商定，合同满3年后，卖方有权延续合同期限，但不得超过1年。如果到期后卖方不赎回财产物品，买方将成为财产物品的所有人。在特殊情况下，已付全款的买方可获得典当物的所有权。买方收到典当物之后，有妥善保管义务。股份合同是指两人或多人以财产共同投资经营、分配利润的约定。

二 所有权法[①]

1990年老挝通过《所有权法》。所有权是指在法律规定范围内，国

[①] 参见米良主编《老挝人民民主共和国经济贸易法律指南》，中国法制出版社2006年版，第174—181页。

家、集体、个体、私人及个人对财产的支配、使用、收益、处分的绝对权利。所有权包括支配权、使用权、收益权和处分权。

(一) 所有权种类

所有权根据所有者性质不同分为国家所有权、集体所有权、个体所有权、私人所有权和个人所有权。

1. 国家所有权

国家所有权包括国家管控的各类社会技术和物质基础，例如工厂、通信工具、银行等；国家机构运转使用的各种资产，例如房屋、车辆等；还包括自然资源，例如土地、河流、矿产、森林等。国家所有权由国家授予的机构来管理。

2. 集体所有权

集体所有权是指合作社或集体对共有物的所有权。集体所有权主要包括生产工具和与劳作密切相关的其他财产，例如机器、交通工具、拖拉机、房屋等。集体所有权只能归属于集体所有，任何个人不得擅自处置集体财产。

3. 个体所有权

个体所有权是指个体户对其通过生产或其他方式渠道获得的财物的所有权。此类所有权主要是指个体户拥有的与生产有关的工具以及生产的产品所有权。

4. 私人所有权

私人所有权是指私人经济组织对其所有物的所有权。私人经济组织具有法人资格，该法人对生产和销售等经济活动中涉及的私有物享有所有权。

5. 个人所有权

个人所有权是指除个体所有权和私人所有权之外的，公民拥有的与生活相关物品的所有权。个人所有权对象主要包括日用品、个人用品、便利物资、住房、家具和收入等。

(二) 所有权的取得方式

所有权的取得方式主要包括特批取得、赠与取得、时效取得、拾得取得、埋藏物取得、继承、时效、收购和没收。

1. 特批取得

特殊物品需经过相关权力机关的特别批准方可获得该物的所有权，例如武器、文物等。

2. 赠与取得

受赠人可通过受赠的方式获得赠予物的所有权。

3. 先占取得

已过法定时效，占有者可获得无主占有物的所有权。此类无主物首先默认为归属于国家；如果无主物为合作社所有，那么该无主物归合作社所有；若该无主物的主人有证据证明自己为所有人，可通过诉讼方式取回该物。

4. 拾得取得

任何人拾得遗失物或遗忘物之后，应主动告之失主或通过张贴告示等寻找失主或者将拾得物交予警察或其他相关机构。当场发现失主的，拾得人有义务立即交还失主。不能当场发现失主的，拾得人张贴告示6个月之后仍无人认领的，该遗失物或遗忘物可为拾得人或国家所有；若失主认领的，拾得人有权要求失主补偿自己因寻找失主或保管拾得物过程中产生的必要的费用。拾得人有权要求失主或认领人支付不超过物品价值15%的酬金，但是拾得人没有及时通知失主的不得要求支付酬金。

5. 埋藏物的取得

地下的埋藏物，无法确定所有者、所有者已失去该物的所有权或者发现人不得成为所有者的情况下，该埋藏物归国家所有。

6. 继承取得

继承人可通过法定或遗嘱继承获得遗物的所有权。

7. 时效取得

任何人精心管理他人固定财产达20年或流动财产达5年以上的，可获得该财产的所有权。精心管理是指公开、连续、安全地对财产进行管理。

8. 收购取得

国家出于公共目的而对相应所有权人进行补偿后而获得该所有物。通常是国家在为公共利益维护或救助过程中的特殊取得所有权的方式。

9. 没收

国家将违法者全部或部分财产收归国家所有而没有任何补偿的取得所有权方式。

（三）所有权的限制

所有权人在行使所有权的时候，不得侵害他人的、集体的和国家的利益。因所有权行使而给他人、集体或国家造成损害的，要进行相应赔偿。

（四）所有权的保护

当合法的所有权遭受他人侵犯时，所有权人有权通过诉讼等方式要求侵犯者承担返还和赔偿责任。若财产支配人不知道自己所支配的财产为他人所有，而原所有者要求支配人返还财产的，支配人应当返还财产并可要求所有人给予自己一定的补偿。原所有者有权要求无法转交财产的人承担赔偿责任。若财产支配人明知自己所支配的财产为他人所有，支配人应当返还财产予原所有者并不得提起诉讼。

无正当理由获得财产的必须返还财产及其收益给法定权利人。

支配人对财产进行改造的，若财产能分割，则分割的财产分别归属不同所有人；若财产不能进行分割，则由所有人向支配人支付因改造不可分割物所支出的费用，但不得超过原不可分割物的价值。

三 侵权法[①]

1990年12月24日，老挝颁布《合同外责任法》，主要规范侵权行为以及规定侵权行为的法律后果。老挝的侵权行为种类主要分为自身行为侵权、被监护人或雇员的行为侵权、喂养牲畜的行为侵权、无因管理和不当得利等。

（一）侵权行为的构成要件

构成侵权行为应具备三个基本要素：损失、过错和因果关系。

1. 损失

不法行为直接对合法利益造成实际损失是侵权行为存在的前提。没有损失则没有侵权。实际损失包括人身的、物质的和精神上的损失。

2. 过错

故意或者过失造成他人合法财产损失是构成侵权的主观要件。

3. 因果关系

行为人的行为与损失之间存在因果关系，即损失是由行为人过错导致的，该损失才是行为人需承担的责任范围。

[①] 参见米良主编《老挝人民民主共和国经济贸易法律指南》，中国法制出版社2006年版，第183页。

（二）几种主要侵权种类

1. 自身行为侵权

行为人因自身的行为给他人造成损失的，需对他人承担侵权责任。

2. 被监护人或雇员的行为侵权

被监护人（未成年人或精神病人）的行为造成他人人身或财产损失的，该侵权行为后果由监护人承担。雇员在执行任务期间对他人造成的损失由雇主承担侵权责任。

3. 牲畜喂养人的行为侵权

牲畜对他人人身或财产造成的损失由喂养人承担。

4. 无因管理

在老挝法律中，无因管理称为助人。助人是指出于为他人利益着想，在没有委托的情况下为他人财产进行管理的行为。助人者必须出于善良动机，并作出对所有者或者管理者有利的行为和结果。受益人对助人者支出的必要费用进行补偿。

5. 不当得利

老挝法律中将不当得利称为占有他人财产。行为人故意占有他人财产，必须将占有的财产或等价金额以及产生的孳息返还给所有者。

四 担保法[①]

老挝通过了《履约担保法》调整国内担保法律关系。担保是指当债务人不能够履约时，按照合同履行义务的保证或代为清偿债务的保证。"老挝履约担保的概念具有以下三方面的含义：担保是保障特定债权人债权实现的法律制度。其目的是为强化债务人的清偿能力和打破债权地位平等的原则，使特定债权人优先于其他普通债权人受偿；担保必须于债务已到清偿期而债务人未履行约定时始能发生。未履行是指债务履行期限已经届满，债务人拒绝履行，迟延履行和不适当履行；担保是规定以债务人或第三人的特定财产为履行义务的保证（物的担保）；也可以仅以第三人的保证（人的担保）来保证约定的履行。"[②]

[①] 参见米良主编《老挝人民民主共和国经济贸易法律指南》，中国法制出版社2006年版，第185—201页。

[②] 同上书，第185页。

(一) 担保的种类

老挝将担保分为按合同担保、按法律担保和按法院担保。

1. 按合同担保

按合同担保是指债权人和债务人之间签订的合同约定，如果债务人不能清偿债务时，由第三人保证代替债务人清偿债务的约定。按合同担保是最主要的担保方式。

2. 按法律担保。按法律担保是指出于人道主义和国家总体利益考虑，列入法律规定的清偿债务的保证。按法律担保是对按合同担保的补充，国家通过其权力将特殊案件的担保列入强制担保事项，从而保证弱势群体的利益。

3. 按法院担保

按法院担保是指按记入法院判决或获得法院裁定确认的经济纠纷仲裁委员会的决定所作出的清偿债务保证。此种担保依据是法院的判决或仲裁机构的仲裁决定。

(二) 担保的登记和担保的优先权

只有经过登记的担保才具有优先受偿权。担保债权的优先顺序为：按法律担保的债权优先于按法院担保的债权，按法院担保的债权优先于按合同担保的债权。当债务人不能清偿全部债务或者破产时，享有优先权的债权人在自己的债权范围内，可以将自己的优先权让给同意对债务人享有担保权的其他债权人。

(三) 担保的转让

享有担保权的债权人为了他人的利益，可将自己的担保债权范围内的担保转让给对同一债务人无担保的其他债权人。债权人也可将自己的担保债权转让给第三人。同一债务人的各债权人，无论其是否享有担保债权，均可通过意思自治达成一致由债务人对各债权人平均清偿债务。

(四) 无效的担保

有以下情形之一的，担保无效：非法订立的担保；用来担保的财产的所有权不属于担保人且未得到授权而订立的担保；用胁迫和欺诈手段订立的担保。

(五) 担保的终止

有以下情形之一的，担保终止：当债务已经按合同清偿完毕；追偿期满；债权人放弃有关的担保权。

（六）注销担保登记

有以下情形之一的，担保登记将予以注销：债权人提请注销登记；财产所有人提请注销登记；法院裁定注销登记。

（七）流动资产担保

流动资产担保是一种动产抵押担保，是指为了保证债的履行，债务人或第三人将其动产或权利移交给债权人占有，当债务人不履行债务时，债权人可就占有的动产或权利享有优先受偿权的担保形式。

流动资产担保分为：以物品抵押，是指为了保证债的履行，债务人将其财产抵押物交给债权人占有，当债务人不履行债务时，债权人可就占有的抵押物品享有优先受偿权的担保形式。以物品抵押的担保权经登记才生效；以文件抵押，是指为了保证债的履行，债务人将流动资产所有权的证明文件交给债权人占有，当债务人不履行债务时，债权人可就占有的权利享有优先受偿权的担保形式。该类担保债务人只需移交文件给债权人，债务人仍然可以占有并使用该流动资产。以文件抵押的担保不需要经过登记即可生效；以库存物抵押，是指为了保证债的履行，债务人将库存商品的汇票交给债权人占有，当债务人不履行债务时，债权人可就占有的汇票享有优先受偿权的担保形式。

（八）固定资产担保

固定资产担保是指用债务人的固定资产或固定资产使用权向债权人提供清偿债务的保证，当债务人不履行债务时，债权人有权就该固定资产或固定资产使用权优先受偿的担保方式。固定资产主要是指不能移动的或者移动后将会损害其价值的物。固定资产担保不需要转移担保物的占有，只需债务人将担保物的相关证明文件交给债权人或得到授权的其他人进行保管即可。固定资产担保与以文件抵押的担保最大区别在于抵押的标的不同。

固定资产担保必须签订担保合同，且合同只有在两种情况下对签订方有效：公证员或者村长及3名证人在场时签订的合同；缔约双方签订合同时有3名证人在场，随后得到公证员或村长签字的合同。除法律另有规定外，在国外订立的固定资产担保合同无效。

债务人对固定资产进行修缮或改造，使得固定资产增加的，那么增加部分的价值列入该固定资产的担保价值中。

债权人的优先权包括两方面：有担保权的债权人优先于没有担保权的

债权人受偿;在有担保权的债权人之间,按担保先后顺序决定优先权的顺序。但是不得违反法定的优先受偿顺序,即按法律担保的债权优先于按法院判决的担保,按法院判决的担保优先于按合同的担保。

债务人在担保期间擅自将担保物出售或转让他人的,债权人可凭借其占有的固定资产的使用权证明文件和担保合同追回该财产,由此产生的费用由债务人承担。如果第三人受让该财产是善意的,那么因为债权人追讨财产产生的费用和损失同样由债务人承担。

(九)个人担保

个人担保是指当主债务人不能够清偿到期债务或不能履行约定的义务时,任何一个个人或法人同债权人达成代债务人清偿债务或代为履行义务的约定,个人担保又叫保证担保。[1]

1. 保证人的责任范围

保证人的责任范围是通过债权人与保证人共同签订合同来确定的。保证人可以担保全部债务也可以担保部分债务。保证人必须保证在将来主债务人无法履行合同时,由其履行主债务人未履行的全部或部分债务。一旦合同注明的履行期限届满,主债务人没有履行债务的,债权人必须先向债务人追偿,如果债务人已无清偿能力,债权人才有权向保证人追偿。也就是在未对债务人的全部财产追偿并未实行破产清算前,保证人没有代主债务人清偿债务的责任。[2]

保证人代主债务人向债权人清偿主债务之后,主债务消灭,保证人成为主债务人的普通债权人,有权向主债务人追偿已支付的本金和利息。

2. 共同担保

保证人有两名或两名以上的担保称为共同担保。共同担保人对主债务人的债务共同承担保证责任。当债权人向其中一个保证人追偿后,该保证人可向主债务人和其他保证人追偿,其他保证人有支付的义务。主债务人与保证人可约定保证人承担全部债务担保或部分债务担保。在全部债务担保情况下,任何保证人均有义务清偿主债务人的全部债务;在部分债务担保情况下,保证人对自己保证的债务部分承担清偿责任。

---

[1] 米良主编:《老挝人民民主共和国经济贸易法律指南》,中国法制出版社 2006 年版,第 198 页。

[2] 同上书,第 199 页。

3. 保证责任的免除

下列情况保证人责任免除：（1）未经保证人同意，债务人和债权人增加或变更合同内容的；（2）主债务内容已清偿。

五　企业法[①]

老挝于 1994 年 7 月 18 日通过了《企业法》，成为老挝规范企业的重要法律依据。"该法商品经济的特征浓厚，许多规定与国际惯例不够一致；突出了社会主义商品经济的特色，制约了市场的培育和发展。"[②]

（一）企业类型

老挝的《企业法》将企业分为四种类型：私营企业、国有企业、集体企业与合营企业。老挝的企业设立采纳的是核准主义。有意设立企业者，应向贸易部门递交申请，申请一旦受理，贸易部门和有关部门要迅速审议并且自受理申请之日起 60 天内予以答复。企业注册成功，则依法成立。企业成立后，需按规定张贴企业招牌。如果企业自获准成立后一年内未开展自己的业务，企业注册将被注销。

（二）企业的经营范围

涉及国民命脉的领域，诸如燃油、电力、自来水、通信、矿藏及矿产品、粮食、药品、化学品、酒和香烟，只能由国家垄断。国家还专为老挝公民可经营的领域作出规定。

（三）公司章程

公司章程是企业设立的必备条件之一，其内容主要包括：投资者的姓名、职业、国籍和住址；公司的名称、宗旨、期限及办事处；公司的组织、管理；分红及对亏损责任；大会及表决办法；解散与清算；争议解决办法。除此之外，法律规定，在不违反法律、行政法规规定和社会公共利益的前提下，投资者还可在自愿基础上将其认为设立公司与管理所必需的内容记载在公司章程里。公司章程可以修改，但必须获得至少代表公司资金 2/3 的股东的同意。公司章程的变更需通报有关当局，以便在企业登记簿上做备忘记录。

[①] 参见米良主编《老挝人民民主共和国经济贸易法律指南》，中国法制出版社 2006 年版，第 55—75 页。

[②] 米良、周麒主编《东盟国家公司法律制度研究》，中国社会科学出版社 2008 年版，第 149 页。

（四）个人企业与股份公司

私营企业是指个人或法人为谋利活动而设立的经营单位。私营企业的设立形式为个人企业和股份公司。

1. 公司性质

个人企业是指由一个个人设立的拥有注册资金 100 万基普以上的经营单位并且独自对企业的全部债务负责。个人企业以本企业主自己的名义开展活动。股份公司指以股东之间的互相信任而设立的一种公司形式。每位股东均具有经营者地位并且对公司的全部债务负无限责任。因此个人企业与股份公司都是无限责任公司。

2. 出资人

个人企业的投资人为一个自然人，股份公司的股东为两人或两人以上，既可以是自然人，也可以是法人。① 所有股东可以共同担任经理，但公司章程另有规定的除外。若担任经理的人不是股东，那么该人在获得全体股东的一致同意后方可担任经理职务，但公司章程另有规定的除外。

3. 出资

股东的出资构成公司的资金，股东可以以货币、实物、劳务、知识产权等方式出资。公司的股票不得随意转让。

4. 股东大会

股东大会由全体股东组成。股东大会每年至少召开一次会议，经理召集大会，最迟在大会召开前 15 日将会议事项通知各个股东。股东大会有义务审议有关公司活动的一切事项，尤其是有关经理的任免、期限及薪资，公司财务制度的制定、监事的任命、年度财务报告的通过、分红、股本转让、公司的延续或解散问题、公司章程的变更等。

（五）有限公司

有限公司是由两个以上创始人将公司资金分为等股，每股的价值相同，而公司股东以自己缴足的股值为限对公司债务承担责任的一种公司形式。

1. 股东人数及股东权利、义务

有限公司的全部股东人数不超过 20 人。股东有权按自己的出资比例享受分红；了解公司经营活动；最迟年度大会召开前 15 日收到相关文件；

---

① 米良、周麒主编：《东盟国家公司法律制度研究》，中国社会科学出版社 2008 年版，第 159 页。

对经理的行为提问;出席股东大会并享有投票权;持有公司股本一半以上的股东可以召集大会;股东不得抽回自己的出资额,只能通过法定程序转让份额;股东必须按规定认缴自己的出资额;股东以出资额为限对公司债务承担责任。有限公司类似于中国的有限责任公司。

2. 出资

有限公司的股东可以以货币或实物出资。实物出资的必须经过评估作价;货币出资的,在公司设立之日至少缴纳货币出资额的 50%,剩余未缴纳的出资必须在公司进行企业登记之日起两年内缴足。有限公司的最低注册资金不得少于 500 万基普。

3. 名称与组织机构

有限公司的名称里必须冠以"有限公司"字样。

有限公司的组织机构包括股东大会、经理和监事会。股东大会由全体股东组成。股东大会至少每年召开一次。持有公司股本一半以上的股东和股东代表有权召集召开股东大会。经理召集股东大会最迟在大会召开前 15 日将会议事项通知各股东。股东大会可以变更公司章程,但需获得至少持有公司股本 2/3 的股东同意。

监事会由股东大会从注册会计师协会人选名册中挑选任命。每享有一亿基普以上的公司,应有一名监事。监事任期三年,可以连选连任。监事会主要行使以下职权:(1)检查财务和审核财务文件;(2)编制报告,然后向年度大会提议;(3)监事有权向公司各部门索要各类文件。监事独立执行职务,只有法院或会计师协会才有权罢免监事。

有限公司可以由一名或多名经理进行管理,经理可以是股东也可以是股东之外的其他人。经理的任期和薪酬由公司设立时股东大会的决议规定。经理代表公司以公司名义开展对外活动,若经理违反法律、公司章程的规定,给他人或公司造成损失的,经理必须依法对公司和第三人承担责任。

(六)大众公司

大众公司是指把公司资金分成股份,每一股具有相同价值、并由 7 人以上发起设立的公司形式。

1. 性质、出资及公司名称

大众公司就相当于中国的股份有限公司。[①]

---

① 米良、周麒主编:《东盟国家公司法律制度研究》,中国社会科学出版社 2008 年版,第 164 页。

大众公司的注册资金至少不得低于 5000 万基普。出资方式可以是货币或者实物。货币出资的，必须在公司设立之日至少缴纳认缴出资的 25%，尚未缴纳部分自公司登记之日起三年内缴足。实物出资的必须经过评估。公司的每股最高价值不得超过 1 万基普。大众公司的股票可以转让，既可以转让给公司内部人员，也可以转让给公司外部人员。大众公司的资本除来自股东出资外，还可以从公司外部集资，也可以发行集资股来集资。

大众公司的名称中必须冠以"大众公司"字样。

2. 组织机构以及股东权利和义务

股东大会是大众公司的最高权力组织。股东大会有例会（股东年会、定期股东大会、股东常会或普通股东大会）和特别大会（临时股东大会）。例会是为了审议有关公司活动的问题，每年至少召开一次。例会由董事会、总经理、监事、清算人、至少代表大众公司全部股份 1/3 的股东、被法院委任的人召集。最迟在大会召开前 15 日，把通知及会议事项一并送达股东。如果例会的决议获得与会者全部股份数的多数票通过将视为有效。例会主要决定以下事项：听取董事会有关公司工作开展的报告；听取效益通报和有关分配方案的建议；听取监事的报告；就公司已开展的情况和次年计划进行表决；通过年度财务报告；通过分红方案；任免董事；任监事并规定监事的管理费；批准董事会代行例会开展某项工作。特别大会的召集程序和例会的召集程序相同。特别大会主要解决以下问题：公司章程的变更、延期、增资、减资等重要事项。特别大会的表决需获得代表全部股份数的 2/3 的参会股东同意。

董事会是大众公司的管理机构。董事会由 5 人至 11 人组成。其中可以有 1 名或 2 名职工代表。董事任期 3 年，由股东大会任免，董事可以连选连任。董事会的职权包括：决定公司的一般活动；选举 1 名董事长；规定董事长、董事的会务费及总经理的月薪；总结公司的年度财务，做公司管理报告；批准担保；为股东组织公司的各种文件；召开全体大会和召集公司的其他会议。董事会根据工作需要可以随时召开大会。董事会由董事长召集，如遇董事长未召集会议的情形，至少有 1/3 的董事召集，董事会的决议由出席大会的各位董事和董事代表的过半数票通过，如果赞成票和反对票相等，董事长具有决定权。董事会有违反法律、公司章程或在公司管理中的过失造成损失的，董事会必须对公司和外人承担连带民事责任。

如果是董事成员因过失造成损失的，其对公司或其他受损方承担个人赔偿责任。

董事会选举一名董事长，法人不能任董事长，董事长的任期与董事相同并可以自愿连任，除非公司章程另有规定。董事长召集董事会议，董事长对外代表公司，其对外行为效果归属于公司，第三人知道董事长的行为是违反公司章程规定的除外。获得董事会的特权后，董事长将以公司名义批准担保。董事长享有董事身份，并对自己在开展公司业务过程中失误负责。

董事会根据董事长的提议，任命总经理。总经理可由董事担任也可由其他人担任。根据董事会的同意，董事长也可以兼任总经理。总经理的任免及薪酬制度都由董事会决定。总经理任期3年，可连选连任。

大众公司的股东权利与义务和有限公司的股东权利与义务相同。

（七）国营企业

国营企业是指国家独资设立或和其他企业合资、但国有资金占51%以上的经营单位。国营企业可以成为有限公司和大众公司的股东。若国家占有100%股权的公司是国家企业；若国家出资占公司股本的51%以上的企业称为国家联营企业。国营企业对公司的债务承担完全责任。国家可依法向国内外银行贷款筹资也可以公开发行股票筹资。

老挝财政部部长代表政府，可行使下列职权：提议设立或解散国营企业；规定国营企业的目标、宗旨；任免董事长、副董事长、董事及总经理；确定董事长、董事的奖金和薪金，确定参加大会时的被邀人选；提议转让经营或出售国营企业财产。财政部是和各有关单位联系的协调人，在征得总理同意批准设立后，国营企业才能到贸易部进行登记，然后再到财政部进行税务登记。

董事会由3人至11人组成。董事长由财政部部长征得有关部门的同意后任命，副董事长由财政部部长根据有关部门部长提议任命，其他董事由财政部部长任命的具有经营经验的知名人士担任。董事任期三年，可连选连任。董事会每三个月召开一次例会，至于特别大会，根据工作需要，由董事长直接召集或根据全部人数一半以上的董事的提议，特别大会可以随时召开。总经理由董事会任免，副总经理由董事会根据总经理的提名任免。国营企业的资金如何使用由董事会决定，国营企业的资产归国家享有。

（八）合伙企业

合伙企业是指由两个或两个以上家庭为发起人为牟利开展活动而合伙

组织的经营单位。合伙企业按联合体的形式开展经营。联合体是指在农民、手工艺者、小商贩自愿的基础上成立的合伙组织，旨在为牟利而开展的生产经营活动。联合体的资金，没有金额规定，并且可以随时变更。如果联合体的成员数达到 20 户以下，其行政管理、表决必须按有限公司的规章进行；如果成员超过 20 户，其行政管理、表决必须按大众公司的规章进行。柬埔寨合伙企业属于普通合伙企业。[①]

六 国际贸易与投资法[②]

在东南亚国家中，老挝的经济相对落后，是一个内陆农业国家，工业基础薄弱，对外贸易在老挝经济中占的比重不大，每年的进出口贸易总额不超过 10 亿美金。经过长期的努力，老挝于 2012 年 10 月 26 日加入 WTO，成为 WTO 第 158 个成员国。在此之前其对外贸易法律法规主要是以《关税法》（1994）为核心并由商务部等相关部委制定一系列的规章构成老挝的外贸法律体系。自加入 WTO 之后，有关世贸组织的相关法律法规成为老挝对外贸易法体系的重要组成部分。为拉动老挝国内外的投资，老挝于 1988 年颁布了《外国在老挝投资法》，1989 年通过了《投资法实施细则》，1994 年又颁布了《管理和促进外国在老挝投资法》，2001 年颁布《投资法实施细则》以及 2009 年颁布的《老挝人民民主共和国投资法》等，旨在通过法律为国内创造一个有利的环境吸引外资，带动老挝的经济发展。

（一）国际贸易法

1. 老挝国际贸易法的基本原则

（1）凡在老挝人民民主共和国领域内的自然人、法人和其他组织，不论其国籍如何，包括和老挝签订与进出口有关的协议的国家，都应当遵守老挝的进出口管理制度。

（2）进出口老挝的商品物资，必须依照国会通过的进出口税率目录缴纳统一的关税。但列入保税和免税的商品除外。

（3）绝对禁止任何人以任何形式增加或减少法律规定的税率。

（4）在紧急和必要的时候，国家主席有权颁布法令规定某些商品的

[①] 米良、周麒主编：《东盟国家公司法律制度研究》，中国社会科学出版社 2008 年版，第 175 页。

[②] 参见米良主编《老挝人民民主共和国经济贸易法律指南》，中国法制出版社 2006 年版。

关税比例，并可以规定某一地区为保税区。

2. 商品的种类、原产地规则以及实际价值

（1）任何进出口的商品和物资，过关时，都必须按进出口税率目录申报代码和物资种类。对国家有利的进出口商品和物资的关税实施特殊关税制度，由国家主席颁布法令规定实行互惠互利的特殊关税税率。特殊关税税率按照相关产品的原产地价值来确定。

（2）实际价值是确定商品价值从而确定商品关税的核心部分。出口报价是指商品物资运出老挝边境时的出口价值，不计进口税的实际价值。进口报价是指商品物资运至老挝边境时进口价值，包括保险费和运费的实际价值。

3. 担保制度

商品和物资的承运人或其他法律规定的持有人，必须按照海关法和税法等相关法律规定，在海关、税务部门监管下进出口货物，无论商品和物资采用何种运输方法，都必须遵守担保放行制度。

（1）放行担保

押运人和承运人必须向海关税务部门申领放行担保单，并严格遵守担保单上记载的各项义务，随时携带并向沿途的海关税务部门申报。

（2）物保和人保

物保和人保的方式是为顺利进出口边境而向海关税务部门提供的保证。物保是指提供金钱或实物的担保。人保是指具有一定信誉的自然人或法人提供的担保。

（3）违禁品的放行

违禁品进出口边境时，相关承运人等应当持有并出示国家有关专门权力机构开具的随行批文。否则违禁品不得被放行。

（4）报告制度和终点原则

当商品物资运输到目的地后，押运人和承运人须持有放行单和担保地地级市的海关税务部门签发的报告，由终点海关税务部门进行检查并清点，完成关税的征收。相关所有税收征收完毕后，海关税务部门应当返还担保物。提供人保的，人保法律关系终止。

4. 商品物资仓储制度

商品物资仓储制度是指经营者将以出口为目的或以在国内消费为目的的在国内生产或从国外进口的商品物资，以保税和置于税务部门检查之下

的形式，在保证的期限内存入仓库，以便等待按关税制度执行的制度。①

商品物资仓储制度由财政部部长批准施行，并由财政部部长规定建造仓库的地点、组织、使用、控制和各种商品物资的储存期限。商品物资仓储库种类包括实物仓库、特殊仓库、保税仓库和工业品仓库。其中，特殊仓库仓储的对象为活着的禽畜产品、禁止进口的商品物资或特殊控制和管理的商品物资、不符合卫生规定和管理的对人体有害的商品物资以及财政部部长规定的其他商品。

违禁品的仓储有其特别的规定：对于获得仓储批准的商品物资，必须在保证的期限内运出境内；对于可能造成人体健康伤害、环境危害或妨害仓库工作的商品物资，海关税务部门有权不批准仓储该违禁品。

海关税务人员应履行保证海关正常运行的职责，有权对在仓库中即将进出口的商品物资进行检查并查看清单。仓储人员有义务保证仓储物品的安全。若因为仓储人员的看管不力造成的相关损失由仓储人员承担赔偿义务。当权利人将仓储物移出仓库时，必须出示放行担保单，并缴纳相关费用和关税，方可提走仓储物。

5. 临时进出口制度

为某种目的提供服务后又按原数量和状态出口进而又进口的商品或者为加工、组装成成品或改造和修理后返回其国家而进口的商品，因其特殊性，可以在商品物资进口时执行保税制度，在其返回国家时给予免征关税待遇。但是如果加工或改造后剩余的原材料或者质量不合格应返回其原国的半成品，在国内市场销售或使用的，必须按照法定标准缴纳关税。

临时入境或临时出境的人所携带的不属于违禁品的私人物品，可享受临时进出口保税制度，但携带者需填写申报单，在其返程出境或入境时，按照申报单上的记载携带出境或入境。若携带者携带私人物品属于违禁品时，只要其出示有关部门出具的批准证明、第三者担保和保证书，即可出入境。

6. 进口税的免除制度

（1）进口税的免除。以下商品物资在进口时可以免缴关税：（1）入境人员携带的供个人食用的食品；（2）家庭搬迁时所搬运的家具；（3）继承的遗产；（4）政府代表团出国时随身携带的物品和礼品；

---

① 米良主编：《老挝人民民主共和国经济贸易法律指南》，中国法制出版社 2006 年版，第 218 页。

（5）中小学生、大学生、公务员和外交人员在完成学业、培训和工作后，回国携带的一定数量的某些私人物品；（6）不带商业性质的必要的文教用品和用作生产试验的物品；（7）机动车辆专用油箱中的油料；（8）老挝和外国国际航班在协定或相互补充基础上使用的油料；（9）无商业价值的样品；（10）政府的礼品、援助物资、贷款和借款；（11）人道援助物资；（12）国防治安专用物资；（13）在国家有关机关同意的基础上进口的某些必要的宗教物品。

在老挝免税区内的商品享受保税制度待遇。

（2）外交豁免制度

国际法规定了外交人员的豁免制度，大多国家都认可国家之间在对等基础上给予对方的外交人员一定的特殊权利。对于下列物品，外交人员可以享受包税或免税制度：外交人员和有外交特权的国际机构的工作人员的私人物品；老挝外交部批准的驻老挝人民民主共和国的各使馆和国际机构的物品；作为老挝政府宾客的外国高级代表团的随行物品等。如果海关官员在有合理怀疑的基础上，在外交人员在场的情况下检查外交人员所携带的物品。

对于外国政府机关的、国际机构的和非外国政府机关的物品。按老挝政府与有关机构签订的协议对待。对于外交邮包，如有可靠消息证实装有违禁类物品，则对物品、外交代表和相关使馆人员进行登记，并将违禁类物品遣返。

7. 借道运输和过境运输

国内可以生产的商品物资和已按规定缴纳进口关税的商品物资，在老挝境内从一个地方运送到另一个地方时，如果必要，可以借他国的道路通行。该类商品物资免缴关税，并且不受禁止进口和禁止出口规定的限制。但是该类商品物资的运输必须持有担保商品物资放行单，若不属于禁止出口免缴出口税的商品则只需持普通放行批文即可。

从境外经过老挝境内运往第三国的商品物资，必须持有起始海关出具的担保过境商品物资运输单，并按照专门的规定实行保税制度。

8. 船舶通行制度

老挝的船只必须依法登记。在商品物资装卸之前，船主应当持船舶执照和水路商品物资运输单向海关税务官员出示，并接受检查。离港前和进港后，或沿途对船只的检查，无论是否载货，船主都要向海关税务官员出示船只执照或水路商品物资运输单。

除此之外,中国、老挝、缅甸和泰国签订的《中华人民共和国、老挝人民民主共和国、缅甸联邦政府和泰王国政府澜沧江—湄公河商船通航协定》对船舶通行作了规定。例如,在船舶进入港口、办理海关清关及其他手续、使用泊位装卸货物、使用码头、库场以及其他港口设施、物资供应以及收取港口费用方面,缔约各方应相互给予对方船舶最惠国待遇。缔约任何一方的船舶在缔约另一方的港口只能承运该两国间的出入境旅客和货物;但如果经该缔约国另一方允许,亦可承运该缔约方港口与缔约第三方港口之间的货物和旅客。

(二)投资法

老挝的投资法鼓励外国投资者进入老挝投资各领域。原则上,政府给予外国投资者宽松的环境和各种优惠政策。老挝允许外国投资者进行直接投资、间接投资以及以合同形式进行合作经营。老挝政府鼓励老挝国内外的个人或经济实体到老挝投资,并通过制定各项政策,包括制定路线,提供必要的资料和数据,给予税收、劳动力等方面的优惠,允许其有土地使用权,开设投资一站式服务窗口等,为投资创造良好的投资环境和提供各种便利条件,并由国家依法承认和保证投资者的所有权、保障其权益等。在此重点阐述老挝投资法的几个关键规定。

1. 投资经营的分类

投资者可进行下列投资经营:普通经营,特许经营,特别经济区的开发经营。普通经营投资需要投资人向工商部门的投资一站式服务窗口提出申请(全部资金不得低于10亿基普),审核通过,在获得投资许可证后,投资者当即可以进行经营活动。

特许经营投资要求投资人递交申请,但是特许经营需要经过特别审批,在获得老挝中央政府批准后,计划与投资部负责给投资者签发特许经营许可证。在获得项目所在地政府批准后,计划与投资厅(局)负责给投资者签发特许经营许可证,然后在获得特许经营注册证后,投资者可进行经营活动。

特别经济区是指政府批准投资者进行投资开发的特定地区,包括工业、特别经济、出口生产、旅游、保税、信息技术开发、边境贸易等经济区。特别经济区由老挝中央政府根据工贸部在征求有关部门和当地政府的意见后提出的建议来决定是否设立,所设立的特别经济区必须符合老挝国家社会经济发展规划、特别经济区所在地方社会经济发展规划和当地的实际情况。有意投资设立特别经济区的投资者可向老挝工贸部递交申请，经审核后报老挝政府审批。对投资设立特别经济区的审批按照特许经营批复程序审批。此外，还需设立特别经济区筹备成立委员会。特别经济区遵照下面准则运作：有独立的经济管理权；接受中央政府或得到中央政府授权的地方政府的宏观管理。

2. 鼓励投资的行业

老挝政府鼓励投资者进行投资的行业主要有农业、工业、手工业和服务业。老挝政府已对这些行业做了详细的划分，把它们划分为三个层次，包括在国家建设中优先发展的项目、脱贫致富项目、基础设施建设、人才开发项目、扩大就业项目等。

（1）鼓励投资的项目划分为如下三个层次：第一类为最鼓励投资的项目；第二类为中等鼓励投资的项目；第三类为一般鼓励投资的项目。

（2）鼓励投资区：根据老挝国家社会经济结构和地理位置，把鼓励投资区划分为三类区。一类投资区：在这类投资区内，社会经济条件还不能为投资提供便利，多处于边远偏僻的山区，在这类投资区投资的项目属于第一类，即最受鼓励的投资项目；在这类投资区内，社会经济条件能为投资提供部分便利，地理位置也不像一类投资区那么偏僻、险恶，在这类投资区投资的项目被列为第二类，即中等鼓励投资项目；在这类投资区内，社会经济基础能为投资提供很大的便利，在这类投资区投资的归为第三类，即一般鼓励投资项目。针对不同的投资区有不同的优惠税收政策。

（3）允许外资进入的行业和领域。外国投资者在尊重老挝法律规定的基础上，可以投资开发多个不同经济领域，包括农林业、加工制造业、能源矿产业、手工业、交通运输业、建筑业、旅游业、商业、服务业等等。其中，老挝政府主要鼓励外商投资的领域：电力开发、农业商品生产和加工、养殖业、加工业、手工业、矿产业和服务业；重点扶持的产业为：大米、谷类和食品生产、国内替代进口的日常用品生产、出口商品生产、取代进口商品的农林和工业。

3. 限制外资进入的行业和领域①

（1）禁止投资的行业：各种武器的生产和销售；各种毒品的种植、

---

① 米良主编：《老挝人民民主共和国经济贸易法律指南》，中国法制出版社2006年版，第81页。

加工及销售；兴奋剂的生产及销售；腐蚀、破坏良好民族风俗习惯的文化用品的生产与销售；对人类和环境有危害的化学品和工业废料的生产和销售；色情服务业；为外国人提供导游。

（2）为维护国家安全，社会经济和环境而进行专控的行业：石油、能源、自来水；邮电和交通；原木及木材制品；矿藏和矿产；化学品；粮食；药品；食用酒；烟草、建材、交通工具；文化制品；教育；贵重金属；

（3）只能由老挝公民投资的部分行业：

手工业部门：制陶；金银；铜及其制品的打制；手工织布和编纺刺绣；工厂的织布、缝纫工作。竹篾和藤凉席的制作；佛像、木雕制作；玩具的制作；棉或木棉服装和被褥的制作；铁匠、电焊工；

金融部门：金银铜及其有价物品的销售；

商业部门：活动和固定零售；成品油零售；

财政部门：财务监督或提供财务服务工作；

教育部门：为外国人教授老挝语；

文化部门：老挝传统乐器的制作；手工字母排版；各种广告牌的设计和制作；各种场所的装修；

旅游部门：导游和导游的分配；

交通、运输、邮电和建设部门：各种运车辆的驾驶；建筑行业各种载重汽车的驾驶；铲土机、平地机、打捞机、挖土机的操作；各种信件，报纸、文件的发送；密码工作，汽车美容；

劳动和社会服务部门：普通工人，清洁工，保安；为外国人提供家政服务；美容、烫发和理发；文书和秘书工作；

食品部门：米线制品的生产。

第四节　老挝刑事法律制度

一　老挝刑事法律制度概述

老挝在1990年1月9日颁布的刑法基础之上，于2001年4月25日对第7条、第51条至第62条进行了修改，2005年对2001年版的第6章第67条进行了部分修改，并于2005年11月9日颁布了修改后的新刑法内容。老挝刑法的目的是保护政治、经济和社会体系、国家财产、集体和个人、生命、健康、人民的自由权利、国家安全和社会秩序，防止和制止犯罪行为，教育所有公民尊重并遵守刑法规定。

老挝现行刑法将公民的道德义务标准纳入刑法典中，例如将公民不尽道德义务告发所知的犯罪行为设定为犯罪等。通过对老挝刑法典的研究发现，老挝的刑法规定与中国的刑法规定大部分内容是相似的，只有部分犯罪行为体现了老挝国内将道德义务提升至法律要求层面的特点。中国的刑法条款数目远远超过老挝刑法条款数目，较之老挝刑法更为细致和全面。

二　老挝刑事法律的内容①

老挝现行刑法典是 2005 年的修订版本，包括 18 章和最后条款，老挝刑法典内容包括刑法典发展情况的介绍、总论和分论。总论就老挝刑法的理论问题做了概括规定，分论则规定具体罪行。总论包括 8 章，分论包括 10 章。

（一）刑法典总论

刑法典调整各种类型的犯罪行为，在此仅对有代表性的犯罪问题进行介绍。

1. 基本原则

该部分主要包括：（1）刑事责任。任何个人实施的故意或过失行为，根据老挝刑法或其他法律认为是危害社会的犯罪行为，并且由法院裁决认定为犯罪时，方可受到刑事处罚。（2）刑法的适用范围。凡在老挝领土范围内的犯罪都要受到老挝刑法的管辖和处罚；具有老挝国籍的公民在老挝领土范围之外实施犯罪行为的同样应受到老挝刑法的管辖和处罚；在老挝领土范围之外实施犯罪行为并在老挝领土内居住的外国人应当受到老挝刑法的管辖和处罚；在老挝领土范围之外实施犯罪行为的，根据国际习惯，老挝刑法对该犯罪具有管辖权和处罚权。（3）刑法不溯及既往的规则。但是特别情况下，新刑法可以溯及既往。这一点和中国的刑法制度相同。

2. 犯罪构成要件

老挝规定的犯罪构成要件规定与中国非常相似。根据老挝刑法，犯罪

---

① 老挝刑法的内容依据笔者对《老挝刑法典》英文版的翻译，并整合而来。老挝刑法的英文版从 http://www.wipo.int/portal/index.html.en 网站中下载获取。

构成要件包括：（1）物质要件，是指老挝刑法调整的社会关系；（2）客观要件，是指行为外部特征，即对社会关系有损害的行为外部特征，包括时间、地点、交通工具、设备、环境和作案手段等；（3）实施犯罪行为者的要件，是指被追究刑事责任者必须具备刑事责任能力，必须在精神方面和年龄方面适格。从精神方面来说不能是精神失常的人；从年龄要件方面来说，必须年满15周岁；（4）主观要件，是指实施犯罪行为人对其犯罪行为的态度特征和意志状态。

3. 犯罪行为的分类

老挝刑法将犯罪行为分为三类：（1）轻微犯罪行为（minor offences），刑法对这类犯罪处以公共谴责和罚金的处罚；（2）重要犯罪行为（major offences），刑法对这类犯罪处以教育（无须剥夺自由）、3个月至10年的监禁和罚金的处罚；（3）重刑犯罪（crimes），刑法对此处以5年以上至死刑的处罚。

老挝刑法典同样也规定了预备犯、中止犯、未遂犯、累犯、共同犯罪的概念，与中国的规定相似，在此便不再阐述。

4. 刑事责任的免除

老挝刑法规定了刑事责任的免除情况包括：受强迫或胁迫的行为（Force and threat）；正当防卫（Legitimate defence）；紧急避险（State of necessity）；职务行为（Performance of professional duty）；执行命令（Implementation of order）；正常运动（Playing of sports 行为人在运动规则内进行的正常运动情形下造成损害的可以免责）；缺乏自诉（Offences against which complaints must be lodged by the damaged parties）；超过诉讼时效（Expiration of the term of prosecution）。

5. 刑罚

刑罚的分类包括两大类：主刑（Principal penalties）和附加刑（Additional penalties）。主刑包括：公共批评（Public criticism）、不剥夺自由的再教育方式（Re-education without deprivation of liberty）、剥夺自由刑（Deprivation of liberty）和死刑（Death penalty）①；附加刑包括：罚金（Fines: in certain circumstances, it might become a principal penalty 在特定

---

① 老挝刑法典规定，死刑执行用枪决的方式进行。对于实施犯罪行为时不满18周岁的罪犯以及实施犯罪行为时、法庭判决时或判决实行时怀孕的妇女不得被判处死刑。

情形下，罚金可能成为主刑）、没收犯罪工具等（Confiscation of items）、没收财产（Confiscation of property）、剥夺选举和被选举权（Deprivation of election rights）和监视居住（House arrest 相当于中国刑罚中的管制）①。

6. 刑罚的确定

法庭应根据法律对处罚的条款确定具体的刑罚。在确定具体的刑罚时，法庭应当考虑犯罪行为对社会的危害情况和程度、侵害人的人格以及加重或减轻刑事责任的情形。

（1）犯罪的危险级别（level of danger of an offence）根据故意或过失犯罪行为对生命、健康、正义和财产造成的损失程度来判定。对财产造成的损失包括三个级别：第一，低等级别或轻微损失：50万基普至2000万基普；第二，中级或中等损失：超过2000万至5000万基普；第三，高级别或高损失：超过5000万基普。

（2）减轻刑事责任情形（Circumstances conducive to the reduction of penal responsibilities）：第一，不满18周岁的罪犯；第二，怀孕的女性罪犯；第三，正当防卫；第四，罪犯在感情受强烈打击下而实施的犯罪，且罪犯感情受强烈打击情形是由受害人的不法行为引发的；第五，在强迫或威胁下实施的犯罪；第六，阻止自己的犯罪行为造成损害结果或自主并善意地对损失进行赔偿；第七，因为罪犯自己或其家庭严重的困境而实施犯罪的；第八，罪犯自责、自首或承认、揭发自己或他人的犯罪行为的；第九，初犯（如果初犯没有给社会造成严重危害的）；第十，罪犯对国家有贡献的。除此之外，法庭还可以考虑其他未在该条列出的因素来减轻刑事责任。

（3）加重刑事责任的情形（Circumstances conducive to the increase of penal responsibilities）：第一，累犯（Recidivism）；第二，犯罪集团实施的犯罪；第三，因贪婪而实施的犯罪；第四，对未成年人、老年人、易受伤害的人、在物质上或其他方面依赖或需要罪犯照顾的人实施的犯罪；第五，未成年人自主地、主动地实施或参加犯罪；第六，对受害人实施野蛮或极无礼的违法行为；第七，造成严重后果的犯罪；第八，在灾难时期的犯罪；第九，以对公共安全造成危险的方法实施犯罪；第十，在醉酒或吸

---

① 老挝刑法典规定，对犯罪时不满18周周岁的以及犯罪时怀孕或犯罪时在照看8周岁以下儿童的妇女不得判处监视居住（相当于中国刑罚的管制）。

毒情形下实施的犯罪，根据该犯罪的特性，法庭有绝对权力决定是否加重刑事责任；第十一，故意施加罪给正直的人；第十二，罪犯隐瞒其他犯罪或使用暴力逃跑的。

7. 刑罚的免除情形（Exemption from Charge and Punishment）

下列情形发生，刑罚可免除：罪犯死亡；法庭的决定执行期限届满；罪犯被赦免。

8. 再教育和治疗（re-education and medical treatment）

15 周岁以下的儿童实施对社会有危害的行为时，法庭可以决定采用如下处罚措施：第一，通过适当的方法获得受害方的原谅；第二，要求该儿童的监护人承担民事赔偿责任；第三，将儿童送交对其有照看义务的人进行再教育；第四，送交行政机构和社会组织机构进行再教育。

在精神障碍下实施犯罪的犯罪嫌疑人，或者在法庭宣布判决前或服刑期间具有精神障碍的罪犯可以获得医疗治疗，例如送往精神病医院或特殊医疗治疗中心。当其精神恢复正常后，如果对犯罪嫌疑人或罪犯的指控或法庭判决仍然有效的，犯罪嫌疑人应当被带回，并由法庭对其作出判决或已作出判决的，继续执行判决。医疗治疗期间计算在服刑期间内。

未被判处剥夺自由刑罚的对酒精或毒品上瘾的罪犯，法庭可以将其送至精神病院或特殊医疗治疗中心治疗。已经被判处剥夺自由刑罚的对酒精或毒品上瘾的罪犯，法庭必须在其服刑期间使其接受医疗治疗，如果刑罚结束医疗治疗也结束，法庭可以将其送至医院接受治疗或确保他继续接受行政机关、社会组织或集体组织的再教育和医疗治疗。当其康复后，如果对犯罪嫌疑人或罪犯的指控或法庭判决仍然有效的，犯罪嫌疑人应当被带回，并由法庭对其作出判决或已作出判决的，继续执行判决。医疗治疗期间计算在服刑期间内。

（二）刑法典分论

分论部分仅就个别有特色的罪名进行阐述。

1. 侵犯国家安全和社会秩序的犯罪

（1）侵犯国家安全利益的人身伤害罪。任何人出于削弱或减弱国家权力机关的目的而对老挝民主共和国的领导造成人身伤害的，应当被判处 10 年至 20 年的监禁以及 1000 万基普至 15000 万基普的罚金。若人身伤害造成死亡的，罪犯应当被判处终身监禁并处 150000000 以上基普至 1000000000 基普的罚金，或者被判处死刑。

任何人出于削弱或减弱国家权力机关的目的而给国家代表、公职人员或参加国家或社会组织的活动人员造成人身伤害的，应当被判处5年至10年的监禁以及5000000基普至50000000基普的罚金。若人身伤害造成死亡的，罪犯应当被判处10年至20年的监禁并处10000000基普至100000000基普的罚金，或者被判处终身监禁并处150000000基普至500000000基普的罚金，或者被判处死刑。

任何人出于离间或削弱国际关系或引发战争的目的而对到访老挝的他国领导人或其家属或随从的代表团，或在老挝工作的外国国家的代表或国际组织的代表或这些代表的家属造成人身伤害的，应当被判处5年至15年的监禁以及10000000基普至150000000基普的罚金。若人身伤害造成死亡的，罪犯应当被判处终身监禁并处150000000基普至1000000000基普的罚金，或者被判处死刑。

除了以上处罚方式以外，还可根据本法第34条规定没收财产或监视居住（管制）。任何预备或意图犯此罪的应当受到处罚。

（2）破坏和移动边界界碑罪。任何人违反法律规定，故意破坏或毁坏边界界碑或故意移动边界界碑的应当被判处6个月至3年监禁并处5000000基普至20000000基普的罚金。

（3）鼓动非法移居或移民罪。任何人公然鼓励和误导他人逃离海外、违反法律规定非法移居或移民的，应当被判处6个月至3年监禁并处1000000基普至10000000基普的罚金。犯罪情节严重或累犯情形下，罪犯应当被判处6个月至5年监禁并处2000000基普至20000000基普的罚金。

（4）流氓罪。任何人违反社会生活规则和纪律，实施暴力、威胁、污秽语言或其他与社会秩序规则不一致的行为，应当被判处公众批评以及50000基普至500000基普的罚金。累犯应当被判处3个月至1年监禁或者无须剥夺自由的再教育，并处10万基普至100万基普的罚金。

2. 侵犯人的生命、健康和荣誉罪

老挝刑法中同样规定了故意杀人罪、过失致人死亡罪、故意伤害罪、过失伤害罪、诽谤罪、侮辱罪和侮辱尸体或诋毁死者名誉罪等常见罪名。除此以外，老挝刑法根据其特殊社会环境规定了其他有特色的罪名。

（1）非法堕胎罪。任何人造成他人非法堕胎的，应当被判处2年至5年监禁并处200000基普至5000000基普的罚金；实施非法堕胎行为的或以堕胎为惯常职业并给母亲健康造成损害或致其死亡的，应当被判处 5 年至 10 年监禁并处 300000 基普至 10000000 基普的罚金；任何妇女自行堕胎或要求他人非法进行堕胎手术的，应当被判处 3 个月至 1 年监禁并处 100000 基普至 500000 基普的罚金；任何预备犯的也应当受到惩罚。

（2）拒绝为处于危险中的他人提供帮助罪。任何人发现他人生命或健康正遭受危险的处境却拒绝提供帮助，即使他人已经提供过此类帮助，或者没有向其他人寻求帮助的，应当被判处 3 个月至 1 年监禁并处 100000 基普至 500000 基普的罚金；有义务提供帮助而没有履行其职责为生命或健康遭受危险处境的他人提供帮助的，应当被判处 1 年至 3 年监禁并处 200000 基普至 1000000 基普的罚金。

3. 侵犯公民权利和自由罪

老挝刑法对此类犯罪规定了侵犯空中交通、机场和港口安全规则罪，非法逮捕和拘留罪，买卖人口和绑架罪（trade and abduction of human beings），侵犯个人演讲、写作、集会等自由权利罪、非法侵入住宅罪、侵犯他人隐私罪、侵犯他人选举权和被选举权的犯罪、伪造或破坏选举文件罪等常见罪名。除此之外，老挝刑法根据其特殊社会环境规定了其他有特色的罪名。

（1）胁迫罪。任何人通过使用暴力、武器或威胁强迫他人违背被强迫人本人意志而按照加害人的意志作为或不作为的，应当被判处 3 个月至 3 年监禁并处 100000 基普至 1000000 基普的罚金；如果此种胁迫发生在劫持汽车、船舶或航空器时，罪犯应当被判处 3 年至 10 年监禁并处 1000000 基普至 50000000 基普的罚金。

（2）挟持人质罪。任何人强迫、逮捕或挟持他人作为人质并威胁杀害、身体伤害或继续扣留人质，以强迫他人（例如自然人或组织）作为或不作为，以此为条件释放人质的，应当被判处 10 年至 20 年监禁并处 10000000 基普至 50000000 基普的罚金；对人质进行折磨或身体伤害，或致其死亡的，应当被判处终身监禁并处 150000000 基普至 500000000 基普的罚金。

4. 侵犯国家和集体财产罪

老挝刑法对此类犯罪规定了抢劫国家和集体财产罪、盗窃或强迫侵占国家或集体财产罪、骗取国家和集体财产罪、贪污国家或集体财产罪、故意毁坏国家或集体财产罪、毁坏有艺术价值的人工制品或建筑物罪、过失损坏国家或集体财产罪、管理失职导致国家或集体财产受损罪、非法占有国家或集体财产罪、隐匿和非法交易国家或集体财产罪、滥用国家和集体财产罪等罪名。

5. 侵犯个人财产罪

老挝刑法对此类犯罪规定了抢劫个人财产罪、盗窃和抢夺个人财产罪、贪污公民财产罪、故意毁坏公民财产罪、非法占有公民财产罪、失火导致财产损失罪等常见罪名。除此之外,老挝刑法根据其特殊社会环境规定了其他有特色的罪名。

(1) 欺诈他人获得财产罪。任何人通过各种方式欺骗他人将其财产交予自己的,应当被判处3个月至20年监禁并处200000基普至5000000基普的罚金;若将欺诈他人财产作为惯常职业,或是有组织团体从事活动的组成部分,或造成严重损害后果的,罪犯应当被判处2年至5年监禁并处500000基普至10000000基普的罚金。

(2) 隐匿或非法交易公民财产罪。明知是通过抢劫、盗窃、抢夺、欺诈、贪污或其他手段获得的他人财产,仍对该类财产进行接受、购买、保存、隐匿或销售的,应当被判处3个月至1年监禁并处300000基普至3000000基普的罚金。若将隐匿和非法交易公民财产作为惯常职业,或是有组织团体从事活动的组成部分,或造成严重损害后果的,罪犯应当被判处1年至3年监禁并处500000基普至5000000基普的罚金。

6. 侵犯婚姻和家庭关系、风俗罪

老挝刑法对此类犯罪规定了不尽抚养未成年人、赡养父母或扶养配偶罪(类似于中国刑法中的遗弃罪)、强奸罪、卖淫罪、强迫卖淫罪、贩卖人口罪、传播色情信息和违背良好传统信息罪等常见罪名。除此之外,老挝刑法根据其特殊社会环境规定了其他有特色的罪名。

(1) 通奸罪。已婚者与婚姻关系外的第三人发生性关系的,应当被判处3个月至1年监禁或无须剥夺自由的再教育,并处500000基普至5000000基普的罚金;该第三人应按照本条规定受罚。

(2) 与儿童性交罪。任何人与15岁以下的女孩或男孩发生性交关系的,应当被判处1年至5年监禁并处2000000基普至5000000基普的罚金。

(3) 修道士实施性行为罪。任何修道士或新信徒与女性或男性发生性行为的,应当被判处6个月至3年监禁并处500000基普至3000000基普的罚金；自愿与修道士或新信徒发生性行为的女人或男人应当按照本条规定受罚。

（4）乱伦罪。任何人与亲生父母、养父母、继父母、祖（外）父母、法律拟制的父母（公婆、岳父母）、亲生子女、养子女、继子女、（外）孙子女或兄弟姐妹发生性交关系的，应当被判处 6 个月至 5 年监禁并处 500000 基普至 2000000 基普的罚金；乱伦的另一方应当被判处 3 个月至 1 年监禁并处 50000 基普至 300000 基普的罚金。

（5）色情罪（Pornography）。任何人在社会公众面前或在公共场所发生性交行为或裸露自身性器官的，应当被判处 3 个月至 1 年监禁或者无须剥夺自由的再教育，并处 50000 基普至 200000 基普的罚金。

7. 经济犯罪

老挝刑法对此类犯罪规定了破坏森林罪，破坏庄稼罪，非法涉猎罪，非法捕鱼罪，非法开发自然资源罪，生产和销售危害健康的消费品、药品罪，销售违禁物品罪，生产、交易、消费或持有麻醉物品罪，非法销售国家或集体货物罪，伪造银行票据、非法使用银行票据或其他证券罪，侵犯国家税收规定罪等常见罪名。除此之外，老挝刑法根据其特殊社会环境规定了其他有特色的罪名。

（1）投机取巧抬高价格罪。任何人投资取巧哄抬货物价格或在当地遭受干旱、洪水或其他困难处境时以过高价格出售商品的，应当被判处 6 个月至 2 年监禁并处 1000000 基普至 5000000 基普的罚金。

（2）囤积货物罪。任何人在企业、公司、商店或其他组织囤积或隐藏货物，目的是对经济和人民生活造成不稳定的，应当被判处 1 年至 4 年监禁并处海关法规定的罚金。

（3）伪造衡器罪。任何人在销售货物和交易过程中改变衡器的测量标准（尺度），或者使用不合规格的衡器获取货物或货币的，应当被判处 6 个月至 2 年监禁并处 100000 基普至 3000000 基普的罚金。

8. 侵犯公职人员职责罪

老挝刑法对此类犯罪规定了滥用职权罪，放弃职责罪，过失未履行职责罪，受贿、行贿和贪污罪。

9. 侵犯行政和司法规则罪

老挝刑法对此类犯罪规定了妨害公务罪，毁坏、隐匿官方文件和印章罪，伪造文件或使用伪造的文件罪，缺乏行政授权的命令罪，诬告陷害罪，伪证罪，窝藏罪，毁灭证据罪，滥用证据罪（Misappropriation of Evidence)、越狱（少管中心）罪、煽动扰乱监狱秩序罪，虐待犯罪嫌疑人或服刑人员罪，过失导致犯罪嫌疑人或服刑人员逃跑罪，不执行法庭裁决罪等常见罪名。除此之外，老挝刑法根据其特殊社会环境规定了其他有特色的罪名。

（1）诋毁国家官员罪。任何人针对国家官员使用不合体的行为或语言或提起错误指控，以达到诋毁国家官员的名声和荣誉或降低民众对这些官员的信任的，应当被判处 3 个月至 2 年监禁并处 100000 基普至 1000000 基普的罚金。

（2）隐瞒他人犯罪行为罪。任何知道或目击他人犯罪而拒绝向官员告发该罪犯的，应当被判处 3 个月至 2 年监禁或无须剥夺自由的再教育，并处 200000 基普至 2000000 基普的罚金。

10. 特定犯罪

（1）种族歧视罪。任何人隔离、阻止或限制他人参加任何活动，或因种族原因歧视他人的，应当被判处 1 年至 3 年监禁并处 1000000 基普至 3000000 基普的罚金。

（2）歧视妇女罪。任何人歧视妇女的，或因性别原因将妇女隔离或阻止、限制妇女参加政治、经济、社会文化或家庭活动的，应当被判处 1 年至 3 年监禁并处 1000000 基普至 3000000 基普的罚金。

参考文献

米良主编：《老挝人民民主共和国经济贸易法律指南》，中国法制出版社 2006 年版。

米良、周麒主编：《东盟国家公司法律制度研究》，中国社会科学出版社 2008 年版。

http：//news. cntv. cn/20110316/112601. shtml.

http：//www. wipo. int.

http：//www. cnki. com. cn/Journal/G-G1-NYYC. htm.

除特别标注外，老挝国家概况的资料均来自新华网东盟频道 http：//www. gx. xinhuanet. com/dm/。

第十一章

文莱达鲁萨兰国法律制度

第一节 文莱达鲁萨兰国概况

一 基本情况

(一) 自然地理与民族结构

文莱全称文莱达鲁萨兰国,又称文莱伊斯兰教君主国(Negara Brunei Darussalam)。文莱位于加里曼丹岛北部,北濒南中国海,东南西三面与马来西亚接壤,并被马来西亚沙捞越州分隔为不相连的东西两部分。国土总面积为 5765 平方公里,包括四个区:穆阿拉区(Brunei-Muara District)、都东区(Tutong District)、马来奕区(Belait District)、淡布隆区(Temburong District)。① 海岸线长约 161 公里,沿海为平原,内地多山地,有 33 个岛屿。东部地势较高,西部多沼泽地。文莱属热带雨林气候,全年高温多雨,年均气温 28℃。文莱很少有台风、地震和洪水等自然灾害。

文莱人口 39 万(2008 年统计),其中马来人占 85%,华人占 10%,其他种族(土著民族以及其他殖民时期移居文莱的英国人和印度人)

---

① 陶晴、安树昆主编《文莱达鲁萨兰国经济贸易法律指南》,法制出版社 2006 年版中将 Belait District 翻译为白拉奕区,Temburong District 翻译为淡布伦区。

占4%。

(二) 历史、文化与宗教

文莱古称渤泥,自古为酋长统治。15世纪伊斯兰教传入,建立苏丹国。16世纪中叶,葡萄牙、西班牙、荷兰、英国等相继入侵这个国家。1888年,文莱沦为英国的保护国。1941年,文莱被日本占领,1946年英国恢复对文莱的控制。1959年,文莱与英国签订协定,规定国防、治安和外交事务由英国管理,其他事务由文莱苏丹政府管理。1971年,文莱与英国重新签约,规定除外交事务和部分国防事务外,文莱恢复行使其他所有内部自治权。1978年,文莱苏丹赴伦敦就主权独立问题同英国政府谈判,并缔结了友好合作条约。根据条约,英国于1984年1月1日放弃了其掌握的文莱外交和国防权力,文莱宣布完全独立。独立以后,苏丹政府大力推行"马来化、伊斯兰化和君主制"政策,巩固王室统治,重点扶持马来族等土著人的经济,在进行现代化建设的同时严格维护伊斯兰教义。

文莱王朝从1363年开始到现在已经有600余年,是亚洲现存最长的王朝之一。马来语为国语,通用英语,华语使用较广泛。

伊斯兰教是文莱的国教。文莱信奉伊斯兰教的人口占全国总人口的2/3,信奉佛教(主要为华人)的占13%,信奉基督教的占10%。文莱是宗教色彩和马来民族传统较浓厚的国家,有一些独特的习惯和风俗。伊斯兰教在文莱发挥着重要作用,其教规和道德观念对人们的约束力如同法律的效力。

(三) 经济发展

文莱是个以原油和天然气为主要支柱的国家,石油和天然气的生产和出口分别占国内生产总值的66%和出口收入的93.6%。石油产量在东南亚位居第三,天然气产量在世界排名第四。文莱年人均收入达2万多美元。

文莱自然资源丰富,已探明原油储量为14亿桶,天然气储量为3200亿立方米。有11个森林保护区,面积为2277平方公里,占国土面积的39%,86%的森林保护区为原始森林。近年来,文莱政府力求改变过于依赖石油和天然气的单一经济模式,在向渔业、农业、运输业、旅游业和金融服务业等多元化经济模式转变中取得了一定效果。根据文莱政府制定的2012—2016年旅游业发展蓝图,文莱旅游业收入2016年预计将突破3.5亿文莱元(约17.8亿元人民币),旅游业将成为石油天然气以外新的经济增长点。按照这一五年规划,2016年文莱将吸引游客41.7万人次,比2011年增加近

72%；旅游业收入也将在2011年1.55亿文莱元（约合7.9亿元人民币）的基础上增加126%。文莱旅游业的发展将主打自然环境、民俗文化和宗教传承3张牌。根据规划，发展旅游业将为社会创造2000个工作机会。

二 文莱法律制度概况

（一）文莱法律渊源

法律的渊源，也称法源，一般是指法律规范的创制及其表现形式。文莱的法律渊源即指文莱法律规范的存在及其表现形式。文莱的法律渊源与其法律的历史发展息息相关。

1. 国内立法

国内立法是文莱最主要的法律渊源。文莱法律具有英美法系的特点。英国法律制度对文莱法律的制定有重要的影响。立法模式主要有单行立法式，例如宪法、刑法典、知识产权法等。

2. 司法判例

司法判例，系指法院对具体案件的判决具有法律约束力，可以成为以后审理同类案件的依据。当文莱缺乏相关规定时，英国的以往判例也能够成为文莱的判案依据。

3. 国际条约

国际条约是由两个或两个以上国际法主体缔结的调整其相互间权利义务关系的协议。国际条约是文莱法律渊源的重要组成部分。文莱加入的国际条约在文莱国内同样具有法律效力，例如WTO的相关国际条约，知识产权保护的相关国际公约，等等。

4. 国际惯例

国际惯例是在长期国际交往中逐渐形成的不成文的法律规范，必须经过国际认可才有约束力。文莱在贸易制度方面、知识产权等方面同样承认部分国际惯例的效力。

（二）文莱法律体系

文莱于2008年修订之前的宪法，颁布了新宪法，但是其宪法内容并不是很完备，有关立法机关、司法机关的规定比较粗糙。除了宪法之外，文莱颁布了刑法典，沿袭了英国的英美法系特色。除此之外，文莱颁布了《公司法》《货物买卖法》《合同法》《破产法》《商标法》《专利法》《土地法》《银行法》《劳动法》《海关法》等经济贸易相关的法律。

(三) 文莱法律制度特点

文莱长期受英国殖民统治，其法律受英国法律思想影响深远。同时文莱是一个具有宗教信仰的国家，因此其法律制度又不可避免地烙下宗教色彩。政治制度通常是引导国家法律发展的风向标，文莱的君主制对法律制度起着重要的影响。

1. 具有浓厚英美法系特点

作为保护国，英国将其法律思想带至文莱，创建一个有益于英国发展的环境。英国的部分习惯法规则至今仍能成为文莱的法律渊源。由此可见，文莱的法律发展是伴随着英国统治的整个过程的，尽管文莱于1984年正式独立，但是英国在接近100年的时间里在文莱贯彻自己的法律思想、法律制度，这种根深蒂固的法律思想即被文莱继承下来。

2. 具有浓厚宗教主义色彩

文莱在宪法中明确规定伊斯兰教为国教，其他宗教信仰也被尊重和认可。伊斯兰教的教规对公民的约束力被赋予法律效力。公民既不能违反法律规定，同时也不得违反宗教的教规。国家的君主是伊斯兰教的最高官方领袖，政教合一的政治制度必然影响法律的制定。在刑法中也尤为明显，乱伦、奴役、堕胎和接受赃物均被列为犯罪行为，体现伊斯兰教教规对法律制定的影响。

3. 法律体现其君主制的政治色彩

文莱的宪法规定，文莱陛下作为国家最高代表，集立法、司法和行政权于一身，在做重大决定时可以向相关的机构征询意见，却不必最终听从机构所给予的意见。在君主制的政治制度影响下，文莱的法律不同于其他政体之下的法律规定。

第二节 文莱宪法制度

一 文莱宪法的结构与主要内容①

文莱现行宪法是2008年修订后的文莱达鲁萨兰国宪法（Constitution of Brunei Darussalam）。该部成文宪法包括12编，除序言外，还包括宗教、

---

① 文莱宪法的内容依据笔者对《文莱宪法》英文版的翻译，文莱宪法的英文版从http://www.wipo.int/portal/index.html.en网站中下载获取。

行政权、枢密院、赦免委员会、内阁、立法委员会、立法委员会的立法与程序、财政、公共服务、国玺、其他规定、宪法的修改与解释以及附录。

（一）宗教

国教为伊斯兰教，在不违反和平与和睦的前提下，公民也可以信奉其他宗教。苏丹陛下是文莱官方宗教的领袖。宗教委员会有权就有关伊斯兰教事项报告给苏丹陛下并提出建议。苏丹陛下可以向宗教委员会征询意见，但并不必须遵循宗教委员会的意见，对有关伊斯兰教事项制定法律。

（二）行政权力

文莱最高行政权力由苏丹陛下授予。苏丹陛下是最高首相，也是文莱皇家武装军队最高指挥官。行政权力由苏丹陛下行使，苏丹陛下可以在文莱公民中任命部长和副部长来辅佐苏丹陛下行使行政权力。除特殊情况外，部长和副部长应当从信仰伊斯兰教的马来族中选任，任期5年，可由苏丹陛下任命连任，苏丹陛下也可以撤销对部长和副部长的任命而不需要说明撤销原因。苏丹陛下可以将部长和副部长的权利和职责范围出版在 Gazette（公报）上，部长和副部长必须按照公报上记载的要求履行其职能。

（三）枢密院

1. 枢密院的设立

枢密院成员应当由以下人员组成：（1）由苏丹陛下任命的人；（2）代理苏丹陛下统治的人；（3）当然成员（主要包括大臣、内阁成员、主席法官、检察官以及其他由苏丹陛下从行政人员中选任并在公报上声明的任命的人员等）；（4）其他苏丹陛下根据盖有国玺印鉴的法律而任命的人员。

枢密院的每个成员在履职前需按照宪法附录Ⅰ的形式进行宣誓。

2. 枢密院的职能

枢密院的职能包括：（1）针对宪法条款的修改、增加或者废除问题，向苏丹陛下提出建议；（2）根据成文法律规定，针对授予公民马来习惯的头衔、称谓、荣誉和爵位等问题，向苏丹陛下提出建议；（3）履行1959年所做的接任和代理任职声明（the Succession and Regency Proclamation）、其他成文法律对枢密院成员职能的规定，以及苏丹陛下的要求。

枢密院会议应当制作会议记录。苏丹陛下任命枢密院的文书工作人员，该职员应当根据宪法附录Ⅰ的规定做宣誓。苏丹陛下没有义务按照枢密院的建议来行事。

3. 枢密院的召集和人数

枢密院由苏丹陛下（或代理陛下行事的人）召集。除苏丹陛下或者其他代为履职的人主持之外，至少1/3的枢密院成员出席会议，会议方可召集。枢密院的活动与决定都是有效的，尽管部分人没有权利参与这些活动。

4. 枢密院的主持

苏丹陛下主持枢密院会议。当苏丹陛下不能履行主持职能时，由代理苏丹陛下行事的人代为主持会议。

（四）内阁

1. 内阁的构成和任期

根据宪法的规定设立内阁。内阁由最高首相和其他根据第4条第3款任命的大臣组成。在苏丹陛下允许的期限内，每个大臣应该在内阁履职。

当苏丹陛下或者其他代理陛下职能的人主持内阁会议并有意向采纳非内阁成员对政府事务作出的提议时，可要求该人出席内阁会议。

2. 会议召集和主持

没有苏丹陛下允许，内阁会议不得召集。除苏丹陛下或者其他代为履职的人主持之外，至少5名内阁成员出席会议，会议方可召集。部分成员的缺席不影响内阁的活动资格，内阁依法所做的决定有效，尽管部分人没有权利参与这些活动。

当苏丹陛下无法主持内阁时，应该由内阁成员中依法接受任命的人代为主持。

3. 咨询内阁

出于行使权力和履职的目的，苏丹陛下在履职过程中应当根据法律规定与内阁进行商量。但是如果宪法或任何成文法律规定的苏丹陛下不需要与内阁商量而与其他权力部门商量的，或者规定陛下可以未经任何权力部门同意即可做决定的，陛下无须与内阁商量。

以下情况发生，苏丹陛下也无须与内阁商量：（1）由于事件的自然特殊性，苏丹陛下认为如果与内阁商量，将会使文莱遭受物质损害的；（2）苏丹陛下认为事件不是重要事项，无须与内阁商量的；（3）需要决定的事项非常紧急而不能与内阁商量的；在此种情况下，苏丹陛下应该尽快地将其所采取的措施通知内阁。

苏丹陛下有权为内阁制定议事日程。苏丹陛下没有义务根据内阁的建议行事，但是应当将会议记录、决定的原因等事项进行书面记载；其他内阁成员有权要求在会议记录中记载他对该事项的意见和观点。

4. 内阁的决定与会议记录

未经苏丹陛下同意的内阁决定无效。会议记录应当记载内阁会议的所有进程。会议记录被内阁批准后，应尽快由内阁秘书将记录副本递交苏丹陛下。

5. 宣誓与内阁秘书

内阁的每个成员，除最高首相以外，在履职前都应当根据宪法第一个附录的规定在苏丹陛下或其他由苏丹陛下任命的人面前进行宣誓。在任期届满一个月内连任的内阁成员无须宣誓。苏丹陛下应当任命合适人员担任内阁秘书一职。内阁秘书在履职前同样需要宣誓。

（五）立法委员会

1. 立法委员会的设立和构成

根据宪法规定设立立法委员会。立法委员会的构成主要在宪法第二个附录中作出规定。苏丹陛下有权通过修改或废除宪法第二个附录从而影响立法委员会的构成规定。

2. 成员资格

凡年满21岁的文莱公民有权成为立法委员会的成员。但是宪法规定对苏丹陛下不忠的人，被判处死刑、监禁或罚款1000文莱元的人等不得成为立法委员会的成员。

3. 任期

立法委员会成员在苏丹陛下允许的期限内任职。当立法委员会在成员接受任命之后解散或者根据宪法规定该成员的席位应该空缺时，成员任期终止。苏丹陛下或立法委员会出于善意地并明确地认为某个成员不能胜任其立法委员会成员职能的，该成员不得再担任立法委员会委员也不得参加立法委员会的活动，除非苏丹陛下或立法委员会宣告其恢复履职能力。如果苏丹陛下宣告某个成员丧失任职能力的，立法委员会在没有获得苏丹陛下同意的情况下，无权宣告该成员恢复履职能力。

通过对某个成员的职责、权力和特权的行使情况的判断，苏丹陛下或立法委员会出于善意地并明确地中止该成员的成员资格的，该成员不得再担任立法委员会委员也不得参加立法委员会的活动，除非该中止决定被苏丹陛下或立法委员会终止。如果苏丹陛下宣告中止某个成员的立法委员会成员资格，立法委员会在没有获得苏丹陛下同意的情况下，无权撤除对其资格的中止决定。

4. 立法委员会成员的确定

苏丹陛下独享对下列事项的司法决定权：（1）任何人是否被有效剥夺立法委员会成员资格；（2）任何立法委员会成员是否被有效任命或选举上任，或被开除；（3）任何立法委员会成员是否被有效宣告为不能胜任职能或被中止立法委员会成员资格；（4）任何立法委员会成员是否该空出其职位。

5. 非立法委员会成员的出席

当苏丹陛下或者其他代理陛下职能的人主持内阁会议并意欲采纳非委员会成员对立法委员会决议事项作出的提议时，可召唤该人出席立法委员会会议。该出席会议的非成员只参加其提议事项所涉会议部分。

（六）立法委员会的立法和程序

1. 立法权

苏丹陛下享有制定法律和颁布法律的权力。除非获得苏丹陛下事先同意，否则立法委员会成员不得介绍和提议、立法委员会不得修改法律。苏丹陛下在立法委员会的协助下处理立法方面的事务。立法委员会行使监督权。

2. 空缺和人数

立法委员会不得因为成员的空缺原因而无资格处理事务，而且立法委员会在此前的活动有效，尽管部分人没有权利出席或投票或参与此前的活动。当少于 1/3 的成员出席会议时，主持会议者应当决定将会议延期。

3. 表决与法案通过

在法定的表决事项内，法律委员会的提议由出席会议并投票的人数过半数通过。

当立法委员会通过一项法案，如果苏丹陛下同意该法案，在法案上签字并加盖国玺印鉴方能成为法律。如果苏丹陛下对立法委员会通过的法案进行修改，他无须将法案退回立法委员会再审。

4. 宣誓、立法委员会的秘书以及会议记录和议事规则

每个立法委员会成员在履职前需根据宪法第一个附录的规定宣誓。在任期届满一个月内连任的立法委员会成员无须宣誓。

苏丹陛下应该任命合适的人任秘书一职，秘书在履职前也需要进行宣誓。

立法委员会可以指定、修改和废除其日常工作的议事规则。会议记录应当记载立法委员会的所有进程。会议记录被立法委员会批准后，应尽快由立法委员会秘书将记录副本递交苏丹陛下。

5. 立法委员会会议以及立法委员会成员的特权

除苏丹陛下的指示或命令外，立法委员会应当每年至少召开一次会议。每次立法委员会会议应当依照苏丹陛下每次在公报（Gazette）发布的地点、开始以及结束的时间举行。

每个立法委员会成员在立法委员会或其他委员会中都有自由表达其观点的权利。立法委员会或其他任何委员会的会议活动合法有效，不得受到质疑和法庭审查。立法委员会成员不得因为其在参加立法委员会或其他委员会的议事过程中的言论或投票行为而受到法庭的审查。

6. 苏丹陛下向立法委员会演说的权利以及休会和解散权

苏丹陛下在任何时候对任何事务都有权向立法委员会进行演说。苏丹陛下在任何时候可以通过公报（Gazette）宣布休会或解散立法委员会。每届5年期满时，苏丹陛下应当解散立法委员会。

（七）公共服务

1. 任期、公共服务委员会成员的任命和薪酬

每个公职人员在苏丹陛下承认的期限内任职。

苏丹陛下负责对公共服务委员会成员的任命、调动、提拔、解雇或执行纪律的控制管理；除宪法另有规定外，苏丹陛下在行使这项权力时应当与公共服务委员会商量并根据委员会的建议行事。公共服务委员会成员的薪酬或津贴从统一基金中支付。公共服务委员会的职责原则由苏丹陛下决定。公共服务委员会成员履职也需要宣誓。

2. 公共服务委员会

公共服务委员会由一个主席和一些成员组成，包括副主席（如果苏丹陛下任命了副主席）。公共服务委员会成员必须由已经履行公职3年以上的人担任，这些成员享有被重复任命的权利。公共服务委员会成员应视为公共服务者。公共服务委员会设立秘书一职。

二 文莱宪法的历史与发展

文莱于1959年9月29日颁布第一部成文宪法，并分别于1971年、

1984年、2004年和2008年进行了重要修改。

1971年修宪，削弱英国在文莱的统治，规定英国主要负责文莱外交事务，国防由双方共同负责。① 1984年文莱完全独立，再次修改宪法，从英国政府手中收回了国防和外交权力，规定建立由首相和大臣组成的内阁政府，并赋予苏丹在没有立法议会的情况下颁布法律的权力。② 1984年宪法还规定，苏丹为国家元首和宗教领袖，拥有全部最高行政权力；设宗教委员会、继承与册封委员会、枢密院、立法院和内阁部长会议协助苏丹理政。③ 2004年9月，立法院第一届会议审议并通过宪法修正案，内容涉及司法、宗教、民俗等多个方面，共13项内容，包括赋予苏丹无须经立法院同意而自行颁布紧急法令等法令的权力；制定选举法令，让人民参选从政；将立法院扩大到45人，由委任议员30人和民选议员15人组成；伊斯兰教仍为国教，但人民有宗教信仰自由；仍以马来语作为官方语言，英语可作为法庭办案语言。分区、乡和村三级，全国划分为4个区：文莱—穆阿拉（Brunei-Muara）、马来奕（Belait）、都东（Tutong）、淡布隆（Temburong），区长和乡长由政府任命，村长由村民民主选举产生等。④

现行宪法是2008年修订后的新宪法。新宪法对2004年的宪法做了修改。2004年宪法共包括10编，新宪法包括12编；新宪法废除了2004年宪法的部分条款，废除的条款从内容上来说已经落后文莱的发展理念并在一定程度上对各权力的行使进行了不必要的限制；新宪法延续了2004年宪法的基本理念，认为宪法是文莱的国家根本大法，规定文莱的国体为马来穆斯林君主国，实行君主立宪制，苏丹陛下是国家元首、宗教领袖并拥有至高无上的立法、司法和行政等权力。

通过对现行宪法的主要内容观察可以发现，2008年新宪法规定的各种委员会都没有实质权力，都是辅佐苏丹陛下管理国家的国家机构。

---

① http：//www.dh.gov.cn/bofcom/4419278381284 06528/20051109/4168.html accessed on 1st March, 2013.

② http：//www.dh.gov.cn/bofcom/4419278381284 06528/20051109/4168.html accessed on 1st March, 2013.

③ http：//www.asean-china-center.org/2010-06/17/c_13354368.htm accessed on 1st March, 2013.

④ http：//www.asean-china-center.org/2010-06/17/c_13354368.htm accessed on 1st March, 2013.

第三节 文莱民商事法律制度

从传统而言，文莱国内涉及商业、贸易活动和个人之间纠纷的多数成文法总体上可归为普通法体系。它们根源于英国法律和多数英联邦国家使用的普通法。依据这些民商法律审理案件的法院通常被称为"世俗法院"。世俗法院包括最高法院（由高等法院和上诉法院组成）和下级法院（由地方法院组成），皆对所有的民事和刑事案件享有管辖权。法院运用的程序规则以英国最高法院1999年以前的惯例为基础。

文莱立法中最重要的一部分是法律适用法案，该法案规定英国普通法和公平断定原则以及英国1951年4月25日前适用或生效的成文法在文莱同样生效。同时该法案的附则规定，以上提及的普通法、公平断定原则以及广泛适用的成文法仅在文莱国情允许的前提下适用，它们受文莱本地环境和民俗的约束。

文莱属于英美法系国家，没有成文的民法典和商法典，在此主要介绍民法和商法的主要制度。

一 货物买卖法

文莱于1994年在借鉴了英国货物买卖法规定的基础之上，制定了《货物买卖法》。该法调整的是一方以所有权转移为基础，另一方相应按约定支付一定对价的买卖行为。

（一）合同的构成要件

文莱的《货物买卖法》在促进和保护买卖交易方面与大陆法系国家的合同法法理精神一致。但是英美法系的合同法体系中关于合同构成要件的规定与大陆法系的规定存在较大不同之处。文莱继承了英美法系中关于买卖合同构成要件的规定。文莱《货物买卖法》规定，合同的条款分为两类：一是条件（condition），二是担保（warranty）。条件是合同的根本性条款，担保不是合同的根本性条款。如果合同条款被认定为是"条件"，一方违反"条件"规定的，对方可以解除该合同；而如果合同条款被认定为"担保"，当一方违反"担保"规定的，对方没有解除合同的权利，但是可以要求违约方承担赔偿责任。至于合同的条款是"条件"抑或是"担保"，则根据具体情况具体分析。如果当事人在合同中通过意思自治原则自由约定合同内容是条件或是担保的性质，则从其约定（但是如果双方的约定明显有违条件和担保的概念的，仍依照法律的规定来认定条款的性质）；当合同双方没有具体约定时，对合同的履行具有根本性，即不可或缺性的内容视为条件。除此之外，文莱《货物买卖法》中还规定合同当事人行为能力问题、合同的订立形式自由（包括书面、口头的形式）、合同的对价等。

（二）合同的效力问题

合同的效力问题主要讨论合同的所有权转移与风险转移的问题。文莱《货物买卖法》规定，如果合同标的是不确定的货物，只有待货物被确定的时候，货物的所有权才转移到买方[①]；如果合同标的是特定物或确定的物，那么双方达成合意之时即为货物所有权转移之时。但是特殊情况下，货物所有权不发生转移，而是由卖方保留货物的处置权，直至某些合同条件被履行完毕。

货物的风险转移规定与《联合国国际货物销售合同公约》的规定如出一辙。货物的风险转移以财产是否转移为判断依据。文莱《货物买卖法》规定，除非有特别的其他规定外，卖方承担货物风险直到财产权转移到买方；当财产权转移到买方时，货物的风险由买方承担，而无论是否实际交付。如果是由于卖方或买方的任何过失使货物交付发生迟延的，对于因过错造成的可能发生但实际还未发生的任何损失的风险则由过错方承担。这一规定充分体现了文莱英美法系的制度特点。无论是中国的合同法还是《联合国国际货物销售合同公约》的规定，货物的风险原则上是以交付为基准，交付完成后风险发生转移，同时又伴随着特殊情形的货物风险转移规定。

（三）合同的履行

任何一方合同当事人不按照合同规定履行的，即为违反合同，构成违约行为，要承担相应的法律责任。无论是英美法系还是大陆法系国家，均规定卖方具有交付货物的主要义务，买方具有接收货物和付款的主要义务。关于合同的履行问题，卖方交付货物时需要按照合同约定的时间、地点、数量、质量等规定来履行，如果合同约定不明确的，法律也提供推断

---

① 这一规定，类似于中国规定中的"种类物特定化"，类似于《联合国国际货物销售合同公约》中的"货物被特定化在合同项下"的规定。

的方法。关于推断的方法、分期交货的规定、货交承运人视为货物已交付给买方的规定与《联合国国际货物销售合同公约》较为类似。

同时，买方在检验货物之后确定货物与合同规定相一致，才视为买方接受货物。买方检验货物后拒绝接收货物的意愿必须通知卖方，否则视为买方接受。如果由于买方过错导致已经准备好交付货物的卖方无法完成现实交付的，产生的各种损失、风险由买方承担。

（四）合同的救济方法

当买方违约时，卖方的救济方法主要有要求买方支付货款权利、损失赔偿的权利；当卖方违约时，买方的救济方法主要有因卖方不能交货造成的损害赔偿诉讼权利、要求卖方履行的权利、要求卖方采取违反担保的救济措施、向卖方要求补偿利息或特殊损害的权利。

二　合同法

文莱于1984年制定现行的《合同法》，是对1939年的《合同法》进行修订之后的版本，是文莱合同法律制度的主要法律渊源。

（一）合同的订立

合同的订立需要经过要约与承诺的过程。在要约的撤销方面，当承诺人在承诺前知道了要约人死亡或精神失常的事实之后，要约可以被撤销。

（二）合同的有效要件

合同订立的有效要件包括有订约的意图、合法对价、合法标的、当事人具备订约能力。

（三）合同的效力

文莱将合同分为可撤销合同、无效合同和不确定的合同。关于可撤销合同问题，有一种可撤销合同的情形比较特别，称为误传。误传主要包括三种情形：虽然一个人相信某种事情是真的，但他积极地以没有得到发布消息的人确认的方式断言某事不真实；任何违反义务但并没有欺骗意图的行为，这一行为给实施它的人或由此而主张权利的人带来了好处，通过误导他人的方式使他人受到实施这一行为或由此主张权利的人的损害；无辜地使合同一方对有关合同标的的实质性事务犯了一个错误。[①]

[①] 陶晴、安树昆主编：《文莱达鲁萨兰国经济贸易法律指南》，中国出版社2006年版，第85页。

无效合同的规定情形从形式上看与中国的规定稍有出入,但是从法律的法理精神与适用效果来看,文莱规定的合同无效情形与中国合同法规定的无效合同情形相近。文莱合同法规定无效合同情形主要包括以下7种:协议的对价违法;协议没有对价;限制他人从事合法职业、贸易、生意的协议;限制通过正常的法律程序行使权利和限制行使权利的时间的协议;内容不确定;赌博协议;其他原因。①

不确定的合同类似于中国的有条件合同。也就是说,不确定的合同并不同于中国的效力待定合同。

(四) 合同的补偿、担保与质押问题

文莱的合同法中合同的补偿指的是承诺方在因自身或其他人的原因导致被承诺方受损时,由承诺方向被承诺方进行赔偿。合同的担保分为一般担保与共同保证。担保合同无效情形是文莱合同法的特别之处:由于债权人对有关交易的实质性部分的错误陈述,或者在他知道或同意条件下作出的错误陈述而成立的担保无效;债权人通过对实质性条件保持沉默的方式而获得的担保是无效的;当一个人对合同提供担保,需要另一个人加入成为共同保证人时债权人才遵守该合同,那么如果另一个人不加入,这个担保是无效的。② 在质押的法律关系中,质权人享有保留或出卖质押物以及用质押物清偿债权的权利;质押人享有赎回质押物、不允许质权人保留质押物的权利,质押利益仅限于质押人享有合法权利部分。

(五) 合同的代理问题

文莱合同法中的代理概念与中国的规定一致,均包括代理人、被代理人和第三人。代理人与被代理人均必须为完全行为能力人,不得具有年龄或精神状态上的瑕疵。文莱合同法中的再代理制度与中国的复代理制度相似,只在商业习惯或者特殊情况下代理人可以自行委托第三人代理其行为。较为有特色的规定是代理的批准制度。当被代理人主动追认或批准无代理权人的代理行为时,那么该无权代理则变为有权代理。其他方面的规定,诸如代理权的消灭、代理法律关系当事人之间的权利义务内容,与中国规定较为相似。

(六) 合伙制度

文莱合伙制度类似于中国的普通合伙企业制度。

---

① 陶晴、安树昆主编:《文莱达鲁萨兰国经济贸易法律指南》,中国出版社2006年版,第86、87页。

② 同上书,第94页。

三 公司法

文莱于1957年1月1日颁布《公司法》，该法适用于在文莱注册的每一个公司。该法除了引言和一般规定外，主要包括11部分324条。根据文莱公司法的规定，公司是依法由两个或两个以上具有任何合法目的的主体结合而设立的组织。

（一）公司的设立

文莱公司法对公司的设立规定如下条件：

1. 设立公司必须具备法定人数

私人公司的认股人应为两人或两人以上，但最多不超过50人；其他非私人公司的认股人不低于7人，没有上限规定。

2. 出资

公司没有最低股份的要求，公司将股份分成等额股份，每个出资人必须认购至少一股。股份有限公司是具有股份的公司，但是无限公司或担保有限公司可能有股份也可能没有股份，在这种公司类型中，认股人可以不必确认认购的股份数，但是须在公司的有关法律文件中声明公司计划等级的股份资本数额和股东的数目。但金融公司的设立需股东认缴不低于1000000元的股份。

3. 登记

公司的设立采取登记主义，公司在相关机构登记后即成立。

（二）备忘录和章程

备忘录和公司章程都需进行登记。（1）备忘录是指公司的组织简章，涉及公司最初形成和根据任何成文法的目的所做的变更的法律文件。备忘录主要包括下列内容：公司的名称和经营项目；股东的责任；股东与公司的关系；股东认购的股份。备忘录的变更要求很严格，必须根据法律规定才能进行变更。变更备忘录必须向法院提起申请并得到法院的确认才能生效。（2）公司章程是指适用于公司内部，涉及公司开始的结构或者通过特别决议发生的变更的法律文件。公司章程从属于备忘录并受备忘录制约。公司章程的主要内容包括公司计划登记的股份资本总额或计划登记的股东数目等有关公司经营运行的相关规定。章程的变更相对于备忘录的变更简单很多，只需要通过公司的特殊会议作出变更决议即可变更章程。

（三）公司股东

公司的股东分为原始股东和非原始股东。原始股东是指公司成立时就认购公司股份的认购人。非原始股东是指公司成立之后才加入公司成为公司股东的人。公司股东对公司的债务以出资额为限承担责任，但是在股东明知公司股东少于法定人数期间，股东对公司产生的债务承担连带责任。股东的责任应当记载在公司的备忘录中。

（四）股份的转让

公司股东可以按照公司章程的规定转让其股份。转让股份的股东向公司提交转让申请文件，然后公司将受让人姓名记入股东名册并交付股权证书给权利人。最后依法登记。而股权转让的条件，文莱的《公司法》并没有太多的限制规定。

（五）公司股本的变更

股份有限公司或者具有股份资本的担保有限公司，如果有公司章程的授权，可以改变已经经过登记的备忘录中的条款。其可发行它认为有益的新股数额以增加股份资本；可将所有的股份资本分为比现存股份更大数额的股份；将所有或任何付清股款的股票转化为股票，并且重新将这种股票转化成任何面值的缴清股款的股份；可细分股份或股份中的任何一部分；可注销于通过决议之日还没有被任何人获得或同意获得的股份，并且根据被注销的股份的数额减少股份资本的数额。公司资本的变更必须经过全体大会通过，然后进行变更登记。

对于股本的减少情况，文莱公司法作了较为严格的规定。在不损害债权人利益的情况下，消灭或减少对还未付清股款的股份责任；消灭或减少或者不消灭或减少对任何股份的责任，注销任何已经清偿的股份资本，而这些股份不再属于公司资本或不再属于公司可利用资本；在消灭或者不消灭，或者减少对股份的责任的条件下，还清已付清股款的股份资本，而这些股份是超出公司需要的。① 公司减资需经过公司向法院提出申请，获得法院同意后，再依法登记完成减资程序。

（六）公司会议

公司会议主要有年度会议、法定会议和股东特别大会。

1. 年度会议

公司每年应当至少举办一次全体会议，并且不超过上一次召开全体会

---

① 陶晴、安树昆主编：《文莱达鲁萨兰国经济贸易法律指南》，中国出版社2006年版，第53页。

议的最后程序的 15 个月。公司如果不按规定举行年度会议，公司任何成员可以提出申请，要求法院命令或指示公司召开全体会议。

2. 法定会议

除了私人公司以外，股份有限公司和具有股份资本的担保有限公司应当在公司有权开展业务之日起不少于 1 个月、不超过 3 个月的时间内举行法定会议。董事应当至少在会议召开的 7 天前提交一份报告给公司所有的成员。之后，董事还应将法定报告的副本交给登记官登记。

3. 股东特别大会

不管公司章程有何规定，公司董事应当根据申请日时持有不少于公司注册资本 1/10 的股份，且经股东大会有表决权的股东的申请，或者当公司没有股份资本时，根据代表不少于具有股东大会 1/10 表决权的股东的董事的申请，在收到申请的 21 天内召集公司的股东特别大会。董事没有履行职责召集股东特别大会给申请人造成的损失由公司偿还给申请人之后，从董事的报酬中扣除该赔偿款。

（七）公司董事和经理

公司至少有两名董事。如果董事只有两名，那么其中一名必须为文莱公民；如果董事超过两名，则至少两位为文莱公民。[①] 董事必须为持有公司股份的股东。尚未获得公司股份的提名董事，应当在他被任命后的两个月内或者公司章程规定的更短的时间内获得公司股份；如果董事在被任命后的两个月内或公司章程规定的更短的时间内没有获得公司股份的，该董事职位必须空缺，并且在他获得资格前不得再被任命为董事。除了法院同意，未完成清偿任务的任何破产主体不得担任董事，也不得直接或间接地参加或涉及公司的经营。但是如果在该公司法实施前破产主体已破产并且也已持续担任了董事并参加或涉及公司经营，那么他就能够担任公司的董事。不符合担任董事资格的人要受到罚金惩罚。

[①] 文莱于 2011 年 1 月 13 日宣布修改公司法，被修改部分为原公司法第 138 款关于在文莱注册公司对董事会构成的有关规定，并自 2010 年 12 月 31 日生效。根据新法案，在文莱注册公司的董事会构成中，至少两位中的一位（如仅两位董事），或者至少两位（如超过两位董事）必须为本地公民。而修改前法令规定本地公民数量在董事中所占比例须超过一半。新法案将有利于吸引外国投资。资料来源于 http：//bn. mofcom. gov. cn/article/ddfg/qita/201101/20110107363599. shtml。

四 国际贸易与投资法

总体来看,文莱实行的是自由贸易政策。其对外贸易法律制度的主要特点是:明令禁止进口鸦片、海洛因等物品;对相关商品实行进口许可证制度;除对石油、天然气出口加以限制外,还对动物、植物、木材、军火等少数商品实行出口许可证制度。[1] 在此主要介绍文莱的海关法制度。[2]

(一) 概述

任何国家的海关进出口货物监管制度都会直接影响进出口贸易的发展。文莱也注重海关法的作用,于 1995 年 1 月 1 日制定海关法。《海关法》就海关管理问题、进出口货物监管制度、仓库监管制度、海关关税制度和诉讼问题作出规定。其中海关管理问题主要涉及海关官员的构成、职责以及海关机关的职权问题;进出口货物监管制度主要涉及海关申报制度、查验货物制度、进出口货物放行制度问题;仓库监管制度主要涉及货物监管的地点规定、进口货物的储存问题、仓存单的签发和法律性质问题、仓存查验的制度、清仓以及出售货物的问题、仓存的迁出问题;海关关税制度主要涉及关税的征收制度、货物出口后又再次进口的关税如何征收的问题、关税减免制度、关税退税制度以及进口关税的更改制度;诉讼问题主要涉及诉讼的制度和处罚制度。

(二) 海关主要制度

1. 进出口监管制度

文莱的海关进出口监管包括三个环节:申报、查验和放行。申报制度分为一般货物申报、船舶货运申报和航空货运申报三类。一般货物申报又细化为应课税货物的申报和非课税货物的申报。所有进出口货物的货主或其代理人均需要如实申报,获得海关批准方可合法进出口货物。

查验是海关人员对处于文莱境内(领水内)、港口等的船舶进行检查,确定实际进出口的货物与收、发货人申报的单据是否相符以及是否符合港口海关监督、征税和统计的要求。经查验不符合法律规定的进出口货物的,海关部门有权扣留、没收货物,扣留、没收的货物视为国家收益。

---

[1] 陈志波、米良编:《东盟国家对外经济法律制度研究》,云南大学出版社 2006 年版,第 164 页。

[2] 陶晴、安树昆主编:《文莱达鲁萨兰国经济贸易法律指南》,中国出版社 2006 年版。

海关经过审核报关单据、查验货物，对符合海关法、没有偷漏税情形以及禁止进出口货物的情形的，海关部门将在单据上签印放行，货主或其代理人即可据海关签印的单据办理提货和托运手续。

2. 关税制度

关税的收取是海关监管的重要制度，同时也是实现国家主权和利益的重要手段。

（1）关税的征收。文莱海关关税设立普通税率和特惠税率。海关人员根据法律规定对货物的属性进行判断分类之后对照法律规定适用不同的税率。除了特惠关税的特别规定之外，任何货物不得享受特惠关税的优惠政策。

（2）关税的税率计算和进出口估价

进口货物关税税率以及进口估价因货物的存放状态、货物类型以及货运的运输方式等因素而略有所不同，但是基本依照海关允许放行之日或被海关官员估定货物关税之日作为海关合法估价确定关税税率以及进口估价的重要时间分界点，以放行之日的有效进口关税税率和进口估价作为货物的进口关税税率以及估价值。如果未缴纳关税的货物，则以知道该货物变成未缴纳关税货物之日或者货物被扣留之日作为确定关税税率的时间分界点，并以二者之中较高者计算。

出口货物的关税税率以及进口估价的确定，主要依据货物关税支付收据被签发之日或海关官员放行之日（若货物被准予到期可以不支付关税的货物）的有效的出口关税税率和出口估价为准。

（3）货物进出口时间

若为海路进口货物的进口时间为装载进口货物的船舶事实上已经进入被运往的文莱海关口岸的管辖范围内时；若为陆路进口的货物，进口时间为进口货物进入文莱边境时；若为空运进口的货物，进口时间为进口航空器着陆于文莱海关机场时。

3. 关税的减免

对于符合法律规定的减免关税情形由财政部长命令免除货物关税。若货物不再具备减免关税的条件时，该货物则成为必须缴纳关税的货物，海关管理员应当按照该货物变成应纳关税货物的时间重新确定货物的价值。

对于多收关税情形的，货主可以在多支付行为发生后的1年之内向海关管理员提出退还税费的请求，海关管理员对多收部分应当退还。对未付关税的情形,海关可以要求未支付关税货物的货主补缴不足部分的税费。

4. 退税以及进口关税的更改

已经缴纳进口税而后又重新出口货物,发生变质、损坏或毁坏的进口货物,自用、样品以及进口一定期限后又出口货物,以及进口产品被制造后又重新出口的货物,以上四种货物已经缴纳关税的可以获得退税。

进口关税发生变化的,原则上新法代替旧法,由新的税率作为征收进口货物关税的依据。但是如果在新税率颁布前签订的合同,适当变动,并基本维持变动前后对双方利益的公平性。

五　婚姻法[①]

文莱于 2013 年重新修改了婚姻法案,该法案共有 41 条,分为五个部分,第一部分是前言,主要介绍了该法案的适用范围;第二部分是宗教婚姻的规定,主要介绍了宗教婚姻的生效和举行;第三部分是民事婚姻,主要介绍民事婚姻的登记与生效;第四部分是违反婚姻法案的处罚规定;第五部分是一般其他事项的规定,主要介绍了婚姻无效、到高院的请愿等内容。

文莱婚姻法适用于文莱国土范围内的一切婚姻关系,但是对于信仰穆斯林教、印度教、佛教等宗教并根据其信仰的宗教规定而设立的婚姻,只要与文莱婚姻法不冲突,即可获得文莱国家的有效认可。文莱施行一夫一妻制,只承认异性婚姻,不承认同性婚姻的效力。

(一) 婚姻缔结的规定

1. 婚姻缔结的实质要件

文莱婚姻法规定婚姻缔结条件包括:(1) 婚姻缔结年龄必须达到 14 周岁;(2) 缔结婚姻双方不得具有亲属、血缘关系[②];(3) 缔结婚姻的人不得与第三人存在有效的婚姻(禁止重婚);(4) 缔结婚姻者不得为精神病患者;(5) 缔结婚姻者自愿缔结婚姻,不得受他人强迫。

---

① 文莱婚姻法内容来源于笔者对文莱婚姻法案英文版的翻译与整合。
② 在文莱婚姻法案里附有 6 个附件,第一个附件便对不允许结婚的亲属关系作了详细的规定。主要包括:自己的祖父母、配偶的祖父母、自己的父母亲的兄弟姐妹、配偶的父母亲的兄弟姐妹、父母亲兄弟姐妹的配偶、自己的亲生父母或继父母、配偶的父母、子女、子女的配偶、孙子女、孙子女的配偶、兄弟姐妹的子女(侄子女)、兄弟姐妹的子女的配偶等。

2. 婚姻缔结的形式要件

婚姻缔结的形式包括民事登记结婚和宗教仪式结婚两种。民事登记结婚是指缔结双方按照婚姻登记机关的规定登记结婚。民事登记结婚要求除登记机关的登记人员和缔结双方之外，还需要两名可信度较高的证人在场，见证缔结双方的宣誓。宗教结婚是指在教堂等场所按照宗教的规定、习惯习俗、礼仪、典礼进行的神圣的结婚仪式。

如果缔结婚姻一方为未满18岁的少女①，那么在举行民事或宗教结婚仪式的时候，必须经过其父亲的同意，如果其父亲已去世，则由其祖父或类似祖父辈的长者作出是否同意的表示，如果没有这样的长者则经其母亲同意即可。同时法律又规定，若这些长者作出不同意的决定具有不合理性，那么法院仍可作出同意该少女结婚的决定。

（二）宗教婚姻

在婚姻缔结双方决定缔结婚姻之前，需要将其缔结意思通知牧师，通知内容包括缔结双方的姓名和国籍、职业情况、住址、居住时间、年龄、举行婚姻的教堂、举行时间。宗教结婚的意愿需经过教堂进行结婚预告公示之后3个月内，由有资质的牧师主持婚礼。缔结双方必须向牧师以书面或者口头作出承诺，承诺自己与对方符合法律规定的婚姻缔结条件。当牧师举行婚礼结束后，牧师、缔结双方以及至少两名现场证人在婚姻申请书上签字，并到官方婚姻登记处进行登记。登记之后，该宗教婚姻便可受到法律的保护。

（三）民事婚姻

与宗教婚姻类似，民事婚姻的程序要求婚姻缔结双方递交通知书给婚姻登记处。民事婚姻的通知书内容与宗教婚姻的通知书内容一致。登记机关应当将婚姻缔结双方的结婚通知书进行公示，公示期满后缔结双方应当在3个月内举行结婚典礼。但是不举办婚礼典礼并不必然导致该民事婚姻无效。缔结双方应当在登记机关工作人员面前宣誓之后方可获得婚姻登记。倘若婚姻缔结双方具有不符合结婚条件的情形，登记机关有权拒绝登记。

（四）违反婚姻法的处罚

任何人为了获得婚姻登记而实施虚假宣誓、提供虚假信息或者虚假签

---

① 该少女不得为寡妇。

字等行为，是犯罪行为，将被处以罚款和 5 年监禁的处罚。为了达到登记结婚的目的，而违法作出同意缔结双方结婚的决定的，将被判处罚款和 3 年监禁。缺乏主持婚礼资格的人，故意主持或蓄意主持婚礼的，是犯罪行为，将被判处罚款和 10 年监禁。当有资格主持婚礼的主持人明知或故意在缺乏两位可信任的证人在场而主持婚礼的，该主持人行为是犯罪行为，将被判处罚款和 3 年监禁。故意毁损婚姻登记簿、故意给不符合法律规定的当事人进行婚姻登记、故意不给予符合法律规定的当事人进行婚姻登记等行为均是犯罪行为，将被处以不同数额的罚款或监禁。

仅因为地址、结婚通知书、婚姻证书翻译、婚姻典礼举办地点、婚姻的登记有瑕疵，婚姻并不必然无效。

第四节　文莱刑事法律制度

一　文莱刑事法律制度概述

文莱于 2001 年 10 月 1 日颁布了修订后的刑法典。该刑法典从形式上看具有明显特色，即在法条之后附有解释说明。许多法条伴有案例来具体解释说明法条的含义，即使没有受过法律专业教育的人，也较容易通过解说内容来学习文莱刑法典。由于文莱是一个宗教信仰的国家，伊斯兰教的教规以及其他有关道德层面的要求对刑法典的内容有较大的影响，在文莱刑法典中有明显的体现。例如文莱专设有关宗教问题的犯罪，禁止公民侮辱宗教、阻止宗教活动的进行，等等。

二　文莱刑事法律的内容[①]

（一）刑法典结构

文莱现行刑法典是 2001 年的修订版本，共 22 章，该刑法典针对很多法条专门在条款之后对法条所涉及的词汇做了充分的解释，并用案例的形式让刑法法条规定明朗化，易于理解。这是文莱刑法典最大的特色。

文莱刑法典内容包括：刑法典介绍；刑法典中一些基本词汇的说明；惩罚；犯罪构成以及排除犯罪情形；教唆犯罪；共同犯罪；侵犯国家的犯

---

① 文莱刑法的内容依据笔者对文莱刑法英文版的翻译，并整合而来文莱刑法的英文版从 http：//www.wipo.int/portal/index.html.en 网站中下载获取。

罪；侵犯海陆空军的犯罪；侵犯公共安全的犯罪；公职人员犯罪；公职人员渎职罪；伪证罪；有关货币和国家出于财政目的而发放的国债；有关称重和测量的犯罪；侵犯公共健康、安全、便利、行为规范和道德的犯罪；有关宗教问题的犯罪；侵犯人身的犯罪；侵犯财产的犯罪；侵犯文件、贸易或知识产权的犯罪；有关婚姻问题的犯罪；诽谤罪；有关恐吓、侮辱的犯罪；对意欲犯罪的惩罚。

（二）刑法典的主要内容

刑法典调整各种类型的犯罪行为，在此仅对部分有特殊性的犯罪以及犯罪问题进行介绍。

1. 排除犯罪的情形

文莱刑法典明确规定犯罪须有犯罪意图，包括故意和过失，这一点与中国法律差异不大。但是文莱刑法典规定的犯罪年龄与中国刑法规定存在很大不同。文莱刑法典规定，7岁以下孩子的任何行为不构成犯罪。7岁至12岁的未成年人，由于根据其未成熟特征而无法判断自己的行为后果时，无须对其行为后果承担刑事责任。

2. 有关称重和测量的犯罪

故意使用假的测量仪器欺骗他人的，应被判处3年以下监禁或罚款或监禁与罚款并处；明知是假的测量仪器还持有该类假的测量仪器，并意图以欺诈目的而使用仪器的，应被判处3年以下监禁或罚款或监禁与罚款并处；制造、销售或处理假的测量仪器的，而该测量仪器被当作或可能被当作真的测量仪器而使用，应被判处3年以下监禁或罚款或监禁与罚款并处。

3. 有关宗教方面的犯罪

由于文莱是一个有宗教信仰的国家，因此法律对非法侵犯宗教信仰的行为进行处罚。

（1）出于侮辱各类宗教的目的而破坏或弄脏礼拜场所：任何人破坏、损害或玷污礼拜场所，或任何人出于侮辱某类人群信仰的宗教或让信仰宗教的人知道其破坏、损害或玷污行为是为了侮辱他们信仰的宗教的，应当被判处5年以下的监禁并处罚款。

（2）妨害宗教集会的犯罪：任何自发妨碍合法组织的宗教礼拜或宗教仪式的，应被判处3年以下的监禁并处罚款。

（3）非法侵入墓地等的犯罪：任何出于故意伤害他人情感，或侮辱他人信仰的宗教，或明知他人的感情可能受到伤害，或他人信仰的宗教可能会受到侮辱的目的，而非法侵入任何礼拜场所或墓地或用于葬礼仪式举办的场所或死者遗体的安放处，应当被判处 1 年以下的监禁并处罚款。

（4）干扰坟墓或人体残骸的犯罪：任何人非法打开坟墓或用任何方式干扰人体残骸，目的是移除有价值的物品的，应被判处 7 年以下监禁或罚款或判处 7 年以下监禁并处罚款。

（5）用言语等方式故意伤害宗教情感的犯罪：任何人通过使用言语或在他人听力范围内发出声音或在他人视觉范围内使用手势、姿势等的方式，故意伤害他人宗教情感的，应当被判处 1 年以下监禁或罚款或 1 年以下监禁并处罚款。

4. 有关导致流产、侵害未出生的孩子、婴儿暴露和秘密生产的犯罪

（1）致流产的犯罪：任何人自主地致使怀孕妇女流产的，如果这种流产并非是出于善意地挽救该妇女生命的目的而发生，那么该人应被判处 3 年以下监禁或罚款或 3 年以下监禁并处罚款。若妇女导致自己流产的情况同样适用以上规定。任何人意图致使孕妇流产并导致妇女死亡的应当被判处 10 年以下监禁并处罚款；如果其行为未得到妇女同意认可的应当判处 15 年以下监禁。

（2）意图阻止孩子活体出生或在孩子出生后致其死亡的犯罪：在孩子出生前，任何人意图阻止孩子活体出生或在孩子出生后致其死亡的，如果此种行为并非出于善意目的而挽救母亲生命的，应当被判处 10 年以下监禁或罚款或 10 年以下监禁并处罚金。

（3）遗弃和抛弃 12 岁以下儿童的犯罪：12 岁以下孩子的父亲或者母亲或其他有照看义务的人出于完全抛弃孩子的目的而将其抛弃或遗弃的，应被判处 7 年以下监禁或罚金或 7 年以下监禁并处罚金。

（4）通过秘密处置死婴而隐瞒出生的犯罪：用秘密埋葬或其他方式处置孩子的尸体，无论孩子在出生前或出生后或出生时死亡的，故意隐瞒或极力隐瞒孩子的出生情况的，应当被判处 2 年以下监禁或罚金或 2 年以下监禁并处罚金。

5. 非法限制和非法拘禁的犯罪

非法限制是指任何人自主地阻止他人通过他有权通过的地方。文莱《刑法典》在该罪名之后，列举案例阐述非法限制和非法拘禁犯罪的概念。此为文莱刑法典的特色之处。例如 A 阻止 Z 通过 Z 有权通过的道路，

A 没有善意地以为自己有权阻止他人通过该路，那么 A 便非法限制 Z 获得其有权获得的通过权。非法拘禁是指任何人阻止他人在超出其划定的范围外活动的行为。例如，A 将 Z 锁入有墙壁的房间，Z 就被剥夺了超出该划定的封闭空间外活动的自由，A 就非法拘禁了 Z；或者，A 让持枪的人在房屋的门口，并告知 Z 如果他试图离开该建筑物那么将会将其击毙。此情况下 A 拘禁了 Z。

非法限制他人的应当被判处 1 年以下监禁并处罚金。非法拘禁他人的应当被判处 3 年以下监禁并处罚金。非法拘禁他人长达 3 天或 3 天以上的应当被判处 5 年以下监禁并处罚金；非法拘禁他人长达 10 天或 10 天以上的应当被判处 7 年以下监禁并处不超过 3 次鞭打的鞭刑。

6. 有关奴役的犯罪

任何人输入（一国境内）、输出（一国境外）、移动、购买、销售或处置被其视为奴隶的人，或者接受、接收，或者留置他人并违背其意愿将其视为奴隶的，应当被判处 30 年以下并处不少于 12 次鞭打的鞭刑。

7. 有关乱伦的犯罪

乱伦是指任何男人明知女方为其祖母、外祖母、孙女、外孙女、亲姐妹、同父异母的姐妹或母亲，而与其发生性关系；或任何女人明知对方为其祖父、外祖父、孙子、外孙、儿子、亲兄弟、同父异母的兄弟或父亲，而与其发生性关系。犯有乱伦罪的人应被判处 10 年以下监禁并处罚金。

8. 有关接收赃物的犯罪

任何人不正直地接收或留下赃物，其知道或有理由知道接收或留下物为赃物的，应当被判处 3 年以下监禁或罚金或 3 年以下监禁并处罚金；任何人不正直地接收或留有赃物，如果其知道或有理由知道该赃物为结伙抢劫所得，或者不正直地从其知道或有理由知道对方为结伙抢劫的同犯手中接收赃物的，应被判处 15 年以下监禁和罚金；任何人惯常地接收或处理赃物，其知道或有理由知道其处理的物品是赃物的，应当被判处 10 年以下监禁，并处罚金；任何人自主地帮助隐藏或处置赃物，其知道或有理由知道其处理的物品是赃物的，应当被判处 5 年以下监禁和罚金。

参考文献

陶晴、安树昆主编：《文莱达鲁萨兰国经济贸易法律指南》，法制出版社 2006 年版。

陈志波、米良编著：《东盟国家对外经济法律制度研究》，云南大学出版社 2006 年版。

http：//www.wipo.int/portal/index.html.en.

http：//www.dh.gov.cn/bofcom/441927838128406528/20051109/4168.html.

http：//www.asean-china-center.org/2010－06/17/c_13354368.htm.

http：//www.cnki.com.cn/Journal/G-G1-NYYC.htm.

除特别标注外，老挝国家概况的资料均来自新华网东盟频道 http：//www.gx.xinhuanet.com/dm/.

http：//bn.mofcom.gov.cn/article/ddfg/qita/201101/20110107363599.shtml.